考研红宝书系列

XI NAN ZHENGFA DAXUE

西南政法大学

考研法学专业课一本通

KAOYAN FAXUE ZHUANYEKE YIBENTONG

主　编 ❀ 叶世清　殷守革　冯　梅

副主编 ❀ 汝思思　张白帆　陈俊名

编　委 ❀ 谷　敏　马　密　程　从　杨　娟　邹　毅
毛江东　张丽娜　王煜潇　杨　阳　程晓红
陈研淑　周　婕　冯翠华　宋　静　樊　伟
刘小利　李　放　王珏叶　申　华

西南财经大学出版社
SOUTHWESTERN UNIVERSITY OF FINANCE & ECONOMICS PRESS

图书在版编目(CIP)数据

西南政法大学考研法学专业课一本通/叶世清,殷守革,冯梅主编.—成都:西南财经大学出版社,2012.8
ISBN 978-7-5504-0620-9

Ⅰ.①西…　Ⅱ.①叶…②殷…③冯…　Ⅲ.①法学—研究生—入学考试—自学参考资料　Ⅳ.①D90

中国版本图书馆 CIP 数据核字(2012)第 073999 号

西南政法大学考研法学专业课一本通

主　编:叶世清　殷守革　冯　梅
副主编:汝思思　张白帆　陈俊名

责任编辑:李特军
助理编辑:林　伶　冯　梅
封面设计:大　涛
责任印制:封俊川

出版发行	西南财经大学出版社(四川省成都市光华村街 55 号)
网　　址	http://www.bookcj.com
电子邮件	bookcj@foxmail.com
邮政编码	610074
电　　话	028-87353785　87352368
照　　排	四川胜翔数码印务设计有限公司
印　　刷	四川森林印务有限责任公司
成品尺寸	185mm×260mm
印　　张	31.5
字　　数	800 千字
版　　次	2012 年 8 月第 1 版
印　　次	2012 年 8 月第 1 次印刷
印　　数	1—2000 册
书　　号	ISBN 978-7-5504-0620-9
定　　价	59.80 元

序言

西南政法大学（简称：西政）法学硕士研究生入学考试，与其他研究生入学考试一样，是一种高层次法学人才的选拔考试。对于准备报考西政的学子而言，心中或多或少交织着某些难以名状的情绪：期待、紧张、困惑、怀疑……

这些感受是可以理解的，因为，我们是过来人。

一是期待。我们很清楚，西政的法学教育和法学研究享誉海内外，西政优秀儿女遍天下。考入西政，不仅有机会跟随法学名师纵横法学研究的海洋，还可以广泛结识优秀、志同道合的朋友。无论将来是身居“庙堂”，还是行走“江湖”，只需凭着“心系天下、和衷共济”的西政精神，就能将自己的命运与法治国家的命运联系在一起，从而为实现自己的理想抱负奠定坚实的基础。

二是紧张。感到紧张和焦虑的重要原因在于研究生入学考试激烈的竞争淘汰机制。毕竟，这种考试不同于大学的期中、期末学业考试和社会上的普通话等级、英语等级之类的水平考试，哪怕只有1%的淘汰率，也会让成绩优秀的考生紧张。即使稍微疏忽一点，某一个重要的法律概念或者法律制度没有复习到或者答题思路“跑偏”了，自己就可能因一两分之差被“拿下”，从而与心爱的法学擦肩而过。尤其是参加西政法学研究生入学考试的学子人数众多，并且很多人都是各路高手，其竞争的激烈程度可想而知。

三是困惑。西政法学研究生入学考试究竟要考哪些内容？考试的程序性要求是怎样的？学子们的心中常常纠结。有人思忖：既然是西政的法学研究生入学考试，除了英语、政治两科是全国统一命题外，法学专业考试的命题主动权其实掌握在招生单位手中，法学专业科目考试由西政老师自行命题，这会不会对非西政的学生、西政非法学本科的学生不公平？事实上，研究生入学考试是公开、公平的，结果也是公正的。当然，透过“一本通”，学子们也可以感受到，重视西政编写或者使用的本科法学教材、了解西政法学本科学习的主要内容，是多么的重要！

四是怀疑。我读的书对路吗？“一本通”之类的参考书有用吗？笔者认为，“一本通”旨在告诉您考研的方向和方法，而非取代指定本科教材的详细内容和精确表述。虽然

“一本通”的编者们不是考研命题的老师，但是，这些编写者都是考研的高手，是西政法学各专业硕士研究生中的佼佼者（当然，不排除他们中的某些人将来取得研究生入学考试命题的资格）。相信读者朋友们通过“一本通”，不仅可以搞清法学研究生入学考试复习的重点和方向，而且还可以揣摩出法学考试答题的思路和技巧。譬如，编写者告诉我们：法学概念辨析题，首先需要准确地对概念下定义，然后是概念之间的联系，最后是概念之间的区别。有意思的是，参考答案可能只写了三个方面的区别，有的考生答题时却能指出两个概念之间八九个方面的不同，而且都是“法言法语”，头头是道、言之凿凿。这不禁让阅卷老师们惊叹：“这不正是一块读研究生的好材料吗！”

若您能通过“一本通”的帮助最终获得西政研究生宿舍的一张床位，当然值得祝贺！如果您从字里行间还感受到了既是西政学子也是您的学长的各位编者的良苦用心——他们不仅热爱法律、热爱西政，还希望您尽快加入西政、成为充满无限青春活力的“西政人”——我们将感到无比自豪和荣幸。

叶世清

二〇一二年六月十五日

前言

2011年，对于坐落在重庆歌乐山下，嘉陵江畔，毓秀湖旁的西政来说是不平凡的一年。被政法学界誉为法学界“黄埔军校”和“西点军校”的西政完成从沙坪坝老校区搬迁到渝北新校区的任务，顺利实现了学校的第三次创业。

为了帮助更多的考生顺利通过西政法学专业硕士研究生考试的初试和面试，顺利考取西政法学专业硕士研究生，我们编写了《西南政法大学考研法理学一本通》和《西南政法大学考研法学专业课一本通》。

按照西政硕士研究生法学专业入学考试大纲的要求，结合西政历年法学专业硕士研究生考试的实际，在听取了多方面的意见和建议以后，我们编写了这套“西政考研法学专业一本通”丛书。作为丛书的一种，本书旨在以最大的限度帮助考生顺利通过西政硕士研究生法学专业的初试和复试。本书的特色如下：

一、初试全无忧

《西南政法大学考研法理学一本通》和《西南政法大学考研法学专业课一本通》两本书完全按照西政法学专业考研特点设计和编写。在西政硕士研究生法学专业的入学考试初试中，法理学是作为西政硕士研究生法学专业入学考试初试的校内公共专业课来对待的。西政在对待专业课的考试中，采用的是“法理学＋专业课A卷或B卷或卷C”的考试模式，报名考生要根据自己选择的专业方向分别要参加法理学和专业课A卷或B卷或C卷的考试。法理学是任何报考法学专业硕士研究生的必考科目，考生再根据学校规定的专业课A卷或B卷或C卷的包涵范围就可以确定自己是参加专业课A卷还是B卷或者是C卷的考试。

本书的主要内容包括：

1. 初试专业课信息全揭示。在本部分中，主要参考了教育部关于招生院校自主命题的指导意见的内容以及西政研究生入学考试大纲的要求，分析了西政硕士研究生入学考试法学方向专业课的命题思路、出题方法、试卷结构、内部信息以及应对策略、复习备考时间如何安排等。

法理学是西政硕士研究生入学考试法学专业方向的必考校内公共专业课，必须引起我们足够大的重视。在本部分中，编者对法理学的考试规律、考试范围、答题方式与技巧都进行了全面和系统的揭示和阐释。

专业课A卷、B卷和C卷的考试是按照考生所报考专业方向不同来设立的。在“法理学卷+专业课A或B或C卷”的考查方式下，可以方便考生在相近专业或方向进行转换，节省了时间和金钱。

2. 历年真题回顾与解析。真题的重要性可谓不言而喻，用一句通俗的名言就是，“得真题者得天下”。在本书的第二编，编者为考生搜集和整理了2003年到2011年的西政考研初试法理学真题和专业课ABC卷的真题，通过真题的回顾，可以帮助考生了解哪些是经常考试的内容、哪些是容易出现混淆的题目、哪些是不容易出现题目的知识，可以帮助考生根据真题的出现频率来分配各章知识点的复习时间，以此还可以作为把握重点、难点和常考点的根据。

3. 基础知识点梳理。在本书中，编者对法理学初阶、法理学进阶、专业课A卷、专业课B卷和专业课C卷中的基础知识点进行了全面系统地梳理。基础知识点是考生把握和学好一门课程的起点。在第三编中，编者严格按照西政考研大纲制定的书目，结合历年法理学考试的规律，对凡是在西政考研初试法理学考试中可能出现的题目都进行了整理和梳理。

4. 核心考点总结。核心考点是在历年考试中反复出现的考试题目的知识，编者结合法理学在历年真题考试中知识点出现的频率，对法理学初阶和法理学进阶的核心考点进行了系统化的总结，以帮助考生快速掌握法理学核心考试范围。

5. 新增知识点归纳。新增知识点是考生需要重点关注的对象。随着时代的发展，法理学的知识也要随着时代的发展逐步更新，更新主要体现在法理学内容的扩充上。编者对法理学新增的知识点内容进行了归纳，帮助考生快速熟悉哪些是新增知识点，以此为下一步安排好复习时间打下坚实的基础。

二、复试零距离

本书另外一大特色是对西政硕士研究生入学考试法学专业的复试流程进行了全面展示。希望通过复试流程的全面揭示，为考生提供充分的复试信息。西政的硕士研究生入学考试复试部分所占的权重呈现出逐年递增的趋势，这就要求考生要在复试前对西政硕士研究生复试流程和信息有足够的把握和认知。本书将西政硕士研究生法学专业所有专业方向的复试流程一一展现在各位考生面前，为考生提供了一种身临其境的复试环境与氛围，可谓达到了一种“身未动、心先行”的境地，使得考生能在真实的复试环境中达到胸有成竹、游刃有余的境界。

西政硕士研究生入学考试法学专业复试包含了英语听力、英语口语和专业课笔试和专业课面试四大板块的内容。

1. 复试英语听力。复试英语听力主要考查考生的英语听力和理解能力，考试内容主要是选择与大学英语六级考试难度相当的考试试题。通过分析历年的英语听力试题来看，都是采取的单项选择题的考试类型。考生在备考英语听力时，可以选取曾经参加大学英语四级、六级的学习资料来重新学习，可以不用购买单独的考研英语复试英语听力资料。

2. 复试英语口语。在英语口语部分，主要涉及的题目类型是“一问一答”的形式，试题内容简单。英语口语的问法主要有“你叫什么名字”、“你来自哪里”、“你本科院校的名字是什么”、“你为什么报考西政”、“什么方面打动你报考西政的某某专业某某方向”等一些我们耳熟能详的英语问法。考生在回答的时候可以采取简单且明确的回答方式，不易回答过多，这样可以避免暴露“哑巴英语”问题。

3. 复试专业课笔试。复试专业课笔试在西政硕士研究生入学考试法学专业的复试中占有150分的权重，需要考生予以重点关注。在参加了初试专业课的考试以后，考生也绝对不可以掉以轻心，许多考生在初试时的成绩并不高，但是往往在复试专业课笔试中取得了优异的成绩，借此打了一个漂亮的翻身仗。复试专业课笔试只考考生报考专业方向的知识，所以考生在得知了自己初试通过获得复试的机会以后，就要重新拾起初试的资料学习备考。

4. 复试专业课面试。复试专业课面试所占的比例也是150分，也是考生需要予以特别重视的方面。在面试衣服打扮的款式上、在面试仪态动作举止上、在回答面试老师方式和技巧上，本书都予以了充分的说明和指导，以此帮助考生在面试中取得最优的成绩。

5. 复试其他注意事项。面试前，考生还要注意把本科阶段的获奖证书、优秀证书等一系列能够证明自己优秀的证明材料予以列明。需要复印件的材料在面试前复印装订好在面试时呈送给老师审阅。在回答老师问题时，考生要做到不卑不亢、心平气和地回答老师的问题，即使不同意老师的观点，也不要和提问老师争执，而要态度温和地表明自己的观点。这在丛书的各个专业部分都有明确的说明。

目录

第一编　西政考研法学专业课概述

第二编　西政考研法学专业课历年真题回顾与解析

第三编　西政考研法学专业课基础知识点梳理

第四编　西政考研法学专业课核心考点总结

第五编　西政考研法理学新增知识点归纳

第六编　西政考研法学专业课复试

参考文献

第一编　西政考研法学专业课概述

第一章　教育部关于考研学校非统考专业课命题要求

本章引言

政治和英语是全国硕士研究生入学考试的必考公共科目，教育部对政治和英语都出台了明确的大纲和考试若干规定，但是对每个招生院校的自主专业课命题考试部分缺少相关的规范性指导意见。基于此，本章将为考生搜集、整理和分析教育部有关招生院校非统考专业课有关方面的信息。

一、教育部关于招生院校自主命题的指导意见

（一）综合提示

对硕士研究生入学考试的统考科目政治和英语，教育部统一颁发了考试大纲，但作为非统考专业课教育部没有制定相应科目的考试大纲，是不是说非统考专业课的命题就没有可参考的官方权威依据了呢？答案是否定的，《教育部关于招收攻读硕士学位研究生统一入学考试初试自命题工作的指导意见（试行）》（后称：《意见》）对非统考专业课命题工作做了非常细致的要求，是我们解析非统考专业课命题原则的政策依据。

（二）考试内容

《意见》指出，专业课的考试内容“应结合大学本科和硕士研究生培养目标确定，以进入研究生学习必备的专业基础知识、基本理论和基本技能为考查重点，突出考查分析问题及解决问题的能力。各考试科目应涵盖三门以上本科阶段主干专业基础课程”。

由此可见，非统考专业课的考查范围既涉及学科的基础知识、基本理论和技能，又突出考查学生分析问题及解决问题的能力。这样设计考试内容是为了“使本学科专业的优秀本科毕业生获得及格或及格以上的成绩”，保证研究生选拔的质量。

（三）试卷设计

在试卷结构设计上，为了拉开区分度，试卷结构会按照学科专业特点设计多种题型、一定比例的题量和不同层级的难度。对考生来说，需要明确知道该科目考试的题型种类、题量比例、各题型做题时间分配比例。此外，更为重要的是，从学科知识点上来说，考生需要掌握学科知识的基本点、重点、难点、高频考点以及实际解决问题的综合能力。在收集与分析了全国招收硕士研究生院校的专业课之后，我们总结出试卷内容的设计大

体包含单项选择题、多项选择题、简答题、论述题和材料题。例如，在西政硕士研究生入学考试中，法理学考试科目的题型主要有：单项选择题或者多项选择题、判断分析题、简答题、论述题和材料分析题。以下就以西政考研法理学考试科目为例，简单介绍这几种题型的特点以及答题方法、技巧。

1. 单项选择题

单项选择题具有题量大、覆盖面广、知识精确性要求高的特点，但是知识相对简单，具有唯一性。为此考生遇到此类题型时，要做的就是速度要快，对于熟悉的答案，在保证准确的前提下，要迅速地完成。一时遇到比较难的题型，可以暂时放弃，等其他会做的题目做完再回头来做。千万不能把过多时间浪费在这样的题目上，否则得不偿失。做完后面的题目再回头来做不会的题目，也就豁然开朗了。做选择题主要有以下几种方法：

（1）直选法。所谓直选法是指通过审题，结合所学到的知识点与之相对应和匹配，准确把握题干与选项之间的关联，直接准确地选择出本题的正确选项。

（2）排除法。运用排除法不仅要弄清楚题干要求选择的是什么，还要仔细分析和辨别备选选项，在此基础上把不符合题干要求的选项迅速地予以排除，留下唯一正确的选项。排除法要求考生准确地把握教材中的知识点，因此，运用排除法在很大程度上是考察考生的记忆能力。

（3）比较法。考生在运用直选法和排除法都无效的情况下可以选用比较法。这是一种花费时间相对比较多的方法。要求考生对几个选项进行横向或纵向的比较，从中找到正确的选项。

2. 多项选择题

多项选择题具有正确选项数量不确定、错选不得分以及难度较大的特点。面对多项选择题命题范围较大的特点，我们同样需要认真审题，这是最基础、最重要的一环。弄清楚题干给出的信息是什么，以及确定题干要求选什么，通过读题，再把已经给出的信息同题目所要求的选项联系起来，就可以把正确的选项选出来。多项选择题的做题方法主要有：直选法和比较法。

3. 判断分析题

判断分析题就是选取教材中的一段话、一段名人名言或者是对名言加以修改，直接让考生先判断、分析该语句正确与否，然后再对此语句表达的正确或者错误的原因进行阐释、解析和说明，考生只要判断正确，基本上都能回答出该语句是否正确，属于相对简单的一种题型，是简答题的一种特殊类型。

4. 简答题

对于简答题，考生都比较熟悉。从西政考研法理学这门课程的考试特点来看，简答题具有题量和难度适中，考试难度主要停留在基础知识点的领会和简单应用的水平上。但是从考试的范围来看，试题涉及的范围比较大，因为经过多年的考试，所有能出简答题的知识点基本上都出完了，所以现在的简答题出现了一种向更加偏的方向发展的趋势。对简答题的备考应该是全面的。在答题上大家要认真审题，切勿出现匆匆答题、粗心大意，看错了题目，理解错了题意，造成文不对题或者是张冠李戴的现象。同时答题要注意要点准确、简洁和层次分明，不能在答题形式上杂乱无章，语言上要简明扼要。

5. 论述题

论述题具有题量小、分值大的典型特点，需要考生引起足够的重视。论述题主要考查考生的综合分析问题以及实际解决问题的能力，需要考生综合运用多个知识点解决问题，在考试中可谓是难度系数比较高的一个类型。对于论述题的答题要点，教材中可能没有现成答案，需要考生进行归纳和总结，这就需要考生在平时的备考中不能只顾背诵或者记忆，要时不时地进行思考、归纳和整理。在这个基础上，考生还要注意在答题上要对每个结论作出充足的论述，有必要进行分析的就必须作出充足的论证，让人信服。

6. 材料分析题

材料分析题是一种难度系数比较高的题型。主要考查考生理论与实际结合的能力。考生在学习了书本上的知识以后，能不能和现实结合起来，把所学的知识运用到现实生活中去，发现问题、分析问题和解决问题是极其重要的一环，材料分析题就应运而生。因此，考生在复习的时候，一定要在学好课本知识的基础上，加深对社会现象的理解，把所学的知识应用到实际生活中，只有这样才能轻松应对此种题型。具体而言，在解答此类题目时，考生先要认真阅读材料，从材料中提炼出所要表达的意思，再通过回顾教材，找到与之相契合的理论做铺垫，运用理论来分析材料中的问题，找到解决的办法，也就完成了材料分析题的要求。

二、硕士研究生入学考试专业课应对策略

为了顺利通过硕士研究生入学考试的专业课考试科目，提高分数，在考试中拔得头筹，我们应该注意以下复习应对策略：

（一）紧扣教材

对目标院校及目标专业的初试科目进行深度解析，梳理出有效的复习与考核范围。目标院校的指定教材是考研学生的重中之重。教材中的内容十分繁杂、信息量巨大，这就要求考生拿到专业课教材以后，必须根据信息量的大小合理安排好复习计划，对目标院校的考试大纲、考试范围进行准确地把握，以防万一。

（二）归纳重点、难点、常考点

通过对各章节知识点深度剖析、重难点总结和典型题练习，梳理出学科相应的重点、难点、常考知识点，并通过配套练习，帮助考生全面理解、掌握、构建和运用专业课的知识体系和逻辑结构。知识具有相通性，通过每一年真题的呈现，我们知道每一年考试范围都有章法和规律可循。因此，我们可以抓住每一年真题呈现给我们的信息，充分发挥真题信息的作用，归纳、整理出历年考试的范围、常考点、重点和难点，在接下来的复习中，达到事半功倍的效果。

（三）查缺补漏

通过对真题的回顾、比较、练习、解析，以及将真题中考察的知识点回归至教材，我们可以得出真题的题型结构、题量比例、考查知识点出处、频次、考查知识点难度分级等对考生至关重要的复习备考指导信息。

第二章 西政考研法学专业课考查模式解析

本章引言

西政硕士研究生入学考试除了政治和英语以外，还包括西政自己命制的两门专业课。第一门是法理学科目，第二门是专业课A卷或B卷或C卷。到底参加A卷、B卷还是C卷科目的考试，要根据考生报考专业的方向来最终确定。因此，从总体上来解析西政考研法学专业课的考查模式就显得尤为必要。

一、西政考研法学专业课考查模式

2008年西政硕士研究生法学专业的入学考试专业课考试方式最终正式敲定。专业课一考法理学（包括法理学初阶和法理学进阶），专业课二根据考生报考专业和方向的不同考专业课A卷或B卷或C卷。所以专业课的考查模式也就是“法理学+专业课A卷”、“法理学+专业课B卷”、“法理学+专业课C卷”。报考以下专业方向的考生参加专业课A卷的考试：法学理论专业、法律史专业、法律逻辑学专业、刑法学专业、诉讼法学专业、侦查学专业、警察科学专业；报考以下专业方向的考生参加专业课B卷的考试：宪法学与行政法学专业、环境与资源法学专业；报考以下专业方向的考生参加专业课C卷的考试：民商法学专业、知识产权法学专业、经济法学专业、国际法学专业。也就说报考以上所有专业的考生除了考查专业课A卷或B卷或C卷以外，还要参加法理学考试。

二、西政考研法学专业课考查模式解析

西政法学专业硕士研究生入学考试中专业课的考查模式即法理学+专业课A卷或B卷或C卷。

（一）法理学卷

在这种“法理学卷+专业课A卷或B卷或C卷”的考查模式中，法理学卷（包括法理学初阶+法理学进阶）是基础性学科，考生只有复习好了法理学才能进一步跨越到专业课的复习，法理学处于一种基础和先行的地位。这种模式能够为考生的基本法律知识的掌握和素养的提高提供一个很好的机会，同时能够让考生在学好法理学的基础上进一步选择自己所报考的专业课A或B或C中所包含的专业方向，可谓一举两得。先让考生先打好法律基础，这是学校所要达到的首要目的，因为没有良好的法律基本知识和素养，就难以培养出合格的专业法律人，这是西政在研究生入学考试中在专业课考查方式上多学校所与众不同的地方。

（二）专业课A、B、C卷

学科性质相同的专业参加同一类型试卷的考试，可以增加考生的专业方向选择与改变的灵活性，减少考生的复习苦累，例如考生先是选择了专业课A卷包含的专业方向之一的法理学，但是由于各方面的原因考生又不想报考法理学了，想要更换到刑法学，那么他依然不用变换考试专业课的内容，因为专业课A卷既包含了法理学又包含了刑法学，

不管是报考法理学还是刑法学，都要参加专业课 A 卷的考试，这样就极大地方便了考生在专业方向之间的选择。尤其是对于那些已经购买了考研参考书的考生，可以极大地节约考生的复习时间和金钱。

第三章 西政考研法学专业课 A 简述

本章引言

在西政硕士研究生入学考试中，法学专业课 A 卷的重要性不言而喻。相对于法理学而言，专业课 A 卷具有难度系数高、题量大的特点，因此，在这个意义上，解析专业课 A 卷相关的考试信息、制订完善的复习规划就显得尤为重要。

一、初试专业课 A 专业方向简介

西政采取的是“法理 + 专业基础 X”的初试命题模式，其中专业课 A 初试包括三门课程：民法、刑法和刑事诉讼法，其中每科各占 50 分。报考西政的刑法专业和刑事诉讼法专业都要考专业课 A，这两者无论是在理论研究中还是实务操作中都有密不可分的联系，要求考生对其都要有一定程度的了解，所以刑法和刑事诉讼法都纳入了这两个专业的考查范围。只要生活在市民社会就离不开民法，从这个角度来思考，就不难理解为什么报考刑法和刑事诉讼法也要考民法。总体来说，西政考研初试的专业科目算是比较少的，一般是四科，法理学是必考科目，其他则按照报考专业不同而有所区别。

二、初试专业课 A 考研内部信息深度解析

西政的刑法和刑事诉讼法是比较热门的，特别是刑法专业，2010 年复试分数线居然达到 361 的高分，成为西政复试分数线最高的专业，其中一个主要原因是西政的教学科研力量雄厚，也正是这一点吸引了全国各地的优秀人才前来深造。

刑法教研室共有 26 人，其中我校刑法教研的领军人物有刘建宏、梅传强、李永生、王利荣、朱建华等教授，这些都可以说是我国刑法学界的中流砥柱。近年我校也吸引了一批年轻教师，增加了刑法教学科研的活力。刑诉教研室一共 18 人，其中领军人物有孙长永、徐静村、高一飞、李昌林等教授，正是由于各位老师和学子的共同努力，才将刑事诉讼法打造成国家级精品课程。

刑法和刑事诉讼法的就业前景是比较乐观的，近年就业率一直居于我校各专业前列，为公检法系统和律师界培养出大量优秀法律工作人员。我国建设法治国家任重道远，西政的历史使命仍然艰巨，相信母校会不断为社会输送大量优秀的法律工作者。

三、初试专业课 A 整体复习规划

报考刑法和刑事诉讼法专业的初试内容包括英语、政治、法理学及专业 A。下面就专业课 A 的复习进行简要的介绍，希望能给大家提供一些有价值的参考建议。

专业课A的复习最好制订一个复习计划。根据自己的实际情况，制订每轮复习多久，一共有几轮，甚至可以细化到每天做什么，有了计划就要严格执行，每天完成了当天的任务可以用笔划掉，这样会很有成就感。一步一步走来，如果每天的计划都完成了，心里会变得有底气，会越来越自信。考研不仅考的是知识的扎实程度，还考验一个人的心理素质；心中充满自信，对考试来说是很有利的。

复习的第一阶段是认真地把教材阅读一遍。第一遍要全面，这一遍可能花费的时间会多一些，不过也没关系，要夯实基本功就从这里开始。西政专业课考试不难，关键是看考生的基础知识掌握是否牢固，在平时的复习中是否细心。法理学教材用的是付子堂老师编写的《法理学初阶》和《法理学进阶》，单是法理这一科就占了150分，可见西政对法学基础理论的重视，在备考过程中要把较多的时间放在法理学的复习上。另外，本科学法的同学对民法、刑法和刑诉有一个基础的认识，而且初试仅包括总论部分，任务不重，相对来说还是法理较难，抓住了考研的重点就有了一个好的开始。

第二阶段的复习主要是记忆。要有重点地记忆，西政的考点是重者恒重，这个可以从历年真题中总结出来，有的题目连续几年都会考到，考过的题目还会再考，所以要重视真题。在记忆的过程中有选择地在纸上写写，效果还是比较好的，并不要求每一道题目都写出来，可能有些同学有做笔记的习惯，笔记对以后的复习会起到一个参考作用，如果时间允许的话也是不错的方法。这一阶段的参考资料可以购买，或者是借用师兄师姐用过的教材，用过的教材上的重点都是勾画过的，可以省去很多时间，少走很多弯路。同时这一阶段的后期要加上真题演练，如果发现自己的复习方向与真题所提供的方向不一致，要及时调整。

第三阶段主要是形成一个系统的知识体系。通过第二阶段的记忆，基础知识记忆得差不多了，但是可能会觉得看到一个问题，第一时间不知道用哪一章节的内容来回答。这是因为知识体系不系统，建议大家在这一轮复习中，可以在纸上列一个知识树，包括每一本书的章节，每一章节里又有哪些小问题；相信能把这本书都回忆出来，系统的体系也就形成了。第一遍可能回忆起来会有些困难，但是到后面熟悉了之后，一棵清晰地知识树就跃然眼前了。

经过以上三轮的复习，基本上课本百分之八九十的内容都可以掌握了，这时考研也进入了倒计时。考前的时间还要充分利用起来，考前一两天可以快速地翻看一遍课本，以达到查漏补缺的目的。

第四章 西政考研法学专业课B简述

本章引言

西政考研法学专业课B卷是针对报考宪法与行政法、环境与资源保护专业的考生而设置的专业课考试。专业课B卷在专业数量和方向上有限，因此每一年的报考人数出现了很大的不确定性，但是总的来说，专业课B卷的考试难度相对于专业课A和C较简单。

一、初试专业课 B 专业方向简介

西政从 2008 年开始进行改革，基本上固定了“法理学 + 专业基础 X”的初试命题模式，这个问题想必考研学子早已熟知。与专业基础 A 和专业基础 C 相比，初试考查专业基础 B 的专业相对较少，除了宪法学与行政法学专业之外，就只有环境资源法学专业在初试时会考到专业基础 B。专业基础 B 考试有三部分：中国宪法学、行政法学总论及行政诉讼法学和环境与资源法总论，各占 50 分。行政法是具体宪法，宪法与行政法的关系不用多说相信大家都很明白，其他学校宪法学与行政法学专业考研初试也都需要考查这两门课的知识。至于环境资源法，它是行政法分论的内容，是行政法的一个部门，作为法学主干课程之一，把它放在宪法学与行政法学专业的考查范围也是非常有必要的。

二、初试专业课 B 考研内部信息深度解析

在西政硕士研究生入学考试的专业课考察中，专业 B 的报考人数并不是很多，每一年的报考人数呈现出很大的差异，虽然每一年录取的专业 B（主要以宪法与行政法为主，使用专业 B 试卷进行考试的专业还有环境与资源保护法专业）人数呈现出上升的趋势，但是依然不能吸引学生的报考热情，往往出现专业 B 比较冷门的现象，主要有以下几个方面的原因：第一，本科院校虽然开设宪法、行政法的课程，但是由于各方面的原因，学生感到宪法与行政法学习起来比较困难，所以不太喜欢宪法与行政法这门课；第二，由于宪法与行政法比较枯燥，不能调动学生的积极性，很多学生对民法、刑法、民事诉讼法和刑事诉讼法比较熟悉，对宪法、行政法、行政诉讼法很陌生，以至本科生在报考专业上会大多选择专业 A 抑或专业 C；第三，是由于宪法与行政法本身的特性所决定的，宪法与行政法等公法在中国很难适用或者说是施行，这种情况会导致很多学生放弃通过公法来做律师的愿望，所以很多考生就会因为公法的实用性不强而放弃报考专业 B，最终的结果是大部分考生都涌向了专业 A 和专业 C，出现了专业 B 冷清的现象。

但是，随着我国法制建设的逐步推进，急切需要对公法人才的培养，在这种情况下，宪法、行政法、行政诉讼法就成为了蓄势待发的热门专业和方向。随着国家与社会的发展，政府机关、企事业单位等都需要公法人才来填补这样一项人才紧缺空白，因此，公法（宪法、行政法、行政诉讼法）的报考人数也必然呈现出逐年上升的趋势。

目前，西政宪法与行政法专业的领军人物是汪太贤、王学辉、唐忠民，现在都是教授，都是博士生导师；新引进的曾哲教授大概在 2013 年带博士；2011 年评上的教授是谭宗泽，一批批学术新星也正逐步成长，比如大刘小刘副教授，他们是一对夫妻，大刘是刘泽刚，小刘是刘艺。西政蓄势待发，其行政法学院的未来将更加美好。

三、初试专业课 B 整体复习规划

考研和司法考试（以下简称司考），一个侧重理论，一个偏向实务。不少考研的同学为了考研成功果断放弃司考。其实，考研和司考虽然各有所重，却并不十分冲突。西政以往过于注重理论忽视现行法律规定的习惯有所改变。虽说中国现行的多部法律备受批评，但是法学研究脱离了现行法律，为何研究？如何研究？可以说司法考试能够让我们对法律体系有一个大概的了解，西政考研比较注重学生对基础知识的理解和掌握。司考过后复习考研专业课的时候，会感觉更加得心应手。建议决定考研的同学还是尽量去试一下，每年都会有不少考研和司考都取得好成绩的同学。

关于初试的复习。不管有没有参加司考，也不管前面复习的效果如何，从每年十月开始，便要抛开一切杂念全心全意地投入到考研的复习中。想要取得好成绩，任何一门课都不能放弃，毕竟西政考研初试的科目就那么几门。在这里，按照考试的顺序简单梳理一下各科的复习思路。

前面提到，专业基础B的内容包括中国宪法学、行政法学总论、行政诉讼法学和环境与资源法总论，各占50分。对这部分内容的复习，最主要的还是要看指定教材，看懂、看透，做到能够建立起自己的知识框架。和法理学的复习一样，要结合历年真题来复习。历年真题的作用不仅仅在于让考生知道考研考什么、怎么考，而且可以用来检验自己对专业知识的掌握程度和复习漏洞，达到知己知彼。需要说明的是，不少同学给英语和政治的复习分配了过多的时间，确实英语和政治很重要，但是要对比一下专业课成绩提高20分的难度和英语或政治提高20分的难度，毕竟要考的是法学硕士。

最后说一下复试的问题。初试成绩大概每年二月底会公布，复试的时间在四月中旬。这中间有一个多月的时间，对准备复试是绰绰有余的。不管初试的成绩是否理想，都不要放弃，每年都有很多初试成绩刚刚过复试线的同学在复试中脱颖而出。

复试的流程是：英语听力→专业课笔试→英语面试→专业课面试。英语听力和专业课笔试是安排在一起的，英语听力一结束，马上发专业课笔试的试卷。英语听力不会拉开很大的差距，所以不需要太多的时间来准备，不过还是要找几套四、六级听力来练习一下。专业课还是要全面复习，尤其要重视初试中没有考到的重要考点。英语面试和专业课面试也是在一起进行的。英语面试没有想象中那么难，而且进行得比较快，所以大可不必紧张和担心。在英语面试中，自我介绍之后就是一些更加简短的小问题，比如“你来自哪里、你最喜欢哪门课程”之类的。专业课的面试就要注意一些了，先是自我介绍，面试的都是本学科组的导师，他们希望通过面试了解一下自己以后的学生，所以自我介绍最好准备得有新意，突出自己的特点，给老师留下一个比较好的印象。然后抽两道题来回答，一道是宪法的，一道是行政法的。没有固定答题顺序，最好先回答自己掌握得比较好的一道。抽到的题目难易程度可能会有不同，抽到了比较难的题目也不用过于紧张以至于影响自己发挥。导师们肯定也会根据题目难易程度来打分。抽到自己没把握的题目不要不懂装懂，就老实说自己不会，导师们都是这方面的专家，你不懂装懂会给他们留下不好的印象。不懂装懂肯定是不可取的，遇到比较难的题目，还是要说一下自己对它的了解和看法，即使不正确，却也是自己对此的观点。不与面试老师争执，即使不同意老师的观点，也要做到不卑不亢，这一点考生需要特别注意。

第五章　西政考研法学专业课C简述

本章引言

西政法学考研专业课C卷是为了报考民法、经济法和民事诉讼法专业的考生而设置的专业课考试试题。近年来，专业课C的考试呈现出考试难度系数加大的趋势，因此，报考专业课C方向的考生需要特别重视。

一、初试专业课 C 专业方向简介

西政 2008 年开始进行改革，基本上固定了“法理 + 专业基础 X”的初试命题模式，其中专业课 C 包括三门课程：民法、经济法和民事诉讼法，每门各占 50 分，这三门的考察范围都限于总论部分。报考西政的民法专业、知识产权专业、经济法专业和民事诉讼法专业都要考专业 C。民法和经济法是我国法律体系中的两大法，两者之间存在区别的同时也存在诸多的联系，所以，报考这些专业就要对两者有一定程度的了解，民事诉讼法是经济法和民法运用到实践中必不可少的工具，所以将民事诉讼法作为初试专业 C 的考查范围也是必然的。

二、初试专业课 C 考研内部信息深度解析

西政的民法、知识产权、经济法和民事诉讼法都是该校重要的学科，尤其是经济法在由中国管理科学院组织的全国研究生培养水平评估中其学科点均被评为 A + + 级，多次蝉联全国第一，正因为此，经济法经常出现“大小年”的情形，而民法、知识产权法、经济法每年的复试分数线都处于较高的稳定趋势。

民法专业共有两个教研室，包括民法教研室和婚姻家庭法教研室，民法教研室共有 26 人，以李开国为首，谭启平、孙鹏、王洪、刘云生为中坚力量，同时也吸纳了很多新生力量，使得民法教研室在专业的基础上纳入了新的活力。婚姻家庭法教研室共有 8 人，主要由陈苇、张华贵、朱凡等教授组成，在老师和同学的共同努力下，婚姻家庭法成为西政一门优秀的学科。

知识产权是单独招生的，具有自己独立的教研室。知识产权法教研室共有 14 人，其中包括张玉敏、张耕、李雨峰等教授。知识产权是我校成立的一门新兴学科，虽然成立时间不长，但由于各位老师的共同努力，已取得可喜的成就。

经济法学院设有 6 个教研室，设有经济法、环境资源法两个博士点，共有 65 名教职工。该学科的领军人主要有李昌麒、刘俊、岳彩申等教授，还有很多优秀的中坚力量，正是由于老师和同学的共同努力，最终打造了经济法的精品课程并在经济法领域获得了诸多的成就。

民事诉讼法教研室现有 15 名专职教师，其中教授 5 人，副教授 7 人，该教研室以田平安为学科带头人，以李祖军、廖中洪、唐力等为中坚力量，将我校的民事诉讼法打造成了一门优秀的学科。

民法、知识产权法、经济法和民事诉讼法专业的就业前景都比较好，为公检法系统和律师行业培养了大量的优秀人才，在以后的法制建设的道路上，深信母校能继续为国家培养出更多的法律人才。

三、初试专业课 C 整体复习规划

报考民法、知识产权法、经济法和民事诉讼法专业的初试内容包括英语、政治、法理及专业课 C。下面就专业课 C 的复习进行简要的介绍，希望能给大家提供一些有价值的参考建议。

西政的专业课的考试相对来说比较简单，不用花太长的时间来准备，差不多三个月足够了。专业课的复习可以分为三个阶段：

第一阶段将课本全面熟悉一遍，在这一阶段中，不要求能记忆多少东西，关键是要全面熟悉课本的相关知识点，并且将专业的知识点系统归纳，这样考生就会对每门专业课有一个系统的了解，也会对专业知识点有一个全面而整体的把握，这样有利于后两个阶段的复习，并且能做到全面，不遗漏知识点。此外，如果自己的基础不好可以听一下考研的录音，指导自己复习。

第二阶段关键在于记忆，在经历了第一阶段的复习后，想必同学们都了解了哪些是重点，哪些是需要了解的知识点，这一阶段就是要有针对性地记忆，对重点一定要花精力去记忆，对需要了解的知识点也要做到熟练掌握。在此阶段，要注意收集各类考研信息，可能会对复习有所帮助。

第三阶段为冲刺阶段。在这一阶段一定要查漏补缺，对重点的知识点一定熟稔于心，对了解的知识点也必须要熟练掌握，并且要注意一下答题的技巧，因为这种文科类的考试，答题技巧也会帮助获得一定的分数，要保证自己会的题目能得到全分，不知道的题目也要尽力多得分，保证自己不会因为失误而失分。

经过以上几个阶段的复习，同学们一定掌握了百分之八九十的知识点，接下来要做的就是调整好心态，等待考研时间的到来。

预祝大家考研成功！

第二编　西政考研法学专业课历年真题回顾与解析

第一章　西政考研法学专业课2003年真题回顾与解析

本章引言

本章主要包含了2003年西政考研法学专业课A、B和C卷中所有的真题，希望通过真题的回顾与解析，帮助考生快速掌握西政考研法学专业课考试的特点，以便有针对性地进行复习备考。

第一节　西政法学考研专业课A卷 民法学部分

一、分析题

1. 公民的民事权利能力与民事行为能力都只能因公民的死亡而丧失。

【参考答案】此说法不正确。

【答案解析】公民的民事权利能力始于出生，终于死亡，因此死亡是自然人民事权利能力终止的唯一原因；民事行为能力可因精神病人无行为能力而宣告丧失，即精神病人因充分无民事行为能力要件，经利害人申请，由法院宣告其为无民事行为能力人。

2. 占有的权利推定效力只适用于善意占有，不适用于恶意占有。

【参考答案】此说法不正确。

【答案解析】占有的目的在于通过外形的占有和事实的保护，确保交易的安全。从占有方面看，权利推定适用于一切直接占有，在直接占有之下，无论该占有是善意占有还是恶意占有，是自主占有还是他主占有，是和平占有还是强行占有，均具有权利推定的效力。

3. 向第三人履行是债权转让的效力。

【参考答案】此说法不正确。

【答案解析】一般情况下，当事人是为了自己的利益而订立合同，但是在一些特殊的情况下，当事人不是为了自己的利益而是为了他人的利益而订立合同的，这类合同就是为第三人的利益而订立的合同。在为第三人订立的合同中，第三人完全可以独立主张并享有合同规定的权利，同时义务人应该向第三人履行义务，而第三人既可以接受，也可以拒绝。由此可见，向第三人履行合同并不完全都是债权转让的效力，在一些情况下是履行合同的效力。

4. 拾得人对拾得物的管理行为均属于无因管理行为。

【参考答案】此说法不正确。

【答案解析】行为人有为他人谋利益的意思是无因管理行为成立的必要条件之一，由此可知，若拾得人以所有人的意思占有拾得物并进行管理行为，则不属于无因管理。

二、概念比较

1. 民事义务与民事责任

【参考答案】民事义务是指义务主体为满足权利人的利益需要，在权利限定的范围内必须为一定行为或不为一定行为的约束。

民事责任是指民事主体在民事活动中，因实施了民事违法行为，根据民法所承担的对其不利的民事法律后果或者基于法律特别规定而应承担的民事法律责任，是民事主体因违反民事义务所应承担的民事法律后果，它主要是一种民事救济手段，旨在使受害人被侵犯的权益得以恢复。

2. 合同责任与违约责任

【参考答案】合同责任是指因违反合同约定的义务、合同附随义务或违反合同法规定的义务而产生的责任。

违约责任是指合同当事人不履行合同义务或者履行合同义务不符合约定时所承担的民事责任。

三、简答题

1. 什么是表见代理？表见代理的构成应具备哪些条件？

【参考答案】表见代理是指被代理人的行为足以使善意第三人相信无权代理人具有代理权，基于此项信赖与无权代理人进行交易，由此造成的法律效果由被代理人承担的制度。其构成要件有以下 4 点：

（1）代理人不具有代理权，这是表见代理成立的前提条件。

（2）客观上存在使善意第三人相信无权代理人拥有代理权的理由。

（3）无权代理人与第三人所为的民事行为，符合法律行为的有效要件和代理行为的表面特征。

（4）第三人为善意且无过失，是指第三人无从知道无权代理人不拥有代理权，且这种不知情并非由第三人的疏忽所导致。

2. 不可分债权与连带债权有何区别？

【参考答案】连带债务是指债务人有两个或两个以上，因全体债务人之间存在有连带关系，各债务人都负有全部给付的义务，债务人中的一人或数人的完全给付，对全体债务人生效，因而导致全部债的关系消灭的债务。连带债务的标的须为同一可分给付，本属于可分债务，唯法律特为保护债权人而使其与可分债务相独立，所以它具有与可分债务不同的法律结构。不可分债务是指数债务人负担同一不可分给付，而各债务人得单独为全部给付之债务。

四、论述题

试论物权法的区分原则。

【参考答案】物权区分原则是指以物权变动为目的的原因行为，物权变动的原因与物权变动的结果作为两个法律事实，其成立生效依据不同的法律根据的原则。

1. 物权法区分原则的理论意义：

（1）物权变动的原因行为的成立必须按照该行为成立的自身要件予以判断，而不能以物权的变动是否成就为标准来进行判断。

（2）物权的变动以动产的交付与不动产物权登记为必要条件，而不能认为基础关系或者原因关系的成立生效就必然发生物权变动的结果。

2. 物权法区分原则的实践价值：

（1）保护合同当事人的债权请求权。

（2）确定物权变动的准确时间界限和保护第三人的正当利益。

物权法的区分原则是一项重要的原则，在物权法中有着广泛的适用性，凡是以债权法上的行为作为原因的变动物权的，必然适用这一原则。

五、案例分析

一日，拾荒者甲在垃圾箱中拾得一件衣服，回到家试衣服时发现口袋里有一枚镶嵌宝石的金戒指，十分高兴，便戴在身上。两天后被小偷扒走。衣服的主人得知甲拾得金戒指后，找甲讨还戒指，甲说戒指是自己捡的，不是偷的，而且现在已被小偷偷走，要找就找小偷去。失主将甲拉到派出所，经派出所调查，找到了偷戒指的小偷，小偷说戒指已经卖掉，不认识买戒指的人，所得价款5000元已经输光。

1. 请列出本案中的法律事实及其引起的法律关系。

【参考答案】在本案中，存在以下几个方面的民事法律事实及其引起的法律关系：

（1）甲在垃圾箱中拾得一件衣服，产生对该衣服的占有关系。

（2）甲在捡来的衣服口袋里面发现一枚戒指，并戴在了自己身上，由此产生了对该戒指的占有关系。

（3）小偷从甲身上偷走了戒指，恶意占有了戒指，从而使甲丧失了对该戒指的占有。

（4）衣服的失主向甲讨还戒指，是行使物上请求权的行为。

（5）小偷卖掉戒指，失去对戒指的占有，获得了相应的对价。

2. 在法律上，本案应当如何处理？

【参考答案】在本案中，甲对戒指的占有属于善意占有，民法中对善意占有人的占有给予一定的保护，其后甲非因过错失去了对该戒指的占有，并且未获得利益，因此不负返还戒指的义务；而小偷对戒指是恶意占有，他因出卖戒指而所得的5000元为不当得利，是不为法律所保护的，所以尽管小偷已经将卖戒指所得的5000元用光，但是依然要承担返还不当得利的责任，向甲偿还出卖戒指所得的5000元价款。

刑法学部分

一、不定项选择题

1. 下列情况属于共同犯罪中的从犯的是（ ）。

A. 在共同犯罪中起到次要作用的人

B. 犯罪集团中的非组织者、领导者

C. 在共同犯罪中起辅助作用的人

D. 被教唆实施犯罪的人

【参考答案】ABC

2. 具有下列情节，应当从轻或减轻处罚（ ）。

A. 已满 14 周岁不满 18 周岁的人犯罪

B. 尚未完全丧失辨认或者控制自己行为能力的精神病人犯罪

C. 自首的犯罪分子

D. 犯罪未遂的犯罪分子

【参考答案】A

3. 公安人员甲、乙在办理刑事案件过程中，得知丙知道案件线索，便找到丙。鉴于某种原因，丙不愿意说。甲、乙将丙带回警队，施以重刑，直接导致丙下肢瘫痪。甲、乙的行为构成（ ）。

A. 刑讯逼供罪　　B. 暴力取证罪

C. 非法拘禁罪　　D. 故意伤害罪

【参考答案】D

4. 甲、乙拦路抢劫丙，但丙身无分文。甲、乙不甘心，逼丙带他们回家取钱，否则要杀死丙。丙无奈，只好照办。走到人多处时，丙突然高喊“抓强盗”，甲、乙见势不妙，转身欲逃，被众人抓住。甲、乙的行为构成（ ）。

A. 抢劫罪　　B. 绑架罪

C. 敲诈勒索罪　　D. 抢劫罪和绑架罪

【参考答案】A

5. 1999 年 2 月，甲（23 岁）先后两次在公交车上扒窃未被发现。同年 8 月，甲再次在公车上扒窃被当场抓获。审讯中，甲供述了三次扒窃行为，但为减轻自己的责任，称是乙教唆他扒窃的。公安人员为此传讯乙，并有刑讯行为（致乙轻伤），但最终查证，乙没有教唆甲扒窃，甲乙二人曾有恩怨。本案中涉及的犯罪有（ ）。

A. 盗窃罪　　B. 诬告陷害罪

C. 刑讯逼供罪　　D. 故意伤害罪

【参考答案】ABC

6. 根据我国刑法的规定，下列（ ）不适用我国刑法。

A. 我国外交官在日本杀死日本人

B. 韩国人在日本杀死泰国人

C. 我国公民在缅甸犯我国刑法规定的最高刑为三年以下有期徒刑的罪

D. 日本人在从我国飞往韩国的日航班机即将降落汉城①时因纠纷杀死一美籍华人

【参考答案】BD

7. 根据我国刑法的规定，下列（　　）应按主犯处罚。

A. 所有犯罪集团的首要分子

B. 所有教唆犯

C. 所有聚众犯罪的首要分子

D. 所有主要的实行犯

【参考答案】AD

8. 根据我国刑法的规定，对下列（　　）不能适用缓刑。

A. 一般累犯

B. 被判处三年有期徒刑的罪犯

C. 特殊累犯

D. 被判处一年管制的罪犯

【参考答案】ACD

9. 下列（　　）不能数罪并罚。

A. 法条竞合犯　　B. 想象竞合犯

C. 牵连犯　　D. 连续犯

【参考答案】ABD

10. 根据我国刑法的规定，对以暴力方式正在实施的（　　）可以进行特殊防卫。

A. 故意杀人罪　　B. 故意伤害罪

C. 绑架罪　　D. 强奸罪

【参考答案】ACD

11. 根据我国刑法的规定及刑法理论，构成走私假币罪的行为包括（　　）。

A. 绕关走私　　B. 通关走私

C. 后续走私　　D. 直接贩私

【参考答案】ABCD

12. 根据我国刑法的规定，（　　）属于侵犯财产罪。

A. 挪用特定款物罪　　B．挪用公款罪

C. 挪用资金费　　D．职务侵占罪

【参考答案】ACD

13. 下列属于报复陷害罪对象的是（　　）。

A. 举报人　　B. 证人

C. 批评人　　D. 申诉人

【参考答案】ACD

14. 脱逃罪的主体包括依法被关押的（　　）。

A. 犯罪嫌疑人　　B. 服刑中的罪犯

C. 被告人　　D. 劳教人员

【参考答案】ABC

15. 下列哪种行为构成强奸罪（　　）。

---

① “汉现”现改称“首尔”。

A. 拐卖妇女过程中奸淫被拐妇女的

B. 收买被拐妇女后强行与其发生性关系的

C. 奸淫不满 14 周岁幼女的

D. 轮奸妇女的

【参考答案】BCD

二、概念比较

1. 犯罪未遂与犯罪中止

【参考答案】犯罪中止是指在犯罪过程中，自动放弃犯罪或者自动有效地防止犯罪结果的发生。犯罪未遂是指已经着手实施犯罪，由于犯罪分子意志以外的原因而未得逞。两者的区别在于发生的时间不同，发生的原因不同，处罚不同。

2. 主犯与教唆犯

【参考答案】主犯是指组织、领导犯罪集团进行犯罪活动或者在共同犯罪中起主要作用的犯罪分子。教唆犯是指以劝说、利诱、授意、怂恿、收买、威胁等方法，将自己的犯罪意图灌输给本来没有犯罪意图的人，致使其按教唆人的犯罪意图实施犯罪的人。

3. 集资诈骗罪与非法吸收公众存款罪

【参考答案】集资诈骗罪是指以非法占有为目的，违反有关金融法律、法规的规定，使用诈骗方法进行非法集资，扰乱国家正常金融秩序，侵犯公私财产所有权，且数额较大的行为。非法吸收公众存款罪是指违反国家金融管理法规非法吸收公众存款或变相吸收公众存款，扰乱金融秩序的行为。

4. 玩忽职守罪与重大责任事故罪

【参考答案】玩忽职守罪是指国家机关工作人员玩忽职守，致使公共财产、国家和人民利益遭受重大损失的行为。重大责任事故罪是指在生产、作业中违反有关安全管理的规定，因而发生重大伤亡事故或者造成其他严重后果的行为。

三、简答题

1. 简要说明我国刑法中正当防卫成立的条件。

【参考答案】正当防卫可分为一般正当防卫和特殊正当防卫。

（1）一般正当防卫是指公民为保护自身合法权益，不得不损害其他法益的防卫行为，其构成要件如下：

①必须有现实的不法侵害存在。

②不法侵害正在进行。

③必须具有保护合法权益免受正在进行的不法侵害的目的。

④正当防卫只能针对不法侵害人进行。

⑤不能明显超过必要限度造成重大损害。

（2）根据《中华人民共和国刑法》第二十条第三款规定："对正在进行行凶、杀人、抢劫、强奸、绑架以及其他严重危及人身安全的暴力犯罪，采取防卫行为，造成不法侵害人伤亡的，不属于防卫过当，不负刑事责任。"这便是特殊正当防卫，其构成要件如下：

①客观上存在着严重危及人身安全的暴力犯罪，这是行使特别防卫权的前提条件。

②严重的暴力犯罪是正在进行中的，这是行使无限防卫权的时间条件。

③防卫行为只能是针对不法侵害人本人实施的，这是行使无限防卫权的对象条件。

2. 简述转化型抢劫罪的成立条件。

【参考答案】（1）前提条件：行为人必须实施了盗窃、诈骗、抢夺三种犯罪行为，这是转化型抢劫罪成立的前提条件。

（2）主观条件：转化型抢劫罪成立的主观条件是为了窝藏赃物、抗拒抓捕或者毁灭证据。这是转化型抢劫罪与典型抢劫罪在主观方面的区别。

（3）行为条件：转化型抢劫罪是以使用暴力或者以暴力相威胁的行为为行为条件。

（4）时空条件：成立转化型抢劫罪的时空条件体现在暴力或者以暴力相威胁行为是当场实施的。

3. 简述特别自首与一般自首的联系与区别。

【答案解析】（1）一般自首是指犯罪分子在犯罪以后，自动投案，如实供述自己的罪行的行为。一般自首应当具备以下几个条件：

①犯罪分子必须自动投案。

②犯罪分子投案后应如实交代自己的罪行。

③犯罪分子必须接受审查和裁判。

（2）特别自首是指被采取强制措施的犯罪嫌疑人、被告人和正在服刑的罪犯如实供述司法机关还未掌握的本人其他罪行的行为。

（3）一般自首和特别自首的区别在于主体不同和供述的罪行不同。

四、案例分析题

1. 被告人夏某，男，30岁，汉族，某县公安局派出所民警。1998年某月初的一天，被告人夏某等得知住在某区某号的马某父子二人带有海洛因，遂与他人合谋敲诈二人。当日下午，夏某等人以执行公务为由到马某的住所收缴了海洛因，并将二人带至某路口商定私了，夏某扣留了马某之子作人质，放马某筹集现金赎子。次日下午6时许，夏某等人到约定地点收下马某带来的4.5万元人民币后放走了马某父子。一星期后，夏某等人携带手枪及海洛因与他人交易时被公安人员抓获，当场缴获海洛因92克。

问：在本案中，对夏某的行为应当如何定性处罚？

【参考答案】夏某的行为应该定性为绑架罪和贩卖毒品罪，应该实行数罪并罚。理由如下：

（1）在本案中，夏某以执行公务为由，非法扣留马某的儿子作为人质，对马某进行勒索，属于以实力控制他人的行为，其主观为直接故意，符合绑架罪的犯罪构成要件，因此构成绑架罪。

（2）贩卖毒品是指明知是毒品而故意实施贩卖行为。在本案中，夏某把私自勒索来的毒品与他人进行交易的行为，主观上出于故意，客观上实施了贩卖毒品的行为，且具有营利的目的，符合上述贩卖毒品罪的构成要件，因此夏某的行为构成贩卖毒品罪。

（3）本案中，被告人夏某在判决宣告前犯数罪，根据刑法的相关规定，应该对夏某实行数罪并罚。

2. 2001年2月，甲（23岁）先后两次在公交车上扒窃未被发现。次年1月，甲再次在公车上扒窃被当场抓获。审讯中，甲供述了三次扒窃行为，但为减轻自己的责任，称是乙教唆他扒窃的。公安人员为此传讯乙，并有刑讯行为（致轻伤），但最终查证，乙没有教唆甲扒窃，甲乙二人曾有恩怨。

问：本案中，甲的行为该怎样定性？为什么？

【参考答案】甲的行为构成盗窃罪和诬告陷害罪。其理由如下：

(1) 本案中，甲具有完全民事行为能力，且在公共汽车上多次盗窃，根据《司法解释》第四条的规定："对于一年内入户盗窃或者在公共场所扒窃三次以上的，应当认定位盗窃罪"，由此可见，甲的行为已经构成盗窃罪。

(2) 本案中，甲与乙曾有结怨，因此甲就捏造了乙教唆其犯罪的犯罪事实，并向公安机关告发。只要诬告陷害的行为符合以上条件，则不论被诬陷人是否受到刑事处罚，都不影响本罪的成立。由此可见，甲的行为构成了诬告陷害罪。

五、论述题

试述我国刑法中间接故意与过于自信的过失的概念、相同点和不同点。

【参考答案】间接故意是指明知自己的行为可能发生危害社会的结果，并且放任这种结果发生的心理态度。

过于自信的过失是指已经预见自己的行为可能发生危害社会的结果，但轻信能够避免，以致发生这种结果的心理态度。

相同点：

1. 在犯罪构成的主观因素方面，两者都预见到了危害结果发生的可能性，都不希望危害结果的发生，且都是结果犯，即危害结果的实际发生是构成犯罪的必要条件。

2. 在意志因素上，两者都不希望危害结果发生，即都没有对危害结果的追求心理。

区别：

1. 在认识因素方面，间接故意的心理下行为人明知自己的行为会发生危害社会的结果，其这种对危害结果的认识是比较清楚、现实的，即间接故意的认识具有现实可能性。而过于自信的过失对危害结果的产生只存在模糊的、存疑的、不确切的预见性认识，其认识具有假定可能性。明知要比预见全面、具体，认识的程度较深。

2. 在意志因素方面，间接故意与过于自信的过失对危害结果的发生都持有不积极追求的心理态度。然而间接故意的心理对危害结果的发生采取不反对、不排斥、听之任之、有意放任的心理态度，其不希望危害结果发生的心理不是建立在自己积极阻止的行为或实在的主客观条件上，对危害结果的产生不采取任何防止措施，危害结果的发生符合行为人的意志。

六、判断分析

1. 社会危害性是犯罪的本质特征，因此，没有危害结果就不可能构成犯罪。

【参考答案】此说法不正确。犯罪的社会危害性是指犯罪对国家和人民利益所造成的危害。犯罪的本质特征在于它对国家和人民利益造成危害。

危害性并不等于危害结果。我国刑法上的任何犯罪行为都能够给一定的直接客体造成损害。在具体案件中可能发生，也可能由于某种原因，没有发生，而且并非行为一着手实施就立即发生。一般没有产生具体结果的，以犯罪未遂论处。

2. 犯罪只要超过法定的追诉时效就不能追究刑事责任。

【参考答案】此说法不正确。根据我国《中华人民共和国刑法》第八十八条的规定："在人民检察院、公安机关、国家安全机关立案侦查或者在人民法院受理案件以后，逃避侦查或者审判的，不受追诉期限的限制。"由此可知，被人民法院、人民检察院、公安机关立案侦查或者受理的案件，以及被害人提出控告的，有关机关应当立案而不予以立案的，则不受追诉期限的限制。

3. 甲数次向乙追要财债未果，遂将乙不满周岁的儿子盗走藏匿，并告诉乙拿钱来赎儿子，甲的行为构成绑架罪。

【参考答案】此说法不正确。绑架罪与非法拘禁罪界限的主要区分是以勒索财物为目的的为绑架罪，以索取债务非法扣押、拘禁他人的为非法拘禁罪，二者容易混淆。同时根据我国《中华人民共和国刑法》第二百三十八条的规定："非法拘禁他人或者以其他方法非法剥夺他人人身自由的，处三年以下有期徒刑，拘役、管制或者剥夺政治权利。具有殴打、侮辱情节的，从重处罚。犯前款罪，致人重伤的，处三年以上十年以下有期徒刑；致人死亡的，处十年以上有期徒刑。使用暴力致人伤残、死亡的，依照本法第二百三十四条、第二百三十二条的规定定罪处罚。为索取债务非法扣押、拘禁他人的，依照前两款的规定处罚。"由此可知，本题应该定位非法拘禁罪。

刑事诉讼法学部分

一、单项选择题

1. 对刑事诉讼法的本质，应当理解为是（　　）。
   A. 关于诉讼形式的法律
   B. 关于解决争讼过程中的各方权利义务的法律
   C. 关于诉讼过程的法律
   D. 帮助实施刑法的法律
   E. 关于诉讼步骤的法律

【参考答案】B

2. 下列关于诉讼主体的说法中，正确的是（　　）。
   A. 指所有刑事诉讼法上的当事人
   B. 指被告人
   C. 指自诉人
   D. 指公检法机关
   E. 指对诉讼的发生、发展和终结能产生实质性影响的机关或者个人

【参考答案】E

3. 如果说我国没有承认无罪推定原则，那么最主要的理由是（　　）。
   A. 没有使用推定为无罪之人提法
   B. 没有明确证明责任由控方承担
   C. 没有明确被追究人有获得保释的权利
   D. 没有规定被追究人有保持沉默的权利
   E. 没有明确疑义应当作有利于被追究人的抉择

【参考答案】D

4. 公安机关在预审过程中，为了防止被告人翻供、狡辩，对审讯过程进行了全程摄像。后来被告人果然在审判中翻供，说当初在公安机关承认有罪是因为被审讯逼供而违

心认罪，公安机关为反驳被告人而将审讯录像交给了法庭，在这种情况下，该录像带是（　　）。

A. 物证　　B. 书证
C. 证人证言　　D. 视听材料
E. 被告人供述和辩解

【参考答案】D

5. 我国刑事诉讼法规定，在审理过程中，公诉人有权讯问被告人，该规定与下列哪个原则最不协调（　　）。

A. 直接言词原则　　B. 辩护原则
C. 平等对抗原则　　D. 职权原则
E. 审判独立原则

【参考答案】C

二、多项选择题

1. 甲对乙丙等人扬言说："老子一定要把王某杀了！"后来，乙丙等人出庭陈述了甲扬言要杀王某的全部内容，对于公诉机关控诉甲敌意杀人（王某）一案来说，上述陈述属于（　　）。

A. 直接证据　　B. 间接证据
C. 原始证据　　D. 传来证据
E. 控诉证据

【参考答案】BCE

2. 在被害人自诉被告人强奸自己的案件审理中，不能适用下列做法中的（　　）。

A. 和解　　B. 撤诉
C. 调解　　D. 公开审理
E. 简易程序

【参考答案】CDE

3. 人民检察院在办理案件的过程中，下列处理决定中，一定要经过检察委员会审查批准的是（　　）。

A. 撤销案件　　B. 批准逮捕
C. 证据不足的不起诉　　D. 法定不起诉
E. 退回补充侦查

【参考答案】CE

4. 律师介入侦查阶段的活动中，享有下列权利中的（　　）。

A. 单独会见嫌疑人　　B. 代为申诉、控告
C. 申请取保候审　　D. 了解嫌疑人涉嫌的罪名
E. 审阅案件材料

【参考答案】BCD

5. 根据刑事诉讼法和最高人民法院司法解释的有关规定，我国辩护制度中辩护种类有（　　）。

A. 自行辩护　　B. 委托辩护
C. 指定辩护　　D. 律师辩护

E. 强制辩护

【参考答案】ABC

三、判断分析

1. 没有经过两次以上的合法传唤就进行传讯，所获得的陈述或口供笔录都是非法证据。

【参考答案】此说法不正确。根据我国《中华人民共和国刑事诉讼法》第五十条的规定："人民法院、人民检察院和公安机关根据案件情况，对犯罪嫌疑人、被告人可以拘传、取保候审或者监视居住。"第九十二条的规定："对于不需要逮捕、拘留的犯罪嫌疑人，可以传唤到犯罪嫌疑人所在市、县内的指定地点或者到他的住处进行讯问，但是应当出示人民检察院或者公安机关的证明文件。"

2. 只有在言词证据中才会出现适用传闻证据法则的问题。

【参考答案】此说法不正确。根据证据形成的方法、表现形式、提供方式和存在状况，可以将证据分为言词证据和实物证据。传闻证据的范围并不仅限于言词，包括文字或非语言行为。因此，认为只有在言词证据中才会出现适用传闻证据法则的问题的观点是错误的。

3. 不应当公开审理的案件被公开审理后，由于属于重大程序违法，因此二审法院应当将案件发回原审法院重新判审。

【参考答案】此说法正确。违反公开审判的规定不仅包括将应当公开审判的案件不公开审判，而且也包括将不应当公开审理的案件公开审理。因此，如果属于不应当公开审理的案件被公开审理后，由于属于程序重大违法，二审法院应该将案件发回原审判法院重新审判。

4. 人民检察院对公安机关侦查终结的案件进行审查起诉时，如果认为应当对犯罪嫌疑人进行拘留的，可以决定拘留。

【参考答案】此说法不正确。检察官有决定拘留的权力而无执行拘留的权力，执行权属于公安机关，人民检察院行使拘留决定权只能是针对人民检察院的自侦案件，而对于公安机关侦查的案件，其拘留决定权只能由公安机关行使。

5. 最高人民法院核准死刑的案件，必须提审被告人。

【参考答案】此说法不正确。死刑复核权收回前，这一司法解释对最高人民法院进行死刑复核时是否提审被告人为作出规定，也就是说，最高人民法院完全可以通过书面审的方式进行死刑复核，而最高人民法院收回核准权后，也没有规定必须提审被告。

6. 上级人民法院对依审判监督程序提审的案件在进行审理后，对事实不清的，可以指令下级人民法院再审。

【参考答案】此说法正确。提起审判监督程序的方式有：决定提审、指令再审、决定再审和提出抗诉。而指令再审是最高人民法院对各级人民法院已经发生法律效力的判决、裁定，上级人民法院对下级人民法院已经发生法律效力的判决、裁定，如果发现确有错误的，可以指令下级人民法院再审，从而提起审判监督程序的一种方式。它是最高人民法院对地方各级人民法院、上级人民法院对下级人民法院实行审判监督的一种方式。

四、概念比较

1. 起诉法定主义与起诉便宜主义

【参考答案】起诉法定主义是指只要认为有足够的证据证明确有犯罪事实，且具备起诉条件的，公诉机关就必须提起起诉。

起诉便宜主义又称起诉合理主义、起诉裁量主义，是指检察官对存有足够的犯罪嫌疑，并具备起诉条件的案件，可以斟酌决定是否起诉的原则。二者的根本区别在于检察官是否有起诉裁量权。

2. 客观的证明责任与主观的证明责任

【参考答案】客观的证明责任是指当案件的要件事实最终呈现为真伪不明的状态时，一方当事人承担不利的诉讼结果责任。

主观的证明责任是指当事人为了避免承担不利诉讼结果的风险而负有的向法院提供证据的责任，其实质是一种提供证据的必要性。这种证明责任随着诉讼的发展，随时可以从一方当事人转移到另一方当事人。对被告人来讲，他对主张事实的证明只需达到合理性即可。

3. 传来证据与传闻证据

【参考答案】传来证据是指不是直接来源于案件事实或原始出处，而是从间接的非第一来源获得的证据材料。即经过复制、复印、传抄、转述等中间环节形成的证据，是从原始证据派生出来的证据，故又称为非第一来源的证据或派生证据。

传闻证据是指证人在本案法庭审理之外作出的用来证明其本身所主张的事实的各种陈述。传闻证据包括以下两种形式：

（1）证明人并非就自己亲身经历的事实，而仅就他人在审判所作的陈述，代为他人向法庭提供的陈述。

（2）证明人就自己亲身感知的事实向法庭提交的陈述书和证人证明案件中特定事项所作出的转述。

传来证据与传闻证据的区别表现在二者效力不同，二者分属的范畴不同，二者的外延不同。

4. 辩护与辩论

【参考答案】辩护是指刑事犯罪嫌疑人、被告人及其辩护人为反驳控诉，根据事实和法律，提出有利于被告人的证据和理由，说明被告无罪、罪轻或应当减轻、免除处罚的诉讼活动。

辩论是指刑事诉讼中的控辩双方对案件事实、有关证据和法律的适用等问题发表意见、进行论证、互相辩驳。

综上所述，可知辩护与辩论二者的主体、目的以及发生的时间都存在差异。

五、法条评析题

1. 我国《中华人民共和国刑事诉讼法》第一百五十八条规定：“法庭审理过程中，合议庭对证据有疑问的，可以宣布休庭，对证据进行调查核实。人民法院调查核实证据，可以进行勘验、检查、扣押、鉴定和查询、冻结。”请对该规定进行评析。

【参考答案】从模式上看，我国的审判带有明显的职权主义审判模式的特点。

所谓职权主义审判模式是指以法官为中心，强调法官的主导地位，而不提倡控、辩双方在审判中的积极性的一种审判模式。职权主义的诉讼模式中，法院在民事诉讼程序中拥有主导权，民事诉讼中程序的进行，诉讼资料的收集等权能主要由法院进行。在职权主义审判模式中，法官是庭审的核心人物，对诉讼进行起着主导作用。法官不仅依职权主持法庭、指挥诉讼，而且负有查明案件客观真实的责任。

2.《中华人民共和国刑事诉讼法》第一百五十条："人民法院对提出公诉的案件进行审查后，对于起诉书中有明确的指控犯罪事实并且附有证据目录、证人名单、主要证据复印件或者照片的，应当决定开庭审理。"请评析该条文。

【参考答案】(1) 此法规表明，对公诉案件的审查是公诉案件正式进入第一审程序的必经环节。《中华人民共和国刑事诉讼法》对公诉案件的审查规定与原刑事诉讼法相比较有了很大的改革，审理的性质由原来的实体性审查变为以程序性审查为主。

(2) 审查的内容和方法：根据我国《中华人民共和国刑事诉讼法》第一百五十条及最高人民法院司法解释的规定，对公诉案件的审查以程序性审查为主，主要围绕是否具备开庭条件来进行。

3.《最高人民法院关于执行<中华人民共和国刑事诉讼法>若干问题的解释》第一百七十六条：人们法院对"起诉指控的事实清楚，证据充实、充分，指控的罪名与人民法院认定的罪名不一致的，应当作出有罪判决。"请评析该条文。

【参考答案】由此法条可知，法院在审理案件过程中可以根据案件的具体情况来变更起诉罪名，另定其他罪名，这涉及不告不理原则。

不告不理原则又称控告原则，贯彻控告原则的目的是为了保障裁判者的被动性，而司法裁判的被动性又与裁判者的中立地位有着密切的联系。

六、简答题

1. 酌定不起诉应当具备哪些实体和程序要件？

【参考答案】根据我国《中华人民共和国刑事诉讼法》第一百四十二条第二款的规定："对于犯罪情节轻微，依照刑法规定不需要判处刑罚或者免除刑罚的，人民检察院可以作出不起诉决定。"由此可知，酌情不起诉应当具备以下要件：

(1) 犯罪嫌疑人实施的行为触犯了刑律。

(2) 犯罪行为情节轻微，依照刑法规定不需要判处刑罚或者免除刑罚。根据我国《中华人民共和国刑法》第三十七条规定："对于犯罪情节轻微不需要判处刑罚的，可以免予刑事处罚，但是可以根据案件的不同情况，予以训诫或者责令具结悔过、赔礼道歉、赔偿损失，或者由主管部门予以行政处罚或者行政处分。"

2. 人民检察院对审判程序违法如何进行监督？

【参考答案】(1) 对人民法院的审判活动本身进行监督。人民检察院认为人民法院审理案件过程中有违反法律规定的诉讼程序的情况，在庭审后提出书面纠正意见，人民法院认为正确的应当采纳。

(2) 对人民法院作出的判决、裁定进行监督。包括对一审法院作出还未发生法律效力的判决、裁定提起抗诉和对已经发生法律效力但检察机关认为事实认定或者法律适用确有错误的判决、裁定提起抗诉。

3. 审判公开的含义和标志是什么？

【参考答案】审判公开是指法院在审理案件和宣告判决时公开进行，允许公民到庭旁听，允许新闻记者采访、报道。刑事审判活动要严格遵守公开审判的原则，除有关国家机密、个人隐私和未成年人犯罪的案件以外，审判活动一律公开进行。审判公开的标志如下：

（1）审理案件的人员公开。

（2）执行公开。

（3）除了例外的案件不公开审理，一般的案件应公开审理。

（4）公开审理从立案直至法庭辩论结束的全部活动。

（5）无论案件是否公开审理，宣判时都必须公开。

七、案例分析题

某市中级人民法院对夏某、宋某、杨某故意杀人一案作出一审判决（均为无期徒刑）后，夏某不服提出上诉，宋某、杨某未上诉，检察机关没有提出抗诉。二审法院在审理过程中，被告人夏某因病死亡，夏某、宋某不构成犯罪，杨某故意杀人罪成立，应当判处死刑，立即执行。

二审法院对此案件应当如何处理？

【参考答案】二审法院应当判处夏某和宋某无罪，对杨某不能直接判处死刑，只能在判决生效后经审判监督程序进行改判。理由如下：

1. 根据《最高人民法院关于执行〈中华人民共和国刑事诉讼法〉若干问题的解释》第二百四十八条的规定："共同犯罪案件，如果提出上诉的被告人死亡，其他被告人没有提出上诉，第二审人民法院仍应当对全案进行审查。死亡的被告人不构成犯罪，应当宣告无罪；审查后认为构成犯罪的，应当宣布终止审理。"在本案中，夏某在二审审理过程中死亡，二审法院经审理后发现夏某和宋某无罪，仍然应该宣告夏某无罪。

2. 根据上诉不加刑的原则，第二审人民法院审判只有被告人一方上诉的案件，在作出新的判决时，不得对被告人判处重于原判刑罚。根据该原则，对事实清楚、证据充分，但判处的刑罚畸轻，不得撤销第一审判决，直接加重被告人的刑罚，也不得以事实不清或者证据不足发回原审人民法院重新审理。必须依法改判的，应当在第二审判决、裁定生效后，按照审判监督程序重新审判。本案中，被告人夏某、宋某和杨某都应当适用上诉不加刑原则，即二审法院不得加重他们的刑法。对于杨某，只能维持其一审判决，待判决生效后，再经审判监督程序进行改判，判处杨某死刑。

八、论述题

论我国侦查程序的主要特点。

【参考答案】侦查是指侦查机关在办理刑事案件过程中，依照法律进行的专门调查工作和有关的强制性措施。侦查程序具有以下几个特征：

1. 侦查程序是我国刑事诉讼的一个独立阶段。

2. 侦查只能由法定的侦查机关进行。

3. 侦查的内容包括专门调查工作和有关的强制性措施。

4. 侦察活动必须严格依法进行。

第二节　西政法学考研专业课B卷
中国宪法学部分

一、概念比较

宪法典和宪法性法律文件

【参考答案】宪法典和宪法性法律文件都是宪法的渊源形式。宪法典是指一国最根本、最重要的问题由一种有逻辑、有系统的法律文件加以明确规定而形成的宪法。而宪法性法律文件是指一国宪法的基本内容不是统一规定在一部法律文书之中，而是由多部关联的法律文书表现出来的宪法，具体分为宪法本体法和宪法关联法。宪法典的特点是形式完整、结构严谨、内容明确、条款原则相对稳定、便于适用。而宪法性法律文件的特点则是内容单一、结构简单、制定方便、使用灵活。

二、辨析题

1. 我国的国家机构基本划分为立法机关、行政机关和司法机关三种，因此，从根本上说我国也是采取的三权分立体制。

【参考答案】错误。从一般的意义上来看，我国的国家机构可以分为立法机关、行政机关和司法机关。但是这不意味着我国采取的是西方意义上的三权分立体制。我国的根本政治制度是人民代表大会制度。全国人民代表大会是国家的最高权力机关，国家的行政机关、审判机关和检察机关都由人民代表大会产生，对它负责，受它监督。这就决定了我国不可能是三权分立的政治体制。

2. 我国的所有机关都必须不折不扣地严格执行国家法律。

【参考答案】错误。所有的国家机关应当遵守法律，这是没有疑问的，但是遵守法律并不意味着绝对地、无条件地适用法律和遵守法律。法律不是万能的，法律是有其自己的局限性的，比如行政机关除了要严格执行法律以外，还要基于现实情况的变化，适当地对法律作出合理的自由裁量。

三、材料题

2002年3月，身高不足1.5米，22岁的某大学历史系应届毕业生小朱满怀热情报名参加广东省公务员考试，没想到却被人事部门的一纸规定拦在考场外。她在报考广东省地方史志办时，由于所学专业对口，学习成绩优秀并发表过专业论文，用人单位对她各方面的情况表示满意，于是她顺顺利利拿到了该单位的准考证。可是时隔不到1小时，她突然接到广东省地方史志办的电话，要求她立即退回准考证。小朱随即找用人单位了解情况，该单位的工作人员解释说，广东省人事部门对报名参加公务员考试的人员身高有文件规定，身高过矮的人员不允许报考，而小朱身高按规定不能报名。用人单位工作人员还带小朱到广东省人事部门进行政策咨询，得到的答案是：

《广东省国家公务员录用实施办法》第六章第二十一条规定，体检项目合格标准及办法由省人事部门规定。而广东省人事部门1999年制定的《录用公务员体检标准》第三章十二条十一款规定：男性身高须在1.6米以上，女性身高须在1.5米以上。广东省人事厅工作人员表示，既然有明文规定就要严格执行，身高不达标绝不会录用，就是差一点也不行。请问：

1. 小朱的什么权利被侵害？为什么？

2. 对《广东省国家公务员录用实施管理办法》这类侵害了公民权利的规范性文件，你有什么看法？

3. 如果小朱想寻求法院保护，你是法官，你将如何处理？

【参考答案】1. 小朱的平等权受到了侵害。依据我国宪法，任何公民不分民族、种族、性别、职业、家庭出身等都一律享有宪法和法律规定的权利，也都平等地履行宪法和法律规定的义务。任何公民的权利和利益都一律平等地予以对待和保护。在法律面前，任何人不得享有法律规定以外的特权。在本案中，小朱的身高要被录取的职位之间没有必然的联系，因此，侵犯了小朱的平等权。

2. 小朱可以向有权机关、制定机关提请对该规范性文件的审查建议，以保护自己的合法权益不受到侵害，或者有权机关、制定该规范性文件的机关主动撤销、修改与上位法相抵触的部分。

3、在审理该案时，依据法律、参照规章，发现具体行政行为的依据与上位法相抵触时，不予适用；同时，在司法实践中，法院还可以以司法建议书的形式，建议相关机关修改与宪法相抵触的部分。

行政法学部分

一、概念比较

1. 行政滥用职权与行政越权

【参考答案】行政滥用职权是指行政主体作出的具体行政行为虽然在其自由裁量权限范围内，但其不正当地行使职权，不符合法律授予这种权力的目的。而行政越权是指国家行政机关超越其法定权限而在其职权范围之外行政。

2. 行政授权与行政委托

【参考答案】行政授权是指法律、法规将某项或某一方面的行政职权的一部分或全部，通过法定方式授予某个组织的法律行为。行政委托是行政机关在其职权范围内将其行政职权或行政事项委托给有关行政机关、社会组织或者个人，受委托者以委托机关的名义实施管理行为和行使职权。

3. 行政先例与行政判例

【参考答案】行政先例也被称为行政惯例，是指行政机关在长期处理具体行政事务中形成的惯性行为或不成文规则。行政判例是指法院就行政案件作出的能为以后审理同类行政案件所援引的判决。

4. 行政赔偿与行政补偿

【参考答案】行政赔偿是指国家行政机关及其工作人员违法行使职权，侵犯公民、法人或者其他组织的合法权益并造成损害，由国家承担赔偿责任的制度。行政补偿是指行政主体的合法行政行为给行政相对人的合法权益造成损失，依法由行政主体对相对人所受损失予以补偿的制度。

二、不定项选择题

1. 越权无效是（　　）行政法的基本原则。

A. 美国　　B. 英国
C. 法国　　D. 德国
E. 日本

【参考答案】B

2. 自19世纪以来，学者们援用宪法学及民法学的解释方法用以解释行政法律规范，其解释方法主要包括以下几种（　　）。

A. 文义解释　　B. 论理解释和体系解释
C. 历史及起源解释　　D. 目的论解释
E. 合宪性解释

【参考答案】DE

3. 德国1977年1月1日生效的《行政程序法》的主要内容是（　　）。

A. 行政手续的一般规定　　B. 行政行为
C. 公法契约　　D. 特种手续
E. 法律救济程序

【参考答案】ABCDE

4. 以下属于行政立法主体的是（　　）。

A. 国家计划发展委员会　　B. 广西壮族自治区人民政府
C. 西安市人大常委会　　D. 宁波市人民政府
E. 无锡市人民政府

【参考答案】ABDE

5. 根据《国家赔偿法》的规定，行政机关及其工作人员职权有下列（　　）情形之一的，受害人有权提起国家赔偿。

A. 某公安局对违反《治安管理处罚条例》的刘某行政拘留20天

B. 某镇政府设立禁闭室，将违法超生的妇女李某禁闭5天

C. 某县人民政府在抗洪抢险中征用了公民张某的货车一辆，张某驾车前往指定地点时因交通事故而使该车辆报废

D. 某公安干警在执行公务时，用警棍将口出秽言的何某打伤

E. 某交警执勤时违法行使职权侵害了驾驶员徐某的合法利益

【参考答案】ABDE

三、判断分析

1. 国务院所作出的抽象行政行为都是行政立法行为。

【参考答案】错误。国务院除了进行行政立法以外，还进行一些除了行政立法之外的抽象行政行为，这些抽象行政行为都不是行政立法行为。

2. 法律可以设定任何行政处罚，行政法规可以设定除限制人身自由以外的行政处罚。

【参考答案】错误。不是法律可以设定任何行政处罚，而是法律可以在已经规定好的处罚种类的范围内，具体规定设定的处罚种类、程度、幅度和范围。

3. 行政行为一经作出即被推定有效，非经法定机关按照法定程序不得改变。行政行

为一经作出，除了具有明显违法、重大违法的情形以外，即行政行为一经成立，就被推定为有效。

【参考答案】正确。行政行为具有先定力的表现。

4. 行政相对人在对具体行政行为提起行政复议的同时，可以向行政复议机关申请对具体行政行为所依据的抽象行政行为进行复议审查。

【参考答案】错误。《中华人民共和国行政复议法》第七条规定：公民、法人或者其他组织认为行政机关的具体行政行为所依据的下列规定不合法，在对具体行政行为申请行政复议时，可以一并向行政复议机关提出对该规定的审查申请：（1）国务院部门的规定；（2）县级以上地方各级人民政府及其工作部门的规定；（3）乡镇人民政府的规定。前款所列规定不含国务院部委规章和地方人民政府规章。规章的审查依照法律、行政法规办理。

四、简答题

1. 简答行政权的性质及特征

【参考答案】行政权是指由国家宪法、法律赋予的，国家行政机关执行法律规范，实施行政管理活动的权力，是国家政权的组成部分。行政权同其他权力相比具有以下特征：相对于其他国家权力而言，它具有自由裁量性、主动性和广泛性等特点；相对于社会组织、公民个人而言，它则具有强制性、单方性和优益性等特点。

2. 不宜设定行政许可的事项主要包括哪些？

【参考答案】（1）公民、法人或者其他组织能够自主决定的。

（2）市场竞争机制能够有效调节的。

（3）行业组织或者中介机构能够自律管理的。

（4）行政机关采用事后监督等其他管理方式能够解决的。

3. 简述第二次世界大战后外国行政法的发展近况。

【参考答案】（1）行政程序的体系化进一步发展，呈现出法典化的趋势。

（2）战后在事先和外部程序方面得到了较大的发展。

（3）注重公民对行政管理的直接参与。

（4）注重政务公开。

（5）行政指导、行政合同等新兴的行政方式出现，并体现在法律制度之中。

五、论述题

试论我国行政审批制度的改革。

【参考答案】1. 我国现行的行政审批制度不利于充分发挥市场在资源优化配置中的基础性地位，政府的有形之手管理的范围和程度太宽，现行的行政审批制度严重阻碍了市场经济的快速发展，成为了经济发展的障碍，必须要进行行政审批制度改革。

2. 进行行政审批制度改革，第一，要调整行政审批的范围；第二，要改进行政审批的方式，要结合审批事项的不同情况，对审批的方式进行适当的改革；第三，要完善行政审批的程序；第四，要严格具体审批项目的设立；第五，要强化行政审批的监督机制。

行政诉讼法部分

一、不定项选择题

1. 下列错误的行政诉讼证据规则有（　　）。

A. 在行政诉讼中，原告不负任何举证责任，完全由被告负举证责任

B. 被告对具体行政行为的合法性负举证责任，除此之外的事项大多实行“谁主张，谁举证”

C. 过分重复或不必要的证据不可采信

D. 传闻证据一律不可采信

E. 被告之举证要受诉讼时间限制

【参考答案】ACD

2. 下列情形中不属于人民法院受案范围的为（　　）。

A. 卫生机关对卖淫妇女的强制检查

B. 技术监督机关对企业的技术检查

C. 审计机关对县政府的审计行为

D. 监察部门对行政机关人员的处分

E. 政府没有依法发失业保障金的行为

【参考答案】CD

3. 下列属于行政诉讼证据的有（　　）。

A. 某月某日某行政机关禁止某条路通行的通告

B. 对某人不遵守依法治市条例的罚款收据

C. 食品卫生监督机关对猪肉是否变质的鉴定意见

D. 刘某向公安机关所作的与李四一起偷砍了三棵树的陈述

E. 某化工厂违反环境保障法律法规污染他物的场所

【参考答案】ABCD

二、概念比较题

1. 行政诉讼与司法审查

【参考答案】行政诉讼是指行政相对人认为行政机关的具体行政行为侵害了公民、法人或者其他组织的合法权益，相对人向人民法院提起的一种司法救济制度。司法审查即违宪审查，是西方国家通过司法程序来审查、裁决立法和行政机关是否违宪的一种制度。

2. 可诉行政行为与不可诉行政行为

【参考答案】可诉行政行为是指行政相对人可以向法院提起的属于法院受案范围的案件。人民法院受理针对行政相对人提起的具体行政行为属于可诉的具体行政行为；不可诉的行政行为是指人民法院对于行政相对人提起的行政行为不是属于人民法院受理的案件范围。如国家行为，抽象行政行为，内部行政行为，法定行政终局裁决，刑事侦查行为，调解仲裁行为，行政指导行为，重复处理行为，对权利、义务不产生实际影响的行为等。

三、判断分析题

1. 行政机关在行政诉讼中既不能为原告，也不能为第三人。

【参考答案】错误。当行政机关被其他行政主体侵害时，行政机关可以对此行政主体提起行政诉讼，那么在这里行政机关就可以作为行政诉讼的原告，同理可得，行政机关也可以做第三人。

2. 公民、法人或者其他组织对具有国家行政职权的机关和组织及其工作人员的行政行为不服，依法提出诉讼的，属于人民法院行政诉讼的受案范围。

【参考答案】正确。人民法院对于公民、法人或者其他组织的具体行政行为提起行政诉讼的，应当受理。由此可见，行政诉讼的受案范围在于要看是不是具体行政行为，如果不是具体行政行为，那么就不属于人民法院的受案范围。

四、简述题

1. 最高人民法院《关于行政诉讼证据若干问题的规定》第一条规定："根据《中华人民共和国行政诉讼法》第三十二条和第四十三条的规定，被告对作出具体行政行为负有举证责任，应当在收到起诉状副本之日起十日内，提供据以作出被诉具体行政行为的全部证据和所依据的规范性文件。被告不提供或者无正当理由逾期提供证据的，视为被诉具体行政行为没有相应的证据。"请阐述该条规定的意义。

【参考答案】行政诉讼的举证规则遵循"民主张、官举证"，这样的制度设计是由行政诉讼的特征决定的。在具体行政行为当中，行政机关占据优势地位，对手无寸铁的相对人启动了行政行为，在这样一种背景下，就必须严格限制行政机关的权力和保障行政相对人的权利，为了达到这样一个目的，必须从制度上控制行政机关的权力，这就要求行政机关针对行政相对人作出的具体行政行为必须具有法定授权的依据，如果没有法定授权的依据，那么行政机关就不得对相对人作出行政行为，也就是行政机关必须遵循法律保留原则——法未授权者不可为。法律保留原则可以起到限制行政机关权力，保障行政相对人权益的目的。

2. 简述最高人民法院《关于执行中华人民共和国行政诉讼法若干问题的解释》中所规定的确认判决及其适用的条件。人民法院认为被诉具体行政行为合法，但不适宜判决维持或者驳回诉讼请求的，可以作出确认其合法或者有效的判决。有下列情形之一的，人民法院应当作出确认被诉具体行政行为违法或者无效的判决：

（1）被告不履行法定职责，但判决责令其履行法定职责已无实际意义的。

（2）被诉具体行政行为违法，但不具有可撤销内容的。

（3）被诉具体行政行为依法不成立或者无效的。

【参考答案】我国人民法院对行政主体的行政行为的合法性进行监督和审查。人民法院在审查具体行政行为合法性时，对于违法的具体行政行为法院予以撤销；对于合法的行政行为人民法院作出维持判决；人民法院认为被诉具体行政行为合法，但不适宜判决维持或者驳回诉讼请求的，可以作出确认其合法或者有效的判决。

五、案例分析题

1996 年原告孙某从甲市某县城关镇某村购买了房屋一栋，地基一块，并办理了公证。1998 年原告在未向该县城市规划、房屋建设等部门申请办理建房许可手续的情况下，擅自动工，在其购买的土地上扩建了三间房屋，把余下的空地用围墙围住，其围墙和三间房屋正压在该县修筑公路规划的红线内，将有碍公路规划建设的实施。1999 年该县政府公路建设指挥部两次向原告发出拆除三间房屋及围墙的通知，原告却拒绝执行。2000 年 6 月 19 日，该县人民政府根据《城市规划条例》下达了一个通告：（1）通知原告限期拆除三间房屋及围墙；（2）原告房屋前面的空地属闲置用地，无偿予以收回。原告不服，于是向该县人民法院提起行政诉讼，但在县政府的压力下，县法院认为此通告属于抽象行政行为，作出了不予受理的裁定，原告于是向甲市中级人民法院提出了上诉。问：

1. 该县人民政府下达的通告是什么性质的行政行为？理由是什么？

2. 本案的被告是谁？甲市中级人民法院是否可以受理本案？

3. 某县人民政府的行为是否合法？法院该如何判决此案？

【参考答案】1. 该县人民政府下达的通告是具体行政行为。理由如下：判断行政行为是具体行政行为还是抽象行政行为的标准不是看人数的多少，而是要看对相对人权利义务的影响是不是特定的。县人民政府的通告是直接针对孙某所占有的不动产而设定的，所以属于具体行政行为。

2. 本案的被告是某县人民政府，甲市中级人民法院应指令县人民法院立案受理。

3. 政府的通告第（1）部分是合法的，第（2）部分是违法的。县法院应当接受原告的起诉立案审理，合适的判决是支持县政府的第一项通告的内容，要求县政府变更第二项内容，应对原告进行必要的补偿。

第三节　西政法学考研专业课 C 卷
民事诉讼法部分

一、多项选择题

1. 外国人、外国企业和组织在我国进行民事诉讼，（　）。

A. 可以委托其本国公民作为诉讼代理人

B. 可以委托第三国公民作为诉讼代理人

C. 可以委托我国公民作为诉讼代理人

D. 只能委托中国律师

【参考答案】ABC

2. 根据我国《民事诉讼法》及有关司法解释，有些案件在法院审理终结后，当事人又起诉的，只要起诉符合条件，法院应予受理，这些案件是（　）。

A. 当事人撤诉的案件　　B. 法院驳回诉讼请求的案件

C. 法院裁定不予受理的案件　　D. 法院裁定驳回起诉的案件

【参考答案】ACD

3. 民事诉讼法规定必须到庭的被告是指（　）。

A. 收养案件的被告　　B. 离婚案件的被告

C. 不到庭就无法查清案情的被告　　D. 负有赡养、抚养、抚育义务的被告

【参考答案】CD

4. 涉外仲裁裁决的执行权属于（　）。

A. 被申请人住所地的中级人民法院

B. 被执行财产所在地的中级人民法院

C. 申请人住所地的中级人民法院

D. 仲裁机构所在地的中级人民法院

【参考答案】AB

5. 适用独任制审理的案件包括（　　）。

A. 适用督促程序的案件

B. 适用简易程序的案件

C. 认定公民限制民事行为能力案件

D. 企业法人破产还债案件

【参考答案】ABC

二、判断分析题

1. 离婚案件一方当事人委托律师代理诉讼的，本人必须出庭。

【参考答案】错误。《中华人民共和国民事诉讼法》第六十二条："离婚案件有诉讼代理人的，本人除不能表达意志外，仍应出庭；确因特殊情况无法出庭的，必须向人民法院提交书面意见。"根据该规定，题干中的说法过于绝对。

2. 民事诉讼中的诉讼标的就是诉讼标的物。

【参考答案】错误。诉讼标的又称诉的标的或诉的客体，是当事人双方争议或者法院审判的对象。而诉讼标的物是当事人争议的权利义务所指向的对象。凡民事诉讼都有诉讼标的，但是并不一定有诉讼标的物。例如，因身份关系产生争议的诉讼，就只有诉讼标的而没有诉讼标的物。所以，认为民事诉讼中的诉讼标的就是诉讼标的物是错误的。

3. 期日是指人民法院、当事人和其他诉讼参与人各自为诉讼行为所必须遵守的时间。

【参考答案】错误。期日是指人民法院与当事人及其他诉讼参与人会合进行诉讼行为的某一特定日期。决定某月某日为开庭审理某个民事案件的日期，在这一天，人民法院、当事人和其他诉讼参与人都必须到庭进行诉讼活动。期间是受诉法院、当事人或者其他诉讼参与人各自单独进行或者完成某种诉讼行为的期限。由此看出，题干所述是错误的。

4. 原告方提出的证据材料都是本证，被告方提出的证据材料都是反证。

【参考答案】错误。按照证据与证明责任的关系，可以将证据分为本证和反证。负有举证责任的当事人提出的用于证明自己所主张的事实的证据称为本证；不负举证责任的当事人为证明对方所主张的事实不存在或不真实而提出的证据称为反证。本证与反证并不是从证据提供人是原告还是被告来划分的，也不能是对原告有利还是对被告有利的角度划分。所以题干所述是错误的。

5. 在民事诉讼中，任何案件当事人既可以明示协议管辖也可以默示协议管辖。

【参考答案】错误。根据《中华人民共和国民事诉讼法》的规定，不仅涉外民事诉讼可以适用协议管辖，国内民事诉讼也可以适用协议管辖。但是国内协议管辖必须以书面的形式，口头协议无效。涉外民事诉讼则可以依双方当事人诉前的意思为标准，分为明示协议管辖和默示协议管辖。可见，在民事诉讼中，并不是所有的案件都既可以明示协议管辖也可以默示协议管辖。

6. 发生法律效力的民事调解书，当事人没有申请再审的，法院不能决定再审。

【参考答案】正确。根据《中华人民共和国民事诉讼法》的规定，人民法院依职权提起的再审和人民检察院依审判监督权引发的再审的客体必须是人民法院已发生法律效力的判决、裁定确有错误，这里不包括调解书。《中华人民共和国民事诉讼法》第一百八十条规定："当事人对已经发生法律效力的调解书，提出证据证明调解违反自愿原则或者调解协议的内容违反法律的，可以申请再审。"因此，发生法律效力的民事调解书，只有当事人有引发再审的权利，当事人没有申请再审的，法院不能决定再审。

三、简述题

1. 在执行程序中，为什么当事人可以和解，而法院不能进行调解？

【参考答案】执行和解是指在执行中，双方当事人自愿作出相互谅解和让步，就如何履行生效法律文书的有关内容达成协议，即执行和解协议，从而结束执行程序的一种活动。

法院调解是指在法院审判人员的主持下，双方当事人就民事权益争议自愿、平等地进行协商，达成协议，解决纠纷的诉讼活动和结案方式。

法院调解与当事人的和解有着显著的区别。和解是在没有第三者参与的情况下，完全由当事人自行协商、相互谅解达成的协议。执行和解的特征是当事人的自行和解。它是由当事人双方主动协商进行的，不需要其他任何组织或个人参加主持。执行组织也不得借口执行和解而动员、说服、强迫一方当事人让步，拖延执行。只要当事人尚未达成执行和解协议，就不能以将来进行执行和解为由停止执行。执行程序中，除当事人执行和解外，执行人员不能进行调解。因为对于生效法律文书，非依法定程序不得撤销或变更；执行人员的任务是强制实现生效法律文书的内容，无权解决实体权利义务争议，所以执行程序中不得进行调解。

2. 普通共同诉讼人之间的相互独立性有哪些具体表现形式？

【参考答案】普通共同诉讼又称一般共同诉讼，是指当事人一方或者双方为两人以上，其诉讼标的是同一种类，经当事人同意，人民法院认为可以合并审理而将其合并审理的共同诉讼。

普通共同诉讼是单独诉讼的合并形态。由于普通共同诉讼是可分诉讼，普通共同诉讼之间没有共同的权利义务，因此普通共同诉讼可以合并审理，也可以分开进行审理，但是即使在合并审理的情况下，人民法院也需对普通共同诉讼人分别作出判决。其独立性具体表现在以下几个方面：

（1）各共同诉讼人可以分别委托诉讼代理人代理他们进行诉讼。

（2）对各个共同诉讼人的适格要件法院要分别审查。

（3）任何一个共同诉讼人的诉讼行为只对自己产生效力，对其他共同诉讼人不产生效力。例如，其中之一的共同诉讼人的自认行为并不影响其他共同诉讼人的诉讼结果；其中之一的共同诉讼人的撤诉行为不及于其他共同诉讼人。

（4）共同诉讼的对方当事人，对于各共同诉讼人可以采取相反的诉讼行为，例如共同诉讼的对方当事人可以选择与其中之一的共同诉讼当事人进行和解而拒绝与其他共同诉讼当事人进行和解。

（5）人民法院审查发现将普通共同诉讼合并审理不符合经济条件的时候可以将其分开审理。

（6）共同诉讼人中的一人发生诉讼中止、终结事由时，不影响其他共同诉讼人继续进行诉讼。

四、论述题

论民事诉讼中的举证责任。

【参考答案】

1. 民事诉讼中举证责任产生的意义

民事诉讼设置举证责任的目的是为了防止法院的拒绝裁判。因此，在司法最终裁判的原则下，不容许法院拒绝对民事纠纷作出裁判。而客观现实是，民事诉讼难免出现案件事实真伪不明的状态，举证责任应运而生。

2. 举证责任的内容

第一，举证责任与当事人所处的诉讼地位无关，是按照主张权利还是否认权利的标准分配。

第二，举证责任是脱离每一具体诉讼而抽象分配的。

第三，举证责任的分配实际上是分配事实真伪不明时的败诉风险，尽管这一问题发生在诉讼过程中，并且要等到法官无法形成内心确信时才会显现其重要性，但它本质上仍然是一个实体法问题而非程序法问题。

3. 我国关于举证责任的分配的有关规定

（1）法律的一般规定

《中华人民共和国民事诉讼法》第六十四条规定：当事人对自己提出的主张有责任提供证据。

第一，在合同纠纷中，主张合同关系成立并生效的一方当事人对合同的订立和生效的事实承担举证责任；主张合同关系的变更、解除、终止、撤销的一方当事人对引起合同关系变动的事实承担举证责任；对合同是否履行发生争议的，由负有履行义务的当事人承担举证责任。

第二，代理权发生争议的，由主张有代理权的一方当事人承担举证责任。

第三，在劳动争议纠纷案件中，因用人单位作出开除、除名、辞退、解除劳动合同、减少劳动报酬、计算劳动者工作年限等决定而发生劳动争议的，由用人单位负举证责任。

（2）举证责任的倒置

举证责任的倒置是指在诉讼中将本属于原告承担的举证责任转由被告承担。下列侵权诉讼按照以下规定承担举证责任：

第一，因新产品制造方法、发明专利引起的专利侵权诉讼，由制造同样产品的单位或个人就其产品制造方法不同于专利方法承担举证责任。

第二，高度危险作业致人损害的侵权诉讼，由加害人就受害人故意造成损害的事实承担举证责任。

第三，因环境污染引起的损害赔偿诉讼，由加害人就法律规定的免责事由及其行为与损害结果之间不存在因果关系承担举证责任。

第四，建筑物或者其他设施，以及建筑物上的搁置物、悬挂物发生倒塌、脱落、坠落致人损害的侵权诉讼，由所有人或者管理人对其无过错承担举证责任。

第五，因缺陷产品致人损害的侵权诉讼，由产品的生产者就法律规定的免责事由承担举证责任。

第六，因共同危险行为致人损害的侵权诉讼，由实施危险行为的人就其行为与损害结果之间不存在因果关系及不存在医疗过错承担举证责任。

第七，有关法律对侵权诉讼的举证责任由特殊规定的从其规定。

五、案例分析题

张老汉住在某市某区，有二子一女，分别是张山、张水、张燕。张山与其父亲同住一个城市，张水与张燕在外地工作。张老汉立一遗嘱交给其女张燕。遗嘱中说，其遗产及房屋全部由张燕继承。张老汉去世后，丧葬费用由张山承担。张山为其父办完丧事后，便将其父遗留的房子卖给了李海，得价款6万元。张水回来后，向法院提起诉讼，要求继承遗产。在起诉与受理的过程中，张水因患急病死亡，张水之子张明和女儿张红要求参加诉讼。在诉讼进行中，张燕也从外地赶来，向该法院递交诉状，请求该法院将遗产及房屋判给自己。

问：1. 张山、张水、张燕、李海、张明、张红在诉讼中各处于什么样的诉讼地位？

【参考答案】在诉讼中，张水是原告，张山是被告，李海是无独立请求权的第三人，协助被告；张燕是有独立请求权的第三人，在诉讼中有原告的诉讼权利；在诉讼中原告张水死亡后，张明、张红作为原告的继承人参加诉讼。

张水认为自己继承遗产的权利受到侵害，而以自己的名义向人民法院提起诉讼，要求继承遗产，所以他为原告。

张山为其父办完丧事后，便将其父遗留的房子卖给李海，得价款6万元。张水认为张山侵害了其继承遗产的权利，且张水向法院起诉的相对人就是张山，所以张山是被告。

本案中，李海对于诉讼本身没有独立的请求权，但他买了张老汉遗留的房子，因此，案件的结果同他有法律上的利害关系，所以李海是无独立请求权的第三人。

本案中，张燕是遗嘱所列的遗产继承人，而张山把该遗产出卖得价款6万元，张水又起诉张山要求继承遗产，该案的诉讼标的为遗产的继承权，张燕对原告、被告之间争议的诉讼标的认为其有全部的独立的请求权，其应是有独立请求权的第三人。

在本案的起诉和受理过程中，张水因患急病死亡，张水之子张明与张水之女张红要求参加诉讼，符合法律规定。其二人作为张水的继承人，可以作为当事人参加诉讼，承担张水的诉讼权利和诉讼义务，即为原告。

2. 如果张燕在张水诉张山一案进入二审后才闻讯请求参加诉讼，第二审法院应当怎么处理？

【参考答案】张燕是遗嘱继承人，与本案的诉讼标的有直接的利害关系，其不参加诉讼不利于查明案件事实和纠纷的解决，因此，张燕属于必须参加诉讼的当事人。

经济法学专业卷
经济法学部分

一、概念比较

1. 经济法的指令性调整方法与经济法的指导性调整方法

【参考答案】指令性调整方法和指导性调整方法是经济法中常用的两种不同类型的调整方式。指令性调整方法是指国家权力机关和国家行政机关以某种形式指令相对人应当作为或者不作为，相对人应予服从的一种调整方法。

指导性调整方法是指国家机关为引导公民和法人的经济活动符合某种既定的经济干预目标而实施的非强制性的调整方式。

2. 引人误解的虚假宣传与商业诽谤

【参考答案】引人误解的虚假宣传行为是经营者利用广告或者其他宣传方式，对商品或者服务作出与实际不相符的公开宣传，已经引起或足以引起其交易相对人对商品或者服务产生错误的认识的行为；商业诽谤行为也称诋毁竞争对手的行为，是指经营者为了在竞争中获取经济利益，捏造、散布虚假事实，损害他人商誉、侵犯他人商业信誉的行为。

3. 垄断与不正当竞争

【参考答案】法律上所讲的垄断是指《中华人民共和国反垄断法》中规定的，垄断主体在市场运行的过程中进行的排他性控制或者限制竞争的行为，这种行为妨碍了正常的市场竞争秩序，包括独占、兼并、合并、合谋协议、独家交易、股份保有、董事兼任等；不正当竞争的行为包括两种，从狭义上说，主要指违反善良风俗、商业道德，违反诚实信用原则的竞争行为，在立法上各国一般都采用一般和个别相结合的表述方式。在我国，不正当竞争行为主要指反不正当竞争法中规定的不正当竞争行为，从广义上讲，不正当竞争行为包括垄断行为。

4. 经济法责任与民法责任

【参考答案】经济法责任是指经济法主体因实施了违反经济法律、法规的行为而承担的否定性法律后果，以及直接基于法律的规定而加以行为人的负担。民事责任是指民法上的主体因违反民法规范或民法保护的当事人之间约定而应承担的法律义务。

二、判断分析

1. 我国的《中华人民共和国产品质量法》所适用的产品包括初级农产品、建设工程及其使用的建筑材料、服务产品。

【参考答案】错误。我国产品质量法中所指的产品排除了初级农产品，未加工的天然形成的物品，由建筑工程形成的房屋、桥梁、其他建筑物等不动产等，但是对于符合《中华人民共和国产品质量法》对产品规定的建筑工程使用的建筑材料，可以适用《中华人民共和国产品质量法》的相关规定。

2. 我国消费者协会是根据《中华人民共和国消费者权益保护法》第十二条规定的消费者的结社权而成立的民间社会团体。

【参考答案】错误。我国消费者协会是受到法律保护的民间社会团体。但是应该注意的是，我国消费者协会成立于 1984 年，而《中华人民共和国消费者权益保护法》是在 1993 年颁布的，因此，消费者协会并非是根据《中华人民共和国消费者权益保护法》所成立的民间社会团体。

3. 在我国，土地增值税是增值税的一种具体形式。

【参考答案】错误。按照我国税法的相关规定，土地增值税并非是增值税的一种具体形式。增值税是对纳税人生产经营活动的增值额征收的一种间接税，它的征收范围包括所有的工业生产环节、商业批发和零售环节及提供加工、修理修配的劳务以及进口货物。而在我国，土地增值税是对有偿转让国有土地使用权、地上的建筑物及其附着物并取得收入的单位和个人就其增值部分征收的一种税，这与一般意义上的增值税是不同的。

4. 中国人民银行不得从事存贷款业务。

【参考答案】错误。中国人民银行不能向工商企业、个人从事存贷款业务，但是中国人民银行可以向商业银行提供贷款。

5. 社会保障关系作为平等主体之间的社会关系，应当由民法调整。

【参考答案】错误。社会保障关系所涉及的一般都是不平等主体之间的社会关系，也可能与宪法、民法、行政法、经济法等诸多法律部门有关。因此这种特殊的社会关系不应完全由民法来调整。

三、简述题

1. 简述经济法的时空性。

【参考答案】经济法的时空性是指经济法的纵向发展经过与经济法的横向发展范围。经济法时空性的内涵主要包括以下几个方面：

（1）经济法的时空性和经济法在具体的历史条件下的存在和发展是不可分离的。

（2）经济法时间性和空间性的具体含义。经济法的时间性是指经济法在实践过程中的可持续性、间隔性和顺序性，具有一维不可逆性。经济法的空间性是指经济法在不同国家、不同民族地球上并存的秩序，其特点是三维性或可逆性。

（3）经济法的时空性是绝对性和相对性的统一。

（4）经济法的时空性是有限性和无限性的统一。

2. 简述国家对企业运行进行适度干预的理论基础。

【参考答案】企业运行中的国家干预是指国家为维护社会公共利益或者全局性利益所实施的旨在克服市场经济体制中企业自由运作的盲目性和局限性的行为，它的理论基础主要有以下几点：

（1）社会本位及社会利益原则的确立。

（2）社会公平理念的出现及其被认同。

（3）企业在社会中的角色转换。

3. 简述反垄断法的适用除外制度。

【参考答案】《中华人民共和国反垄断法》的适用除外制度是指允许特定的市场主体的特定的垄断行为不适用反垄断法的基本规定的一种制度。

总的来说《中华人民共和国反垄断法》的适用除外的对象包括自然垄断、国家垄断、特定组织和人员的垄断。法律明确规定的某些特定行为和企业的联合组织。

4. 简述经济法调整宏观经济关系的客观必然性。

【参考答案】宏观经济关系由经济法调整具有客观必然性，这是由以下几个方面决定的：

（1）是由宏观经济调控目标要求决定的。

（2）是由宏观经济调控的国家化趋势以及各国的经验教训所决定的。

（3）是由市场经济自身的弱点和消极方面所决定的。

（4）是由国家机构的职能决定的。

5. 简述社会分配法的基本原则。

【参考答案】社会分配法是一个国家调整国民收入分配关系法律规范的总称，它属于经济法中宏观调控的一部分，它的基本原则是：

（1）初次分配坚持效率优先，兼顾公平的原则。

（2）再分配坚持公平优先兼顾效率的原则。

四、论述题

1. 论经济法在克服市场失灵中的特殊功能。

【参考答案】经济法是一种平衡协调的法，它是由改变市场自发调节功能的失灵和政府调控失灵的需要而产生的，经济法的这种平衡协调的能力决定了它在克服市场失灵中有着特殊的功能和作用。

（1）市场失灵。

（2）行政法对市场失灵矫正的缺陷。

（3）民法对市场失灵矫正的缺陷。

（4）经济法矫正市场失灵的特殊功能。

2. 论可持续发展的法律保障体系。

【参考答案】

（1）可持续发展的内涵

可持续发展是20世纪80年代提出的一个新概念。可持续发展的核心在于正确处理人与自然和人与人之间的关系，要求人类以最高的智力水平和泛爱的责任感去规范自己的行为，创造和谐的世界。

（2）可持续发展的法律保障体系

可持续发展的基本制度体系是由可持续发展的宪法性制度保障、行政管理法律制度、民事法律制度、经济法律制度、刑事法律制度、诉讼制度、以基本法和其他法律为表现形式的环境资源法律制度，国际条约以及国际惯例等表现形式的国际环境资源法律制度及其他制度而构成。

第二章　西政考研法学专业课2004年真题回顾与解析

本章引言

2004年西政考研法学专业课A卷、B卷和C卷的真题具有题型多样化的特点，基本涵盖了各种考试的类型，需要考生予以注意。

第一节　西政法学考研专业课A卷
刑法学部分

一、不定项选择题

1. 根据刑法第十三条，我国刑法规定的犯罪是（　）。

A. 危害社会的行为　　B. 违反刑法规定的行为

C. 应受刑法处罚的行为　　D. 具有主观罪过的行为

【参考答案】BC

2. 教唆犯可以从轻或减轻处罚的条件是（　　）。

A. 在共同犯罪中起次要或辅助作用

B. 被教唆的人没有犯被教唆的罪

C. 自动有效地防止了犯罪结果的发生

D. 教唆年满 18 周岁的人犯罪

【参考答案】B

3. 在下列犯罪中，以非法占有目的为构成要件的犯罪有（　　）。

A. 合同诈骗罪　　B. 集资诈骗罪

C. 贷款诈骗罪　　D. 侵犯著作权罪

【参考答案】ABC

4. 张某将装有火车脱轨器的编织袋存入一小件寄存处后，打电话通知当地派出所，声称一天之内如不按要求将 50 万元送到指定地点，他将用脱轨器在同一时间制造三起列车脱轨事件。后被及时查获，未发生严重事件。张某的行为构成（　　）。

A. 破坏交通工具罪　　B. 破坏交通设施罪

C. 敲诈勒索罪　　D. 破坏交通工具罪和敲诈勒索罪

E. 破坏交通设施罪和敲诈勒索罪

【参考答案】C

5. 下列行为应当以抢劫罪论处的有（　　）。

A. 携带凶器抢劫

B. 抢回自己输掉的赌资

C. 聚众打、砸、抢并毁坏公私财物

D. 用假毒品冒充真毒品贩卖后并以暴力（相威胁）阻止事主讨回购买毒品款项

【参考答案】AD

二、概念比较

1. 犯罪未遂与犯罪中止

【参考答案】犯罪中止是指在犯罪过程中，自动放弃犯罪或者自动有效地防止犯罪结果的发生。犯罪未遂是指已经着手实施犯罪，由于犯罪分子意志以外的原因而未得逞。

二者的区别在于以下几点：

（1）发生的时间不同。（2）发生的原因不同。（3）处罚不同。

2. 诬告陷害与诽谤罪

【参考答案】诬告陷害罪是指捏造事实诬告陷害他人，意图使他人受刑事追究，情节严重的行为。

诽谤罪是指故意捏造并散布虚构的事实，足以贬损他人人格，破坏他人名誉，情节严重的行为。

二者的区别在于以下几点：

（1）所捏造事实的内容不同。

诬告陷害罪捏造的是犯罪事实，而诽谤罪捏造的是损害他人人格、名誉的事实。

（2）所捏造事实的性质不同。

诬造陷害罪捏造的事实必须是意图使他人受到刑事责任追究的犯罪事实，而诽谤罪却没有这个要求。

(3) 二者行为的方式不同。

诬造陷害罪必须要求行为人将捏造的他人犯罪事实向有关机关告发，而诽谤罪只要求散布、传播就可以。

三、简述题

简要回答强奸罪的概念和特点。

【参考答案】强奸罪是指违背妇女意志，使用暴力、胁迫或者其他手段，强行与妇女发生性交的行为。

1. 其构成要件如下：

(1) 客体要件。本罪侵犯的是妇女性的不可侵犯的权利（又称贞操权)，即妇女按照自己的意志决定正当性行为的权利。

(2) 客观要件。强奸罪客观上必须具有使用暴力、胁迫或者其他手段，使妇女处于不能反抗、不敢反抗、不知反抗状态或利用妇女处于不知、无法反抗的状态而乘机实行奸淫的行为。

(3) 主体要件。本罪的主体是特殊主体，即年满十四周岁具有刑事责任能力的男子，但在共同犯罪情况下，妇女教唆或者帮助男子强奸其他妇女的，以强奸罪的共犯论处。

(4) 主观要件。本罪在主观方面表现为故意，并且具有奸淫的目的。

2. 强奸罪的特征如下：

(1) 侵犯的客体是妇女性的不可侵犯的权利。

(2) 在客观方面表现为以暴力、胁迫或其他使妇女不能抗拒、不敢抗拒的手段，违背妇女意志，强行与妇女发生性交的行为。

(3) 犯罪主体是年满十四周岁的男子。

(4) 主观方面是直接故意，并且具有强行奸淫的目的。

四、案例分析题

试图根据刑法相关规定和犯罪构成理论分析下列案例并回答问题。

被告人韩淑香，女，21 岁，北京佛力玻璃有限公司异彩玻璃建材中心出纳。

被告人于君，韩淑香男友，21 岁，黑龙江省来京打工人员。

1997 年 11 月 14 日、1998 年 2 月 25 日，被告人韩淑香分别将两张填好数额，并偷偷盖好异彩玻璃建材中心单位印鉴的现金支票交给被告人于君。于君在明知韩淑香是偷填支票并偷盖单位印鉴的情况下，按照韩指使到农行四季青信用社分别用上述支票取款 5600 元、6800 元。1998 年 5 月 6 日韩淑香再次使用同样手法指使于君到农行取款 4600 元时，于君因取款迹象可疑被当场抓获。被告人于君第一次帮助韩淑香取款后分得赃款 200 元。案发时，韩、于二人各自分得的赃款大部分已挥霍，仅从韩淑香身上起获活期存折一张（内存 4200 元)。

问：1. 韩、于二人的行为应如何定性?

【参考答案】韩、于二人的行为都应该定性为职务侵占罪。所谓职务侵占罪是指公司、企业或者其他单位的人员利用职务上的便利，将本单位财物非法占为已有，数额较大的行为。其构成要件如下：

(1) 客体要件

本罪的犯罪客体是公司、企业或者其他单位的财产所有权。

(2) 客观要件

本罪在客观方面表现为利用职务上的便利，侵占本单位财物，数额较大的行为。没有达到数额较大的标准，则也不能构成本罪。

(3) 主体要件

本罪主体为特殊主体，包括公司、企业或者其他单位的人员。

(4) 主观要件

本罪在主观方面是直接故意，且具有非法占有公司、企业或其他单位财物的目的。综上所述，可知韩、于二人的行为应该都定性为职务侵占罪。

2. 如何确定韩、于二人应承担刑事责任的犯罪数额?

【参考答案】韩、于二人应承担刑事责任的犯罪额为5600元加上6800元再加上4600元，总共17000元。

五、论述题

试述《中华人民共和国刑法》中正当防卫的概念及其成立条件。

【参考答案】

1. 正当防卫是指为了使国家、公共利益、本人或者他人的人身、财产和其他权利免受正在进行的不法侵害，采取对不法侵害人造成损害的方法，制止不法侵害，没有明显超过必要限度造成重大损害的防卫行为。正当防卫可以分为一般正当防卫和特殊正当防卫。

2. 一般正当防卫是指公民为保护自身的合法权益，不得不损害其他合法权益的防卫行为，其构成要件如下：

①必须有现实的不法侵害存在。

②不法侵害正在进行。

③必须具有保护合法权益免受正在进行的不法侵害的目的。

④正当防卫只能针对不法侵害人进行。

⑤不能明显超过必要限度造成重大损害。

3. 特殊正当防卫是指对正在进行行凶、杀人、抢劫、强奸、绑架以及其他严重危及人身安全的暴力犯罪，采取防卫行为，造成不法侵害人伤亡的，不属于防卫过当，不负刑事责任。其构成要件如下：

①客观上存在严重危及人身安全的暴力犯罪。

②严重的暴力犯罪正在进行。

③针对侵害人作出。

民法学部分

一、概念比较

1. 请求权与抗辩权

【参考答案】请求权是指权利人得请求他人为特定行为（作为、不作为）的权利。

广义上的抗辩权是指妨碍他人行使其权利的对抗权，至于他人所行使的权利是否为请求权在所不问。而狭义的抗辩权则是指专门对抗请求权的权利，亦即权利人行使其请求权时，义务人享有的拒绝其请求的权利，其作用在于阻止对方请求权的效力。

2. 代理行为与代表行为

【参考答案】代理行为是指以他人的名义，在授权范围内进行的对被代理人直接发生法律效力的法律行为。

法定代表人是指依法代表法人行使民事权利，履行民事义务的主要负责人。在我国，公司法定代表人或者负责人的业务行为就是一种代表行为，而非代理行为。

代理行为与代表行为有很大的差别，如越权代理与越权代表的结果是截然不同的。在越权代理的情况下，代理人超越代理权的范围从事的代理行为构成无权代理，其法律后果应由代理人自行承担。

3. 消灭时效与除斥时间

【参考答案】消灭时效是指权利人在法定期间内不行使请求权，其权利即归于消灭的法律制度。除斥时间是指法定的权利的存续期间，因该期间的经过发生权利消灭的法律效果。二者的区别在于：

（1）客体不同。消灭时效的客体是债权请求权，而除斥时间的客体是形成权。

（2）弹性不同。消灭时效是可变期间，期间可以中止、中断或延长，而除斥时间是不变期间，期间经过不能中止、中断和延长。

（3）始期不同。消灭时效期间一般自权利被侵害或权利可行使之时起算，而除斥期间一般自权利成立时起算。

（4）效果不同。消灭时效消灭的是胜诉权，而实体权利并不消灭，而除斥期间届满后，消灭的是实体权利。

（5）价值定位不同。消灭时效的规范功能是为了维护新事实状态，消灭时效期间届满后，新法律关系状态得到法律肯定，而除斥时间的规范功能是为了维持原事实状态，除斥期间届满后，原事实状态之法律关系状态得到维持。

二、简述题

1. 简述表见代理的构成要见及其法律后果。

【参考答案】表见代理是指被代理人的行为足以使善意第三人相信无权代理人具有代理权，基于此项信赖与无权代理人进行交易，由此造成的法律效果强使被代理人承担的制度。其构成要件有以下四点：

（1）代理人不具有代理权，这是表见代理成立的前提条件。

（2）客观上存在使善意第三人相信无权代理拥有代理权的理由。

（3）无权代理人与第三人所为的民事行为，合于法律行为的有效要件和代理行为的表面特征。

（4）第三人为善意且无过失，是第三人无从知道无权代理人无代理权，且这种不知情并非由第三人的疏忽所导致的。

2. 简述连带债务与可分债务、不可分债务之间的关系。

【参考答案】连带债务是指债务人有两个或两个以上，因全体债务人之间存在有连带关系，各债务人都负有全部给付的义务，债务人中的一人或数人的完全给付对全体债务人生效，因而导致全部债的关系消灭的债务。连带债务的标的须为同一可分给付，本属于可分债务，唯法律特为保护人债权人而使其与可分债务相独立，所以它具有与可分债务不同的法律结构。

不可分债务是指数债务人负担同一不可分给付，而各债务人得单独为全部给付之债务。

不可分债务与连带责任两者并不完全相同，二者的主要区别在于：不可分债务因其给付不可分，所以债务人不能为一部分给付，债权人也无从请求一部分给付。因此在不可分债务中，各债务人仍然需要对债权人负全部给付责任，债权人得依债之本旨向债务人中之一人、数人或其全体，同时或前或后为全部之请求，由此可见，债务人不履行不可分债务时也会产生连带责任。如果不可分给付因各债务人的过失而归于消灭时，就此的损害赔偿，各债务人仍应负连带责任。

三、案例分析题

甲男因赴美国探亲将其一套三室一厅的私有住房委托给乙照管，双方约定由乙无偿自住一间，水、电、气费由甲担负，时间为6个月。自甲走后，乙随即通过互联网发布出租房屋租赁信息。在丙租房两个月后，甲因不习惯国外生活而提前回国，得知乙与丙的租赁合同，要求丙返还房屋及乙收取的租金，同时要求乙提前终止合同并返还房屋。为此，当事人间发生纠纷。

1. 乙与丙订立的租赁合同是否有效？为什么？

【参考答案】乙与丙订立的租赁合同无效。因为该租赁合同属于效力待定的合同，由于甲的不追认而归于无效。或者因丙发现乙无权代理，丙有权行使撤销权，将合同归于无效，这是因为如果乙以甲的名义出租房屋，那么其行为就属于无权代理，此时若甲进行追认，则合同有效，与此同时，如果丙在甲之前行使撤销权，则合同归于无效。由于乙明显没有授权文件且不是房产物权人，所以不能构成表见代理，合同无效。若乙以自己的名义出租房屋就是无权处分，因此该合同属于效力待定的合同，若甲追认，则合同有效，若甲不追认，则合同无效。在本案例中，由于甲没有进行追认，所以合同无效。

2. 乙出租房屋的行为是否构成无因管理？为什么？

【参考答案】本案中，乙出租房屋的行为不构成无因管理。究其原因有以下三点：

（1）在本案例中，乙是否为了甲的利益出租的主观目的并没有体现，不能够自然认定，而要构成无因管理最基本的要求就是无因管理人存在为了他人的利益的主观目的，乙是利用照管甲房子的机会获取不当得利还是为了给甲增加收益而实施的租赁行为，在本案例中并未体现，因此不能就此认为乙是无因管理。

（2）在本案例中，乙的租赁行为是否真的有利于甲还存在问题，如果不仅没有对甲有利，反而有碍于甲的需求，则不能简单地认为有收益就有利。本案中，甲很显然没有租赁房屋的意思，否则的话也不会让乙无偿自住一间。

（3）本案中，乙擅自将甲的房屋租赁的行为已构成了对甲房屋使用权的侵犯，属于侵权行为。租赁房屋的行为属于用益物权的行使，任何非物权人不能代替物权人擅自行使，所以乙出租房屋的行为不构成无因管理。

3. 甲可否要求乙提前终止合同并返还房屋？

【参考答案】甲可以要求乙提前终止合同并返还房屋。因为双方成立委托合同关系，根据《中华人民共和国合同法》第四百一十条的规定："委托人或者受托人可以随时解除委托合同。因解除合同给对方造成损失的，除不可归责于该当事人的事由以外，应当赔偿损失。”在本案中，甲作为委托人可以随时解除委托合同。

刑事诉讼法学部分

一、不定项选择题

1. 人民检察院在对一起案件审查后，对犯罪嫌疑人作出了不起诉的决定。对此，被害人不服，他可以（　　）。

A. 向不起诉的人民检察院申请复议

B. 向上一级人民检察院申诉

C. 直接向人民法院起诉

D. 向人民检察院起诉后，再向人民法院起诉

【参考答案】BCD

2. 省高级人民法院审理第二审案件时，其合议庭的组成应该是（　　）。

A. 不能让人民陪审员参加

B. 合议庭人数只能是三人

C. 合议庭人数只能是三人或五人

D. 合议庭人数可以是三人、五人或七人

【参考答案】AC

3. 人民检察院向人民法院提起公诉的时候应当提交起诉书且附有证据目录、证人名单以及主要证据复印件或照片。根据最高人民法院的解释，人民法院对提起公诉的案件审理后，可以作出下列处理（　　）。

A. 不属于本院管辖的，应当决定退回人民检察院

B. 可以决定开庭审判

C. 证据材料不充足的，应当决定退回人民检察院

D. 证据材料不充足的，应当通知人民检察院补送

【参考答案】AB

4. 在人民法院开庭审理案件的过程中，有权申请重新鉴定的人有（　　）。

A. 辩护人　　B. 诉讼代理人

C. 被告人　　D. 被害人

【参考答案】ABCD

5. 王女士向公安机关控告刘某对其进行诬告陷害，公安局侦查后，决定撤销此案，认为刘某根本不构成犯罪，此后，王女士向人民法院提起自诉，控告刘某。在人民法院审理此案的过程中（　　）。

A. 王女士可以自愿撤回起诉

B. 人民法院可以对此案进行调解

C. 王女士可以和刘某自行和解

D. 刘某可以对王女士提起反诉

【参考答案】AC

6. 根据我国《中华人民共和国刑事诉讼法》的规定，下列原则是我国刑事诉讼的基

本原则（　　）。

A. 平等对抗原则

B. 以事实为根据、以法律为准绳的原则

C. 人民检察院依法对刑事诉讼实行法律监督的原则

D. 使用民族语言文字进行诉讼的原则

E. 禁止重复追究原则

【参考答案】BCD

7. 在我国刑事诉讼中，回避的适合对象包括（　　）。

A. 审判长　　B. 公诉人

C. 证人　　D. 侦查员

E. 鉴定人

【参考答案】ABDE

8. 甲县周某在乙县盗取手枪一支、子弹五发，然后到省会城市丙市东区持枪抢劫两次，致两人死亡。到同省丁市持枪抢劫一次，致一人重伤，根据我国《中华人民共和国刑事诉讼法》的规定，此案应如何定管辖（　　）。

A. 应当由丁市人民检察院起诉

B. 应当由丁市人民法院进行审判

C. 应当由丙市人民检察院起诉

D. 应当由丙市人民法院进行审判

E. 可以由省高级人民法院指定丙市东区人民法院审判

【参考答案】CD

9. 下列死刑案件中，应当由最高人民法院核准的是（　　）。

A. 中级人民法院一审判处死刑，高级人民法院二审维持原判

B. 中级人民法院一审判处死刑，缓期两年执行的受贿案件

C. 中级人民法院一审判处死刑的贪污案件，高级人民法院改判死刑缓期，高级人民法院二审维持原判

D. 中级人民法院一审判处死刑缓期两年执行，二审改判死刑的贪污案件

E. 中级人民法院一审判处死刑缓期两年执行，二审改判死刑的故意杀人案件

【参考答案】ABCDE

10. 根据我国《中华人民共和国刑事诉讼法》的规定，下列做法违法的是（　　）。

A. 侦查人员询问犯罪嫌疑人时没有通知其律师到场

B. 人民法院适用简易程序审理刑事案件时，被害人要求参加法庭审理活动

C. 侦查人员询问证人时只有一位侦查员在场

D. 人民法院在审理公诉案件时，被害人要求参加法庭审理活动

E. 第二审人民法院对人民检察针对一审判决提出抗诉的案件，不经开庭审理，即作出了二审判决

【参考答案】BCE

11. 某基层人民法院在审理严某故意杀妻一案时，公诉人当庭提出了以下证据：(1) 侦查人员对严某的询问笔录；(2) 现场勘验笔录；(3) 现场提取的杀人菜刀一把；(4) 邻居付某就案发当时听到的情况向检察人员的陈述笔录；(5) 严某同事高某向侦查人员所做的关于事发当晚严某与他一起值夜班、没有作案条件的证词。从证据种类和分

类上看，这些证据中包括（　　）。

A. 物证　　B. 书证

C. 无罪证据　　D. 鉴定结论

E. 原始证据

【参考答案】ACE

12. 在法庭审理过程中，人民法院休庭调查核实证据时可以进行（　　）。

A. 搜查　　B. 勘验、检查

C. 扣押　　D. 鉴定

E. 查询、冻结

【参考答案】BCDE

13. 人民法院对于告诉才处理的刑事案件，可以作出如下哪些处理（　　）。

A. 对于缺乏证据的，可以说服自诉人撤回自诉

B. 自诉人提不出充足证据的，可以裁定驳回自诉

C. 可适用简易程序经行处理

D. 可以判决

E. 可以调解结案

【参考答案】ABCDE

14. 在刑事诉讼过程中，发现犯罪已过追诉时效期限的，应当就不同情形作出处理（　　）。

A. 在立案阶段发现的，应当由主管机关作出不立案的决定

B. 在侦查阶段发现的，立案侦查机关应当作出撤销案件的决定

C. 在审查起诉阶段发现的，应当由人民检察院作出不起诉的决定

D. 在审判阶段发现的，应当裁定终止审理或者宣告无罪

E. 在执行阶段发现的，应当由人民法院作出撤销案件的决定

【参考答案】ABCD

15. 对于有下列情形的人，任何公民都可以立即扭送公安机关、人民检察院或者人民法院处理（　　）。

A. 正在实施犯罪　　B. 通缉在案的

C. 正在被追捕的　　D. 有流窜作案重大嫌疑的作案

E. 在其住处发现犯罪证据的

【参考答案】ABC

二、简答题

1. 简述刑法与刑事诉讼法的关系。

【参考答案】（1）刑法和刑事诉讼法的关系是内容和形式的关系，刑法是内容，刑事诉讼法是形式，二者相互依存，密不可分。

（2）刑事诉讼法是一个在各种价值观念支配下发现真理的过程，而不是真理本身。

（3）一般情况下，刑事诉讼的各种价值是协调、统一的，但是由于刑事案件的纷繁复杂，价值冲突的现象时有发生，所以各国不得不在各种价值中进行选择，并因此在诉讼制度上进行了变革。

（4）若将刑事诉讼看作是一个逻辑证明的过程，那么，在这个逻辑证明的链条上，

刑法的规定就是大前提，刑事诉讼是为了探寻小前提，刑事诉讼的结果便是结论。

2. 谈谈强制指定辩护人制度。

【参考答案】指定辩护包括任意性指定辩护和强制性指定辩护两种形式。强制辩护制度是指被告人必须有辩护人为其进行辩护则法庭审判活动方为合法有效的制度。根据《中华人民共和国刑事诉讼法》的相关规定可知，对于被告人没有委托辩护人而具有以下情形之一的，人民法院应当为其指定辩护人：

（1）盲、聋、哑人或者限制行为能力的人。

（2）开庭审理时不满 18 周岁的未成年人。

（3）可能被判处死刑的人。

对于强制辩护，值得注意的是：

（1）强制辩护的前提是被告人没有辩护人，若被告人已经有辩护人的，人民法院就不需要指定了。

（2）强制辩护是强制法院在上述三类被告人没有委托辩护人的情况下，必须为被告人指定辩护人，而不是强制被告人必须委托辩护人。

（3）一审和二审都应当指定，但是对其他可能被判处监禁刑特别是被判处无期徒刑及长期监禁刑的被告人，不在司法利益需要考虑范畴之内给予法律援助。

3. 什么是间接证据？完全运用间接证据认定犯罪事实，应当遵循哪些规则？

【参考答案】按照民事诉讼证据与证明对象的关系来划分，可以将证据分为直接证据和间接证据。

直接证据就是能够直接证明证明对象的证据。

间接证据就是指不能直接证明案件的事实，但能和其他证据联系起来，共同证明和确定案件事实的证据。根据间接证据的特点和司法实践经验，在完全运用间接证据定案的情况下，必须具备以下性质：客观性、关联性、充分性、协调性、完整性、排他性。

无论是直接证据还是间接证据，在刑事诉讼中均具有重要的作用。只有深入和正确地理解两类证据各自的特点和运用规则，才能在实践中自觉地运用。

4. 在我国刑事诉讼中，辩护律师在审查起诉阶段享有哪些诉讼权利？

【参考答案】辩护律师是指刑事案件犯罪嫌疑人、被告人及其近亲属，根据《中华人民共和国刑事诉讼法》第三十二条第一项规定委托的持有律师执业证的律师，是辩护人的一种。除律师以外，人民团体或者犯罪嫌疑人、被告人所在单位推荐的人以及犯罪嫌疑人、被告人的监护人和亲友也可以担任辩护人。而辩护律师在起诉阶段享有的诉讼权利有以下几点：

（1）享有阅卷权和会见通信权。

（2）享有调取证据的权利。

（3）在整个刑事诉讼过程中，对公安机关、检察院和人民法院采用强制措施超过法定期限的，辩护律师有权要求解除。

三、判断分析

1. 提起刑事附带民事诉讼的案件，被告人被判有罪的不能另行提起民事诉讼要求精神损害赔偿。

【参考答案】此说法正确。根据《中华人民共和国刑事诉讼法》及最高人民法院的司法解释的相关规定可知，刑事附带民事诉讼请求赔偿范围有一定的局限性：对于被害人因犯罪行为遭受精神损失而提起附带民事诉讼的，人民法院不予受理。同时，从目前我国确立精神损害赔偿制度的立法宗旨来看，精神损害赔偿是由民事侵权引起的一种法律后果，侵权人应承担相应的法律责任，因此排除了刑事侵权引起的精神损害赔偿请求权。

2. 共同犯罪案件部分人上诉或者对部分被告人起诉，导致全案必须通过二审才能生效。

【参考答案】此说法正确。根据我国《中华人民共和国刑事诉讼法》第一百八十六条规定："第二审人民法院应当就第一审判决认定的事实和适用法律进行全面审查，不受上诉或者抗诉范围的限制。共同犯罪的案件只有部分被告人上诉的，应当对全案进行审查，一并处理。"所以，共同犯罪案件部分人上诉或者对部分被告人起诉，导致全案必须通过二审才能生效。

四、法条释评题

《中华人民共和国刑事诉讼法》第七条规定："人民法院、人民检察院和公安机关进行刑事诉讼，应当分工负责，互相配合，互相制约，以保证准确有效地执行法律。"

你对本规定如何理解？

【参考答案】分工负责、互相配合和相互制约是我国刑事诉讼中正确处理人民法院、人民检察院和公安机关之间关系的原则之一。可以从以下三个方面来理解：

1. 分工负责是指人民法院、检察院和公安机关根据法律规定的职权，各负其责、各尽其职，严格按照分工进行诉讼活动，不允许相互代替和超越职责权限。

2. 互相配合是指人民法院、人民检察院和公安机关在进行刑事诉讼时，应当在分工的基础上相互支持、相互合作和协调一致，共同完成揭露犯罪、证实犯罪、惩罚犯罪和保障无罪的人不受刑事追究的诉讼任务。

3. 互相制约是指人民法院、检察院和公安机关在刑事诉讼中，按照职能分工和诉讼程序的要求，相互制约、相互制衡，以防止可能发生的偏差和错误，及时发现和纠正错误，以确保法律的执行和诉讼任务的完成。

五、论述题

请结合我国《中华人民共和国刑事诉讼法》的有关规定，阐释证据不足在公诉案件中决定适用强制措施以及在审查起诉、一审、二审以及死刑复核程序中的法律效果。

【参考答案】1. 证据不足在公诉案件中决定适用强制措施中的法律效果：

我国《刑事诉讼法》对逮捕以外的其他强制措施没有规定证据条件。根据我国相关法律法规，逮捕的证据条件有以下三个：一是有证据证明发生了犯罪事实；二是有证据证明犯罪事实是犯罪嫌疑人实施的；三是证明犯罪嫌疑人实施犯罪行为的证据已经查证属实的。其证据条件必须达到能够证明被逮捕人有重大犯罪嫌疑的程度，而对于因证据不足而不符合逮捕条件的，由人民检察院作出不批准逮捕的决定，制作不批准逮捕决定书，说明不批准逮捕的理由，需要补充侦查的，应当同时通知公安机关。

2. 证据不足在审查起诉阶段的法律效果：

根据我国《中华人民共和国刑事诉讼法》第一百四十条第四款的规定："对于补充侦查的案件，人民检察院仍然认为证据不足，不符合起诉条件的，可以作出不起诉的决定。"由此可知其适应前提是案件经过补充侦查后，仍然证据不足。同时根据最高人民检察院《人民检察院刑事诉讼规则》的规定可知，具有以下情形之一的，不能确定犯罪嫌疑人构成犯罪和需要需要追究刑事责任的，属于证据不足，不符合起诉条件，可以作出不起诉的决定：一是据以定罪的证据存在疑问，无法查证属实的；二是犯罪构成要件事实缺乏必要的证据予以证明的；三是据以定罪的证据之间的矛盾不能合理排除的；四是根据证据得出的结论具有其他可能性。

3. 证据不足在一审程序中的法律效果：

在一审程序中，若人民检察院提出控诉所依据的证据不足时，则不能认定被告人有罪，应当作出证据不足、指控的犯罪不能成立的无罪判决。

4. 证据不足在二审程序中的法律效果：

在二审程序中，若原判证据不足，可以在查清事实后改判，也可以裁定撤销原判，发回原审判的人民法院重新审判。

5. 证据不足在死刑复核程序中的法律效果：

在死刑复核程序中，若原审判决证据不足的，则应裁定撤销原判，发回重新审判。

六、案例分析题

1. 某县人民法院以故意伤害罪判处被告人叶某有期徒刑 7 年，同时对被害人高某提起的附带民事诉讼也一并作出了判决。叶某不服刑事部分的判决，认为量刑过重，因而在法定期限内提起了上诉，该县人民检察院则认为量刑过轻，提出抗诉。上诉书和抗诉书都由上诉者和抗诉机关直接提到了市中级人民法院，中级人民法院接收上诉和抗诉后，对案件材料进行了审查，并讯问了叶某，听取了高某的意见，认为本案事实清楚，证据确实且充分，但第一审人民法院对叶某量刑不当，应当判处叶某有期徒刑 10 年，但是根据上诉不加刑的原则，第二审人民法院不能改判叶某的第一审判决，经过这种调查询问式审理后，市中级人民法院裁定以量刑不当为由将刑事部分的判决撤回，发县人民法院重新审判。县人民法院安排原合议庭的成员对此案进行重新审判。在审判过程中，合议庭发现原判决确实存在量刑不当的问题，于是改判叶某有期徒刑 10 年，并且将原判决的附带民事诉讼部分的赔偿额也作了改判，并在判决书中写到："本判决为终审判决，不得提起上诉、抗诉。"最后，县人民法院的判决生效。

问：在本案中，有哪些地方违反了刑事诉讼法的规定？

【参考答案】在本案中，法院的裁判行为违反刑事诉讼法规定的有以下 7 点：

（1）县人民检察院直接将抗诉书提交到市中级人民法院的做法是错误的。在本案中，若该县人民检察院认为法院量刑不当，应该通过该县人民法院提出抗诉，并且将抗诉书抄送市人民检察院。同时将抗诉书连同案卷、证据移送市人民法院，将抗诉书副本送交当事人。

（2）市中级人民法院根据上诉不加刑原则，对第二审人民法院不能改判叶某的第一审判决定的认识不正确。本案中，因被告人与人民检察院同时提起上诉和抗诉，所以，第二审人民法院裁判时不受上诉不加刑规定的限制。

（3）本案中，二审法院并未开庭审理，仅仅通过问卷、讯问被害人和听取被害人意见的方式，就作出判决的做法是错误的。对于抗诉案件，二审法院必须开庭审理。

（4）市中级人民法院裁定以量刑不当为由将刑事部分的判决撤销，某县人民法院重新审判，县人民法院安排原合议庭的成员对此案进行重新审判的做法是错误的。本案应该由原审人民法院重新组成合议庭进行审判。

（5）本案二审法院认定原判决所认定的事实没有错误，但量刑不当，因此发回原审人民法院重审的做法错误。二审法院不应当将案件发回原审人民法院重审，而应该改判。

(6) 县人民法院将原判决的附带民事诉讼部分的赔偿额作改判的做法是错误的。附带民事诉讼部分已经发生法律效力的，如果发现判决或裁定中的民事部分有错误的，应当对民事部分按照审判监督程序予以纠正。

(7) 原审法院重新审判后，在判决书中写道："本判决为终审判决，不得提起上诉、抗诉。"的提法是错误的。原审判法院重新审判后所作出的判决属于一审判决，被告人可以上诉，而人民检察院也可以抗诉。

2. 温某因日常生活小事与邻居张某多次发生冲突，于是产生了报复念头。1998 年 3 月 20 日，温某将张某年仅 4 岁的小女儿骗到家中，用绳子将其活活勒死，又在尸体周围堆上柴草，继而以女孩生病为由，将张某骗到女孩尸体所在的房间内，突然放火点燃柴草，关上房门，并在房外扣紧门闩，致使张某被烧成重伤，女孩尸体被烧焦，温某杀人后跳井自杀未遂。

案发后，公安机关发现温某有一个刚满两个月的婴儿，需温某哺乳，故对温某采取了取保候审措施。在取保候审期间，温某自行给婴儿断奶，还多次企图杀死婴儿后自杀，被害人的亲属也多次准备杀死温某报仇。为了防止意外发生，村治保主任只好将温某的婴儿抱给其大伯抚养，并且安排四人轮流守护温某，对此，群众反映强烈，纷纷要求将温某逮捕。

问：根据《中华人民共和国刑事诉讼法》的规定，公安机关能否将温某予以逮捕？为什么？

【参考答案】根据《中华人民共和国刑事诉讼法》的规定，公安机关可以将温某予以逮捕。在本案中，在取保候审期间，温某自行给婴儿断奶，还多次企图掐死婴儿后自杀，且被害人的亲属也准备杀死温某报仇，由此可见，温某取保候审的前提条件不致发生社会危险性已不存在，所以应将温某逮捕。

第二节　西政法学考研专业课 B 卷
宪法与行政法专业卷
行政法学部分

一、概念比较

1. 行政先例与行政判例

【参考答案】行政先例是行政主体在进行依法行政的过程中根据法律和社会现实情况所得出来的执法经验的总结；行政判例是指法院就行政案件作出的能为以后审理同类案件所援引的判决。

2. 依法行政与合法行政

【参考答案】依法行政是指行政主体必须依据代议机关制定的规范性法律文件进行行政、执法行为和活动。合法行政是指行政机关必须依据法律、法规和规章的授权进行活动，如果没有法律、法规和规章的授权，行政机关就不能作出对相对人权利产生不利的影响，如果作出就不为法律所承认和认可。

3. 行政作为与行政不作为

【参考答案】行政作为是指行政主体依据法律、法规和规章的授权而采取积极、主动的方式对特定、不特定的相对人作出的具有法律效力的执行规范性文件的活动；而行政不作为是指行政主体不改变现有法律秩序或状态，不对相对人的权利和义务产生影响后果的行政行为。

4. 行政判断与行政裁量

【参考答案】行政判断是指行政主体及其工作人员对行政法律规范、行政权作用的对象进行理解、认识和选择，并且依据专业知识作出最恰当的判断，以求得两者之间最佳结合的效果行政裁量是指行政机关在依法行政的基础上，在法律规定的幅度内依据案件事实、相对人情节等各种因素进行斟酌，而在此基础上依法合理作出行政行为的一种思维活动。

二、不定项选择

1. 关于行政权力描述正确的是（　　）。

A. 可以强制他人服从的力量

B. 职权与职责的统一

C. 只能为国家行政机关享有

D. 法律化的政治权力

【参考答案】ABD

2. 下列观点符合授权立法规定的是（　　）。

A. 仅限于法律保留的事项

B. 指全国人民代表大会及其常委会对国务院的授权

C. 可以因为授权机关撤销授权而终止

D. 授权机关必须明确授权目的与范围

【参考答案】BCD

3. 可以作为区分公务员行为性质的是（　　）。

A. 上班时间的行为就是公务行为

B. 执行行政机关或者行政首长的命令的行为就是公务行为

C. 公务员与职权无关的行为是个人行为

D. 警察下班期间制止犯罪的行为是公务行为

【参考答案】CD

4.《中华人民共和国行政处罚法》规定，行政处罚由违法行为发生地的县级以上地方人民政府具有行政处罚权的行政机关管辖。（　　）另有规定的除外。

A. 法律、法规、规章

B. 法律、法规

C. 法律、行政法规、地方性法规

D. 法律、行政法规

【参考答案】D

5. 听证制度的意义在于（　　）。

A. 保护相对人权利的行使，保护自己的合法权益

B. 使证据得到充分展示，使行政机关利于作出正确的行政决定

C. 利于社会监督，防止行政权滥用

D. 利于提高行政效率

【参考答案】ABC

三、判断分析

1. 行政处罚决定不能成立就是指行政处罚无效。

【参考答案】错误。行政处罚不能成立是指行政主体的行政行为在事实上不存在，而行政处罚的效力则是指行政主体的行为在存在的基础上进行法律判断而得出的结论。成立与无效不是一回事，不能成立的行政处罚谈不上有效与无效的问题，只有在已经成立的行政处罚的基础上才能判断行政处罚是否有效。

2. 行政许可法规定的一次性告知制度是指申请人告知有关行政许可的事项、依据、条件、数量、程序、期限以及需要提交的全部材料的目录和申请书本等事项的制度。

【参考答案】正确。一次性告知制度是行政许可法的重要亮点，因为它可以减少行政许可人可能面临行政许可机关的刁难，同时起到对行政许可机关的监督与制约作用。

3. NGO（Non - governmental Organization）与 NPO（Non - profitable Organization）的区别是相对的，如果强调与强制机制的区别，它就是 NGO；强调公益性与非营利性，它就是 NPO。

【参考答案】正确。通过观察英语单词 governmental 和 profitable，我们能够轻而易举地从这两个单词的字面意思分析出其含义，前者是非政府组织，后者主要指从事社会公益事业的组织。所谓非政府组织最大的一个特点就是非强制性，所以如果强调与强制机制的区别的话，它就是 NGO，而如果强调公益性与非营利性的话，那它就是 NPO。

4. 行政法律关系的客体包括物、行为、智力成果、人身、人身权。

【参考答案】正确。行政法律关系的客体是指行政法律关系主体的权利和义务所指向的对象，一般包括物、行为、智力成果、人身、人身权。

四、简述题

1. 简述程序公正的具体要求。

【参考答案】（1）程序公正原则是指行政机关在进行行政行为时要在程序上平等地对待各方，排除各种可能造成不平等或偏见的因素。

（2）程序公正的具体要求是：第一，行政程序的设计及行政机关在实施行政行为时，尽可能地兼顾公共利益和个人利益；第二，平等地对待所有的行政相对人，在行政执法中，应当给所有的利害关系人同等的辩论机会；第三，与法人、公民或其他组织的权利义务直接相关的行政行为，应当通过一定的行政程序让相对人了解；第四，在作出影响相对人权益的行政决定时，要实行回避、排除偏见、禁止单方接触等；第五，形成程序的设计和运行必须注意保护行政相对人的隐私权。

2. 分析事实行为。

【参考答案】（1）事实行为又称为行政事实行为，是与行政行为相对而言的。具体是指行政主体及其工作人员在实施行政管理和服务过程中作出的，不以设定、变更或消灭行政法律关系为目的的行为。

（2）行政事实行为的构成：第一，行政事实行为是行政主体实施的行为；第二，行政事实行为是行政主体基于行政职权实施的行为；第三，行政事实行为不完全具备行政行为的效力。

3. 评论《中华人民共和国国家赔偿法》规定的归责原则。

【参考答案】(1) 2010 年国家修改了《中华人民共和国国家赔偿法》,《中华人民共和国国家赔偿法》的归责原则也从最初的违法责任原则过渡到多元的归责原则，具体包含了违法归责原则和结果归责原则两种。以前的单一违法归责原则具有以下几点缺陷：第一，在形式上，归责原则的规定不统一，自相矛盾；第二，适用违法原则不能解决公共设施致害所引起的国家赔偿问题；第三，国家职权行为的违法形式与方式极其多样，而可被司法审查确定的违法的职权行为是有限的；第四，违法归责原则在现实中不容易操作。

(2) 2010 年经过修改了的国家赔偿法规定了两种归责原则：违法归责原则和结果归责原则。作为违法规则原则的一种重要补充，结果规则原则可以克服单一违法归责原则的弊端，可以更好地监督行政权的良性运行，保护行政相对人的合法权益。

五、论述题

根据行政法的基本原理，评价“法不禁止皆自由，法无授权皆禁止”所体现的行政理念。

【参考答案】1. “法不禁止皆自由”是对行政相对人而言的；而“法无授权皆禁止”是相对于行政主体而言的。

2. “法不禁止皆自由”是指没有法律规范性文件的禁止，行政相对人就可以进行各种活动和行为，只要是在法律规范允许的范围内，行政相对人就可以行为，法律就不得干涉行政相对人的行为。

3. “法无授权皆禁止”其实就是法律保留原则，所谓法律保留原则就是指行政主体如果没有法律、法规和规章的授权，就不能作出对相对人的权利与义务产生消极影响的行为。

行政诉讼法学部分

一、多项选择题

1. 自行政案件出现迄今，国外受理解决行政案件的机构大体上有哪些模式？(　　)
   A. 英国式行政裁判所
   B. 法国式行政法院
   C. 美国式独立管制机构和行政法官制度
   D. 由普通法院受理

【参考答案】ABCD

2. 有下列哪项情形之一的，属于《中华人民共和国行政诉讼法》第十四条第三款规定的“本辖区内重大、复杂的案件”？(　　)
   A. 被告为县级以上人民政府，且基层人民法院不适宜审理的案件
   B. 社会影响重大的共同诉讼、集团诉讼案件
   C. 重大涉外或者涉及香港特别行政区、澳门特别行政区、台湾地区的案件
   D. 其他重大、复杂案件

【参考答案】ABCD

二、概念比较

1. 申请撤诉与视为申请撤诉

【参考答案】申请撤诉是指原告在人民法院立案后、裁判前，主动撤回起诉的行为。视为申请撤诉是指原告没有提出撤诉申请，法院按其行为推定其有撤诉的意愿，按撤诉处理。

与申请撤诉不同，视为申请撤诉没有原告的明确意思表示，只是从其行为进行判断，视为申请撤诉一般也有两种情况：第一，经过人民法院两次合法传唤，原告无正当理由拒不到庭的；第二，原告提起诉讼后，在法定期限内不预交诉讼费用，又不提出缓缴申请的。

不管是原告申请撤诉还是被人民法院宣告为视为申请撤诉，都会产生一定的法律效果。

2. 撤销判决与确认判决

【参考答案】撤销判决是指人民法院通过审理，确认被诉具体行政行为部分或全部违法，从而作出部分或全部撤销的判决。

确认判决是指人民法院对被诉行政行为合法性的判定。

三、判断分析题

1. 被告在二审过程中向法院提交在一审过程中没有提交的新证据，可以作为二审法院撤销或者变更一审裁判的根据。

【参考答案】错误。为了避免原告的突然袭击，法律规定："被告在二审过程中向法庭提交在一审过程中没有提交的证据，不能作为二审法院撤销或者变更一审裁判的根据。"也就是说，行政机关不能在二审时提供一审未能提供的证据。

2. 人民法院在行政裁判文书中引用合法有效的规章及其他规范性文件本身不是适用法律，而是人民法院适用法律的结果。

【参考答案】正确。人民法院参照规章审理行政案件，规章不属于法律，人民法院审理行政案件适用最高人民法院司法解释的，应当在裁判文书中援引。而人民法院在裁判文书中援引规章及其他规范性文件，即是适用法律的结果。

四、简答题

1.《最高人民法院关于执行〈中华人民共和国行政诉讼法〉若干问题的解释》第十二条规定："与具体行政行为有法律上利害关系的公民、法人或者其他组织对该行为不服的，可以依法提起行政诉讼。"应当如何理解本条规定的"有法律上利害关系"?

【参考答案】利害关系是指与争议的法律关系或者事实有权利义务的关系。行政诉讼中的利害关系人是指因被诉具体行政行为而其合法权益受到侵害或影响的人。有下列情形之一的，公民、法人或者其他组织对该行为不服的，可以依法提起行政诉讼：第一，被诉的具体行政行为涉及其相邻权或者公平竞争权的；第二，与被诉的行政复议决定有法律上利害关系或者在复议程序中被追加为第三人的；第三，要求主管行政机关依法追究加害人法律责任的；第四，与撤销或者变更具体行政行为有法律上利害关系的。

2. 简述行政诉讼法规定的"合法性审查原则"的具体内容。

【参考答案】(1) 人民法院进行合法性审查的对象是具体行政行为。依据我国《中华人民共和国行政诉讼法》的规定，人民法院只进行具体行政行为的审查，不审查抽象行政行为。

(2) 人民法院进行合法性审查的深度在于具体行政行为的合法性，而不能及于其合理性。

(3) 特别注意：人民法院对显示公正的行政处罚行为可以适用变更判决。这并不意味着人民法院在例外的情况下也可以审查具体行政行为的合理性。因为显失公正的行政处罚行为已经不是一个合不合理的问题了，而是一个不合法的行为。

五、案例分析

某市建委违反城市规划的法律规定，批准一家国有大公司在一片居民小区中间建立一栋21层大楼。大楼建成后，严重影响了周边居民的采光、通行。于是，小区居民以市建委为被告，向人民法院提起行政诉讼，请求法院撤销市建委的违法审批行为。法院审理认为，被告市建委的审批行为违反了国家有关建筑物之间间隔距离的规定，构成违法审批行为。如果撤销该违法的审批行为，高层大楼应予以拆除，这将给国家利益带来严重损失；但此批准行为又明显违法，不能予以维持。所以法官左右为难。

问：1. 小区居民可以成为行政诉讼原告的法律依据是什么？

【参考答案】某市建委的违法审批行为侵犯了小区居民的采光、通行的相邻权，依据该规定市建委可以成为行政诉讼的被告。

2. 法院应当如何处理本案，才能既合法又维护国家利益？

【参考答案】在本案中，人民法院应当作出确认市建委的审批行为违法的判决，并责令市建委采取相应的补救措施，对小区居民的损害进行赔偿。

第三节 西政法学考研专业课C卷 民商法学专业卷 民法学部分

一、判断分析

1. 合伙人退伙时已承担债务的，退伙后对退伙前的合伙债务不再承担责任。

【参考答案】错误。合伙是由合伙人订立合伙协议，共同出资、合伙经营、共享收益、共担风险，并对合伙承担无限连带责任的营利性组织。合伙人退伙时已承担了债务，退伙后对退伙前的债务应承担责任。

2. 被宣告死亡的人生还或确知其下落的，人民法院应当撤销对他的死亡宣告。

【参考答案】错误。《中华人民共和国民法通则》第二十四条规定：“被宣告死亡的人重新出现或确知他没有死亡，经本人或者利害关系人申请，人民法院应当撤销对他的死亡宣告。”从该条可以看出，当题中所述的条件出现时，只有经本人或利害关系人的申请，人民法院才能撤销对他的死亡宣告。

3. 自无权处分人处受让动产的善意占有人都能取得受让动产的所有权或质权。

【参考答案】错误。自无权处分人处受让动产的善意占有人基于法律的推定，可以取得受让动产的所有权或质权，但是如果该动产上存在在先的经过登记的质权，且该质权是不相容的，该善意占有人就不能取得该受让动产的质权。

4. 按《中华人民共和国合同法》的规定，无论债权转让或债务移转，均需取得相对人的同意。

【参考答案】错误。债权的转让只需通知债务人即可，但是对于债务移转，则必须经过债权人同意。

二、概念比较

1. 表意行为与事实行为

【参考答案】表意行为是狭义上的法律行为，民事行为是以意思表示为核心的行为，意思表示有两种方式：一是明确的意思表示的行为，即表意行为；二是不进行意思表示，直接进行行为的表示或者以行为来表示自己的行为，即非表意行为。事实行为是指行为人不具有设立、变更或消灭民事法律关系的意图，但按照法律的规定能引起民事法律后果的行为。

2. 间接代理与直接代理

【参考答案】直接代理是指代理人在代理权限内，以被代理人的名义为民事法律行为，直接对被代理人发生法律效力的代理。间接代理是指代理人以自己的名义为民事法律行为，其效果转移于被代理人的代理。两者的区别主要表现在代理权的取得不同，代理权的行使不同，代理的法律后果不同。

三、简答题

1. 诉讼时效期间与除斥期间的区别。

【参考答案】诉讼时效是指权利人在法定期间内不行使权利即丧失请求人民法院保护期民事权利的法律制度。除斥期间是指法律规定的某种权利预定存在的期间，权利人在此期间不行使权利，预定期间届满，便发生该权利消灭的法律后果。两者的区别主要表现在以下几个方面：

（1）构成要件不同；（2）适用对象不同；（3）法律效力不同；（4）期间性质不同。

2. 精神损害赔偿的适用范围。

【参考答案】精神损害赔偿是指自然人因合法权益受到不法侵害而导致精神痛苦，从而要求侵害人通过金钱赔偿等方式进行救济以抚慰自身的民事法律制度。就目前而言，我国的精神损害赔偿的适用范围主要在以下两个方面：

（1）对生理损害的精神赔偿；（2）对心理损害的赔偿。

四、论述题（20 分）

试论债的履行原则。

【参考答案】债务人履行债务是债对债务人的效力。债的履行是指债务人按照合同的约定或者法律的规定，全面、适当地履行自己所负担的义务。根据这一规定，债的履行应当坚持全面履行和诚实信用原则。此外，债的履行还得遵循协作履行原则、经济合理原则。

1. 全面履行原则

全面履行原则是指当事人应该严格按照债的既定内容履行，不能擅自变更。

2. 诚实信用原则

诚实信用原则不仅适用于债务人，而且也适用于债权人。

3. 协作履行原则

协作履行原则是指债的双方当事人不仅应履行自己的义务，而且还应当协助对方履行义务。

4. 经济合理原则

经济合理原则是指在债的履行过程中，债的双方当事人应当讲求经济效益，维护对方的利益。

五、案例分析（15分）

2002年7月，青年杨某以其所有的价值25万元的轿车设定抵押，向工商银行申请个人消费贷款。双方签订了贷款合同和抵押合同，并办理了抵押登记，杨某因此获得了15万元的贷款。2002年8月，杨某又将轿车向赵某和牛某设定抵押，从二人那里分别获得5万元的借款。在赵某的催促下，杨某为赵某设定的抵押办理了登记；但牛某认为合同白纸黑字杨某也赖不掉，而且轿车价值25万元足够偿还借款，就未要求与杨某共同办理抵押登记。2002年12月，杨某在驾车外出途中，被一辆货车由后面追尾，造成轿车严重损坏。这次事故责任完全在货车司机一方。而保险公司根据实际损害情况，决定给予杨某5万元赔偿金。2003年3月，杨某对工商银行、赵某、牛某的三笔贷款已届清偿期。经查，除该轿车拍卖所得13万元和5万元赔偿金以外，杨某已无其他可用以偿还债务的财产。

请分析以上案例并回答以下问题：

1. 杨某已将轿车向工商银行设定抵押之后，是否能再将轿车向赵某和牛某设定抵押？

【参考答案】可以。因为根据我国法律的规定，财产抵押后，该财产的价值大于所担保债权的余额部分，可以再次抵押，但不得超过其余额部分。在本案中，杨某再次设定抵押的债权并未超过抵押物的余额部分，因此可以再次设定抵押。

2. 杨某与牛某签订的抵押合同效力如何？能否对抗第三人？

【参考答案】杨某与牛某签订的抵押合同是有效的，因为根据《中华人民共和国物权法》的有关规定，抵押是否登记并不影响合同的成立，只要合同的订立符合一般的生效要件，该合同就是有效的。因为该合同是生效的，所以能对抗第三人。

3. 轿车严重损坏致使价值减少，工商银行是否有权要求杨某另行提供担保，以保证其15万元的债权能够得到完全清偿？

【参考答案】银行无权要求杨某另行提供担保，由于交通事故的责任完全在货车司机一方，杨某并未有过错，所以不应承担责任。

4. 保险公司支付的5万元赔偿金是否应作为担保财产？

【参考答案】保险公司支付的赔偿金应作为担保财产。因为抵押权具有物上代位性，抵押权的效力及于抵押物的赔偿金，因此保险公司支付的5万元赔偿金应作为担保财产。

5. 抵押物轿车的价值应如何在工商银行、赵某、牛某三者之间进行清偿？

【参考答案】依据《中华人民共和国担保法》第五十四条的规定，抵押合同已登记生效的，按照抵押物登记的先后顺序清偿；顺序相同的，按照债权比例清偿；抵押合同自签订之日起生效的，未登记的，按照合同生效时间的先后顺序清偿，顺序相同的，按照债权比例清偿。抵押物已登记的先于未登记的受偿。因此，轿车的价值应按照工商银行、赵某、牛某的顺序依次清偿。

经济法学部分

一、论述题

试论经济法在规范市场秩序中的作用。

【参考答案】具体来说主要体现在以下几方面：

1. 规范和促进我国当前市场经济的转型，为建立良好的市场经济秩序提供基础的保障。

2. 经济法是规范市场经济秩序的法则。经济法主要由市场主体规制法、市场秩序规制法、宏观经济调控法和社会分配法这几个部分组成。

二、简述题

1. 简述经济法调整社会分配关系的客观必然性。

【参考答案】社会分配关系是指在国民收入的初次分配和再分配中所发生的关系。经济法对社会分配关系进行调整具有其客观必然性，这主要体现在以下几个方面：

（1）经济法追求社会公平的法理性基础。

（2）实现社会分配的公平是现阶段我国经济体制对我国经济法的必然要求。

（3）经济法是实现社会分配公平的经济法制保障。

2. 简述企业社会责任的性质。

【参考答案】企业的社会责任是指企业在谋求股东利益最大化之外所负有的维护和增进社会利益的义务。从企业社会责任的性质来看，可分为社会义务和社会责任两个层次，第一层次是企业必须履行的，第二层次是社会期望或企业自愿履行的。从企业社会责任的具体内容来看，在第一层次中，包括经济责任和法律责任；在第二层次中，包括道德责任和慈善责任。

3. 简述我国宏观调控法律体系的构成。

【参考答案】我国需要建立和完善的宏观经济调控法律体系应由两类规范性文件组成：其一，规范指导性宏观经济调控关系的法律和法规，如产业结构法、计划法；其二，规范调解性宏观经济调控关系的法律和法规，如金融法、国有资产管理法、环境法、自然资源法、能源法等。

三、概念比较

1. 经济职权与经济职责

【参考答案】经济职权就是国家机关为了实现经济管理职能而依法享有的一种具有命令与服从性质的权力，经济职责是经济责任的前提，经济责任是经济法主体不承担其职责的消极后果。经济法来看，经济职责是与经济职权相对应的一个概念，经济职权是从权力方面规定经济主体的权力，经济职责是从义务方面规定经济法主体的责任与义务，同时经济法主体的经济职权与经济职责往往是一致的，有什么样的职权就有什么样的职责。

2. 欺骗性交易与商业混同

【参考答案】欺骗性交易也称仿冒行为，是指经营者采用假冒、仿冒或者其他虚假手段，使交易相对人产生混淆或者误信，从而获得交易机会的行为。商业混同主要是指仿冒、假冒他人已经存在并享有一定声誉的商标、产品、企业名称、产地等，从而使人们将真假产品混淆，其特征必须是存在仿冒、假冒的对象。《中华人民共和国反不正当竞争法》中规定的欺骗性交易行为，除了商业混同行为外，还包括伪造或假冒认证标志等质量标志的行为。

3. 经济垄断与行政垄断

【参考答案】经济垄断是指企业或者其他组织利用经济手段，在经济活动中对生产和市场实行排他性控制，从而限制、阻碍竞争的状态和行为。行政垄断是指具有行政属性的垄断行为，是由于政府机关行政权力的作用形成的垄断。

4. 政府定价与政府指导价

【参考答案】政府定价是指依照价格相关法律法规的规定，由政府价格主管部门或者其他有关部门按照定价的权限和范围制定的价格。政府指导价是指依照价格相关法律法规的有关规定，由价格主管部门或者其他有关部门按照定价权限和范围规定基准价和浮动幅度，指导经营者制定的价格。

四、案例分析

2002 年 1 月，某百货公司向社会公开承诺："商品计量，少一罚十；商品质量，假一罚十；商品价格，高一罚十。"在百货公司作出承诺后不久，李某到该公司购得摩托罗拉手机一部，并索取了购货凭证。后来，李某在使用该手机时，发现该手机经常出现故障，遂怀疑是假货。李某在取得所购手机确系假货的证据后，即要求百货公司兑现承诺，但遭到拒绝。在此情况下，李某向法院起诉，要求百货公司给予该手机价款十倍的赔偿。

问：你认为本案应如何认定和处理？

【参考答案】在该案中，某百货公司侵犯了消费者的合法权益，应当受到应有的惩罚。根据我国《消费者权益保护法》的相关规定，在本案中，某百货公司对社会的公开承诺是该百货公司与消费者之间的一种合同关系，是消费者和百货公司之间的虚假产品责任承担方法的一种约定，因此，法院应当支持李某的诉讼请求，要求百货公司按照十倍的承诺给予赔偿。

五、选择题

1. 张某在某商场购得一台多功能食品加工机，回家使用后发现该产品只有一种功能，遂向商场提出更换或退货的要求。商场答复道："该商品并非商场生产，若有质量问题，应找厂家解决，对此商场不负责任。"你认为张某的正确做法是（　　）。

A. 要求商场更换或退货

B. 要求厂家更换或退货

C. 可选择向厂家或商场要求更换或退货

D. 因张某未当场查验商品，所以不能要求更换或退货

【参考答案】A

2. 按照《中华人民共和国商业银行法》的有关规定，在下列有关商业银行的表述中，不正确的是（　　）。

A. 商业银行既可以是国有商业银行，也可以是股份制商业银行

B. 商业银行是按照《中华人民共和国商业银行法》而并非按照《中华人民共和国公司法》成立的金融机构

C. 商业银行的分行应独立承担民事责任

D. 商业银行只能被接管而不能破产

【参考答案】BCD

3. 我国现行的税率分为定额税率、比例税率和累进税率三种，通常使用比例税率的有（　　）。

A. 资源税　　B. 营业税

C. 增值税　　D. 公民个人所得税

【参考答案】BC

4. 在下列行为中，哪些属于我国《中华人民共和国反不正当竞争法》规定的不正当竞争行为？（　　）

A. 某市政府发文规定：由于最近本市连续发生多起煤气中毒事件，因此各使用煤气的单位，必须购买本市煤气公司生产的煤气安全阀

B. 某商场为促销，张贴海报，宣传在年底举办有奖销售，最高奖品为价值4000元的彩电一台

C. 某市果品公司购进一大批水果，因销路不畅，加之水果容易腐烂，故决定降价销售，从而导致本市水果价格普遍大幅度下跌

D. 甲公司为了提高本公司a型号产品的市场占有率，通过散发传单，宣传该公司所生产的a型产品优于乙公司生产的同类产品

【参考答案】AD

5. 在下列关于营业登记的表述中，哪些是错误的？（　　）

A. 经过营业登记的企业，既取得营业资格，也取得法人资格

B. 母公司应办理企业法人登记，子公司应办理企业登记

C. 外商投资企业中的中外合资经营企业应办理企业法人登记，中外合作经营企业和外资企业应办理营业登记

D. 获准营业登记的企业，领取《营业执照》或《中华人民共和国营业执照》，作为享有经营资格的凭证

【参考答案】ABC

6. 张某在某商场购得一部彩色电视机，在调整时发生爆炸，但幸未引起人身和其他财产损害。经查，电视机爆炸的原因是电视机使用的某一配件存在缺陷。根据有关法律的规定，张某由此所受到的损失，应当向谁主张赔偿（　　）。

A. 电视机的生产厂家

B. 张某购买电视机的商场

C. 电视机的生产厂家或张某购买电视机的商场

D. 为电视机生产厂家提供缺陷配件的生产厂家

【参考答案】B

7. 在下列项目中，哪些属于社会保障的范畴（　　）。

A. 社会保险　　B. 社会救助

C. 社会福利　　D. 人寿保险

【参考答案】ABC

8. 王某于1991年5月被红星矿山机械厂招收为合同制工人，2001年6月，王某与红星矿山机械厂签订的劳动合同期限届满，因王某在工作期间表现突出，红星矿山机械厂同意续延与王某的劳动合同。在准备签订劳动合同时，王某提出，自己年龄偏大，今后难找工作，希望与厂方签订无固定期限的劳动合同。下列选项中，正确的判断是（　　）。

A. 红星机械厂应当与王某订立无固定期限的劳动合同

B. 劳动合同必须有期限的约定，因此，红星应当与王某订立固定期限的劳动合同

C. 王某能否与红星机械厂订立无固定期限的劳动合同，取决于红星机械厂的意志，因为红星机械厂有用工自主权

D. 王某因在红星机械厂工作年限较长，且表现突出，故而他有权继续在红星机械厂工作，无需再与红星机械厂订立劳动合同

【参考答案】A

9. 在下列机构中，可能成为行政垄断主体的有（　　）。

A. 中央政府　　B. 地方政府

C. 企业集团　　D. 地方政府职能部门

【参考答案】ABD

10. 在下列关于政策性银行的表述中，正确的有（　　）。

A. 在我国，政策性银行包括中国国家开发银行、中国进出口银行和中国农业银行

B. 政策性银行不以盈利为目的

C. 政策性银行只从事贷款业务，不吸收存款

D. 政策性银行的资金来源于政府提供的资金、各种借入资金和发行金融债券筹措的资金

【参考答案】BD

民事诉讼法学部分

一、不定项选择题

1. 张三向法庭作证时说，听李四讲王从丁处借款2万元，若此证成立，该证据为（　　）。

A. 直接证据　　B. 言词证据

C. 传来证据　　D. 证人证据

【参考答案】ABCD

2. 沙坪坝法院在审理乙诉丙的债务纠纷案件期间，丙因犯罪被判刑3年，并送至某劳改农场服刑。此时，沙坪坝法院对乙诉丙的债务纠纷案件应当（　　）。

A. 中止诉讼

B. 移送某劳改农场所在地法院

C. 移送乙所在地法院

D. 继续审理

【参考答案】D

3. 张某与王某发生纠纷并经法院审理，一审法院作出了判决。张不服上诉，上诉期间又改变主意申请撤诉。但二审法院审判员在阅卷过程中发现一审判决有错误。请问，二审法院应当（　　）。

A. 准许撤诉

B. 不准撤诉

C. 中止诉讼

D. 查明原因后，理由正当准许，不正当不准许

【参考答案】B

4. 某集团公司下属王麻子面馆雇工张某在送面时与人开玩笑不慎将李某烫伤，因赔偿未果，李某决定起诉。根据规定，他应以（　　）为被告起诉。

A. 张某　　B. 王麻子面馆

C. 某集团公司　　D. 面馆老板与张某

【参考答案】BC

5. 人民法院适用特别程序审理的案件，应当在立案之日起 30 日内或公告期满 30 日内审结。有特殊情况需要延长的，由本院院长批准，但（　　）除外。

A. 宣告失踪或宣告死亡案件

B. 认定财产无主案件

C. 选民资格案件

D. 认定公民无民事行为能力的案件

【参考答案】C

6. （　　）可以不公开审理。

A. 涉及国家机密的案件

B. 离婚案件

C. 涉及个人隐私的案件

D. 涉及商业秘密的案件

【参考答案】BD

7. 在企业法人破产程序中，债权人会议有（　　）的权利。

A. 确认债权的性质和数额

B. 讨论通过和解协议方案

C. 讨论决定破产财产的分配

D. 对和解协议的履行予以监督

【参考答案】ABCD

8. 人民法院作出的发生法律效力的判决，需要外国法院执行的（　　）。

A. 只能由人民法院请求外国法院执行

B. 可由当事人直接向外国有管辖权的法院申请

C. 当事人只能向人民法院提出申请，由人民法院以司法协助的形式请求外国法院执行

D. 经当事人同意，可由人民法院依我国缔结或参加的国际条约的规定，或按照互惠原则请求外国法院承认和执行

【参考答案】BD

9. 申请支付令的范围仅限于（　　）的案件。

A. 给付金钱　　B. 给付特定物
C. 给付有价证券　　D. 返还房屋

【参考答案】AC

10. 财产案件的当事人除了缴纳案件受理费之外，还可能缴纳的其他费用有（　）。
A. 勘验费、鉴定费
B. 公告费
C. 证人、鉴定人、翻译人员的差旅费和误工补贴费
D. 财产保全措施的申请费和实际支出的费用

【参考答案】ABCD

二、判断分析题

1. 没有公开便没有正义，因此人民法院审理民事案件应当采用公开开庭审理的方式。

【参考答案】错误。公开审判制度不是绝对的，有些民事案件公开审理可能产生消极的社会影响，甚至可能对国家造成难以弥补的损失，因而不应公开。不公开审理的案件有以下几种：第一，涉及国家秘密的案件；第二，涉及个人隐私的案件；第三，离婚案件和涉及商业秘密的案件，如果当事人申请不公开审理的，可以不公开审理。

2. 对人民检察院提出的民事抗诉，人民法院应当再审。

【参考答案】正确。抗诉是指人民检察院对人民法院已经生效的民事判决、裁定，认为确有错误，依法提请人民法院对案件重新审理的诉讼行为。人民检察院是国家的法律监督机关，它有权对人民法院的审判工作进行法律监督。《中华人民共和国民事诉讼法》第一百八十六条规定："人民检察院提出抗诉的案件，人民法院应当再审。"

3. 先予执行只能依当事人的申请采取。

【参考答案】正确。先予执行是指人民法院在诉讼的过程中，根据当事人的申请裁定一方当事人预先付给另一方当事人一定数额的金钱或其他财物的一种法律制度。先予执行必须由当事人向法院提出书面申请，人民法院不能依职权主动裁定先予执行。

4. 民事诉讼中的第三人有权提出上诉。

【参考答案】错误。有独立请求权的第三人享有原告的一切诉讼权利，即有独立请求权的第三人可以提起上诉。而无独立请求权的第三人既不能享有原告的权利也不能享有被告的权利，只能享有为维护自己的民事权益所必要的相应的诉讼权利。根据法律规定，只有法院裁判无独立请求权的第三人承担义务时，无独立请求权的第三人才有权提出上诉。

5.《中华人民共和国民事诉讼法》第八十五条规定：人民法院审理民事案件时，应当进行调解。

【参考答案】错误。调解与判决都是人民法院行使审判权解决民事争议的方式，虽然法院调解是民事诉讼法确立的基本原则之一，但是并不能因此认为调解方法结案优于判决方式结案。在处理两者的关系时，应当注意以下几点：第一，人民法院审理民事案件时，既可以根据自愿原则运用调解方式，也可以运用判决方式，人民法院应当视案件的具体情况合理选择适用；第二，调解不是人民法院审理民事案件的必经程序，人民法院可以不经调解，而在查明事实的前提下，直接作出判决；第三，即使是当事人愿意进行调解的民事案件，人民法院也不能久调不决，调解不成或调解书送达前当事人反悔的，人民法院应当及时作出判决。本题的说法过于绝对。

三、简述题

我国新民主主义时期民事诉讼法的特点。

【参考答案】

1. 工农民主政权的民事诉讼制度

第一次国内革命战争期间，解决民事纠纷的人民调解制度已经产生；在工人运动和农民运动中具有处理革命群众内部矛盾的调解组织。

第二次国内革命战争期间，随着工农民主政权的建立，人民司法机关和人民司法制度得到进一步的发展。但诉讼制度仍以刑事诉讼制度为主，在有关文件中，关于民事诉讼的相关规定实属凤毛麟角。

2. 抗日民主政权的民事诉讼制度

（1）民事诉讼程序制度

关于民事诉讼的提起方式，大多数边区均规定起诉不拘于书面形式，以方便人民诉讼为原则。民事案件的审理也比较简便灵活。

（2）调解制度

抗战时期的调解工作大体经历了两个发展阶段。1937—1941 年的调解虽对减少诉讼案件，保障根据地社会秩序发挥了一些作用，但调解在机构设置、工作规范方面尚不完善。第二阶段为 1941 年以后，这一时期，各边区相继颁布了有关调解工作的单行条例，调解机关的机构建设也有所发展，调解工作逐渐走向制度化。

（3）马锡五审判方式

马锡五审判方式是指在抗战后期的陕甘宁边区形成的，以深入基层、便利群众为特点的案件审理和纠纷解决方式。马锡五审判方式有三个主要的特点：第一，联系群众、深入调查；第二，在兼顾政策法令和群众生活习惯的前提下，进行合理调解；同时利用群众进行说服教育，使案件真正获得解决；第三，审判方式不拘于形式，诉讼手续简便易行。

3. 解放区人民政权的民事诉讼制度

（1）审级制度：各解放区的审级制度多为三级三审。

（2）简易程序制度：总的看来，这一时期的诉讼立法有所发展，但基于当时特定的环境，这些法规较为粗疏。

（3）调解制度：经过了抗战时期的经验积累，解放区的调解制度有了进一步的发展。

4. 根据地民事诉讼制度的特点

虽然由于革命形势、根据地所处环境的差别，新民主主义不同时期、不同根据地的民事诉讼制度呈现明显差异，但就整体而言，某些基本特征还是清晰可辨的。

四、案例分析题

原告甲到乙县出差时，顺便在该县港口某商亭购买了一箱啤酒，在轮船上开启啤酒时，啤酒瓶突然爆炸，将甲的手炸伤。为此，甲欲起诉，要求赔偿损失。

问：1. 甲应以谁为被告起诉？为什么？

【参考答案】甲可以以某商亭为被告或者以啤酒的生产商为被告，也可以二者为共同被告来提起诉讼。

在本案中，原告甲在乙县某商亭处买了一箱啤酒，开启啤酒时，啤酒瓶突然爆炸，将甲的手炸伤。很显然，某商亭出售不符合质量的啤酒造成甲的手炸伤的严重后果，某商亭侵犯了甲的合法权益，甲与某商亭之间发生民事权益之争，因此，甲可以某商亭为被告或以啤酒商为被告，或者以二者为共同被告起诉。

2. 甲应向何地法院起诉？为什么？

【参考答案】甲应向乙地法院提起诉讼。侵权行为实施地是乙县港口，侵权结果发生在轮船上，根据题中所给的内容，产品制造地亦无法确定。产品销售地为乙县港口，被告住所地为乙县。因此，甲应该向乙地法院提起诉讼。

3. 甲应向法院提供哪些证据材料来证明其主张？

【参考答案】民事诉讼中的证据是指能够证明民事案件事实的依据，即证明民事法律关系发生、变更或消灭的事实。本案中，民事案件事实主要包括两个方面：一是甲与某商亭之间的商品买卖事实；二是某商亭出售啤酒对甲造成损害的事实。因此甲应向法院提供的证据材料包括以下几个方面：第一，某商亭的购货发票，证明甲曾与该商亭发生了啤酒的买卖的事实；第二，轮船证人所出具的证人证言，证明甲的损害是因啤酒造成的；第三，医院方出具的所需医疗费证明，作为甲向法院申请损害赔偿数额的依据。

五、论述题

试论完善我国的非诉讼纠纷解决程序（Alternative Dispute Resolution，以下统称 ADR）制度。

【参考答案】ADR 源于美国，原来是指 20 世纪逐步发展起来的各种诉讼外纠纷解决方式，现已引申为对世界各国普遍存在着的、民事诉讼制度以外的非诉讼纠纷解决程序或机制的总称。我国通译为“替代性纠纷解决机制”或“非诉讼纠纷解决程序”。

1. ADR 的特点与优势

ADR 与诉讼都是解决当事人之间所发生的纠纷的方式。首先，ADR 体现了意思自治的现代法治理念。其次，ADR 满足了多元化的社会需求。第三，ADR 的优势和特点可以弥补诉讼的不足，克服诉讼的弊端。ADR 在纠纷的解决上所强调的自主性原则，具有更大的灵活性、快捷性和经济性，它赋予当事人更多实体上的处分权和程序上的选择权，使他们在法律的范围内可以使其纠纷解决的方式更具个性化。

2. 我国 ADR 的情况现状

ADR 包括两大类内容：一类是社会的 ADR，即争议的主体直接寻求诉讼外的其他纠纷解决渠道而不是诉讼手段；另一类是法院内设的司法 ADR，即争议的主体起诉到法院后再由法院移交或指定不行使审判职能的特定人（如调解人、仲裁人等）先行解决。就前者来说，近年来各种解决纠纷的渠道增加了许多，如商事仲裁随着仲裁法的事实而广泛应用，人民调解协议也随着最高人民法院相关司法解释的出台具有了合同的效力，劳动调解之后又有了强制性的劳动仲裁等，这些非诉讼纠纷解决方式在法院的司法体制之外发挥着一定的作用。但由于各种原因，通过这些途径解决的纠纷数量毕竟有限，大量的纠纷解决压力最终还是落到法院的身上。就后者而言，发展是缓慢的、不稳定的。纠纷进入诉讼程序后，由于当事人的诉讼心理、律师代理普遍性程度、诉讼费用收取、诉讼程序设计等方面的种种制约，当事人或者法院往往会情愿将诉讼程序进行到底。最具中国特色的调解制度由于在实施中出现过法官操作不当的问题，其作用也受到很大的伤害，到现在也没有真正地走出来。

3. 对我国 ADR 的一些建议

我们必须从以下几个方面进行：

（1）修改相关的法律法规，适当增加一些强制性或者前置性诉讼外纠纷解决程序，比如某些专业性强的纠纷。

（2）增强各种诉讼外纠纷解决机制的公信力。

（3）制定规范，完善各类诉讼外纠纷解决机制运行的程序规则。

（4）强化行政机关解决纠纷的职责。

（5）加强法院对诉讼外纠纷解决机制的监督和衔接。

第三章 西政考研法学专业课2005年真题回顾与解析

本章引言

本章主要包含了2005年西政考研法学专业课A、B和C卷中所有的真题，希望通过对真题的回顾与解析，帮助考生快速掌握西政考研法学专业课考试的特点，以便有针对性地进行复习备考。

第一节 西政法学考研专业课A卷 刑法学部分

一、选择题

1. 挪用公款罪中的“挪用公款归个人所有”，包括（　　）。

A. 将公款挪归本人使用

B. 将公款挪归他人使用

C. 以个人名义将公款挪归其他单位使用

D. 个人决定以单位名义将公款挪归其他单位使用

【参考答案】ABC

2. 下列属于共同犯罪中的主犯的是（　　）。

A. 在共同犯罪中起主要作用的人

B. 犯罪集团中的组织、领导者

C. 在共同犯罪中实施行为的人

D. 教唆犯

【参考答案】AB

4. 以下哪种情况，必须适用我国刑法（　　）。

A. 外国公民在我国领域外对我国国家或公民犯罪

B. 我国公民在我国领域外犯罪

C. 我国参加的国际公约规定的犯罪

D. 犯罪未遂的犯罪分子

【参考答案】D

4.《中华人民共和国刑法》第一百七十一条第一款前段规定：“出售、购买伪造的货币或者明知是伪造的货币而运输，数额较大的，处三年以下有期徒刑或者拘役，并处二万元以上二十万以下罚金。”关于本条的理解，下列哪些说法是错误的？（ ）

A. 出售、购买假币罪不要求行为人明知是假币

B. 出售、购买假币罪必须以行为人明知是假币为前提

C. 运输假币罪只能是直接故意犯罪，出售、购买假币罪只能是间接故意犯罪

D. 出售、购买、运输假币都可以并处罚金

【参考答案】ACD

5. 某事业单位负责人甲决定以单位名义将本单位资金150万元贷给另一公司，所得利息归本单位所有。甲虽未牟取个人利益，但最终使本金无法收回。关于该行为的定性，下列哪几种是可以排除的？（ ）

A. 挪用公款罪　　B. 挪用资金罪

C. 违法发放贷款罪　　D. 高利转贷罪

【参考答案】ABCD

6. 某国税稽查局对某电缆厂的偷税案件进行查处。该厂厂长甲送给国税稽查局局长乙3万元，要求给予关照。乙收钱后，将某电缆厂已构成偷税罪的案件仅以罚款了事。次年8月，上级主管部门清理税务违法案件。为避免电缆厂偷税案件移交司法机关处理，乙私自更改数据，隐瞒事实，使该案未移交司法机关。对乙应以何罪论处？（ ）

A. 受贿罪

B. 滥用职权罪

C. 帮助犯罪分子逃避处罚罪

D. 徇私舞弊不移交刑事案件罪

【参考答案】AD

二、判断分析题

1. 甲、乙二人因故互殴，互致轻伤。甲抓刀砍乙，乙见状夺路而逃，甲穷追不舍。乙见难以逃脱，随手捡起一块砖头向甲砸去，甲被击中头部，经抢救无效死亡。对乙应以故意伤害罪（轻伤）追究刑事责任。

【参考答案】此说法正确。相互斗殴是指双方以侵害对方身体的意图进行相互攻击的行为，斗殴行为并不属于正当防卫，因为斗殴双方都具有积极的不法侵害他人的意图和行为，客观上也是侵犯对方权益的行为。就本案而言，应该认定乙构成故意伤害罪，正当防卫不成立，但是由于被害人在起因上有过错，则可以对乙酌情从轻处理。

2. 对于牵连犯，应当一律以“从一重罪处断”的原则定罪处罚，不能实行数罪并罚。

【参考答案】此说法是错误的。牵连犯是指出于一个犯罪目的，实施数个犯罪行为，数个行为之间存在手段与目的或者原因与结果的牵连关系，分别触犯数个罪名的犯罪状态。从我国刑法的规定看，对牵连犯的处罚分为数罪并罚和不并罚，数罪并罚的情况有：从一重罪处罚、从一重罪并从重处罚和升格法定刑处罚等。

3. 根据《中华人民共和国刑法》规定，明知是不满14周岁的幼女而进行嫖宿的行为，其性质与奸淫幼女无异，因此应当以强奸罪从重处罚。

【参考答案】此说法正确。对不满14周岁的幼女进行嫖宿的行为，应当以强奸罪从重论处。

三、简答题

1. 简述犯罪客体与犯罪对象的联系与区别。

【参考答案】犯罪客体是我国刑法所保护的，为犯罪行为所侵害的社会关系；犯罪对象是指犯罪行为所指向的人和物的存在状态。犯罪客体与犯罪对象是犯罪行为所作用的同一事物的不同方面，二者既相互联系又相互区别。

联系：犯罪客体是犯罪的实质层面，它必然通过一定的犯罪对象才能表现出来，因此犯罪对象是犯罪客体在客观世界中的存在和表现形式，犯罪客体不可能离开犯罪对象单独存在。

区别：(1) 二者对危害行为作用对象认识深度不同。(2) 二者在犯罪分类中的作用不同。(3) 二者受危害行为影响的方式不同。

2. 简述撤销假释的条件。

【参考答案】撤销假释的条件如下：

(1) 被假释的犯罪分子在假释考验期限内，如果再犯新罪，就应当撤销假释。

(2) 被假释的犯罪分子在假释考验期限内，发现在原判决宣告前，还有其他罪没有判决的，按照《中华人民共和国刑法》第七十条的规定，应当撤销假释。

(3) 被假释的犯罪分子在假释考验期限内，如果违反国家的法律、行政法规，违反国务院公安部门有关假释的监督管理规定，不遵守刑法明确规定的在假释考验期限内所必须遵守的规定，尚未构成新的犯罪的，应当依照法定程序撤销假释，收监执行未执行完毕的刑罚。

3. 简述抢劫罪的法定加重情节。

【参考答案】抢劫罪的法定加重情节有：

(1) 入户抢劫。(2) 在公共交通工具上抢劫。(3) 抢劫银行或者其他金融机构。(4) 多次抢劫或者抢劫数额巨大。(5) 抢劫致人重伤、死亡。(6) 冒充军警人员抢劫。(7) 持枪抢劫。(8) 抢劫军用物资或者抢险、救灾、救济物资。

4. 试列举我国刑法总则关于可以从轻处罚的规定。

【参考答案】我国刑法总则关于可以从轻处罚的规定如下：

(1) 对于预备犯，可以从轻、减轻或者免除处罚。

(2) 对未遂犯，可以从轻或者减轻处罚；在被教唆的人没有犯被教唆罪时，对教唆犯可以从轻或者减轻处罚。

(3) 对于自首的犯罪分子，可以从轻或者减轻处罚。

(4) 又聋又哑的人或者盲人犯罪，可以从轻、减轻或者免除处罚。

(5) 尚未完全丧失辨认或者控制自己行为能力的精神病人犯罪的，可以从轻或者减轻处罚。

(6) 在被教唆的人没有犯被教唆罪时，对教唆犯可以从轻或者减轻处罚。

(7) 犯罪分子有揭发他人犯罪行为，且查证属实，或者提供重要线索，从而侦破其他案件等立功表现的，可以从轻或者减轻处罚。

四、概念比较题

1. 犯罪未遂与犯罪中止

【参考答案】犯罪中止是指在犯罪过程中，行为人自动放弃犯罪或者采取自动有效的措施防止犯罪结果的发生。而犯罪未遂是指行为人已经着手实施犯罪，由于犯罪分子意志以外的原因而未得逞。二者的区别在于以下三点：

（1）发生的时间不同。（2）发生的原因不同。（3）处罚不同。

2. 诬告陷害罪与报复陷害罪

【参考答案】诬告陷害罪是指捏造事实诬告陷害他人，意图使他人受刑事追究，情节严重的行为。报复陷害罪是指国家机关工作人员滥用职权、假公济私，对控告人、申诉人、批评人、举报人实行报复陷害的行为。二者的区别在于：

（1）犯罪主体不同。（2）犯罪客体不同。（3）犯罪行为内容不同。（4）犯罪行为侵害的对象不同。（5）犯罪的构成对行为结果的要求不同。

五、论述题

试述我国刑法中正当防卫制度。

【参考答案】见 2003 年真题。

六、案例分析

案例一：李某（男，40 岁，某公司经理）找到秦某（男，28 岁，无业人员），提出愿出资 10 万元雇秦杀掉其仇人杜某，先预付 2 万，事成之后再付 8 万。秦某一口答应，并收下 2 万元预付款，李随后向秦暗中指认了杜某。半个多月后的一天，李某突生悔意，要求秦某作罢，否则一切后果自行负责，并要求秦退还预付款 1.5 万元（留下 5000 元作为违约金）。秦某声称“讲好的生意不能反悔”，于当晚潜入杜某室内去杀杜某，由于黑暗之中未看清楚，误将来杜某家访友的朋友文某杀害。秦某事后向李某追讨 8 万元余款被拒，怒而向公安机关投案并揭发了李某雇其杀人之事。

问：对李、秦二人的上述行为应当如何定性、处理？为什么？

【参考答案】二人均构成故意杀人罪既遂。李某雇秦某杀人，两人已构成故意杀人的共犯，但是随着案情的发展，李某突生悔意，要求秦某作罢，否则一切后果自负，并要求秦某退还预付款 1.5 万元，而秦某则声称“讲好的生意不能反悔”，并于当晚潜入杜某室内去杀杜某，却误将杜某的访友文某杀害。由此可知，李某虽有中止犯罪的意图，但是却没能阻止犯罪结果的发生。虽然杀错了人，但是秦某实施故意杀人的行为是基于李某的犯意。本案中的李某并不是犯罪实行犯而是教唆犯和组织犯，不存在自动放弃的可能，而只有有效地防止犯罪结果的发生，才能构成犯罪中止。对于秦某杀错人的行为，属于犯罪对象的错误认识，不影响故意杀人罪既遂的定性。

综上所述，李、秦二人的行为构成故意杀人罪既遂。

案例二：甲某日晚到洗浴中心洗浴。根据服务员乙的指引，甲将衣服、手机、手提包等财物锁入 8 号柜中，然后进入沐浴区。半小时后，乙为交班准备打开自己存放衣物的 7 号柜，忙乱中将钥匙插入 8 号柜的锁孔，没想到竟将 8 号柜打开。乙发现柜中有手提包，便将其中的 3 万元拿走。为迅速逃离现场，乙没有将 8 号柜门锁上。稍后另一客人丙见 8 号柜半开半掩，就将柜中的手机（价值 3000 元）以及信用卡拿走。第二天丙利用写在该信用卡背后的密码，持该信用卡到商场购买了价值 2 万元的手表。

关于本案的行为人应构成何罪，有以下三种不同观点：

第一种观点认为乙的行为构成侵占罪、丙的行为构成盗窃罪。

第二种观点认为乙的行为构成侵占罪、丙的行为构成盗窃罪和信用卡诈骗罪。

第三种观点认为乙的行为和丙的行为都构成盗窃罪。

请问以上三种观点哪种观点是正确的，并说明理由？

【参考答案】第三种观点正确。本案例中，甲进入洗浴中心后，在乙的指引下，将衣服、手机、手提包等财物锁入8号柜以后，此时，虽然柜中的财物由洗浴中心代为保管，但是柜中的财物并非由乙占有，因为8号柜的钥匙由甲持有，所以柜中的财物仍然归甲占有。即使乙在忙乱中错将7号柜的钥匙插入8号柜中，并且将8号柜打开，也不能认定乙占有了甲柜中的财物，所以，乙拿走手提包中的3万元的行为不构成侵占罪，而应该是盗窃罪。之后，即使乙在逃离现场时未将8号柜锁上，从而导致8号柜半开半掩，甲依然占有柜中的财物。因此，丙将8号柜中剩下的手机和信用卡取走的行为仍然不属于侵占罪。同时根据刑法的规定，盗窃信用卡并使用的，以盗窃罪论处。

综上所述，乙、丙的行为都构成盗窃罪。

民法学部分

一、概念比较题

1. 抵押权和质权

【参考答案】抵押权是债权人对债务人或者第三人不转移占有的担保财产，在债务人届期不履行债务或者发生当事人约定的实现抵押权的情形时，依法享有的就抵押财产的变价处分权和就卖的价金优先受偿权的总称。

质权是担保的一种方式，指债权人与债务人或债务人提供的第三人以协商订立书面合同的方式，移转债务人或者债务人提供的第三人的动产或权利的占有，在债务人不履行债务时，债权人有权以该财产价款优先受偿。

2. 侵权行为和违约行为

【参考答案】侵权行为是民事主体违反民事义务，侵害他人合法权益，依法应当承担民事责任的行为。

违约行为指的是合同当事人违反合同约定义务的行为。二者的联系在于侵权行为与违约行为都是民法上的概念，其责任承担也都是民事责任，此外，违约行为可能同时构成侵权行为，如加害给付，这时即发生请求权的竞合。

3. 宣告失踪和宣告死亡

【参考答案】宣告失踪指经利害关系人申请，由人民法院对下落不明满一定期间的人宣告为失踪人的制度。宣告死亡是指自然人离开住所，下落不明达到法定期限，经利害关系人申请，由人民法院宣告其死亡的法律制度。宣告失踪和宣告死亡都必须经过法院的宣告才能成立，宣告失踪不是宣告死亡的必经程序，但是宣告失踪可以成为宣告死亡的直接证据。

4. 债的保全和债的担保

【参考答案】债的保全是指法律为防止因债务人的责任财产不当减少给债权人的债权带来损害，允许债权人代债务人之位向第三人行使债务人的权利，或者请求法院撤销债务人与第三人的法律行为的法律制度。

债的担保是指债的当事人依据法律规定或双方约定，以债务人或者第三人的特定财产或信用担保债权的实现和债务的履行制度。

二、判断分析题

1. 企业法人对其债务承担的是有限责任。

【参考答案】错误。法人责任具有无限性，投资人责任具有有限性，所以企业法人对其债务承担无限责任，在理解时不要混淆“法人责任”和“有限责任”。

2. 赠与合同是实践性合同。

【参考答案】错误。赠与合同是指赠与人把自己的财产无偿地送给受赠人，受赠人同意接受的合同。实践合同又称要物合同，是指除当事人意思表示一致外，还须交付标的物方能成立的合同。

《中华人民共和国合同法》并未将单独赠与合同定位于实践合同或者诺成合同，而是根据现实的需要，将具有救灾、扶贫等社会公益、道德义务性质的合同或者经过公证的赠与合同定位于诺成合同，其余的则为实践合同。因此本题的观点错误。

3. 合同中同时约定了定金和违约金，违约后可以同时主张。

【参考答案】错误。定金是在合同订立或在履行之前支付的一定数额的金钱作为担保的担保方式，又称保证金。违约金是指按照当事人的约定或者法律直接规定，一方当事人违约的，应向另一方支付的金钱。定金与违约金条款不能同时使用，只能从二者中择其一，法律明确规定了定金与违约金在竞合时不能同时使用。因此合同中同时约定了定金和违约金的，违约后不可以同时主张。

4. 共同继承中继承人对被继承人的债务人所享有的债权是连带债权，对被继承人的债权人所承担的债务是连带责任。

【参考答案】错误。根据我国的法律规定，被继承人的债务清偿原则如下：

（1）概括继承原则，即被继承人生前遗产的内容。不仅是指生前尚存的财产，还包括未清偿的各种税款和债务，即若继承人表示接受继承，就应当清偿被继承人的债务；若放弃遗产继承，则对被继承人的债务不用承担责任。

（2）限定继承的原则，即继承人对被继承人的债务的清偿只以遗产的实际价值为限，超过遗产实际价值部分，继承人不负清偿责任。

三、简答题

1. 简述返还原物请求权。

【参考答案】返还原物请求权是指物权人的物被他人侵占，物权人有权请求返还原物，使物复归于物权人事实上的支配。返还原物请求权是一种由物权派生出来的权利，在物权受到妨碍时发生，其作用在于保护物权、恢复物权的圆满支配状态。返还原物请求权以原物尚存为返还的必要条件，若原物已经灭失，物权即归于消灭，原物权人只能基于侵权债权人主张损害赔偿的权利。

2. 简述债权人代位权的条件、行事方式及效力。

【参考答案】债权人的代位权是指当债务人怠于行使其对第三人的到期债权而害及债权人的债权实现时，债权人为保全自己的债权，以自己的名义代位行使属于债务人权利的权利。

债权人代位权成立的条件如下：（1）债权人享有对第三人的合法债权。（2）债务人怠于行使对第三人的到期债务。(3) 债务清偿期限届满而未清偿。(4) 债权人有保全债权的必要。

债权人代位权的行事方式：

应由债权人向人民法院请求以自己的名义行使，并且行使的范围应以保全债权人债权的必要为限度。

债权人代位权行使的效力：

(1) 对债务人的效力：债权人代位行使债务人之权利后，债务人对该权利的处分权在债权人通知债务人后或债务人已知道债权人之代位后，债务人对债权人代位行使的权利不得再行使权利或进行处分；同时债权人以诉讼方式行使代位权时，债务人有权参加诉讼。

(2) 对次债务人的效力：债权人代为行使债务人的权利时，第三人得以对抗债务人的一切抗辩事由；同时债权人向次债务人提起的代位权诉讼经人民法院审理后认为代位权成立的，由次债务人向债权人履行清偿义务，债权人与债务人、债务人与次债务人之间相应的债权债务关系消灭。

(3) 对债权人的效力：债权人行使代位权是代债务人行使权利，因行使代位权所得的财产为债务人的一般财产，债权人不能优先受偿，非经债务人同意也不能直接以代为受领的财产受偿，得请求债务人偿还。

3. 简述表见代理的构成要件及其效力。

【参考答案】表见代理是指被代理人的行为足以使善意第三人相信无权代理人具有代理权，基于此项信赖与无权代理人进行交易，由此造成的法律效果强使被代理人承担的制度。其构成要件有以下四点：

(1) 代理人不具有代理权

(2) 客观上存在使善意第三人相信无权代理拥有代理权的理由。

(3) 无权代理人与第三人所为的民事行为。

(4) 第三人为善意且无过失。

4. 简述民事权利能力的法律特征。

【参考答案】民事权利能力是指法律赋予民事主体拥有享有民事权利和承担民事义务的能力，也就是民事主体拥有享有权利和承担义务的资格，是作为民事主体进行民事活动的前提条件，包含主体资格和主体享有权利的范围，其特征如下：

(1) 主体的平等性。

(2) 民事权利能力和义务能力的统一性。

(3) 内容的完全性和广泛性。

(4) 权利能力的不可转让性，因为权利能力是一个自然人为主体而非客体的标志，它与人不可分离，同时权利能力不存在转让的市场。

(5) 民事权利能力实现的物质保障性。

四、论述题

1. 论意思自治原则。

【参考答案】意思自治原则是指民事主体依法享有在法定范围内的广泛范围内的行为自由，并可以根据自己的意志产生、变更、消灭民事法律关系。此原则包含自主参与与自己责任两个方面。

意思自治原则强调在平等主体之间，在不违反法律的禁止性规定的前提下，充分尊重当事人的自主性，任何他人的判断都不能代替该民事主体自己的判断，应该由当事人自己对民事行为进行设定，从而激发民事主体活动的积极性，并适应社会发展的需要。

2. 试述民法在市场经济中的地位和作用。

【参考答案】（1）市场参加者是社会主义市场经济过程发生的首要条件。

（2）民法为市场主体参与市场经济活动提供了最基本的法律准则。

（3）市场经济的实质是以市场机制为基础的资源配置方式来代替我国传统的资源配置方式，因此决定了此种资源配置的方式只能通过市场交易来完成。

（4）市场经济是不同的市场主体基于各种利益，以交换为目的而进行的经济活动。

五、案例分析

16 岁的少年甲向其邻居乙借了 1000 元钱，打算购买一辆自行车。在借钱之后去买车的路上，1000 元钱不慎丢失。邻居乙得知情况后，要求甲的父母偿还 1000 元钱。甲无奈之下便将事情告诉父母。甲的父母认为甲尚未成年，乙不应将 1000 元借给甲，拒绝偿还。问：乙是否有权要求甲的父母偿还 1000 元？理由是什么？

【参考答案】乙有权要求甲的父母偿还 1000 元。本案中的甲虽已满 16 周岁，却不能以自己的劳动收入为生活的来源，所以还属于民事上的限制民事行为能力的人，可以进行与其年龄、智力相适应的民事活动，其他民事活动应由他的法定代理人代理或者征得法定代理人的同意。从本题标的额数量来看，少年甲是不具备借款这一民事行为能力的，所以他与邻居的借款行为属于限制民事行为能力，依法不能独立实施民事行为，是一种效力待定的民事行为，只有在得到其代理人追认后才能生效，而题中甲的父母并未对其的借款行为进行追认，所以甲与其邻居乙借款的民事行为无效，但根据《中华人民共和国民法通则》第一百三十三条的规定，无民事行为能力、限制行为能力人造成他人损害的，由监护人承担民事责任。监护人尽了监护责任的，可以适当减轻他的民事责任。而在本案中，甲的父母没有尽到应尽的监护责任，所以不具备减轻民事责任的情形，应当向乙偿还 1000 元。

刑事诉讼法

一、多项选择题

1. 人民检察院在刑事诉讼中行使下列职权（　　）。

A. 立案侦查权

B. 侦查监督权

C. 公诉权

D. 对生效判决执行的监督权

E. 对未生效和已生效判决的抗诉权

【参考答案】ABCDEF

2.《中华人民共和国刑事诉讼法》第十二条：“未经人民法院依法判决，对任何人都不得确定有罪”的规定表明（　　）。

A. 被告人不等于罪犯

B. 人民法院的有罪判决必须依法做出

C. 不能证明被告人有罪，应判决宣告被告人无罪

D. 检察机关的不起诉决定不具有定罪的法律效力

E. 被告人在诉讼中对讯问有权保持沉默

【参考答案】ABCD

3.（　）没有委托辩护人的，人民法院应指定承担法律援助义务的律师为其提供辩护。

A. 可能判处死刑的被告人

B. 严重的公诉案件被告人

C. 盲、聋、哑被告人

D. 开庭审理时不满 18 岁的被告人

E. 无经济负担能力的被告人

【参考答案】ACD

4. 某公安机关对罪犯现场遗留的一张纸条经过检验，发现笔迹与犯罪嫌疑人的一致，但纸条内容与犯罪无关，该纸条属于（　）。

A. 书证　　B. 物证

C. 书证和物证　　D. 直接证据

E. 间接证据

【参考答案】BE

5. 在死刑判决执行前，遇有以下情形之一时，应当停止执行死刑（　）。

A. 罪犯提出申诉

B. 罪犯犯有严重疾病

C. 罪犯正在怀孕

D. 发现判决可能有错误

E. 罪犯揭发重大犯罪事实或者有其他重大立功表现可能需要改判

【参考答案】CDE

二、判断正误题

1. 人民检察院对公安机关移送起诉的案件进行审查以后，认为犯罪嫌疑人的行为属于正当防卫的，应当作出不起诉的决定。

【参考答案】此说法是错误的。人民检察院应该书面说明理由并将案件退回公安机关处理，而不是作出不起诉的决定。

2. 被告人对各级人民法院的第一审判决、裁定，有权提出上诉。

【参考答案】此说法是错误的。上诉对象必须是第一审判决、裁定未发生法律效力的判决、裁定，若判决、裁定已经发生效力的，则失去了上诉的提前，不能再提起上诉。

3. 高级人民法院一审判处被告人死刑，缓期两年执行，被告人不上诉、人民检察院不抗诉的，上诉、抗诉期满后，经高级人民法院另行组成合议庭核准以后，死刑缓期两年执行判决才能发生法律效力。

【参考答案】此说法正确。死刑复核程序是指人民法院对判处死刑的案件报请对死刑有核准权的人民法院审查核准应遵守的步骤、方式和方法，它是一种特别的审判程序。

三、概念比较

1. 犯罪嫌疑人和被告人

【参考答案】犯罪嫌疑人是刑事案件审理过程中，在侦查和审查起诉阶段对涉嫌犯罪的当事人的法律上的称谓。

被告人是刑事案件中在审判阶段对涉嫌犯罪的当事人的法律上的称谓。

二者以检察机关制作正式的起诉书并向法院提起诉讼这一诉讼活动为界限，受刑事追诉者在检察机关向人民法院提起诉讼以前，被称为犯罪嫌疑人，在检察机关向人民法院提起诉讼以后，则被称为被告人。

2. 原始证据和传来证据

【参考答案】原始证据是指直接来源于案件客观事实的证据，即人们通常所说的第一手材料，如合同的原件。

传来证据是指不是直接来源于案件事实或原始出处，而是从间接的非第一来源获得的证据材料。即经过复制、复印、传抄、转述等中间环节形成的证据，是从原始证据派生出来的证据，故又称为非第一来源证据或派生证据。

3. 拘传和传唤

【参考答案】拘传是指公安机关、人民检察、人民法院对未被羁押的犯罪嫌疑人、被告人强制其到案的接受讯问的一种强制方法。

传唤是司法机关通知诉讼当事人于指定的时间、地点到案所采取的一种措施。

4. 公诉与自诉

【参考答案】公诉与自诉是我国刑事诉讼的两种不同形式，在我国实行公诉与自诉相结合的刑事诉讼制度。

公诉是指人民检察院对犯罪嫌疑人的犯罪行为向人民法院提出控告，要求法院通过审判确定犯罪事实，惩罚犯罪人的诉讼活动。

自诉是指刑事案件中被害人或其法定代理人、近亲属为追究被告人的刑事责任而向法院直接提起的刑事诉讼，是公诉的对称。

三、简答题

1. 如何理解我国刑事诉讼中的证明标准？

【参考答案】刑事诉讼中的证明标准是指法律规定的运用证据证明待证事实所要达到的程度的要求，有的著作称为证明要求。我国的刑事诉讼证明标准如下：

强调证明标准的客观性和事实认定的确定性，即所谓的“犯罪事实清楚，证据确实、充分”，它兼具有客观性和主观性的双重要求。“犯罪事实清楚”是指与定罪量刑有关的事实和情节，都必须查清楚。“证据确实、充分”是指要求每个证据都必须真实，且证据必须达到一定的数量，足以认定犯罪事实。

2. 简述我国刑事诉讼的补充侦查。

【参考答案】补充侦查是指公安机关或者人民检察院对案件部分事实不清、证据不足或者尚有遗漏罪行、遗漏同案犯罪嫌疑人的，依照法定程序，在原有侦查工作的基础上作进一步调查、补充证据的一种诉讼活动。补充侦查在程序上有三种：

（1）审查批捕阶段的补充侦查。（2）审查起诉阶段的补充侦查。（3）法庭审理阶段的补充侦查。

3. 根据《中华人民共和国刑事诉讼法》（以下简称《刑事诉讼法》）的规定，在什么情况下需要为被告人指定辩护人?

【参考答案】被告人没有委托辩护人在以下情形下，人民法院应当为其指定辩护人：被告人是盲、聋、哑人；被告人在开庭时属于尚不满18周岁的未成年人；被告人是限制行为能力人；被告人可能被判处死刑。

此外，被告人没有委托辩护人而具有以下情形时，人民法院也应当为其指定辩护人：本人确无经济来源的，其家庭经济状况无法查明的；本人确无经济状况的，其家属经多次劝说仍然不愿意为其承担辩护律师费用的；符合当地政府规定的经济困难标准的；具有外国国籍的；共同犯罪案件中，其他被告人已委托辩护人的；人民法院认为起诉意见和移送的案件证据材料可能影响正确定罪量刑的；案件有重大影响的。

4. 人民检察院在哪些情况下可以决定拘留?

【参考答案】人民检察院适用拘留必须符合以下两个条件：拘留的对象是现行犯或者重大嫌疑分子；具有法定的紧急情况之一的。

在刑事诉讼中，除公安机关依法拥有决定拘留和执行拘留的权限以外，人民检察院在直接受理的案件中，对具有以下两种情形的犯罪嫌疑人、被告人也有权决定拘留：

（1）犯罪后企图自杀、逃跑或者在逃的。

（2）有毁灭、伪造证据或者串供可能的，人民检察院决定拘留后，由公安机关执行。

四、论述题

论评我国犯罪嫌疑人在侦查阶段的律师帮助权。

【参考答案】

（一）侦查阶段律师法律帮助权概述

就被追诉者的人权保障而言，其获得律师辩护权最重要的阶段是侦查阶段。因此必须保证律师能够参与到侦查程序中去。

根据我国《刑事诉讼法》的规定，侦查人员必须按照法定程序，收集能够证实犯罪嫌疑人有罪或者无罪，犯罪情节轻重的各种证据。

律师在侦查阶段介入刑事诉讼，为犯罪嫌疑人提供法律帮助，是我国刑事辩护制度改革的一项重要成果和巨大进步，它标志着我国刑事司法制度正逐步走向成熟和完善，对于推进诉讼民主、保障犯罪嫌疑人的合法权益、维护司法公正将发挥积极的作用。

（二）我国法律规定侦查阶段律师法律帮助权的有限性

1. 受帮助的主体有限。

2. 受帮助的时段有限。

3. 与国际刑事辩护司法准则不相一致。相比较而言，我国的立法还存在一些不足：

（1）按照国际刑事司法准则，侦查机关有告知犯罪嫌疑人各项权利的义务，而我国《刑事诉讼法》规定过于笼统。

（2）按照国际刑事司法准则，律师介入侦查程序的具体时间是在犯罪嫌疑人第一次被讯问前，而我国律师介入侦查程序的具体时间是在犯罪嫌疑人第一次讯问后或者被采取强制措施后。

（3）国外介入侦查的律师一般具有秘密会见、调查取证等权利，可以与犯罪嫌疑人在不受监视的情况下讨论案件，筹划应对侦查的方法，并可以根据案件的情况进行调查取证活动。

(4) 国际上尤其是英、美等国家在侦查阶段，往往给贫困的犯罪嫌疑人制定律师提供服务，而我国的制定辩护却仅仅限于审判阶段。

4. 律师权限的受制。《刑事诉讼法》从我国的实际情况出发，为利于侦查活动的正常开展，明确规定介入侦查的律师有三项权利，即向侦查机关了解犯罪嫌疑人涉嫌的罪名、会见在押的犯罪嫌疑人和向犯罪嫌疑人了解有关案件的情况。

五、案例分析

案例一：某县人民检察院对张三故意杀人一案侦查终结，经审查起诉部门审查以后，以张三犯故意杀人罪向县人民法院提起公诉，请求人民法院判处被告人张三死刑。县人民法院院长认为本案事实清楚，证据确实、充分，于是指定审判员李四独任审判。李四通过查阅案卷材料和证据，认为被告人张三的行为已经构成了故意杀人罪，但鉴于本案案情简单，加之自己亲眼看见张某杀人，不需要审判，于是直接以故意杀人罪判处张三死刑，剥夺政治权利终身。

问：本案中，人民检察院、人民法院的哪些做法违背了《刑事诉讼法》的规定？为什么？

【参考答案】本案中，该县人民检察院违背《刑事诉讼法》规定的做法有：

(1) 对张三故意杀人的案件立案侦查。故意杀人案件属于非职务犯罪案件，应当由公安机关立案侦查，人民检察院无权管辖。

(2) 将张三故意杀人的案件向县级人民法院提起公诉。县级人民法院对本案中张三的故意杀人案件无权进行审判。该县检察院应当将案件上报市人民检察院，由市人民检察院向市中级人民法院提起诉讼。

该县人民法院违背《刑事诉讼法》规定的做法有：

(1) 受理可能判死刑的案件。基层人民法院无权作为第一审法院审理死刑案件。

(2) 县人民法院指定审判员李四独任审判。而本案中关于张三故意杀人的案件，很明显不属于简易程序的范围，所以不能由审判员一人独任审理，而应该由审判员组成合议庭审理。

(3) 审判员李四采用书面审理的方式。刑事第一审案件应当开庭审理，不能采用书面审理，更不能不经讯问犯罪嫌疑人直接作出判决。

(4) 本案件中的李四既是审判员又是证人。由于证人是以知道案件的情况为条件的，具有不可替代性，因此决定了证人在刑事诉讼中占有优先地位。所以凡是在刑事诉讼开始以前知道案情的人，应当优先作为证人参加诉讼。而本案中的审判员李四亲眼目睹了整个案情的发生过程，属于证人，因此他应该作为证人参加诉讼，而不应该担任本案的审判员。

案例二：被告人李某因涉嫌故意杀害王某，于1997年6月20日起被提起公诉。在市中级人民法院开庭审理此案的过程中，被告人声称自己不是杀死王某的凶手，他在侦查阶段的供述是刑讯逼供的结果，并且掀开衣服让法官看自己身上残留的伤痕；辩护律师也对被告人做了无罪辩护。审判长吴法官打断了被告人关于侦查阶段受到刑讯逼供的陈述，并要求被告人仅就本案指控的犯罪事实进行辩护，认为是否有刑讯逼供不属于本案合议庭审理范围。1998年3月15日，经A市中级人民法院审判委员会讨论决定，审理该案的合议为庭做出一审判决，认定李某犯故意杀人罪，剥夺政治权利终身。李某不服一审判决，依法向H省高级人民法院提出上诉。H省高级人民法院二审合议庭经审查案卷材料，讯问李某，并听取李某辩护律师意见，认为原判决认定事实不清、证据不足，遂于同年4月30日裁定撤销原判，发回重审。A市中级人民法院指定吴法官继续担任重审合议庭审判长，对此案进行了重审。重审后以原判决同样的事实和证据再次做出了有罪判决，并且再次判决李某死刑，剥夺政治权利终身；重审后的判决书于1999年1月20日送达李某。李某在法定期间内再次再次提出上诉。H省高级人民法院对此案进行不开庭审理后认为，虽然李某在法庭审理中翻供，但他在侦查期间多次做了有罪供述，有一些证据证明李某很可能就是杀人凶手，况且案件已经发回重审一次，再次发回重审也未必能够完全查清事实；但为了防止错杀，随改判李某死刑，缓期两年执行，剥夺政治权利终身。二审判决生效后不久，李某被送至H省第二监狱服刑。2000年4月，杀害王某的真凶杨某被捕获，经H省高级人民法院再审改判，李某终于被宣告无罪。

问：根据我国《刑事诉讼法》的规定，中、高级人民法院对此案的审判程序存在哪些问题？

【参考答案】在本案中，中、高级人民法院对此案的审判程序存在以下问题：

（1）在本案的一审过程中，审判长吴法官打断了被告人王某关于其在侦查阶段受刑讯逼供的陈述，并要求被告人仅就本案指控的犯罪事实进行辩护，认为是否有刑讯逼供不属于本案合议庭审理范围，审判长吴法官的做法是不正确的。任何人都不得剥夺被告人就起诉书指控的犯罪进行陈述的权利，法官也不得例外。

（2）被告人李某因涉嫌故意杀害王某，于1997年6月20日被提起诉讼，直至1998年3月15日，经A市中级人民法院审判委员会讨论决定，审理该案的合议庭做出一审判决，认定李某犯故意杀人罪，判处死刑，剥夺政治权利终身。中间历时9个月左右，严重超过了我国法律规定的一审审理期限。

（3）1998年3月15日，经A市中级人民法院审判委员会讨论决定，审理该案的合议庭做出一审判决，认定李某犯故意杀人罪，判处死刑，剥夺政治权利终身的做法是不正确的，本案并不属于疑难、复杂、重大的案件，应当由合议庭而非审判委员会进行评议并以此作出判决，所以A市级人民法院的做法是不正确的。

（4）本案件中，李某不服从一审判决，依法向H省法院上诉，省法院未经审问李某并听取李某二审辩护律师的意见，就认为原判决认定的事实不清、证据不足，并于同年4月30日裁定撤销原判，发回重审的做法是不正确的。二审法院审理上诉案件有开庭审理和调查讯问两种方式，无论哪一种方式，都应该经过讯问被告人，在听取其当事人、辩护人、诉讼代理人的意见后才能对案件做出裁判，所以本案中，省人民法院的做法是不正确的。

（5）A市中级人民法院指定吴法官继续担任重审合议庭的审判长，对此案进行重审，此做法是不正确的。

（6）H省高级人民法院对此案进行不开庭审理后认为，虽然李某在法庭审理中翻供，但他在侦查期间多次作了有罪供述，还有一些间接证据证明李某很可能就是杀人凶手，况且案件已经发回重审一次，再次发回重审也未必能够完全查清楚事实；但是为了防止错杀，于是改判李某死刑，缓期执行2年，剥夺政治权利终身，根据我国《刑事诉讼法》的相关规定，认定被告人有罪的证据需要达到确实充分的程度，不能达到此证明标准的，则应该按照“疑罪从无”的原则确定被告无罪，由此可知H审高级人民法院的做法是不正确的。

六、法条评析

《刑事诉讼法》第一百七十条第三项规定："自诉案件包括下列案件：……（三）被害人有证据证明对被告人侵犯自己人身、财产权利的行为应当依法追究刑事责任，而公安机关或者人民检察院不予追究被告人刑事责任的案件。"《中华人民共和国刑事诉讼法》的这一规定存在哪些不足之处？为什么？

【参考答案】检察机关作出的所有的不起诉决定，只要被害人不服，都可能转化为自诉案件。此外，这类公诉案件转化自诉案件后，在操作上与另外两类自诉案件适用完全一样的程序。因此，此法条存在的理论缺陷在于：

（1）法条本身存在的问题。

（2）公诉转自诉制度是对国家追诉原则的背离，可能造成公诉权与自诉权关系的混乱。

（3）公诉转自诉制度存在弱化被追诉者诉讼主体地位的危险。

（4）公诉转自诉制度一定程度上弱化乃至架空了现行不起诉制度应有的功能。

（5）公诉转自诉制度的设置可能引起司法实践的混乱。

（6）程序上的障碍。

第二节　西政法学考研专业课 B 卷
中国宪法学部分

一、不定项选择题

1. 2004 年 3 月，全国人大对宪法进行了修改。下列关于本次修改内容的描述正确的是（　　）。

A. 将宪法关于公民财产方面的规定修改为："公民的合法的私有财产权不受侵犯。""国家依照法律规定保护公民的私有财产权和继承权。""国家为了公共利益，可以依照法律规定对公民的私有财产实行征收或者征用。"

B. 将乡、民族乡、镇人民政府的任期由 3 年改为 5 年

C. 确立"邓小平理论"和"三个代表"重要思想在国家生活中的指导地位

D. 规定"国家建立健全同经济发展水平相适应的社会保障制度。"

E. 将"国家尊重和保障人权"写入宪法

【参考答案】DE

2. 选民如果在选举期间外出，经选举委员会同意，可以委托投票。下列有关委托投票的描述正确的是（　　）。

A. 委托他人代为投票

B. 委托直系亲属代为投票

C. 委托信任的人代为投票

D. 书面委托信任的人代为投票

E. 书面委托其他选民代为投票

【参考答案】E

3. 某民族自治县的下列职务中，不能由汉族人担任的是（　　）。

A. 县委书记　　B. 县长

C. 人大常委会主任　　D. 法院院长

E. 政协主席

【参考答案】B

4. 下列有关人民代表大会制度的说法正确的是（　　）。

A. 它是我国的根本政治制度

B. 它和“三权分立”体制在本质上是一致的

C. 它是我国其他各项制度建立的基础

D. 大会表决采用少数服从多数原则

E. 除常委会全体成员外，其余均为兼职代表

【参考答案】ACE

5. 下列关于中央和特别行政区关系的描述正确的是（　　）。

A. 中央负责特别行政区的防务

B. 中央负责特别行政区实行戒严

C. 特别行政区不向中央纳税

D. 特别行政区依照基本法自行立法而无需中央批准

E. 特别行政区享有终审权

【参考答案】ABCDE

二、辨析题

“没有无义务的权利，也没有无权利的义务。”这句话的意思是说权利和义务是同时产生，相辅相成的。

【参考答案】错误。（1）“没有无义务的权利，也没有无权利的义务。”这句话体现了权利和义务的一致性，突出了权利和义务的不可分割性，是相辅相成的。强调了权利和义务是一个完整的整体，缺一不可，公民不能只享有权利而不履行义务，也不能只履行义务而不享有权利，一部法律只有既规定了权利也规定了义务的内容，才是一部良好的法律。

（2）没有无义务的权利，也没有无权利的义务，它们的关系十分密切，但是这并不代表权利和义务是同时产生的。不同的历史时期，权利与义务的产生顺序不一样。

三、材料题

1. 2004 年 11 月 27 日晚，山东省十届全国人大代表、全国知名农民企业家王延江乘坐山东航空公司 SC4672 次航班由广州抵达山东临沂机场，因检票问题与飞机乘务员发生纠纷，被值班空警用手铐铐住。王延江之子王文涛闻讯后，率人砸碎玻璃门，强行登机，将空警拖下舷梯，进行殴打，该事件引起全国普遍关注。

请问：对于空警用手铐铐住王延江的做法你有何评论？

【参考答案】空警无权对人大代表王延江使用手铐。可以从人大代表的职务保障权入手进行分析。

2. 2004 年 6 月，全国很多媒体都报道了一条新闻：全国人大常委会今年 5 月成立法规审查备案室，隶属于全国人大常委会法制工作委员会。该机构不仅负责法规备案，更

重要的是审查下位法与上位法，尤其是《宪法》的冲突和抵触。成立专门机构审查法规是否违反《宪法》，这是全国人大常委会历史上的首次尝试。

请问：有评论认为这是中国违宪审查制度终于建立的标志，你同意这种说法吗？为什么？

【参考答案】不同意这种说法，从司法审查的制度设计到司法审查不仅仅是确立违宪的法律制度无效，同时更重要的在于通过专门的法院来确认违反宪法的行为和法律。

宪法与行政法专业卷
行政法学部分

一、选择题

1. 根据我国宪法的规定，（　　）是有权制定行政规章的行政机关。

A. 无锡市人民政府

B. 中华人民共和国公安部

C. 重庆市人民政府

D. 某县人民政府

E. 南京市人民政府

【参考答案】ABCE

2. 根据《中华人民共和国行政复议法》的规定，行政复议应当遵循（　　）基本原则。

A. 合法　　　　B. 及时

C. 准确　　　　D. 便民

E. 不调解

【参考答案】ABD

3. 德国行政法的基本原则主要包括依法行政原则和比例原则，比例原则主要包括（　　）等子原则。

A. 行政措施对目的的适应性原则

B. 法律优先原则

C. 最小干预可能的必要性原则

D. 法律保留原则

E. 禁止行为过分的适当性原则

【参考答案】ACE

4. 根据《中华人民共和国行政处罚法》规定，行政处罚当场处罚程序包括（　　）。

A. 出示证件、表明身份

B. 调查证据

C. 汇报案情

D. 填写和交付行政处罚决定书

E. 备案

【参考答案】ABDE

5. 按照《中华人民共和国立法法》的规定，行政法规、行政规章有下列之一的，就应当由有权机关予以改变或撤销（　）。

A. 超越职权

B. 下位法的规定违反了上位法的规定的

C. 规章之间就同一事项的规定不一致，经裁决应当改变或撤销一方的规定的

D. 规章的规定被认定是不适当的，应当予以改变或撤销的

E. 违反法定程序的

【参考答案】ABCDE

二、判断分析题

1. 对于行政权限争议，不能使用司法裁判规则。

【参考答案】错误。行政权限争议并非完全不能采用司法裁判，不能因为中国不采取司法途径解决就认为世界上其他国家不采用司法途径解决行政权限争议。

2. 法律规定由行政机关最终裁决的具体行政为，被作出最终裁决的行政机关确认违法。赔偿请求人以赔偿义务机关应当赔偿而不予赔偿或逾期不予赔偿或者对赔偿数额有异议提起行政赔偿诉讼的，人民法院应当受理。

【参考答案】正确。

3. 行政合理性原则是指刑侦机关在合法的基础上，在行政活动中公正、客观、适度处理行政事务。行政裁量权的存在是行政合法性原则存在的理由。

【参考答案】错误。行政裁量权的存在是行政合理性存在的理由。

4. 美国行政法的发展承袭了英国的传统，但侧重于行政复议的建立与完善。在行政组织方面，美国建立了许多的行政裁判所，集立法、司法、行政于一体。美国学者视行政裁判所的建立为美国行政法的开端。

【参考答案】错误。英国建立了很多行政裁判所，美国独立管制机构的建立标志着美国行政法的开端。

三、简答题

1. 简述加入世界贸易组织对行政主体行政模式产生的影响。

【参考答案】(1) 以社会→企业→公众为本的助动式行政。

(2) 以市场社会为前提的功能补位性行政。

(3) 公共服务的市场化供给机制。

(4) 注重效果和公众满意程度的政府绩效评估取向。

2. 简述行政程序中的不单方接触制度。

【参考答案】要求行政主体在处理某一涉及两个及两个以上有利益冲突的当事人的行政事务或裁决他们之间的纠纷时，不能在一方当事人不在场的情况下单独与另一方当事人接触，听取其陈述，接受和采纳其证据。主要适用于行政裁决行为。

3. 简述行政法律关系的特征。

【参考答案】(1) 行政法律关系的一方必然涉及行政主体。

(2) 行政法律关系双方的地位具有非对等性。

(3) 行政法律关系主体的权利和义务具有事先的法定性。

(4) 行政主体的权利和义务具有重合性。

四、阅读理解题（15 分）

“政治自由只在宽松的政府存在。不过它并不是经常存在于政治宽松的国家里，它只在那样的国家的权力不被滥用的时候才存在。但一切有权力的人都容易滥用权力，这是万古不易的一条经验。有权力的人们使用权力直到遇到有界限的地方才休止。”

——摘自孟德斯鸠《论法的精神》

阅读以上文字，从行政法学的角度分析该文字所包含的行政法原理。

【参考答案】行政法是控制公权法和行政法，是保障私权法。

五、论述题（25 分）

请结合《中华人民共和国行政许可法》的具体规定和现实中国行政许可制度运行的具体实践，阐述其基本精神和具体内容。

【参考答案】《中华人民共和国行政许可法》首次以法律的形式确立了行政领域的诚实信用、信赖保护原则。按照这一原则，行政机关必须做到：第一，所发布的信息必须是真实可靠的，政策必须要保持相对稳定，确实需要变更的要尽可能事先规定过渡期，给百姓明确的预期。第二，所作的决定不能朝令夕改。第三，因为客观原因，为了维护公共利益，政策、决定确实需要改变，由此给老百姓造成财产损失的，行政机关要依法给予补偿。不但有利于行政机关树立诚信观念，有利于相对人形成对法律的信仰，而且有利于防止行政权的滥用。行政机关要有效地实施行政管理，必须得到相对人的配合与支持，这种配合与支持是建立在对行政机关充分尊重和信赖的基础之上的。

行政诉讼法学部分

一、概念比较

1. 行政诉讼证据制度中的客观真实与法律真实

【参考答案】客观真实是指在诉讼中司法工作人员运用证据所认定的案件事实符合案件发生的客观真实情况，也就是我们通常所说的查明案件事实真相，是主观符合客观的真实情况。法律真实是指司法工作人员运用证据认定的案件事实达到了法律所规定的视为真实的标准。

2. 诉讼代表人和诉讼代理人

【参考答案】行政诉讼代表人是指可以代表非法人组织参加诉讼的人。行政诉讼代理人是指依照法律的规定，或者由人民法院指定，获得当事人的委托，以当事人的名义，在代理权限范围内为当事人进行诉讼活动，履行权利和承担义务，并且其法律责任由当事人承担的人。

二、判断分析

1.《最高人民法院关于执行〈中华人民共和国行政诉讼法〉若干问题的解释》第四十一条规定的起诉期限，是从公民、法人或者其他组织知道或者应当知道自己的权利被具体行政行为侵害之日起计算的。

【参考答案】错误。行政机关作出具体行政行为时，未告知公民等诉权或者起诉期限的，起诉期限从公民等知道或者应当知道诉权或者起诉期限之日起计算，但从知道或者应当知道具体行政行为内容之日起，最长不得超过两年。

2. 对不遵守法定程序作出的行政处罚，人民法院应当作出撤销判决。

【参考答案】错误。人民法院对于违反法定程序的行政行为，可以判决撤销或者部分撤销，被诉具体行政行为违法，但是撤销该具体行政行为将会给国家利益或者公共利益造成重大损失的，人民法院应当作出确认被诉具体行政行为违法的判决，并责令被诉行政机关采取相应的补救措施，造成损害的，依法判决承担赔偿责任。

三、简答题

1. 当事人对不予受理或者驳回起诉的裁定提起上诉或者申请再审，人民法院应当如何处理?

【参考答案】(1) 相对人对于法院作出的不予受理、驳回起诉的裁定不服，可以依法向上一级法院提出上诉。若二审法院认为一审法院的裁定正确，应当作出维持一审裁定的裁定；二审法院经过审理认为原审法院不予受理或者驳回起诉的裁定确有错误，且起诉符合法定条件的，应当裁定撤销原审法院的裁定，指令原审法院依法立案受理或者继续审理。

(2) 当事人对于不予受理或者驳回起诉的裁定申请再审的，第二审人民法院维持第一审人民法院不予受理裁定错误的，再审法院应当撤销第一审、第二审法院裁定，指令第一审法院受理。第二审人民法院维持第一审人民法院驳回起诉裁定错误的，再审法院应当撤销第一审、第二审人民法院裁定，指令第一审人民法院审理。

(3) 二审或者再审法院裁定发回原审人民法院重新审理的行政案件，原审人民法院应当另行组成合议庭进行审理。

2. 行政诉讼的证据审核认定规则。

【参考答案】(1) 非法证据排除规则。非法证据是指证据在内容、形式或程序不合法而不能作为人民法院的定案根据的证据材料。非法证据应予以排除，不能作为定案的根据，当事人、诉讼代理人、人民法院可以无视它的存在。

(2) 优势证据规则。优势证据规则是指证明同一事实而又相互矛盾的数个证据之间的证明效力大小的比较规则，即按照制作人、形成过程等标准确定不同证据之间的证明力优劣的规则。

(3) 自认规则。自认是当事人或其诉讼代理人在法庭准备阶段或审判过程中认可对方主张的事实或证据的意思表示。对于自认的事实或证据，对方无须继续举证，人民法院应予以确认。

(4) 司法认知和推定规则。法院对于应适用的法律或某些事实无须当事人主张，即予以直接肯定或者否定，这就是司法认知。

(5) 补强证据规则。补强证据是指证据本身的效力还不足以单独作为定案的根据，而必须有其他证据补充或者印证才能作为定案的根据。

四、案例分析题

1998 年 7 月至 2002 年 5 月，蒋某采用上缴管理费给市政工程公司的方式，以市政公司名义实施道路施工经营活动。经群众举报，2002 年 11 月 4 日，县工商局以涉嫌“无照经营”为由立案调查。调查查明以下事实：一、蒋某未经工商行政管理机关核准登记领取营业执照。二、蒋某以市政公司项目经理名义对外经营，他与市政公司签订内部承包合同，合同约定：（1）蒋某必须执行市政公司与建设单位签订的《建设工程施工承包合同》和补充协议的各项条款。（2）施工期间，一切施工机具及周转材料由蒋某自理，或由其向市政公司租用并支付租金。（3）施工中发生的质量事故及安全隐患由蒋某承担责任并支付费用；施工期间发生的职工病、医疗费用及伤亡处理费用等一律由蒋某自理；施工中发生的地方法规性收费，蒋某必须负责缴纳。（4）施工期间，市政公司派驻工地的技术人员的工资及开支费用由蒋某支付。（5）蒋某缴纳给市政公司一定管理费，并由市政公司代为扣缴营业税、个人所得税等。（6）建设单位支付的工程款必须先入市政公司账户，市政公司依约扣除管理费以及税金、有关钢管、钢模租赁费后一次性付给蒋某。（7）如果建设方资金不能如期到位，市政公司不负责垫资，由蒋某自行解决资金缺口。按照上述约定，蒋某共承建工程十一个，违法经营数额共计 20 029 268. 91 元。据此，县工商局于 2003 年 4 月 18 日根据《××省取缔无照经营条例》（以下简称《经营条例》）第二条、第三条和第十一条第一款之规定认定蒋某的行为属于无照经营违法行为，对蒋某作出警告和罚款 60 万元的行政处罚。

蒋某不服该行政处罚决定，于 2003 年 6 月诉至县人民法院。蒋某在行政起诉状中诉称，其作为市政公司的项目经理，有权与市政公司签订内部承包合同，根据建设部《建筑施工企业项目经理资质管理办法》（建设部 1995 年 1 月 7 日发布）规定，该行为合法，其在施工过程中的权利义务未超出项目经理的职责范围。施工行为的经营主体是市政公司，法律并没有要求项目经理个人必须具备营业执照，故不存在无照经营行为。并且认为，在县工商局查处本案过程中，国务院颁布施行的《无照经营查处取缔办法》（以下简称《取缔办法》）已经生效，这时工商局仍然适用地方性法规《经营条例》处罚原告，法律适用显然错误。请求人民法院依法撤销县工商局不当的行政处罚决定。

除上述证据外，被告在法定举证期限内向法院还提供了作出该行政处罚的其他相关证据和依据。

1.《中华人民共和国建筑法》第二十八条规定：“禁止承包单位将其承包的全部建筑工程转包给他人，禁止承包单位将其承包的全部建筑工程肢解以后以分包的名义分别转包给他人。”第二十六条规定：“承包建筑工程的单位应当持有依法取得的资质证书，并在资质等级许可的业务范围内承揽工程。禁止建筑施工企业超越本企业资质等级许可的业务范围或者以任何形式用其他建筑施工企业的名义承揽工程。禁止建筑施工企业以任何形式允许其他单位或者个人使用本企业的资质证书、营业执照，以本企业的名义承揽工程。”证明原告的行为是挂靠经营，应当属于无照经营。

2.《建筑施工企业项目经理资质管理办法》第二条规定：“本办法所称建筑施工企业项目经理，是指受企业法定代表人委托对工程项目施工过程全面负责的项目管理者，是建筑施工企业法定代表人在工程项目上的代表人。”第六条规定：“工程项目施工应建立以项目经理为首的生产经营管理系统，实行项目经理负责制。项目经理在工程项目施工中处于中心地位，对工程项目施工负有全面管理的责任。”第二十七条规定：“已取得项目经理资质证书的，各企业应给予其相应的企业管理人员待遇，并实行项目岗位工资和奖励制度。具体办法由企业自行规定。”第三十二条规定：“项目经理因管理不善，发生二级以上工程建设重大事故或两起以上三级工程建设重大事故的，降低资质等级一级。触犯刑律的，由司法机关依法追究刑事责任。”证明原告不是合法的项目经理。

3.《中华人民共和国建筑法》第二十六条、第二十八条明令禁止工程转包，根据原告与市政公司签订的合同内容的七个要点，从生产资料的个人投入、劳动关系的个人行为、工程款的个人投资、工程质量安全生产的个人责任、项目利润盈亏风险的个人承担、施工合同的转包等方面，证明原告是以个人盈利为目的，借用建筑施工企业的名义实施的无照经营行为，依法应当受到处罚。原告与市政工程公司所签订的项目承包合同的性质是转包合同。

4.《经营条例》于1998年11月3日公布并于当日起施行。国务院行政法规《取缔办法》于2003年1月6日公布，并于2003年3月1日起施行。

《经营条例》第二条规定，在本省行政区域内从事生产、经销、服务等经营活动的单位和个人，应当在依法向工商行政管理部门申请登记注册，领取营业执照后，方可从事经营活动。

《经营条例》第三条规定，违反前条规定，未经工商行政管理部门登记注册，无合法、有效营业执照从事经营活动的，为无照经营，应当依法予以取缔。

《经营条例》第十一条第一款规定，违反本条例规定从事无照经营的，由工商行政管理部门责令改正，予以警告，没收违法所得，并没收无照经营的物品，处以违法经营额百分之二十以下或者五万元以下的罚款；有屡教不改等严重情节的，工商行政管理部门可以没收其用于无照经营的工具、设备。

《取缔办法》第十四条第一款规定，对无照经营的处罚最高额为五十万元。

《取缔办法》第十四条第二款规定，对无照经营行为的处罚，法律、法规另有规定的，从其规定。

5.2000年7月1日实施的《中华人民共和国立法法》第六十四条规定"……其他事项国家尚未制定法律或行政法规的，省、自治区、直辖市和较大的市根据本地的具体情况和实际需要，可以先制定地方性法规。在国家制定的法律或者行政法规生效后，地方性法规同法律或者行政法规相抵触的规定无效，制定机关应当及时予以修改或者废止。"

根据案情介绍回答：

1. 根据法律适用的原理，分析县工商行政管理局适用法律是否正确？

2. 根据行政诉讼法的规定，人民法院应当如何裁判本案？

【参考答案】

1. 在本案中，工商局在作出行政处罚的时候，其法律依据仅仅列出了该省的《经营条例》是具有瑕疵的。虽然在法定起诉期限内补齐了相关证据，但是这些法律依据必须在行政行为作出时就予以列明，并且告知相对人，而不应该在诉讼中进行补充。另外，国务院的《取缔办法》效力明显高于该省的《经营条例》，所以该工商局适用法律规范错误。

2. 本案中，该县工商局适用法律、法规错误，应该撤销该行政处罚行为，并责令该县工商局重新作出行政行为。

第三节 西政法学考研专业课C卷
民事诉讼法部分

一、判断分析

1. 调解未达成协议或者调解书送达前一方反悔的，人民法院可以再行调解。

【参考答案】错误。根据《中华人民共和国民事诉讼法》第九十一条规定："调解未达成协议或者调解书送达前一方反悔的，人民法院应当及时判决。"

2. 人民法院收到债务人提出书面异议后，应当裁定终结督促程序，支付令自行失效。

【参考答案】正确。根据《中华人民共和国民事诉讼法》第一百九十二条规定："人民法院收到债务人提出书面协议后，应裁定终结督促程序，支付令自行失效，债权人可以起诉。"

3. 协议管辖只限于因合同纠纷提起的诉讼。

【参考答案】正确。根据《中华人民共和国民事诉讼法》第二十五条规定，合同的双方当事人可以在书面合同中协议选择被告住所地、合同履行地、合同签订地、原告住所地、标的物所在地人民法院管辖，但不得违背级别管辖和专属管辖的规定。

4. 依照特别程序审理的案件，一律实行一审终审。

【参考答案】正确。人民法院依照特别程序审理的案件，实行一审终审制，判决书一经送达，即发生法律效力，当事人不得对之声明不服，不得提起上诉。

5. 法人或其他组织的工作人员因职务行为或者授权行为发生诉讼，应当以法人或者其他组织为当事人。

【参考答案】正确。根据《最高人民法院关于适用<中华人民共和国民事诉讼法>若干问题的意见》第四十二条规定，法人或者其他组织的工作人员因职务行为或者授权行为发生的诉讼，该法人或其他组织为当事人。

二、概念比较

1. 诉讼行为与诉讼事件

【参考答案】诉讼行为是指民事诉讼法律关系主体有意识实施的能够引起一定诉讼法上效果的行为。诉讼事件是指不以诉讼法律关系主体的意志为转移的法律事实，如当事人的死亡或消灭可能引起诉讼法律关系的终结和变更等。

2. 传闻证据与间接证据

【参考答案】传闻证据是指在审判或询问时作证的证人以外的人对案件事实所作的陈述，包括证人转述他人的陈述，证人以书面陈述代替到庭口头陈述，以及证人在庭外的笔录。

间接证据是指与待证事实之间具有间接联系，不能单独证明案件的事实，因而需要与其他证据结合起来才能证明案件事实的证据。

三、简述题

简述执行标的的有限原则。

【参考答案】法院强制执行行为所指向的对象为执行标的，即申请执行为要求法院强制义务人交付一定财物或完成一定的行为。执行标的有限原则主要包括以下几个方面：

（1）执行的对象只能是被执行人的财产或行为，不能对被执行人的人身采取措施。

（2）执行财产的豁免：被执行人的财产原则上均可强制执行，但实体法和程序法基于保障社会安全或债务人的生存、维护社会公益或第三人利益、促进社会文化发展等考虑，对被执行人的特定财产，执行法院不能采取执行措施。

四、案例题

2002 年 7 月 21 日，重庆市沙坪坝运输公司的一辆货车承运成都市青羊区彩电公司的一车彩电，货车行至资阳境内时，因司机违章驾驶，撞坏了资阳新星公司的灯箱广告牌，同时彩电也大部分被损坏。同年9月10日，成都市青羊区彩电公司和资阳新星公司同时以重庆市沙坪坝区运输公司为被告，各自分别向资阳人民法院提起诉讼。

请问：1. 资阳人民法院对此案是否可以合并审理？为什么？

【参考答案】资阳人民法院不可以对此案合并审理。共同诉讼分为必要的共同诉讼和普通的共同诉讼。必要的共同诉讼是指当事人一方或者双方为两人以上，诉讼标的是同一的，法院必须合一审理并合一判决的共同诉讼。普通共同诉讼是指共同诉讼人的诉讼标的是同一种类的，宜于合并审理和裁判的诉讼。由此可见，人民法院进行合并审理的对象应当是属于共同的诉讼的案件。

本案中，重庆沙坪坝区运输公司与成都市青羊区彩电公司之间系运输合同关系，发生的是合同纠纷；而重庆市沙坪坝区运输公司的货车对资阳新星公司的灯箱广告牌的损害构成侵权行为，发生的是侵权纠纷。因此，两个诉讼标的并非同一种类，既不属于必要的共同诉讼，也不属于普通的共同诉讼，法院对此案不能合并审理。

2. 应怎样确定本案中的管辖？简述理由。

【参考答案】根据《中华人民共和国民事诉讼法》第二十三条规定，因运输合同纠纷提起诉讼，由运输始发地、目的地或被告住所地人民法院管辖。因此，重庆市沙坪坝区运输公司与成都市青羊区彩电公司之间的合同纠纷可以由重庆市沙坪坝区人民法院管辖或由成都市青羊区人民法院管辖。

如果重庆市沙坪坝区运输公司与成都市青羊区彩电公司在纠纷发生之前或发生之后，以书面形式约定管辖法院的，并且符合协议管辖的其他规定的，从其约定。

重庆市沙坪坝区运输公司与资阳新星公司之间的侵权纠纷由重庆市沙坪坝区人民法院管辖或者资阳人民法院管辖。

经济法学部分

一、概念辨析

1. 经济关系与经济法律关系

【参考答案】经济关系是一个含义很广的概念，凡是具有经济内容的社会关系都是经济关系。经济法律关系根据经济法的规定发生权利义务关系。经济法律关系最为突出的意志主线是国家意志，有鲜明的国家干预性特征，同时又要体现当事人意志的思想社会关系，是一种受经济法确认与保障实现的社会关系。

2. 经济权利与经济职权

【参考答案】权利是权利主体可以为或不为，要求他人为一定或不为一定行为的资格，经济权利是指经济法律关系主体依法可以为或不为一定行为的资格。它包括国有资产管理权，经营管理权，自主经营权，承包经营权，经济请求权、申报、举报和起诉权等。而经济职权是国家机关为了实现其经济管理职能而依法享有的一种具有命令和服从性质的权力。

3. 引人误解的虚假宣传与商业诽谤

【参考答案】引人误解的虚假宣传行为是指经营者利用广告或者其他宣传方式，对商品或者服务做出与实际不相符的公开宣传，已经引起其交易相对人对商品或者服务产生错误的认识的行为；商业诽谤行为也称诋毁竞争对手的行为，是指经营者为了在竞争中获取经济利益，捏造、散布虚假事实，损害他人商誉、侵犯他人商业信誉的行为。

4. 公益性建设用地与营业性建设用地

【参考答案】公益性建设用地与营业性建设用地是两种不同性质的建设用地。公益性建设用地是指用于学校、医院、体育场馆、图书馆、文化馆、幼儿园、托儿所、敬老院、戏剧院等文体、卫生、教育、福利事业用地。营业性建设用地主要是指用于商业、旅游、娱乐等经营性项目的建设性用地，这些土地的使用是为了获取商业利益，因此，这类土地通常以出让的方式取得，并且要支付相应的使用费用，属于有偿使用同时，经营性建设用地的使用期限远远短于公益性建设用地的使用期限，最长的使用年限为四十年。同时根据我国宪法的规定，国家为了公共利益的需要，可以依法对营业性建设用地或公益性建设用地进行征收，并给予相应的补偿。

二、判断分析

1. 经济法责任是指所有具有经济内容的法律法规所规定的责任，亦即经济责任。

【参考答案】错误。经济法责任是专指经济法作为独立法律部门所有，具有经济法律部门所具有的责任，不是泛指所有具有经济内容的法律、法规所确立的责任，它是我国整个法律责任体系中的一个重要组成部分。经济责任是泛指一切具有经济内容的责任。经济责任只有上升为经济法规定之后，才能成为经济法责任，并且经济因素进入行政法和民事责任形式，也只能称为行政法责任或者民法责任。经济法责任并不仅仅是指责任的经济性质，而是指由经济法律、法规所确认的各种责任形式的总称。

2. 经营者甲在市场上购得经营者乙生产的一种调味品，并通过化验和分析，掌握了该种调味品的秘密配方，经营者甲披露、使用或者允许他人使用其获得的该种调味品配方的行为，不构成对经营者乙商业秘密的侵犯。

【参考答案】正确。商业秘密是指不为公众所知悉，能为权利人带来经济利益，具有实用性并经权利人采取保密措施的设计资料、程序、产品配方、制作工艺、制作方法、管理诀窍、客户名单、货源情报、产销策略等技术信息和经营信息。权利人采取保密措施，包括订立保密措施，建立保密制度及采取其他合理的保密措施。

构成侵犯商业秘密行为必须以不正当手段获取商业秘密为前提，而经营者甲是以正当手段获取了乙的商业秘密，其披露、使用或者允许他人使用该配方的行为，不构成对乙商业秘密的侵犯。

3. 我国《中华人民共和国劳动法》规定："劳动合同应当以书面的形式订立。"因此，如果劳动者与用人单位未签订书面劳动合同，那么其劳动关系不受法律保护。

【参考答案】错误。在我国境内的企业、个体经济组织与劳动者之间，只要形成劳动关系，即劳动者事实上已成为企业、个体经济组织的成员，并为其提供有偿劳动，不论他们之间是否订立劳动合同都适用劳动法，受法律保护，也就是说只要存在劳动关系的事实，不管是否订立劳动合同，都受到劳动法的保护，因此题中的说法错误。

三、简述题

1. 试述经济法调整社会分配关系的客观必然性。

【参考答案】社会分配关系是指在国民收入的初次分配和再分配过程中所发生的关

系。经济法对社会分配关系进行调整有其客观必然性，这主要体现在以下几个方面：

（1）经济法追求社会分配公平的法理基础。

（2）实现社会收入分配的公平是我国现阶段经济体制对经济法提出的必然要求。

（3）经济法是实现社会分配公平的经济法制保障。

因此，可以说经济法在社会分配的过程中起着十分重要的作用。经济法调整社会分配关系有其客观必然性。

2. 试述防止国有资产流失的法律对策。

【参考答案】防止国有资产的流失，对国有资产的违法行为进行查处是一个复杂的系统工程，需要用行政的、经济的主要是法律的手段，逐步建立、健全国有资产运营的法律保护体系，以法治产，有效地防止国有资产的流失。具体来讲，应做好以下几个方面工作：

（1）依法加强国有资产管理的基础性工作。

（2）健全和完善国有资产的法律监督机制。

（3）运用司法手段，惩办侵占国有资产的犯罪行为。

3. 以我国现实经济发展为例，试述制定宏观调控法的必要性。

【参考答案】宏观调控法是国家调整经济整体发展的重要法律，是经济法的重要组成部分。宏观调控法是指调整在宏观调控过程中发生的经济关系的法律规范的总称。宏观调控关系是指国家对国民经济总体活动进行调节和控制过程中发生的经济关系。

制定宏观调控法的必要性主要体现在：

（1）是保障社会公平与正义的需要。

（2）是社会主义法制原则的需要。

（3）是规范政府行为的需要。

（4）是适应市场经济国际化、全球化的需要。

因此，宏观调控法正成为当代各国经济法的核心。我国也应该尽快建立起完善的宏观调控的法律体系。

四、论述题

论国家运用经济法干预社会经济关系的正当性。

【参考答案】国家干预是指由国家机构对社会经济生活进行总体的、适度的决策、管理、调控和指导的各种活动的总称。

1. 国家运用经济法干预社会经济关系的客观必然性

这主要体现在经济法在克服市场失灵的功能上。经济法是国家干预的形式，并且是最高形式。国家干预就形式来讲，有经济政策、行政命令、经济立法三种，其中经济法是国家干预经济的最强硬、最高形式，因为经济法作为法，它已经上升为国家意志，国家赋予它法律的效力。经济法的调整对象本身就是那些需要由国家干预和调节的市场经济关系。

2. 我国近期目标迫切需要以经济法来进行国家干预

第一，经济平稳发展的需要。

第二，西部大开发的需要。

第三，构建和谐社会，确保社会安定的需要。

3. 国家运用经济法对社会经济关系进行干预并不是任意的，而需要一定程度的控制来制止和约束政府对市场机制的任意进入、对经济活动的随意干涉。

五、案例分析

自2001年5月起，某省康乐饮用水有限责任公司通过电视台在全国播出了一则广告，该广告的创意如下：实验人员拿出两杯水——一杯是康乐牌纯净水，一杯是康乐牌天然水，两杯水各浸泡着一株水仙花。一周后，天然水中水仙花的根须比纯净水中水仙花的根须长。实验人员解释说，这是因为康乐饮用水有限责任公司从某湖泊70多米的深处获取的天然水（即康乐牌天然水的生产用水）所含的矿物元素比所有的纯净水更能促进生物的生长。接着，电视屏幕上打出字幕：康乐饮用水有限责任公司宣布：停止生产纯净水，全部生产天然水。2003年1月，生产纯净水的金龙饮用水有限责任公司以康乐饮用水有限责任公司的广告违法为由，要求法院追究康乐饮用水有限责任公司的法律责任。后经查明，所谓天然水比纯净水更有利于生物生长的结论，并没有经过科学的验证。

问：1. 康乐饮用水有限责任公司通过电视台播出这则广告是否存在违法之处？为什么？

【参考答案】康乐饮用水有限责任公司的广告存在违法之处。在本案中，康乐饮用水有限责任公司的广告宣传的内容并没有经过科学的认证，其内容是虚假的，因而属于虚假广告。同时，康乐饮用水有限责任公司的广告中宣称，其天然水中所含的矿物元素比所有的纯净水都能促进生物生长，其潜台词就是所有生产纯净水的厂家所生产的纯净水都不如康乐牌天然水的品质好，明显会误导广大消费者，引发误购。

同时由于这则广告在全国范围内播出，其影响范围也是巨大的。康乐饮用水有限责任公司的这个广告显然是以排挤竞争对手，获取市场优势地位为目的的。

康乐饮用水有限责任公司利用广告对其性能、特点作引人误解的虚假表示，诱发消费者产生误购，属于引人误解的虚假宣传行为，是一种不正当的竞争行为。

2. 本案应如何处理？

【参考答案】对于康乐饮用水有限责任公司的违法行为，可以广告经营者和广告发布者作为共同被告。利用广告作引人误解的虚假宣传，可以适用《中华人民共和国广告法》和《中华人民共和国反不正当竞争法》相关规定进行处理。

由此可见，对康乐公司可以做出停止发布虚假广告、更正广告内容、罚款、赔偿损失甚至刑事惩罚。

第四章 西政考研法学专业课2006年真题回顾与解析

第一节 西政法学考研专业课A卷 民法学部分

一、判断题

1.《中华人民共和国民法通则》(简称《民法通则》)实际上是我国民法典的总则。

【参考答案】错误。民法典总则的功能在于同规定统一的共同性规则和价值理念在民法典内部最大限度地实现民法的体系化、协调化、集约化;在民法典外部,发挥对民事特别法的“龙头”作用,协调民法典以及民法典外部各民事特别法之间的冲突,目前我国尚没有制定民法典,早年制定的《民法通则》在一定程度上起到了民法典总则的作用,但是《民法通则》毕竟不是民法典的总则,还没有达到民法典总则的要求,因此不能说《民法通则》是我国民法典的总则。

2. 享有民事权利能力的民事主体均可享有民事权利和承担民事义务。

【参考答案】错误。它混淆了民事权利能力和民事行为能力。民事权利能力是指法律赋予民事主体享有民事权利、承担民事义务的资格。民事行为能力则是指民事主体以自己行为独立享有民事权利、承担民事义务的资格。无民事行为能力人和限制民事行为能力人享有民事权利能力,但未必承担民事义务。

3. 某合伙组织至2004年2月负债4万余元。此时合伙人甲提出退伙,并按比例分担了其应承担的合伙债务,但全部债务仍超出合伙财产8000元。按法律规定甲对此8000元合伙债务仍须负连带责任。

【参考答案】正确。合伙人对合伙企业的债务承担无限连带责任。

4. 拾得遗失物是一种单方法律行为。

【参考答案】正确。单方民事法律行为是指根据当事人一方的意思表示即可成立的民事法律行为。拾得遗失物只要行为人有占有的意思表示就可以成立,无需相对人的同意,是一种单方法律行为。

5. 作为民事法律行为所附的条件,必须是当事人选定的事实,法律事实不能作为条件。

【参考答案】错误。附条件的民事行为是指以将来可能发生的客观事实的发生与否为条件决定行为效力开始或终止的民事法律行为。作为民事法律行为所附的条件,必须具有以下要件:(1)须将来可能发生的事实;(2)须条件合法;(3)须当事人以意思表示设定。当事人可以将法律事实作为民事法律行为所附条件。

6. 诉讼时效期间均可适用有关中止、中断和延长的规定。

【参考答案】错误。最长诉讼时效期间不适用中止和中断。

7. 占有推定中的权利推定适用于一切形式的占有,包括恶意占有、瑕疵占有。

【参考答案】正确。占有是指人对物的实际控制和管理。它是一种事实，而非权利，但占有是产生权利的基础。它不仅是所有权的内容，而且还可以和所有权相脱离。《中华人民共和国物权法》规定："无权占有包括善意占有和恶意占有。"法律赋予占有人以权利推定的效力，旨在给占有以法律保护从而稳定现实的占有关系。

8. 甲盗窃乙的一个玉坠，丙不慎将玉坠摔碎，甲、丙二人可能承担不真正连带债务，但不承担连带债务。

【参考答案】正确。不真正连带债务基本含义是：当多个债务人就基于不同发生原因而偶然产生的同一内容的给付，各负全部履行之义务，并因债务人之一的履行而使全体债务人的债务均归于消灭，各债务人之间的债即构成不真正连带债务。不真正连带债务是与真正连带债务相对应的，因债务的实际履行导致所有债务人的债务发生的基础实施各不相同，因而它又是不真正的连带债务。在本题中，甲和丙的赔偿责任是由于不同的原因导致的，不能成立一般的连带责任。

9. 同一债权既有保证又有物的担保的，保证人只对物的担保以外的债务承担保证责任。

【参考答案】正确。我国《中华人民共和国担保法》第二十八条规定："同一债务人既有保证又有物的担保的，保证人对物的担保以外的债权承担保证责任。债权人放弃物的担保的，保证人在债权人放弃权利的范围内免除保证责任。"

10. 合同履行中的抗辩权的效力仅在于暂时中止履行合同债务。

【参考答案】错误。抗辩权是指对抗请求权或否认对方的权利主张的权利，又称异议权。抗辩权的重要功能在于通过行使这种权利而使对方的请求权消灭或使其效力延期发生。双务合同中的抗辩权包括同时履行抗辩权、先履行抗辩权和不安抗辩权。因此合同履行中的抗辩权的效力不仅仅在于暂时中止履行合同债务。

二、多项选择题

1. 民事主体所享有的形成权包括（　　）。

A. 追认权　　B. 免除权
C. 撤销权　　D. 解除权
E. 抵消权

【参考答案】ABCDE

2. 下列意思表示中，属于有相对人的意思表示是（　　）。

A. 悬赏广告　　B. 债务免除
C. 代理权授予　　D. 立遗嘱
E. 撤回要约

【参考答案】ABCE

3. 甲应于2002年7月10日偿还债权人乙借款5万元，直至2004年4月中旬一直不理，乙深感焦虑。此时乙的债权可以因（　　）而中断诉讼时效。

A. 乙通知甲履行债务　　B. 乙请求甲履行债务
C. 乙催告甲履行债务　　D. 甲死亡而其继承人尚未确定
E. 甲丧失行为能力

【参考答案】ABC

4. 有限责任公司从其性质上说，属于哪类法人？（　　）

A. 社团法人　　B. 财团法人
C. 企业法人　　D. 事业单位法人
E. 营利法人

【参考答案】ABC

5. 一般情况下，委托代理人为了被代理人的利益转委托他人代理的，在下列哪些情况下，复代理人代理行为的法律后果由被代理人直接承担？（　　）

A. 委托代理人事先通知被代理人
B. 委托代理人事先通知被代理人，被代理人表示不同意的
C. 委托代理人事先征得被代理人同意的
D. 委托代理人事后及时通知被代理人的
E. 委托代理人事后通知被代理人并取得被代理人同意的

【参考答案】CE

6. 按照《中华人民共和国担保法》的规定，可以作为权利质押客体的财产权利包括（　　）。

A. 汇票、本票、支票、债券、存款单、仓单、提单
B. 依法可转让的普通债权、股权
C. 依法可转让的知识产权
D. 依法有权处分的国有土地使用权
E. 依法取得的公路桥梁等公用建筑设施的收益权

【参考答案】ABCE

7. 精神损害赔偿的适用范围包括下列人身权或者其他人格利益受到侵害的（　　）。

A. 自然人的生命权、健康权、身体权
B. 法人的名称权、名誉权
C. 自然人的人格尊严权、人身自由权
D. 自然人的监护权、亲属权
E. 外国人的肖像权、隐私权

【参考答案】ACDE

8. 乙向甲借款5万元，丙又欠乙贷款5万元，经过协商由丙直接向甲偿还，下列表述甲、乙、丙相互关系及性质的选项哪些是正确的？（　　）

A. 如果甲、乙之间订立协议，再通知丙，为债权转移
B. 如果乙、丙之间订立协议，再得到甲的同意，为债务承担
C. 如果甲、丙之间订立协议，再得到乙的同意，为债务承担
D. 如果甲、丙之间订立协议，再通知丙乙，为债务承担
E. 如果甲、乙、丙之间订立一个协议，对甲与乙为债权转移，对甲与丙及乙与丙为债务承担

【参考答案】ABD

9. 甲将2间私房出租给乙居住，租期3年。1年之后，甲为得到更多的租金，对乙谎称自己家人要居住，与乙达成了提前终止租房合同的协议。但后来乙发现甲并没有自己居住房屋，而是以更高的租金出租给他人。对甲的这一行为，乙（　　）。

A. 有权以受到欺诈为理由，主张终止租房合同的协议无效
B. 有权以受到欺诈为理由，诉请法院撤销终止租房合同的协议

C. 有权要求甲继续履行租房合同，并承担因其欺诈行为造成的违约损害赔偿责任

D. 无权要求甲继续履行租房合同，但有权要求甲承担因其欺诈行为造成的损害赔偿责任

E. 有权要求解除租房合同，并有权要求甲承担因其欺诈行为造成的损害赔偿责任

【参考答案】ABCE

10. 侵权民事责任中，被告针对原告的诉讼请求可能提出的抗辩事由有（　　）。

A. 受害人过错　　B. 受害人同意

C. 紧急避险　　D. 正当防卫

E. 自助行为

【参考答案】ABCDE

三、概念比较题

1. 诉讼时效与除斥期间

【参考答案】诉讼时效是指权利人在法定期间内不行使权利即丧失请求人民法院依法保护其民事权利的法律制度。除斥期间是指法律规定某种权利预订存在的期间，权利人在此期间不行使权力，预定期间届满，便发生该权利消灭的法律后果。两者的区别主要有以下几点：

（1）构成要件不同；（2）适用对象不同；（3）法律效力不同；（4）期间性质不同。

2. 民事义务与民事责任

【参考答案】民事义务与民事责任是两个既联系又区别的概念。民事义务是民事权利的对称，是民事主体为了使权利人实现其权利或不影响其实现权利而承担的法律约束。

民事责任是民事主体违反民事义务所应承担的法律后果，也就是必须依法恢复被侵害的民事权利的法律后果，它是法律责任中一种独立的责任。

四、简述题

1. 简述法定代表人的主要义务。

【参考答案】法定代表人在企业内部负责组织和领导生产经营活动，对外代表企业全权处理民事活动。法定代表人的主要义务包括：应当遵守法律、行政法规和公司章程，对企业负有忠实义务和勤勉义务；不得利用职权收受贿赂或者其他非法收人，不得侵占企业的财产；不得利用职务便利为自己或者他人谋取属于企业的商业机会，自营或者为他人经营与所在企业同类的业务；不得擅自披露企业的秘密等。

2. 简述动产物权变动公示的方式方法及其效力。

【参考答案】物权变动的公示是指物权享有及变动的可取信于社会公众的外部表现形式。不动产以登记变更作为其享有公示方法；动产物权以占有作为其享有公示方法，以交付作为其变更的公示方法，占用、交付之所在即为动产物权之所在。

动产物权是除法律另有规定外，以占有与交付为其公示方法。这里所称法律另有规定者，包括以民用航空器、船舶、机动车辆为客体的物权、动产抵押权和某些权利质权。按法律的规定这些动产物权不以占有与交付为其公示方法，而以登记为其公示方法。除这些动产物权外，其他动产物权均以占有与交付为其公示方法。

法律规定动产物权的享有以占有为其公示手段，以此规定，动产之实际占有也就是有了使社会公众相信占有人对其占有的动产享有物权的公信力。基于占有的这种公信力，

即使占有人对其占有的动产无处分权，自占有人受让动产的善意第三人的利益亦受法律的保护。为保护善意第三人的利益，维护交易安全，现代各国都从占有的公信力出发，在其物权法中规定了善意取得制度。

3. 简述连带债务的效力。

【参考答案】连带之债是指当债的当事人的一方或双方为数人时，各债权人均得请求债务人为全部债务的履行，各债务人均负有为全部债务履行的义务，并且全部债权债务关系因一次全部给付而归于消灭的债。其中，债权人为多数者称为连带债权；债务人为多数者称为连带债务。

连带之债的效力为外部效力与内部效力：

（1）连带之债的外部效力。各连带债权人均有权要求债务人履行全部债务，每一个债权人都有权接受债务人的全部给付，债权债务归于消灭。债权人有权以债务人或其中数人为被告提起诉讼。获得判决后，若被诉债务人不履行债务，债权人得以同一理由诉讼其他债务人。对此，该其他债务人不得以有判决为由进行抗辩。在连带债务中的每一债务人均负有履行全部债务的义务。当债权人对连带债务人中的一人或数人就全部或部分提起请求时，被请求的债务人不得以内部应承担的份额提起抗辩。连带债务因全部给付而消灭。该给付人可以是连带债务人中的一人、数人或全体债务人。

（2）内部效力。连带债权内部效力是指各债权人应按确定的份额享有债权，受领全部债权人应扣除自己应有的份额后，将剩余的部分偿还给其他债权人。连带债务内部效力主要是指各债务人之间的求偿权。就连带债务的外部效力而言，各债务人之间的关系为连带关系；但就其内部效力而言，乃是按分关系。所以，连带债务人中的一人或数人清偿全部债务而使全体债务人免除责任后，有权就超过其应承担的部分，向其他债务人请求偿还。关于负担的份额，除法律有特别规定或当事人有特别约定时，应平均分担。当履行义务的人行使其求偿权时，连带债务人中的一人不能偿还其应分担的部分时，由求偿权人与其他债务人按比例分担。

五、论述题

试述物权法定原则。

【参考答案】物权法定原则是罗马法以来大陆法系各国物权立法的基本原则之一。其主要含义是指物权的类型，各类物权的内容均由法律直接规定，禁止任何人创设法律没有规定的物权和超越法律行使物权。

1. 物权法定的功能

（1）由物权的特性产生的问题。物权作为一种绝对权，对世权，具有直接支配性，并且可以对抗一般人，如果允许当事人以契约或习惯创设，则有害公益。（2）发挥物的经济效用。（3）保障完全的交易安全。（4）交易安全与便捷的需要。（5）公示制度的要求。（6）国家管理的需要。（7）基本经济制度的要求。

2. 物权法定原则的合理性

各国立法都对物权的种类及其内容做出明确的规定，只许可当事人在法定的物权形态、范围内享受法定的权利，不允许自由创设。除罗马法的影响外，更重要在于物权自身本质特性以及交易安全方面的考虑。（1）物权效力对第三人的影响。（2）物权法定有利于公示，确保交易安全快捷。（3）把所有权从封建主义的束缚下解放出来的历史沿革理由。（4）维系一国基本的经济、政治制度的需要。

六、案例分析题

A在某地河川附近辟池养殖草虾，经B批发，C零售。D向C购买一斤草虾，价金三十元，C对D表示："可放心食用，绝无问题！"D以草虾宴客，D及客人E均食物中毒，住院三日，各支出医药费三千元，减少收入一千元。经卫生部门检验认定A之养殖池遭F及G两家化工厂违法排放有毒废水所污染，而A疏于防范及检查，致草虾含有毒物质，造成损害。

请分别从违约责任、侵权责任及责任竞合三个层面分析D、E的损害赔偿请求权及相关损害赔偿责任的承担。

【参考答案】在本案中就D、E的损害赔偿请求权会在违约责任和侵权责任中产生竞合。首先，从违约责任来看，D向C购买一斤草虾时，C对D表示可放心食用绝无问题，C、D之间存在着合同关系，草虾质量合格是合同中的内容之一，因此D可向C主张违约责任，要求赔偿草虾质量不合格而带来的损失，由于E并非合同的相对方，他无权主张违约责任。其次，从侵权责任来看，D、E的健康权遭受到了损害，根据我国相关法律的规定，消费者在购买、使用商品时，其合法权益受到损害的，可以向销售者要求赔偿。销售者赔偿后，属于生产者责任或者属于向销售者提供商品的其他销售者追偿。消费者或者其他受害者因商品缺陷造成人身财产损害的，可以向销售者要求赔偿，也可以像生产者要求赔偿。属于生产者责任的，销售者赔偿后，有权向生产者追偿。属于销售者责任的，生产者赔偿后，有权向销售者追偿。因此，D、E可以向A、C追偿，A可以向F、G追偿。最后，从侵权和违约责任的竞合来看，对于D来说，根据我国的相关法律规定，他可以从侵权责任或违约责任中选择一种来主张权利，不可同时主张。

第二节　西政法学考研专业课B卷
中国宪法部分

一、不定项选择题

1. 按照现行宪法的规定，下列属于基层群众自治组织的是（　　）。
   A. 居民委员会　　B. 街道办事处
   C. 民族乡镇人民代表大会　　D. 村民委员会
   E. 乡镇派出所

【参考答案】AD

2. 近代中国的宪法文本中，规定了政府责任内阁制的文本有（　　）。
   A. 1908年的《钦定宪法大纲》
   B. 1912年的《中华民国临时约法》
   C. 1913年的《中华民国宪法草案》
   D. 1914年的《中华民国约法》
   E. 1916年的《中华民国宪法》

【参考答案】BCE

3. 下列各项中，属于2004年我国宪法修正案的内容有（　　）。

A. 公民合法的私有财产不受侵犯

B. 国家为了公共利益的需要，可以依照法律规定对土地实行征收或者征用并给予补偿

C. 国家依照法律规定保护公民的私有财产权和继承权

D. 集体经济组织实行民主管理，依照法律规定选举和罢免管理人员、决定重大问题

E. 国家保护个体经济，私营经济的合法的权利和利益

【参考答案】ABC

4. 下列的自由中，属于公民的表达自由的是（　　）。

A. 集会自由　　B. 结社自由

C. 宗教信仰自由　　D. 出版自由

E. 游行示威自由

【参考答案】ABDE

二、概念比较题

1. 宪法惯例与宪法判例

【参考答案】宪法惯例也称为宪法习惯，它是指在国家生活中长期形成的并得到国家认可的与宪法条文具有同等效力的习惯和传统。宪法判例是指法院可以援引作为审理同类案件依据的具有宪法效力的判决。由此可见，二者的区别如下：

（1）二者形成的方式不同。（2）二者的形式与内容不同。（3）两者的效力不同。（4）稳定性程度不同。

2. 宪法监督与违宪审查

【参考答案】宪法监督简单地说就是为了保证宪法实施，由国家和社会各方面力量所进行的督促、监控宪法实施的制度和活动。违宪审查一般是指由国家司法机关按照司法程序来审查和裁决立法及行政行为是否违宪及违法的一种制度。

3. 人权与公民权

【参考答案】人权简而言之，就是人作为人应当享有的权利；是人无论基于自然属性或者是社会属性都应当享有的权利。马克思有言："权利的最一般形式即人权"。公民权也就公民权利，就是指作为一个国家内的公民所享有的各种权利，它是法定化了的人权体系，是经过认可并受到国家强制力保证实现的权利。二者的区别如下：

（1）享有主体范围不同。（2）性质不同。（3）表达方式不同。（4）实现程度和保障性不同。

三、简答题

1. 宪法与宪政的关系

【参考答案】（1）宪法是宪政的前提条件下之一，但是这并不意味着有宪法就有宪政。（2）宪政应当是宪法追求的目标与价值。

2. 宪法往往被称为"母法"，又往往被称为"公法"，你认为这种说法矛盾吗？为什么？

【参考答案】不矛盾。原因在于：这是从不同的角度对宪法所进行的分析和观察所得出的观点。宪法被称为"母法"，这是从宪法的地位和效力角度来说的，宪法是国家的根

本大法，具有最高的法律地位和效力，其他一切法律、法规和规章都不得与宪法的内容和精神相违背，并且必须依据宪法制定法律规范性文件，所以，从这个意义上，是宪法生产了其他法律规范性文件，宪法这才被称为“母法”。

宪法之所以又被称为“公法”，是因为宪法也是限制公权力、保障私权利的法，调整的是国家机关与公民的基本关系，在这个意义上，宪法便具有一般“公法”所具有的特征，所以，宪法才又被称为“公法”。

行政法部分

一、不定项选择题

1. 行政法与其他部门法相比具有以下特征（　　）。

A. 行政立法主体具有多元性

B. 行政法表现形式具有多样性

C. 行政法调整的范围具有广泛性，内容丰富

D. 行政法尤其是以行政法规、行政规章形式表现的行政法规范易于变动，稳定性较差

【参考答案】ABCD

2. 下列行为属于抽象行政为的是（　　）。

A. 某工商所对违反规定使用杆秤的商贩一律没收并罚款50元

B. 某市公安局在一街道边竖起牌子并写上“7：00—19：00，此处不准停车，违者拖走。”

C. 某劳动局规定其辖区内企业与员工签订劳动合同必须报该局鉴证

D. 某乡人民政府发布的鼓励农民种植水稻的通告

【参考答案】AB

3. 下列那些情形可以构成行政程序上回避的事由？（　　）

A. 税务执法人员吴某是被处罚的纳税人的表兄

B. 土地监察执法人员张某的妻子是非法占用土地的企业合伙人

C. 执法人员和被许可人曾在一起吃过饭

D. 公安执法人员刘某的同事曾与被处罚人对簿公堂

【参考答案】AB

4. 行政主体向某单位收取排污费的行为属于（　　）。

A. 行政处罚　　　　B. 行政征收

C. 行政征用　　　　D. 行政征购

【参考答案】B

5. 根据《中华人民共和国国家赔偿法》的规定，行政机关及其工作人员行使行政职权有下列情形之一的，受害人有权提起国家赔偿（　　）。

A. 某公安局对违反《治安管理处罚条例》的公民李某行政拘留13天

B. 某镇人民政府设立禁闭室，将违法超生的妇女刘某禁闭3天

C. 某警察在依法执行公务时，用警棍将口出秽言的旁观者许某打伤

D. 某县人民政府在抗洪抢险中征用了刘某的一辆货车，刘某驾车前往指定地点时因翻车而致使该车报废

【参考答案】BC

二、判断分析题

1. 依照刑法行政原理，对于行政机关而言，法无授权皆禁止。

【参考答案】正确。依法行政的最重要的内容就是法律保留原则。所谓法律保留原则的含义就是指：法未授权者不可为。法律对于相对人的规定是：法不禁止皆自由。

2. 部门规章之间、部门规章与地方规章之间对同一事项的规定不一致时，由国务院报全国人大决定。

【参考答案】错误。依照《中华人民共和国立法法》第八十六条规定，部门规章之间、部门规章与地方政府规章之间对同一事项的规定不一致时，由国务院裁决。所以此项是错误的。

3. 对行政相对人的同一违法行为不得给予两次以上的行政处罚。

【参考答案】错误。对行政法领域的一事不二罚原则的含义理解起来稍显麻烦。所谓一事不二罚具体是指针对同一行政相对人的一种违法行为，不得给予两次以上的同一种类的处罚；对于同一相对人的多种违法行为，是可以给予两次以上的不同种类的处罚的。

4. 某市建设行政主管部门作出《关于 A、B、C 等单位违反建设程序不规范经营等问题的处罚决定书》，对 A 公司通报批评，要求其写书面检查，并罚款 50 万元。但该处理决定未直接送达 A 公司，A 公司是在其职员参加的一次行会上，在会议材料中发现该处理决定的，A 公司依法可以申请行政复议，复议机关有理由撤销该处理决定。

【参考答案】正确。行政复议法规定，公民、法人或者其他组织可在具体行政行为之日起六十日内提出行政复议申请；但是法律规定的申请期限超过六十日的除外。公司职员发现了其处罚决定书，认为其有瑕疵，当然可以申请行政复议。

三、简述题

1. 简述西方发达国家行政法发展的两大模式及其特征。

【参考答案】(1) 大陆法系的行政法：大陆法系的行政法以法国或者德国为代表，法国素有行政法母国之称，其行政法的产生是资产阶级革命的产物。法国行政法院制度的建立是法国行政法产生的标志。总体来说，大陆法系行政法的特点是：存在独立的行政法院系统，与普通法院并列；在法律体系上存在公法和私法的划分，行政法属于公法范畴；行政审判以适用行政法规则为主。

(2) 英美法系的行政法：英国是英美法系的发源地，按照普通法的观念，一切英国人都毫无例外地受到普通法和普通法院的管辖。深入发展的普通法观念严重阻碍了行政法作为一门独立学科的产生，现代意义上的行政法是伴随着资产阶级革命和改革出现的。美国行政法的产生是伴随政府干预经济出现的。英美法行政法的特点是：不存在独立的行政法院系统，所有的案件都由普通法院受理；没有公法、私法的划分；在法律适用上以适用普通法为原则；以适用专门的行政法规为补充。

2. 如何确定国家公务员的行政行为是公务行为还是个人行为。

【参考答案】时间因素、名义或者标志因素、公益要素、职权和职责要素、命令因素。

3. 行政合法性原则有哪些具体要求？

【参考答案】(1) 行政主体合法。

(2) 行政权限合法。

(3) 行政行为符合法定程序。

四、阅读理解（15分）

"防止某些权力集中于同一部门的最可靠办法就是给予各部门的主管人抵制其他部门的侵犯的必要手段和个人的主动。在这方面如同其他方面一样，防御规范必须与攻击规定相称。如果每个人都是天使，就不需要政府了。如果是天使统治人，就不需要对政府有任何外来的或内在的控制了。在组织一个统治人的政府时，最大的困难在于必须首先使政府管理自身。毫无疑问，只能依靠人民对政府的主要控制；但经验教导人们，必须有辅助性的预防措施。"

——摘自《联邦党人文集》

请结合中国实际，谈谈你对这段话的理解。

【参考答案】(1) 行政法就其实质而言是控制和规范行政权力的法。

(2) 行政权的作用具有两重性：一方面，它可以为人们提供秩序，起到积极的组织、协调、指导作用，促进社会经济的发展；另一方面，国家权力也可以被滥用，国家权力的滥用会给人民的生活、自由、财产带来严重的危险，阻碍以至破坏社会经济的发展。国家权力不加以控制和制约就必然导致权力的滥用。

(3) 行政权与公民个人、组织有着经常、广泛、直接的联系，经常且直接地涉及行政相对人的权益，而行政权实施的程序远不及立法、司法的程序严格、规范，因此行政权需要控制和规范。

(4) 现代社会，行政权有膨胀或扩张的趋势，现代行政权已经不单单是纯粹的执行管理权，而是包含了越来越多的准立法权和准司法权，如果没有对行政权的控制，行政权的滥用将不可避免。

五、论述题（25分）

从对行政处罚听证程序与行政许可实施听证程序的比较看我国行政听证制度的构建。

【参考答案】1. 我国现行两种听证程序的缺憾

(1) 具体行政行为听证的适用范围过窄。

(2) 听证主持人的资格规定不明。

(3) 听证参与人仅限于行政相对人，对第三人的合理权益保护不足。

(4) 行政听证程序中举证责任不明确。

(5) 听证笔录的效力适用不够严格和规范。

(6) 法律对听证主持人是否应当写出听证报告以及听证报告的效力未作规定。

2. 行政听证程序的构建

(1) 强化行政主体程序行政理念与行政相对人的听证意识。

(2) 明确行政听证申请人范围以及申请程序。

(3) 造就一批相对独立的专业化听证主持人。

(4) 适当扩大行政听证适用范围。

(5) 听证形式多样化与程序具体化。

（6）制定完善、规范、同一的行政听证制度。

行政诉讼法学部分

一、不定项选择题

1. 行政诉讼法将公民权益的种类主要分为人身权和财产权两类，以下选项属于财产权范围的是（　　）。

A. 物权、债权、知识产权

B. 继承权、经营自主权、物质帮助权

C. 劳动权、受教育权、休息权

D. 健康权、著作权、亲权

【参考答案】AB

2. 区人民法院受理王某诉区工商局非法扣押财产案，审理过程中，法院发现王某的行为涉及犯罪，需要追究刑事责任，但刑事责任涉及的案件事实与正在审理的行政争议涉及的事实之间无法律上的关联性，对此，法官应该（　　）。

A. 裁定中止行政案件的审理，将有关案件材料移送有管辖权的公安司法机关处理

B. 继续审理，待行政案件审理终结后，将有关材料移送有管辖权的公安司法机关处理

C. 中止行政案件的审理，将有关案件的材料移送有管辖权的公安司法机关处理。待刑事诉讼程序终结后，恢复行政诉讼程序

D. 继续审理，立即将有关材料移送有管辖权的公安司法机关处理

【参考答案】D

3. 2003 年 4 月 5 日，某县交通运输执法人员甲在整顿客运市场秩序的执法过程中，因为滥用职权致使乘坐在非法营运车辆上的孕妇乙重伤，检察机关对甲提起公诉，为保障自己的合法权益，乙可以（　　）。

A. 作为受害者参加诉讼，并提出刑事附带民事诉讼，要求被告承担赔偿责任

B. 提起刑事附带民事诉讼，要求被告及其所在的机关承担赔偿责任

C. 作为受害者参加诉讼，并提起刑事附带民事诉讼，要求被告及其所在机关承担国家赔偿责任

D. 按照国家赔偿法的有关规定，另行启动行政侵权赔偿的求偿程序

【参考答案】ABCD

4. 居民甲认为规划局为红光公司核发工程规划许可证的行为侵犯了自己的相邻权，要求人民法院撤销该规划许可，法院的审理过程依法委托专业机关就相关问题进行科学评价，机构认为该建设工程建成后将给甲的通风、采光条件带来损害。以下选项符合现行行政诉讼法的规定的是（　　）。

A. 人民法院认为建设工程尚未开工，撤销建设工程规划许可不会造成巨大损失，判决撤销被诉被诉具体行政行为

B. 人民法院认为建设工程尚未开工，撤销建设工程规划许可不会造成巨大损失，判决撤销被诉具体行政行为并责令被诉行政机关采取补救措施

C. 人民法院认为被诉具体行政行为存在不合理情形，但并不违法，判决变更规划红线后退5米

D. 人民法院认为被诉具体行政行为存在不合理情形，但并不违法，判决驳回原告的诉讼请求

【参考答案】A

5. 县公安局民警甲在一次治安检查中被乙打伤，县公安局认为乙的行为构成妨碍公务，对乙处以警告处分，甲认为该处罚轻，则（　　）。

A. 甲可以向上一级公安机关申请行政复议，对复议决定不服的向人民法院提起行政诉讼

B. 甲可以向法院提起行政诉讼

C. 甲可以申请复议但不提起诉讼

D. 甲不可以申请行政复议，也不能提起行政诉讼

【参考答案】D

6. 在二审过程中，对当事人依法提供的新证据，法院应当进行质证，这里的新证据是指（　　）。

A. 在一审过程中应当准许延期提供而未获准许的证据

B. 原告或第三人在诉讼过程中提出的其在被告实施行政过程中所没有反驳的证据

C. 原告或第三人提供的在举证责任期限届满后发现的证据

D. 当事人在一审程序中依法申请调取而未获准许或者未取得，人民法院在二审程序调取的证据

【参考答案】ACD

7. 人民法院审理再审案件，发现生效裁判有下列情形之一的，应当裁定发回作出生效判决、裁定的人民法院重新审理（　　）。

A. 审理本案的书记员应当回避而未回避

B. 未经合法传唤当事人而缺席判决的

C. 对与本案有关的诉讼请求未予裁判的

D. 违反法定程序可能影响案件正确裁判的

【参考答案】ABCD

8. 人民检察院对行政诉讼实行依法监督，以下选项符合行政诉讼法规定的是（　　）。

A. 人民检察院有权对人民法院和行政参与人进行法律监督

B. 人民检察院有权对行政诉讼的整个过程实行法律监督

C. 人民检察院的法律监督权只体现在对生效行政裁判按照审判监督程序提出抗诉

D. 人民检察院实行法律监督的主要方式是抗诉

【参考答案】ABD

二、论述题

论行政诉讼的目的。

【参考答案】行政诉讼的目的多元，大体可以分为以下几种：监督公权力、保障私权利、程序正义、利益平衡、促进合作、道德成本最低化等几个层面来理解。

第三节　西政法学考研专业课C卷
经济法学部分

一、概念比较

1. 经济垄断和行政垄断

【参考答案】经济垄断是指企业或其他组织利用经济手段，在经济活动中对生产和市场实行排他性控制，从而限制、阻碍竞争的状态和行为。行政垄断是指具有行政属性的垄断行为，是由于政府机关的行政权力的作用形成的垄断，这里的行政权力作用包括政府机关直接参与市场竞争、干涉市场主体经营行为，以及强行分享市场资源等。

2. 流转税和所得税

【参考答案】流转税是以商品流转额和劳务收入为征税对象的一个类别的税。所得税也叫收益税，是以纳税人的所得额为征税对象的税。

3. 严格责任原则和过错推定原则

【参考答案】严格责任原则是指行为人主观无过错而致害于人，在没有免责事由的情况下，仅根据其行为造成的客观存在的损害结果来承担法律责任的原则。

过错推定原则是过错责任原则的一种特殊表现形式。它是指在适用过错责任原则的前提下，在某些特殊的场合，由损害事实本身推定行为人有过错，并据此确定过错行为人赔偿责任的原则。

4. 企业设立审批和经营许可审批

【参考答案】企业设立审批和经营许可审批是根据审批许可内容的不同对审批的分类。设立审批所针对的是设立法律所规定需要履行审批手续的企业或其他经济组织的行为而进行的。经营许可审批，即已经设立的市场主体，为从事法律规定需要经国家许可才能经营的业务而申请国家有关部门予以批准和许可的行为。

二、简述题

1. 简述中国人民银行的货币政策工具。

【参考答案】《中华人民共和国中国人民银行法》第二十二条规定了我国中央银行可以运用的货币政策工具有6种：

（1）存款准备金政策。

（2）基准利率政策。

（3）再贴现政策。

（4）再贷款政策。

（5）公开市场政策。

（6）其他货币政策工具，如货币限额、消费信用控制、不动产信用控制等。

2. 简述经济法克服市场失灵的优势。

【参考答案】（1）经济法可以直接限制市场主体私权。

（2）经济法通过其特有的调整手段，可以直接改变市场主体的利益结构。

（3）经济法具有公共利益优势和远视优势。

3. 简述反垄断立法的宗旨。

【参考答案】反垄断法的立法宗旨是指导反垄断立法的基本原则和价值取向。它具体为：

（1）规范市场竞争行为，保护正当经营。

（2）保护公平竞争，维护市场秩序。

（3）明确法律责任，维护经营者和消费者的合法权益。

4. 简述试述经济法主体。

【参考答案】经济法主体亦称经济法律关系的主体，是在国家协调本国经济运行过程中，依法享有权利和承担义务的社会实体。经济法主体具有以下法律特征：

（1）外延的宽泛性。

（2）经济法主体行为的特定性。

（4）经济法主体在法律形态和组织形态上具有多样性。

三、论述题

论社会分配法律制度的完善。

【参考答案】社会分配法律制度是调整国民收入分配关系的法律规范的总称。

1. 经济法在调整社会分配关系上具有客观必然性

其一，经济法追求社会分配公平的法理基础。其二，实现社会分配的公平是我国现阶段经济体制对经济法提出的必然要求。其三，经济法是实现社会分配公平的经济法制保障。

2. 社会分配法律制度的体系及完善

（1）预算法是国家调整预算收支关系的法律规范。我国目前的预算法律制度规定得过于原则性，操作性差，需要进一步的细化。

（2）税法，税收是国家对社会分配进行干预的一个有效手段，目前我国税法的规定缺乏体系性，一些制度过滥容易引起税收方面的不公平待遇，使税收调节社会分配的功能大打折扣。因此要加强税收法制建设。

（3）规范个人收入的其他法律，这些法律一般都散落地规定在劳动法、银行法等法律制度之中，也需要进一步完善。

（4）社会保障法规定了劳动就业保险、劳动保险、失业保险、养老保险、医疗保险、社会救济、社会保障等内容。

四、材料分析题

据《京华日报》报道：2005 年 11 月，某省人事厅在某知名大学建立非公有制经济人才培训基地，专门针对“草根商人”（即非公有制企业高级管理人员）量身打造培训课程。此次到该大学学习的 30 名“草根商人”都是该省内年产值上亿元、利税达千万元以上规模的非公有制企业的董事长、副董事长、总经理或副总经理，是名副其实的亿万富翁。学员为期 12 天的培训费共 42 万元，由该省政府支付，住宿费和生活费由学员自理。

请用经济法的原理，分析该案中政府此种行为的非正当性，并提出相应的法律对策。

【参考答案】该案中省政府的行为违反了经济法中社会本位和经济公平两项基本原则。

经济法是社会本位法，社会本位原则是经济法区别于其他法律部门最主要的特征之一，社会本位要求经济法在调整经济关系的过程中立足于社会整体利益，在任何情况下都以大多数人的意志和利益为重。

经济公平原则是指任何一个法律关系的主体在以一定的物质利益为目标的活动中，都能够在平等的法律条件下实现建立在价值规律基础之上的利益公平。

要解决这方面的问题，应当对财政法进行完善。使每一笔财政支出都有法律上的依据，在市场经济体制下，市场是一种资源配置方式，财政也是一种资源配置方式。市场是通过市场价格满足私人需要，财政则是一种政府行为，是通过无偿性收支满足社会公共需要。在实际生活中这类需要由市场提供还是由财政提供，虽然不能泾渭分明，但也要有大体的划分，使政府机关在使用财政资金时能够有法可依，而不至于出现案例中的情况。

民事诉讼法学部分

一、不定项选择

1. 甲乙两公司因贸易合同纠纷申请仲裁，裁决后甲公司申请执行仲裁裁决，乙公司申请撤销仲裁裁决，此时受理申请的人民法院应当如何处理？(　　)

A. 裁定撤销裁决
B. 裁定终结执行
C. 裁定中止执行
D. 将案件移交上级人民法院处理

【参考答案】C

2. 因铁路、公路、水上、航空和联合运输合同纠纷提起的诉讼，(　　)有管辖权。

A. 运输始发地法院　　B. 运输目的地法院
C. 事故发生地法院　　D. 被告住所地法院

【参考答案】ABD

3. 原审被告在第二审程序中提出反诉后，第二审法院应当（　　）。

A. 裁定驳回
B. 告知另行起诉
C. 作出判决
D. 根据自由原则进行调解，调解不成的告知另行起诉

【参考答案】D

4. 在民事诉讼中，凡是人民法院裁定驳回起诉的案件，该案件受理费由（　　）。

A. 原告负担　　B. 被告负担
C. 原告和被告协商负担　　D. 原告和被告共同负担

【参考答案】A

5. 非实体权利义务主体成为民事诉讼当事人须有法律的特别规定，下列哪些主体依法可以成为民事诉讼当事人？(　　)

A. 公司清算过程中的清算组织
B. 失踪人的财产代管人

C. 财产管理人或遗嘱执行人

D. 为保护死者名誉权而提起诉讼的死者的近亲属

【参考答案】ABCD

6. 人民法院可以依据职权调查收集的证据包括（　　）。

A. 当事人本人无法收集的证据

B. 涉及商业秘密的证据

C. 依职权调查的档案材料

D. 涉及个人隐私的材料

【参考答案】ABCD

7. 法院宣告判决（　　）。

A. 是否公开进行取决于案件是否公开审理

B. 无论案件是否公开审理，一律不公开进行

C. 无论案件审理时是否公开，一律公开进行

D. 是否公开进行由人民法院决定

【参考答案】C

8. 涉外仲裁判决的执行权属于（　）。

A. 被申请人住所地的中级人民法院

B. 被执行财产所在地的中级人民法院

C. 申请执行人住所地的中级人民法院

D. 仲裁机构所在地的中级人法院

【参考答案】AB

9. 民事诉讼法规定的企业法人破产还债程序适用于（　　）。

A. 集体所有制企业

B. 私营企业

C. 外资企业

D. 中外合资企业和中外合作经营企业

【参考答案】ABCD

二、概念比较

1. 证人与鉴定人

【参考答案】证人是指知晓案件事实并应当事人的要求和法院的传唤到法庭作证的人。鉴定人是指受公安司法机关的指派或聘请，运用自己的专门知识或技能，对案件的专门性问题进行分析判断并提出科学意见的人。

2. 诉讼标的与标的物

【参考答案】诉讼标的又称诉的标的或诉的客体，是指当事人之间发生争议，并要求人民法院作出裁判的民事法律关系。标的物是当事人争议的权利义务所指向的对象。

3. 期间与期日

【参考答案】期日是指人民法院与当事人及其他诉讼参与人会和进行诉讼行为的特定某一日期，如证据交换期日、开庭审理期日、判决宣告期日等。决定某月某日为开庭审理某个民事案件的日期，在这一日，人民法院、当事人和其他诉讼参与人都必须到庭进行诉讼活动。期间是受诉法院、当事人或者其他诉讼参与人各自单独进行或者完成某种

诉讼行为的期限。

4. 确认之诉与形成之诉

【参考答案】确认之诉是指原告请求法院确认其与被告之间是否存在某种民事法律关系的诉。其中主张法律关系存在的为积极确认之诉，主张法律关系不存在的为消极确认之诉。确认判决仅在于确认某法律关系是否存在，并不形成新的法律关系。

形成之诉又称为变更之诉或者创设之诉，是指原告请求法院变更某一法律关系之诉，法律设立形成之诉的目的是为了使法律关系状态的效果不仅对当事人发生效力，而且对第三人也发生效力，形成之诉必须在法律有特别的规定的情况下才可以提起。

三、判断分析

1. 民事诉讼法的对事效力就是指人民法院对民事案件的主管范围。

【参考答案】错误。民事诉讼法的对事效力是指民事诉讼法用以解决哪些案件，即人民法院审理哪些案件应当依照《中华人民共和国民事诉讼法》的规定进行。《中华人民共和国民事诉讼法》第三条规定：人民法院受理公民之间、法人之间、其他组织之间，以及他们相互之间因财产关系和人身关系提起的民事诉讼，适用本法的规定。此外，根据《中华人民共和国民事诉讼法》第二编中的有关规定，某些特殊类型的案件也适用《中华人民共和国民事诉讼法》审理。

2. 人民法院的判决效力不仅及于诉讼代表人所代表的人，也及于他本人。

【参考答案】正确。诉讼代表人为了便于诉讼，由人数众多的一方当事人推选出来，代表其利益实施诉讼行为的人。人数确定的代表人诉讼，以及在人数不确定的情况下通过权利登记程序使人数确定的，都是其中的部分当事人代表全体当事人进行诉讼，尽管其他被代表的当事人未参加诉讼，法院判定的效力也及于他们。代表人的诉讼实施权来源于所有被代表的当事人的授权，实际上是一种任意的诉讼担当形式。在诉讼担当的情况下，判决的效力及于被担当人，判决的利益或者不利益归属于被担当人。

3. 当事人主张责任与提供证据责任的外延是一致的。

【参考答案】错误。当事人主张责任和提供证据的责任是两种不同性质的责任。主张责任是当事人在民事诉讼中为使自己的主张成为判决的基础，而负有向法院提出诉讼主张的责任。提供证据责任是指特定的诉讼当事人根据法律规定对一定的特征事实提出证据、加以证明的责任。

从法律的相关规定可见，主张责任先于提供证据责任存在。因为当事人仅对自己提出的并承担主张责任的主张承担提供证据的责任。

4. 民事诉讼中的第三人是合格的上诉人和被上诉人。

【参考答案】错误。无独立请求权的第三人只有在法院判决并承担民事责任时才可能上诉或被提起上诉，如果人民法院未判决无独立请求权的第三人承担责任，他仅仅是一个辅助参加诉讼的第三人，不能提起上诉和被上诉。

5. 一般而言，庭前程序就是指争点整理程序。

【参考答案】错误。庭前程序就狭义的庭前程序也包括争点和证据的整理程序，并非争点整理程序。

四、简答题

1. 按处分原则的要求，我国民事诉讼撤诉制度有何待完善之处？

【参考答案】处分原则是指当事人有权在法律规定的范围内处分自己的民事权利和诉讼权利，它贯穿于民事诉讼的全过程。民事诉讼中的撤诉按照通说又称诉之撤回，是指人民法院受理民商事案件至宣告判决或裁定前，当事人撤回其向法院提出诉讼的诉讼行为。从广义上说，泛指当事人向人民法院撤回诉之请求，不再要求人民法院对案件进行审理的行为。

我国撤诉制度应在以下几个方面完善：对申请撤诉的时间限制规定应予修改完善；有关撤诉的适用条件应予明确；应完善对当事人撤诉权的保障；对原告撤诉后再行起诉的应作出必要的限制；明确规定再审程序中是否允许当事人撤诉。

2. 简述我国民事诉讼目的论研究的几种学说及其内容 。

【参考答案】民事诉讼的目的是指国家设立民事诉讼制度所期望达到的目标或结果。

（1）一元说

私权保护说、维护法秩序说、纠纷解决说、程序保障说、权利保障说。

（2）多元说

多元说认为民事诉讼价值的多元化和相对性，以及民事诉讼主体的多元化等决定了民事诉讼目的的多元化。在现代社会，任何试图将民事诉讼目的单一化的企图都是不可取的，对民事诉讼目的的研究应该站在不同的角度，根据不同的主体的需要进行。

五、案例分析题

开川市的李冬和越北市的黄兴是老同学，他们分别在自己的所在地成立了甲公司和乙公司。2004 年 9 月，李、黄二人以公司的名义共同开发了位于南北区的临江大厦项目。2004 年底，王丽诉李冬离婚，并向法院声称李冬已许诺给自己离婚费 100 万，于是开川市法院依王的申请查封了在建的临江大厦二、三楼。

2005 年 3 月，李冬向被告黄兴所在地越北区法院提起诉讼，要求分割临江大厦产权。在诉讼过程中，李、黄二人达成平分该栋大厦的协议，法院经审查，以调解书的方式对李黄协议予以认可。2005 年 10 月，开川市法院判决李冬和王丽离婚，并判李冬承担王丽扶养费 30 万元。在执行过程中，虽然发现临江大厦已经整体转让给了马特公司，但开川市法院仍将本院查封的二、三楼予以拍卖。

问：1. 指出上述案例中存在的问题，并回答正确的做法及理由。

【参考答案】该案例中有以下法律问题，应依法改正：

（1）法院依王丽的申请查封在建的临江大厦的行为不当。只有在符合法律规定的条件时，法院才可以裁定采取财产保全措施。在本案中，王丽申请财产保全的条件并不具备。

（2）越北地区法院对李冬要求分割临江大厦产权的诉讼没有管辖权。李冬和黄兴的纠纷属于不动产纠纷，应当由不动产所在地即南北区人民法院管辖。

（3）开川市法院对临江大厦的强制执行不恰当。法院强制执行的标的必须是债务人可供执行的以实现债权人债权的责任财产。在本案中，法院在执行时，临江大厦二、三楼的产权已经转移给了马特公司，债务人李冬已不再对该财产享有所有权，因此不能再对临江大厦二、三楼查封和拍卖。

2. 假如王丽对临江大厦二、三楼的主张是有依据的，马特公司在本案中没有过错，本案又该如何处理？

【参考答案】如果马特公司在本案中没有过错，它应当享有临江大厦二、三楼的产权。为了维护正常的市场经济秩序、保护善意相对人的利益，法律对没有过错的相对人给予保护。马特公司在李、黄二人进行的交易过程中如果没有过错，同时也尽到了相应的注意义务时，就不应当承担不利的后果。王丽可以通过对李冬其他的财产申请强制执行。

六、论述题

试论民事判决的效力。

【参考答案】民事判决的效力是指民事判决在何时对何人何事具有约束力。它包括民事判决的生效时间和法律效力两个方面。

1. 民事判决发生法律效力的时间

民事判决生效的时间并不完全一致，根据我国《民事诉讼法》的规定，民事判决发生法律效力的时间有以下三种情况：

（1）准许上诉的地方各级人民法院的第一审民事判决，在上诉期间（15日）内如果当事人不提起上诉，上诉期届满后，即发生法律效力。这里的上诉期届满是此种判决生效的绝对条件。

（2）不准许上诉的各级人民法院的民事判决，判决书送达之日起即发生法律效力。如按特别程序审理的一审判决，中级以上各级人民法院所作的第二审判决，均属这种判决。

（3）最高人民法院所作的判决自送达之日起即发生法律效力。因最高人民法院是我国最高的审判机关，它所做的一切判决均属终审判决。

2. 民事判决的法律效力。

人民法院所作的民事判决一经发生法律效力后，就具有极大的权威性和普遍的约束力，不仅案件的当事人受其约束，所有的人都应遵守。这对稳定民事法律关系、维护社会安定团结都是极有利的。民事判决的法律效力主要表现在以下几个方面：

（1）拘束力。无论是一审判决还是上诉审判决，在其宣告或者送达后，就发生一定的形式效力。

（2）既判力。既判力又称实质上的确定力（也有人称为对事的确定力），是指确定的终局判决所裁判的诉讼标的对当事人和法院的强制性适用力。

（3）执行力。执行力是指给付判决可以作为执行根据，判决中的权利人在义务人不履行生效判决确定的义务时，有权请求法院予以强制执行。

（4）形成力。只有形成判决才有形成力。判决的形成力又称判决的创设力，在我国称判决的变更力，是指确定判决具有使原民事实体法律关系变更或使新民事实体法律关系产生的效力。

第五章 西政考研法学专业课 2007 年真题回顾与解析

本章引言

本章主要包含了 2007 年西政考研法学专业课 A、B 和 C 卷中所有的真题，希望通过真题的回顾与解析，帮助考生快速掌握西政考研法学专业课考试的特点，以便有针对性地进行复习备考。

第一节 西政法学考研专业课 A 刑法总论

一、概念比较

1. 管制与缓刑

【参考答案】管制是指由人民法院判决，对犯罪分子不予关押，但限制其一定的自由，由公安机关和人民群众监督改造的刑罚方法。

缓刑是指对判处一定刑罚的犯罪人在具备法定条件的情况下，附条件地不执行原判刑罚的一种制度。二者的区别如下：

（1）适用的对象不同。

（2）二者的性质不同。

2. 徇私枉法罪与民事、行政枉法裁判罪

【参考答案】徇私枉法罪是指司法工作人员徇私枉法、徇情枉法，对明知是无罪的人使其受追诉，对明知是有罪的人而故意包庇不使他受追诉或者在刑事审判活动中故意违背事实和法律作枉法裁判的行为。

民事、行政枉法裁判罪是指审判人员在民事、行政审判活动中，故意违背事实和法律作枉法裁判，情节严重的行为。

二、简答题

1. 意外事件与过失犯罪的相似之处和最根本的区别。

【参考答案】意外事件是指行为在客观上虽然造成了损害结果，但不是出于行为人的故意或者过失，而是由于不能预见的原因所引起的。

过失犯罪是指行为人应当预见自己的行为可能发生危害社会的结果，因为疏忽大意而没有预见，或者已经预见但轻信能够避免的心理态度。

二者的相似之处在于都是行为人没有预见到有害结果的发生，其最根本的区别在于，行为虽然在客观上造成了损害结果，但不是出于行为人的故意或者过失，而是由于不能预见的原因所引起的，所以不认为是犯罪行为。过失犯罪是由于行为人的疏忽大意，对应当预见的有害结果未能实际预见所造成的，行为人应当承担相应的刑事责任。由此可见，认真考察其有没有预见的原因，是区分意外事件和过失犯罪的重要原则，同时也是罪与无罪区分原则。

2. 简要回答合同诈骗罪的概念和特征。

【参考答案】合同诈骗罪是指以非法占有为目的，在签订、履行合同过程中，采取虚构事实或者隐瞒真相等欺骗手段，骗取对方当事人的财物，数额较大的行为。

(1) 客体要件

本罪侵犯的客体为复杂客体，既侵犯了合同他方当事人的财产所有权，又侵犯了市场秩序。

(2) 客观要件

本罪在客观方面表现为在签订、履行合同过程中，虚构事实、隐瞒真相，骗取对方当事人财物，且数额较大的行为。

(3) 主体要件

本罪的主体是一般主体，凡达到刑事责任年龄且具有刑事责任能力的自然人均能构成本罪，依规定，单位亦能成为本罪主体。本罪是在合同的签订和履行过程中发生的，主体是合同的当事人一方。

(4) 主观要件

本罪主观方面只能是故意的，并且具有非法占有公私财物的目的。

三、案例分析

陈某被两人追杀，迫不得已之下，抢了正在行驶的丁某的摩托车（丁某摔在地上，未受伤），逃命而去。待行驶到安全的地方，陈下车，撬开车后面的工具箱，发现现金3000元以及一张未到期的活期存单，陈顿生歹念，将现金和存单据为己有，将摩托车推下山去，随后陈某用伪造的身份证取出了存单中的现金。

问题：分析本案中陈某各种行为的性质并说明理由。

【参考答案】陈某的各种行为包括以下几种性质：

(1) 陈某抢走丁某摩托车的行为属于紧急避险的行为。案例中，陈某被两人追杀，在逃跑的过程中为了保护自己的人身权利不得已抢了丁某的摩托车逃跑，虽然损害了丁某的合法权益，但是却保全了较大利益，符合紧急避险的构成要件。

(2) 陈某撬开丁某的工具箱并将现金3000元以及一张未到期的活期存单据为己有的行为构成了盗窃罪。案例中，陈某在逃到安全的地方后，撬开车后的工具箱，并将里面的现金和活期存单据为己有，因此构成了盗窃罪。

(3) 陈某用伪造的身份证取出存单中现金的行为构成了诈骗罪。在案例中，陈某既犯了伪造身份证的罪也犯了诈骗罪，由于伪造身份证的犯罪行为和诈骗罪属于牵连罪，按照从一重罪处罚的原则，对陈某只定为诈骗罪。

(4) 陈某将摩托车故意推下山崖的行为构成故意毁坏财物罪。案例中，陈某故意将丁的摩托车推下山崖，导致摩托车的损毁，所以构成了故意毁坏财物罪。

四、论述题

1. 试论不作为成立的条件。

【参考答案】不作为是指行为人违反刑法的命令性规范，消极地不履行自己所承担法律义务行为。由于不作为的实质是行为人没有实施其应该的行为，构成刑法上的不作为，应具备以下条件：

(1) 行为人负有具有刑法意义的作为义务。(2) 行为人能够履行自己所承担的作为义务。(3) 行为人没有履行自己所承担的作为义务。

第二节　西政法学考研专业课 B 卷 中国宪法学部分

概念比较

宪法监督与违宪审查

【参考答案】宪法监督简单地说就是为了保证宪法实施，由国家和社会各方面力量所进行的督促、监控宪法实施的制度和活动。违宪审查一般是指由国家司法机关，按照司法程序来审查和裁决立法及行政行为是否违宪及违法的一种制度。所以，司法审查也是宪法监督的重要方式和模式之一，而且司法审查与宪法监督尤其联系密切，两者的核心内容以及目标等都是一致的，但是也不能完全等同。从内容上来，司法审查包含着违宪审查的成分，除此之外，司法审查还要进行违法审查；从模式上看，司法审查仅是宪法监督或者违宪审查的一种模式，除此之外，宪法监督或违宪审查还可以由议会或者其他专门机关实施监督或者审查。

第三节　西政法学考研专业课 C 卷 民法学部分

一、判断改错

1. 民法调整平等主体的财产关系和人身关系，即民事法律关系。

【参考答案】错误。《中华人民共和国民法通则》第二条规定：在中华人民共和国民法调整平等主体的公民之间、法人之间、公民和法人之间的财产关系和人身关系。即民法调整的对象就是平等主体之间的财产关系和人身关系。民事法律关系是由民法规范调整的、以权利义务为内容的社会关系，它包括人身关系和财产关系。生活事实层面的社会关系经民法规范调整后，被赋予权利义务内容，就此转化为法律关系。民事法律关系的形成是民法使社会关系秩序化的实现过程，即民法以平等主体间的人身关系和财产关系为调整对象，经民法调整的社会关系也就成为民事法律关系。

2.《民法通则》第一百五十四条是关于期日和期间的内容。

【参考答案】正确。《中华人民共和国民法通则》第一百五十四条规定“按照小时计算期间的，从规定时开始计算。规定按照日、月、年计算期间的，开始的当天不算入，从下一天开始计算。”

3. 由于《中华人民共和国国家赔偿法》颁布是在《中华人民共和国民法通则》之后，国家机关工作人员的职务侵权行为不属于侵权行为。

【参考答案】错误。我国《中华人民共和国民法通则》第一百二十一条规定：“国家机关或者国家机关工作人员在执行职务中，侵犯公民、法人的合法权益造成损害的，应当承担民事责任。"《中华人民共和国侵权责任法》第二条第一款规定："侵害民事权益，应当依照本法承担侵权责任。"第二款规定："本法所称民事权益，包括生命权、健康权、姓名权、名誉权、荣誉权、肖像权、隐私权、婚姻自主权、监护权、所有权、用益物权、担保物权、著作权、专利权、商标专用权、发现权、股权、继承权等人身、财产权益。"新《中华人民共和国国家赔偿法》第二条亦规定："国家机关和国家机关工作人员行使职权，有本法规定的侵犯公民、法人和其他组织合法权益的情形，造成损害的，受害人有依照本法取得国家赔偿的权利。"

4. 法人的设立就是法人的成立。

【参考答案】错误。法人的成立指社会上存在的人合组织体或财合组织体开始具有人格，成为民事权利主体。法人的设立依照法律规定的程序创设法人的各种活动。法人的成立与设立的区别：

(1) 性质不同：法人的设立是法人产生的准备阶段，其行为包含法律行为性质的，又包含非法律行为性质的，而法人的成立是形成阶段，是法律行为。

(2) 要件不同：法人的设立要有合法的设立人，设立基础和设立行为本身合法等要件，而法人的成立一般需要一系列实质及形式要件。

(3) 效力不同：法人成立后方可以自己的名义进行民事活动。设立是针对设立人而言的，是使法人成立的一系列行为，是一个过程，而法人的成立是针对法人而言的，是设立的后果，两者有时间上的差别。

5.《中华人民共和国民法通则》规定债权的让与和债务的移转都要经债权人同意。

【参考答案】正确。债权的转移是债权人以订立合同的方式将债权让与他人，即债权人与受让人意思达成一致，让与合同成立。债务的转移是第三人为承担债务人既存的债务而与债务人或债权人达成协议。这种情况下，承担债务的第三人是否具有履行能力和信用如何，与债权人的权利能否实现直接相关。只有经债权人同意，这一协议才能对债权人发生效力。

6. 担保的独立性的表现就是担保的程度和范围可以超过主债务的程度和范围。

【参考答案】错误。担保物权具有从属性，是为了确保债权实现而设立的，与所担保的债权形成主从关系，被担保的债权为主权利，担保物权为从权利。担保物权的担保范围包括主债权及其利息、违约金、损害赔偿金、保管担保财产和实现担保物权的费用。担保物权虽然具有相应的独立性，例如在国际经济贸易中，约定见索即付或者见单即付条款的担保合同效力不受主合同效力影响。但担保程度和范围不能超出主债务的程度和范围。

7. 因为民法的适用无溯及力，所以《中华人民共和国合同法》只适用于其颁布以后成立的合同。

【参考答案】错误。民事法律一般只适用于其生效后发生的事实和关系，"法律不溯及既往"是早在罗马法中就得到确立并为后世所公认的原则。中国民法也采取民法规范一般没有溯及力的原则。但是在原则上确认民事法律没有溯及力的同时，并不排除国家根据客观需要在一定的情况下做出某种溯及既往的规定。《中华人民共和国合同法解释(一)》第三条规定："人民法院确认合同效力时。对合同法实施以前成立的合同，适用当时的法律合同无效而适用合同法合同有效的，则适用合同法。"

8. 诉讼时效延长的事由，由当事人举证证明。

【参考答案】正确。诉讼时效的延长是指在诉讼时效完成后，权利人向人民法院提出请求时，经法院查明权利人有正当理由未能及时行使权利的，人民法院延长时效期间，仍保护权利人的权利。据此，诉讼时效延长的事由，由当事人举证证明。

9. 民法对民事主体的人身权益都给予平等的保护。

【参考答案】错误。民法调整的对象包括“平等主体的自然人、法人、其他组织之间的财产关系和人身关系。”人身关系是人们在社会生活中形成的具有人身属性，与主体不可分离，而法人和其他组织不具有这种人身属性，因此题干的表述不是完全正确的。

二、概念比较

1. 实质民法与形式民法

【参考答案】民法可以分为形式意义上的民法和实质意义上的民法，形式意义上的民法指《民法典》，我国目前没有一部法律称为“中华人民共和国民法典”。广义的实质意义上的民法指所有调整平等民事主体之间的财产关系和人身关系的法律规范的总和。最高人民法院对《中华人民共和国民法通则》《中华人民共和国合同法》《中华人民共和国担保法》《中华人民共和国婚姻法》《中华人民共和国继承法》等基本法、单行法、特别法做出了大量的司法解释，我国各种理论学说都将其作为形式意义上的民法，以例破律、以例辅律，即以案例的形式来弥补成文法的不足，这是中国古代法律调整的习惯，也是中华人民共和国在司法审判中的习惯。

2、动产物权与不动产物权

【参考答案】按物权的客体是动产或不动产，可以将物权分为动产物权和不动产物权。动产物权是以能够移动的财产为客体的物权，不动产物权是以土地、房屋等不能移动的财产为客体的物权。二者的差别如下：

（1）不动产与动产可得设立的物权类型不同。

（2）不动产物权与动产物权的公示方法不同。

（3）动产物权和不动产物权所受限制不同。

3. 违约责任与侵权责任

【参考答案】违约责任又称违反合同的民事责任，是指合同当事人违反合同所应承担的责任。侵权责任是指因侵犯他人的财产权益与人身权益而产生的责任。违约责任与侵权责任经常出现竞合的情况，是伴随着合同法和侵权法的独立而产生的，它的存在既体现了不法行为的复杂性和多重性，又反映了合同法和侵权法的既相互独立又相互渗透的状况。竞合现象不影响两类责任之间的区别，对两类责任的不同选择将极大地影响当事人的权利和义务。违约责任与侵权责任主要区别在以下几个方面：

（1）构成要件不同。

（2）赔偿范围不同。

（3）责任方式不同。

（4）免责条件不同。

（5）对第三人的责任有所不同。

三、简答题

（一）简述民事行为的有效要件。

【参考答案】民事行为的生效是指民事行为发生法律效力。民事行为发生法律效力，当事人任何一方不得随意撤销或者解除；当事人双方均应受法律拘束，享受所设定的权利，履行所负担的义务；任何一方不履行其义务，均应承担相应的民事责任。在当事人之间发生纠纷时，应依所实施的行为确定当事人之间的权利、义务和责任。

民事行为成立并不等于就发生效力，已成立的民事行为只有符合法律规定的条件时才能生效，不符合法律规定的民事行为不能发生效力。法律规定的民事行为的生效条件是为当事人的意思表示自由限定了范围，也就是为“私法自治”限定了范围。

民事行为的生效条件也可分为一般生效条件与特别生效条件。

1. 民事行为的一般生效条件

民事行为的一般生效条件是指民事行为生效普遍须具备的条件，依《中华人民共和国民法通则》的规定，合法的民事行为为民事法律行为，因此，民事法律行为的条件也就是民事行为生效的一般条件。依《中华人民共和国民法通则》第五十五条规定，民事行为的一般生效条件包括以下三个：

(1) 行为人具有相应的民事行为能力。(2) 意思表示真实。(3) 不违反法律或者公共利益。

2. 民事行为的特别生效要件

民事行为的特别生效要件是指某些特别的民事行为除需具备一般的生效要件之外还需具备的生效要件。例如，死亡行为除一般生效要件外还须具备行为人死亡的条件才能生效。《中华人民共和国合同法》第四十四条第二款规定：“法律、行政法规规定应当办理批准、登记等手续生效的，依照其规定。”这里所说的审批、登记等手续，属于民事行为生效的特别要件。

(二) 简述所有权的继受取得

【参考答案】继受取得又称传来取得，是指根据原所有人的意思接受原所有人移转之所有权。继受取得与原始取得不同，它是以原所有人的所有权和原所有人转让所有权的意思表示为根据的。没有原所有人的所有权，或者没有原所有人转让所有权的意思表示，都不会发生所有权之继受取得。

1. 继受人取得所有权的方法

买卖、互易、赠与。

2. 继受人取得所有权的时间

以继受方式取得所有权的，所有权由原所有权人移转于继受人的时间有以下三种不同情形：

(1) 除法律另有规定或当事人另有约定外，所有权自所有人将标的物交付继受人时起移转于继受人。

(2) 不动产所有权转移时间。按照法律特别规定，不动产所有权或使用权不是从财产交付时转移，而是从办理过户登记时转移。

(3) 对动产所有权的转移时间，当事人有特别约定的，所有权自当事人约定的时间转移。

(三) 简述债的代位权的概念和条件。

【参考答案】代位权是指债务人对第三人享有到期债权。但是由于债务人怠于行使其债权，而危及到债权人的利益的时候，债权人有权以自己的名义向法院或仲裁机关对第三人提起诉讼，请求其偿还债务人之债。

代位权发生的条件有四个方面：

(1) 债务人对第三人享有债权，且该债权是非专属于债务人本人的权利。

（2）须债务人怠于行使其债权，即债务人应当而且能够行使债权但不去行使。

（3）债务人怠于行使自己的债权已危及债务人自己的债权。

（4）须债务人已迟延履行。债务人的债务未到期和履行期间未届满的，债权人不能行使代位权，但债权人专为保存债务人权利的行为，如中断时效，可以不受债务人迟延履行的限制。

四、论述题

试述民法的善意及相关制度和意义。

【参考答案】民法上的善意是指行为人在从事民事行为时，不知道或无法知道其行为缺乏法律根据，而认为其行为合法或行为的相对人有合法权利的一种主观心理状态。

关于如何确定善意，理论上有积极观念说和消极观念说。

1. 善意占有和恶意占有的区分

善意占有是指非法占有人在占有某项财产时，不知道或无法知道其占有为非法；恶意占有是指非法占有人在占有某项财产时，已经知道或应当知道其占有为非法。

（1）动产的善意取得制度上。动产的善意取得是指当所有人的动产由占有人非法转让给第三人时，第三人在占有该动产时如果出于善意，则可以依法取得所有权。此处的善意是指第三人于受让时，不知道出让人为非所有人，也不知道出让人无权处分。

（2）不当得利返还上。善意占有人一般只返还现存的利益，而对已经灭失的利益不负返还的责任。恶意占有人不仅需返还现存利益，而且对已经毁损、灭失的部分应负赔偿责任。

（3）占有人返还原物上。善意占有人在返还原物时，可以请求所有人补偿其为保管、保存、维修占有物所支付的必要费用，并对已经占有物上所获得在孳息不负返还义务。而恶意占有人在返还原物时无此项请求权，并有义务返还其从占有物上所获取的孳息。

（4）取得实效上。承认因时效取得所有权，即占有取得时效的国家也都要求其占有为善意、公开、持续并以所有的意思占有用取得实效。我国民法对此未作规定。

2. 善意添附

善意添附是指经所有人或有处分权人的同意，对他人的财产进行混合、符合或加工。恶意添附是指明知或应当知道是他人财产，又未经同意进行混合、附和或加工的。在善意添附的情况下，关于新的财产权的归属，当事人有预定的从其约定。没有约定的一般可根据原有财产价值和添附财产价值在新财产中所占比例的大小来确定。原有财产价值大的归原有人所有，添附财产价值大的归添附人所有，但都应对对方因此所受的损失予以相当的补偿。

3. 善意第三人

在民事活动中，为保护交易安全，法律上多没有保护善意第三人的规定。除前面已经述及的动产善意取得外，在代理制度上设有表见代理制度，以保护善意相对人的利益，它要求相对人主观上为善意且无过失，即不知道物权代理人的代理行为欠缺代理权，而且相对人的这种不知情不能归咎于他的疏忽或懈怠。在意思表示上，当事人的虚伪意思表示不得对抗信赖此项表示的善意第三人，该当事人无权主张行为无效，只有善意第三人方可以欺瞒为由主张该行为无效，而且第三人因此受到的损失，可以请求损害赔偿。

经济法学部分

一、概念比较

1. 营业税与企业所得税

【参考答案】营业税是以硬说商品或劳务的销售收入额（或称营业收入额）为计税依据而征收的一种商品税。企业所得税是指对中华人民共和国境内的一切企业（不包括外商投资企业和外国企业），就其来源于中国境内外的生产经营所得和其他所得而征收的一种税。

2. 经济职权与经济职责

【参考答案】经济职权是指国家机构依法行使领导和组织经济建设职能时所享有的一种具有命令与服从性质的权力。它是国家干预社会经济生活的主要依据。经济职权的主要表现形式是多种多样的，包括经济立法权、经济执法权、经济司法权和准经济司法权等。各种经济职权依不同的标准，还可以作进一步的划分。

经济职责是指国家机关依照法律的规定必须为或不能为一定行为的责任。

3. 不正当低价与倾销

【参考答案】不正当低价销售也称不正当亏本销售、掠夺性定价或不当贱卖，是指经营者以排挤竞争对手为目的，以低于成本的价格销售商品或提供服务的行为。倾销是在正常贸易过程中进口产品以低于其正常价值的出口价格进入市场。

不正当低价销售与国际贸易中的倾销都是破坏正常竞争秩序的大量低价销售商品的行为，两者在行为方式、客观后果及主观目的等方面均极为相似，实际两者还存在很大的差别，主要表现在：

存在领域不同，认定标准不同，适用的法律和处理的方式不同。

4. 结构主义垄断法与行为主义垄断法

【参考答案】所谓结构主义是指重视对垄断结构状态的控制，立法中往往设有对某些垄断组织予以解散或分割的制裁措施。行为主义是指仅对市场支配和限制竞争行为进行法律控制，其制裁措施一般不包括分割企业法的做法。

二、简述题

1. 简述经济公平原则。

【参考答案】经济公平最基本的含义是指任何一个法律关系的主体，在以一定的物质利益为目标的活动中，能够在同等的法律条件下实现建立在价值基础之上的利益平衡。

经济法上的公平是在承认经济主体的资格和个人禀赋等方面差异的前提下而追求的一种结果上的公平，即实质公平。

2. 简述宏观经济调控的特点。

【参考答案】宏观经济调控的特征：

(1) 以总量平衡为调控的主要目标。(2) 以间接手段为主要的调控方式。(3) 以经济利益为实现调控目的的主要手段。

3. 简述人民币的法律地位。

【参考答案】人民币是我国的法定货币。在我国境内，凡以货币计算的债权、债务以及经济业务、劳务报酬，都必须以人民币为支付工具进行折价计算。以人民币支付的一切公共和私人债务，任何单位和个人不得拒收。为了贯彻执行我国独立自主的货币政策，避免国际金融市场的不利影响，人民币只限于国内流通使用，禁止携带出境。凡携带或私运国家货币出入国境者，一律没收；出入国境的邮件查有夹带国家货币者，没收其货币。但携带小额人民币作为纪念的，海关可以在规定的限额内予以放行。

4. 简述经营者的信息提供义务。

【参考答案】经营者有义务提供一切真实信息，不做虚假宣传，这是消费者实现知情权的保障。这一义务包括：经营者应当向消费者提供有关商品或服务的真实信息，不得做引人误解的虚假宣传；经营者对消费者就其提供的商品或服务的质量和使用方法等问题所提出的询问，应当作出真实、明确的答复；商店提供的商品应当明码标价；经营者应当标明其真实的名称和标记；租赁他人柜台或者场地的经营者，应当标明其真实名称和标记。

三、论述题

试述社会财富公平分配中的政府责任。

【参考答案】（一）政府责任与社会财富分配的法理基础。

（二）政府在社会财富公平分配中的责任既实现机制。

（三）政府责任与我国社会财富公平分配的具体制度创新：

（1）关于土地利益分配。在土地立法模式上打破地方公有制，选择农村土地国有化模式并对农村土地国有化，使新的农村地权模型既不与现实主流意识形态相悖，且适于中国具体国情，使土地利益分配机制既不违背公平正义，又足以提高土地效率、增进土地价值。

（2）关于自然资源利益分配。就自然资源而论，其收益权应当由属地省区与中央政府按照合理比例共享；自然资源的开发和调配应该在尽量满足属地省区的合理需求下予以调配；其输入和输出应该当遵循市场价值规律，即输出方享有合理收费权利，输入方履行合理付费义务。政府也应在“资源有限”“资源有偿”“权利有别”“调配有方”四原则下合理行使国家权力并兼顾各方利益要求。

（3）关于环境利益分配。设立权利金制度，取消资源税和资源补偿费，采用探矿权、采矿权合一制度，促进其流转；重视政府在环境损害和矿业城市生态补偿领域的作用。

（4）关于产业利益分配。现代农业合作社是农民自愿、自治、自立的组织，组建现代农业合作社及其联合社使农民利益集团得以重塑，并能在与其他利益集团组织在体现现代农业合作社及其联合社的同时，体现农民利益集团公平分配社会财富的诉求，并使之制度化。

（5）关于劳动者利益保护。切实保护农民的利益，维护职工的合法权益。

（6）关于社会保障利益分配。努力推进社会保障法律制度的建设，理清并重构政府责任，即在优先于全能的社会保障之间理性筹划政府责任、明确政府的财政责任、加大政府的监管责任、强化政府的实施责任、合理划分中央与地方政府的责任。

（7）关于公共投资利益分配。针对我国公共投资法律现状，有必要进行公共投资法律体系的重塑。立法内容主要是解决公共投资主体、投资目标和对象、投资数额、投资方式、投资的管理和监督、法律责任的确定问题。

（8）关于融资利益分配。虚拟经济在促进和谐社会建设进程的同时，也给和谐社会建设提出了诸多的挑战。

（9）关于财税利益分配。制定财产税法，完善财产税制是新一轮税制改革的重要组成部分，也是我国落实社会政策的必不可少的政策工具。

四、案例分析

用经济法的原理和制度评论“重庆锅底费同盟”事件的合法性。

【参考答案】重庆锅底费同盟涉嫌垄断，损害了消费者的利益，不具有合法性。表面来看，重庆火锅加收锅底费是一种市场行为，但是因为是多家火锅店共同形成的价格联盟，国家严禁用价格联盟形式进行营业竞争，是一种违法行为。

民事诉讼法学专业卷

一、简述题

1. 诉讼费用的分担原则是什么？

【参考答案】诉讼费用的负担是指在案件审判终了和执行完毕时，当事人对诉讼费用的实际承担。由于诉讼费用制度的功能和意义所致，我国在民事诉讼中确立了“败诉人负担”的一般原则，同时辅以“法院决定负担”“当事人协商负担”和“自行负担”等其他诉讼费负担规则。

（1）败诉人负担。根据《人民法院诉讼收费办法》第四章规定，败诉人负担一般原则适用于以下八种情形：①案件受理费由败诉的当事人负担，双方都有责任的由双方负担；②共同诉讼当事人败诉，由人民法院根据他们各自对诉讼标的的利害关系决定各自负担的金额，其中如有专为自己利益的诉讼行为所支出的费用，由当事人负担；③第二审人民法院驳回上诉的案件，上诉案件受理费由上诉人负担，双方都提出上诉的由双方分担；④撤诉的案件，案件受理费由原告负担，减半收取，其他诉讼费用按照实际支出收取；⑤驳回起诉的案件，案件受理费由起诉的当事人负担；⑥申请执行费和执行中的实际支出的费用，由被申请人负担；⑦申请财产保全措施的申请费和海事海商案件中申请扣押船舶，申请留置货物的申请费，由败诉方负担；⑧追索赡养费、抚养费、抚育费、抚恤金和劳务报酬的案件，原告可以不预交案件受理费，案件终结时由败诉方负担。

（2）法院决定负担。法院决定负担的情形包括：①除有特别规定的以外，其他诉讼费用均由人民法院根据实际情况决定双方当事人应负担的金额；②第二审人民法院对第一审人民法院的判决作了改判的，除了应当确定当事人对第二审诉讼费用的负担外，还应当相应地变更第一审人民法院对诉讼费用负担的决定；③离婚案件诉讼费用的负担均有人民法院决定。

（3）当事人协商负担。根据《人民法院诉讼收费办法》的规定，当事人协商负担适用以下情形：①经人民法院调解达成协议的案件，诉讼费用的负担由双方协商解决；协商不成的，由人民法院决定。②第二审人民法院审理上诉案件，经调解达成协议的，第一审和第二审全部诉讼费用的负担均由双方协商解决；协商不成的，由第二审人民法院决定。

（4）自行负担。自行负担是指无论诉讼的结果如何，也不考虑其他任何情况，在诉讼费用的负担问题上，既不适用“败诉人负担”的一般原则，也不适用“法院决定负担”和“当事人协商负担”的辅助性规则，而一律由特定的当事人自己负担的例外规则，主要有以下几种情形：①在海事海商案件中，申请船东责任限制的申请费用由申请人自行负担；②由于当事人不正当的诉讼行为所支出的费用，由该当事人自行负担；③申请公示催告的申请费和公告费由申请人自行负担；④当事人可以向人民法院申请具有专业知识的人员出庭就案件的专门性问题进行说明。人民法院准许其申请的，有关费用由申请的当事人自行负担。

2. 企业法人破产程序的特点是什么？

【参考答案】(1) 破产程序是清偿债务的特殊手段。

破产程序不同于解决债权摘取关系的一般法律程序，它以将债务人的全部财产一次性地分配给全体债权人，从而结束债权债务关系为目的。破产财产分配完毕，企业的法人资格消灭，不再是民事主体。如果没有人民法院按照破产程序对案件进行审理，就不会出现这种结果。

（2）破产程序的发生以债务人不能清偿到期债务为前提。

（3）破产程序以债权人按比例受偿和债务人责任限定为原则。

（4）破产程序一审终审，并一律适用裁定。

3. 有独立请求权的第三人与无独立请求权的第三人的异同。

【参考答案】依据诉讼第三人参加诉讼的根据，可将诉讼第三人分为两种：有独立请求权的第三人和无独立请求权的第三人。

有独立请求权的第三人是指在他人的诉讼开始后对他人之间的诉讼标的提出独立请求权的诉讼参加人。对他人之间的诉讼标的有独立请求权，这是有独立请求权的第三人参加诉讼的根据。在诉讼中，有独立请求权的第三人享有原告的权利，承担原告的诉讼义务。

无独立请求权的第三人是指对他人正在进行的诉讼的诉讼标的不能主张独立的请求权，但其与案件处理的结果有法律上的利害关系，为了维护自己的利益而参加到诉讼中去的诉讼参加人。所谓与案件的处理结果有法律上的利害关系是指第三人与诉讼中的某一方之间存在着一个实体上的法律关系，该法律关系与本诉讼的诉讼标的有牵连关系，法院对本诉讼的诉讼标的的处理可能涉及该法律关系。无独立请求权的第三人在诉讼中的地位既不是原告也不是被告。

二、概念题

当事人适格

【参考答案】正当当事人又称当事人适格，是指对于具体的诉讼有作为本案当事人起诉或应诉的资格。

正当当事人与诉讼权利能力不同。诉讼权利能力是作为抽象的诉讼当事人的资格，它与具体的诉讼无关，通常取决于无民事权利能力。正当当事人是作为具体的诉讼当事人的资格，是针对具体的诉讼而言的，当事人正当与否，只能将当事人与具体的诉讼联系起来，看当事人与特定的诉讼标的有无直接联系。

三、论述题

简述对法院调解的理解。

【参考答案】(一) 法院调解的概念

法院调解是指在人民法院审判人员的主持下，诉讼当事人就争议的问题，通过自愿协商，达成协议，解决其民事纠纷的活动。法院调解是人民法院审理和解决民事纠纷的重要形式。

(二) 法院调解原则的适用

1. 适用范围

法院调解的适用范围包括以下几个方面：

(1) 适用的案件。一般来讲，凡属民事权益争议的性质、存在调解可能的案件，人民法院均可以用调解的方式解决。

(2) 适用的程序。法院调解原则适用于解决民事权利义务争议的审判程序的全过程。

2. 法院调解应当遵循的原则

(1) 自愿原则。(2) 查明事实、分清是非的原则。(3) 合法原则。

(三) 法院调解的意义

1. 法院调解有利于及时、彻底地解决当事人之间的民事纠纷。

2. 法院调解有利于化解矛盾，促进当事人的团结。

3. 法院调解有利于法制宣传，预防和减少诉讼。

四、判断分析

1. 关于诉讼中止（此处仅列举考查的知识点）。

2. 关于行为保全（此处仅列举考查的知识点）。

3. 有人认为只有对所有民事案件都实行三审终审才能实现司法权威。

【参考答案】错误。我国现行审计制度是二审终审。一个民事案件经两级人民法院审判后，诉讼程序即告终结，当事人不得再提起上诉。

五、概念比较

1. 诉讼当事人与正当当事人

【参考答案】一般认为，民事诉讼当事人就是以自己的名义要求人民法院保护其民事诉讼权利或法律关系的人及其相对方，即原告和被告。凡是以自己名义起诉和应诉的人就是当事人。

正当当事人也称当事人适格。这一概念最早源于日耳曼法系的共同共有制度。通说认为，正当当事人即实体权利义务人以及不具有实体权利义务但具有诉讼实施权的人。诉讼实施权就是在具体事件的诉讼中，能够作为当事人起诉或应诉，且获得本案判决的诉讼法上的权能或地位。

2. 判决的形成力与判决的执行力

【参考答案】只有形成判决才有形成力。判决的形成力又称判决的创设力，在我国称判决的变更力，是指确定判决具有使原民事实体法律关系变更或使新民事实体法律关系产生的效力。判决的形成力于判决确定之时发生，形成判决一旦确定，根据民事实体法的具体规定，其效力可能溯及既往。一般情况下，形成判决的形成力及于当事人和任何第三人，但既判力仅及于当事人及其诉讼诉讼继受人或特定第三人。非讼案件的判决通常无既判力，但有形成力。

第六章　西政考研法学专业课2008年真题回顾与解析

本章引言

本章主要包含了2008年西政考研法学专业课A、B和C卷中所有的真题，希望通过对真题的回顾与解析，帮助考生快速掌握西政考研法学专业课考试的特点，以便有针对性地进行复习备考。

第一节　西政法学考研专业课A卷
刑法学部分

一、多项选择题

1. 下列犯罪行为应依据我国刑法属地管辖原则管辖的有（　　）。

A. 中国公民乘坐中国民航客机飞行至公海上空时实施的犯罪

B. 外国公民在中国境外打猎时子弹飞进中国境内，致中国公民受重伤

C. 中国国家工作人员在中国领域外犯罪

D. 外国人乘坐外国民航客机进入中国领海上空后在飞机内实施犯罪

【参考答案】AD

2. 下列有关刑法溯及力问题的表述，正确的有（　　）。

A. 我国现行刑法在溯及力问题上采取从旧兼从轻的原则

B. 从旧兼从轻的原则是刑法定罪原则的当然要求

C. 刑法生效前实施的犯罪行为，如在现行刑法中其法定刑与行为时的法律规定相同，应当适用现行刑法的规定

D. 按照审判监督程序重新审理的刑事案件，适用行为时的刑事法律

【参考答案】ABD

3. 关于犯罪客体，下列表述正确的有（　　）。

A. 犯罪的同类客体是刑法对犯罪进行分类的主要依据

B. 犯罪同类客体是指某一类犯罪所共同侵犯的受刑法保护的社会关系

C. 每一种犯罪的直接客体都是不同的

D. 犯罪客体就是为犯罪行为侵犯的为刑法所保护的人或物

【参考答案】AB

4. 关于单位犯罪，下列表述中正确的有（　　）。

A. 单位实施的危害社会的行为，法律规定为单位犯罪的，单位才负刑事责任

B. 单位组织抗税，既不能对单位也不能对自然人追究刑事责任

C. 单位犯罪均应实行双罚制

D. 个人为进行犯罪活动设立的单位实施犯罪，不以单位犯罪论处

【参考答案】AD

5. 下列情形中，应进行数罪并罚的有（　　）。

A. 甲因贪污罪被判处有期徒刑5年，在执行期间，发现其还有另外一起贪污罪行

B. 乙因贪污罪被判处有期徒刑3年缓期执行5年，在缓刑考验期间，发现其还有另外一起贪污罪行

C. 丙因盗窃罪被判有期徒刑，后被假释，在假释考验期间又犯盗窃罪

D. 丁三次分别收受他人财物3万元、5万元、4万元

【参考答案】ABC

二、辨析题

继续犯是犯罪行为完成后，犯罪行为已经停止但不法状仍然继续存在的犯罪。

【参考答案】此说法是错误的。继续犯又称持续犯，是指犯罪行为在一定时间内处于继续状态的犯罪。继续犯的特点是不法行为和不法状态同时继续，而不仅仅是犯罪行为所造成的不法状态的继续。不法行为继续则不法状态必然继续，但某些犯罪，当不法行为终了以后，不法状态仍然可能继续。例如盗窃罪，犯罪分子非法占有赃物这一状态也可能维持相当长的时间，直到赃物起获为止，这就是单纯的不法状态的继续，这在刑法理论上称为状态犯，它不是不法行为的继续，因此不是继续犯。

三、案例分析

案例：甲乙共谋杀害丙，决定由甲购买两把匕首，还商定行动时为防止丙听到动静后逃走，甲从前门进去，乙从后门进去。2007年8月17日行动当晚，甲因为家中来客耽误了1个小时。乙先到现场，未等甲来，即一个人进入丙家，黑暗中将睡在乙床上的人用甲购买的匕首刺死。甲到现场时，杀人行为已经结束。乙被公安机关抓捕归案后，还供述了其参与实施的另外一起公安机关久未侦破的抢劫案件，并经查证属实。经公安机关做甲父母的工作，甲在外逃一段时间后，被其父母找到并强行将其绑至公安机关。甲如实供述了策划过程，并一直辩解自己的行为不是故意杀人的预备。另经审理查明：

（1）被刺死人不是丙而是丁，丙当晚因为外出请丁照看门户，致丁被误杀。（2）乙2004年8月18日因盗窃罪被判处有期徒刑二年缓刑三年。（3）甲出生于1989年7月15日，精神正常；乙出生于1986年1月15日，精神正常。

阅读分析上述案例后，请回答下列问题：

1. 甲、乙的行为是否构成共同犯罪？为什么？

【参考答案】甲、乙的行为构成共同犯罪。共同犯罪是指二人以上共同故意犯罪。共同犯罪的构成要件必须具有共同的犯罪故意和犯罪行为。甲和乙共谋杀害丙的行为已经构成了共同犯罪的犯罪故意要件，而且乙也实施了实际的杀害行为，虽然甲未实施杀害行为，但是这并不是出于甲的主观放弃，所以甲、乙二人构成了共同犯罪。

2. 甲、乙原本想杀害丙但实际上杀死了丁，如何确认其行为性质？为什么？应当用什么刑法理论解决这一问题？

【参考答案】虽然甲、乙原本想杀害丙而实际上却杀害了丁，但是这仍然构成了故意杀人罪既遂。根据法定构成符合说的理论，符合故意杀人罪的犯罪构成，所以构成了故意杀人罪既遂。同时，对于这一问题，应当按照刑法的认识错误的理论解决。

3. 甲、乙各具有哪些法定量刑情节？为什么？

【参考答案】在此案例中，甲具有自首情节，则根据《最高人民法院关于处理自首和

立功具体应用法律若干问题的解释》的规定，并非出于犯罪嫌疑人主动，而是经亲友规劝、陪同投案的；公安机关通知犯罪嫌疑人的亲友，或者亲友主动报案后，将犯罪嫌疑人送去投案的，也应当视为自动投案，所以甲具有自首情节。

在此案例中，乙也具有自首情节。根据《最高法院关于处理自首和立功具体应用法律若干问题的解释》的规定，被采取强制措施的犯罪嫌疑人、被告人和已宣判的罪犯如实供述司法机关尚未掌握的罪行，与司法机关已掌握的或者判决确定的罪行属于不同种罪行的，以自首论。因此，乙的行为构成自首。

4. 甲的辩解能否成立？为什么？

【参考答案】甲的辩解不能成立。根据共同犯罪“一人既遂，共同犯罪既遂”的一般原则，只有当共同犯罪全部中止或者未遂的情况下，共同犯罪才成立中止或者未遂。在此案例中，甲虽然未亲实施实际的杀害行为，但是其共犯乙却实施了杀害丁的行为，犯罪行为已经完成，所以甲的辩解不能成立。

四、论述题

论述刑法中的国家工作人员。

【参考答案】根据《中华人民共和国刑法》第九十三条规定可知国家工作人员的范围是指在国家机关中从事公务的人员。包括以下三个方面的内容：

（1）国有公司、企业、事业单位、人民团体从事公务的人员。

（2）国家机关、国有公司、企事业单位委派到非国有公司、企业、事业单位、社会群体从事公务的人员。

（3）其他依照法律从事公务的人员。

同时，根据《中华人民共和国刑法》第九十三条第二款可知其他依照法律从事公务的人员是指村民委员会等村基层组织人员，其协助人民政府从事下列行政管理工作：

①救灾、抢险、防汛、优抚、扶贫、移民、救济款物的管理。②社会捐助公共事业款物的管理。③国有土地的经营和管理。④土地征用补偿费用的管理。⑤代征、代缴税款。⑥有关计划生育、户籍、征兵工作。⑦协助人民政府从事的其他行政管理工作。

民法总论部分

一、单项选择题

1. 我国公民民事行为能力从（　　）开始享有。

A. 18 岁　　B. 10 周岁
C. 出生时起　　D. 16 周岁

【参考答案】B

2. 民法是（　　）。

A. 实体与程序统一法　　B. 强制性规范法
C. 公法　　D. 权利法

【参考答案】D

3. 甲、乙两公司合同约定：若至 2008 年 1 月 1 日甲公司未能中标兰渝铁路的任何工程，则甲公司租给乙公司挖掘机 50 台，租期为一年。这一约定属于（　　）。

A. 附延缓期限的行为

B. 附否定的解除条件的行为

C. 附肯定的延缓条件行为

D. 附肯定的解除条件的行为

【参考答案】A

4. 在委托代理中，代理人享有代理权的依据是（　　）。

A. 委托合同　　B. 委托授权

C. 委托合同和委托授权　　D. 委托合同或委托授权

【参考答案】B

5. 依《中华人民共和国民法通则》的规定，（　　）是不包括本数的。

A. 以上　　B. 以外

C. 届满　　D. 以内

【参考答案】B

6. 期日不包括（　　）。

A. 某年　　B. 某月

C. 某日　　D. 二十一世纪初

【参考答案】D

7. 下列请求权的诉讼时效期间不为 1 年的是（　　）。

A. 身体受到伤害要求赔偿的

B. 出售质量不合格的商品未声明的，购买者或受害人向出卖人或商品制造人要求赔偿的

C. 出租人向延付或拒付租金的承租人要求给付租金及赔偿损失的

D. 寄存人向丢失其寄存物的保管人请求赔偿的

【参考答案】B

8. 民事权利自我保护方式中的自助行为包括（　　）。

A. 人身拘束行为　　B. 见义勇为行为

C. 正当防卫　　D. 紧急避险

【参考答案】A

二、判断分析题

1. 民事责任是民事法律关系的构成要素。

【参考答案】此说法是正确的。按照现代大陆法系的民法思想，民事责任为民事法律关系的构成要素，但我国民法理论上在论述民事法律关系的要素时，一般未直接指明民事责任为要素之一，仅仅是指出了权利和义务的民事法律关系的内容。但实际上，由于民事责任与民事权利和义务的关系密切，并且民事责任是义务履行和权利实现的保障机制，所以民事法律关系的内容已经隐含了民事责任这一要素，即民事责任是民事法律关系的构成要素。

2. 我国现行民法对胎儿利益的保护范围仅限于继承领域。

【参考答案】此说法正确。在我国，胎儿是不具有民事权利能力的，不是民事法律关系的主体。但是为了保护胎儿出生后的利益，我国《中华人民共和国继承法》第二十八

条规定："遗产分割时，应当保留胎儿的继承份额。胎儿出生时是死体的，保留的份额按照法定继承办理。"并且最高人民法院《关于贯彻执行<中华人民共和国继承法>若干问题的意见》中第四十五条规定："应当为胎儿保留的遗产份额没有保留的，应从继承人所继承的遗产中扣回。为胎儿保留的遗产份额，如胎儿出生后死亡的，由其继承人继承；如胎儿出生时就是死体的，由被继承人的继承人继承。"由此可见《中华人民共和国民法》对胎儿利益保护范围仅局限于继承领域。

3. 法人超越目的范围的行为原则上是无效的。

【参考答案】此说法是正确的。根据《中华人民共和国民法通则》第四十二条的规定："企业法人应当在核准登记的经营范围内从事经营。"而最高人民法院《关于适用<中华人民共和国合同法>若干问题的解释（一）》第十条规定，当事人超越经营范围订立合同，人民法院不因此认定合同无效，违反国家限制经营、特许经营以及法律、行政法规禁止经营规定的除外。尽管法人超越目的范围的行为在原则上是无效的，但是根据特别法优先适用的原则，在民事实践中要根据具体情况具体处理。

4. 新入伙的有限合伙人对入伙前有限合伙企业的债务承担无限连带责任。

【参考答案】此说法是错误的。根据《中华人民共和国合伙企业法》第七十七条的规定："新入伙的有限合伙人对入伙前有限合伙企业的债务，以其认缴的出资额为限承担责任。"所以本题的说法是错误的。

5. 在诉讼时效期间内，债权人向债务人主张抵消的，诉讼时效中断。

【参考答案】此说法从理论上来说是正确的，但是却缺乏法律依据。在诉讼时效期间内，债权人向债务人主张抵消的行为，从理论上来说，抵消属于权利人要求义务人履行义务的意思通知，是权利人主张自己权利存在的行为，应该引起诉讼时效的中断。但是从目前我国相关的法律及司法解释来看，尚没有这方面的规定。

6. 法人代表即法定代表人。

【参考答案】此说法是错误的。法人代表是指根据法律，其行为被视为法人的行为，其行为所产生的一切法律权利和义务由其所代表的法人享有和承担。法定代表人是指依法代表法人行使民事权利，履行民事义务的主要负责人。法人代表和法定代表人是两个不同的法律概念。法人代表一般是指根据法人的内部规定担任某一职务或由法定代表人指派代表法人对外依法行使民事权利和义务的人，其不是一个独立的法律概念。法人代表依法定代表人的授权而产生，没有法定代表人的授权，就不能产生法人代表。作为民事权利主体的法人，其法人代表可以有多个。法人代表对外行使权力都要受到法定代表人授权的限制，他只能在法定代表人授权的职责范围内代表法人对外进行活动，他的行为不是法人本身的行动，而是对法人发生直接的法律效力。由此可知，法人代表与法定代表人并不是同一个概念。

7. 被宣告死亡的人生还或确知其下落的，人民法院应当撤销对他的死亡宣告。

【参考答案】此说法是错误的。根据《中华人民共和国民法通则》第二十四条第一款的规定："被宣告死亡的人重新出现或者确知他没有死亡，经本人或者利害关系人申请，人民法院应当撤销对他的死亡宣告。"因此，对于被宣告死亡的人生还或确知其下落，要求人民法院撤销对其死亡宣告的，必需在经本人或利害人的申请，才能撤销死亡宣告。

8. 诉讼时效中止的法定事由可以发生在诉讼时效期间的任何时间。

【参考答案】此说法是错误的。诉讼时效中止是指在时效期间进行过程中，因不可抗力或其他障碍使权利人不能行使权利时，时效暂时停止，待障碍消除后时效继续进行的制度。根据《中华人民共和国民法通则》第一百三十九条的规定可知，诉讼时效中止的法定事由只能发生在诉讼时效期间的最后6个月，所以此说法是不正确的。

三、概念比较

1. 广义的无权代理与狭义的无权代理

【参考答案】无权代理是指代理人不具有代理权所实施的代理行为。可分为广义的无权代理和狭义的无权代理。

狭义的无权代理指的是表见代理之外的无权代理，而广义的无权代理则包括狭义的无权代理和表见代理。

二者的区别在于：外延不同和法律效果不同。

2. 民事行为与民事法律行为

【参考答案】民事行为是指自然人、法人或者其他组织设立、变更、终止民事权利和民事义务的行为。

民事法律行为是指公民或法人以设立、变更、终止民事权利和民事义务为目的的具有法律约束力的合法民事行为。民事法律行为的上位概念是民事行为，具有表意性和目的性。民事行为如果符合法律规定的有效条件，就发生法律效力，构成民事法律行为，如果不具备法律规定的有效条件，就自始不发生法律效力，即不转化为民事法律行为。

四、简述题

法人的行为能力与其自然人的行为能力有何区别?

【参考答案】自然人民事行为能力是指成为民事主体据以独立参加民事法律关系、承担和履行民事义务的现实条件，是民事主体独立行使民事法律行为的法律资格。

法人行为能力是指国家赋予作为法人的社会组织独立进行民事活动的的资格。二者相比较，存在较大的差异：

法人的行为能力和权利能力一起发生和消灭，两者的开始和终止时间完全一致，即两者的取得时间相同，这是因为法人的民事行为能力是由其机关来实现的，而机关的成员则是由具有完全民事行为能力的自然人充当，所以不存在无识别能力的问题。自然人的行为能力和权利能力在取得时间上不一致，这是因为自然人民事行为能力的有无是以公民有无一定识别能力和判断能力为前提的，所以自然人的民事行为能力与其民事权利能力并不是始终一致的。

自然人的民事行为能力以识别能力为前提，所以凡是具有必要识别能力的公民，都具有民事行为能力，每个公民的行为能力在内容和范围上是完全一致。

五、论述题

1. 论公序良俗原则。

【答案解析】公序良俗即公共秩序与善良风俗的简称。公序即社会一般利益，在我国现行法上包括国家利益、社会经济秩序和社会公共利益。良俗即一般道德观念或良好道德风尚，包括我国现行法上所称的社会公德、商业道德和社会良好风尚。公序良俗的几种判断标准如下：

(1) 违反伦理要求，指违反父母子女、夫妻等亲属之间的人情道义实施民事行为。

(2) 违反正义观念，指为违法目的而实施民事行为。

（3）剥夺或极端限制个人自由。

（4）侥幸行为。不因他人损失而受偶然利益的行为有效，而因他人之损失而受偶然利益的行为，则因有害于一般秩序而无效。

（5）违反现代社会制度或妨碍国家公共团体的政治作用。

2. 论述民事法律关系的基本内容及其在民法总论中的地位。

【参考答案】民事法律关系是指平等主体于民法规范形成的以民事权利义务为内容的社会关系。它是市民社会成员之间相互关系在法律上的反映，是法律调整平等主体之间的财产关系和人身关系的结果，是具有一定规范基础的思想意志型社会关系。民事法律关系以民法规范为基础，以民事权利和民事义务为内容，以权利本位、主体平等、意思自治为本质特征。民事法律关系的两层含义：首先要通过民事法律规范表现为模型化的一般权利义务关系（法权模型），其次表现为依据所确定的模型化法权关系创设的具体事实关系。

六、案例分析题

案例一：2006年10月3号，乙在甲的服装店里看中一套标价2000元的西装，正欲与甲砍价，恰逢有人找甲，甲当着乙的面嘱托在店内玩耍的朋友丙说："请帮我看管一下店，我马上回来。"甲出去后，乙提出其有事不能久等，要求丙尽快将西服卖给他，丙提出要等甲回来。后来丙见乙要走，于是答应代甲出售该套西服。双方经过协商以1800元的价格出售给乙。甲回来后，得知西服以1800元的价格被出售，觉得卖亏了，立即找到乙要求退款并取回西服。乙以丙构成表见代理为由予以拒绝，双方为此发生争议。

请根据上述案件事实回答下列问题并说明理由：

（1）丙是否得到甲的委托授权出售店内的服装？

【参考答案】在上述案例中，丙并未得到甲的委托授权出售店内的服装。因为委托代理是基于被代理人的委托授权发生代理权的代理，同时根据《民法通则》第六十五条的规定："民事法律行为的委托代理，可以用书面形式，也可以用口头形式。"因此，虽然甲嘱托朋友丙帮忙照看一下店面，但是却并未授权丙卖衣服，所以丙未得到甲的委托授权出售店里面的衣服。

（2）丙出售西服的行为是否构成表见代理？

【参考答案】此案例中，丙出售西服的行为不能构成表见代理。由于甲当着乙的面嘱托丙只需帮他照看一下店，甲、丙之间的行为并没有客观上足以使乙相信丙具有代理权的理由，而"客观上存在使善意第三人相信无权代理人拥有代理权的理由"是构成表见代理的要件之一，所以丙出售西服的行为不构成表见代理。

（3）甲要求退款并取回西服是否有理由？

【参考答案】甲要求退款并取回西服是有道理的。首先，由本题的第二问可知，丙出售西服的行为不能构成表见代理，属于无权代理，只有在得到本人的追认的情况下，才能产生有权代理的效果，但是在本案例中，甲对丙替其销售西服的行为并未进行追认，同时，乙在明知甲并未委托丙买衣服，还提出自己有事，要求丙尽快将西服卖给自己，这说明乙具有诱使不知西服价格的丙将西服低价出售的故意，违反了诚实信用原则，所以甲可以要求退款并取回西服。

案例二：甲、乙、丙、丁四人于1997年口头约定共同出资合伙承包花田村30亩土地种植经济作物。四人约定由甲负责与花田村联系，并签订合同，同时提供技术管理；乙、丙、丁负责筹措资金50万。合伙获得利润后按照1∶3∶3∶3的比例分配。在合伙种植过程中，四人对承包田地、选择种植品种（主要为香蕉和菠萝）等经营活动均共同进行了决定和管理，此后主要由甲负责采购种子、肥料以及种植事务的日常管理，与花田村的相关事务也由甲负责，乙、丙、丁三人均未参与。1999年年底，甲、乙、丙、丁四人按上述比例分配了10万元利润，之后再未进行分配。2004年春，甲与花田村益民合作社签订农产品代销合同，约定由花田村益民合作社代销其收获的香蕉和菠萝。后因甲的疏忽管理，香蕉严重减产，未能按时履行合同，造成花田村益民合作社20万的损失。花田村益民合作社要求甲、乙、丙、丁四人赔偿损失。乙、丙、丁抗辩说四人早有签订合同应当获得全体合伙人同意的约定，因此相应的赔偿责任应由甲承担。四人为此发生激烈争吵，丙、丁愤而宣布退出合伙。此后，四人在协商终止合伙协议关系时，达成了丙、丁放弃前三年的红利，也不再承担一切债务的协议；但四人对合伙财产的分割及20万损失的承担始终达不成协议。

问题：(1) 甲、乙、丙、丁只有口头协议，他们之间的合伙关系是否成立?

【参考答案】甲、乙、丙、丁虽然只有口头协议，但是他们之间实际上已经按照约定提供了资金、技术，并且对合伙经营盈余进行了分配，根据最高人民法院《关于贯彻执行<中华人民共和国民法通则>若干问题的意见》第五十条规定可知，他们之间的合伙关系是成立的。

(2) 甲未经其他三人同意签订合同，乙、丙、丁对该合同产生的债务是否应承担责任?

【参考答案】案例中，甲、乙、丙、丁四人约定由甲负责联系土地并签订合同，同时提供技术管理，乙、丙、丁三人仅需提供资金，实际上在合伙管理过程中也主要是由甲对合伙事务进行管理。所以实际上甲为合伙的负责人。根据《中华人民共和国民法通则》的第三十四条规定第二款可知，合伙负责人和其他人员的经营活动，由全体合伙人承担民事责任。所以，甲签订的合同属于合伙的行为，对全体合伙人有效，乙、丙、丁对该合同产生的债务应当承担责任。

(3) 四人达成的“丙、丁放弃前3年的红利，也不再承担一切债务”的约定效力如何?

【参考答案】四人达成的“丙、丁放弃前3年的红利，也不再承担一切债务”的约定在他们之间具有效力，但是对于合伙之外的第三人则不具有对外的效力。

(4) 甲、乙、丙、丁在协商终止合伙协议关系时，对合伙财产的处理不能达成协议，应如何处理?

【参考答案】甲、乙、丙、丁四人在协商终止合伙关系时，对合伙财产的处理不能达成协议，根据案例给出的案情并不能得出四人之间的出资比例关系。此外，本案中甲是以技术出资的，因此在退伙时可以按照乙、丙、丁三人中出资额较多的人的意见处理，但同时也要保护甲的利益。

刑事诉讼法学总则部分

一、选择题

1. 应当由同级人民检察院检察委员会决定其回避问题的人员包括（　　）。

A. 检察长　　B. 副检察长

C. 公安局局长　　D. 派出所所长

【参考答案】AC

2. 对有下列哪些情形的人，公民可以将其扭送到公安机关、人民检察院或人民法院处理?（　　）

A. 犯罪后及时被发现的

B. 在身边或者住处发现有犯罪证据的

C. 被害人指认犯罪的

D. 通缉在案的

【参考答案】AD

3. 被取保候审的人和被监视居住的人都应当遵守的规定包括（　　）。

A. 未经执行机关批准不得离开住处

B. 在传讯的时候及时到案

C. 不得以任何形式干扰证人

D. 未经执行机关批准不得会见他人

【参考答案】BC

4. 下列人员中，不能担任辩护人的人包括（　　）。

A. 外国人

B. 正在被劳动教养的人

C. 正在被执行刑罚的人

D. 人民团体推荐的人

【参考答案】ABC

5. 下列机关中，在刑事诉讼中享有侦查权的机关包括（　　）。

A. 公安机关　　B. 人民检察院

C. 人民法院　　D. 监狱

【参考答案】ABD

二、判断分析题

1. 共同犯罪案件中，如果数名被告人的口供能够相互印证，但没有其他证据的，可以认定被告人有罪和处以刑罚。

【参考答案】此说法是错误的。根据我国《中华人民共和国刑事诉讼法》第四十六条规定，对一切案件的判处都要重证据，重调查研究，不轻信口供。只有被告人供述没有其他证据的，不能认定被告人有罪和处以刑罚；没有被告人供述但证据充分确实的，可以认定被告人有罪和处以刑罚。

2. 附带民事诉讼的被告人只能是刑事被告人本人。

【参考答案】此说法是错误的。附带民事诉讼中依法负有赔偿责任的人包括以下五种：

(1) 刑事被告人及没有被追究刑事责任的其他共同致害人。

(2) 未成年刑事被告人的监护人。

(3) 已被执行死刑的罪犯的遗产继承人。

(4) 共同犯罪案件中，案件审结前已死亡的被告人的遗产继承人。

(5) 其他对刑事被告人的犯罪行为依法应当承担民事赔偿责任的单位和个人。

由此可知，附带民事诉讼的被告人不只是刑事被告人本人。

三、简述题

1. 如何理解和掌握“有逮捕必要”？

【参考答案】对于“有逮捕必要”这一概念从以下几方面来理解：

(1) 有证据证明犯罪事实的发生，这是逮捕的前提条件。包括以下内容：第一，有证据证明发生了犯罪事实；第二，有证据证明犯罪事实是犯罪嫌疑人、被告人实施的；第三，证明犯罪嫌疑人、被被告人实施犯罪行为的证据已经查证属实。

(2) 犯罪嫌疑人、被告人可能判处徒刑以上刑罚。

(3) 采取取保候审、监视居住等方法尚不足以防止社会危害性，而有必要逮捕的。

2. 人民检察院立案侦查的案件有哪些？

【参考答案】根据《中华人民共和国刑事诉讼法》第十八条的规定，现将人民检察院直接受理立案侦查的案件的范围规定如下：

(1)《中华人民共和国刑法分则》第八章规定的贪污贿赂犯罪及其他章中明确规定依照第八章相关条文定罪处罚的犯罪案件，如贪污受贿罪、挪用公款罪等。

(2)《中华人民共和国刑法分则》第九章规定的渎职犯罪案件，如滥用职权罪、玩忽职守罪等。

(3) 国家机关工作人员利用职权实施的下列侵犯公民人身权利和民主权利的犯罪案件，如非法拘禁罪、非法搜查罪等。

(4) 国家机关工作人员利用职权实施的其他重大的犯罪案件，需要由人民检察院直接受理的时候，经省级以上人民检察院决定，可以由人民检察院立案侦查。

四、材料题

材料：《中华人民共和国刑事诉讼法》第三十六条规定：“辩护律师自人民检察院对案件审查起诉之日起，可以查阅、摘抄、复制本案的诉讼文书，技术性鉴定材料……”“辩护律师自人民法院受理案件之日起，可以查阅、摘抄、复制本案所指控的犯罪事实的材料……”

2007 年 10 月 28 日修订，将于 2008 年 6 月 1 日起施行的《中华人民共和国律师法》第三十四条规定：“受委托的律师自案件审查起诉之日起，有权查阅、摘抄和复制与案件有关的所有材料。”

答题要求：

1. 对比《中华人民共和国刑事诉讼法》和《中华人民共和国律师法》上述关于律师查阅、复制案件材料的权利的规定，分析《中华人民共和国律师法》在保障律师查阅、摘抄、复制材料权利方面取得哪些进展。

【参考答案】取得的进展如下：

（1）扩大了行使主体的范围。《中华人民共和国刑事诉讼法》规定只有辩护律师才能查阅、摘抄、复制于案件有关的所有材料，即阅卷权，而《中华人民共和国律师法》规定了阅卷权的行使主体既可以是辩护律师也可以是受委托的律师和委托诉讼代理人。

（2）扩大了阅卷权的范围。《中华人民共和国刑事诉讼法》规定的阅卷权范围只包括本案的诉讼文件和技术性鉴定材料，而《中华人民共和国律师法》规定的阅卷权范围包括于案件相关的诉讼文书和案卷材料和于案件相关的所有材料，由此可见《中华人民共和国律师法》的阅卷范围明显比《中华人民共和国刑事诉讼法》的范围广。

2. 请指出《中华人民共和国律师法》规定的律师查阅、摘抄、复制案件材料的权利的不足之处，并简要说明理由。

【参考答案】根据《中华人民共和国律师法》第三十四条规定："受委托的律师自案件审查起诉之日起，有权查阅、摘抄和复制与案件有关的所有材料。"但是目前《中华人民共和国刑事诉讼法》第三十六条并未修改，即律师只能查阅、摘抄和复制本案的诉讼文件、技术性鉴定材料。公诉案件的起诉只要求向法院移交起诉书、证据目录、证人名单和主要证据复印件或者照片，并未要求公诉机关将案件的所有案卷在提起公诉前全部移交法院。一旦《中华人民共和国律师法》实施，辩护人提出复制案件所有的材料，公诉部门完全可以予以否决，即使案件移送法院后，律师在法院开庭前能够查阅、摘抄、复制本案件的证据目录、证人名单和主要证据复印件或者照片，但不可能看到案件的所有材料。所以由于该条的规定不明确，使辩护人与公诉人、辩护人与法官因此发生言语纠纷，最终使律师的阅卷权可能无法实现。所以建议相关部门制定详细的实施规则，从而确保律师的阅卷权，从而更好地维护犯罪嫌疑人和被告人的合法权益。

3. 分析《中华人民共和国律师法》生效以后能否适用于刑事诉讼中，并简要说明理由。

【参考答案】《中华人民共和国律师法》生效后可以适用于刑事诉讼中，因为《中华人民共和国律师法》相对于《中华人民共和国刑事诉讼法》而言属于特别法，根据特别法优于一般法、普通法的规定，《中华人民共和国律师法》可以优先于《中华人民共和国刑事诉讼法》优先适用于刑事诉讼中。

第二节　西政法学考研专业课B卷
行政法学总论部分

一、概念比较题

1. 行政主体与行政法主体

【参考答案】（1）行政主体是指享有行政职权，能以自己的名义行使国家行政职权的，作出影响行政相对人权利义务的行政行为，并能由其本身对外承担行政法律责任的组织。行政法主体即行政法律关系主体，在行政法律关系的双方当事人中，一方是作为行政管理者的行政机关，称为行政主体，另一方是作为被管理者的公民、法人或者其他组织，称为行政相对人，即行政管理作用影响的对象。

(2) 行政主体通常是相对于行政相对人而言的，表明其在行政法律关系中所处的地位，因而行政主体只是行政法律关系的一方当事人，不能将行政主体等同于行政法主体。

(3) 行政法主体包括行政主体，但不限于行政主体。

2. 行政关系与行政法律关系

【参考答案】(1) 行政关系是指行政主体在行使行政职能和接受行政法制监督过程中与行政相对人和行政法制监督主体所形成的各种社会关系，以及行政主体内部的各种社会关系。其主要包括以下四种关系：行政管理关系、行政法制监督关系、内部行政关系、行政救济关系。

(2) 行政法律关系是指经过行政法规范调整形成的，具有法律上权利义务为内容的社会关系。

(3) 行政法律关系是指特定的利益关系经过行政法规范调整后形成的行政主体与行政相对人之间的权利义务关系。行政关系即一定层次的公共利益与个人利益之间的关系。但是行政关系只是一种事实关系，它们必须经过行政法规范的调整才能上升为行政法律关系。行政法律关系的内容表现为行政主体与行政相对人之间的权利义务关系。

(4) 二者的联系表现在：第一，行政法律关系根源于行政关系；第二，行政关系是产生行政法律关系的前提条件之一；第三，行政法律关系是行政法规范调整的结果，行政关系是行政法调整的对象；第四，行政法律关系与行政关系的外延基本上是一致的。

(5) 二者的区别是：

第一，二者的性质不同；第二，二者与行政法的关系不同；第三，二者的内容范围不同；第四，二者形成的时间不同。

3. 行政处罚与行政处分

【参考答案】行政处罚是指行政机关或者其他行政主体依照法定权限和程序对违反行政法规范尚未构成犯罪的相对方给予行政制裁的具体行政行为。行政处分是指国家行政机关对其系统内部违法失职的公务员实施的一种惩戒措施。二者都是国家行政机关做出的制裁行为，都对相对方的权利义务产生影响。在作出决定主体、所制裁的对象、采取的方式、行为的性质、所依据的法律等方面有所不同。

二、判断题

1. 权力受到监督是现代法治的一项基本原则。因此，行政机关的一切行政行为都必须纳入行政诉讼的范围，使之受到监督。

【参考答案】错误。权力受到监督是现代法治的一项基本原则，行政机关的一切行政行为都应当受到监督，但是是否要纳入行政诉讼就需要区别情况对待。我国行政诉讼审查的对象是具体行政行为，所以抽象行政行为一般不纳入审查的范围。

2. 国家税务机关对到期不纳税依法所做出的罚款行为是一种特殊的行政处罚行为。

【参考答案】错误。国家税务机关对到期不纳税者依法做出的处罚行为是税务机关基于本部门享有的行政处罚权做出的具体行政行为。同环境、卫生、质检等部门具有的行政罚款权力从性质上讲是相同的。

三、简答题

1. 简述我国行政许可法中的诚实信用原则及其意义。

【参考答案】我国行政许可法中的诚信原则体现在以下三个方面：

行政许可法首次以法律的形式确立了行政领域的诚实信用、信赖保护原则。按照这一原则，行政机关必须做到：第一，所发布的信息必须是真实可靠的，政策必须要保持相对稳定，确实需要变更的要尽可能事先规定过渡期，给百姓明确的预期。第二，所做的决定不能朝令夕改。第三，因为客观原因，为了维护公共利益，政策、决定确实需要改变，由此给老百姓造成财产损失的，行政机关要依法给予补偿。不但有利于行政机关树立诚信观念，有利于相对人形成对法律的信仰，而且有利于防止行政权的滥用。行政机关要有效地实施行政管理，必须得到相对人的配合与支持，这种配合与支持是建立在对行政机关充分尊重和信赖的基础之上的。

2. 简述德国行政法上比例原则的具体内容。

【参考答案】(1) 比例原则是指行政机关实施行政行为应兼顾行政目标的实现和保护相对人的权益，如果为了实现行政目标可能对相对人的权益造成某种不利影响时，应该使这种不利影响限制在尽可能小的范围与限度，使二者处于适当的比例。

(2) 比例原则源于19世纪的德国警察法学，认为警察权力的行使只有在必要时才可以限制人们的基本权利，其实质在于要求行政的方法与目的之间保持均衡。本质上在于公益目的与损害私权的手段之间的适度。

(3) 比例原则的具体内容：

第一，妥当性又称为合目的性，是指行政主体采取的行政手段是能够达到行政目标的。

第二，必要性又称为最小伤害原则，行政机关要达到行政目的有多种行政手段时，行政机关应当选择一种对相对人造成最小伤害的手段方法来达到行政目的。

第三，衡量性又称为狭义比例原则，是指一个行政权力的行使即使是达成行政目的必要手段，如果所造成的损害超过所达成行政目的可带来的利益时，则同样不具有合法性，其实质在于对手段与目的加以衡量。

四、案例分析题

某县卫生局为了控制狂犬病的流行，遂成立了以局长为主任的打狗办，随即发出第一号公告，要求全县范围内所有养狗户必须在一个月内将自家的所养之狗全部打死，逾期打狗办将强制打狗并对养狗户处以100元罚款。

问题：打狗办是什么性质的机构，是否具有强制打狗并将对养狗户处以罚款的行政权力？为什么？

【参考答案】打狗办是临时机构，不具有强制打狗并将对养狗户处以罚款的行政权力。因为权力来源于法律授权，未经法律授权，行政主体不具有权力；同时，对罚款的设定最低规范性文件是规章，材料中公告不是规章，不具有设定处罚的权力，当然无效。

行政诉讼法学部分

一、选择题

1. 市政府为了加大执法力度，自行成立了由公安、工商、环保、城管、卫生等五个行政机关分别派员参加的综合执法队，履行综合管理职能。该综合执法队认为个体户王某超范围经营，决定对其做出罚款300元的行政处罚。王某不服处罚，向人民法院提起行政诉讼。以下说法正确的是（　　）。

A. 因为该队是市政府自行组建并赋予其行政管理职能的，市政府是被告

B. 因该队由市政府授权进行综合执法，该队是被告

C. 该队是由五个行政机关派员参加组成的，五个行政机关是共同被告

D. 超范围经营事项是工商局的管辖范围，对越范围经营的行政处罚不服应当以工商局为被告

【参考答案】C

2. 某诊所对区卫生局的行政处罚不服，提起行政诉讼。在诉讼过程中，区卫生局变更处罚，该诊所对变更后的行政处罚不服，不申请撤诉，同时增加诉讼请求，要求法院合并审查变更后的具体行政行为。以下说法正确的是（　　）。

A. 被告改变原具体行政行为合法而原告不撤诉，法院应当判决维持变更后的具体行政行为

B. 被告改变原具体行政行为合法而原告不撤诉，法院应当确认原具体行政行为无效

C. 在诉讼过程中被告对原告作出了新的具体行政行为，原告不服的，法院可以决定合并审理

D. 原告对改变后的具体行政行为不服提起诉讼的，法院应当就改变后的具体行政行为进行审理

【参考答案】D

3. 下列选项中哪些不能提起行政诉讼？（　　）

A. 商标评审委员会关于商标争议所作出的决定

B. 国务院对其部门所作复议决定作出的裁决

C. 不服省政府的复议决定申请由国务院作出的裁决

D. 省政府根据行政区划调整而确认土地权属的行政复议决定

【参考答案】BCD

二、概念比较题

1. 行政诉讼的举证责任与证明标准

【参考答案】举证责任是法律假定的一种后果，指承担举证责任的当事人应当举出证据，证明自己的主张是成立的，否则将承担败诉的不利后果。证明标准指法官在诉讼中认定案件事实所要达到的证明程度。

2. 行政诉讼法规定的维持判决与驳回诉讼请求判决

【参考答案】在行政诉讼中，维持判决指人民法院通过审理，认定具体行政行为合法有效，从而否定原告对具体行政行为的指控，维持被诉具体行政行为的判决。驳回诉讼请求判决指人民法院通过审理，认为原告的诉讼请求依法不能成立，但又不适宜对被诉具体行政行为作出其他类型判决的情况下，直接作出否定原告诉讼请求的一种判决的形式。

三、判断分析题

1. 因为原告在申请行政许可时提交的申请文件有瑕疵，行政机关撤回了已经作出的

行政许可并收回行政许可证件。根据信赖利益保护原则，人民法院应当判决维持行政机关的被诉具体行政行为。

【参考答案】错误。信赖利益保护原则指人民因为信赖既存的法的秩序安排其生活或处置其财产，不能因为后来的法规或行政行为的变动而使其遭受不能预见的损害，其目的在于保障私人的既得权并维持法的安定性以及私人对其的确信。信赖利益保护原则通常适用于行政处理的相对人或者公权力行使的相对人。本题中原告在申请行政许可时，虽然提交的申请文件有瑕疵，但是行政机关向原告发放了行政许可证。如果行政机关撤回已经作出的行政许可行为会给原告造成损失。根据信赖利益保护原则，人民法院应当撤销行政机关的具体行政行为。

2. 原告因不服被告行政机关罚款的行政处罚提起诉讼，一并请求人民法院撤销被告的行政处罚并返还罚款。法院对原告的起诉按照行政诉讼和行政赔偿诉讼分别立案受理。

【参考答案】错误。行政诉讼以审查具体行政行为的合法性为目标，如果具体行政行为被确认违法，当行政行为被撤销时，行政主体自然应该返还财产，所以不必一同提起行政赔偿诉讼。

四、简述题

简述行政诉讼法律适用中的规范冲突及其选择。

【参考答案】行政诉讼法适用中的规范冲突是指行政诉讼过程中存在着针对同一法律事实或者法律关系分别作出并不相同规定的两个以上的法律规范，且适用不同的法律规范将导致不同裁判结果的法律规范适用上的矛盾状态。造成行政诉讼法律适用规范之间冲突的原因很多，有客观因素，也有主观因素。其中一个主要原因是国家法律规范的多层级性和数量众多性。在行政诉讼中法律规范的适用所表现出来冲突是多种多样的。

1. 层级法的冲突，相互具有隶属关系的不同等级的法律规范之间的冲突。

2. 同级法的冲突相互之间没有隶属关系，没有效力高下之分的两种或者多种相同等级的法律规范之间的冲突。

3. 新旧规范的冲突是新的法律规范与旧的法律规范对同一事项的规定并不一致，而产生的法律适用上的冲突。

解决适用法律规范冲突的规则主要有：

1. 层级法冲突的适用规则。因为下级法律规范的效力低于上级法律规范，在下级法律规范与上级法律规范之间发生冲突时，下级法律规范无效，人民法院应当适用上级法律规范。

2. 同级法冲突适用的规则。部门规章之间、部门规章与地方政府规章之间具有同等效力，在各自的权限范围内施行：

（1）适用不同机关制定的相互冲突的法律规范，应当报请有权机关进行解释或者裁决。

（2）适用同一机关制定的相互冲突的法律规范，应当区别情况。第一，在一般法和特别法之间存在冲突时，以特别法优于一般法的原理处理，人民法院应当适用特别法。第二，在特别法之间或者一般法之间发生冲突时，以新法优于旧法的原理处理，人民法院应当适用新法。

五、案例分析题

因甲公司不能偿还到期债务，贷款银行向法院提起民事诉讼，要求甲公司偿还欠款，并主张对抵押房屋的优先受偿权。甲公司随即向该法院提起行政诉讼，请求法院撤销房屋与国土资源管理局（以下简称房管局）违法办理的不动产抵押登记。房管局未在举证期限内提供作出该不动产抵押登记所依据的证据和依据且无正当理由。贷款银行请求作为第三人参加诉讼，在诉讼中按照提供证据的规定要求，积极提供证据和依据证明被告的具体行政行为合法。

请根据行政诉讼法及相关司法解释的规定，回答以下问题：

1. 贷款银行提供的证据和依据能否作为证明被告的具体行政行为合法的证据？为什么？

2. 如果甲公司否认有不动产抵押登记的法律事实存在，法院可以怎样做？理由是什么？

3. 提出你对本案的审理意见。

【参考答案】1. 贷款银行提供的证据和依据不能作为证明被告具体行政行为合法的依据。在甲公司诉国土资源局的行政诉讼中，贷款银行是以第三人的身份参加到诉讼中的，根据最高人民法院《关于行政诉讼证据若干问题的规定》第六十条的规定，第三人在诉讼程序中提供的证据不能作为认定被诉具体行政行为的合法依据。

2. 如果甲公司否认有不动产抵押登记的法律事实存在，法院可以要求甲公司提供证据予以证明。

3. 本案应当先裁定中止民事诉讼，等待行政诉讼案件的裁判生效后再继续审理。

环境与资源保护法学总论部分

一、概念比较题

1. 资源与自然资源

【参考答案】资源是指对人有用的或者有使用价值的某种东西。广义的资源包括自然资源、经济资源、人力资源等各种资源，狭义的资源仅指自然资源。

自然资源是指自然界中一切能够被人类利用的物质和能量的总称。

2. 环境污染与自然环境破坏

【参考答案】环境污染是指由于人类活动直接或者间接地向环境排入超过其自净能力的物质，从而使环境质量下降，影响人类和其他生物的正常生长和发展的现象。环境污染产生的主要原因是人类对自然资源的不合理使用，使有用的资源变为废物进入环境而造成危害。

自然环境破坏是指人类不合理地开发利用自然环境，过量地向环境索取物质和能量，使自然环境的恢复和增值能力受到破坏的现象。自然环境破坏的主要原因是人类超出环境生态平衡的限度开发和利用资源。

二、判断分析题

1. 环境影响评价制度最早于 1969 年由美国《国家环境政策法》所确立。

【参考答案】正确。作为一项环境法的基本制度，最早在 1969 年由美国《国家环境政策法》所确立。该法第 2 节第 2 条规定："在对人类环境质量具有重大影响的每一项建议或立法建议报告和其他重大联邦行动中，均应有负责官员提供一份包括下列各项内容的详细说明。”此后，一系列国家相继采纳了这一制度。

2. 排污权交易意味着企业花钱就取得了污染环境的权利。

【参考答案】错误。排污权交易制度是指在实施排污许可证管理以及排放总量控制的前提下，鼓励企业通过技术进步和污染治理节约污染排放指标，这种指标通过有价资源，可以储存起来以备自身扩大发展之需要，也可以在企业之间进行商业交换。那些无力或者忽视使用减少排污手段、导致手中没有排放指标的企业可以按照商业价格，向市场或者其他企业购买污染排放指标，但是排污权交易并不意味着企业花更多的钱可以取得污染环境的权利。

3. 环境污染致害在民事责任的认定上采用因果关系推定规则。

【参考答案】错误。因果关系是侵权行为的构成要件之一，从法理上说，致害行为与损害事实之间必须有因果关系，才能导致致害者承担民事责任，但是如何判定加害行为与损害事实之间具有因果关系，则是一个相当复杂的问题。自20世纪以来，随着现代科学技术的发展，各种新型的侵权行为不断出现，特别是在环境侵权领域，各国民事立法纷纷在环境侵权领域引入转移或倒置原则，只要原告提出初步证据，自己受到损害是被告造成的，举证责任就转由被告承担。从因果关系理论来看，这是因果关系推定原则。

我国立法上没有规定举证责任转移或倒置，在举证责任上坚持“谁主张，谁举证”的举证责任，也没有因果关系推定原则的规定。

但是，第七十四条就举证责任转移做了相关规定：“在由环境污染引起的损害赔偿诉讼中，对原告提出的侵权事实，被告否认的，由被告负责举证。”

三、简述题

1. 简述环境资源法的目的。

【参考答案】环境资源法的目的不是指某个具体环境法律规范陈述的目的，而是指所有环境资源法律规范所共同体现的目的，是各种环境资源法律规范中的各项具体目的的理论概括，主要包括以下几项：

（1）保护和改善环境。（2）防止污染和其他公害。（3）保障人体健康。（4）促进经济、社会的可持续发展。

2. 简述环境资源法的构成体系。

【参考答案】（1）宪法关于环境资源保护的规定。

（2）环境资源保护基本法。

（3）单行性专门环境资源立法。

（4）环境标准。

（5）其他部门法中关于环境资源保护的规定。

（6）国际环境资源保护条约。

四、论述题

论述环境资源法的基本原则。

【参考答案】环境资源法的基本原则是指环境资源法所确认的或体现的、反映环境资源法特征的、具有普遍指导作用的基本准则。

环境资源法的基本原则主要包括：

（1）物种平等原则。（2）代际公平原则。（3）生态优先原则。（4）预防为主原则。（5）合理开发利用原则。（6）污染者付费、受益者补偿原则。（7）公众参与原则。

第三节　西政法学考研专业课C卷
经济法学部分

一、概念比较题

1. 产品责任与产品质量责任

【参考答案】产品责任是指产品的生产者、销售者或中间商因其产品给其消费者、使用者或其他人造成人身、财产损害而应承担的一种补偿责任。产品质量责任是指生产者、销售者及对产品质量有直接责任的人员违反产品质量法规定的产品质量义务应当承担的法律责任。两者的区别主要在于：责任性质和范围不同；责任主体不同；责任形式不同；归责原则不同；免责事由不同；举证责任不同；诉讼时效不同。

2. 商业回扣与折扣

【参考答案】商业回扣是指经营者销售商品时，在账外暗中以现金、实物或者其他方式给对方单位或个人的一定比例的商品价款。折扣是指经营者在销售商品时，以明示并如实入账的方式给予对方的价格优惠，包括支付价款时对价格总额按一定比例及时予以扣除和支付价格总额后再按一定比例退还两种形式。

二、判断分析题

1. 国家垄断、行政垄断和自然垄断都属于反垄断法适用除外的范围。

【参考答案】错误。国家垄断是指国家为了公共利益的需要对某些特定的产业领域或经营活动实施独占控制形成的垄断。行政垄断是指行政机关或公共组织滥用行政职权排除或者限制竞争的行为。自然垄断是指由于某些产业的自然性质所形成的垄断。国家垄断和自然垄断属于反垄断法的适用例外，行政垄断要适用反垄断法。

2. 经济法是国家干预经济的法律，因此，经济法调整的社会关系必须至少有一方是国家机关。

【参考答案】错误。经济法是调整在国家协调本国经济运行过程中发生的经济关系的法律规范的总称。经济法主要调整市场监管关系、宏观调控关系、企业组织管理关系、社会保障关系等。经济法所调整的各类社会关系中，并不是每一类都必须有国家机关参与的。

三、简述题

1. 简述经济法的调整对象。

【参考答案】经济法的调整对象是指经济法促进、限制、取缔和保护的社会关系的范围，具体范围包括四个部分：市场主体调控关系、市场秩序调控关系、宏观经济调控关系和社会分配关系。

2. 简述行政垄断的表现形式。

【参考答案】目前行政垄断主要表现为以下几种形式：地区封锁、部门垄断、政府设立行政性公司、政府限定交易、限制市场准入和强制经营者限制竞争。

3. 简述产品召回法律关系的主体。

【参考答案】产品召回法律关系的主体有：产品召回的监管者，即承担监督和管理产品质量和厂商缺陷产品召回的职责，当厂商不召回缺陷产品时指令其召回缺陷产品的政府机关；产品召回的实施者，即承担缺陷产品召回责任的厂商，通常是制造商和进口商；产品召回的协助者，销售商、租赁商是制造商和消费者的中介和渠道，尽管其不是产品召回责任的承担者，但其和制造商、进口商一样，在发现产品存在缺陷时，负有向消费者保护机关报告的义务，并且当制造商提起产品召回后，销售商和租赁商作为产品召回的协助者，应当配合、协助制造商、进口商进行产品缺陷提示和实施缺陷产品召回。

四、论述题

结合我国市场经济的实际状况，试述反垄断法对限制竞争协议的法律规制。

【参考答案】我国现行反垄断法对限制竞争协议作了专章规定，沿袭了国外普遍使用的分类方法，将垄断协议分为经营者之间达成的垄断协议和经营者与交易相对人达成的垄断协议。

我国现行，中华人民共和国反垄断法对限制性竞争协议的规定立足于我国市场经济发展的现状，具有前瞻性，对什么是限制性竞争行为，限制性竞争行为的具体内容、适用原则、构成要素、限制性竞争协议的除外行为和限制性竞争协议的法律责任进行了全面详细的规定，实现了与国际社会的接轨。

民法总论

一、单项选择题

1. 我国公民民事行为能力从（　　）开始享有。

A. 18 周岁　　B. 10 周岁

C. 出生时起　　D. 16 周岁

【参考答案】B

2. 民法是（　　）。

A. 实体与程序统一法　　B. 强制性规范法

C. 公法　　D. 权利法

【参考答案】D

3. 甲、乙两公司合同约定：若至 2008 年 1 月 1 日甲公司未能中标兰渝铁路的任何工程，则甲公司租给乙公司挖掘机 50 台，租期一年。这一约定，属于（　　）。

A. 附延缓期限的行为

B. 附否定的解除条件的行为

C. 附肯定的延缓条件的行为

D. 附肯定的解除条件的行为

【参考答案】A

4. 在委托代理中，代理人享有代理权的依据是（　　）。

A. 委托合同　　　　B. 委托授权
C. 委托合同和委托授　　　　D. 委托合同或委托授权

【参考答案】B

5. 依《民法通则》的规定，（　）是不包括本数的。
A. 以上　　　　B. 以外
C. 届满　　　　D. 以内

【参考答案】B

6. 期日不包括（　）。
A. 某年　　　　B. 某月
C. 某日　　　　D. 21 世纪初

【参考答案】D

7. 下列请求权的诉讼时效期间不为 1 年的是（　）。
A. 身体受到伤害要求赔偿
B. 出售质量不合格的商品未声明的，购买者或受害人向出卖人、商品制造人要求赔偿
C. 出租人向延付或拒付租金的承租人要求给付租金及赔偿损失
D. 寄存人向丢失其寄存物的保管人请求赔偿

【参考答案】B

8. 民事权利自我保护方式中的自助行为包括（　）。
A. 人身拘束行为　　　　B. 见义勇为行为
C. 正当防卫　　　　D. 紧急避险

【参考答案】A

二、判断分析题

1. 应收账款不是民法上的物。

【参考答案】民法规定的物的范畴参阅李开国、张玉敏主编的《中国民法学》一书可知，编者认为：民法上的物是指自然人身体之外能够满足人们需要并且能够被支配的物质实体和自然力。根据《中华人民共和国物权法》第二百二十三条的规定，应收账款属于民事权利。根据西政指定教材的观点，应收账款应当属于物。但是根据《中华人民共和国物权法》第二条的规定，物仅指动产和不动产，法律规定权利作为物权客体的，依照其规定，同时参照《中华人民共和国物权法》第二百二十三条的规定，可知物权法将应收账款作为权利排除在了物的范围之外。所以本题具体答案仅供参考。

2. 法人代表即法定代表人。

【参考答案】错误。法人代表一般是指根据法人的内部规定担任某一职务或由法定代表人指派代表法人对外依法行使民事权利和义务的人，它不是一个独立的法律概念。法人代表依法定代表人的授权而产生，没有法定代表人的授权就不能产生法人代表。作为民事权利主体的法人，其法人代表可以有多个。法定代表人是指依照法律不规定或其组织章程的规定，并经主管登记机关核准登记注册，对外代表法人从事民事活动，并以法人名义取得民事权利和承担民事义务的负责人。因此法人代表并不是法定代表人。

3. 被宣告死亡的人生还或确知其下落的，人民法院应当撤销对他的死亡宣告。

【参考答案】错误。根据《中华人民共和国民法通则》第二十四条第一款的规定，被

宣告死亡人重新出现或者确知他没有死亡，经本人或者利害关系人的申请，人民法院应当撤销其死亡宣告。可见即使被宣告死亡人生还或确知其下落的，只有在本人或利害关系人申请的情况下，法院才撤销死亡宣告，未经申请，法院并不主动撤销其死亡宣告。

4. 诉讼时效中止的法定事由可以发生在诉讼时效期间的任何时间。

【参考答案】错误。诉讼时效中止指在诉讼时效进行过程中，因法定事由的发生而使权利人无法行使请求权，暂时停止计算诉讼时效期间。根据《中华人民共和国民法通则》第一百三十九条，在诉讼时效期间的最后六个月内，因不可抗力或者其他障碍不能行使请求权的，诉讼时效中止。可见诉讼时效中止只能发生在诉讼时效期间的最后六个月内，而不是诉讼时效期间的任何时间。

三、概念比较题

1. 广义的无权代理与狭义的无权代理

【参考答案】无权代理是指行为人不具有代理权而以他人名义实施的代理行为。学理上通常将无权代理分为狭义的无权代理和广义的无权代理。狭义的无权代理是不属于表见代理的未授权之代理、越权代理、代理权中止后的代理的情形。广义的无权代理包括表见代理和狭义的无权代理。

2. 民事行为与民事法律行为

【参考答案】民事行为是指民事主体为了设立、变更、终止民事法律关系而实施的以意思表示为要素的行为，即民事表意行为。民事法律行为是指民事主体实施的以设立、变更、终止民事权利义务为目的，以意思表示为基本要素的合法行为。

四、论述题

论述民事法律关系的基本内容及其在民法总论中的地位。

【参考答案】民事法律关系是平等主体于民法规范形成的具有民事权利义务内容的社会关系。

民事法律关系的规范基础是民事法规，规范对象是平等主体之间的财产关系和人身关系。因此，民事法律关系首先要通过民事法规表现为模型化法权关系所创设的具体事实关系，即规范意义上的民事法律关系和事实意义上的民事法律关系。

从法哲学角度考量的话，民法的核心就是民事法律关系，因而民事法律关系在民法总论中居于极其重要的地位。

五、案例分析题

甲、乙、丙、丁四人于1997年口头约定共同出资合伙承包花田村30亩土地种植经济作物。四人约定由甲负责与花田村联系土地并签订合同，同时提供技术管理；乙、丙、丁负责筹措资金50万。合伙获得利润后四人按照1∶3∶3∶3的比例分配。在合伙种植过程中，四人对转承包田地、选择种植品种（主要为香蕉和菠萝）等经营活动均共同进行了决定和管理，此后主要由甲负责采购种子、肥料以及种植事务的日常管理，与花田村的相关事务也由甲负责，乙、丙、丁三人均未再参与。1999年年底，甲、乙、丙、丁四人按上述比例分配了10万元利润，之后再未进行分配。2004年春，甲与花田村益民合作社签订农产品代销合同，约定由花田村益民合作社代销其收获的香蕉和菠萝。后因甲的疏忽管理，香蕉严重减产，未能按时履行合同，造成花田村益民合作社20万的损失。花田村益民合作社要求甲、乙、丙、丁四人赔偿损失。乙、丙、丁抗辩说四人早有签订合同应当获得全体合伙人同意的约定，因此相应的赔偿责任应由甲承担。四人为此发生激烈争吵，丙、丁愤而宣布退出合伙。此后，四人在协商终止合伙协议关系时，达成了丙、丁放弃前三年的红利，也不再承担一切债务的协议；但四人对合伙财产的分割及20万损失的承担始终达不成协议。

问题：1. 甲、乙、丙、丁只有口头协议，他们之间的合伙关系是否成立？

【参考答案】根据最高人民法院《关于贯彻执行<中华人民共和国民法通则>若干问题的意见（试行）》第五十条，虽然甲、乙、丙、丁之间没有订立书面合伙协议，但是他们之间实际上已经按照约定提供了资金、技术，并且对合伙经营进行了分配，所以他们之间的合伙关系成立。

2. 甲未经其他三人同意签订合同，乙、丙、丁对该合同产生的债务是否应承担责任？

【参考答案】本案中甲、乙、丙、丁约定由甲负责联系土地并签订合同，同时提供技术管理，乙、丙、丁仅提供资金，实际在合伙管理过程中也主要是由甲对合伙事务进行管理。所以实际上甲为合伙的负责人。根据《中华人民共和国民法通则》第三十四条第二款的规定，合伙人可以推举负责人，合伙负责人和其他人员的经营活动由全体合伙人承担民事责任。因此，甲在对合伙事务进行管理的过程中，签订的合同属于合伙的行为，对全体合伙人有效，乙、丙、丁对该合同产生的债务应当承担责任。

3. 四人达成的"丙、丁放弃前三年的红利，也不再承担一切债务"的约定效力如何？

【参考答案】四人达成的"丙、丁放弃前三年的红利，也不再承担一切债务"的约定，在他们之间具有效力。法条依据为《关于贯彻执行<中华人民共和国民法通则>若干问题的意见（试行）》第五十三条。

4. 甲、乙、丙、丁在协商终止合伙协议关系时，对合伙财产的处理不能达成协议，应如何处理？

【参考答案】甲、乙、丙、丁在协商终止合伙关系时，对合伙财产的处理不能达成协议，根据给出的案情，并不能看出乙、丙、丁之间的出资比例情况，同时本案给出的合伙人甲是以技术出资的，因此在退伙时可以按照乙、丙、丁三人中出资较多的人的意见处理，但要保护甲和其他出资人的利益。

民事诉讼法学总则部分

一、概念比较题

1. 诉与诉讼标的

【参考答案】诉是民事争议发生时一方当事人向人民法院提出的关于解决争议的请求。任何公民、法人和其他组织享有的民事权益受到侵犯或者发生争议时，都可以按照民事诉讼法的规定，向人民法院提出保护其权利的请求。诉是民事审判活动的前提，也是人民法院行使审判权针对的对象。诉讼标的又称为诉的标的，是指当事人之间发生争议，并要求人民法院作出裁判的民事法律关系。一个完整的诉是由诉的主体、诉讼标的和诉的理由构成的。诉是诉讼标的的上位概念。

2. 移送管辖与管辖权转移

【参考答案】移送管辖是指人民法院受理案件后，发现本法院对该案无管辖权，依法将案件移送给有管辖权的人民法院受理的制度。管辖权转移是指人民法院决定或者同意将案件的管辖权由上级人民法院转交给下级人民法院，或者由下级人民法院转交给上级人民法院的制度。

3. 证明对象与证明标准

【参考答案】证明对象是指需要证明主体运用证据来予以证明的与案件有关的事实。证明标准是法官在诉讼中认定案件事实所要达到的证明程度。证明对象是整个证明过程的最初环节，确定了证明对象才会产生证明标准，证明对象是证明的出发点，又是证明的归宿。

民事诉讼中的证明对象所要解决的问题就是，在民事诉讼过程中，哪些事实需要运用证据加以证明，哪些事实无须证明。凡是需要当事人用证据加以证明的事实就是证明对象。

二、判断分析题

1. 对不予受理、驳回起诉的裁定，当事人可以提起上诉。

【参考答案】正确。民事诉讼裁定是指人民法院在民事诉讼中针对诉讼程序问题所作出的判定。根据《民事诉讼法》第一百四十条第一款的规定，民事诉讼裁定主要包括不予受理、对管辖权异议、驳回起诉等。

上诉是指当事人不服地方各级人民法院适用第一审程序所作的尚未发生法律效力的判决、裁定，在法定期间内请求上一级人民法院对上诉请求的有关事实和适用法律进行审理，进而撤销或者变更该裁判的诉讼行为。

根据《民事诉讼法》及相关司法解释的规定，允许上诉的裁定包括：驳回管辖权异议的裁定、不予受理的裁定、驳回起诉的裁定以及驳回破产申请的裁定。

2. 必要共同诉讼是当事人一方或者双方为二人以上，其诉讼标的是同一种类的共同诉讼。

【参考答案】错误。根据《民事诉讼法》第五十三条规定，我国民事诉讼中的共同诉讼分为两类：一是必要的共同诉讼，即当事人一方或双方为二人以上，其诉讼标的是共同的诉讼；二是普通的共同诉讼，即当事人一方或双方为二人以上，其诉讼标的属于同一种类，法院认为可以合并审理并经当事人同意而合并审理的诉讼。

必要共同诉讼是指当事人一方或者双方为二人以上，其诉讼标的是共同的，人民法院必须合并审理并作出同一判决的诉讼。我国理论界一般认为，诉讼标的是共同的一般包括：对共同共有财产的诉讼、对合伙组织的诉讼、因连带债权或连带债务的诉讼、因共同侵权致人损害的诉讼、共同继承的诉讼等。也有观点认为上述情形又可分为两类：一是原来就有共同的权利义务关系，如对共同共有财产的诉讼；二是原来没有共同的权利义务关系，由于同一事实或法律上的原因使他们产生了共同的权利义务关系，如共同侵权、共同继承。

3. 按照民事诉讼法的规定，民事诉讼中的强制措施只能因当事人的申请而适用。

【参考答案】错误。对妨害民事诉讼的强制措施是指人民法院在民事诉讼过程中，为制止和排除诉讼参与人及案外人对民事诉讼的妨害，维护诉讼程序，保障审判和执行活动的正常进行，对有妨碍民事诉讼行为的人依法采取的各种强制手段的总称。

我国《民事诉讼法》规定了 5 种妨害民事诉讼的强制措施：拘传、训诫、责令退出法庭、罚款和拘留。对妨害民事诉讼的强制措施是对民事诉讼程序的必要保障。它突出地体现了国家强制力在维护民事诉讼秩序方面的重要作用。因而只要在民事诉讼过程中，行为人故意实施了妨害民事诉讼的行为或不作为，人民法院便可以依法对其采取强制措施，而无需经当事人的申请。

三、简述题

简述反诉的特征。

【参考答案】

（1）当事人特定。（2）诉讼请求独立。（3）时间特定。（4）目的对抗。

四、案例题

大地音像出版公司和太空音像发行部协商，签订协议共同出版发行一盘由张甲、李乙、王丙和赵丁演唱的 CD。2007 年 8 月，上述两个单位做好一切准备工作后，在一市文化馆灌制了歌曲 CD。制作完成以后，根据协议，由太空音像发行部在 A、B、C 三市进行发行。发行中，张甲、李乙得知自己的歌曲被灌制，以未征得他们的同意，侵犯他们的著作权为由，要求太空音像发行部予以赔偿，因赔偿费用无法达成协议，张甲、李乙便向法院提起诉讼。

问：1. 应当怎样确定该案的当事人？

【参考答案】在本案中被告为：大地音像出版公司、太空音像发行部和市文化馆；原告为：张甲、李乙、王丙和赵丁。

2. 本案是否为共同诉讼？请说明理由。

【参考答案】本案属于共同诉讼。根据我国《中华人民共和国民事诉讼法》第五十三条规定，共同诉讼是指当事人一方或双方为二人以上，其诉讼标的是共同的或同一种类的，人民法院认为可以合并审理并经当事人同意的诉讼。

诉讼标的是共同的，是指共同诉讼人对争议的实体法律关系有共同的权利义务，这种权利义务具有共同性和不可分性，所有的权利人或义务人必须一同起诉或应诉。所谓诉讼标的是同一类的，是指共同诉讼人与对方当事人之间争议的法律关系属于同一类型，即法律关系的性质相同。共同诉讼人之间存在着共同的法律关系或同种类的法律关系，是共同诉讼的适用前提和基础。本案属共同侵权案件，是共同诉讼中的必要共同诉讼。

第七章 西政考研法学专业课2009年真题回顾与解析

本章引言

本章主要包含了2009年西政考研法学专业课A、B和C卷中所有的真题，希望通过真题的回顾与解析，帮助考生快速掌握西政考研法学专业课考试的特点，以便有针对性地进行复习备考。

第一节 西政法学考研专业课A卷
刑法学部分

一、概念比较题

1. 犯罪中止和犯罪未遂

【参考答案】犯罪中止是指在犯罪过程中，自动放弃犯罪或者自动有效地防止犯罪结果的发生。

犯罪未遂是指已经着手实施犯罪，由于犯罪分子意志以外的原因而未得逞。

2. 管制与缓刑

【参考答案】管制是指由人民法院判决，对犯罪分子不予关押，但限制其一定的自由，由公安机关和人民群众监督改造的刑罚方法。

缓刑是指对判处一定刑罚的犯罪人，在具备法定条件的情况下，附条件地不执行原判刑罚的一种制度。

二、简答题

1. 简述我国刑法对刑事责任年龄阶段的划分。

【参考答案】根据我国现行刑法的规定，可以把刑事责任年龄划分为以下几种：

（1）完全负刑事责任年龄阶段。已满16周岁的人犯罪，应当负刑事责任。

（2）相对负刑事责任年龄阶段。已满14周岁而不满16周岁的人犯故意杀人、故意伤害致人重伤或者死亡、强奸、抢劫、贩卖毒品、放火、爆炸、投毒罪的，应当负刑事责任。

（3）完全不负刑事责任年龄阶段。不满14周岁的人不负刑事责任。

（4）减轻刑事责任年龄阶段。已满14周岁未满18周岁的人犯罪，应当从轻或者减轻处罚。

2. 简述余罪自首（准自首）成立的条件。

【参考答案】余罪自首是指被采取强制措施的犯罪嫌疑人、被告人和正在服刑的罪犯如实供述司法机关还未掌握的本人罪行行为。其成立条件有以下几个：

（1）适用对象是已经被采取强制措施的犯罪嫌疑人、被告人和正在服刑的罪犯。

（2）如实供述了自己的其他罪行，即犯罪嫌疑人、被告人和正在服刑的罪犯被控告、处理的罪行以外的罪行。

（3）所供述的罪行须是尚未被司法机关发现的。

三、论述题

论刑法上的不作为的构成条件。

【参考答案】不作为是指行为人违反刑法的命令性规范，消极地不履行自己所承担法律义务的行为。由于不作为的实质是行为人没有实施其应该的行为，构成刑法上的不作为，应具备以下条件：

1. 行为人负有具有刑法意义的作为义务。行为人作为义务的产生，有以下几种情况：法律明文规定的义务；因特定职务或业务而产生的义务；由特定职务或业务而产生的义务；行为人先前行为所引起的义务。

2. 行为人能够履行自己所承担的作为义务。

3. 行为人没有履行自己所承担的作为义务。

四、案例分析

张某因犯盗窃罪被人民法院判处有期徒刑 5 年，刑期自 2003 年 10 月 20 日起执行，判决前已被羁押了 45 天，2007 年 1 月 5 日被假释。2008 年 9 月 5 日下午，张某经过事先踩点后逃到重庆市沙坪坝区某居民楼入室行窃，盗得人民币现金 1000 元和价值 9000 元的笔记本电脑 1 台。张某正要离开盗窃现场时恰遇失主李某提前下班回家，张某为了抗拒抓捕与李某扭打，并将李某鼻子打流血后逃跑，李某边追边喊“抓强盗”。李某的喊声惊动了附近的居民和长期在该居民楼附近做力工（重庆人俗称“棒棒”）的王某。张某刚跑出居民楼约 30 米处即遇见了拿着棒棒的王某，王某对张某大喊一声：“站住！”并挡住张某的去路，张某说：“不关你事，让开！不然，我弄死你！”王某假装让路，待张某路过其身旁时趁其不注意时，挥起手中的棒棒向张某腿部猛打去，致使张某左腿粉碎性骨折。张某受伤倒地，失主李某随后赶到，李某从张某手里夺过自己失盗的笔记本电脑，出于愤怒，狠狠地踹了张某几脚，致使张某脾脏破裂。

1. 此案中，李某、王某是否构成犯罪？为什么？请简要说明理由。

2. 此案中，对张某是按照数罪并罚，还是累罪犯处理？为什么？请简要说明理由。

【参考答案】1. 在此案中，李某的行为构成故意伤害罪，王某的行为属于正当防卫，不构成犯罪。根据《中华人民共和国刑法》第二十条规定，为了使国家、公共利益、本人或者其他人的人身、财产和其他权利免受正在进行的不法侵害，采取对不法侵害人造成损害的方法，制止不法侵害，没有超过必要限度造成重大损害的防卫行为（即正当防卫），是不负刑事责任的合法行为。本案中，李某在王某已制止张某的情况下，因出于愤怒对张某实施的侵害行为，不符合正当防卫成立条件中的时间条件（不法侵害必须正在进行中）和主观条件（保护合法权益受正在进行的不法侵害），因此李某的行为不属于正当防卫，同时从主观和客观条件来看，符合故意伤害罪的要件。王某为保护李某的合法权益不受侵害而对张某实施的侵害行为，符合正当防卫的成立条件，根据刑法，是不构成犯罪的合法行为。

2. 在此案中，张某应该按照数罪并罚处理。因为张某的刑期自 2003 年 10 月 20 日起执行，刑期为 5 年，而在判决之前已被羁押 45 天，所以他因盗窃罪被法院被判处的 5 年有期徒刑的刑期应于 2008 年 9 月 5 日结束。但是张某正于 2008 年 9 月 5 日，即缓刑考验期间又犯盗窃罪，这属于同种数罪，所以应该按照数罪并罚处理。

民法总论部分

一、选择题

1. 下列现象中，违反民法平等原则的是？（　）

A. 甲公民（年满25周岁）可以结婚，而乙公民（13周岁）不能结婚

B. 甲公司（经登记为综合类证券公司）可以从事证券经纪业务，而乙公司（登记为房地产公司）则不能从事证券经纪业务

C. 国家税务机关可以在税收法律关系中使用强制手段，无视纳税人的意志而依法进行税收征收

D. 某市合同管理干部认为，在本市建筑工程的招标投标中，市领导的亲戚具有优先订立合同的权利

【参考答案】D

2. 下列行为中，不违反禁止权利滥用原则的是（　）。

A. 甲将自己废弃不用的汽车置于马路中央的行为

B. 乙拒绝接受丁遗赠给其一台电脑的行为

C. 丙于下午在自己的房间唱歌直到凌晨，影响邻居休息的行为

D. 丁在自己承包的耕地上建坟的行为

【参考答案】B

3. 在行为人进行的下列行为中，属于行使形成权的行为是（　）。

A. 被代理人对越权代理人进行追认

B. 监护人对限制民事行为能力人纯获利益的合同进行追认

C. 受遗赠人知道受赠后未在法定期限内作出受赠的意思表示

D. 承租人擅自转租，出租人作出解除合同的意思表示

【参考答案】ABCD

4. 下列民事行为中，属于意思表示不真实的民事行为的是（　）。

A. 恶意串通损害他人利益的行为

B. 以合法的形式掩盖非法目的的行为

C. 误将赝品作为正品出卖的行为

D. 与他人合伙开设赌场的行为

【参考答案】ABC

5. 下列哪些术语中的“责任”不是指义务主体违反法定的或约定的民事义务，侵害民事权利主体的民事权利，依民法之规定而产生的一种不利法律的后果（　）。

A. 举证责任　　B. 保证责任

C. 有限责任　　D. 岗位责任

【参考答案】AD

二、判断分析题

1. 民事法律行为包括一切能引起民事法律后果的行为。

【参考答案】此说法是错误的。我国《中华人民共和国民法通则》第五十四条规定："民事法律行为是公民或者法人设立、变更、终止民事权利和民事义务的合法行为。"民事法律行为发生民事主体追求的民事法律后果，是民事主体实现意思自治的法律手段，因此民事法律行为的法律效果依行为人的意思表示具体内容产生。同时这一点说明了民事法律行为并不包括一切能引起民事法律后果的行为。

2. 法人人格否认是永久性消灭法人人格的法律制度。

【参考答案】此说法是错误的。法律人格否认制度仅是对某一特定的、具体的法律关系而否认法人的独立法律资格，这种否定具有相对性和部分性，并不是对法人人格全面地、彻底地、永久性的否认，只是法人人格的暂时的、个别的否认，这也是法律人格否认制度与法律撤销制度的区别所在。

3. 任何合伙人都必须对合伙债务承担无限连带责任。

【参考答案】此说法是错误的。在隐名合伙中，隐名合伙人不参加执行合伙业务，并仅以其出资为限对合伙企业承担有限在责任。在有限合伙企业中，若其企业中的合伙人未参加合伙企业执行业务，只需以其出资额为限对企业承担有限责任，所以并不是任何合伙人都必须对合伙债务承担无限连带责任。

4. 只要存在意思表示不真实的状况，法律行为的效力就要受到影响。

【参考答案】此说法是正确的。意思表示的不真实，既可能是因行为人主观方面的原因（误解）造成的，也有可能是客观方面的原因（欺诈、胁迫）所造成的。根据《中华人民共和国民法通则》，意思表示不自由的法律行为一律为无效行为。

5. 因无权代理行为给被代理人造成损失的，被代理人只能对代理人主张责任。

【参考答案】此说法是错误的。如果第三人知道行为人为无权代理，还与其进行民事活动，给被代理人造成损失的，被代理不仅可以对代理人主张责任，同时也能对第三人主张责任。

6. 民事习惯并非由立法机关创设，也不是明确的法律文件，所以不属于民法渊源。

【参考答案】此说法是错误的。习惯只要具备以下四个条件，即可作为民法的渊源：(1) 要有习惯的事实。(2) 须有为法之意，即社会一般人确信其具有法律效力而自觉遵守。(3) 没有法律明文规定。(4) 不违反法律或者社会公共利益。

7. 民法基本原则在内容上具有根本性，所以在形式上具有规范性。

【参考答案】此说法是错误的。民法基本原则主要体现了民法的本质特征，负载了市民社会的根本价值。作为私法，民法的基本特征为平等、意思自由和权利本位。市民社会具有平等、自由、效益和安全这四大根本价值，决定了民法的基本原则。所以民法在内容上具有根本性。

8. 人格权人人都得享有，故不属于专属权。

【参考答案】此说法是错误的。民人格权是民事主体与生俱来的，与特定的人身密不可分的人身权利，这种权利的获得不需要经过特别授予，也不需要权利人作出特别的意思表示。所以人格权是人人都能享有的权利，并与其主体不可分离，属于专属权。

9. 法人的权利能力与行为能力的范围不尽一致。

【参考答案】此说法是错误的。法人的权利能力与其行为能力的范围是完全一致的，由于法人的权利能力特殊，法人的行为能力也是特殊的，法人在什么范围内享有民事权利能力，就同时在什么范围内享有民事行为能力。

10. 合伙人退伙时只要对合伙期间的债务进行了合理分担，对于参加合伙经营期间的债务就不再承担任何责任。

【参考答案】此说法是错误的。所谓合伙人退伙是指终止他与其他合伙人的关系并丧失合伙人的资格。合伙经营期间发生亏损，合伙人退伙时，应对合伙经营期间的债务进行合理分担。即使退伙人在退伙时已承担合伙债务的，退伙后仍需其参加经营期间的全部债务负连带责任，这是因为退伙人如果对退伙前的合伙债务不承担责任，会加重未退伙人的负担，同时还有可能发生利用退伙逃避合伙债务损害债权人的利益。

三、简述题

1. 简述民事法律行为的生效要件。

【参考答案】民事法律行为的生效要件是指民事行为发生当事人预期的法律效果时应具备的条件。可分为一般生效要件和特殊生效要件。

（1）民事法律行为的一般生效要件：

行为人具有相应的行为能力，当事人的意思表示真实，不违反法律或社会公共利益。

（2）民事法律行为的特殊生效要件：

特殊情况下，法律行为发生效力除了具备一般生效要件，还需具备特别生效要件。附延缓条件或延缓期限的法律行为、遗嘱行为，成立且具备有效要件后，并不马上生效，只有在条件成就、期限届至或遗嘱人死亡后才能发生法律效力，为法律行为的特别生效要件。

2. 简述表见代理的构成要件。

【参考答案】表见代理是指被代理人的行为足以使善意第三人相信无权代理人具有代理权，基于此项信赖与无权代理人进行交易，由此造成的法律效果强使被代理人承担的制度。其构成要件有以下四点：

（1）代理人不具有代理权。

（2）客观上存在使善意第三人相信无权代理拥有代理权的理由。

（3）无权代理人与第三人所为的民事行为，合于法律行为的有效要件和代理行为的表面特征。

（4）第三人为善意。

3. 简述意思表示的构成。

【参考答案】意思表示是民事主体将其发生一定法律后果的内在意图加以表达的行为。由以下三项要素构成：

（1）效果意思。（2）表示意思。（3）表示行为。

4. 简述诉讼时效中止与中断的区别。

【参考答案】诉讼时效中止是指在有效期间进行过程中，因不可抗拒力或其他障碍使权利人不能行使权力，时效暂时停止，待障碍消除后时效继续进行的制度。诉讼时效中断是指时效期间开始以后完成之前，因法定事由的出现使已经进行的时效期间归于无效，时效期间重新开始计算。

四、论述题

1. 论民法中的意思自治原则。

【参考答案】意思自治原则是指民事主体依法享有在法定范围内的行为自由，并可以根据自己的意志产生、变更、消灭民事法律关系。此原则包含自主参与与自己责任两个方面：

（1）自主参与指依照自己的意愿自主的作出判断和选择。

（2）自己责任指民事主体对自主参与所造成的后果承担相应的责任。

2. 试论诚实信用原则的内涵与价值。

【参考答案】诚实信用原则是指民事主体在从事民事活动中应遵循诚实信用原则，以求达到当事人之间利益与社会利益之间的平衡。其内涵主要表现在以下两个方面：

（1）诚实是指人们在民事活动中要言行真实，合符情况，无虚假、欺诈之意，实事求是，对他人以诚相待。

（2）信用是指人们在进行民事活动时要信守约定或承诺的规则，履行和承担由约定或承诺的规则所确定的职责，不得擅自毁约。

这两层含义既有独立性，又有关联性。信用来自于诚实，诚实见诸于信用。两者结合，相互支持、包容，成为人际交往中普遍遵循的道德准则。

五、概念比较题

自然人行为能力与法人行为能力。

【参考答案】自然人民事行为能力是指成为民事主体据以独立参加民事法律关系，承担和履行民事义务的现实条件，是民事主体独立行使民事法律行为的法律资格。

法人行为能力是指国家赋予作为法人的社会组织独立进行民事活动的资格。二者相比较，存在较大的差异：

（1）法人的行为能力和权利能力一起发生和消灭，两者的开始和终止时间完全一致，即两者的取得时间相同，这是因为法人的民事行为能力是由其机关来实现的，而机关的成员则是由具有完全民事行为能力的自然人充当，所以不存在无识别能力的问题。

（2）自然人的民事行为能力以识别能力为前提，所以凡是具有必要识别能力的公民，都具有民事行为能力且每个公民的行为能力在内容和范围上是完全一致的。法人的民事行为能力与民事权利能力的范围完全一致，但不同的法人之间行为能力并不一样。

（3）自然人的民事行为能力通过其自身的活动实现，而法人的行为能力由它的机关或代表人来实现。

刑事诉讼学总则部分

一、选择题

1. 在人民检察院直接受理的案件中，拘留犯罪嫌疑人的情形不包括（　　）。

A. 在身边或住处发现有犯罪证据的

B. 犯罪后企图自杀、逃跑或者在逃的

C. 正在预备犯罪的、实行犯罪或者在犯罪后被及时发觉的

D. 在毁灭、伪造证据或者串供可能的

【参考答案】AC

2. 在庭审期间，当事人要求检察人员回避时，无权作出回避决定的是（　　）。

A. 审判长　　　　B. 检察长

C. 法院院长　　　　　　　　　　D. 审判委员会

【参考答案】ACD

3. 下列关于刑事诉讼中辩护人与代理人的区别，不正确的表述有（　　）。

A. 介入诉讼的时间不同

B. 是否出席法庭不同

C. 承担的刑事诉讼职能不同

D. 可以担任辩护人和代理人的人员范围不同

【参考答案】ABD

4. 依照刑事诉讼法的约定，被取保候审的犯罪嫌疑人违反应当遵守的规定，可以对其作出的处理包括（　　）。

A. 没收保证金　　　　　　　　B. 逮捕

C. 重新交纳保证金　　　　　　D. 监视居住

【参考答案】ABCD

5. 犯罪嫌疑人被逮捕的，聘请的律师可以（　　）。

A. 为其提供法律咨询、代理控诉、控告

B. 为其申请取保审候

C. 进行调查取证

D. 会见犯罪嫌疑人

【参考答案】ABD

二、判断分析题

1. 附带民事诉讼均应同刑事案件一并判审。

【参考答案】此说法是错误的。对于附带民事诉讼的开庭审理，根据《中华人民共和国刑事诉讼法》第七十八条的规定，可分为两种情况：

(1) 通常情况下，应当与刑事案件一并审理，这是因为案件的附带民事诉讼部分与刑事部分共同构成该案，两诉产生的根据出于同源。

(2) 是为了防止刑事案件的过分延迟，才可以在刑事案件审判后，由同一审判组织继续审理附带民事诉讼。所以，并不是所有附带民事诉讼均同刑事案件一并审判的。

2. 法院驳回申请回避的决定，一经作出即产生法律效力。

【参考答案】此说法是错误的。回避的决定一般一经作出即具有法律效力，但是若当事人没有根据地利用这一权利，会阻碍案件的及时处理，所以为了防止这一现象的出现又能保障当事人的合法权利，当当事人及其法定代理人对法院驳回回避申请的决定不服时，当事人及其法定代理人有权申请复议一次。

3. 诉讼终止与诉讼中止虽然适用的程序不同，但都应制作正式法律文书。

【参考答案】此说法是错误的。诉讼终止根据具体情况分别由办案机关作出撤销案件或不起诉的决定，或终止审理的裁定；而诉讼中止则是由办案机关作出中止诉讼的决定。所以两者的适用程序是不同的。诉讼终止应当制作正式法律文书，送达犯罪嫌疑人、被告人及他们的所在单位和家属；而诉讼中止只需将决定记录在案，并通知有关单位或个人，无需制作正式的法律文书。

三、简答题

1. 我国刑事诉讼的证明标准是什么？

【参考答案】刑事诉讼中的证明标准是指法律规定的运用证据证明待证事实所要达到的程度的要求，有的著作称为证明要求。我国的刑事诉讼证明标准如下：强调证明标准的客观性和事实认定的确定性，即所谓的“犯罪事实清楚，证据确实、充分”，它兼具有客观性和主观性的双重要求。“犯罪事实清楚”是指与定罪量刑有关的事实和情节都必须查清楚。“证据确实、充分”是指要求每个证据都必须真实，且证据必须达到一定的数量，足以认定犯罪事实。

2. 人民法院直接受理的刑事案件有哪些?

【参考答案】人民法院直接受理的刑事案件就是所谓的自诉案件。根据《中华人民共和国刑事诉讼法》第一百七十条的规定，人民法院直接受理的刑事案件（即自诉案件）的范围如下：

告诉才处理的案件；被害人有证据证明的轻微刑事案件；被害人有证据证明对被告人侵犯自己人身，财产权利的行为应当依法追究刑事责任，而公安机关或者人民检察院不予追究被告人刑事责任的案件。

四、论述题

论审判公开原则。

【参考答案】审判公开是指法院在审理案件和宣告判决时，公开进行，允许公民到庭旁听，允许新闻记者采访、报道。审判公开的具体要求如下：

（1）审判公开的形式要求是产生法律判决的法律庭审行为应在一定的场合公开进行。

（2）审判公开的实质要求是作为司法裁判基础的事实、证据，裁判的法律根据和理由以及裁判的过程应该向社会公开。

审判公开的基本意义在于创造了社会监督的必要条件，主要表现在：

第一，满足公民作为国家主人对国家权力及其运作的了解权，有助于增强公民对司法的信心，从而增强对刑事司法制度的认同感，为司法制度提供必要的社会支持。

第二，审判公开有利于防止司法专横和司法腐败，同时也是一种进行法制教育的手段。

第二节　西政法学考研专业课B卷
行政法总论部分

一、概念比较

1. 违法行政与行政责任

【参考答案】所谓违法行政，其全称的概念应当是违法行政行为，是合法行政的对称概念，是指行政机关、其他行政公务组织和行政公务人员实施的违反行政法律规范和要求的行政行为。行政责任是指行政法律关系主体因为违反行政法律规范所应当承担的否定性的法律后果。一般来讲，行政责任与违法行政紧密相连，有违法行政然后才有行政责任，违法行政是行政责任的前提，行政责任是违反行政的后果，两者是一种对应关系。

2. 行政赔偿与行政补偿

【参考答案】行政赔偿是指行政主体及其公务人员违法行使行政职权，侵犯相对方的合法权益并造成损失，从而必须承担的法律上的责任。而行政补偿是指行政主体为了公共利益的需要，因其合法的行政行为给行政相对人造成了损害所必须承担的一种法律后果。

二、判断分析题

公民、法人或者其他组织依法取得的行政许可受法律保护，行政机关不得擅自改变已经生效的行政许可。但是为了国家利益和集体利益的需要，行政机关可以依法变更或者撤回已经生效的行政许可。

【参考答案】正确。《中华人民共和国行政许可法》第八条规定："公民、法人或者其他组织依法取得的行政许可受法律保护，行政机关不得擅自改变已经生效的行政许可。行政许可所依据的法律、法规、规章修改或者废止，或者准予行政许可所依据的客观情况发生重大变化的，为了公共利益的需要，行政机关可以依法变更或者撤回已经生效的行政许可。由此给公民、法人或者其他组织造成财产损失的，行政机关应当依法给予补偿。"本条是关于信赖保护原则的规定。

三、简述题

1. 简述以法、德为代表的大陆法系模式的行政法与以英美为代表的普通法系模式的行政法的不同特点。

大陆法系国家行政法有以下特点：存在独立的行政法院系统，与普通法院并列；在法律体系上，有公法、私法之分，行政法属于公法范畴；行政审判适用行政法规则。

英美法系的行政法：英国是英美法系的发源地，按照普通法的观念，一切英国人都毫无例外地受普通法和普通法院的管辖。任何公民非经普通法院按照普通法程序判决为违法，不能受任何处罚。普通法观念严重阻碍英国行政法的发展，它忽视行政案件，使得行政法原理和其他部门法混合起来，不能称为一个独立的行政法体系。作为现代意义上的行政法是在17世纪下半叶开始出现的，它是资产阶级革命和改革的产物。美国行政法的产生同政府积极干预经济紧密相连，1887年成立的州际贸易委员会被认为是美国行政法的开始。英美法系行政法的特点是：重视司法审查和行政程序；不存在对立的行政法院，所有案件都由行政法院管辖；没有公法、私法的划分；在法律适用上适用普通法，以适应专门的行政法规则为补充。

2. 如何理解行政程序中的告知制度与说明理由制度？

告知制度是指行政机关在进行行政行为的过程中，将有关情况告诉相对人一方的一项基本的行政程序制度。法律上通常要规定告知的内容、时间和形式。告知主要运用于具体行政行为，对于抽象行政行为主要使用信息公开制度，告知制度也是作为行政信息公开原则的一项重要制度，其重要性越来越为人们所认识。告知权利对保证行政相对人的合法权益有着十分重要意义。说明理由制度是指行政主体对相对人作出行政行为时必须说明行为的合法性、必要性、合理性的制度。说明理由制度的主要内容包括：行政主体对相对人作出具体行政行为时候必须说明事实根据、法律根据。同时在制定规范性文件时也必须进行信息公开。

四、材料题

1. "……政治自由只在宽和的政府里存在。不过它并不是经常存在于政治宽和的国家里，它只在国家权力不被滥用的时候才存在。但一切有权力的人都容易滥用权力，这是万古不易的一条经验。有权力的人们使用权力一直到遇有界限的地方才休止……”

——摘自法孟德斯鸠《论法德精神》

从行政法学的视角分析该段文字所包含的行政法原理。

【参考答案】行政法就其实质而言，是其控制和规范行政权的法。

（1）行政权具有双重作用。一方面，它可以为人们提供秩序，起到积极的组织、协调指导作用，促进社会的发展；另一方面，国家权力也可以被滥用，国家权力的滥用会对人民的生活、自由、财产带来严重的威胁，阻碍甚至破坏社会经济的发展。国家权力如果不加以制约与监督，公民权利必然成为公权力的牺牲品。

（2）行政权与公民个人、组织有着经常、广泛、直接的联系，经常且直接地涉及行政相对人的权益，而行政权实施的程序远不及立法权、司法权行使的程序严格、公开，从而使得行政权最容易导致滥用和腐败。因此，需要对行政权进行控制与规范。

（3）在现代社会，行政权有膨胀与扩张的趋势，现在行政权不再是单纯的执行管理权，而是包含了越来越多的准立法权和准司法权，如果没有控制和制约机制，权力滥用是不可避免的。

正是由于以上原因，建立和完善对行政权的控制、制约、规范机制是必要的、必需的，而控制行政权、规范行政权最重要的机制就是行政法。

行政法主要从以下几个方面控制与规范行政权：

（1）通过行政组织法控制行政主体的组织方式。

（2）通过行政程序法控制行政权的行使方式。

（3）通过行政救济法监督行政权、保障公民权得到救济。

2. 2006 年 8 月 11 日下午，北京海淀区科贸大厦西北侧的街道马路边，一名无照小贩冲向没收其崭新三轮车的城管人员，并将其捅死。该小贩甘愿采取如此极端的手段说明，其绝望的心情无法释怀。在这样的一类案件当中，涉及三方面的法律问题值得思考。一是街道的法律属性该如何界定，二是小贩是否享有在街道等公共场所摆摊的权利，三是城管权力的行使是否正当合理。

请就这三个问题谈谈你的看法。

【参考答案】街道属于公共场所是人们公共使用空间，商户无权在公共场所使用街道进行摆摊。行政行为要合法合理，尤其要遵守法定程序，行为符合比例原则。

五、论述题

简述中国目前构建法治政府的具体措施。要求结合国务院 2004 年颁布实施的《全面推进依法行政实施纲要》来论述。

【参考答案】（1）转变政府职能与深化行政管理体制改革。

（2）提高制度建设质量。

（3）法律实施应确保法制统一与政令畅通。

（4）建立、健全科学民主决策机制和政府信息公开制度。

（5）积极探索建立化解社会矛盾、解决各类纠纷的机制。

（6）强化对行政行为的制约与监督。

（7）不断提高行政机关工作人员依法行政的观念和能力。

环境与资源法总论

一、选择题

1. 根据《中华人民共和国环境影响评价法》的规定，应当由国务院环境保护行政主管部门负责审批环境影响评价文件的建设项目包括（　　）。

A. 跨省、自治区、直辖市行政区域的建设项目

B. 纺织、化纤、房地产建设项目

C. 核设施、绝密工程等特殊性质的建设项目

D. 由国务院审批的或者由国务院授权有关部门审批的建设项目

【参考答案】ABC

2. 根据我国的有关法律法规，环境决策公众参与的组织形式包括（　　）。

A. 调查公众意见和咨询专家意见

B. 座谈会和论证会

C. 上访

D. 听证会

【参考答案】ABD

3. 环境民事责任的构成要件包括（　　）。

A. 行为的违法性

B. 造成了环境损害结果

C. 环境致害行为与损害事实之间存在因果关系

D. 行为人具有主观过错

【参考答案】ABC

4. 我国环境资源法律关系的主体包括（　　）。

A. 国家　　B. 企事业单位

C. 公民　　D. 其他社会组织

【参考答案】ABCD

5. 2005年《国务院关于落实科学发展观加强环境保护的决定》，提出用科学发展观统领环境保护工作的基本原则是（　　）。

A. 协调发展、互惠共赢　　B. 依靠科技、创新机制

C. 分类指导、突出重点　　D. 强化法治、综合治理

【参考答案】ABCD

二、概念比较

1. 生态环境补偿和环境污染赔偿

【参考答案】生态环境补偿是对生态环境保护作出努力并付出代价者的相应经济补偿。生态功能是具有价值的，生态受益人不能免费利用改善了的生态环境，应当对其进行补偿。

环境污染赔偿是指加害人因自己的污染环境的行为，给他人造成了人身、财产和环

境权益损害时，加害人应依法以其财产赔偿受害人的经济损失的一种责任形式，是一种民事责任承担方式。

2. 自然资源和环境要素

【参考答案】自然资源是指具有社会有效性和相对稀缺性的自然物质或自然环境的总称。

环境要素又称为环境基质，是指构成环境整体的各个独立的、性质不同而又服从整体演化规律的基本单元。

三、判断分析题

1. 我国《中华人民共和国环境保护法》第三条规定：本法适用于中华人民共和国领域和中华人民共和国管辖的其他海域。因此，我国的环境资源法不具有域外管辖效力。

【参考答案】错误。我国《中华人民共和国环境资源法》的适地范围包括：第一，适用于中华人民共和国领域和中华人民共和国管辖的其他海域。第二，适用于中华人民共和国管辖海域以外的区域。第三，适用于国内的特定区域。

2. 世界经济一体化和国际贸易的迅猛发展给人类的生态环境带来了巨大的破坏，只有停止经济全球化进程、实行贸易保护主义才能遏制人类生存环境的急剧恶化。

【参考答案】错误。经济一体化和经济全球化的迅速发展是一把双刃剑，经济的发展虽然造成了环境恶化，但是我们不能因噎废食。

四、简述题

（一）简述我国环境影响评价制度的主要内容和目标。

环境影响评价制度是指对规划和建设项目实施后可能造成的环境影响进行分析、预测和评估，提出预防或者减轻不良环境影响的对策和措施，进行跟踪监测的方法与制度。它的主要内容有：

1. 关于规划的环境影响评价包括：

（1）规划环境影响评价的对象范围是土地利用、区域、流域、海域的建设、开发利用规划、工业、农业、畜牧业、林业、能源、水利、交通、城市建设、旅游、自然资源开发的有关专项规划。

（2）规划环境影响评价的组织者和具体评价者。

（3）规划环境影响的程序。

2. 关于建设项目环境影响评价包括：

（1）建设项目的分类管理。

（2）建设项目的环境影响报告书的内容。

（3）建设项目的环境影响报告书的程序。

（二）论述《中华人民共和国循环经济促进法》的立法目的和意义。

【参考答案】循环经济即物质闭环流动型经济，是指在人、自然资源和科学技术的大系统内，在资源投入、企业生产、产品消费及其废弃的全过程中，把传统的依赖资源消耗的线性增长的经济转变为依靠生态型资源循环来发展的经济。

发展循环经济是实施资源战略、促进资源永续利用、保障国家经济社会安全的重大战略措施，是构建资源节约型、环境友好型社会的重要实践；是转变经济发展方式、增强企业竞争力的重要突破口；是贯彻科学发展观，实现经济社会可持续发展的本质要求和重要保障；是坚持依法治国的重要表现。

五、论述题

请以《中华人民共和国环境保护法》的修改为例，论述我国环境保护基本法律制度的完善及其重要意义。

【参考答案】环境基本法是指一个国家制定的全面调整环境社会关系的法律文件，也称为环境宪法。它是综合性的环境保护法律，立法精神在于宣示一个国家的环境观和环境政策，其内容与环境法的基本范畴相对应，整合了繁杂的环境法规的共同概念、原理、原则、制度和措施，构成环境法体系统合的基础。

环境保护法从修改的指导思想、修改原则到环境保护法体系的重构，乃至具体制度设计，都必须有基本法性质，以实现环境保护法的整合作用和纲领性的指导作用，并力求修改成本的最小化。

第一，关于立法目的建议修改如下：为保护和改善生活环境与生态环境，防止污染和其他公害，保障人体健康，促进经济、社会的可持续发展，制定本法。这样既可以体现环境资源保护法污染防治和自然资源保护统筹兼顾的基本精神，又能体现该法的可持续发展思想。

第二，关于基本原则：增设污染防治和自然资源保护并重的原则，完善公众参与原则。

第三，关于基本制度：三同时制度、限期治理制度、排污收费制度、增设生态效益补偿费制度。

第四，环保法体系的完善。

行政诉讼法部分

一、概念比较

行政和解与行政调解

【参考答案】行政和解是指行政主体与行政相对人之间达成一致意见。行政调解是指国家行政机关处理平等主体之间民事争议的一种方法。两者的区别主要体现在：第一，主体不同。行政和解的双方是行政主体与行政相对人，行政调解是在行政主体中立的前提下调解平等主体的民事纠纷。第二，二者的适用范围不同。行政调解可以使针对任何平等主体之间的民事争议，而行政和解只能针对行政补偿、行政赔偿以及行政机关有自由裁量权的案件。

二、判断分析题

在无授权条件下行政机关的内设机构或派出机构以自己名义实施的具体行政行为时，该行政机关是被告。

【参考答案】正确。法律、法规、规章授权者，在授权范围内能够以自己名义实施行政行为，且能够独立承担相应的法律后果；否则，必须要有其行政机关为被告。

三、简述题

简述原告在行政诉讼中的举证责任。

【参考答案】行政诉讼的核心问题是审查具体行政行为的合法性，被告需要对被诉具体行政行为的合法性承担举证责任，这就决定了在行政诉讼中被告的举证具体行政行为合法性的责任。但是在行政诉讼中除了审查具体行政行为的合法性以外，还有其他问题需要解决，对于其他问题的举证仍然适用“谁主张，谁举证”。在以下几种情况下，原告应当承担举证责任：

（1）原告应当举证证明其起诉符合法定条件。比如，原告应当举出证据证明具体行政行为的存在。但是被告认为原告起诉超过起诉期限的除外，如果被告认为原告的起诉超过法定期限，由被告负责举证证明。

（2）在起诉被告不作为的案件中，证明其提出过申请的事实，即原告应当提供其在程序中曾经提出申请的材料。但是有两种例外：第一，被告应当依照法定职权主动履行；第二，原告因为被告受理申请的登记制度不完备等正当事由不能提供相关证据材料并能够作出合理解释。

（3）在行政赔偿诉讼中，原告应当对被诉具体行政行为造成损害的事实提供证据。

（4）在被告举出证据证明具体行政行为合法的证据后，作为原告反驳被告的观点，除了对被告的观点进行质疑外，一般应当提出反证，否则将会使自己处于非常不利的地位，这在理论上也被认为是原告承担的举证责任的一种情形。

四、论述题

论行政诉讼司法审查的强度。

【参考答案】我国行政诉讼制度经过了十几年的发展，取得了很大的进步，但是仍然存在很大的问题。问题之一就是法院对行政行为审查缺乏力度。具体表现在以下两点：第一，行政诉讼只是法院对行政机关的具体行政行为的审查，并不是对行政机关所有的行政行为进行审查，而行政机关除了进行具体行政行为以外，还进行大量的抽象行政行为，而这些行为对公民权利的影响更加巨大。第二，行政诉讼只对具体行政行为的合法性进行审查，对其合理性则不进行考察。这会在社会实践中产生大量的问题，因为一个行政行为不仅要求符合合法性原则，而也要符合合理性原则。总之，在我国行政诉讼的司法审查强度还有待加强。

五、材料分析题

2006 年 11 月中旬，艺林建中公司承建的某单位宿舍楼主体工程完工后，与张某签订该宿舍的防水工程承包合同。合同签订后张某组织民工进行施工。2006 年 12 月 20 日，张某在施工现场受伤被送到医院治疗。2007 年 1 月 31 日，张某向某区劳动和社会保障局申请工伤认定，某区劳动和社会保障局认为，经鉴定张某与艺林建筑公司形成事实劳动关系。依照《中华人民共和国工程保险条例》第十四条第一项的规定，认定张某 2006 年 12 月 20 日受伤属工伤性质。艺林建筑公司不服，于 2007 年 4 月 30 日向某区人民政府申请行政复议，区人民政府于 2007 年 6 月 29 日作出行政复议决定书，以张某虽是承包方，但在本案中，因其承担具体劳动，故应视为合同承包方的劳动者为由予以维持。艺林公司不服，认为张某是承包人，不是自己的员工，其受伤不属于工伤，随后向法院提起诉讼。诉讼中，各方当事人对劳动和社会保障部部发（2005）12 号文件的效力发生争议。一方认为，该文件只是行政机关的一般规范性文件，不能作为人民法院审理行政案件的依据；另一方认为，该文件虽然不是规章，但是符合劳动法的精神，可以作为判断劳动关系是否成立的依据，也可以作为人民法院审理案件的依据。另查明，张某不具备用工主体资格。

问题：1. 请叙明张某、艺林公司、某区劳动和社会保障局、某区政府在本案中的法律地位。

2. 如何认识劳动和社会保障部部发（2005）12 号文件的性质及在本案中的作用。

3. 根据所给出的条件，你认为法院应如何裁判本案？

【参考答案】1. 在本案中，张某和艺林建筑公司都属于具体行政行为的相对人，某区劳动和社会保障局是一项具体行政行为作出的行政机关，某区政府是复议机关。

2. 劳动和社会保障部部发（2005）12 号文件应当属于行政法规、规章以外的其他规范性文件，因此，在本案中人民法院可以引用劳动和社会保障部部发（2005）12 号文件。根据《中华人民共和国行政诉讼法》第五十二条、五十三条的规定，人民法院在审理行政诉讼时以法律和行政法规、地方性法规为依据，并参照国务院部委、地方政府规章。再根据《中华人民共和国行政诉讼法解释》第六十二条规定，人民法院在审理行政案件时，可以在裁判文书中引用合法有效的规章和其他规范性文件。

3. 维持具体行政行为判决。人民法院在审理行政案件时，在没有法律、法规作为依据的情况下，可以在裁判文书中引用合法有效的规章和其他规范性文件。

附：1. 劳社部发〔2005〕12 号关于确立劳动关系有关事项的通知第四条“建筑施工、矿山企业等用人单位将工程（业务）或经营权发包给不具备用工主体资格的组织或自然人，对该组织或自然人招用的劳动者，由具备用工主体资格的发包方承担用工主体责任。”

2. 某高法【2004】249 号《某市高级人民法院〈关于审理工伤行政诉讼案件若干问题〉的暂行规定的通知》第八条第一款第（二）项“凡法宝给无用工主题资格的单位或自然人的，应认定发包方与该单位或自然人招用的人员存在劳动关系，并由发包方对该单位或自然人所招用的人员承担工伤赔偿责任”。

3.《中华人民共和国建筑法》第二十九条第一款“建筑工程总承包单位可以将承包工程中的部分工程发包给具有相应资质条件的分包单位；但是，除总承包合同中约定的分包外，必须经建设单位认可。施工总承包的，建筑工程主体结构的施工必须由总承包单位自行完成。”和第三款“禁止总承包单位将工程分包给不具备相应资质条件的单位。禁止分包单位将其承包的工程再分包。”

4.《工伤保险条例》第十四条“职工有下列情形之一的，应当认定为工伤：（一）在工作使间和工作场所内，因工作原因受到事故损害的……”

第三节　西政法学考研专业课C卷

专业基础C卷

经济法学部分

一、概念比较题

1. 经济法与社会法

【参考答案】经济法是国家干预经济的基本法律形式，经济法调整的范围是需要国家干预的经济关系，经济性是经济法的一个重要特征。社会法的产生是福利国家推行的政策，维护社会中处于弱者地位的社会主体的结果。

2. 消费者主权与消费者权利

【参考答案】消费者主权是消费者通过其消费行为以表现其本身意愿和偏好的经济关系的一个概念。消费者权利是指消费者在购买、使用商品或者接受服务时依法所享受的权利，通常是法定权利，是法律基于消费者的弱势地位而特别赋予的权利。

由此可见消费者主权是经济学上的一个概念，体现的是消费者对整个生产过程的影响力；而消费者权利则是法律上的概念，体现的是对消费者个人生命财产权的保护。两者所属范畴不同。

二、判断分析题

1. 国家用经济法的形式干预的社会经济关系，包括了所有全局性和社会公共性的经济关系。

【参考答案】错误。经济法是为了克服市场失灵而制定的调整需要国家干预的具有全局性和社会公共性的经济关系的法律规范的总称。但并不是所有全局性和社会公共性的经济关系都需要由国家干预，只有市场失灵需要国家干预时，国家才会进行干预，也就是说市场失灵为经济法的国家干预划定了界限。

2. 联合抵制协议是一种纵向限制竞争协议。

【参考答案】错误。联合抵制协议是指经营者通过联合，共同不与其他竞争者（供应商或客户）交易，排挤竞争对手的协议。联合抵制行为在主体上涉及三方当事人，即号召者、抵制者和被抵制者。在内容上，它是以损害特定的竞争对手为目的，促使抵制者对被抵制者断绝供应、购买或者其他交易的行为。纵向限制竞争协议是指占有市场支配地位的企业强制性地要求与其有供应供应关系的经营者签署强制性的限制竞争协议的行为，主要形式是限制转售价格。通过以上分析可知，联合抵制协议应当属于横向限制竞争协议。

3. "三包"义务，即包修、包退、包换义务是经营者售后服务义务的全部内容。

【参考答案】错误。售后服务义务通常表现为"三包"义务，即包修、包换、包退的义务，但不限于"三包"义务。售后服务义务并不限于"三包"义务。除此以外，经营者与消费者还可以约定其他义务，如约定由经营者对消费者进行技术指导或终身提供有关消费品的零部件等。

三、简述题

1. 如何理解经济安全原则？

【参考答案】经济法所关注的经济安全是社会整体的经济安全。我国目前面临两个问题：

（1）我国国内企业竞争力不强，民族工业较为脆弱，容易受到外来企业尤其是跨国公司的冲击，这无疑会对我国国民经济的安全构成威胁，因而提升国内企业竞争力，实施一定的保护性措施实属必要。

（2）经济全球化的发展趋势使我国经济有必要与世界经济保持更为紧密的联系，我国经济势必受世界经济体系的影响更加直接和显著。由于各国经济间的联动效应大大加强，一旦经济链条的某个环节出现问题，经济危机便会像多米诺骨牌一样迅速传播开来。为解决这一特定的历史问题，经济法将经济安全纳入原则体系，有助于借助经济法制，尤其是宏观经济调控体系，构筑起我国经济安全网，既分享经济全球化带来的利益后果，又注重防范经济风险。

2. 试述虚假价格表示的表现形式及法律责任。

【参考答案】虚假价格的表现形式主要有：

（1）虚构原价谎称打折的价格。

（2）利用比较进行虚假宣传，如谎称降价、最低价、清仓价、成本价等迷惑消费者。

（3）以部分低价商品的宣传作为诱饵，把消费者引诱来后进行转换销售。

（4）以所谓免费或者故意模糊省略的词语影响消费者的购买决策。

根据《中华人民共和国价格法》、《中华人民共和国反不正当竞争法》和《中华人民共和国广告法》的相关规定，价格的虚假行为的法律责任可分为：

①行政责任。包括责令改正，没收违法所得，可以并处违法所得五倍以下的罚款；没有违法所得的，予以警告，可以并处罚款；情节严重的，责令停业整顿，或者由工商行政管理机关吊销营业执照。

②民事责任。《中华人民共和国反不正当竞争法》第二十条规定，经营者违反本法规定，给被侵害的经营者造成损害的，应当承担损害赔偿责任。

3.《中华人民共和国反垄断法》规制的垄断行为有哪些？

【参考答案】根据《中华人民共和国反垄断法》第三条，本法规定的垄断行为包括：经营者达成垄断协议，经营者滥用市场支配地位，具有或者可能具有排除、限制竞争效果的经营者集中。

根据法律的规定，垄断协议是指排除、限制竞争的协议、决定或者其他协同行为。法律所称市场支配地位是指经营者在相关市场内具有能够控制商品价格、数量或者其他交易条件，或者能够阻碍、影响其他经营者进入相关市场能力的市场地位。经营者集中是指以下三种情形：经营者合并；经营者通过取得股权或资产的方式取得对其他经营者的控制权；经营者通过合同等方式取得对其他经营者的控制权或者能够对其他经营者施加决定性影响。

四、论述题（本题13分）

试以典型食品安全事件为例，谈谈如何完善产品质量监督管理制度。（要求考生联系我国近年发生的食品安全的典型事件，以产品质量监管为视角考察成因，提出完善我国产品质量监督管理制度的思考意见。）

【参考答案】2008 年 6 月 28 日，随着兰州市解放军第一医院对患肾结石病症婴幼儿病因的查明，三鹿奶粉在随后的几个月里都深深吸引着媒体的眼球，引起了我国甚至国际社会的关注。三鹿集团系有着 60 年经营经验与优良信誉的民族企业，是我国的知名商标、国家免检产品。三鹿事件余音未消，江苏无锡银鱼甲醛超标的消息又一次敲响食品安全的警钟。从农药残留、瘦肉精，到苏丹红、三聚氰胺……食品中到底还有多少安全隐患？这些问题引起我们更深层次的思考：造成食品安全问题的主要原因有哪些，预防食品安全案件的关键在哪里？这些不得不使我们重新认识并考虑我们国家的食品安全监管制度。

针对我国近年来一系列的食品安全问题，我国食品安全监管制度应从以下几个方面予以完善：(1) 规定食品质量安全应当适用国家标准，没有国家标准的使用行业标准。关于国家标准与行业标准的制定应当由哪个部门负责应当具体明确。(2) 完善从原料的检验与生产过程的监控制度。(3) 确定食品安全的分段监管。在现有法律法规的基础上理顺、细化卫生、农业、质检、工商、食品和药品监管部门分段监管的责任，明确各部门在生产、加工、流通和服务等各环节的具体职能，避免交叉重复及监管过程中容易出现的空白死角问题，保证职能落实到具体的人。(4) 建立和完善食品添加剂的使用与管理标准。

民法总论部分

一、判断分析题

1. 民事习惯并非由立法机关创设，也不是明确的法律文件，所以不属于民法渊源。

【参考答案】错误。习惯是人们长期反复适用所形成的一种行为方式。民事习惯是各地各族人民在长期的民事活动中逐步形成的，为人们自觉遵守，在不违反法律和政策精神且法律对相关民事活动未作规定的情况下，可作为民法的补充渊源，承认其法律效力。

2. 民法基本原则在内容上具有根本性，所以在形式上具有规范性。

【参考答案】错误。民法基本原则集中体现了民法的本质特征，负载了市民社会的根本价值。作为私法，民法以平等、意思自治和权力本位为基本特征，和平地作用于市民社会。市民社会的四大根本价值平等、自由、注重效益和安全，决定了民法的基本原则。因此，民法的基本原则在内容上具有根本性。

民法基本原则主要体现为民法的精神和理念，从其形式上看，它本身并非法律规范，并不对民事权利和民事义务以及相应的法律后果作出具体的规定，而是体现了民事立法的目的和宗旨，属于指导思想的范畴，其存在有助于人们准确地理解和正确使用民法。

3. 人格权人人均得享有，故不属于专属权。

【参考答案】错误。民事权利以权利与权利主体之间的结合程度为标准分为专属权与非专属权。专属权是专属于特定主体的权利，这种权利与权利主体密不可分，不能让与，不能继承。

人格权是法律赋予民事主体的，作为一个独立的法律人格所必须享有的与其主体人身不可分离的权利。是基于人的生存本身而享有的权利。这种权利的享有无须经过特别的授权，也不需要权利人作出任何的意思表示。所以人格权人人均得享有，并且与权利主体不可分割，属于专属权。

4. 法人权利能力与行为能力的范围不尽一致。

【参考答案】错误。法人的民事行为能力是指法律赋予法人以自己的名义独立进行民事活动的资格。法人的民事权利能力是指法律赋予法人组织参加民事法律关系，享受民事权利和承担民事义务的资格。法人的民事行为能力与其民事权利能力的范围完全一致，即法人在什么范围内享有民事行为能力。但是不同法人之间的民事权利能力和民事行为能力因各法人所承担的社会职能的不同和经营业务的不同而有所差异。

5. 合伙人退伙时只要对合伙期间的债务进行了合理分担，对参加合伙经营期间的债务就不再承担任何责任。

【参考答案】错误。合伙是联合经营的一种形式，是指两个以上的民事主体互约出资，共同经营，共负盈亏的自愿联合。合伙人退伙时对合伙债务作了合理的分担的，在合伙人之间具有内部效力，但是不具有对外效力，对于其参加合伙经营期间的债务仍需承担连带责任。

二、概念比较题

民事行为能力与法人行为能力

【参考答案】民事行为能力即成为民事主体据以独立参加民事法律关系，以自己的行为取得和行使民事权利，承担和履行民事义务的现实条件，是民事主体独立实施民事法律行为的法律资格。法人的民事行为能力是法律赋予法人以自己的名义独立进行民事活动的资格。

三、简述题

1. 简述意思表示的构成。

【参考答案】意思表示是指民事主体将欲产生一定民事法律效果的内心意思通过一定方式表达于外部，从而使对方当事人或社会知晓的活动。意思表示由以下四个要素构成：(1) 效果意思，指存在于行为人内心的意欲发生一定民事法律效果的意思。(2) 行为人决定发表效果意思的意思。(3) 表示行为指行为人以一定的方式表示其效果意思的行为。(4) 表示意思指行为人通过表示行为表达出来的意思。

2. 简述诉讼时效中止与中断的区别。

【参考答案】诉讼时效中止指在时效期间进行的过程中，不可抗力或其他障碍使权利人不能行使权利时，法律特使时效暂时停止，待障碍消除后，时效继续进行的制度。诉讼时效的中断指时效期间开始以后完成之前，因法定事由的出现使已经进行的时效期间归于无效，时效期间重新开始计算的制度。两者的区别主要有：

(1) 事由不同。(2) 法律效果不同。(3) 发生的期间不同。

四、论述题

试论诚实信用原则的内涵与价值。

【参考答案】诚实信用原则又称公平诚信原则，它要求人们在进行民事活动时具有良好的主观心理状态，一切民事法律关系应依正义衡平的理念加以调整，从而达到平衡社会成员间利益关系、实现社会安全价值的目的。其内涵具体表现在以下三个方面：

1. 公平。反映了人们对待相互利益关系的一种态度，具体地讲，它是一种讲求利益均衡的中庸之道，它要求在民事活动中应当机会均等、互惠互利，兼顾双方的利益。反对暴力，不能利用自己某种优越地位倚强凌弱、欺行霸市，或者乘人之危，巧取豪夺，取得不公平的利益。

2. 诚实要求人们在进行民事活动时实事求是，对他人以诚相待，不为欺诈行为。例如，在进行广告宣传时，对商品的质量和性能不得做虚伪的宣传；在订立合同时应如实向对方通报相关情况，不弄虚作假。

3. 信用。要求人们在进行民事活动时要讲究信誉，恪守诺言，严格履行自己承担的义务，不得擅自毁约。

诚实信用原则的价值主要体现在以下三个方面：

（1）当事人行使权利、履行义务及法官裁判的依据。

（2）法官解释合同、遗嘱等法律行为，进而调整当事人之间以及当事人与社会利益冲突的原则和依据。

（3）法官解释法律、补充法律漏洞的原则与依据。

民事诉讼法总则部分

一、判断分析题

1. 广义的民事诉讼法是指能规范民事诉讼活动的法律法规，除《中华人民共和国民事诉讼法》外还包括其他法律中对民事诉讼起指导作用的相关规范。

【参考答案】错误。民事诉讼法是指由国家制定的规定人民法院、当事人及当事人之外的所有诉讼参与人进行民事诉讼活动和执行活动的法律规范。民事诉讼法有广义和狭义之分。广义的民事诉讼法包括民事诉讼程序和民事执行程序两部分。本题中所述的除《中华人民共和国民事诉讼法》外和其他法律中对民事诉讼起指导作用的相关规范属于实质意义上的民事诉讼法。

2. 当事人及其诉讼代理人申请回避的，应当在案件开庭审理后，法院判决作出前向人民法院提出申请，并说明理由。

【参考答案】错误。根据《中华人民共和国民事诉讼法》第四十六条规定，当事人申请回避，应当在案件开始审理时提出；回避事由在案件开始审理后知道的，也可以在法庭辩论终结前提出。根据《关于审判人员严格执行回避制度的若干规定》第一条的规定，当事人的法定代理人也可以提出回避申请，其提出时间应当符合《中华人民共和国民事诉讼法》第四十六条的规定，即案件开始审理后，法庭辩论终结前，而不是法院判决作出前。

二、概念比较题

1. 续审主义与限制上诉主义

【参考答案】续审主义充分保证案件的审判质量，目前我国的上诉审既对事实进行审查，也对法律进行审查，审判监督程序可以弥补审级的不足。对人民法院已经发生法律效力的裁判，可以通过审判监督程序予以纠正。

限制上诉主义避免了审级对法院和当事人的资源浪费，也避免了给滥用诉权者以可乘之机。续审主义更好地保证了案件审判的质量，追求司法的公正；而限制上诉主义则倾向于司法有效率。

2. 诉与诉讼请求

【参考答案】诉是当事人向法院提出的，请求特定的法院就特定的法律主张或权利主张（诉讼上的请求）进行裁判的诉讼行为。对诉与诉讼请求的关系，国外学者主要有三种观点：

（1）不管是诉，还是诉讼请求，二者都是原告向法院所实施的诉讼行为。但诉讼请求只是一种实体主张。而诉是要求法院对诉讼请求进行审理的裁判的请求。

（2）诉是原告要求法院进行审理和裁判的请求，诉讼请求则是原告向被告提出的实体法上的权利主张。

（3）将诉讼请求分为狭义和广义，狭义的诉讼请求其含义与第一种观点相同，广义的诉讼请求除了狭义的诉讼请求的含义外，还包括原告对法院提出的要求审理和裁判的请求。

三、简述题

1. 如何理解反诉与本诉的牵连性，试举一例予以说明。

【参考答案】反诉与本诉的牵连性是指反诉与本诉的诉讼标的或者诉讼理由应当在法律上或事实上有牵连关系。这种牵连关系在学理上解释为：

（1）反诉与本诉的诉讼标的属于同一法律关系或同一权利。例如本诉要求确认原被告之间没有借贷卖关系，而反诉请求要求本诉原告根据该借贷关系返还借款。

（2）反诉请求与本诉请求基于同一法律关系或同一原因事实。例如本诉原告在本诉讼中要求本诉被告给付买卖标的物，而本诉被告则向本诉原告主张支付价款。

（3）反诉请求与本诉请求互不相容或其中一个请求为另一个请求的先决问题。如本诉原告请求确认某房产为其所有，而本诉被告提起反诉要求确认自己对该房产全部或部分拥有所有权。

2. 诉讼代表人的诉讼地位应如何认识？

【参考答案】诉讼代表人是指为了便于进行诉讼，由人数众多的一方当事人推选出来，代表其利益事实诉讼行为的人。

诉讼代表人的权限相当于未被授予处分权利的诉讼代理人。具体说，诉讼代表人在诉讼中代表本方当事人进行诉讼，行使当事人的诉讼权利和诉讼义务，其诉讼行为对所代表的当事人发生法律效力。但是当涉及被代表人的实体权利时，如变更、放弃诉讼请求或者承认对方当事人的诉讼请求，进行和解等，必须经被代表的当事人同意。

四、论述题

论不间断审理原则。

【参考答案】不间断审理原则又称集中审理原则，是指法官在处理案件时，应当持续地、集中地进行言词辩论，待该案终结后再审理其他事情的一种方式。不间断审理原则有其独立存在的价值：

（1）不间断审理原则有利于实现诉讼公正。

（2）不间断审理原则有利于提高诉讼效率。

(3) 不间断审理原则有利于直接原则和言词原则的贯彻实施。

(4) 不间断审理原则还具有优化程序结构的价值。

我国现行民事诉讼法采取的是间断审理原则，准备程序与开庭审理程序界限不清，“审前准备 + 主要期日开庭审理”的程序结构未得到确立。在司法实践中应当积极地进行司法改革，调整程序结构，努力推进和探索“充实有效的审前准备 + 主要期日开庭审理”的程序结构模式。

五、案例题

居住甲市的李某去世后，在乙市留有一处房产。他的五个子女因遗产继承发生纠纷，诉至法院。李二告李大侵犯了他的继承权。法院受理此案后，通知其余三子女应诉，其中李三表示放弃实体权利，不参加诉讼；李四愿意参加，李五不表态。

请确定本案管辖法院及当事人的诉讼地位并说明理由。

【参考答案】(1) 本案中的管辖法院应当由李某死亡时的居住地人民法院或房产所在地人民法院管辖，即应当由甲市人民法院或者乙市人民法院管辖。

(2) 李氏兄妹因继承遗产发生纠纷而引起的诉讼为必要共同诉讼。本案中李三明确表示放弃实体权利，根据相关法律的规定，可以不追加其为共同原告。李四已明确表示愿意参加诉讼，应当追加其为共同原告。所以本案中李二为原告，李四、李五为共同原告，李大为被告。

第八章　西政考研法学专业课 2010 年真题回顾与解析

本章引言

本章主要包含了 2010 年西政考研法学专业课 A、B 和 C 卷中所有的真题，希望通过真题的回顾与解析，帮助考生快速掌握西政考研法学专业课考试的特点，以便有针对性地进行复习备考。

第一节　西政法学考研专业课 A 卷
刑诉总则部分

一、多项选择题

1. 下列文件中，属于我国刑事诉讼法渊源的包括（　　）。

A. 公民权利和政治权利国际公约

B. 公安机关办理刑事案件程序规定

C. 某县人民检察院办理未成年人刑事案件程序规定

D. 法律援助条例

【参考答案】ABC

2. 下列机构中，享有侦查权的包括（　　）。

A. 某监狱

B. 某县社会治安综合治理委员会

C. 某看守所

D. 某海关走私犯罪侦察局

【参考答案】AD

3. 下列措施属于我国刑事诉讼强制措施的包括（　　）。

A. 拘传　　B. 无证逮捕

C. 司法拘留　　D. 监视居住

【参考答案】AD

4. 下列关于回避制度的说法正确的包括（　　）。

A. 被害人有权申请回避

B. 自诉人的父亲有权申请回避

C. 人民检察院的检察长有权决定本院副检察长回避

D. 人民法院的副院长有权责令法官回避

【参考答案】AB

5. 在下列哪些情况下，公安机关应当撤销案件（　　）。

A. 被告人死亡

B. 某甲故意伤害他人，经鉴定伤害结果为轻微伤

C. 自诉人撤回自诉

D. 经过侦查以后，认为犯罪嫌疑人的行为构成侵占罪

【参考答案】ABCD

二、判断分析题

1. 某村选举村委会主任。某甲通过贿赂选民的方式当选。经群众举报，县公安局以某甲的行为涉嫌破坏选举罪为由，对其立案侦查。

【参考答案】错误。根据《中华人民共和国刑事诉讼法》第十八条的规定：刑事案件的侦查由公安机关进行，法律另有规定的除外。

贪污贿赂犯罪，国家工作人员的渎职犯罪，国家机关工作人员利用职权实施的非法拘禁、刑讯逼供、报复陷害、非法搜查的侵犯公民人身权利的犯罪以及侵犯公民民主权利的犯罪，由人民检察院立案侦查。对国家机关工作人员利用职权实施的其他重大的犯罪案件，需要由人民检察院直接受理的时候，经省级以上人民检察院决定，可以由人民检察院立案侦查。

自诉案件由人民法院直接受理。破坏选举罪属于侵犯公民人身权利和民主权利的犯罪，由法条可知破坏选举罪由检察院立案侦查。

2. 未成年被告人某甲（15 岁，在校学生）涉嫌抢劫罪，被起诉到某县人民法院。县人民法院指定某甲的班主任（已经自修法学专业并获得法学学士学位，正在准备司法考试）担任其辩护人。

【参考答案】错误。根据《中华人民共和国刑事诉讼法》第三十二条的规定：犯罪嫌疑人、被告人除自己行使辩护权以外，还可以委托 1 ~2 人作为辩护人。可以被委托的辩

护人包括：（一）律师，（二）人民团体或者犯罪嫌疑人、被告人所在单位推荐的人，（三）犯罪嫌疑人、被告人的监护人、亲友。正在被执行刑罚或者依法被剥夺、限制人身自由的人，不得担任辩护人。而某甲的班主任并不属于以上人员，故不可以被委托为辩护人。

3. 未成年被告人某甲（15 岁，在校学生）涉嫌抢劫罪，被起诉到某县人民法院。县人民法院为了扩大办案的社会效果，决定到某甲所在学校对某甲进行审判。同学们旁听此案的审理后，纷纷表示自己一定要努力学习，不要像某甲那样走上犯罪的道路。

【参考答案】错误。根据《中华人民共和国刑事诉讼法》第一百五十二条的规定：人民法院审判第一审案件应当公开进行。但是有关国家秘密或者个人隐私的案件不公开审理。

十四岁以上不满十六岁未成年人犯罪的案件一律不公开审理。十六岁以上不满十八岁未成年人犯罪的案件一般也不公开审理。对于不公开审理的案件，应当当庭宣布不公开审理的理由。本案中某甲的犯罪属于一律不公开审理案件，而法院却公开审理，这是错误的。

4. 2009 年 11 月 7 日（星期六），某县公安局提请人民检察院逮捕犯罪嫌疑人某甲。因期间届满之日 11 月 14 日是周末，某县人民检察院可以于同年 11 月 16 日做出批准逮捕某甲的决定。

【参考答案】错误。根据《刑事诉讼法若干问题解释》第一百零三条，期间以时、日、月计算。期间开始的时和日不计算在期间以内；计算法定期间时，应当将路途上的时间扣除；期间的最后一日为节假日的，以节假日后的第一日为期间届满日期。但对于被告人或者罪犯的在押期间，应当至期间届满之日为止，不得因节假日而延长在押期限。本案中，11 月 14 日是周末，不属于节假日，故不可以以节假日后的第一日为期间届满日期。

三、简述题

简述辩护律师与其他辩护人调查取证权、阅卷权、会见权的区别。

【参考答案】区别如下：

（1）调取证据权的区别：律师可以调取证据，非律师辩护人不可以。

（2）阅卷权和会见权的区别：辩护律师自人民检察院对案件审查起诉之日起，可以查阅、摘抄、复制本案的诉讼文书、技术性鉴定材料，可以同在押的犯罪嫌疑人会见和通信。其他辩护人经人民检察院许可，也可以查阅、摘抄、复制上述材料，同在押的犯罪嫌疑人会见和通信。

四、材料题

材料：《中华人民共和国刑事诉讼法》第二十条规定：“中级人民法院管辖下列第一审刑事案件：（一）反革命案件、危害国家安全案件；（二）可能判处无期徒刑、死刑的普通刑事案件；（三）外国人犯罪的刑事案件。”

请回答下列问题：（1）判断“可能判处无期徒刑、死刑的普通刑事案件”的标准是什么？

【参考答案】标准是检察院根据法条的认定。理由：根据《中华人民共和国刑事诉讼法高法解释》第四条，人民检察院认为可能判处无期徒刑、死刑而向中级人民法院提起公诉的普通刑事案件，中级人民法院受理后，认为不需要判处无期徒刑以上刑罚的，可以依法审理，不再交基层人民法院审理。由该条可推测标准是检察院根据法条认定“可能判处无期徒刑、死刑”。

（2）某县人民法院认为案件可能判处无期徒刑、死刑，将案件移送给市人民检察院，市人民检察院向中级人民法院提起公诉。中级人民法院经过审查以后，认为不可能判处无期徒刑、死刑的，应当如何处理？

【参考答案】根据《中华人民共和国刑事诉讼法高法解释》第四条，人民检察院认为可能判处无期徒刑、死刑而向中级人民法院提起公诉的普通刑事案件，中级人民法院受理后，认为不需要判处无期徒刑以上刑罚的，可以依法审理，不再交基层人民法院审理。

由此可知，本案中市中级人民法院可以依法审理，不再交基层人民法院审理，也可以交基层人民法院审理。

（3）某县人民法院认为案件不可能判处无期徒刑、死刑，向上级人民法院提起公诉。上级人民法院经过审查以后，认为可能判处无期徒刑、死刑的，应当如何处理？

【参考答案】根据《中华人民共和国刑事诉讼法高法解释》第十六条，基层人民法院对认为案情重大、复杂或者可能判处无期徒刑、死刑的第一审刑事案件，请求移送中级人民法院审判，应当经合议庭报请院长决定后，在案件审理期限届满十五日以前书面请求移送。中级人民法院应当在接到移送申请十日内作出决定。

中级人民法院不同意移送的，应当向该基层人民法院下达不同意移送决定书，由该基层人民法院依法审判；同意移送的，应当向该基层人民法院下达同意移送决定书，并书面通知同级人民检察院。基层人民法院接到上级人民法院同意移送决定书后，应当通知同级人民检察院和当事人，并将起诉材料退回同级人民检察院。

（4）某县人民检察院向县人民法院提起公诉。县人民法院经过审查以后，认为主犯可能被判无期徒刑、死刑的，应当如何处理？

【参考答案】根据《中华人民共和国刑事诉讼法高法解释》第五条，一人犯数罪、共同犯罪和其他需要并案审理的案件，只要其中一人或者一罪属于上级人民法院管辖的，全案由上级人民法院管辖。再根据上面说到的第十六条可知该县人民法院应依十六条处理。

（5）甲、乙、丙三人共同杀害丁。县人民检察院认为主犯甲可能被判处无期徒刑、死刑，从犯乙、丙不可能被判无期徒刑、死刑，因此县人民检察院对乙、丙提起诉讼，并将甲移送给市人民检察院。县人民检察院的判决是否正确？

【参考答案】不正确。理由见上面说到的《中华人民共和国刑事诉讼法高法解释》第五条。

民法总论

一、判断分析题

1. 甲、乙、丙、丁、戊五人共同出资设立一有限合伙公司，甲为普通合伙人，其他四人为有限合伙人。合伙人丁退伙时已承担合伙期间的合伙企业债务，退伙后对退伙前的合伙企业债务不再承担责任。

【参考答案】错误。《中华人民共和国合伙企业法》第八十一条明确规定，有限合伙人退伙后，对基于其退伙前的原因发生的有限合伙企业债务，以其退火时从有限合伙企业中取得的财产承担责任。因此，上述观点错误。

2. 甲欠乙工程款100万，乙欠甲货款80万，且甲的债权请求权已过诉讼时效。现乙起诉甲清偿债务100万，甲以行使抵消权为由主张抵消80万债务，只同意偿付20万。甲的抗辩理由应当予以支持。

【参考答案】错误。因甲的债权已过诉讼时效，虽然具有诉权，但是不受法律上的保护，对对方当事人不具有法律上的约束力。同时，由于甲的债权已过诉讼时效，不能向对方当事人主张抵消。故上述说法错误。

二、概念比较题

委托授权行为与委托合同

【参考答案】委托授权行为是指被代理人以单方意思表示对代理人发生代理权授予效果的单方民事法律行为，是直接引起委托代理人权产生的法律事实。

委托合同是受托人为委托人办理委托事务，委托人支付约定报酬或不支付报酬的合同。

三、简答题

1. 简述权利滥用的构成要件及其效果。

【参考答案】权利滥用必须有几个要件：第一，须有正当权利存在；第二，须行使权利损害他人利益或社会利益；第三，须具有损害他人或社会利益的故意。值得注意的是，随着权利滥用主观故意这一要件的判断标准的不断客观化，国外新近判例和学说的发展日益趋向于否定主观故意这一构成要件，但最近的判例学说有从客观方面判断的趋势，不问权利人主观心态如何，直接将权利行使所获得的利益与造成他人或社会利益的损害进行比较，并通过比较的结果判断权利滥用是否已经构成。

权利滥用的法律效果：一般以承认权利的存在而否认其行使的效力为原则，以限制权利和剥夺权利为例外。权利滥用的具体效果因权利行使方式的不同而有所不同。如果采用法律行为方式行使权利，则其实施的法律行为无效；如果采用事实行为方式行使权利，则对因此事实行为而遭受损害的他人，应成立损害赔偿责任；如果该事实行为仍在继续，则受害人有权请求停止侵害。

2. 简述民事法律行为的成立与有效的区别。

【参考答案】民事法律行为的成立要件是按照法律规定成立法律行为所必不可少的事实要素；而法律行为的有效规则所要揭示的是已经存在的法律行为是否合乎法律规定的要求。二者的区别在于：

（1）法律行为成立是一个事实判断，其回答的问题是“有没有某一民事行为存在”，在回答这一问题时，并不融入回答人的主观判断；而法律行为的有效是一个价值判断，其回答的问题是“已经存在的某一民事行为是否能获得法律的保护以及能在何种程度上获得法律保护”，在回答这一问题时，必然融入相应的主观判断和价值因素，从而带有比较强烈的正义等感情色彩。因此，事实判断或者是价值判断是法律行为成立和法律行为有效最为本质的区别。

（2）若法律行为不成立，对一切问题的讨论均属枉然，民事行为本身也不可补正；

而若民事行为无效，特别是在部分无效的情形，其行为效力还有可能进行补正。

(3) 法律行为的成立与有效虽然都要求当事人、意思表示等要素，但其侧重点并不相同。

(4) 法律行为成立比较单纯地体现当事人的意志，因此在法律行为当事人对法律行为的主要条款（只要不是核心条款）规定有遗漏或不明确而当事人又不否认法律行为存在的情况下，可以通过法律行为解释方法的使用探求当事人的真实意思，确定法律行为具体内容，弥补法律行为漏洞。而法律行为的效力由于其体现了国家对法律行为内容的评价和干预，一旦行为内容不符合法律规定的生效要件，就意味着当事人对国家意志的违反。

(5) 如果法律行为不成立，一方当事人有过错导致对方信赖利益损失，可能产生也只能产生缔约过失责任；而如果行为无效，除了引发缔约过失责任这一民事责任外，还可能引起行政责任甚至刑事责任。

(6) 从国家主动干预的角度而言，无效民事行为因其内容具有非法性，即使当事人不主张行为无效，国家也可能主动干预，认定其无效。对于法律行为不成立的问题，由于其表现为当事人合意问题，而与合法性没有必然的、直接的联系，即使法律行为内容不全、条款不清，只要当事人自愿接受该法律行为关系，特别是当事人已经履行的情况下，法律应认为该法律行为已经成立，国家不应当也没有必要进行主动干预。

四、论述题

论法人越权行为及其效力。

【参考答案】对法人越权行为及其效力，将从以下三个方面来论述：

1. 法人越权原则的确立

所谓法人越权原则，主要存在于企业法人，是指法人应当在法律或法人章程确定的目的范围内从事经营活动，法人机关特别是法人的法定代表人超越该目的范围所为的民事行为归于无效。法人越权原则在近代民法曾盛极一时，其基本的理论依据有如下三个方面：

(1) 保护法人投资人的利益，认为法人在目的范围内活动是投资者的期待。

(2) 法人章程经过登记公示后产生公示力，因而对目的外行为无善意第三人。

(3) 法人章程所载的目的体现着国家意志。法人的目的范围是国家允许其活动的范围，因此无论是法人或者是第三人都应遵从这种限制，不能进行目的外的交易行为。

2. 对法人越权原则理论基础的质疑和批评

尽管存在上述对法人越权原则的合理性所做的解释，但这种解释本身却并非深刻严明，法人越权原则的理论假设和前提并不正确。

(1) 法人越权原则保护投资者只是一个幻影。现代企业的发展呈现出股份社会化、企业所有权与经营权相分离的趋势。

(2) 在现代市场经济条件下，交易容量无限扩大，交易频率空前加快，交易偶然性骤然上升，要求当事人就每一笔交易去了解对方当事人的目的范围并不现实，对相对人所作的知晓法人目的之假定只能是与现实生活完全背道而驰的虚构。

(3) 随着经济的发展，在法人成立上，早期奉行的特许与许可主义已被准则主义所代替。

(4) 除上述不足外，坚持法人越权原则还会带来以下不利：不利于维护交易安全；

容易助长不诚信行为；导致社会资源的极大浪费。

3. 对法人越权原则的废止

由于法人越权行为无效的原则在理论上的困惑特别是在实践中带来的弊端，曾经将该原则奉为经典的国家纷纷废弃了该原则。

刑法总论部分

一、多项选择题

1.《中华人民共和国刑法》第六条规定："凡在中华人民共和国领域内犯罪的，除法律有特别规定的以外，都适用本法。"这里所说的法律有特别规定主要是指（　　）。

A. 对享有外交特权和豁免权的外国人的刑事责任的特别规定

B. 对民族自治地方适用刑法的特别规定

C. 刑法典施行以后国家立法机关制定的特别刑法的规定

D. 香港与澳门特别行政区基本法的特别规定

【参考答案】ABD

2. 不作为犯罪要求的特定义务是指（　　）。

A. 重大道德义务

B. 法律明确规定的义务

C. 职务上或业务上要求的义务

D. 先行行为引起的义务

【参考答案】BCD

2. 根据我国刑法规定，对以下什么年龄的犯罪不适用死刑（　　）。

A. 不满 18 周岁　　B. 已满 16 周岁不满 18 周岁

C. 已满 14 周岁不满 18 周岁　　D. 已满 14 周岁不满 16 周岁

【参考答案】ABCD

3. 牵连犯的表现形式有（　　）。

A. 目的行为与方法行为的牵连

B. 目的行为与结果行为的牵连

C. 原因行为与结果行为的牵连

D. 实行行为与非实行行为的牵连

【参考答案】AC

4. 我国刑法规定的剥夺自由刑的刑种有（　　）。

A. 管制　　B. 拘役

C. 有期徒刑　　D. 无期徒刑

【参考答案】BCD

二、概念比较

1. 犯罪客体与犯罪对象

【参考答案】犯罪客体是我国刑法所保护的，为犯罪行为所侵害的社会关系；犯罪对象是指犯罪行为所指向的人和物的存在状态。犯罪客体与犯罪对象是犯罪行为所作用的同一事物的不同方面。二者区别：

第一，对危害行为作用对象认识深度不同。第二，在犯罪分类中的作用不同。犯罪客体是犯罪分类的基础，而犯罪对象则不是。第三，受危害行为影响的方式不同。

2. 犯罪预备与犯罪表示

【参考答案】犯罪预备是指为了犯罪，准备工具、制造条件，由于行为人意志以外的原因被迫在犯罪预备阶段终止的犯罪行为。

犯罪预备与犯意表示的区别与联系：两者都是故意犯罪过程中在着手实行犯罪以前所表现出来的一种状态，主观上都具有一定的犯罪意思（这里的意思因为只是一种想法，且形成犯罪意图的一个阶段），客观上这种意思都有一定程度的表现，都没有造成危害社会的实际后果。

但两者毕竟是有区别的，可以从四个方面来认识这种区别：

（1）主观内容不同。（2）客观表现不同。（3）所处阶段不同。（4）危险性不同。

三、简述题

1. 简要回答间接故意的概念及其表现形式。

【参考答案】间接故意是指行为人明知自己的行为可能发生危害社会的结果，并且放任这种结果发生的心理状态。间接故意的认定是一个较为复杂的问题，司法实践认为，犯罪的间接故意一般表现为以下三种情况：

（1）行为人追求一个较为复杂的问题，放任另一个可能的危害结果发生。

（2）行为人在追求一个非犯罪目的时，放任某种可能的危害结果的发生。

（3）行为人没有明确的行为目的，在突发性情绪的支配下，实施危害行为，放任危害结果的发生。

2. 简述我国刑法对死刑进行现行立法限制的主要表现。

【参考答案】我国刑法对死刑进行先行立法限制主要表现在以下几个方面：

（1）限制了死刑适用的条件。（2）限制了死刑适用的对象。（3）在分则中从法定刑和法定情节上限制死刑的适用。（4）从死刑的执行制度上限制死刑的适用。（5）从死刑的复核程序上限制死刑的适用。

四、案例分析

马锋系荣宁市钢厂业务员，已婚，有一女3岁。马锋因工作经常出差，在丹阳市联系业务时，与一饭店服务员刘娟互有好感。马锋谎称自己未婚，于1993年7月利用空白介绍信填写虚假内容与刘娟登记结婚。一年后刘娟生一子。久之，马锋之妻潘丽有所察觉，多次询问均被马锋否认。马锋恐夜长梦多，即生害妻之心。1997年6月某日，潘丽之友送给她两瓶雀巢咖啡，潘丽每晚必冲饮一杯，说喝了提神，遇客来访，潘丽亦以咖啡待客。潘丽之友知潘丽如此喜爱咖啡，又送其两瓶，马锋即在又送来的两瓶咖啡中放入氰化物，欲毒死妻子，且认为可以免除自己的嫌疑。1998年1月20日，潘丽的父母从外地来探望女儿。潘丽在饭后即冲了两杯咖啡，让父母饮用，造成其父母双亡。

请根据以上案情回答以下问题：

（1）马锋的重婚行为是否已超过追诉时效？为什么？

【参考答案】马锋的重婚行为还未超过追诉时效。根据相关规定，法定最高刑为无期徒刑、死刑的，经过二十年。如果二十年以后认为必须追诉的，须报请最高人民检察院核准。

本案中，马锋于1993年7月与刘某登记结婚，至1998年1月20日案发，期间相隔不到五年，因此根据《中华人民共和国刑法》第八十七条的规定，其重婚行为还未超过追诉时效。

（2）刘娟的重婚行为是否应追究刑事责任？为什么？

【参考答案】对于刘娟的重婚行为不应该追究刑事责任。本案中刘娟没有配偶，并且她不知马锋已结婚。故从主观方面说，刘娟的行为不构成重婚罪，不应追究其刑事责任。

（3）潘丽误将父母毒死的行为是否应当追究刑事责任？为什么？

【参考答案】不应追究其刑事责任。一个法律上的行为要构成犯罪，需要具备客观和主观两个方面的要素。本案中，潘丽确实实施了毒死父母的行为，但其主观方面并没有要杀父母的意思，顾不构成犯罪。不应追究其刑事责任。

（4）对马锋的行为应如何定性处罚？

【参考答案】应认定为故意杀人。

第二节　西政法学考研专业课B卷
中国宪法部分

一、多项选择题

1. 宪法地位方面的特点主要有（　　）。

A. 宪法的内容具有根本性

B. 普通法律的制定必须以宪法为根据

C. 普通法律的内容不得与宪法相抵触

D. 宪法是一切国家机关根本的活动准则

E. 宪法具有严格的制定和修改程序

【参考答案】ABCD

2. 以宪法有无实际约束力为标准，宪法可以分为（　　）。

A. 刚性宪法　　B. 柔性宪法

C. 名义宪法　　D. 语义宪法

E. 规范宪法

【参考答案】CDE

3. 中国共产党领导革命根据地的立宪活动主要有（　　）。

A. 制定《中华苏维埃共和国宪法大纲》

B. 制定《陕甘宁边区施政纲领》

C. 制定《陕甘宁边区宪法原则》

D. 拟定“五五宪草”

E. 制定《中国人民政治协商会议共同纲领》

【参考答案】ABC

4. 根据我国现行宪法的规定，下列正确的说法有（　　）。

A. 宪法的修改可由全国人民代表大会常务委员会提议

B. 宪法的修改可由30名全国人民代表大会代表提议

C. 宪法的修改可由五分之一以上的全国人民代表大会代表提议

D. 宪法的修改可由全国人民代表大会常务委员会五分之一的委员提议

E. 宪法修正案由国家主席公布

【参考答案】AC

二、判断分析题

1. 宪法诉讼没有违宪审查的性质。

【参考答案】错误。宪法诉讼是指公民因宪法规定的基本权利受到侵犯而向特定的宪法监督机关（主要是普通法院和宪法法院）提出控诉，从而消除侵害、获得救济的制度。宪法诉讼是宪法监督的司法救济形式，是体现违宪审查有效性的一种制度。

2. 宪法实现了的结果并非就一定是宪政。

【参考答案】正确。宪法是静止的宪政，宪政是活动的宪法，有宪法不一定有宪政。宪法仅仅意味着一种实在法律制度的存在，而宪政包含着一定的价值和原则，宪政的核心是限制政府权力，保障公民权利，也就是实行民主政治和法治以保障和实现人权，宪法仅仅意味着有了实现宪政的可能性，而宪政却意味着法律至上、法律权威和依法行政。

三、简答题

1. 简述我国人民代表大会代表履行职责的法律保障。

【参考答案】第一，言论免责权。

第二，人身特别保护权。

第三，履行职权的专门保护。

第四，时间、经济、交通、通讯保障。

2. 简述中国共产党领导的多党合作的形式。

【参考答案】第一，以会议形式进行政治协商。

第二，通过国家权力机关参政议政。

第三，担任各级国家机关的领导职务。

第四，其他的一些形式。

四、论述题

有学者认为，既然宪法是"权利的宣言书"，因此我国宪法就不应当规定公民的基本义务。对此观点，你有何见解。

【参考答案】（1）肯定宪法是"权利的宣言书"。

（2）宪法同时规定了基本义务。

（3）规定义务是为了更好地实现权利。

行政法学总论及行政诉讼法学

一、概念比较

1. 行政权与行政职权

【参考答案】行政权是由国家宪法、法律赋予的国家行政机关及其授权的组织执行法律规范、实现行政目的所享有的各种权力的总称，它是国家权力的一种形态。行政职权亦称行政权力，是国家行政权的转化形式，是行政法学上的一个核心概念，是行政主体依法拥有的、对某一类或某一个行政事务以特定行为方式进行管理的资格及其权能。

2. 自愿申请撤诉与按撤诉处理

【参考答案】自愿申请撤诉是指在判决、裁定宣告前的诉讼期间内，原告自动撤回起诉，经人民法院准许而终结诉讼的制度。按撤诉处理是指原告经人民法院合法传唤，无正当理由拒不到庭时，或者未经法庭许可而中途退庭的，人民法院即按撤诉处理。

二、判断分析

1. 比例原则是现代法治国家原则的重要内容，是实质意义法治原则的体现。该原则的涵义是指行政机关在采取行政措施时，应当全面权衡所追求的公共利益和个体权益，对行政手段与行政目的进行权衡，应采取对公民权益造成限制或者损害尽可能小的行政措施，并且使行政措施造成的损害与所追求的行政目的相适应。

【参考答案】正确。德国行政法上的比例原则是行政合理性的一个重要内容，比例原则的含义是指行政机关实施行政行为应当兼顾行政目标的实现和保护相对人的合法权益，如果为了实现行政目标可能会对相对人的合法权益造成侵害，就应当将这种不利影响限制在最小可能的范围和限度，使得二者处于适度的比例。

2. 根据《中华人民共和国行政诉讼法》的规定，行政诉讼法律适用的规则可以概括为：人民法院审理行政案件根据法律、法规，适用行政规章，参照其他行政规范性文件。

【参考答案】错误。人民法院在审理行政诉讼时以法律和行政法规、地方性法规为依据，并参照国务院部委、地方政府规章。再根据《中华人民共和国行政诉讼法》解释第六十二条规定，人民法院在审理行政案件时，可以在裁判文书中引用合法有效的规章和其他规范性文件。

三、简述题

1. 简述法治政府的基本要求。

【参考答案】第一，法治政府必须是有限的政府。

第二，法治政府必须是法制统一的政府。

第三，法治政府必须是透明、廉洁的政府，以防止权力腐败和滥用。

第四，法治政府必须是诚信政府，防止偏私、歧视与失信。

第五，法治政府必须是高效政府，消除政府机关之间相互推诿、相互扯皮和由此导致的效率低下的弊端。

第六，法治政府必须是责任政府，改变行政机关重审批轻监督的现状，防止行政机关怠职。

2. 简述确定行政诉讼被告资格的一般规则。

【参考答案】行政诉讼的被告是指它实施具体行政行为被作为原告的个人或者组织指控其侵犯行政法上的合法权益，而由人民法院通知应诉的行政主体。

（1）行政诉讼被告的一般情形

第一，原告直接向人民法院提起行政诉讼的，作出被诉具体行政行为的行政机关是被告。

第二，行政案件经过行政复议，复议机关维持原具体行政行为的，作出原具体行政行为的行政机关是被告，复议机关改变具体行政行为的，复议机关是被告。

第三，法律法规授权的组织作出的具体行政行为，作出该被诉具体行政行为的组织是被告。

第四，由行政机关委托的组织作出具体行政行为的，委托的行政机关是被告。

第五，行政机关撤销后，继续行使行政职权的行政机关是被告。

第六，两个以上的行政机关共同作出具体行政行为的，由其共同一起作为被告。

第七，一个行政主体与另外的非行政主体共同作出具体行政行为的，由行政主体作为被告。

（2）行政诉讼被告认定的其他几种情形

第一，当事人不服行政机关经上级机关批准实施的具体行政行为，向人民法院提起行政诉讼的，应该以在发生法律效力的文书上署名的机关为被告。

第二，当事人对人民政府组建并赋予相应管理职权但是不能对外独立承担责任的组织以自己的名义做出的具体行政行为不服的，向人民法院提起诉讼的，应该以组建该组织的人民政府为被告。

第三，当事人对行政机关的内设机构或者派出机构在没有法律、法规授权的情况下以自己名义作出的具体行政行为不服的，向人民法院提起诉讼的，应该以行政机关为被告。

第四，当事人对法律、法规授权的行政机关所属机构或职能部门，被授权行使行政职权的组织超出法定授权范围实施行政行为不服，向人民法院起诉的，分为两种情况：超出授权种类的以行政机关为被告，超出授权幅度的以该组织为被告。

四、材料题

上海城市交通执法大队“钓鱼”执法，因触及了人们的道德底线而遭舆论质疑。2009年9月8日，上海白领张军（化名）因好心帮载自称胃痛要去医院的路人，结果却被城市交通执法大队认定为载客“黑车”，遭扣车与罚款1万元。黑车属于非法营运，根据《中华人民共和国道路运输条例》第六十四条规定：未取得道路运输经营许可，擅自从事道路运输经营的，由县级以上道路运输管理机构责令停止经营；有违法所得的，没收违法所得，处违法所得2倍以上10倍以下的罚款；没有违法所得或者违法所得不足两万元的，处3万元以上10万元以下的罚款；构成犯罪的，依法追究刑事责任。原来那名路人是执法大队的“钩子”，专门“诱人入瓮”的。该名“钩子”还强行拔掉张军的车钥匙，七八个身着制服的人将张军拖出车外，当时他第一反应是碰到强盗打劫了，他想打电话报警，电话也被抢走。张军称自己双手被反扣，脖子被卡住，还被搜去驾驶证和行驶证。对方告诉张军，他们是城市交通执法大队的人。之后两周有相似遭遇的人先后找到张军，讲述了自己类似被“钓鱼”执法的经历，多数发生在2009年9月11日、15日、16日、18日。受骗车主多为公司上班族，有两人为私人老板司机。欺骗他们的“钩子”各出奇招，有说“家人出车祸急着赶去”，有扮成急着要生孩子的孕妇，甚至还有“钩子”一手吊个盐水瓶去拦车的。至于故意要给他们路费、强拔车钥匙、扭住胳膊带离小车、扣车及罚款万元等“钓鱼”流程和张军遭遇一致。对此，上海市闵行区相关部门公开在电视媒体上表态，他们的执法是合法的。

阅读以上文字，请运用行政法学的相关理论分析上海城市交通执法大队“钓鱼”执法行为的合法性。

【参考答案】（1）钓鱼执法违反了法律优先原则。

（2）钓鱼执法违反了法律保留原则。

（3）钓鱼执法违反了比例原则。

环境与资源法总论部分

一、多项选择题

1. 在我国，环境标准分为（　　）。

A. 环境质量标准　　B. 污染物排放标准

C. 环境基础标准　　D. 方法标准

E. 样品标准

【参考答案】ABCDE

2. 以下关于新中国保护环境资源重大事件的描述，正确的是（　　）。

A. 第一次全国环境保护会议的召开时间是 1973 年 8 月

B. 第一个综合性的环境保护行政法规是《关于保护和改善环境若干规定》

C. 环境法作为一个独立法部门的标志性事件是《中华人民共和国环境保护法》的颁布

D. “三同时”制度是我国首创的防治污染的基本制度

【参考答案】ABCDE

3. 下列所示保护环境资源的公约中，我国缔结或者参加的有（　　）。

A.《气候变化框架公约》

B.《生物多样性公约》

C.《保护臭氧层维也纳公约》

D.《控制危险废物越境转移及其处置的巴塞尔公约》

【参考答案】ABCD

二、判断分析题

1. 为了加强对环境资源的保护，我国现行立法将环境资源法律责任的归责原则统一确定为过错责任原则。

【参考答案】错误。根据我国《中华人民共和国民法通则》第一百零六条和一百二十四条的规定，民法通则是将环境污染作为一种特殊侵权行为使用无过错责任原则，除了民事基本法之外，有关环境保护的基本法均规定了无过错责任原则。

2. 根据我国现行法规规定，环境影响评价只适用于建设项目。

【参考答案】错误。环境影响评价是指对规划和建设项目实施后可能造成的环境影响进行分析、预测和评估，提出预防或者减轻不良环境影响的对策和措施，进行跟踪监测的方法与制度。环境影响评价适用于建设项目和规划。

3. 基于自然资源的有限性特质，我国立法将所有自然资源统一确定为国家所有。

【参考答案】错误。自然资源分可再生资源和不可再生资源。对不可再生资源国家往往将其权属确定为国家所有，而可再生资源基于其可再生的性质与特点，一般不将其统一确立为国家所有，只有在濒临灭绝的情况下，国家基于保护的目的，才将其确立为国家所有。

三、简述题

1. 环境规划制度的基本内容。

【参考答案】(1) 环境规划制度是指国家根据各地区的环境条件、自然资源状况和社会经济发展的需要，对自然资源的开发、利用，城市及村镇建设工农业生产布局基础设施建设等，在一定时期内所做的总体安排，以便达到其预定的环境目标。

(2) 土地利用规划制度。

(3) 生态环境建设规划制度。

(4) 自然资源规划制度。

(5) 城市规划和村镇规划制度。

2. 简述代际公平原则的内涵。

【参考答案】(1) 代际公平原则是指人类的不同世代之间应公平享有地球权利并承担地球义务的原则，或者称为代间权原则。

(2) 关于代际公平原则的理论，最具影响的是"地球资源的信托原则"。

(3) 据联合国可持续发展委员会法律专家报告，代际公平原则包括三个部分——质量、选择权、利用环境的途径。

(4) 代际公平原则已被很多判例所肯定。

四、论述题

试述排污权交易制度。

【参考答案】(1) 排污权交易的概念。所谓排污权交易制度是指在实施排污许可证管理及排放总量控制的前提下，鼓励企业通过技术进步和污染治理节约污染排放指标，这种指标作为有价资源，可以储存起来以备自身发展扩大之需，也可以在企业间进行商业交换。那些无力或忽视使用减少排污手段、导致手中没排放指标的企业，可以按照商业价格向市场或其他企业购买污染排放指标。

(2) 排污权交易的基本内容。在满足公众对环境质量要求的前提下，确立合法的污染物排放权利即排污权，并允许这些权利在市场上进行交易，以此来进行污染物排放总量的控制。

(3) 排污权交易的程序。首先由排污单位提出新增排污权申请，环保部门对所新增的排污权审核确认，然后确定出让单位并由买卖双方签订有偿转让协议，再由环保部门对转让协议见证审批，并对双方的排污许可证进行变更。

(4) 排污权交易制度的优点。第一，排污权交易制度有利于提高环境质量。第二，排污权交易有利于企业降低达标排污的费用。第三，排污权交易有利于企业研究开发新技术、采用先进的污染防治技术。第四，排污权交易有利于形成无污染、低污染的工业布局。第五，排污权交易有利于遏制环境行政管理机关的利己行为。第六，排污权交易市场的存在有利于公民表达自己的意愿，扩大环保的群众基础。

(5) 排污权交易的实施基础。第一，总量控制是排污权交易的基础。第二，成熟的市场机制是确保排污权交易成功的重要条件。第三，完善的法律机制也是排污权交易实施的重要基础。

(6) 我国排污交易制度的缺点。第一，从国外的排污许可证的实施看，大多数国家有配套的排污权交易制度，而我国目前尚无配套的排污权交易制度。第二，企业原始的排污权法方式无偿的，而新建的企业排污权的有偿造成了原始取得与转让取得之间的巨大差别，有失公平。排污权规范的对象不明确，没有一个可以界定的范围。第三，排污权作为一种有价资源，应对企业收取相关的费用。第四，相关的规范法律不健全。

第三节　西政法学考研专业课C卷
民诉总则部分

一、多项选择题

1. 下列民事诉讼由原告住所地人民法院管辖，原告住所地与经常居住地不一致的，由原告经常居住地管辖（　　）。

A. 对不在中华人民共和国领域内居住的人提起的有关身份关系的诉讼

B. 对下落不明或者宣告失踪的人提起有关身份关系的诉讼

C. 对被劳动教养的人提起的诉讼

D. 对军人提起的诉讼

E. 对被监禁的人提起的诉讼

【参考答案】ABDE

2. 我国民事诉讼中，可以依法申请先于执行的案件有（　　）。

A. 解除收养关系的案件

B. 追索劳动报酬的案件

C. 需要立即停止侵害、排除妨碍的案件

D. 追索医疗费的案件

E. 遗产析产案件

【参考答案】BCD

3. 根据最高人民法院相关法律法规的规定，只有下列几种情形，法院可以依职权搜集证据；除此之外，人民法院调查搜集证据应当依当事人的申请进行（　　）。

A. 涉及依职权追加当事人、中止诉讼、终结诉讼回避等与实体无关的程序事项

B. 涉及国家秘密、商业秘密、个人隐私的材料

C. 当事人及其诉讼代理人确因客观原因不能自行收集的其他材料

D. 涉及可能有损国家利益、社会公共利益或者其他人合法权益的事实

E. 申请调查收集的证据属于国家有关部门保存并需人民法院依职权调取的档案材料

【参考答案】AD

4. 关于我国民事诉讼中的人数不确定的代表人诉讼，下列表述正确的是（　　）。

A. 人民法院可以发出公告，通知权利人在一定期间向人民法院登记

B. 向人民法院登记的权利人可以推选代表人进行诉讼；推选不出代表人的，权利人应当亲自参加诉讼

C. 代表人的诉讼行为对其所代表的当事人发生效力，但代表人变更、放弃诉讼请求或者承认对方当事人的诉讼请求，进行和解，必须经被代表的当事人同意

D. 代表人的人数为3～7人，代表人必须是在人民法院登记在册的权利人

E. 人民法院作出的判决、裁定，对参加登记的全体权利人发生效力；未参加登记的权利人在诉讼时效期间提起诉讼的，适用该判决、裁定

【参考答案】ACE

二、概念比较题

1. 驳回起诉与驳回诉讼请求

【参考答案】驳回起诉是指人民法院收到原告的起诉书后，依法对其进行立案审查，发现原告没有起诉权利，依照法定程序裁定予以驳回。驳回诉讼请求是指人民法院对原告的起诉请求或被告的反诉请求及有独立请求权利的第三人提出的诉讼主张，经立案审理或者合并审理后，依照法律规定对上述诉讼主体的全部或部分诉讼请求和主张判决不予支持。驳回起诉与驳回诉讼请求虽然都是请求方的诉讼主张没有得到法院的支持，但是两者在实践运用中有着本质的区别，主要表现在以下几个方面：

（1）适用法律不同。（2）适用的诉讼主体不同。（3）采用的裁判形式不同。（4）适用阶段不同。（5）适用的内容和目的不同。（6）法律后果不同。

2. 财产保全与证据保全

【参考答案】财产保全是指人民法院经利害关系人或一方当事人的申请，或人民法院认为必要时依职权对一定的财产采取的一种强制性保护措施，以保证将来作出的裁决能得到有效的执行。证据保全是指人民法院在起诉前或在对证据进行调查前，依据申请人的申请或当事人的请求，以及依职权对可能灭失或今后难以取得的证据予以固定和保存的行为。

证据保全和财产保全都是人民法院在诉前或诉讼中采取的强制性保护措施，但二者有明显的区别：

（1）二者的性质不同。（2）保全的目的不同。（3）二者所具备的条件不同。（4）二者进行保全的措施不同。

3. 移送管辖与管辖权转移

【参考答案】移送管辖是指人民法院受理案件后，发现本法院对该案没有管辖权，将案件移送到有管辖权的人民法院审理。管辖权移转是指经上级人民法院决定或同意，将某个案件的管辖权由上级人民法院转移给下级人民法院，或者由下级人民法院转交给上级人民法院。它是对级别管辖的一种变通和补充。

三、判断分析题

1. 两个以上人民法院都有管辖权的诉讼，原告可以向其中一个人民法院起诉；原告向两个以上有管辖权的人民法院起诉的，由最先收到诉状的人民法院管辖。

【参考答案】错误。根据《中华人民共和国民事诉讼法》第三十五条规定："两个以上的人民法院都有管辖权的诉讼，原告可以向其中一个人民法院起诉；原告向两个以上有管辖权的法院起诉的，由最先立案的人民法院管辖。"题干中所述的是由最先收到诉状的人民法院管辖，描述不正确，故本题是错误的。

2. 在劳动争议纠纷案件中，因用人单位作出关于减少劳动报酬、计算劳动者工资年

限的决定而发生劳动争议的，由劳动者负举证责任。

【参考答案】错误。《中华人民共和国民诉证据规定》第六条规定："在劳动争议纠纷案件中，因用人单位作出开除、除名、辞退、解除劳动合同、减少劳动报酬、计算劳动者年限等决定而发生劳动争议的，由用人单位负举证责任。"由此看出在题干中所述的情形下，由用人单位负举证责任，而不是由劳动者负举证责任。故该说法是错误的。

3. 一方当事人签收了调解书，另一方当事人在送达前反悔的，人民法院可以征得双方当事人同意再次进行调解。

【参考答案】根据《中华人民共和国民事诉讼法》第九十一条的规定："调解未达成协议或者调解书送达前一方反悔的，人民法院应当及时判决。"由此可以看出，一方当事人签收了调解书，另一方当事人在送达前反悔的，人民法院应当及时作出判决，而不是在征得双方当事人的同意再次进行调解。

四、简述题

简述我国民事诉讼强制措施的种类及适用条件。

【参考答案】民事诉讼强制措施是法院为了保证民事诉讼活动顺利进行而采取的强制手段，对每一种强制措施法律都规定了严格的适用条件和程序。

1. 拘传。适用拘传必须符合三个条件：(1) 拘传的对象必须是到庭或到场的被告或被执行人的法定代表人、负责人。(2) 必须经过两次传票传唤。(3) 无正当理由拒不到庭或到场。

2. 训诫。训诫是人民法院对妨害民事诉讼秩序行为较轻的人，以口头方式予以严肃批评教育，并指出其行为的违法性和危害性，令其以后不得再犯的一种强制措施。训诫由合议庭或独任审判员作出训诫决定，并由审判长或独任审判员以口头方式当庭宣布，指出其行为的违法性以及给诉讼造成的危害结果，责令其认识和改正错误。

3. 责令退出法庭。责令退出法庭是指人民法院对违反法庭规则的人，强制其离开法庭的强制措施。在开庭的过程中，对违反法庭规则的诉讼参与人或其他旁听人员，经批评教育后仍不悔改的，由合议庭或者独任审判员决定，并由审判员或独任审判员口头宣布其行为违反法庭规则的事实及情节，并由司法警察强制其退出法庭。

4. 罚款。罚款是人民法院对实施妨害民事诉讼行为情节比较严重的人，责令其在规定的时间内交纳一定数额的金钱的强制措施。适用罚款的强制措施必须由合议庭或独任审判员作出决定，报请人民法院院长批准后才能执行。

5. 拘留。拘留是人民法院对实施妨害民事诉讼行为情节严重的人，将其留置在特定的场所，在一定的期限内限制其人身自由的强制措施。拘留属于最严厉的强制措施，适用拘留除了必须符合法定条件外，还应当遵循严格的程序。采取拘留措施应由合议庭或独任审判员提出，并报人民法院院长批准。

除上述强制措施外，《中华人民共和国民事诉讼法》还规定，妨害民事诉讼行为情节特别严重、构成犯罪的，依法追究其刑事责任。

五、案例分析题

2007 年 9 月，重庆市巴南区的余已笑因意外事故死亡，其年轻的妻子萧雨蒙备受刺激，看破红尘，前往四川峨眉山出家为尼，法号绝尘。余已笑生前所有的财产（含其妻萧雨蒙的财产）全部被其在渝中区的儿子余正乐据为己有。余正乐将其父母在南岸区一栋两楼一底的自建楼房作为办公写字楼以高价分别出租给日月传播公司和星辰咨询公司，并将其父母存在该楼房中的大量古玩字画全部送到重庆渝中区的世间典当行，当得现金300余万元。2007年10月14日，两位家住四川成都武侯区的名叫魏嫣然、魏婉儿的女子声称是余已笑的双胞胎私生女，特地从成都跑到重庆祭奠她的生父，并对其父的遗产主张权利，遭到余正乐的粗暴拒绝。魏婉儿不顾魏嫣然的劝阻，愤然向人民法院提起遗产继承纠纷诉讼。

一审判决后，余正乐不服提出上诉，并申请法院对魏婉儿进行DNA亲子鉴定。在二审法院尚未作出判决前，作为被上诉人的魏婉儿却突然申请撤诉。法院出于对当事人的处分权的充分尊重，裁定准许了魏婉儿的撤诉，同时告知魏婉儿不得重新起诉。

问题：1. 对于本案，哪类人民法院具有管辖权？为什么？

【参考答案】巴南区人民法院或南岸区人民法院管辖，因为根据《中华人民共和国民事诉讼法》第三十四条规定："下列案件，由本条规定的人民法院专属管辖：

（1）因不动产纠纷提起的诉讼，由不动产所在地人民法院管辖；

（2）因港口作业中发生纠纷提起的诉讼，由港口所在地人民法院管辖；

（3）因继承遗产纠纷提起的诉讼，由被继承人死亡时住所地或者主要遗产所在地人民法院管辖。"

该案属于继承遗产纠纷的案件，应当由被继承人死亡时住所地即巴南区的人民法院，及主要遗产即房屋所在地南岸区人民法院管辖。

2. 请将本案的当事人及第三人仔细、完整地列出。

【参考答案】当事人：原告是魏婉儿、魏嫣然、萧雨蒙；被告是余正乐。第三人是日月传播公司、星辰咨询公司、世间典当行。

3. 二审法院能否同意余正乐的鉴定申请？为什么？

【参考答案】不能同意。在该案中，被告余正乐在一审中没有提出对原审原告进行DNA鉴定，而在第二审中提出鉴定申请，属于该条的规定，所以法院应当不同意其申请。

4. 二审法院准许魏婉儿撤诉并告知其不得重新起诉的做法是否符合《中华人民共和国民事诉讼法》的规定？请简明说明理由。

【参考答案】不符合。撤诉后可以再次起诉，所以法院的做法不符合《中华人民共和国民事诉讼法》的相关规定。

民法总论部分

一、概念比较题

1. 民事权利能力与民事行为能力。

【参考答案】民事权利能力又称法律人格，或者简称人格（与人格权中的人格不同），指据以充当民事主体，享受民事权利和承担民事义务的法律地位或法律资格。

民事行为能力是指民事主体据以独立参加民事法律关系，以自己的行为取得民事权利或承担民事义务的法律资格。

2. 诉讼时效的中止和诉讼时效的中断。

【参考答案】诉讼时效的中止是指在诉讼时效期间进行过程中，因不可抗力或其他障碍使权利人不能行使权利时，时效暂时停止，待障碍消除后时效继续进行的制度。

诉讼时效中断是指时效期间开始以后完成之前，法定事由的出现使已经进行的时效期间归于无效，时效期间重新开始计算的制度。

二者之间的区别：

（1）法定事由不同。（2）发生时间不同。（3）法律效力不同。

二、判断分析题

1. 社会团体法人又可简称为社团法人。

【参考答案】错误。这是两个不同的概念。以法人的成立基础和内部结构为标准对法人进行分类，分为社团法人和财团法人。社团法人是以人的集合为基础成立的法人，如公司、社会团体等。社会团体法人则是我国对法人进行分类的非企业法人的一个下位概念，是指由自然人或法人自愿组成，从事社会公益事业、文学艺术活动、学术研究、宗教等活动的各类法人，如中国法学会。

2. 由于法定监护人的一项重要职责就是代理被监护人为法律行为，因此法定监护人与法定代理人在概念上是重合的。

【参考答案】错误。监护是指对无民事行为能力、限制行为能力人的人身、财产和其他合法权益依法实行的监督和保护。代理是指行为人以他人名义实施行为，由此产生的法律效果直接归属于他人的法律制度。根据法律的相关规定，两者的范围是相同的，但是二者的概念不同、称谓不同、设立目的及意义不同，所以题干所述不正确。

三、简述题

简述效力待定的法律行为的概念与分类。

【参考答案】效力待定的法律行为是指民事行为有效或者无效尚未确定，需要有第三人意思表示辅助或者特定事实条件成就效力才能确定的民事行为。

效力待定的法律行为的种类：

（1）无权处分行为。（2）无权代理行为。（3）债务承担。（4）限制民事行为能力人实施的超越其行为能力范围的民事行为。

四、论述题

试述民法的私法性质。

【参考答案】民法为私法。私法是指与公法相对应的调整平等主体之间的，以私人利益为主的社会关系的法律规范。

公法调整政治国家中的社会关系，而私法调整市民社会关系。在公法、私法相区分的观念提出后，虽然遭到一些人的反对，但其最终为近代大陆法系立法所接受。学者们普遍认为，法律之区分为公法和私法，是人类文明发展的重大成果，是整个法制现代化的基础。

私法较之于公法应居于优越地位。私法之目的在于保护私权，人民之私权神圣不可侵犯，除非有重大的正当理由，否则不受限制和剥夺。公法不仅不能随意改变私法调整的社会关系，而且基于社会契约的理论，公法所努力维系的政治国家的最终目的在于保护私法赋予和捍卫的人民权利。公法优位实际上是一切专制国家的法制，而私法优位则构成法治国家的制度。

经济法学部分

一、概念比较题

1. 本身违法原则与合理原则

【参考答案】本身违法是反垄断法适用的一个重要原则，根据这个原则，对市场上某些类型的反竞争行为不管其产生的原因和后果，均被视为非法。合理原则对其正负两方面的效果进行权衡，如果利大于弊，或者说它所能产生的积极效果足以弥补其对竞争的损害，则该限制就是合理的，反垄断法不予禁止；反之就是不合理的限制，反垄断法只禁止不合理的限制。

2. 不正当竞争行为与民事侵权行为

【参考答案】不正当竞争行为是相对于市场竞争中的正当手段而言的，它泛指经营者为争夺市场竞争优势，违反法律和公认的商业道德，采用欺诈、混淆等手段扰乱正常的市场竞争秩序，并损害其他经营者和消费者合法利益的行为。

民事侵权行为是指民事主体违反民事义务，侵害他人合法的民事权益，依法应当承担民事责任的行为。

二、判断分析题

1. 某物业服务公司在合同中特别声明："本公司所提供之保安服务为预防性措施，对业主因盗窃、伤害等意外行为所产生的损失不承担赔偿责任。"鉴于物业安全服务的特殊性，上述声明对业主有效。

【参考答案】错误。在此题中，此物业公司在合同中特别声明对业主遭受意外所产生的损失不承担赔偿责任，不符合物业公司免除其应当承担责任的情形，因此此声明是无效的。

2. 我国农村土地承包经营权的取得和转让必须进行登记，否则不发生权利取得和变更的效力。

【参考答案】错误。《中华人民共和国农村土地承包法》第三十八条的规定："土地承包经营权采取呼唤、转让方式流转，当事人要求登记的，应当向县级以上地方人民政府申请登记，未经登记，不得对抗善意第三人。"由此可知，未经登记仅产生不能对抗善意第三人的效力，但是仍然发生权利取得和变更的效力。

三、简述题

1. 简述市场混淆行为及其主要表现形式。

【参考答案】市场混淆行为是指生产者或经营者为了争夺竞争优势，在自己的商品或者营业标志上不正当地使用他人的标志，将自己的商品或者营业标志与他人的商品、营业标志相混淆，以牟取不正当利益的行为。其主要表现形式有：

（1）仿冒他人经法定程序获得的外部标识的行为。

（2）不正当适用他人合法外部标识的行为。

（3）擅自使用知名商品的商业标识导致市场混淆的行为。

（4）仿冒他人产品的质量标识和产地而引人误解的行为。

2. 简述产品侵权责任及其构成要件。

【参考答案】产品侵权责任又称为产品责任，是指产品的生产者、销售者或中间商因其产品给消费者、使用者或其他人造成人身、财产损害而应承担的一种补偿责任。其构成要件为：

（1）产品有缺陷。（2）有损害事实存在。（3）产品缺陷与损害后果之间有因果关系。

四、论述题

论经济法在克服市场失灵中的作用。

【参考答案】市场失灵是指市场发挥作用的条件不具备或不完全具备而造成的市场机制不能发挥作用的情形。主要表现在：

（1）市场不完全，即市场容易形成垄断尤其是自然垄断的情形。

（2）市场的不普遍，主要表现为价格机制的缺位。

（3）信息失灵，主要是指信息不充分、信息不对称以及信息不准确。

（4）外部性，当一个个体的行为给其他不相关方当事人带来成本或利益，但是该个体在作出决定时并没有将这些外部影响考虑进去时，外部性就产生了。

（5）公共产品，主要是指消费中标不需要竞争的非专有物品。

（6）经济周期。指在市场经济的生产和再生产过程中，周期性地出现的经济扩张与市场紧缩交替更迭循环往复的一种经济现象。

经济法是国家运用公权力对市场失灵进行干预的法律，其在克服市场失灵方面具有民法与行政法不可比拟的优势。

（1）直接限制市场主体的私权。

（2）直接改变市场主体的利益结构。

（3）公共利益优势和远视优势。

五、材料题

2008 年 9 月 18 日，可口可乐公司向我国商务部递交了收购汇源果汁集团公司的申报材料，此后又多次根据商务部要求对申报材料进行补充。同年 11 月 20 日，商务部认为可口可乐公司提交的申报材料达到了法律规定的标准，依法对此项申报进行审查。2009 年 3 月 18 日，商务部审查后认为，此项收购行为具有排除、限制竞争的效果，将对中国果汁饮料市场的有效竞争和果汁产业的健康发展产生不利影响，遂否决了可口可乐公司的收购请求。

请运用相关法律原理及相关立法规定，分析商务部裁决的依据、意义和影响。

【参考答案】此案是我国颁布《中华人民共和国反垄断法》实施后首起否决案。由上述材料可知，可口可乐公司收购汇源果汁集团公司满足《中华人民共和国反垄断法》第二十条规定的经营者集中中的经营者合并这一表现形式，又是属于经营者合并中的横向合并，即生产相同产品的生产者之间的合并或经营相同产品的销售者之间的合并，其显著的经济效果是由于市场经营规模扩大而带来的规模经济。横向合并被认为最有可能引起垄断和破坏市场竞争，因为横向合并直接影响市场结构，提高了合并企业的市场占有率，市场集中度也因此提高。

商务部作出否决收购案的裁决的意义是《中华人民共和国反垄断法》实施之后首次的否决收购案。

第九章　西政考研法学专业课2011年真题回顾与解析

本章引言

本章主要包含了2011年西政考研法学专业课A、B和C卷中所有的真题，希望通过真题的回顾与解析，帮助考生快速掌握西政考研法学专业课考试的特点，以便有针对性地进行复习备考。

第一节　西政法学考研专业课A卷
民法总论部分

一、判断分析题

1. 民法调整的社会关系即民事法律关系。

【参考答案】此说法正确。民事法律关系指根据民事法律规范确立的以民事权利义务为内容的社会关系，是由民事法律规范调整而形成的社会关系。人在社会生活中必然会结成各种各样的社会关系，这些社会关系受各种不同的规范调整。其中由民法调整形成的社会关系就是民事法律关系。因此，民事法律关系是民法调整的社会关系的法律上的表现。民事法律规范调整平等主体之间的财产关系和社会关系也就是规定出现某种法律事实即发生某种法律后果，该法律后果即是在当事人之间产生民事法律关系。

2. 民事行为违反法律、行政法规中的强制性规定无效。

【参考答案】此说法正确。所谓法律、行政法规中的强制性规定是指无条件的、绝对必须遵守的规范，不允许当事人按照自行协定解决问题，只允许执行法律规定的条件。根据我国《中华人民共和国民法通则》第五十八条第五款的规定，违反法律的行为属于无效民事行为。同时根据《中华人民共和国合同法》第五十二条第五款的规定，违反法律、行政法规中的强制性规定的，合同应确认无效。

二、概念比较题

1. 可撤销行为与效力未定行为

【参考答案】可撤销行为是指因行为有法定的重大瑕疵而须以诉变更或者撤销的民事行为。效力未定行为是指行为有效或者无效尚未确定，需要由第三人意思表示辅助或者特定事实条件成就效力才能确定的行为。

2. 狭义无权代理与表见代理

【参考答案】无权代理是指代理人不具有代理权所实施的代理行为。可分为广义上的无权代理和狭义的无权代理。狭义的无权代理指的是表见代理之外的无权代理，而广义的无权代理则包括狭义的无权代理和表见代理。

表见代理是指被代理人的行为足以使善意第三人相信无权代理人具有代理权，基于此项信赖与无权代理人进行交易，由此造成的法律效果强使被代理人承担的制度。

二者的区别在于：

（1）外延不同。（2）法律效果不同。

三、简述题

简述诉讼时效的适用范围。

【参考答案】诉讼时效的适用范围是指哪些权利之请求权得因时效而消灭。

1. 得适用诉讼时效的请求权

根据《中华人民共和国民法通则》，一般规定请求人民法院保护民事权利的权利因时效完成而消灭，未规定除外的情况。按照此规定，各种民事权利除按其性质不能适用诉讼时效者外，都应当适用诉讼时效，包括债上请求权、物上请求权、继承回复请求权、知识产权请求权。

2. 不能适用诉讼时效的请求权

（1）禁止流通的财产权利。（2）人身权利。

四、论述题

论民事法律行为制度在民法中的地位和作用。

【参考答案】民事法律行为是民法的基础。法律关系的发生要具备主体、法律规范、法律事实三个要件。民事法律关系是民事法律规范调整人们之间的社会关系过程中形成的权利义务关系的一种。民事法律规范本身并不能在当事人之间引起民事法律关系，只有在一定的法律事实发生后，民事法律关系才能产生、变更和消灭。民事法律行为就是作为一种民事法律事实在民事法律关系中发挥作用的。

刑法总论部分

一、多项选择题

1. 导致行为人无刑事责任能力的因素有（　　）。

A. 行为人尚未达到刑事责任年龄

B. 行为人又聋又哑

C. 行为人生理性醉酒

D. 行为人患严重精神病

【参考答案】CD

2. 我国刑法在对单位犯罪的刑事责任问题上，对部分单位犯罪采取的是“单罚制”。这里的“单罚制”具体处罚的是（　　）。

A. 实施犯罪行为的单位

B. 实施犯罪行为的单位的主管人员

C. 实施犯罪行为的单位的主管机关

D. 实施犯罪行为的单位的直接责任人

【参考答案】D

3. 某日，黄某牵着狗在山坡上闲逛，恰遇平日与己不和的刘某，黄某即唆使其带的狗扑咬刘某。刘某警告黄某，黄某继续唆使狗扑咬刘某。刘某边抵挡边冲到黄某面前，捡起石块将黄某头部砸伤（轻伤），黄某见自己头上流血，慌忙逃走，随后刘某又把还在扑咬自己的狗打伤。从刑法理论上看，以下说法正确的有（　　）。

A. 刘某对黄某的行为属于正当防卫

B. 刘某对狗的行为属于紧急避险

C. 刘某对黄某的行为属于故意犯罪

D. 刘某对狗的行为属于正当防卫

【参考答案】AB

4. 赵某持刀闯入钱某家中，声称要割下钱某的一只耳朵教训她“与人通奸”的不忠行为，面对钱某的苦苦哀求，赵某将刀扔在钱某面前转身离去。对赵某的行为处理，依照我国现行刑法规定，以下说法错误的有（　　）。

A. 应当不处罚　　B. 从轻处罚

C. 应当减轻处罚　　D. 应当免除处罚

【参考答案】CD

5. 甲（16 周岁）盗窃同学价值 1000 元的财物，按照我国刑法分则关于盗窃罪的规定，应当处 3 年以下有期徒刑、拘役或者管制，并处或单处罚金，但在下列哪些情形下不给甲定罪处罚又不违背罪刑法定原则（　　）。

A. 甲系初犯、偶犯且案发后如实供述全部盗窃事实并积极退赃

B. 该行为已经过 5 年而没有被控告和立案侦查

C. 甲虽系我国公民但其盗窃行为发生在我国领域外

D. 甲系享有外交特权和豁免权的外国人

【参考答案】AB

二、简述题

1. 简单评价刑法修正案。

【参考答案】随着我国经济的飞速发展和法制建设的日益完善，现行刑法部分条文已不再适应社会发展的要求，需要通过全国人大予以修改、补充，加以完善。刑法修正案是指 1997 年新《中华人民共和国刑法》颁布以来，全国人民代表大会及其常设机构对刑法条文的修改和补充。刑法理论与实践的发展是刑法修正的前提和基础。刑法修正案作为对刑法条文的具体修正，与现行刑法具有同等法律效力，是中国特色社会主义刑法体系的重要组成部分。

2. 简述我国刑法关于死刑的限制适用。

【参考答案】废除死刑是刑事立法发展的大趋势，但是我国目前还不能废除死刑。这是因为：

（1）目前我国同犯罪作斗争的形势依然严峻。

（2）杀人偿命等传统观念在一些人的头脑中仍然根深蒂固，有相当多的人认为死刑是震慑犯罪的最有效的方法。

关于死刑的审判管辖权。根据《中华人民共和国刑事诉讼法》第十九条至第二十二条的规定，死刑只能由中级以上人民法院（含中级人民法院）管辖一审。

关于死刑核准权。根据《中华人民共和国刑法》第四十八条第二款、《中华人民共和国刑事诉讼法》第一百九十九条和《中华人民共和国人民法院组织法》的规定，死刑除

最高人民法院的判决外，都应当报请最高人民法院核准。死刑缓期两年执行的案件应当报请高级人民法院核准。

三、概念比较题

1. 刑法的学理解释与刑法的论理解释

【参考答案】刑法的学理解释也称为非正式解释，是指由一般人，特别是法学工作者的理解和阐明，如有关法制宣传材料、教科书、学者对刑法规范做出的学术专著、论文、案例分析、对刑法条文的注释中对刑法的解释。

刑法的论理解释也称为逻辑解释，是指在法律条文的自然含义不太清楚，或者仅根据刑法条文的字面含义可能得出违情悖理结论的情况下，运用形式逻辑中归纳、演绎、类推以及三段论的推论等形式，从刑法规范整体的内部结构以及某一具体规范与其他规范之间应有的逻辑联系等角度，探求刑法规定真实含义的刑法解释方法。

2. 自首与坦白

【参考答案】自首是指犯罪以后自动投案，如实供述自己的罪行。坦白是指罪犯被动归案后，如实交代自己被指控的犯罪事实的行为，坦白有三个特征：

(1) 犯罪人被动归案。

(2) 犯罪人如实交代的是被指控的罪行。

(3) 犯罪人如实交代自己的罪。

二者的根本区别在于自首是犯罪人主动归案并如实供述自己的罪行，而坦白是犯罪人被动归案且交代的是被指控的罪。

五、案例分析题

被告人罗某，男，1987 年 4 月 22 日出生。曾因犯抢劫罪被判处有期徒刑 1 年，2004 年 3 月 16 日刑满释放。因本案于 2009 年 4 月 8 日被刑事拘留，同年 5 月 9 日被逮捕。被告人彭某，男，1987 年 2 月 1 日出生。因本案于 2009 年 4 月 24 日被刑事拘留，同年 5 月 9 日被逮捕。被告人明某，男，1984 年 2 月 13 日出生。因犯抢劫罪于 2000 年 12 月 18 日被判处有期徒刑 1 年，宣告缓刑 1 年，刑满释放，因犯抢劫罪、故意伤害罪于 2006 年 3 月 21 日被判处有期徒刑 11 年。人民检察院指控，2004 年 9 月 15 日，被告人罗某因琐事与被害人傅某发生矛盾，于是邀约彭某、明某共同对傅某实施伤害，并购买了两把西瓜刀等作案工具。同年 9 月 16 日 17 时许，被告人罗某、彭某、明某拦住上班回家的傅某对其殴打，罗某持西瓜刀向傅某乱砍，致其左腿、脊部多处受伤（轻伤）。事后，被告人彭某的亲友赔偿被害人傅某各种经济损失 5500 元，被害人傅某表示对彭某予以谅解。

问题：1. 请分析被告人罗某、彭某和明某在本案犯罪中的地位及其应承担的刑事责任。

【参考答案】罗某、彭某和明某的行为属于共同犯罪，罗某在本案的共同犯罪中处于主导地位，为主犯，而彭某和明某在本案中处于次要地位，为从犯。在此次犯罪活动中，罗某是处于主导地位的，而彭某和明某是处于从属地位，起辅助罗某的作用。应当按照罗某所参与的或者组织、指挥的全部犯罪对其进行处罚；而对彭某和明某应当从轻处罚。

2. 在本案中，被告人罗某、彭某分别有哪些量刑情节？

【参考答案】本案中罗某是一般累犯，根据《中华人民共和国刑法》第六十五条，被判处有期徒刑以上刑罚的犯罪分子，刑罚执行完毕或者赦免以后，在五年以内再犯应当判处有期徒刑以上刑罚之罪的，是累犯，应当从重处罚，但是过失犯罪除外。

3. 在本案中，被告人明某是否成立累犯？若成立，说明成立的原因；若不成立，分析为什么不成立，并分析应如何处理。

【参考答案】被告人明某不成立累犯。累犯是指受过一定的刑罚处罚，刑罚执行完毕或者赦免以后，在法定期限内又犯被判处一定的刑罚之罪的罪犯。其构成要件如下：

（1）主观条件：前罪和后罪都必须是故意犯罪。

（2）刑度条件：前罪所判刑罚和后罪所判刑罚都是有期徒刑以上的刑罚。

（3）时间条件：后罪必须发生在前罪执行完毕或者赦免以后五年以内。

刑诉总则部分

一、多项选择题

1. 下列人员中，依法不得担任辩护人的包括（　　）。

A. 曾经被劳动教养的人　　B. 正在被治安拘留的人

C. 正在被取保候审的人　　D. 正在缓刑考验期内的人

【参考答案】BCD

2. 不能由基层人民法院作为一审法院的刑事案件包括（　　）。

A. 犯罪嫌疑人是外国人的案件

B. 被害人是外国人的案件

C. 被告人是外国人的案件

D. 叛逃案件

【参考答案】ACD

3. 关于取保候审，下列说法正确的是（　　）。

A. 被逮捕的犯罪嫌疑人有权申请取保候审

B. 被逮捕的罪犯有权申请取保候审

C. 被逮捕的犯罪嫌疑人的父母有权申请取保候审

D. 被逮捕的犯罪嫌疑人的律师有权申请取保候审

【参考答案】ACD

4. 下列各项属于自行回避情形的包括（　　）。

A. 办案民警为犯罪嫌疑人介绍律师

B. 审判员是本案被告人的堂兄

C. 检查委员会委员是本案的被害人

D. 办案被告人的父亲所在装修公司正在为书记员装修房屋

【参考答案】ABCD

5. 被取保候审和监视居住的人都应当遵守的规定是（　　）。

A. 在传讯的时候及时到案

B. 不得以任何形式干扰证人作证

C. 不得毁灭、伪造证据或者串供

D. 未经执行机关批准不得会见他人

【参考答案】ACD

二、判断分析题

1. 有被害人的法定最高刑在三年以下的刑事案件既可以是公诉案件，也可以是自诉案件。

【参考答案】正确。自诉案件由被害人自己提起诉讼，刑事自诉一般须具备被害人以及特定的刑罚轻重，当刑事自诉无法实现时，被害人可通过公检法机关进行。

2. 在审判过程中，被告人的近亲属可以拒绝辩护人为被告人辩护。

【参考答案】错误。《中华人民共和国刑事诉讼法》第三十九条规定在审判过程中，被告人可以拒绝辩护人继续为他辩护，也可以另行委托辩护人辩护。

3. 1991 年 9 月 4 日第七届全国人民代表大会常务委员会第 12 次会议通过，2006 年 12 月 29 日第十届全国人民代表大会常务委员会第二十五次会议修订的《中华人民共和国未成年人保护法》第五十六条第一款规定："公安机关、人民检察院讯问未成年犯罪嫌疑人，询问未成年证人、被害人，应当通知监护人到场。"《中华人民共和国刑事诉讼法》第十四条第二款规定："对于不满十八岁的未成年人犯罪的案件，在讯问和审判时，可以通知犯罪嫌疑人、被告人的法定代理人到场。"根据特别法优于普通法、新法优于旧法的原则，讯问未成年犯罪嫌疑人，应当通知其父母到场。

【参考答案】错误。这两部法律的效力位阶不同，不是同一个制定主体制定的，所以不能说是新法优于旧法。当然，根据特别法优于普通法的原则，"公安机关、人民检察院讯问未成年犯罪嫌疑人，询问未成年证人、被害人，应当通知监护人到场。"这也是实践中采用的观点。

4. 《中华人民共和国人民警察法》第九条规定："为维护社会治安秩序，公安机关的人民警察对有违法犯罪嫌疑的人员，经出示相应证件，可以当场盘问、检查；经盘问、检查，有下列情形之一的，可以将其带至公安机关，经该公安机关批准，对其继续盘问：（一）被指控有犯罪行为的；（二）有现场作案嫌疑的；（三）有作案嫌疑身份不明的；（四）携带的物品有可能是赃物的。"对被盘问人的留置时间自带至公安机关之时起不超过二十四小时，在特殊情况下，经县级以上公安机关批准，可以延长至四十八小时，并应当留有盘问记录。对于批准继续盘问的，应当立即通知其家属或者其所在单位。对于不批准继续盘问的，应当立即释放被盘问人。经继续盘问，公安机关认为对被盘问人需要依法采取拘留或者其他强制措施的，应当在前款规定的期间作出决定；在前款规定的期间不能作出上述决定的，应当立即释放被盘问人。根据各项规定，留置盘问属于公安机关对犯罪嫌疑人采取的刑事强制措施。

【参考答案】错误。留置盘问是公安机关的警察为维护社会治安秩序而依法行使行政职权的行为，而拘传则是公安机关的警察在刑事诉讼活动中行使刑事诉讼职权的行为。这两种不同性质的行为分别由《中华人民共和国警察法》和《中华人民共和国刑事诉讼法》进行规范。由于《中华人民共和国刑事诉讼法》是关于刑事诉讼程序的法律，它只对刑事诉讼中各主体之间的权利义务关系，以及诉讼的方式、方法等作出规定，而留置盘问并非刑事诉讼活动，因此，《中华人民共和国刑事诉讼法》的规定对留置盘问没有约束力。

5. 《中华人民共和国刑事诉讼法》第四十三条规定："……严禁刑讯逼供和以威胁、引诱、欺骗以及其他非法的方法搜集证据……"据此，凡是采用刑讯逼供和以威胁、引诱、欺骗以及其他非法的方法取得的犯罪嫌疑人、被告人供述、证人证言、被害人陈述，都属于非法言词证据，应当予以排除，不能作为定案的依据。

【参考答案】正确。《最高人民法院司法解释》第六十一条规定严禁以非法的方法搜集证据。凡经查证确实属于采用刑讯逼供或者威胁、引诱、欺骗等非法的方法取得的证人证言、被害人陈述、被告人供述，不能作为定案的根据。

三、论述题

论公安机关对逮捕条件的证明责任。

【参考答案】逮捕是指公安机关、人民检察院和人民法院在一定期限内依法剥夺犯罪嫌疑人、被告人的人身自由并进行审查的强制措施，是刑事诉讼强制措施中最为严厉的方法。应该具备以下三个条件：

1. 有证据证明犯罪事实的发生。
2. 可能判处徒刑以上刑罚。
3. 采取取保候审、监视居住等方法尚不足以防止社会危险性。

四、案例分析题

县人民检察院对某甲故意伤害某乙致某乙死亡一案向县人民法院提起公诉。县人民法院审查以后，认为可能对某甲判处无期徒刑以上刑罚，以本院无管辖权为由，将案件退回县人民检察院。县人民检察院遂将案件移送地区检察分院审查起诉。地区检察分院审查以后，认为可能对某甲判处无期徒刑以上刑罚，遂向地区中级人民法院提起公诉。地区中级人民法院审查以后，认为不能对某甲判处无期徒刑以上刑罚，决定将案件退回地区检察分院。

【参考答案】县人民检察院理应知道该案由中院审理，应将案件材料移交区检察院，而不是直接向县法院提起公诉。

中院将案件退回地区检察分院的做法是错误的，要么继续审理要么其移交基层法院审理，但地区检察分院的做法是对的。

县法院的做法是错误的，应当经合议庭报请院长决定后，在案件审理期限届满十五日以前书面请求移送中院审判。中院不同意移送的，该县法院依法审判；中院同意移送的，县法院接到中院同意移送决定书后，应当通知县检察院和当事人，并将起诉材料退回县检察院。

第二节　西政法学考研专业课B卷
中国宪法学部分

一、多项选择题

1. 属于我国宪法上的表达自由的是（　　）。

A. 言论自由　　B. 出版自由
C. 结社自由　　D. 游行示威自由
E. 通信自由

【参考答案】ABCD

2. 宪法解释的原则是（　　）。

A. 符合宪法精神和制宪目的的原则

B. 适应社会发展需要的原则

C. 系统解释原则

D. 参照国外先进经验的原则

E. 理论与实践相结合的原则

【参考答案】ABC

3. 下列表述，符合我国现行宪法规定的有（　　）。

A. 公民享有知情权

B. 公民合法的私有财产不受侵犯

C. 公民在法律面前一律平等

D. 宪法具有最高的法律效力

E. 立法权、行政法和司法权分立并相互制衡

【参考答案】ABCD

4. 我国的宪法渊源有（　　）。

A. 宪法典　　B. 宪法性法律

C. 宪法惯例　　D. 宪法判例

E. 宪法解释

【参考答案】ACE

5. 宪法民法时期，宪法有“三权宪法”和“五权宪法”之称。其中，“五权”是指（　　）。

A. 监督权　　B. 教育权

C. 立法权　　D. 行政权

E. 司法权

【参考答案】ABCDE

二、判断分析题

1. 有宪法的国家并非都是宪政国家。

【参考答案】正确。宪法的存在只是意味着一定宪法制度的存在，而宪政的核心是限制政府权力，宪政意味着法律对行政权力的约束和控制，有宪法仅仅意味着实现宪政有了可能性。而宪政则体现了法律至上、宪法法律至上、法律权威。

2. 宪法被称为根本法，是因为它具有最高的法律效力。

【参考答案】错误。宪法内容的根本性是指宪法规定的是一个国家中最根本、最重要的问题，它从根本原则和根本制度上规范着整个国家的活动。所以，宪法被称为根本法，不是因为其具有最高的法律效力，而是因为它规定着国家最基本的制度、原则和内容等。

3. 不成文不一定是柔性宪法，成文宪法都是刚性宪法。

【参考答案】错误。一般来讲，不成文宪法都是柔性宪法，但成文宪法并不一定都是刚性宪法，有的成文宪法也是柔性的。

三、简答题

1. 简述我国人民代表大会代表在会议期间的主要职权。

【参考答案】(1) 修改宪法和监督宪法的实施：第一，修改宪法；第二，监督宪法的实施。

(2) 立法方面。全国人大制定和修改刑事、民事、国家机构的和其他的基本法律。

(3) 人事方面：第一，选举；第二，决定。

(4) 监督方面：第一，听取和审议工作报告；第二，提出询问和质询；第三，罢免。

(5) 决定重大国家事务方面。

(6) 其他方面。

2. 有的学者认为宪法是国家或政府的组织法，也有学者认为宪法是公民的权利法。你认为这两种论断的理由是什么？

【参考答案】(1) 宪法的基本矛盾是公民权利和国家权力的关系，对于这两个方面的内容，宪法一方面规定了国家或政府的组织方面的内容，同时也对公民的基本权利和义务进行了规定。所以，出现了有的学者认为宪法是国家或政府的组织法抑或宪法是规定者公民的权利法，两种观点都具有合理性，但是任何一种单一的观点都是不全面的，所以二者的结合比较能够说明宪法所存在的意义。

(2) 宪法是公民的权利法，这种论断的理由来自宪法就是一张写着人民权利的纸、是公民权利的保障书和宣言书。

(3) 宪法是国家或者政府的组织法，这种论断的理由来自宪法是国家权力的合法性的根据。

行政法学总论及行政诉讼法学部分

一、概念比较题

1. 行政赔偿和行政补偿

【参考答案】行政赔偿是指国家行政机关及其工作人员违法行使职权，侵犯公民、法人或者其他组织的合法权益并造成损害，由国家承担赔偿责任的制度。行政补偿是指行政主体的合法行政行为给行政相对人的合法权益造成损失，依法由行政主体对相对人所受损失予以补偿的制度。

(1) 两者的引发原因不同。

(2) 两者的性质不同。

(3) 行政赔偿与行政补偿在适用范围、标准、方式等方面也有所不同。

2. 行政复议和行政诉讼

【参考答案】行政复议是指行政相对人认为行政主体的具体行政行为侵犯其合法权益，依法向行政机关提出复查该具体行政行为的申请，行政复议机关依照法定程序对被申请的具体行政行为进行合法性、适当性审查，并作出行政复议决定的一种法律制度。行政诉讼是指行政相对人与行政主体在行政领域发生纠纷后，依法向人民法院提起诉讼，人民法院依照法定程序审查行政主体的行政行为的合法性，并判断相对人的主张是否合法，以作出裁判的一种活动。

(1) 行政复议与行政诉讼都属于行政救济的内容，都是为了限制行政权而设置的，目的都是为了保障相对人的合法权益不受行政机关的侵害。

(2) 行政复议的审查深度是具体行政行为的合法性与合理性，而行政诉讼的审查深度是具体行政行为的合法性，合理性审查是例外。

(3) 行政复议适用复议程序，行政诉讼走的是司法程序。

(4) 行政复议的受理机关是行政机关，而行政诉讼的受理机关是法院。

(5) 行政复议采取决定的方式结案，而行政诉讼采取裁判的方式结案。

二、判断分析题

1. 法治政府就是指按照法治的原则运作的政府，政府一切权力的来源、政府的运行和政府的行为都受法律规范和制约。建设法治政府就是以法律约束政府，防止政府权力的滥用。可以说，法治政府 = 民主政府 + 服务政府 + 诚信政府 + 责任政府 + 高效政府。

【参考答案】正确。法治意味着法律至上、法律权威和法律治国，但是法治更深刻的意义在于法律治权。权力是强烈的催情剂，限制权力是西方宪政与制度设计的逻辑起点和来源，法治政府意味着用法律约束权力、控制权力和限制权力。

2. 在我国，行政自由裁量权是指行政主体在法律规定的范围内根据具体的事实和依据，选择自己（行政主体）认为最适当的方式、范围、幅度、种类去处理行政事务的权力。

【参考答案】正确。行政自由裁量权是在行政合法性的前提下，行政主体根据各种情节对相对人选择一种合理的、适当的手段而作出的行政行为。

三、简述题

1.《中华人民共和国行政诉讼法》第五条规定："人民法院审理行政案件，对具体行政行为的合法性进行审查。"请简述合法性审查的具体内容。

【参考答案】人民法院对行政机关的具体行政行为进行合法性审查，是我国行政诉讼区别于民事诉讼的特有原则。这一原则的具体内容是：

第一，行政诉讼的客体仅限于具体行政行为。当然，人民法院审查具体行政行为的合法性，并不绝对排斥对行政机关抽象行政行为的一定范围的监督。

第二，法院审查具体行政行为只监督审查合法性，而不审查合理性。只有当行政机关滥用自由裁量权时，法院才可以进一步干预。

第三，所谓合法性审查的具体范围就是行政主体的行政行为是否超越职权、滥用职权，主要证据是否充分，适用法律、法规是否错误，是否违反法定程序。

2. 简述行政行为的特征。

【参考答案】行政行为是指依法享有行政职权的行政主体行使权力对国家和社会公共事务进行管理和提供服务的一种法律行为。特征如下：

(1) 行政行为是行政主体的执法行为，具有法律从属性。

(2) 行政行为是行政主体行使行政权力的行为，具有单方性和双方性。

(3) 行政行为具有国家的强制性和非强制性。

(4) 行政行为是行使公共权利的行为，具有无偿性。

四、论述题

论述三十年来中国行政法学的发展。

【参考答案】中国法学的发展阶段大体分为三个阶段：中国行政法学的史前阶段

(1949—1978 年)，创建阶段（1978—1985 年)，学术流派逐渐形成、全面发展阶段（1985—2000 年)。

1989—2000 年是行政法学深入发展的 10 年。主要表现在以下四个方面：第一，行政法学从一般性研究进入到专题性研究，产生了一大批专题性研究成果。第二，行政诉讼法的研究在行政法学中的地位越来越重要并且有可能成为行政法学中逐渐独立的一门分支学科。第三，行政法学的研究比以前任何时候都更为重视联系实际。第四，行政法学研究的深入导致了若干种学术流派的出现，这些学术流派在学术争鸣中逐渐形成了各自比较成熟的学术观点、理论。

根据行政法学国内外的发展，结合中国的实际情况，今后行政法学发展的重点方向是：第一，加强行政法学的理论性；第二，加强行政法学的系统性；第三，加强行政法学的应用性。

环境与资源总论部分

一、多项选择题

1. 在我国，取得自然资源国家所有权的方式包括（　）。

A. 强制取得　　B. 法定取得

C. 自然取得　　D. 天然孳息

【参考答案】ABCD

2. 关于农村土地承包经营权，根据现行法律下列哪些选项的表述是正确的？（　）

A. 家庭土地承包经营权的承包主体限于本集体经济组织的农户

B. 通过家庭承包方式取得的土地承包经营权可以自由转让给本集体经济组织以外的人

C. 土地承包经营权的性质属于不动产物权

D. 通过招标、拍卖、协商方式所获得的“四荒”土地承包经营权可以依法设立抵押

【参考答案】ACD

3. 下列罪名中属于我国《中华人民共和国刑法》中规定的破坏环境保护罪罪名的有（　）。

A. 违法排污罪

B. 重大环境污染事故罪

C. 非法处理进口的固体废物罪

D. 非法捕捞水产品罪

【参考答案】BCD

4. 下列关于自然资源恢复制度的相关表述中正确的有（　）。

A. 合法的自然资源利用行为的主体也应当承担自然资源的恢复义务

B. 自然资源的恢复义务必须由自然资源利用者亲自履行

C. 按照自然资源恢复的内容划分，自然资源恢复义务包括补救和治理

D. 耕地开垦、土地复垦和土地治理属于《中华人民共和国土地管理法》中规定

的自然资源恢复制度的内容

【参考答案】ACD

二、判断分析题

1. 自然资源是一种财产，所以自然资源的法律制度和非自然资源财产的法律制度没有不同。

【参考答案】错误。自然资源是一种财产，但是自然资源是一种特殊的财产，有其特殊性。所以自然资源的法律制度与非自然资源的财产制度有着很大的不同。

2. 在我国，排污收费的主要目的是对违法排污主体进行经济的制裁。因此，如果甲企业的排放的废水未达到国家规定的标准，甲企业即不需要缴纳排污费。

【参考答案】正确。对于排污费的征收和使用，各国做法并不相同。收费的依据大致有两种：一种是以环境质量作依据，凡是向环境排放污染物者，都要缴纳排污费。另一种是以环境标准作依据。排放污染物不超过国家规定的排放标准，不收费；超过国家排放标准，便收费；超过量越大，收费越高。中国采取后一种办法。

三、简述题

论环境污染民事侵权责任的构成要件。

【参考答案】（1）环境资源民事责任是指自然人、法人及其他组织因污染或破坏环境而侵害他人环境资源民事权益并依法应承担的民事方面的法律后果。

（2）构成要件如下：第一，行为的违法性；第二，环境污染损害结果；第三，污染行为和损害结果的因果关系。

我国立法上没有规定举证责任转移或倒置，在举证责任上坚持“谁主张，谁举证”的举证原则，也没有因果关系推定原则的规定。但最高人民法院关于《中华人民共和国民事诉讼法》若干问题的意见第七十四条，就举证责任转移作了相应的规定：在由环境污染引起的损害赔偿诉讼中，对原告提出的侵权事实，被告否认的，由被告负责举证。

四、材料题

阐释《中华人民共和国环境影响评价法》第三十一条规定的主要内容并结合现实生活中大型项目环评执行不力的状况对这一法条进行评析。

《中华人民共和国环境影响评价法》条文

第三十一条　建设单位未依法报批建设项目环境影响评价文件，或者未依照本法第二十四条的规定重新报批或者报请重新审核环境影响评价文件，擅自开工建设的，由有权审批该项目环境影响评价文件的环境保护行政主管部门责令停止建设，限期补办手续；逾期不补办手续的，可以处五万元以上二十万元以下的罚款，对建设单位直接负责的主管人员和其他直接责任人员，依法给予行政处分。建设项目环境影响评价文件未经批准或者未经原审批部门重新审核同意，建设单位擅自开工建设的，由有权审批该项目环境影响评价文件的环境保护行政主管部门责令停止建设，可以处五万元以上二十万元以下的罚款，对建设单位直接负责的主管人员和其他直接责任人员，依法给予行政处分。

附第二十四条条文

第二十四条　建设项目的环境影响评价文件经批准后，建设项目的性质、规模、地点、采用的生产工艺或者防治污染、防止生态破坏的措施发生重大变动的，建设单位应当重新报批建设项目的环境影响评价文件。

建设项目的环境影响评价文件自批准之日起超过五年方决定该项目开工建设的，其环境影响评价文件应当报原审批部门重新审核；原审批部门应当自收到建设项目环境影响评价文件之日起十日内，将审核意见书面通知建设单位。

【参考答案】略。

第三节　西政法学考研专业课 C 卷 民法总论部分

一、概念比较题

1. 普通合伙企业与有限合伙企业

【参考答案】普通合伙企业由两人以上普通合伙人（没有上限规定）组成，合伙人对合伙企业债务承担无限连带责任。

有限合伙企业由两人以上 50 人以下的普通合伙人和有限合伙人组成，其中普通合伙人至少有 1 人，当有限合伙企业只剩下普通合伙人时，应当转为普通合伙企业，如果只剩下有限合伙人时，应当解散。

2. 委托授权行为与委托合同

【参考答案】委托合同是委托人和受托人约定，由受托人处理委托人事务的合同。委托授权是指被代理人向代理人授予代理权的单方民事法律行为。

二、判断分析题

1. 法人的法定代表超越法人目的范围（或称经营范围）所为的民事法律行为，应当认定为无效。

【参考答案】错误。因为针对该问题，《中华人民共和国合同法解释（一）》第十条规定，当事人超越经营范围订立合同的，人民法院不因此认定合同无效。只有违反国家特许经营、限制经营、禁止经营等负载着鲜明的国家意志的范围从事民事活动，才能认定为无效。而 2005 年修订的《中华人民共和国公司法》甚至不明确要求公司在经营范围内活动，表明我国已经彻底废弃了法人越权原则。

2. 同时履行抗辩权不因时效而消灭。

【参考答案】正确。首先，诉讼时效制度仅适用于请求权，同时履行抗辩权是对抗请求权的一种抗辩权，本身不是请求权，所以不因诉讼时效的经过而消灭。

其次，同时履行抗辩权所对抗的请求权与同时履行抗辩权是同时产生的，如果请求权本身因为时效制度而消灭的话，只需要用时效制度对抗就行了，就没有同时履行抗辩权的存在空间了，如果请求权本身没因为经过一定的时间消灭，那么同时履行抗辩权同样也没有经过足够影响到存续的期间，所以，同样不可能因为时间的经过而消灭。

三、简答题

简述效力待定的民事行为与可撤销的民事行为的区别。

【参考答案】效力待定的民事行为是指民事行为有效或者无效尚未确定，需要由第三人意思表示辅助或者特定事实条件成就效力才能确定的民事行为。可撤销的民事行为是指因行为欠缺法律规定的有效要件，由于该行为受损害的当事人可依其自主意思，请求法院仲裁或仲裁机构撤销该行为，其效力归于消灭的民事行为。

两者都欠缺法律规定的一部分有效要件，均非确定的不发生效力的行为。但二者之间也存在明显的区别：第一，效力未定的行为在获得补正前其有效或者无效悬而未决，但可撤销行为在被撤销前已经相对于有撤销权的当事人发生了效力；第二，可以通过意思表示补正效力未定行为的，通常为行为之外的当事人，而可撤销行为中拥有撤销权的，则为行为中的受害人或认识上发生错误者；第三，发生原因不同，可撤销行为的发生原因已如前所述，效力未定行为则因与可撤销行为俨然不同的原因而发生。

四、论述题

《最高人民法院关于确定民事侵权精神损害赔偿责任若干问题的解释》第三条：自然人死亡后，其近亲属因下列侵权行为遭受精神痛苦，向人们法院起诉请求赔偿精神损害的。人民法院应当依法受理：（一）以侮辱、诽谤、贬损、丑化或者违反社会公共利益、社会公德的其他方式，侵害死者姓名、肖像、名誉、荣誉；（二）非法披露、利用死者隐私，或者违法社会公共利益、社会公德的其他方式侵害遗体、遗骨。

请结合该规定，从民事权利与民事能力的关系入手，试论死者人格利益的民法保护。

【参考答案】略。

民事诉讼法部分

一、概念比较题

1. 诉讼代理人与诉讼代表人

【参考答案】所谓诉讼代理人是指以被代理人的名义在代理权限内实施诉讼行为的人。诉讼代表人是指在民事诉讼中，因当事人人数众多，众多的当事人无法或不便出庭时，由其选任或指定的若干代表人代表全体当事人起诉、应诉和进行诉讼的当事人。

诉讼代理人与诉讼代表人都是代表他人为一定诉讼行为，但是两者有着根本的区别：

（1）起诉与应诉的名义不同。（2）维护的民事利益不同。（3）产生的方式不同。（4）承受的法律后果不同。

2. 证明责任与主张责任

【参考答案】证明责任是指引起法律关系发生、变更或者消灭的构成要件事实处于真伪不明状态时，当事人因法院不适用以该事实存在为构成要件的法律而产生的不利于自己的法律后果的负担。

主张责任是指当事人为了有利于自己的裁判，在诉讼中须提出有利于自己的事实的责任。

3. 当事人诉讼权利与当事人适格

【参考答案】当事人诉讼权利是指作为诉讼法律关系的参加者所依法享有的参加诉讼过程的资格与条件，而当事人适格是指能够符合法律规定的合格的当事人。

二、判断分析题

1. 在诉讼中，原告提交的证据属于本证，被告提交的证据属于反证。

【参考答案】错误。根据证据与证明责任承担者的关系来看，可将证据分为本证与反证。本证是负有证明责任的一方当事人，依照证明责任提出的证明自己主张的事实证据。反证是指不负证明责任的一方当事人提出的证明对方主张的事实不真实的证据。所以，不仅原告为了证明自己主张的事实而提出的证据是本证，被告为了证明作为答辩的基础事实存在履行其举证义务所提出的证据也是本证。

2. 在诉讼中，只要是当事人自愿达成的调解协议，人民法院都应当予以确认。

【参考答案】错误。《最高人民法院关于人民法院民事调解工作若干问题的规定》第十二条规定：调解协议具有下列情形之一的，人民法院不予确认：

（一）侵害国家利益、社会公共利益的。

（二）侵害案外人利益的。

（三）违背当事人真实意思的。

（四）违反法律、行政法规禁止性规定的。

所以，根据该规定，题干中的说法是错误的。

3. 当事人可以协商确定举证期限。

【参考答案】错误。根据《最高人民法院关于民事诉讼证据的若干规定》第三十三条规定："人民法院应当在送达案件受理通知书和应诉通知书的同时向当事人送达举证通知书。举证通知书应当载明举证责任的分配原则与要求、可以向人民法院申请调查取证的情形、人民法院根据案件情况指定的举证期限以及逾期提供证据的法律后果。"

举证期限可以由当事人协商一致，并经人民法院认可。

由人民法院指定举证期限的，指定的期限不得少于三十日，自当事人收到案件受理通知书和应诉通知书的次日起计算。

所以根据该规定，当事人可以协商确定举证期限，但同时要得到人民法院的认可。

三、简述题

简述无独立请求权的第三人，并举一例说明如何理解无独立请求权第三人参加诉讼的依据与本案的处理结果有法律上的利害关系。

【参考答案】无独立请求权的第三人是指对原告、被告双方争议的诉讼标的没有独立的请求权，但案件处理结果可能与其有法律上的利害关系而参加诉讼的人。

1. 无独立请求权的第三人的诉讼地位

《中华人民共和国民事诉讼法》第五十六条第二款规定，无独立请求权的第三人只有在人民法院判决其承担民事责任的情况下，才有当事人的诉讼权利义务。

2. 无独立请求权的第三人参加诉讼的条件

（1）无独立请求权的第三人参加诉讼的根据不是对本诉当事人主张请求权，而是因为他们之间争议的处理结果与其有法律上的利害关系。

（2）无独立请求权的第三人参加诉讼，可以自己申请，也可以由法院通知。

（3）所参加的诉讼正在进行。无独立请求权的第三人参加诉讼应限于本诉被告应诉后，本诉审理终结前。

四、案例分析题

住所地位于A市B区的甲公司与住所地位于A市C区的乙公司因合同发生争议，甲公司向合同履行地D区法院起诉，要求乙公司承担违约责任。在诉讼中，法院主持调解，乙公司承认其产品质量存在问题，有违约之事实，同意对甲公司给予赔偿。但在送达调解书时乙公司反悔，拒绝签收。乙公司同时主张由于双方就此合同纠纷的解决达成过仲裁协议，甲公司的起诉违反仲裁协议，要求法院驳回甲公司的起诉。

问题：1. 在调解中，乙公司承认其有违约之事实，是否构成自认？

【参考答案】不构成。在本案中，在调解书送达前乙公司反悔，则在调解中，乙公司承认其有违约之事实不构成自认，以后不能作为对其不利的证据。

2. 对于乙公司以其与甲公司签订了仲裁协议为由，要求法院驳回甲公司的起诉之请求，法院应当如何处理?

【参考答案】应当继续审理。本案中，乙公司提出的该主张已经是在首次开庭之后，所以人民法院应当继续审理。

经济法学部分

一、概念比较题

1.《自然法典》和《公有法典》

【参考答案】《自然法典》是1755年法国著名空想社会主义者摩莱里出版的，此书首先使用了“经济法”这个概念。《公有法典》是1843年法国著名空想社会主义者德萨米著述的，在《公有法典》中，德萨米不仅在很大程度上继承了摩莱里的经济法律思想，而且在许多方面发展了摩莱里的经济法律思想。

2. 具体行政性垄断和抽象行政性垄断

【参考答案】就行政性垄断的实施方式来看，可以分为具体行政性垄断和抽象性行政垄断。具体行政性垄断是指如强制性交易、设置关卡等具体的行政行为。抽象行政性垄断是指政府通过颁布限制竞争的法令和决议等来限制市场竞争的行为，一般包括：采取专门针对外地商品的审批、许可等手段，限制外地商品进入本地市场；在市场准入方面给予外地经营者不平等的待遇，排斥或限制外地经营者在本地投资等。

二、判断分析题

1. 经济法主体具有平等的法律地位。

【参考答案】错误。经济法主体的权限包括经济职权和经济职责、经济权利和经济义务，在经济职权和经济职责的范畴内经济法主体不具有平等的法律地位。

2. 反垄断法对企业合并的控制仅体现了行为主义的立法思想。

【参考答案】错误。反垄断法对企业合并的控制体现了行为主义和结构主义的立法思想，只是在目前社会中，行为主义的色彩更加浓厚。

三、简述题

1. 简述经济公平原则的基本内涵。

【参考答案】经济公平原则最基本的含义是指任何一个法律关系的主体，在以一定的物质利益为目标的活动中，都能够在同等的法律条件下实现建立在价值规律基础之上的利益平衡。主要内涵表现在以下几个方面：

第一，竞争公平。第二，分配公平。第三，正当的差别待遇。

2. 简述产品召回请求权及其行使。

【参考答案】在产品召回制度中，消费者的人身安全保障权最容易被缺陷产品所侵害，该权利的保障主要通过消费者对安全权的实现形式——产品召回请求权的行使来实现。

产品召回请求权在消费者的产品召回权利中处于核心的地位。消费者在发现市场销售或者使用中的产品存在可能危及人身、财产安全的缺陷时，可以向厂商提出批评和意见，要求厂商公布该产品安全质量方面的数据，并对该产品的质量进行检验、鉴定，消费者有权获悉产品检验的真实结果。如果产品确实存在缺陷，可以请求厂商召回缺陷产品。消费者也可以向政府部门反映，检举厂商违反产品质量安全强制性法规的行为，要求政府部门履行监督、管理市场和企业生产的职责，对市场上的产品进行检验、抽查。对存在缺陷的产品，可以请求政府部门指令厂商召回。消费者还可以向消费者团体反映，要求消费者团体向政府反映。产品在需要召回的情况下，如果消费者请求厂商召回而厂商不主动召回的，消费者可以请求政府部门指令其召回，或者向法院提起诉讼，请求法院判令厂商召回缺陷产品。

四、论述题

论消费者权益保护法的性质。

【参考答案】消费者权益保护法具有经济法的性质。这是因为：

1. 消费者权益保护法从消费者的利益出发，在充分考虑消费者弱者地位的基础上给予消费者以特殊的法律保护，它是对特定法律主体进行保护的法律，体现了国家对消费者利益的倾斜保护，体现了国家对社会经济生活的干预。

2. 在现代社会，消费者问题已经成为普遍的社会问题。

3. 消费者的需求是通过市场提供的商品得到满足的，从调整对象来看，消费者保护法所调整的仍然是社会经济关系，这与经济法所调整的社会关系是一致的。

4. 消费者保护法是国家基于消费者是弱者地位的考虑，作为一项社会法律对策而制定的。

从总体上说，消费者保护法所调整的仍然是经济法调整的经济关系，体现了国家干预、维护社会利益、追求实质正义的基本特性。

五、材料题

2010 年 11 月 3 日，腾讯 QQ 公司发布了致广大 QQ 用户的一封信。信的内容如下：“当你看到这封信的时候，我们刚刚做出了一个非常艰难的决定。在 360 停止对 QQ 进行外挂侵犯和任意诋毁之前，我们决定将在装有 360 软件的电脑上停止运行 QQ 软件。我们深知这样会给您造成一定的不便，我们诚恳地向您道歉。”之后，凡是安装了 360 杀毒软件的 QQ 用户即无法正常运行 QQ 程序。据报道，目前在全国即时通讯软件市场上，腾讯 QQ 公司的市场占有率已达到 80% 左右，名列第一；奇虎 360 则在互联网安全软件市场上居首位。

答题说明和要求：腾讯 QQ 公司和奇虎 360 公司之间的商业竞争涉及多方面法律问题，以上材料仅选取其中一个片段。请根据反垄断法原理就上述材料分析腾讯 QQ 公司这一行为的性质及法律责任。

【参考答案】腾讯 QQ 公司的这一行为属于滥用市场支配地位的行为。反垄断法中规定了滥用市场支配地位行为的类型主要包括：

（1）垄断价格行为。（2）掠夺性定价行为。（3）差别待遇行为。（4）拒绝交易行为。

根据以上的规定，腾讯 QQ 公司的行为应属于滥用市场支配地位的中的拒绝交易行为。

我国《中华人民共和国反垄断法》中规定，对滥用市场支配地位的行为人，首先将责令其停止违法行为，并处人民币 10 万元以上 1000 万元以下的罚款。

第三编　西政考研法学专业课基础知识点梳理

第一章　西政考研法学专业课 A 卷基础知识点梳理

本章引言

西政考研法学专业课 A 卷主要涵盖了民法学的基础知识点、刑法学的基础知识点和刑事诉讼法学的基础知识点。

民法基础知识点

第一节　导论

一、民法的调整对象

从具体层面上观察，民法的调整对象为平等主体之间的财产关系和人身关系；而从抽象层面上观察，民法的调整对象为市民社会关系。

二、民法的性质

1. 民法为私法

2. 民法为权利法

(1) 民法以私权神圣为重要原则。

(2) 民法是一个以权利为中心建立起来的规范体系。

(3) 民法规范多为授权性规范。

三、民法的作用

1. 民法为市场基本法

2. 民法是社会生活的百科全书

3. 民法是法制改革的支点

四、民法的渊源

宪法、法律、行政法规、地方性法规、最高人民法院的指导性文件和民事习惯。

目前，我国尚不承认判例、学说和法理为民法的渊源，但在法院裁判案件的过程中，如果缺乏上述六项渊源，可以通过判例、法理与学说去弥补法律漏洞，从而创造性地适用法律。

第二节　民法的基本原则

民法基本原则的内容

1. 平等原则。

（1）平等原则的含义

第一，任何民事主体在民法上都具有独立的法律人格。

第二，任何民事主体在民事活动中都居于平等的法律地位。

第三，任何民事主体在民事领域内享有的权利和负担的义务都应是对等的。

第四，任何民事主体依法取得的民事权益都受平等的法律保护。

（2）贯彻平等原则应当注意的问题

第一，树立正确的平等观。第二，反对特权。第三，消除身份的影响。

2. 意思自治原则。意思自治是指民事主体依照自己的理性判断自主参与市民社会生活，管理自己的私人事务，不受国家权力或其他民事主体的非法干预。

（1）意思自治原则的内含

第一，意志自由。第二，自己责任。

（2）贯彻意思自治原则应当注意的问题

第一，贯彻意思自治原则，最核心的问题是阻止国家行政对经济活动和民事社会生活的不适当干预。第二，贯彻意思自治原则，避免一部分民事主体对另一部分民事主体的强制。

3. 诚实信用原则

（1）诚实信用原则为道德规范的法律化

（2）诚实信用原则的含义

民事主体在民事活动中应当善意、诚实、信用。善意要求民事主体内心纯洁，在民事活动时主观上不能有损人利己的心理，并且要以应由的注意程度防止损害他人利益。

4. 公平原则

（1）公平原则的含义

公平原则的基本含义包括三个方面：第一，要求人们对利益或损害的分配在主观心理上应持公平的态度，即“于利益不自取过多而与人过少；于损害也不自取过少而于人过多。”第二，要求民事交往，特别是财产交往遵循价值规律，等价有偿，反对暴力。第三，要求民事案件的处理结果应当符合公平、正义的要求，法院在法律缺乏具体的规定时，也应遵循公平的精神作出判决，以期产生良好的社会效果。

（2）民法贯彻公平原则的手段

民法对公平原则的贯彻主要是通过以下手段完成的：第一，在民事主体之间合理地配置权利和义务，使民事主体在实现自身利益享有权利的同时，也为实现对方或他人的利益负担相应的义务。第二，确立处理结果不公平的民事关系的特殊法律规则。

5. 公序良俗原则

（1）公序良俗原则的含义与作用

公序良俗是公共秩序、善良风俗的合称。公共秩序是指国家和社会存在与发展所必需的一般秩序，包括法律秩序以及隐藏在法律秩序背后的根本原则和根本理念。善良风俗是指特定国家和社会存在与发展所必需的一般伦常道德。

（2）违反公序良俗的行为类型

一般认为，下列行为违反公序良俗：

①危害国家公序的行为类型。②危害家庭关系的行为类型。③违反性道德的行为类型。④射幸行为类型。⑤违反人权和人格尊重的行为类型。⑥限制经济自由的行为类型。⑦违反公平竞争的行为类型。⑧违反消费者保护的行为类型。⑨违反劳动者保护的行为类型。⑩暴利行为类型。

第三节　民事法律关系

一、民事权利能力和民事义务能力

民事权利能力又称法律人格，或者简称人格（与人格权中的人格含义不同），指据以充当民事主体，享受民事权利和承担民事义务的法律地位和法律资格。民事行为能力指民事主体据以独立参加民事法律关系，以自己的行为取得民事权利或承担民事义务的法律资格。

二、民事责任能力和民事行为能力

民事责任能力又称侵权行为能力，指民事主体据以独立承担民事责任的法律地位或法律资格。

民事行为能力指民事主体据以独立参加民事法律关系，以自己的行为取得民事权利或承担民事义务的法律资格。

三、民事法律关系变动的原因

民事法律关系的发生、变更和消灭都必须建立在一定的原因上，导致民事法律关系变动的原因被称为民事法律事实。民事法律事实可以分为两类，即自然事实和人的行为。(1) 自然事实是指人的行为之外的，与民事主体的意志无关的，能够引起民事法律关系变动的一切客观情况，包括状态和事件两项内容。(2) 人的行为是与人的意志有关的，能够引起民事法律关系发生、变更、消灭的人的有意识的活动。

四、民事权利的概念

民事权利是指民法规范赋予民事主体为实现受法律保护的利益为一定行为，或者请求民事义务主体为一定行为或不为一定行为的可能性或者意思自由。

五、民事权利的分类

（1）财产权和人身权，（2）绝对权和相对权，（3）支配权、请求权、形成权、抗辩权，（4）主权利和从权利，（5）专属权和非专属权，（6）既得权与期待权。

六、滥用权利的禁止

一般认为，构成权利滥用须有以下构成要件：第一，须有正当权利存在；第二，须行使权利损害他人利益或社会利益；第三，须有损害他人或社会利益的故意。

七、民事责任与民事义务

在民事责任与民事义务相互区分的观念下，二者之间的差别可以概括为以下几个方面：

（1）法律性质不同，（2）发生条件不同，（3）法律拘束力不同。

八、民事责任的本质

（1）民事责任为民事法律关系的构成要素。

（2）民事责任使民事权利具有法律上之力。

（3）民事责任是连接民事权利与国家公权力的中介。

九、民事责任的分类

（1）以责任的内容为标准，区分为财产责任与非财产责任。

（2）在财产责任中，以责任人违反义务的性质为标准，可以进一步区分为违约责任和侵权责任。

（3）以责任人承担责任，是否局限于一定范围为标准，可以将财产责任区分有限责任与无限责任。

（4）以责任人的人数为标准，可以区分为单独责任与共同责任。

十、民事责任的形式

民事责任的形式是指违法行为人承担民事责任的具体方式。我国《民法通则》规定了10种民事责任形式，分别为停止侵害，排除妨碍，消除危险，返还财产，恢复原状，修理、重作、更换，赔偿损失，支付违约金，消除影响、恢复名誉，赔礼道歉。

十一、物的概念

民法上的物是指自然人人体之外，能够满足人们需要并且能够被支配的物质实体和自然力。

十二、物的分类

物的分类主要包括：

（1）动产和不动产，（2）流通物与限制流通物、禁止流通物，（3）特定物与种类物，（4）主物与从物，（5）可分物与不可分物，（6）可消耗物与不可消耗物，（7）原物与孳息。

十三、特殊意义的物

特殊意义的物主要包括：

（1）货币，（2）有价证券。

基于有价证券移转方式的不同，可以将其区分为以下类型：

（1）记名有价证券，（2）不记名有价证券，（3）指示有价证券，指在证券上载明第一位取得政权权利人的姓名或者名称的有价证券，这类证券可以自由转让。

第四节　自然人

一、自然人的概念

自然人是相对于法人的民事主体，指因出生而取得民事主体资格的人。

二、自然人民事权利能力的开始

（一）出生的证明

出生证明有三种方式：第一，户籍证明。第二，医院证明。第三，其他证明。在没有户籍证明也没有医院证明的情况下，只能参照其他手段来确定和证明自然人的出生时间。

（二）胎儿的保护

为了保护胎儿出生后的生存利益，我国《中华人民共和国继承法》规定胎儿有继承权，在分割遗产时，应保留遗腹子即胎儿的继承份额，只要出生时不是死胎，其继承权即可实现。应当为胎儿保留的继承份额，如胎儿出生后死亡的，由胎儿的继承人继承；如胎儿出生时就是死体的，由被继承人的继承人继承。值得注意的是，我国法律对胎儿利益的保护范围非常狭窄，仅仅局限于继承领域。

三、自然人民事权利能力的终止

根据《中华人民共和国民法通则》，自然人的权利能力因死亡而终止，因此死亡是自然人民事权利能力终止的唯一原因。

死亡时自然人的生命消失，死亡方式有两种：一种是自然死亡，另一种是宣告死亡。

四、自然人的民事行为能力的划分

根据《中华人民共和国民法通则》，自然人将划分为完全行为能力人、限制行为能力人和无民事行为能力人。

五、无行为能力或限制行为能力人可以单独实施的行为

1. 使无民事行为能力、限制行为能力人纯获利益的行为。
2. 无民事行为能力、限制行为能力的未成年人自由财产的处分行为。
3. 被许可营业的无民事行为能力、限制行为能力的未成年人。
4. 缔结劳动合同和请求劳动报酬。
5. 日常生活中的定型化行为，如利用自动售货机、利用公共交通工具、进入游园场所等。

六、监护的概念

监护是对无民事行为能力、限制民事行为能力人的人身、财产和其他合法权益依法实行的监督和保护。

七、监护的分类

按监护的设立方式，可以分为法定监护、指定监护、约定监护、委托监护和遗嘱监护。

八、未成年人的监护

我国未成年人的监护，有以下几种情形：

1. 未成年人的父母为当然的监护人，其监护人资格从未成年人出生时当然取得，不需任何程序和手续。

2. 父母双方死亡或者没有监护能力的，由下列有监护能力的人担任监护人：祖父母、外祖父母，兄、姐，关系密切的其他亲属、朋友。其中，祖父母、外祖父母、兄、姐，属于法定监护人，其担任监护人为法定义务。关系密切的其他亲属、朋友，并无法定义务，而且与未成年人的联系较为疏远，他们担任监护人，除应有监护能力外，还须具备两个条件：一是愿意担任监护人；二是经未成年人父母所在单位或未成年人住所地的居民委员会、村民委员会的同意。

3. 没有上述监护人的，由未成年人父母所在地单位或未成年人住所地居民委员会、村民委员会或民政部门担任监护人。

九、亲权与监护权的区别

第一，法律属性不同；第二，主体不同；第三，保护对象不同；第四，内容不同。

十、监护人职责的具体内容

根据《中华人民共和国民法通则》的规定，监护人有如下几项职责：

1. 保护被监护人的人身、财产及其他合法权益。
2. 担任被监护人的法定代理人，代理被监护人进行民事活动、事实法律行为。
3. 对被监护人进行管理教育，并承担被监护人致人损害的侵权责任。
4. 监护人不履行监护职责或履行监护职责不当侵害被监护人的合法权益，给被监护人造成财产损失的，应负损害赔偿责任。

十一、监护人的变更

监护人的变更是指在监护期间内更换监护人。监护人变更有当事人自行协商变更与依法定程序变更两种方式。

十二、监护的终止

监护的终止即监护关系的消灭，导致监护终止的原因主要有：

1. 被监护人获得完全民事行为能力。
2. 监护人或者被监护人一方死亡，为无论是自然死亡或者宣告死亡。

3. 监护人丧失民事行为能力。

4. 监护人辞职。

5. 监护人被撤职。

6. 委托监护因委托关系消灭而终止。

十三、宣告失踪的概念和条件

（一）宣告失踪是指自然人离开自己的住所或居所，没有任何消息达2年，处于生死不明的状态，经利害关系人申请，法院在查明事实后，依法宣告该自然人为失踪人，以结束其财产关系上的不确定状态的制度。

（二）宣告失踪的条件

1. 自然人下落不明满2年。2. 利害关系人的申请。3. 经人民法院宣告。

十四、宣告失踪的法律效果

1. 为失踪人设立财产代管人。2. 财产代管人的职责。

十五、失踪人出现的法律后果

下落不明达法定期限的自然人被宣告失踪之后，完全可能重新出现或查明其下落。发生这种情况时，经其本人或利害关系人的申请，法院应撤销对他的失踪宣告。其财产管理人应向他交付代管的财产及其收益，并汇报财产管理情况，提交财产收支账目。

十六、宣告死亡的概念及条件

1. 宣告死亡是自然人下落不明达到一定期限，经利害关系人申请，法院宣告其已经死亡的法律制度。

2. 宣告死亡的条件

宣告死亡的条件与宣告失踪的条件基本相同，都要有自然人失踪的事实、利害关系人的申请、法院宣告，但从总体上说，宣告死亡的条件比宣告失踪更严格。

（1）自然人下落不明达到法定期限。（2）利害关系人提出申请。（3）人民法院宣告。

十七、宣告死亡的法律效果

宣告死亡发生与自然死亡相同的法律效力，即以被宣告死亡人原住所地为中心的一起民事法律关系全部消灭。因此，在宣告死亡后，被宣告死亡人婚姻关系解除，其配偶可与他人结婚。其继承人可继承其遗产，其所负担的人身性债务关系消灭。

如果被宣告死亡人实际上还生存于他方，其在当地的法律关系并不因在原住所地被宣告死亡而受影响，即在当地所实施的民事法律行为并不因其在原住所地被宣告死亡而无效。如果事后查明，自然人实际死亡的时间与宣告死亡的时间不符合，仍应维护宣告死亡的法律后果。但该自然人在实际死亡之前实施的民事法律行为如果与宣告死亡引起的法律后果相抵触，则应以其实施的民事行为为准。

第五节 法人

一、法人的分类

（一）外国立法和学理上对法人的分类

1. 公法人和私法人。2. 社团法人和财团法人。3. 公益法人与营利法人。

（二）我国法人的分类

1. 企业法人。2. 非企业法人。非企业法人是指以从事国家管理、社会公益事业等非生产经营活动为目的的法人组织。具体包括：机关法人、事业单位法人、社团法人、捐献法人。

二、法人成立的条件

根据《中华人民共和国民法通则》第三十七条规定，法人应当具备下列条件：

1. 依法成立。
2. 有必要的财产或经费。
3. 有自己的名称、组织机构和场所。
4. 能够独立承担民事责任。

三、法人的权利能力和自然人的权利能力的区别

与自然人相比，法人的权利能力呈现出自身鲜明的特征，就权利能力而言，法人与自然人的不同之处在于：第一，起止时间不同。第二，范围不同。第三，自然人和法人各有自己特有的民事权利能力，不能相互享有和替代。

四、法人的行为能力和自然人的行为能力的区别

就行为能力而言，法人相对于自然人的特点为：第一，法人的行为能力与权利能力一起发生和消灭，两者开始和终止的时间并不一致，先有权利能力，后有行为能力。第二，法人的权利能力和行为能力的范围完全一致，由于法人的权利能力为特殊的，法人的行为能力也是特殊的。因此，各个法人彼此的行为能力也并不一样。第三，法人的行为能力由它的机关或代表人来实现，法人的机关或代表人的行为就是法人的行为，法人应承担其法律效果，这是由法人是社会组织的特点所决定的。

五、法人越权行为的效力

1. 法人越权原则的确立

越权原则主要存在于企业法人，是指法人应当在法律或法人章程确定的目的范围（在我国称为经营范围）内从事经营活动，法人机关特别是法人的法定代表人超越该目的范围所为的民事行为归于无效。

2. 对法人越权原则理论基础的质疑与批评

尽管存在上述对法人原则的合理性所作的解释，但这种解释本身却并未深刻严明，法人越权原则的理论假设和前提并不正确。

六、法定代表人的概念

法定代表人是指依照法律或法人章程规定，并经主管登记机关核准登记注册，对外代表法人从事民事活动，并以法人名义取得民事权利和承担民事义务的负责人。

七、法定代表人的权利

法定代表人的主要权利是对外代表法人进行活动。具体包括：行为权、委托权和追认权。

八、法定代表人的义务

法定代表人的主要义务包括：忠实义务、勤勉义务、诚信义务、保守法人秘密的义务和竞业禁止的义务。竞业禁止有两层含义：一是指法定代表人不得自己从事与本法人所经营业务相同或有竞争关系的业务活动；二是指法定代表人不得作为与本法人业务相同或有竞争关系的其他法人的法定代表人。

九、法人人格否认制度

（一）法人人格否认的概念

法人人格否认在英、美、法等国家又被称为“揭开法人的面纱”、“法人实体之否认”或者“刺穿法人的面罩”，在德国被称为“直索责任”，在日本人则被称为“法人人格形骸化理论”，是指对已具有独立资格的法人组织在具体的法律关系中，如果其成员出于不正当目的滥用法人人格，并因此对债权人利益造成损害的，法院可基于公平正义的价值理念，否认该法人的独立法律人格，并责令滥用法人人格的成员直接对法人的债务承担连带责任的一种法律制度。

1. 法人人格否认理论是民法中权利不得滥用原则在法人领域的扩张和具体化。

2. 法人人格否认理论是权利义务相一致原则的具体体现。

（二）法人人格否认的条件

1. 被否认者具有合法有效的法人资格。2. 法人成员滥用了法人的法律人格。3. 法人成员滥用法人人格损害了法人债权人的合法权益。4. 法人成员不能为其本身利益而主张法人人格否认。

（三）法人人格的否认得以适用的情形

1. 法人设立条件暂时丧失。2. 虚设法人滥用法人人格的行为。3. 利用法人人格规避法律义务。4. 利用法人人格规避契约债务或其他债务。5. 利用法人人格诈害债权人。6. 法人与其成员人格混同行为。7. 过度操纵规避法律的行为。

十、法人的变更

（一）法人变更的概念

法人的变更指法人在存续期间内，法人的组织形式和其他重要事项发生变化。

（二）法人变更的类型

1. 法人的合并。2. 法人的分立。3. 责任形式的变更。

（三）法人的其他重要事项的变更

法人的其他重要事项的变更指法人的活动宗旨和业务范围等事项的变化，包括名称、住所、经营范围、资本额的变动等。这些变动虽不消灭旧的法人、产生新的法人，但影响了法人的权利能力和行为能力。

十一、法人的消灭

法人的消灭是指法人丧失民事主体资格，导致其权利能力和行为能力的终止。

法人的消灭主要有以下几个原因：

1. 依法被撤销。2. 解散。3. 破产。4. 其他原因，主要有国家经济政策调整、发生战争等。

第六节　合伙

一、合伙的概念

合伙是指两个以上的民事主体互约出资，共同经营，共负盈亏的自愿联合，是通过合伙协议建立的一种追求共同目的的共同法律关系。

二、合伙的法律特征

（1）合伙以合伙协议为成立基础。（2）合伙以合伙组织为活动形式。（3）合伙须经全体合伙人共同出资、合伙经营。（4）合伙须全体合伙人共享收益、共担风险。

三、普通合伙企业的设立条件

1. 有两个以上合伙人，并且都是依法承担无限责任者。2. 有书面合伙协议。3. 有各合伙人实际缴纳的出资。4. 有合伙企业名称。5. 有营业场所和从事经营的必要条件。

四、有限合伙企业的设立条件

（1）除法律另有规定外，有限合伙企业应有两个以上五十个以下合伙人，其中至少有一个为普通合伙人。已经成立的有限合伙企业仅剩有限合伙人的，应当解散；有限合伙企业仅剩普通合伙人的，转为普通合伙企业。（2）有书面合伙协议。（3）有各合伙人实际缴付的出资。有限合伙人不得以劳务出资。（4）有限合伙企业在其名称中应当注明“有限合伙”字样。

五、合伙企业的设立登记

合伙企业的设立登记应当按照下列程序进行：（1）向企业登记机关提出登记申请，并提交全体合伙人签署的合伙申请书、全体合伙人的身份证明、合伙协议、出资权属证明、经营场所证明以及其他文件。（2）企业登记机关审核。合伙企业的营业执照签发日期为合伙企业的成立日期。

六、合伙企业解散

合伙企业解散是指各合伙人解除合伙协议，合伙企业终止活动。合伙企业有下列情形之一的，应当解散：（1）合伙期限届满，合伙人决定不再经营；（2）合伙协议约定的解散事由出现；（3）全体合伙人决定解散；（4）合伙人已不具备法定人数满三十天；（5）合伙协议约定的合伙目的已经实现或者无法实现；（6）依法被吊销营业执照、责令关闭或者被撤销；（7）有限合伙企业只剩有限合伙人；（8）法律、行政法规规定的其他原因。

七、合伙企业的清算

合伙企业解散时，应当进行清算。

1. 确定清算人

合伙企业解散，清算人由全体合伙人担任；不能由全体合伙人担任清算人的，经全体合伙人过半数同意，可以自合伙企业解散后15日内指定一名或者数名合伙人，或者委托第三人担任清算人。清算人在清算期间履行下列职责：（1）清理合伙企业财产，分别编制资产负债表和财产清单；（2）处理与清算有关的合伙企业未了结事务；（3）清缴所欠税款；（4）清理债权、债务；（5）处理合伙企业清偿债务后的剩余财产；（6）代表合伙企业参加诉讼或者仲裁活动。

2. 通知、公告债权人

清算人自被确定之日起10天内将合伙企业解散事项通知债权人，并于60天内在报纸上公告。债权人应当自接到通知书之日起30天内，未接到通知书的自公告之日起45天内，向清算人申报债权。

3. 财产清偿顺序

合伙企业财产在支付清算费用后，按下列顺序清偿：（1）合伙企业所欠招用的职工工资和劳动保险费用；（2）合伙企业所欠税款；（3）合伙企业的债务；（4）返还合伙人的出资；（5）分配利润。

第七节　民事法律行为

一、民事法律行为的概念

民事法律行为简称法律行为，是指民事主体基于意思表示，设立、变更、终止民事法律关系的合法行为，是引起私法上效果的最重要的法律事实。

二、民事行为和民事法律行为

民事行为是指民事主体通过意思表示，设立、变更、终止民事权利义务关系的行为，即民事行为是表意行为。它和民事法律行为的区别在于没有合法性要求。民事行为是上位概念，民事法律行为是下位概念。民事行为符合法律要求者（具备合法性）为民事法律行为，欠缺法律要求应当具备的条件者根据欠缺条件的性质和重要程度，民事行为或者无效，或者可撤销，或者效力待定。

民事法律行为的分类：

1. 单方法律行为双方法律行为和多方法律行为。2. 有偿法律行为和无偿法律行为。3. 单务法律行为和双务法律行为。4. 诺成法律行为和实践法律行为。5. 要式法律行为和不要式法律行为。6. 主法律行为和从法律行为。

三、民事法律行为的形式

（一）口头形式

（二）书面形式

有如下几种分类：

1. 公证形式。2. 鉴证形式。3. 审核登记形式。

（三）推定形式

推定形式指当事人通过有目的、有意义的积极行为将其内在意思表示于外部，使他人可以根据常识、交易习惯或相互间的默契，推知当事人已作出某种意思表示，从而使法律行为成立。

（四）沉默方式

指既无语言表示又无行为表示的消极行为，在法律有特别规定的情况下，视为当事人的沉默已构成意思表示，由此使法律行为成立。

四、民事法律行为的成立要件

（一）民事法律行为的一般成立要件

民事行为的一般成立要件是确认一切法律行为是否成立的标准，包括当事人、标的、意思表示三项内容。单就意思表示而言，作为法律行为的一般成立要件，包括以下基本要求：

1. 行为人的意思表示中包含设立、变更或终止民事法律关系的意图。

2. 行为人的意思表示必须完整地表达将要设立、变更或终止民事法律关系的必须内容。

3. 行为人必须以一定的方式将自己的内心意图表示于外部，可以由他人客观地加以识别。

（二）民事法律行为的特别成立要件

法律行为中的合同行为、要物行为和要式行为的成立，除了需具备一般成立要件外，还须具备特别成立要件。在合同行为的成立中，须具备当事人双方意思表示达成一致的特别成立要件；在要物行为中，需具备交付标的物的特别成立要件；在要式行为中，须具备采用特别表意形式或履行特定程序的特别成立要件。

五、民事行为的有效要件

民事法律行为的有效指民事行为因符合法律规定而能发生当事人预期的法律效果之效力。根据法律行为的不同性质，法律规定了法律行为的一般有效要件和特别有效要件。

（一）民事法律行为的一般有效要件

1. 行为人具有相应的行为能力。2. 当事人的意思表示真实。3. 不违反法律或者社会公共利益。

（二）民事法律行为的特别有效要件

通常情况下，法律行为具备一般要件，即产生法律效力。但在特殊情况下，还须具备特别有效要件才能发生法律效力，例如附延缓条件或延缓期限的法律行为、遗嘱行为，成立且具备有效要件为，并不能马上生效，只有在条件成就、期限届至或遗嘱人死亡后，上述法律行为才发生法律效力。上述使法律行为具有完全效力的因素为法律行为的特别有效要件。

（三）民事法律行为的转换要件

对不同性质的法律行为，法律要求的有效要件可能不同，于是有些法律行为按照一种有效要件来看可能无效而按照另一种有效要件来判断可能无效。当这种情况出现后，如果可以认为行为人若知其无效，即欲为他种法律行为者，就应当将其转化为应当归属的那一类行为，使其按照该种法律行为发生效力，而不应当简单地认定其无效。

六、意思表示的构造

意思表示是民事法律行为最核心的要素，是民事法律行为区别于事实行为的根本标志。意思表示是民事主体将其发生一定民事法律后果的内在意图加以表达的行为。通说认为，意思表示由效果意思、表示意思与表示行为三项要素构成。

效果意思是指表意人基于某种动机形成的、存在于内心的、意欲发生一定民事法律效果的意思，即所谓真意。

表示意思是指表意人欲将其效果意思表现于外部的意思。它是联系效果意思与表示行为的中介和桥梁。

表示行为是指表意人将效果意思予以表达的行为。

七、意思表示不一致

（一）故意的不一致

1. 真意保留

真意保留指表意人故意隐匿其内心真意，而表示与其真意不同的意思的意思表示，又称单独的虚伪行为。

真意保留需具备三个条件：一是须有意思表示；二是须表示与真意不符；三是须表意人明知表示与真意不符。

在真意保留的情况下，法律行为原则上有效，但如果真意保留的事实为相对人所明知，法律行为应无效。

2. 虚伪表示

虚伪表示指表意人与相对人同谋而为的虚假的意思表示。

虚伪表示须具备三要件：一是须有意思表示；二是须表示与真意不符；三是须表意人与相对人同谋为不真实的意思表示。

在虚伪表示的情况下，双方当事人都无意发生表示出来的法律后果，因此法律行为原则上不发生效力。值得注意的是，虚伪表示虽不代表当事人的内心真意，但虚伪表示中可能隐藏着当事人的真意，该真意所构成的行为在民法理论上被称为隐藏行为。隐藏行为是否有效应看该行为本身是否符合法律规定的有效要件。

（二）无意的不一致

1. 错误

错误指表意人因误认或不知，导致其表示与意思不一致。意思表示的错误包括多种情形：第一，关于当事人本身之错误；第二，关于标的物本身之错误；第三，关于当事人资格之错误；第四，关于标的物性质之错误；第五，关于法律行为性质之错误；第六，关于价格、数量、履行地点、期限与方式等之错误；第七，关于动机之错误。

2. 误传

误传指因意思表示传达人之错误而导致的表示与意思的不一致。误传的法律效力应与错误相同。误传与故意误传不同，故意误传是指传达人故意违背表意人之指示，擅自变更意思表示之内容。通说认为，表意人使用他人传达意思表示，造成传达人故意误传之危性，而表意人比相对人更容易控制这些危险，因此该传达不实的危险由表意人负担更为合理。

八、意思表示不自由

（一）欺诈

构成欺诈须具备以下要件：第一，须有欺诈人的欺诈行为；第二，欺诈人必须有欺诈的故意；第三，须表意人因相对人的欺诈而陷入错误；第四，须对方因陷入错误而为意思表示。

（二）胁迫

构成胁迫须满足以下要件：第一，须胁迫人实施胁迫行为；第二，胁迫人须有胁迫的故意；第三，胁迫的本质在于对表意人的自由意思加以干涉，所以胁迫行为应具有违法性；第四，须相对人受胁迫而陷入恐惧状态。第五，须相对人受胁迫而为意思表示。

（三）乘人之危

构成乘人之危须满足以下要件：第一，须有表意人在客观上正处于急迫需要或紧急危难的境地；第二，须有行为人乘人之危的故意，即相对人明知表意人正处于急迫需要或紧急危难的境地，却故意加以利用，使表意人因此而被迫作出对行为人有利的意思表示；第三，须相对人实施了足以使表意人为意思表示的行为；第四，须相对人的行为与表意人的意思表示之间有因果关系；第五，须表意人因其意思表示蒙受重大不利。

九、无效民事行为

（一）无效民事行为的概念

无效民事行为是已经成立，但欠缺法律行为的有效要件，不能按照行为人的意思表示发生法律效力的民事行为。

（二）无效民事行为的种类

1. 行为人不具有相应的行为能力

2. 意思表示不真实

（1）因欺诈而导致的意思表示不真实。（2）因胁迫而导致的意思表示不真实。（3）因乘人之危而导致的意思表示不真实。

3. 违反法律或社会公共利益

（1）恶意串通，损害国家、集体或者第三人利益的民事行为。（2）违反国家指令性计划的民事行为。（3）以合法形式掩盖非法目的的民事行为。（4）一方以欺诈、胁迫手段实施的，损害国家利益的合同行为。

十、可撤销的民事行为

（一）概念

可撤销的民事行为是指因为行为欠缺法律规定的有效要件，因该行为受损害的当事人可依其自主意思，请求法院或者仲裁机构撤销该行为，使其效力归于消灭的民事行为。

（二）种类

1. 因重大误解而为的民事行为。重大误解的民事行为指法律行为的当事人在作出意思表示时，对涉及民事行为法律效果的重要事项存在认识上的显著缺陷，在此基础上实施的民事行为。

2. 显失公平的民事行为。显失公平的民事行为是指民事法律关系主体的权利、义务和利益不均衡。

（三）撤销权的行使

1. 撤销权的概念。法律行为中的一方当事人通过自己单方面的意思表示使法律行为的效力归于消灭的权利。

2. 撤销权的行使。（1）实现撤销权，即撤销权人以自己单方的意思表示使法律行为的效力归于消灭，这种意思表示须向法院或仲裁机构作出，而非仅向相对人作出。若法院或仲裁机关承认撤销权人的撤销权，则法律行为的效力原则上溯及于其成立之时消灭。但在法律行为为继续行为时，撤销民事行为的裁断对将来生效，不具有溯及力。（2）变通实现撤销权，即撤销权人并不追求使民事行为无效，谋求变更其有关内容，变更的表示也须向法院或仲裁机关作出。

（四）撤销权的消灭

撤销权因下列原因消灭：

1. 抛弃。抛弃的方式有两种，一是明确表示放弃撤销权；二是以自己的行为，不履行义务，放弃撤销权。

2. 在法律规定的撤销期限内没有行使撤销权。该期限为一年，从法律知道或者应当知道撤销事由之日起算。

十一、效力为未定的民事行为

（一）概念

效力未定的民事行为指民事行为有效或者无效尚未确定，需要由第三人意思表示辅助或者特定事实条件成就效力才能确定的民事行为。

（二）种类

1. 无权处分行为

2. 无权代理行为

3. 债务承担

4. 限制民事行为能力人实施的超越其行为能力范围的民事行为

（三）追认

1. 追认权的性质

追认权是权利人事后确定民事行为效力的一种形成权。追认权人追认或拒绝追认的意思表示从到达相对人时发生效力，无须相对人承诺，其作用在于补正相关行为所欠缺的生效要件。

2. 追认权的行使

（1）追认权人追认或拒绝追认的意思表示应向效力未定行为的相对人为之，向无权处分人、无权代理人、限制民事行为能力人所为追认或拒绝追认的意思表示，不发生效力。

（2）追认权人追认的意思表示必须在法定的催告期间内以明示的方式向相对人作出，

过期不为追认的意思表示，视为拒绝追认。

3. 追认与拒绝追认的法律效果

（1）追认的法律效果，自始确定的发生效力。（2）拒绝追认的法律效果，自始确定地不发生效力。

（四）相对人的催告权与撤销权

1. 相对人的催告权

效力未定行为的相对人在得知其与对方实施的民事行为存在效力未定的事由后，可以将此事实告知追认权人，并敦促追认权人在一定期限内答复是否追认。经相对人催告后，追认权人应于相对人依法确定的期限内答复是否追认，不予答复的视为拒绝追认。追认期限为 1 个月。

2. 相对人的撤销权

效力未定的民事行为被追认，善意相对人有撤销的权利。撤销应当以通知的方式作出。相对人撤销其意思表示的意思，可以向追认权人表示，也可以向对方行为人即无权处分人表示，相对人撤销其意思表示后，效力未定民事行为相当于未成立，因此也就不发生效力。

十二、民事行为被确认无效或被撤销的法律后果

无效是不发生当事人在意思表示中期待的效力，并非不发生任何效力。主要法律效果如下：

（1）财产返还。（2）赔偿损失。（3）其他法律后果。当事人恶意串通，实施的民事行为损害国家、集体或者第三人利益时，追缴所取得的财产，收归国家、集体所有或返还给第三人。

十三、附条件的法律行为

（一）条件的种类

1. 依条件的功能不同分为

延缓条件，又称为停止条件或生效条件，指法律行为效力发生的条件，在条件成就之前，法律行为已经成立，且符合一般生效要件，但其效力处于停止的状态，当事人此刻拥有的权利为期待权，待到条件成就时，期待权才转化为既得权利。

解除条件，又称为终止条件或生效条件，指导致民事法律行为效力消灭的条件。在条件成就前，法律行为已经发生效力，于条件成就时其法律效力丧失。

2. 依条件的客观形态为标准分为

积极条件，是指以将来事实的发生为条件成就的条件。

消极条件，是指以将来事实不发生为条件成就的条件。

（二）对附条件法律行为的保护

对当事人恶意促使条件成就的，法律视为条件不成就；恶意促使条件不成就的，法律视为条件已成就。

十四、附期限的法律行为

（一）概念

附期限的法律行为是以一定期限的到来为效力开始或终止原因的法律行为。任何期

限都是确定的要到来的，而条件的成就与否具有不确定性。

（二）期限的种类

延缓期限，又称始期，即法律行为所附的使法律行为成立、有效后并不发生效力，而待期限到来后才开始生效的情况。

解除期限，又称终期，即法律行为所附的使法律行为成立、有效后即发生效力，而待期限到来时使其效力消灭的情况。

（三）期限的到来

1. 以期日设定期限者，以该期限到来的时限为期限到来的时限。2. 以一定的期间为期限者，以该期间的最后一日的终止日为期限到来。3. 以事件的发生为期限者，以该事件发生的时点为期限到来。

第八节　代理

一、代理的特征

1. 代理人应在代理权限内独立地为意思表示。2. 代理人必须以被代理人的名义进行活动。3. 代理行为的法律效果直接归属于被代理人。

二、代理的适用范围

（一）可以使用代理的行为

严格来说代理只能适用于法律行为，此外还可以扩展适用于以下行为：（1）申请行为，即请求国家有关部门授予某种资格或特许权的行为；（2）申报行为，即向国家有关部门履行法定的告知义务和给付义务的行为；（3）诉讼行为。

（二）不可适用代理的行为

1. 具有人身性质的行为。2. 违法行为。3. 事实行为。

三、代理的分类

1. 委托代理、法定代理与指定代理（以代理权发生原因之不同区分）。2. 本代理与复代理（以代理人选任和产生的不同区分）。3. 概括代理和限定代理（以代理权是否被限定为区分）。4. 单独代理与共同代理（以代理人的人数为区分）。

四、代理权的性质

关于代理权的性质，学界有多种学说。

1. 权利说。2. 权力说。3. 资格说。

五、代理权的产生

1. 法定代理的代理权依法律规定而直接产生。2. 委托代理的代理权因被代理人的委托授权行为而发生。3. 委托授权行为的形式可以采用书面形式，也可以采用口头形式。4. 授权不明确的法律责任。委托书授权不明确的，被代理人应当向第三人承担民事责任。

六、代理人的义务

1. 为被代理人的利益实施代理行为的义务。2. 亲自代理的义务。3. 报告义务。4. 保密义务。

七、代理权滥用之禁止

1. 自己代理之禁止。2. 双方代理之禁止。3. 代理人懈怠行为与诈害行为之禁止。

八、复代理

复代理又称再代理，是代理人为了实施代理权限内的全部或部分行为，以自己的名义选定他人担任自己的被代理人的代理人，该他人称为复代理人，其代理行为产生的法律效果直接归属于被代理人。

九、代理权的消灭

（一）委托代理权的消灭

1. 代理权限届满或代理事务完成。2. 被代理人取消委托或代理人辞去委托。3. 代理人死亡。4. 代理人失去行为能力。5. 作为被代理人或代理人的法人终止。

（二）法定代理和指定代理权的消灭

1. 被代理人已取得或恢复行为能力，使代理成为不必要。2. 被代理人死亡或代理人死亡、丧失行为能力。3. 指定机关撤销对指定代理人的指定。

（三）代理权消灭的效果

1. 代理权消灭后，代理人不得再以被代理人的名义进行活动，否则即为无权代理。2. 代理权消灭后，代理人在必要和可能的情况下，应向被代理人或其继承人、遗嘱执行人、清算人、新代理人等，就有关代理事务即有关财产事宜作出报告和移交。3. 委托代理人应向被代理人交回代理证书及其他代理权的凭证。

十、无权代理的概念

（一）无权代理是代理人不具有代理权所实施的代理行为。无权代理包括以下三种情况：

1. 根本未经授权的代理。2. 超越代理权的代理。3. 代理权已终止的代理。

（二）特征

1. 行为人所实施的法律行为符合代理行为的表面特征。2. 行为人实施的代理行为不具有代理权。

十一、狭义无权代理

（一）概念

狭义无权代理是表见代理之外的无权代理，在狭义无权代理中，客观上并不存在足以使第三人相信无权代理人拥有代理权的事实，第三人通常明知代理人没有代理权，或者虽然不知代理人没有代理权，但其不知系因过失导致。

（二）法律效果

对被代理人而言，为效力未定行为。

（三）被代理人拒绝追认的法律效果

如果被代理人拒绝追认，则其确定地对被代理人不发生效力。未经追认的无权代理行为，由行为人即无权代理人承担民事责任。此处的承担民事责任，是指无权代理人自己作为当事人履行该民事行为中的第三人的义务，或者在不能履行时对善意第三人承担损害赔偿责任。

十二、表见代理

（一）概念

表见代理是被代理人的行为足以使善意第三人相信无权代理人具有代理权，基于此项信赖与无权代理人进行交易，由此造成的法律效果强使被代理人承担的制度。

（二）构成要件

1. 客观上存在使善意第三人相信无权代理人拥有代理权的理由。

2. 第三人为善意且无过失。

3. 无权代理人与第三人所为的民事行为合于法律行为的有效要件和代理行为的表面特征。

4. 被代理人过错。

（三）发生原因

1. 被代理人以书面或者口头形式直接或间接向第三人表示他人为自己的代理人，而事实上并未对该他人进行授权，第三人信任被代理人的表示而与之为交易。

2. 被代理人将有证明代理权之存在意义的文件，如本人印鉴、单位业务介绍信、合同专用章、盖有公章的空白合同书交给他人，第三人信赖这些文件而与该他人为交易。而事实上，被代理人对该他人并无授予代理权的意图。

3. 代理证书授权不明，代理人超越代理权限的代理行为，第三人善意无过失地因代理证书的授权不明相信其为有权代理。

4. 代理关系终止后被代理人未采取必要措施公示代理关系终止的事实并收回代理人持有之代理证书，造成第三人不知代理关系终止而仍与代理人为交易。

5. 被代理人知道他人以自己的名义进行活动而不作否认表示。

（四）效力

表见代理具有与有权代理同样的效力，代理行为的法律效果直接归属于被代理人。被代理人承担表见代理的法律后果，如果因此受到损失，有权向无权代理人请求赔偿，如果损失因双方的过失发生，按双方过错的性质和程度分担损失。第三人可以自由选择主张表见代理或狭义无权代理。

第九节　时效和期间

一、诉讼时效的概念

诉讼时效制度就是关于民事权利受到侵害后可以请求法律保护的期限，以及未在规定的期限内请求保护的法律后果的制度。我国诉讼时效实际上相当于“消灭时效”，是消灭实体诉权的时效，即消灭时效期间届满后，权利人仍然可以向法院起诉，法院应当受理起诉，但是如果对方当事人依时效制度抗辩时，法院可以据此驳回原告的诉讼请求。

二、诉讼时效的完成及条件

1. 权利人未行使请求权。

2. 不行使请求权的事实状态持续满法定期间。

三、诉讼时效的效力

（一）诉讼时效对当事人的效力

如果义务人就诉讼时效提出抗辩，那么债权人的实体诉权消灭。如果义务人不对诉讼时效提出抗辩主张，则法院不能主动引用诉讼时效抗辩。实体诉讼权利消灭是指权利人的权利不再受法律强制力的保护，诉讼时效完成的事实是法院驳回当事人诉讼请求的根据，而实体权利本身并不消灭，只是降格为通常所说的自然权利。因此，如果义务人在诉讼时效完成后自愿向权利人人为给付，权利人的受领不构成不当得利。

（二）对从权利的效力

按民法原理，原则上从权利与主权利同命运。因此，主权利之诉权因时效而消灭时，其效力及于从权利。但是债权消灭，抵押权、质权、留置权等担保物权不随之消灭。

（三）时效利益能否放弃

时效利益不能事先放弃是各国的通例。但是在时效完成后，已取得时效利益的一方当事人自愿放弃时效利益确是允许的。

四、时效抗辩及其限制

（一）抗辩权行使的主体

1. 债务人（责任人）及其继承人。连带债务人中的一人诉讼时效完成者，其他债务人就该债务人应分担部分之债务，得向债权人主张抗辩；连带债权中的一人债权时效完成者，债务人对于该债权人之应有部分，得向其他连带债权人主张抗辩。

2. 保证人。保证人得行使主债务人之抗辩权，即使主债务人抛弃抗辩权，保证人仍得主张抗辩权。

3. 诈害行为的受益人、转得人。由于债权人撤销权的效力得直接对抗第三人，债权人之请求权因时效消灭对受益人、转得人有直接利害关系，因此应主张时效抗辩。

（二）诚实信用原则对抗辩权的限制

1. 欺诈抗辩。2. 同时履行抗辩权和抵消权对诉讼时效的限制。

五、诉讼时效的适用范围

（一）适用诉讼时效的请求权

《中华人民共和国民法通则》一般规定请求人民法院保护民事权利的权利因时效完成而消灭，未规定例外情况。按此规定，各种民事权利除按其性质不能适用诉讼时效者外，都应当适用诉讼时效，包括债上请求权、物上请求权、继承回复（遗产返还）请求权、知识产权请求权。

（二）不能适用诉讼时效的请求权

有些权利按其性质不能适用诉讼时效，这些权利是：

1. 禁止流通的财产权利。2. 人身权利。

六、时效期间及其计算

（一）时效期间

时效期间是法律对民事权利提供保护的期限。

1. 普通时效期间。我国规定的普通时效期间为2年，从权利人知道或者应当知道权利被侵害时开始计算，而且请求是中断时效的法律事由。

2. 特殊时效期间。《中华人民共和国民法通则》规定的特殊时效期间为1年，适用于以下四种情况：（1）身体受到伤害要求赔偿的；（2）出售不合格商品未声明的，（3）延付或者拒付租金的；（4）寄存物被丢失或毁损的。《中华人民共和国合同法》规定：国际货物买卖和技术进出口合同的诉讼时效期间为4年。《中华人民共和国环境保护法》规定：因污染环境致人损害的诉讼时效期间为3年。

3. 时效期间能否由当事人缩短或者延长。时效制度属于强制性法律规范，因此不能由当事人以法律行为延长或者缩短。

（二）时效期间的计算

1. 时效期间的开始。诉讼时效期间从知道或者应当知道权利被侵害时开始计算。连续侵权情况下时效期间的计算，对于连续侵犯专利权、商标权和著作权的行为，即使已超过诉讼时效期间，只要权利人起诉时该权利仍在保护期内，法院就应当支持，损失赔偿额从起诉之日起向前推迟2年计算。

2. 诉讼时效的中断。时效期间开始以后完成之前，因法定事由的出现使已经进行的时效期间归于无效，时效期间重新开始计算叫诉讼时效的中断。

（1）中断时效的法定事由：①起诉。如果起诉被驳回或者撤回，不发生中断时效的效力。②承认。性质属于观念通知，不以有中断时效的意思为必要。③请求。指权利人要求义务人履行义务的意思通知，属于观念通知。判例和理论认为：抵消、同时履行抗辩、基于担保物权拒绝担保物之返还、选择债权之选择、债权内容之变更等可视为主张自己权利存在的行为，与请求有同一效力。

（2）诉讼时效中断的效力。使已经经过的时效期间归于无效，诉讼时效重新计算。

3. 诉讼时效的中止。

（1）诉讼时效中止的法定事由：不可抗力和其他障碍。其他障碍指的是除不可抗力之外其他足以使权利人不能行使请求权的客观情况，如权利人欠缺行为能力又没有法定代理人，法定代理人死亡或者丧失行为能力等。以上法定事由需发生在诉讼时效期间的最后6个月内，才能发生中止时效的效力。

（2）时效中止的效力。发生时效中之后，中止的时间不计入时效期间，中止的事由消除后，时效继续计算，即采取合算制，将中止前后的时间合并计算。

七、20年期限和时效期间的延长

（1）20年期限的性质。《中华人民共和国民法通则》第一百三十七条规定：民事权利从权利被侵害之日起超过20年的，人民法院不予保护。20年期限作为权利的最长保护期，不适用关于中止、中断的规定。

（2）20年期限和诉讼时效期间的关系。①起算时间不同，前者从权利被侵害时起计算，后者从权利人知道或者应当知道权利被侵害时起计算。②前者不能中止、中断，后者可以中止、中断。③时效期间不管从何时起算，也不管如何中止、中断，都应当受20

年期限的限制，延长的情况除外。

（3）时效期间的延长。按照最高人民法院的司法解释，普通时效、特别时效以及20年的最长保护期都可以延长。什么情况可以延长，由法院按照公平和诚实信用原则确定。

八、除斥期间

除斥期间是权利预定之存续期间，超过期限，权利消灭。除斥期间和诉讼时效的区别是：

1. 除斥期间是不变期间，而诉讼时效可以通过中止、中断而延长。

2. 除斥期间除法律另有规定外，从权利产生之日起计算，诉讼时效从权利人知道或者应当知道权利被侵害时开始计算。

3. 适用范围不同，诉讼时效适用于基本的民事权利或由基本的民事权利所产生的请求权；而除斥期间只适用于形成权，如撤销权、变更权、解除权、追认权。

4. 法律效果不同。除斥期间以维持现有法律关系为目的，权利人未在期间内行使权利使现存之法律关系得以确定和维持，行使权利使现存之法律关系变更或消灭。诉讼时效以消灭现存之法律关系，生成新的法律关系为目的，权利人在时效期间内行使权利产生维持原法律秩序的效果，不行使权利则产生消灭原法律关系，生成新法律关系的效果。

九、取得时效

（一）取得时效又叫占有时效，指自主占有他人之物持续满法定期间，即依法取得所有权或者其他所行使之权利的法律制度。属于法律事实中的事件，不以占有人有民事行为能力为必要。通过取得时效取得的权利，其性质属于原始取得。

（二）适用范围和效力

1. 适用范围：罗马法上将取得实效限于所有权。德国和瑞士将其适用范围扩张至所有权和所有权以外，以物或者权利之占有为要素之限制物权。日本的适用范围最广，原则上一般财产权均可通过取得时效获得。但是并非所有财产均可通过取得时效取得其权利，如禁止流通物和不得为私有之物。

2. 效力：取得时效完成，占有人取得期于占有物上所行使之权利，并使与此不相容的他人权利当然消灭。

（三）取得时效的中断

取得时效进行中，有与时效要件相反的事实发生，使已经经过的时效期间归于无效，叫做时效的中断。

1. 中断事由

（1）自然中断事由是与时效完成之要件相反的事实。一般指：①占有人自行中断占有；②占有人改变自主占有的意思；③占有被侵夺而未依法回复；④占有物遗失未在法定期间内回复占有；⑤占有丧失和平、公然的性质。

（2）法定中断事由与消灭时效的中断事由相同，即起诉、请求和承认。

2. 中断效力

取得时效中断使已经过的时效期间失去效力，需再具备取得时效要件时，方能重新开始计算时效期间。

（四）动产取得时效的构成要件

1. 占有他人动产。对于他人财产的占有须符合以下要求：

（1）自主占有，指以为自己的意思占有。（2）和平占有，即以非暴力取得和维持的占有。（3）公然占有，即不带隐秘性质的占有。

2. 持续占有满法定期间。德国规定为 10 年；瑞士为 5 年；日本规定善意占有为 10 年，非善意占有为 20 年；俄罗斯为 5 年。

（五）不动产取得时效

1. 占有取得时效。这是指通过持续占有他人不动产而取得所有权或者他物权的时效。在以登记作为不动产权利变动生效要件的国家，已登记之不动产不能发生时效取得。

2. 登记取得时效。无权利人在不动产登记簿上登记为所有人，且无争议地维持满法定期间，即可取得所登记之权利，这种时效称为登记取得时效。构成要件：占有他人之不动产，而且已在登记簿上登记为权利人；自主占有；和平占有；公然占有；持续占有满法定期间。

（六）我国是否应建立取得时效制度

我国单一的诉讼时效制度不能适应复杂的经济生活需要，而且在物权关系中，当请求权因诉讼时效届满而消灭时，物（权利）的占有人虽可以支配占有之财产，但不能取得权利，享受其利益，这种法律上的权利与事实支配关系脱节的情况，无法律上的救济之道。解决的办法无非是或者建立取得时效制度，使之与诉讼时效制度相配合；或者革新诉讼时效制度，赋予诉讼时效一方面消灭权利人的请求权，另一方面使物之占有人取得于物上所行使之权利的效力。

我国物权法没有规定取得时效制度。

十、期间

（一）期日：不可分的或者可视为不可分的一定时间，即一定的时间点。在民法上期日主要是用来确定意思表示或给付时间。

（二）期间：期日与期日之间的时间，即时间的一定长度。期间的最后一天的截止时间为 24 点，有业务时间的，到停止业务活动的时间为止。如果期间的最后一日为星期日或者其他法定休假日，以休假日的次日为期间的最后一天。

刑法学总论

第一章　刑法概述

一、刑法的概念

刑法是掌握国家政权的统治阶级为了维护本阶级的利益和统治秩序，根据自己的意志，以国家的名义颁布的，规定什么行为是犯罪以及怎样惩罚犯罪的法律。

二、刑法的解释

以不同的标准，可以分成不同种的解释。

（一）以解释的主体或者解释的效力为标准，可分为：

立法解释、司法解释、学理解释。

（三）以解释的方法不同，可分为：

文理解释、论理解释、当然解释、扩张解释、限制解释。

第二章　刑法的基本原则

一、罪刑法定原则的含义

什么行为是犯罪和犯罪后给予何种刑罚处罚都必须明文规定在刑法条文中。即“法无明文规定不为罪，法无明文规定不处罚。”

该原则的意义在于：是对罪刑擅断的否定，注重保护人权，实现刑事法治。

其派生原则有：排斥习惯法、排斥绝对不定期刑、禁止类推、禁止重法溯及既往。有人主张当代的罪刑法定应增设刑罚法规的正当性（惩罚范围的合理性和惩罚力度的适当性）、明确性、实体的正当程序原则等。

二、罪刑法定的司法适用

1. 严格依照刑法的规定。2. 正确进行司法解释。

三、适用刑法平等原则的含义

对任何人犯罪，在适用法律上一律平等，不允许任何人有超越法律的特权。具体含义是：对任何人犯罪，不论犯罪人的出身、地位、职业、性别、财产状况、贡献大小、资格、业绩等，都应追究刑事责任，不允许任何人享有特权。

四、适用刑法平等原则的体现

1. 定罪上的平等。2. 量刑上的平等。3. 行刑上的平等。

五、罪责刑相适应原则的含义

罪责刑相适应原则是指犯多重的罪，就应承担多重的刑事责任。即重罪重罚，轻罪轻罚，罚当其罪，所以又称之为罪刑均衡、罪刑相称原则。

六、罪责刑原则的立法体现

1. 确立了科学严密的刑罚体系，以适应各种不同犯罪的处罚。2. 规定了区别对待的处罚原则，如对预备犯、未遂犯、主犯、从犯等。3. 设置了轻重不同的法定刑，规定了不同的情节。

七、罪责刑相适应原则的司法体现

1. 纠正重定罪轻量刑的错误观念。2. 纠正重刑主义的错误观念，追求量刑公正。3. 纠正不同法院之间量刑不平等的现象，追求执法的平衡和统一。

第三章　刑法的效力范围

第一节　我国刑法的空间效力

我国刑法在空间效力问题上采用的原则有属地原则、属人原则、保护原则和普遍原则。

一、我国刑法的属地原则

1. 我国领域的范围——领陆、领水、领空、我国的船舶和航空器和我国的驻外使领馆都是我国领域的范围。
2. 法律有特殊规定的除外。

二、我国刑法的属人原则

对我国刑法的属人原则，可以熟记《中华人民共和国刑法》第七条的规定："中华人民共和国公民在中华人民共和国领域外犯本法规定之罪的，适用本法，但是按本法规定的最高刑为三年以下有期徒刑的，可以不予追究；中华人民共和国国家工作人员和军人在中华人民共和国领域外犯本法规定之罪的，适用本法。"

三、我国刑法的保护原则

《中华人民共和国刑法》第八条规定："外国人在中华人民共和国领域外对中华人民共和国国家或公民犯罪，按本法规定的最低刑为三年以上有期徒刑的，可以适用本法，但是按照犯罪地的法律不受处罚的除外。"同时还要注意，当具备上述三个要件时不是必须适用我国刑法，也可以不适用，因为《中华人民共和国刑法》第八条规定的是"可以"而不是"必须"。

四、我国刑法的普遍原则

我国《中华人民共和国刑法》第九条规定："对于中华人民共和国缔约或参加的国际条约所规定的罪行，中华人民共和国在所承担条约义务的范围内行使行使刑事管辖权的，适用本法。"

五、我国刑法追究刑事责任适用

我国公民或外国人在我国领域外犯罪后，已经受到犯罪地国家的刑罚处罚的，是否还能适用我国刑法追究其刑事责任的问题。对此，我国《中华人民共和国刑法》第十条规定："凡在中华人民共和国领域外犯罪，依照本法应当负刑事责任的，虽然经过外国审判，仍然可以依照本法追究，但在外国已经受过刑罚处罚的，可以免除或减轻处罚。"这主要是立足于我国是一个独立的主权国家，拥有独立的刑事管辖权，不受外国法院判决的约束。注意的是，这里也是"可以"。

第二节　刑法的时间效力

一、刑法的生效时间

刑法的生效时间是指刑事法律规范开始施行的时间。一般有两种规定方式，一是即日生效，即从刑法公布之日起生效；二是隔日生效，即刑法公布之后经过一段时间再施行。

二、刑法的失效时间

刑法的失效时间是指刑法效力终止的时间，也有两种规定方式，一是法定失效，即国家立法机关明确宣布某些法律失效；二是自然失效，即新法律的颁布代替了同类旧法的内容，或者由于原来立法的特殊条件消失，旧法自行失效。

三、刑法的溯及力

刑法的溯及力指的是新的刑法生效后，对其生效前发生但生效后尚未经判决或者判决尚未确定的行为是否适用的问题。如果适用，即有溯及力；如果不适用，则没有溯及力。关于刑法的溯及力的原则，主要有从旧、从新、从旧兼从轻、从新兼从轻原则，我国刑法适用的是从旧兼从轻原则。

第四章　犯罪概念

一、犯罪的基本特征

按照通说，犯罪的基本特征包括以下几方面：

1. 犯罪是严重危害社会的行为，即具有严重的社会危害性，这是犯罪的本质特征。
2. 犯罪是违反刑事法律规范的行为，即具有刑事违法性。
3. 犯罪是应受刑罚处罚的行为，即具有应受刑罚处罚性。

二、犯罪的理论分类

1. 自然犯与法定犯。2. 身份犯与非身份犯。3. 行为犯与结果犯。4. 实害犯与危险犯。

三、犯罪的立法分类

1. 国事犯罪和普通犯罪。2. 故意犯罪和过失犯罪。3. 亲告犯罪和非亲告犯罪。4. 基本犯、加重犯和减轻犯。

第五章　犯罪构成

一、犯罪构成要件的内容

（一）犯罪的客体要件

犯罪的客观要件指犯罪侵犯了刑法所保护哪一类的社会关系，某种行为是否构成犯罪，关键就是要考查其有无侵犯一定的社会关系。

（二）犯罪的客观要件

犯罪客观要件是行为人的外在表现形式，说明行为人通过什么样的行为侵害了刑法所保护的社会关系。

（三）犯罪的主体要件

犯罪的主体要件指刑法所规定的犯罪行为是由何人实施的要件。包括自然人犯罪主体要件和单位犯罪主体要件。

（四）犯罪的主观要件

犯罪的主体要件指犯罪的行为人在怎样的心理状态支配下实施某种犯罪行为的要件，反映了行为人内在心理活动，主要包括犯罪的故意、过失和特定的犯罪目的等因素。

二、犯罪构成要件的排序

我国采取的排序方式是：犯罪客体要件→犯罪客观要件→犯罪主体要件→犯罪主观要件。

第六章　犯罪客体

一、犯罪客体的概念

犯罪客体是指我国刑法所保护的，为犯罪行为所侵害的社会关系。

二、犯罪客体在我国刑法中的立法表现形式

1. 法条明确规定犯罪客体。2. 通过犯罪客体的物质表现来说明犯罪客体。3. 通过规定被侵犯的相对人来表现犯罪客体。4. 通过对犯罪行为的描述来确定犯罪客体。5. 通过对调整一定社会关系的法律规范的违反来说明犯罪客体。

三、犯罪客体的层级分类

1. 犯罪的一般客体。2. 犯罪的同类客体。3. 犯罪的直接客体。

四、犯罪直接客体的分类

1. 简单客体与复杂客体。2. 物质性犯罪客体与非物质性犯罪客体。

第七章 犯罪客观方面

一、犯罪客观方面的概念

犯罪客观方面是指刑法规定的，能反映行为对犯罪客体的侵害，从而构成犯罪所必须具备的客观事实特征。

二、犯罪客观方面的要件种类

（一）必要要件

必要要件是指一切犯罪构成必须具备的犯罪客观方面的事实特征，即没有它就没有犯罪构成。

（二）选择要件

选择要件是指某些犯罪构成所必须具备的犯罪客观方面的实施特征，即只有部分犯罪将其作为成立犯罪的构成要件，而其他犯罪的成立不以其作为犯罪的构成要件。

三、危害行为的概念

危害行为是指行为人在其意志支配下、具有社会危害性并为刑事法律所禁止的身体活动。

四、危害行为的表现形式

（一）作为

作为是指积极的行为，即行为人积极实施刑法所禁止实施的危害社会的行为。从表现形式看，作为是积极的身体动作，不单指一个动作，而是人的一系列积极动作所构成的整体。

刑法意义上的作为，按照行为人是否借助外物（力）可以分为：

1. 利用自己身体的动作，这是最常见的作为实施方式。
2. 借助外物（力）实施的行为。

（二）不作为

不作为指行为人消极地不去实施自己有义务实施且能够实施的行为。必须具备以下三个条件：

1. 行为人负有实施某种积极行为的义务，这是构成犯罪的不作为的前提。
2. 行为人能履行特定义务而未履行。
3. 由于行为人未履行特定义务而造成了一定的危害结果。

五、犯罪对象的概念

犯罪对象是指刑法分则条文规定的犯罪行为直接作用的具体的人或物。

六、危害结果的概念

危害结果有广义与狭义之分，我国刑法理论通常是从狭义上理解危害结果的。因此，危害结果是指危害行为对犯罪直接客体造成的法定的实际损害或现实危险状态。

七、危害结果的种类

1. 属于犯罪构成要件的危害结果和不属于犯罪构成要件的危害结果。
2. 直接危害结果和间接危害结果。
3. 物质性危害结果和非物质性危害结果。
4. 既有的危害结果和可能的危害结果。

八、刑法中的因果联系的概念

危害行为与危害结果之间的因果关系又称刑法上的因果关系，是指犯罪构成客观方面要件中的危害行为同危害结果之间存在的引起与被引起的关系。

九、刑法中的因果联系理论

1. 因果关系具有客观性。2. 因果关系具有相对性。3. 因果关系具有顺序性。4. 因果关系具有条件性。5. 因果关系具有复杂性。

十、犯罪时间

一般来说，犯罪时间是指犯罪从预备开始到结果发生所持续的时间，是犯罪客观方面的选择要件。

十一、犯罪地点

犯罪地点是指犯罪发生的场所与位置，它也是犯罪客观方面的选择要件。

十二、犯罪方法

犯罪方法又称犯罪手段，是指行为人在实施犯罪时所采用的具体方式和手法，它也是犯罪客观方面的选择要件。

第八章　犯罪主体

一、犯罪主体

根据我国刑法规定和刑法理论，犯罪主体是指实施危害社会的行为、依法应当负刑事责任的自然人和单位。自然人主体是我国刑法中最基本的、具有普遍意义的犯罪主体，单位主体在我国刑法中则不具有普遍意义。

二、刑事责任能力

刑事责任能力是指行为人构成犯罪和承担刑事责任所必须具备的刑法意义上辨认和控制自己行为的能力。简言之，刑事责任能力就是行为人辨认和控制自己行为的能力。

三、决定和影响刑事责任能力的因素

（一）刑事责任年龄

1. 刑事责任年龄的概念

刑事责任年龄是指法律所规定的行为人对自己实施的刑法所禁止的危害行为负刑事责任必须达到的年龄。

2. 刑事责任年龄阶段的划分

（1）已满16周岁的人犯罪，应当负刑事责任。

（2）已满14周岁不满16周岁的人，对自己实施的故意杀人、故意伤害致人重伤或者死亡、强奸、贩卖毒品、放火、爆炸、投毒罪负刑事责任。

（3）已满75周岁的人故意犯罪的可以从轻或减轻处罚，过失犯罪的应当从轻或者减轻处罚。

（4）已满14周岁不满18周岁的人犯罪，应当从轻或减轻处罚。

（5）完全不负刑事责任年龄阶段，亦称绝对无责任年龄时期，是自然人对自己实施的危害行为依法完全不负刑事责任的年龄阶段。根据《中华人民共和国刑法》第十七条的规定，不满14周岁的人完全不负刑事责任。

（6）对因不满16周岁不予刑事处罚的，一般应责令他的家长或监护人加以管教，在必要的时候，也可以由政府收容教养。

3. 刑事责任年龄的认定

刑事责任年龄的计算。我国刑法中的刑事责任年龄都是按周岁计算的。

（二）精神病及醉酒对刑事责任能力的影响

1. 精神病人的刑事责任能力

（1）完全丧失辨认和控制能力的精神病人不负刑事责任。

（2）间歇性的精神病人在精神正常的时候犯罪，应当负刑事责任。

（3）尚未完全丧失辨认或控制自己行为能力的精神病人员限制刑事责任。

2. 醉酒人的刑事责任能力

醉酒人要承担刑事责任。生理性醉酒承担刑事责任；病理性醉酒要区别对待。

四、自然人犯罪的特殊主体与特殊主体要件

自然人犯罪的特殊主体是指具备特殊身份的犯罪主体。犯罪主体的特殊身份是指刑法所规定的影响行为人刑事责任的行为人人身方面特定的资格、地位或状态。这些特殊身份不是自然人犯罪主体的一般要件，而只是某些犯罪的自然人主体必须具备的要件。

五、自然人犯罪特殊主体要件的分类

1. 国家工作人员

我国刑法中的国家工作人员包括国家机关工作人员和以国家机关工作人员论的准国家工作人员两大类。

2. 特定职业或行业中的从业人员。

3. 其他负有特定刑事法律义务的人员。

（1）因自主活动产生特定义务的人员。（2）因参与国家职能活动产生特定义务的人员。（3）因与其他社会成员有特定法律关系产生特定义务的人员。

六、单位犯罪的概念

1. 单位犯罪的主体只能由有资格代表单位的人在履行职务的过程中以单位名义组织实施。

2. 单位犯罪只限于法律明文规定为单位犯罪的范围。

3. 单位犯罪必须由刑法分则性条文明确规定，包括刑法分则及其颁行后国家最高立法机关又根据实际需要制定的单行刑法及有关附属刑法规范。

七、单位犯罪主体要件

(一) 单位犯罪的一般主体要件

1. 具有相对独立的社会功能。

2. 能够以自己的名义对外开展相对独立的社会性活动。

3. 具有相对独立的财产。

(二) 单位犯罪的特殊主体要件

特殊主体要件的表现形式有：第一，规定单位犯罪主体必须具有特定的所有制，如第《中华人民共和国刑法》第三百九十六条要求的国家机关、国有公司、企业、事业单位、人民团体身份；第二，规定单位犯罪主体必须具有特定的职能。

第九章　犯罪主观方面

一、犯罪主观方面的概念

犯罪的主观方面是指犯罪主体对自己的危害行为及其危害结果所持的心理态度。

二、罪过形式

刑法上的罪过有两类，即故意和过失。

三、犯罪故意的概念和构成要素

(一) 犯罪故意的认识因素

1. 认识的内容

认识的内容即“明知”的内容。包含以下三方面内容：一是对行为本身的认识；二是对行为结果的认识；三是对危害行为和危害结果相联系的其他构成要件事实的认识。关于“明知”的内容，争议较大的是关于违法性认识是否属于犯罪故意的认识因素的问题。

2. 认识的程度

认识的程度即在明知自己的行为会发生危害社会的结果中，明知会发生的含义。所谓明知会发生，一般认为有两种情况：一是行为人明知自己的行为必然导致某种危害结果的发生；二是行为人明知自己的行为可能导致某种危害结果的发生。无论行为人认识到危害结果必然发生还是可能发生，均符合犯罪故意的认识特征。

(二) 犯罪故意的意志因素

行为人对自己的行为将要引起的危害结果持有希望或者放任的心理态度，是构成犯罪故意的意志因素。所谓希望危害结果发生的心理，就是行为人在对自己的行为性质在明确认识的基础上，努力运用自己的意志来协调决定自己行为性质的各种主客观条件，使自己对行为的认识按自己的意愿转化为客观现实，促使危害结果发生的意志活动。所谓放任危害结果发生的心理，就是行为人在实施行为时，明知自己的行为会发生危害结果，但不是设法改变自己行为的性质或方向以避免这种结果的发生，而是以一种听之任之的态度继续运用自己的意志控制决定行为性质的各种条件，最终导致危害结果发生的心理过程。

认识因素和意志因素是犯罪故意成立的两个有机联系的因素，缺一不可。

四、犯罪故意的类型

（一）直接故意和间接故意

根据行为人对危害结果所持的心理态度不同，刑法理论一般将犯罪故意分为直接故意与间接故意两种类型。

1. 直接故意

犯罪的直接故意是指行为人明知自己的行为必然或者可能发生危害社会的结果，并且希望这种结果发生，因而构成犯罪的心理态度。

2. 间接故意

犯罪的间接故意是指行为人明知自己的行为可能发生危害社会的结果，并且放任这种结果发生，因而构成犯罪的心理态度。

（二）确定故意和不确定故意

根据认识内容及确定程度，将犯罪故意分为确定故意与不确定故意。

（三）预谋故意与突发故意

根据形成时间的长短，将犯罪故意分为预谋故意与突发故意。

五、犯罪的动机和目的

犯罪动机是指刺激、驱使行为人实施犯罪行为以达到犯罪目的的内心冲动或者内心起因。

犯罪目的是指犯罪人希望通过实施犯罪行为达到某种危害结果的心理态度，也就是以观念形态在人脑中存在的、危害行为的预期结果。

六、犯罪过失的概念

犯罪过失与犯罪故意一样，也是认识因素与意志因素的统一体，只不过行为人的认识因素与意志因素的内容有所不同而已。根据犯罪过失的上述两方面的因素，犯罪的过失具有以下特征：

1. 行为人的实际认识与认识能力不一致。
2. 行为人的主观愿望与客观效果不一致。

七、犯罪过失的类型

（一）疏忽大意的过失和过于自信的过失

1. 疏忽大意的过失

疏忽大意的过失亦称无认识过失，是指行为人应当预见自己的行为可能发生危害社会的结果，因为疏忽大意而没有预见，以致发生了这种结果而构成犯罪的心理态度。

2. 过于自信的过失

过于自信的过失亦称有认识过失，是指行为人已经预见到自己的行为可能发生危害社会的结果，但轻信能够避免，以致发生这种结果而构成犯罪的心理态度。

（二）普通过失与业务过失

1. 普通过失

普通过失是指仅仅违反一般公共生活准则而导致了自己不希望发生的危害结果的犯罪过失。

2. 业务过失

业务过失是指从事某项职业的人因违反业务上的要求的注意义务而导致了自己不希望发生的危害结果的过失犯罪。

八、犯罪过失与犯罪故意的区别

（一）犯罪过失和犯罪故意的一般区别

1. 认识因素方面的区别

在认识因素方面，犯罪过失表现为行为人对危害结果的发生虽然应当预见到，但实际上并没有预见到或者只是预见到在其看来并非现实的可能性。犯罪故意表现为行为人明知自己的行为必然或者可能发生某种危害社会的结果。

2. 意志因素方面的区别

在意志因素方面，犯罪过失的内容是对危害结果的发生既不希望也不故意，而是排斥、反对的心理，只是由于疏忽大意或者过于自信能过避免结果发生的主观错误心理支配下的过失行为，导致了危害结果的发生。危害故意的内容是希望或放任危害结果发生的心理态度。

（二）过于自信的过失与间接故意的区别

1. 认识因素方面的区别

过于自信的过失是行为人已经预见到自己的行为会引起危害结果发生的可能性，但这种认识是错误的，其主观认识与客观结果不一致。间接故意是行为人对自己的行为引起危害结果发生的可能性转化为现实性的客观事实根本没有发生错误的认识，其主观认识与客观认识是一致的。

2. 意志因素方面的区别

危害结果的发生对于过于自信的过失来说是违背行为人本意的，而对于间接故意来说是不违背其本意的，因为行为人虽不希望危害结果发生但也不反对危害结果的发生，是听之任之有意放任。

九、不可抗力

不可抗力就是指根据规定，行为虽然在客观上造成了损害结果，但不是出于行为人的故意或者过失，而是由于不能抗拒的原因所引起的，不是犯罪。主要特征是：

1. 行为人的行为在客观上造成了损害结果。2. 行为人在主观上对自己的行为造成的损害结果没有罪过。3. 损害结果的产生是由不能抗拒的原因引起的。

十、意外事件

意外事件是指根据刑法规定，行为虽然在客观上造成了损害结果，但不是出于行为人的故意或者过失，而是由于不能预见的原因所引起的，不是犯罪。

十一、期待可能性问题

期待可能性是指从行为时的具体情况看，可以期待行为人不予实施违法行为而应实施合法行为的情形。法律不强人所难，只有当一个人具有期待作出适法行为的可能性但作出违法行为时，才能对行为人进行谴责，如果不具有期待可能性，也就不能对行为人的违法行为进行谴责与非难。

十二、刑法中的认识错误的概念

刑法中的认识错误是指行为人对自己行为的法律性质、意义或者对有关事实情况的不正确认识。根据行为人认识错误产生的原因不同，刑法理论通常将刑法中的认识错误分为两种：一是行为人对法律的认识错误，二是行为人对事实的认识错误。

十三、行为人对法律认识错误

行为人对法律的认识错误亦称法律认识错误，是指行为人对自己的行为在法律上是否构成犯罪、构成何种犯罪或者应当受到什么样的刑罚处罚的不正确认识。这类认识错误，通常包括三种情况：

1. 假想的犯罪。2. 假想的不犯罪。3. 定罪量刑的误认。

十四、行为人对事实认识错误

事实认识错误主要有以下几种情况：

（一）对客体的认识错误

对客体的认识错误亦称客体错误，是指行为人在实施危害行为时，对其侵犯客体的性质的不正确认识，即行为人意图侵犯一种客体，而实际上侵犯了另一种客体。

（二）对行为对象的认识错误

对行为对象的认识错误亦称对象错误，是指行为人在实施危害行为时，对其侵害对象的不正确认识。

（三）对行为性质的认识错误

对行为性质的认识错误亦称行为性质错误，是指行为人在实施危害行为时，对自己行为的实际性质的不正确认识。

（四）对犯罪工具的认识错误

对犯罪工具的认识错误亦称对行为方法的认识错误、方法错误、手段错误、工具错误，是指行为人在实施危害行为时，对自己所使用的手段、工具是否会发生危害结果的不正确认识。在这类情况下，行为人具备犯罪的主客观要件，只是由于对犯罪工具实际效能的误解而致使犯罪行为未发生犯罪既遂时的犯罪结果，应以犯罪未遂追究行为人的刑事责任。

（五）对因果关系的认识错误

对因果关系的认识错误亦称因果关系错误，即行为人在实施危害行为时，对自己行为与结果之间因果关系的实际发展过程的不正确认识。

第十章　排除犯罪性行为

一、排除犯罪性行为的概念

排除犯罪性行为是指客观上造成了一定的损害结果，形式上与犯罪行为相似，但因实质上不具有犯罪特有的社会危害性而为法律所允许或认可的行为。

二、排除犯罪性行为的类型

正当防卫、紧急避险、法令行为、执行命令行为、正当业务行为、被害人承诺行为、推定承诺行为、自救行为、义务冲突行为。

三、正当防卫的概念

根据《中华人民共和国刑法》第二十条的规定，正当防卫是指为了使国家、公共利益、本人或者他人的人身、财产和其他权利免受正在进行的不法侵害，对不法侵害人所实施的制止其不法侵害且没有明显超过必要限度的损害行为。

四、正当防卫的条件

根据《中华人民共和国刑法》第二十条的规定，正当防卫必须具备以下条件：

（一）防卫起因

必须存在现实的不法侵害。如果并不存在不法侵害，但行为人误认为存在不法侵害，因而进行范围的，属于假想防卫。

（二）防卫时机

不法侵害必须正在进行。不法侵害尚未开始或者已经结束而进行所谓“防卫”的，称为防卫不适时。

（三）防卫意识

实施正当防卫是为了使国家、公共利益、本人或者他人的人身、财产和其他权利免受正在进行的不法侵害。防卫挑拨，相互斗殴、偶然防卫等不具有防卫意识的行为，不属于正当防卫。

（四）防卫对象

正当防卫只能针对不法侵害人本人进行防卫，而不能针对不法侵害人以外的任何人，包括不能针对不法侵害人的家属。

（五）防卫限度

实施正当防卫所采取的暴力反击行为必须没有明显超过必要限度造成重大损害。

五、防卫过当及其刑事责任

根据《中华人民共和国刑法》第二十条第二款的规定，防卫过当是正当防卫明显超过必要限度造成重大损失的行为。构成防卫过当，也必须具有正当防卫的根据，在此条件下，防卫行为明显超过必要限度造成重大损失。因防卫过当而犯罪时，行为人的主观方面既可以是故意也可以是过失。防卫过当不是独立罪名，对于防卫过当应当根据其符合的犯罪构成确定罪名。根据《中华人民共和国刑法》第二十条第二款的规定，防卫过当时，应当减轻或免除处罚。

六、紧急避险的概念

根据《中华人民共和国刑法》第二十一条的规定，紧急避险是指为了使国家、公共利益、本人或者他人的人身财产和其他权利免受正在发生的危险，不得已实施的损害另一个较小合法利益的行为。

七、紧急避险的条件

根据《中华人民共和国刑法》第二十一条的规定，紧急避险必须具备以下条件：

（一）避险起因

必须发生了现实危险。危险的来源主要有：（1）自然力形成的危险。（2）动物袭击造成的危险。（3）人体病症导致的危险。（4）人的侵害行为导致的危险。一般说来，合法行为不能成为紧急避险的危险来源。

（二）避险时机

必须是正在发生的危险。

（三）避险动机

避险人实施避险行为必须是为了使国家、公共利益、本人或者他人的人身权利和其他权利免受正在发生的危险。

（四）避险必要

必须是出于不得已而损害另一合法权益。所谓“不得已”，是指在合法权益面临正在发生的危险时，除了以牺牲一种合法利益为代价来保护另一种合法利益的办法之外，别无他法。

（五）避险限度

避险行为必须没有超过必要限度造成不应有的损害。紧急避险的必要限度就是指避险行为造成的损害必须小于所避免的损害。如果避险行为造成的损害大于或等于（如果能由此精确比较的话）所避免的损害，则属于超过了必要限度。

八、避险过当及其刑事责任

《中华人民共和国刑法》第二十一条第二款规定：“紧急避险超过必要限度造成不应有的损害的，应当负刑事责任，但是应当减轻或者免除处罚。”据此，避险过当必须具备以下条件：

第一，必须具备紧急避险的起因、时机、动机、对象和必要性条件，不具备其限度条件。

第二，必须超过了必要限度造成不应有的损害，即造成的损害大于或等于所避免的损害。

第三，必须在主观上有罪过。即明知损害的合法利益大于保全的合法利益，仍然实施损害行为，或虽不知损害的合法利益大于保全的合法利益，但他应当知道，由于疏忽大意而不知。

避险过当也不是独立罪名，而是一个影响量刑的犯罪情节。对已避险过当的，应当减轻或者免除处罚。

九、紧急避险与正当防卫的区别

危害来源不同、行为的限制条件不同、损害程度的要求不同、损害对象不同和对行为主体的要求不同。

十、其他排除犯罪性行为

法令行为、执行命令的行为、正当业务的行为、经被害人承诺的行为、推定承诺行为和自救行为。

十一、义务冲突行为

义务冲突行为是指在同时存在两个以上互不相容的义务时，行为人为了履行其中的某项义务，不得已不履行其他义务的行为。

第十一章　犯罪未完成形态

一、犯罪未完成形态的存在范围

犯罪阶段是犯罪整个过程中依据某种标准划出的若干分过程。直接故意犯罪可以分成以下几个大的阶段：预备阶段→实行阶段→效果阶段。

二、犯罪预备的概念

《中华人民共和国刑法》第二十二条第一款规定："为了犯罪，准备工具、制造条件的，是犯罪预备。"据此，犯罪预备是指行为人为了实行犯罪，准备工具，制造条件，但由于行为人意志意志以外的原因而未能着手实行犯罪的形态。

三、犯罪预备的特征

（一）犯罪预备的客观特征

1. 客观上实施了犯罪预备行为。

2. 事实上未能着手实行犯罪。

（二）犯罪预备的主观特征

1. 主观上为了实行犯罪。

2. 未能着手实行犯罪是由于犯罪人意志以外的原因。

四、犯罪预备的类型

1. 从刑事立法的角度看，可以分为准备工具性犯罪预备和制造条件型犯罪预备。

2. 从刑法理论的角度看，可以分为：

（1）物质的预备和意思的预备。（2）自行的预备和它行的预备。（3）障碍的预备和中止的预备。（4）实质的预备和形式的预备。

五、犯罪预备的处罚

《中华人民共和国刑法》第二十二条第二款规定："对于预备犯，可以比照既遂犯从轻、减轻或者免除处罚。"

六、犯罪未遂的概念

《中华人民共和国刑法》第二十三条第一款规定："已经着手实行犯罪，由于犯罪分子意志以外的原因而未得逞的，是犯罪未遂。"

七、犯罪未遂的特征

犯罪未遂必须具备以下有三个特征：

1. 已经着手实行犯罪。2. 犯罪未得逞。3. 犯罪未得逞是由于行为人意志以外的原因。

八、犯罪未遂的分类

犯罪未遂可以分为不同的种类：

1. 实行终了的未遂与未实行终了的未遂。2. 能犯未遂与不能犯未遂。

九、犯罪未遂的处罚

《中华人民共和国刑法》第二十三条第二款规定："对于未遂犯，可以比照既遂犯从轻或者减轻处罚。"

十、犯罪中止的概念

《中华人民共和国刑法》第二十四条第一款规定："在犯罪过程中，自动放弃犯罪或者自动有效地防止犯罪结果的发生的，是犯罪中止。"

十一、犯罪中止的特征

1. 犯罪中止的时间性。2. 犯罪中止的自动性。3. 犯罪中止的有效性。

十二、犯罪中止的分类

1. 积极的犯罪中止和消极的犯罪中止。2. 预备中止、预备后中止、实行中止和实行后中止。3. 可罚的犯罪中止和不可罚的犯罪中止。

十三、犯罪中止的处罚

《中华人民共和国刑法》第二十四条第二款规定："对于中止犯，没有造成损害的，应当免除处罚；造成损害的应当减轻处罚。"

第十二章　共同犯罪

一、共同犯罪的概念

《中华人民共和国刑法》第二十五条第一款规定："共同犯罪是指二人以上的共同故意犯罪。"

二、共同犯罪的主体要件

（一）二人以上。

（二）共同犯罪主体要件的具体展开。

1. 必须有二人以上（包括二人）。

2. 主体必须具有相应的刑事责任能力。

三、共同犯罪的客观要件

（一）《中华人民共和国刑法》第二十五条第一款明确规定，共同犯罪是二人以上

"共同故意犯罪"。

(二) 共同犯罪行为的具体展开

1. 每个共同犯罪人所实施的行为必须是犯罪行为。

2. 共同犯罪行为有以下三种表现形式：共同的作为、共同的不作为、作为与不作为的结合。就共同犯罪的分工而言，各共同犯罪人的具体行为可以表现为四种方式：实行行为、组织行为、教唆行为和帮助行为。

3. 在发生危害结果的情况下，每个共同犯罪人的行为与危害结果都有因果关系。

四、共同犯罪的主观要件

(一) 共同犯罪故意。

(二) 不属于共同犯罪故意的情形：

第一，共同过失犯罪的不成立共同犯罪。

第二，故意犯罪行为与过失犯罪行为不成立共同犯罪。

第三，二人以上同时或先后故意实施相同某种犯罪，以各自行为侵犯同一对象，但此间没有意思联络的不成立共同犯罪。

第四，二人以上共同实施没有重合内容的不同犯罪的，不成立共同犯罪。

第五，超出共同故意的犯罪，不成立共同犯罪。

第六，事前无通谋的窝藏、包庇行为及窝赃、销赃行为，不属于共同犯罪，应单独予以定罪处罚。但是，如果事前有通谋的，则应成立共同犯罪。所以，《中华人民共和国刑法》第三百一十条第二款就窝赃、包庇罪明确规定："犯前款罪，事前通谋的，以共同犯罪论处。"

五、共同犯罪形式的概念

共同犯罪形式是指共同犯罪的存在方式、结构状况或者共同犯罪人之间的结合形态。

六、共同犯罪形式的划分

(一) 任意的共同犯罪和必要的共同犯罪。

(二) 事前通谋的共同犯罪与事前无通谋的共同犯罪。

(三) 简单共同犯罪与复杂共同犯罪。

(四) 一般的共同犯罪和特殊的共同犯罪。

1. 一般共同犯罪

一般共同犯罪是指二人以上没有组织形式的共同犯罪。其特点是：(1) 二人即可构成，不要求三人以上。(2) 共犯人的勾结是暂时的，完成犯罪后即自动解散。(3) 共同犯罪人之间没有特殊的组织形式。(4) 不存在众人可能随时参与的状态。

2. 特殊的共同犯罪

又称有组织的共同犯罪或犯罪集团，是指三人以上有组织地实施的共同犯罪。我国《中华人民共和国刑法》第二十六条第二款规定："三人以上为共同实施犯罪而组成的较为固定的犯罪组织，是犯罪集团。"据此，成立犯罪集团必须符合以下要求：

(1) 人数较多，即三人以上。(2) 目的明确，其形成是为了反复多次实施一种或数种犯罪行为。(3) 有较为固定的犯罪组织。有明显的首要分子，重要成员基本固定，成员之间结合紧密，实行一种或数种犯罪行为后，其组织形式继续存在。(4) 危害严重。

3. 聚众共同犯罪

由首要分子组织、策划、指挥众人所实施的共同犯罪。聚众共同犯罪有如下特点：参与人复杂，有首要分子且三人以上，行为公然且具多样性，后果严重。

七、共同犯罪人的分类标准

共同犯罪人的分类是指按照一定的标准将共同犯罪人区分为各种不同的类型。古今中外，对共同犯罪人的分类主要有两种：一是分工分类法，即以共同犯罪人在共同犯罪中的分工为标准，将共同犯罪人分为实行犯、组织犯、教唆犯与帮助犯。二是作用分类法，即以共同犯罪人在共同犯罪中所起的作用大小，将共同犯罪人分为主犯、从犯与胁从犯。三是混合分类法。

八、各种共同犯罪人的特征及其刑事责任

（一）主犯的特征及其刑事责任

1. 主犯的特征及认定

主犯包括两种情况：一是组织、领导犯罪集团进行犯罪的犯罪分子；二是在共同犯罪中起主要作用的犯罪分子。

2. 主犯的刑事责任

（1）犯罪集团首要分子的刑事责任。《中华人民共和国刑法》第二十六条第三款规定："对组织、领导犯罪集团的首要分子，按照集团所犯的全部罪行处罚。"（2）犯罪集团首要分子之外的主犯的刑事责任。《中华人民共和国刑法》第二十六条第四款规定："对于第三款规定以外的主犯，应当按照其所参与的或者组织、指挥的全部犯罪处罚。"

（二）从犯的特征及其刑事责任

1. 从犯的特征及认定

从犯由两类人构成：一类是在共同犯罪中起次要作用的犯罪分子，具体包括起次要作用的实行犯和次要的教唆犯。另一类是共同犯罪中起辅助作用的犯罪分子，即为共同犯罪的实行提供方便、创造条件的帮助犯。

2. 从犯的刑事责任

对于从犯，应当从轻、减轻处罚或者免除处罚。

（三）胁从犯的特征及其刑事责任

1. 胁从犯的认定

（1）因身体完全受到强制，彻底丧失了意志自由时实施某种行为的行为人。

（2）其行为符合紧急避险条件的行为人。

2. 胁从犯的刑事责任

对于被胁迫参加犯罪的，应当按照他的犯罪情节减轻处罚或者免除处罚。

（四）教唆犯的特征及其刑事责任

1. 教唆犯的含义

教唆犯是故意唆使他人实施犯罪的人。

2. 教唆犯的认定

根据我国《中华人民共和国刑法》规定和司法实践经验，认定教唆犯时应注意以下问题：

（1）对教唆犯，一般应当依照他教唆的罪定罪，而不能笼统地定教唆罪。

（2）当刑法分则条文将教唆他人实施特定犯罪的行为规定为独立犯罪时，对教唆人应依照分则条文规定的罪名定罪，不适用刑法总则关于教唆犯的规定。

（3）当教唆犯提示几种具体犯罪让被教唆人选择实施其中一种时，对其一般应按被教唆人所实施的犯罪定罪。

3. 对教唆犯的处罚原则

《中华人民共和国刑法》第二十九条对教唆犯规定了以下三个处罚原则：

（1）教唆他人犯罪的，应当按照他在共同犯罪中所起的作用处罚。

（2）教唆不满18周岁的人犯罪的，应当从重处罚。

（3）如果被教唆的人没有犯被教唆的罪，对教唆犯可以从轻或者减轻处罚。

九、共同犯罪与构成身份

构成身份指定罪身份，其直接影响定罪。

分为：1. 无身份者教唆、帮助有身份者实施或与其共同实施真正身份犯的问题的，按有身份犯的犯罪定罪。

2. 无身份者与有身份者分别利用自己身份共同实行犯罪的问题的，按主犯定性。

十、共同犯罪与加减身份

加减身份指仅仅影响量刑轻重的身份。对在共同犯罪中加减身份的处理应遵循：有身份者与无身份犯共同实施不真正身份犯的，或有身份犯教唆、帮助无身份者实施不真正身份犯的，对有身份者和无身份者按照不真正身份犯来定罪；对有身份者则根据刑法的规定对其从重、从轻或减轻，无身份者仍处以普通犯罪之刑。

第十三章　罪数形态

一、实质的一罪

（一）继续犯

1. 概念

继续犯也称持续犯，是指作用于同一对象的一个犯罪行为从着手实行到行为终了以前，犯罪行为与不法状态同时处于继续状态的犯罪。非法拘禁罪是典型的继续犯。

2. 继续犯的处罚原则

由于刑法分则对属于继续犯的犯罪设立专条加以规定，并配置有相应的法定刑，所以对继续犯应依刑法的规定以一罪论处，不实行数罪并罚。但继续犯继续时间的长短在裁量刑罚时应作为量刑情节加以考虑。

（二）想象竞合犯

1. 概念

想象竞合犯也称想象的数罪、观念的竞合，是指一个行为触犯数个罪名的犯罪形态。

2. 想象竞合犯的处罚原则

对想象竞合犯，我国刑法理论界主张按“从一重处断”原则处理，即依照行为触犯的数个罪名中法定刑较重的犯罪定罪处刑，而不实行数罪并罚。但是，如果刑法另有特别规定的，则应当依照特别规定处理。

（三）法条竞合

法条竞合的类型及其处理原则：

（1）特殊法条与普通法条的竞合——特殊法条优于普通法条。

（2）狭义法条与广义法条的竞合——狭义法条优于广义法条。

（3）整体法条与局部法条的竞合——整体法条优于局部法条。

同时，如果采用以上处理原则会出现罚不当罪，而适用普通法条、广义法条、局部法条可以做到罪与罚相适应时，可以不按上述处理原则处理，应按“重法优于轻法”处理。

（四）结果加重犯

1. 概念

结果加重犯也称加重结果犯，是指实施基本犯罪构成要件的行为，发生基本犯罪构成要件以外的重结果，因而刑法规定加重刑罚的犯罪形态。

2. 结果加重犯的罪名确定与处罚原则

由于结果加重犯仅有一个犯罪行为，因而从犯罪构成角度分析，依然属于一罪。在有些国家，结果加重犯一般成立不同于基本犯罪罪名的独立罪名，如对抢劫致人死亡的，认定为抢劫致死罪；对强奸致人死亡的，则认定为强奸致死罪，但根据我国的刑事立法与司法实践，结果加重犯的罪名与基本犯罪的罪名并无区别。

在刑罚方面，由于刑法对结果加重犯规定了比基本犯罪重的法定刑，所以对结果加重犯只能依照刑法的规定，在较重的法定刑幅度内量刑。

二、法定的一罪

（一）惯犯

1. 概念

惯犯是指以某种犯罪为常业，以犯罪所得为主要生活来源或者腐化生活来源，或者犯罪已成习性，在较长时间内反复多次实施某种犯罪的情形。

2. 惯犯的处罚原则

由于惯犯属于法定的一罪，刑法分则明文规定对其以一罪论处。因此，对惯犯均应认定为一罪，在法律明文规定的相应量刑幅度内予以处罚，不能数罪并罚。

（二）结合犯

1. 概念

结合犯是指数个各自独立的犯罪行为，根据刑法的明文规定，结合而成为另一个独立的新罪的犯罪类型。

2. 结合犯的处罚原则

一般认为，我国刑法中没有结合犯的规定。在日本，由于结合犯是刑法规定将原来的数罪结合成一个新罪，并规定相应的法定刑，故对其应当依照刑法规定的新罪一罪论处，而不按原来的数罪规定实行数罪并罚。

三、处断的一罪

（一）连续犯

1. 概念

连续犯是指基于同一或者概括的犯罪故意，连续实施性质相同的独立成立犯罪的数个行为，触犯同一罪名的情况。

2. 连续犯的处罚原则

一般而言，对连续犯应按照一罪处断，不实行数罪并罚。具体讲，对连续犯的处理应当按照不同情况，在认定为一罪的基础上，依据刑法的有关规定分别从重处罚或者加重处罚：

（1）刑法规定只有一个量刑档次，或者虽有两个量刑档次但无加重犯的量刑档次的，应按照一个罪名从重处罚。

（2）刑法对多次实施某种犯罪明文规定了重于基本犯的量刑档次的，应对符合这种情况的连续犯依照该加重犯的量刑档次处罚。

（3）刑法对多次实施某种犯罪虽然没有明文规定相应量刑档次，但对“情节严重”或“情节特别严重”的情形分别规定了不同的量刑档次，在这种情况下，对连续犯应依照相对应的量刑档次处罚。

（二）牵连犯

1. 概念

牵连犯是指为了一定的目的实施某种犯罪，其方法行为或结果行为又触犯其他罪名的犯罪类型。

2. 牵连犯的处罚原则

对于牵连犯，原则上不实行数罪并罚，而应从一重处断，即按照数罪中最重的一个罪所规定的刑罚处理，在该最重的罪所规定的法定刑范围内酌情确定执行的刑罚。但是，刑法分则有特别规定的，则应以分则的规定予以处罚：或者从一重处断，或者从一重后再从重处罚，或者实行数罪并罚，或者按分则规定的独立法定刑处罚。

（三）吸收犯

1. 概念

吸收犯是指数个犯罪行为，其中一个犯罪行为吸收其他的犯罪行为，仅成立吸收的犯罪行为一个罪名的犯罪形态。

2. 吸收犯的处罚原则

刑法理论界一致认为，对吸收犯应依照吸收行为所构成的犯罪处罚，不实行数罪并罚。

四、实质数罪与想象数罪

实质数罪指行为人实质上实施了需要并罚的数个符合犯罪构成的行为。想象数罪指行为人基于数个不同的罪过实施一个行为触犯数个不同罪名的犯罪形态。

五、异种数罪与同种数罪

异种数罪指数个性质不同的犯罪行为。同种数罪指同一性质的数个犯罪行为。

六、并罚的数罪与非并罚的数罪

并罚的数罪是指数罪一经成立必须实行数罪并罚，不存在按一罪处理的情况。非并罚的数罪指法律规定或实际处理时不实行处罚的数罪。

七、判决宣告以前的数罪与刑法执行期间的数罪

判决宣告以前的数罪指行为人在判决宣告前实施并被发现的数罪。刑法执行期间的

数罪指在刑罚执行期间发现漏罪或再犯新罪构成的数罪。

第十四章　刑事责任的实现

刑事责任的实现方式又称刑事责任的实现方法、刑事责任的承担方式，指的是刑事责任可以通过哪些方法来实际承担。刑事责任的实现方式有以下三种：

1. 通过给予刑罚处罚实现刑事责任。2. 通过适用实体上的非刑罚处罚方法实现形式责任。3. 通过宣告行为构成犯罪实现刑事责任。

第十五章　刑罚的体系和种类

一、刑罚体系的概念

刑罚体系是指由刑法所规定的按照一定次序排列的各种刑罚方法的总和。其特点是：

1. 刑罚体系的构成要素是刑罚方法，即刑种。2. 刑种是立法者选择确定的。3. 依照一定的标准排列的。4.《中华人民共和国刑法》规定的。

刑罚方法的分类有不同的标准。以限制或剥夺的权益为标准，刑罚可以分为：

1. 生命刑——死刑。2. 自由刑——管制、拘役、有期徒刑、无期徒刑。3. 财产刑——罚金、没收财产。4. 资格刑——剥夺政治权利。

以能否单独适用为标准，可分为：

1. 主刑——只能独立适用。2. 附加刑——独立或附加适用均可。

二、主刑

（一）管制

管制是对犯罪分子不予关押，但限制其一定人身自由，交由公安机关执行和群众监督改造的刑罚方法。

管制的特点：

1. 对管制的犯罪分子不予关押。

2. 限制一定的人身自由。限制的自由局限于《中华人民共和国刑法》第39条的规定。参加劳动的，同工同酬。

3. 管制的期限为3个月以上2年以下，数罪并罚时不超过3年。羁押1日折抵刑期2日。

4. 由公安机关执行和群众监督改造。

（二）拘役

拘役是短期剥夺犯罪分子人身自由，就近实行劳动改造的刑罚方法，是一种仅次于管制的轻刑。

拘役的特点：

1. 剥夺犯罪分子的人身自由，实行劳动改造。

2. 剥夺自由的期限较短，为1个月以上6个月以下，数罪并罚时不得超过1年。羁押期1日折抵刑期1日。

3. 由公安机关在就近的拘役所或看守所执行，实行劳动改造。

4. 享受一定的待遇，每月可回家1～2天，参加劳动的酌量发给报酬。

（三）有期徒刑

有期徒刑是剥夺犯罪分子一定期限的人身自由，强迫劳动并接受教育和改造的刑罚方法。

有期徒刑的特点是：

1. 剥夺犯罪分子的人身自由。

2. 具有一定的期限，为6个月以上15年以下，数罪并罚时，不超过20年。羁押期1日折抵刑期1日。

3. 在监狱或其他场所执行（少年犯管教所）。

4. 强迫参加劳动，接受教育和改造。

（四）无期徒刑

无期徒刑是剥夺犯罪分子终身人身自由，强制其参加劳动并接受教育改造的刑罚方法。

无期徒刑的特点：

1. 剥夺犯罪分子的人身自由。

2. 无期限的剥夺。但并不断绝犯罪分子的改造前途，因为我国有减刑、假释、赦免的规定，犯罪分子并非关押至死。

3. 强迫劳动，接受教育改造。

4. 羁押期与刑期不发生折抵问题。

5. 必须附加剥夺政治权利终身。

（五）死刑

死刑是剥夺犯罪分子生命的刑罚方法，是最严厉的刑罚方法，所以又称为极刑。

我国对死刑的限制：

1. 适用条件上进行限制——罪行极其严重的犯罪分子。

2. 适用的对象上进行限制——犯罪时不满18岁的人和审判时怀孕的妇女不适用死刑。

3. 适用程序上进行限制——死刑复核程序。

4. 死刑执行制度上进行限制——保留死缓制度。它不是独立的刑种，而是执行死刑的方式。适用对象是：罪该处死但具有不需要立即执行的情节。

死缓的法律后果：死缓期间，犯故意罪的，执行死刑；死缓期间，没有犯故意罪，期满减为无期徒刑；死缓期间，有重大立功表现的，减为15～20年有期徒刑。

三、附加刑

（一）罚金

罚金是人民法院判处犯罪分子向国家缴纳一定数额金钱的刑罚方法。它不同于罚款：性质不同、适用对象不同、适用机关不同和法律根据不同。

罚金的适用对象是贪图钱财的犯罪以及妨害社会秩序的犯罪。其价值在于对犯罪行为的否定评价和剥夺他们再犯的经济实力。

1. 罚金的适用方式：选处罚金、单处罚金、并处罚金和并处或单处罚金。

2. 罚金的数额，刑法规定了五种数额幅度：比例制、倍比制、比例兼倍比制、特定数额制和抽象数额制。

3. 罚金数额的确定原则：根据犯罪情节决定罚金数额，即根据犯罪手段、对象、后果、时间、地点等决定。此外，还应考虑犯罪人的经济状况和承受力，不然，判处罚金无法执行。

4. 罚金的缴纳方式：一次或分次缴纳、强制缴纳、随时缴纳和减少或免除缴纳。

（二）剥夺政治权利

剥夺政治权利是指剥夺犯罪分子参加国家管理和政治活动权利的刑罚方法。剥夺的权利限于《中华人民共和国刑法》第五十四条的规定。其适用对象是严重的犯罪，也可是较轻的犯罪。

1. 剥夺政治权利的适用方式：(1) 应当附加剥夺：一是对危害国家安全的犯罪，二是被判处死刑、无期徒刑的犯罪。(2) 可以附加剥夺：对故意杀人、强奸、放火、爆炸、投毒、抢劫、故意伤害等严重刑事犯罪分子可以附加剥夺。(3) 独立适用。当法律规定主刑与剥夺政治权利可以选择适用时，选择剥夺政治权利，就不能再适用主刑。

2. 剥夺政治权利的期限、起算、执行

(1) 判处死刑、无期徒刑的，剥夺政治权利终身，不存在起算问题。

(2) 对有期徒刑、拘役附加判处剥夺政治权利的，期限为 1 年以上 5 年以下，从主刑执行完毕或假释之日起算。

(3) 独立判处的，从判决执行之日起算。

(4) 判处管制附加剥夺政治权利的，期限与管制同，同时执行。

(5) 原判处死刑缓期执行的、无期徒刑的，减为有期徒刑的，将“终身”改为 3 年以上 10 年以下，从有期徒刑执行完毕或假释之日起算。

3. 剥夺政治权利由公安机关执行。

（三）没收财产

1. 没收财产是将犯罪分子所有财产的部分或全部强制无偿地收归国有的刑罚方法。

2. 没收财产与罚金不同。

3. 没收财产与追缴犯罪所得物品、违禁品、犯罪使用的物品不同。

4. 没收财产的适用方式：(1) 与罚金选择并处。在判处主刑的同时，附加适用没收财产或罚金。(2) 并处。在判处主刑的同时，应当并处没收财产。(3) 可以并处，由审判员选择适用。

5. 没收财产的范围限于犯罪分子个人所有财产的部分或全部。这是罪责自负原则的体现。

6. 没收财产的归属问题有三种情况：一是上缴财政；二是发现没收的财物中有公民个人财产的，应当归还；三是偿还犯罪分子的正当债务。

没收财产由人民法院执行，在必要时可会同公安机关执行。

（四）驱逐出境

驱逐出境是强迫犯罪的外国人离开中国国（边）境的刑罚方法。它可以独立适用，也可以附加适用。

驱逐出境与《中华人民共和国出入境管理办法》中的驱逐出境有着原则性的差别。

四、非刑罚处理方法的概念

非刑罚处理方法是指人民法院对犯罪分子适用的刑罚以外的处理方法。适用对象是犯罪人，其性质仍然是犯罪人承担刑事责任的方式。

五、非刑罚处理方法的种类及适用条件

种类：1. 判处赔偿经济损失和责令赔偿损失。

2. 训诫、责令具结悔过和责令赔礼道歉。

3. 由主管部门予以行政处罚或行政处分。

使用条件：（1）判处赔偿经济损失的适用条件：经济损失与犯罪行为有因果关系；适用对象是犯罪分子。（2）训诫、责令具结悔过、赔礼道歉、赔偿损失、行政处罚、行政处分的适用条件：对象是罪行轻而免于刑罚的犯罪分子；根据案件情况需要给予适当的处理。

六、附带民事赔偿

对于因犯罪行为对被害人造成的经济损失、物质损失、财产损失，被害人可以提起刑事附带民事诉讼，我国不支持对精神损失的赔偿。

第十六章　量刑

一、量刑的概念

量刑是指人民法院根据行为人所犯罪行及刑事责任的轻重，在定罪的基础上，依法对犯罪分子是否判处刑罚、判处何种刑罚，是否立即执行的审判活动。

二、量刑的原则

1. 量刑必须以案件事实为根据。

2. 量刑必须以刑法规定为准绳。

三、量刑情节的概念

量刑情节是人民法院对犯罪分子量刑时据以从宽处罚或从严处罚的主客观事实情况。它有四个特征：（1）是定罪情节以外的情节；（2）包括罪前、罪中、罪后的情节；（3）只能在某罪法定刑内起一定的作用；（4）是落实刑事责任和实现刑罚个别化的根据。

量刑情节不同于定罪情节：前者影响量刑，后者是定罪依据；前者外延宽泛，后者限于罪中事实，外延较窄。

四、量刑情节的体系

量刑情节有法定情节与酌定情节（以法律有无明文规定为标准）

1. 法定情节是刑法明文规定的影响量刑轻重的情节。如预备犯、未成年人犯罪、自首、立功以及分则规定的情节。

2. 酌定情节是刑法未明文规定的、司法机关酌情运用的影响量刑轻重的情节。如坦白、一贯表现、退赃情况等。

第十七章　刑法裁量制度

一、普通累犯

普通累犯是指因故意犯罪被判处有期徒刑以上刑罚并在刑罚执行完毕或赦免后五年内再犯，应当判处有期徒刑以上刑罚之故意罪的犯罪人。

1. 前罪和后罪都是故意犯罪。

2. 前罪判处有期徒刑以上刑罚，后罪应当判处有期徒刑以上刑罚。

3. 后罪发生在前罪刑罚执行完毕或赦免后五年内。

被假释的罪犯、被缓刑的罪犯在考验期内犯罪的，不构成累犯。

二、特别累犯

特别累犯是指犯过危害国家安全罪受过刑罚处罚，在刑罚执行完毕或赦免后的任何时候再犯危害国家安全罪的犯罪人。

1. 前、后罪都是危害国家安全罪。

2. 前、后罪不受判处或应当判处刑罚种类的限制。

3. 后罪发生的时间不受限制。

三、累犯的处罚原则：对累犯从重处罚

四、自首

（一）概念和条件

自首是指犯罪分子犯罪后自动投案，如实供述自己罪行或被采取强制措施的犯罪嫌疑人、被告人和正在服刑的罪犯，如实供述司法机关尚未掌握的本人其他罪行的行为。

一般自首是指犯罪分子犯罪后，自动投案，如实供述自己罪行的行为。其成立条件是：

1. 自动投案。

2. 如实供述自己的罪行。

（1）自首的主体是犯罪嫌疑人、被告人、正在服刑的罪犯。

（2）如实供述本人的司法机关尚未掌握的其他罪行的。

（二）处罚原则

对自首的刑事责任，法律规定了三种情况：对自首的犯罪分子可以从轻处罚或减轻处罚，这是原则规定。根据投案时间的早晚，交代罪行的彻底程度，选择从轻或减轻处罚。犯罪情节较轻的，可以免除处罚。犯罪后自首又有重大立功的，应当减轻或者免除处罚，”即两个情节具备时，才可适用。

五、坦白

坦白是指犯罪分子被动归案之后，自己如实交代自己犯罪事实的行为。归案有三种情况：被采取强制措施而归案，被司法机关传唤而归案，被群众扭送而归案。

自首与坦白均属于悔罪的表现，从广义上讲，自首也是坦白，是最好的坦白。

六、立功

（一）一般立功

一般立功是指犯罪分子揭发他人犯罪行为，查证属实，或者提供重要线索，从而得以侦破其他案件的，或者协助司法机关抓捕其他犯罪嫌疑人，或者具有其他有利于国家和社会的突出表现的行为。共有四种情形：

1. 检举、揭发他人犯罪行为的。2. 提供其他案件的重大线索，查证属实的。3. 协助司法机关抓捕其他犯罪嫌疑人的。4. 具有其他有利于国家和社会突出表现的。

其意义是：有利于提高司法机关办案效率，有利于瓦解犯罪势力，有利于犯罪分子改过自新。

（二）重大立功

重大立功是指揭发他人重大犯罪行为，查证属实的，提供重要线索，从而得以侦破其他重大案件的，协助司法机关抓捕其他重要罪犯的，在押期间制止他人重大犯罪活动的，对国家和社会有重大贡献的行为。

重大立功与一般立功的区别在于是否涉及重大犯罪、重大案件、重大犯罪嫌疑人。所谓"重大"，指犯罪嫌疑人、被告人可能被判处无期徒刑以上刑罚或者在本省、自治区、直辖市或者全国范围内有较大影响的情形。

（三）立功犯的刑事责任

1. 一般立功的可以从轻处罚。2. 重大立功的可以减轻处罚。3. 自首又有重大立功的应当减轻处罚或免除处罚。

七、数罪并罚的概念与特征

数罪并罚是指对一人所犯数罪合并处罚的制度。具体说来，是指人民法院对判决前一人所犯数罪，或者判决宣告后，刑罚执行完毕前发现漏罪或又犯新罪，在分别定罪量刑后，依照法定的方法决定执行刑罚的制度。其特点和适用条件是：

1. 一人犯有数罪。2. 所犯数罪必须发生在法定的时间内。3. 必须依据法定的并罚方法决定应执行的刑罚。

八、数罪并罚的原则

主要有四种原则：

1. 并科原则（相加原则），对每一个罪的刑罚加起来，全部执行。

2. 吸收原则（重刑吸收轻刑原则），在数罪的数刑中选择其中最重的或等同的刑罚为执行的刑罚，其余的不再执行。

3. 限制加重原则（限制并科原则），指一人所犯数罪中，在数刑中最高刑以上，总和刑以下，决定应执行的刑罚。

4. 折衷原则（混合原则），根据不同情况，以一种原则为主，兼采其他原则。

由于前三种原则各有千秋，多数国家不单采一种原则，而是采用折衷原则。

我国数罪并罚的原则：

1. 吸收原则。对数罪中有无期徒刑、死刑的，只能采取吸收原则。

2. 限制加重原则。对自由刑的，应在最高刑以上，总和刑以下，决定执行的刑罚。但要受到数罪并罚时法定刑的限制。

3. 并科原则。对有附加刑的，与主刑并科适用。

九、适用数罪并罚的几种情况

（一）判决前一人犯数罪的并罚

《中华人民共和国刑法》第六十九条规定，采用限制加重并罚原则为主，兼采其他几个原则。

对同种数罪应否并罚，有三种观点：（1）同种数罪作为一罪从重或者加重处罚。（2）并罚说。数罪并罚并没有排除同种数罪的并罚。（3）折衷说。分别而论：对某一罪有多个法定刑档次的，可按一罪论处，能够罚当其罪；对某罪只有一个法定刑，不能罚当其罪的，可以数罪并罚。多数学者和司法实践中，对同种数罪，一般不实行并罚。

（二）判决宣告以后，刑罚执行完毕以前，发现漏罪的并罚

这种情况采取“先并后减”的方法并罚。即对漏罪量刑，再与前一罪的原判刑罚并罚，决定执行的刑期包括已执行的刑期在内，还需要服的刑期等于决定执行的刑期减去已执行的刑期。

（三）判决宣告以后，刑罚执行完毕以前，又犯新罪的并罚

这种情况采取“先减后并”的方法并罚，即对新罪作出量刑，将其与前一罪的余刑（原判刑期减去已执行的刑期）并罚，决定执行的刑期不包括已执行的刑期，即决定执行的刑期就是还需要服的刑期。

“先减后并”的方法与前两种情形相比，有以下三个特点：（1）数罪并罚的起刑点提高了；（2）决定执行的刑期可能突破法定最高刑期；（3）越到刑罚快执行完了时，犯新罪的，合并处罚的意义越小，罪犯受刑越重。

（四）在缓刑和假释考验期内发现漏罪或又犯新罪的并罚

1. 在缓刑考验期间又犯新罪或发现漏罪的，应对各罪分别判刑，按判决前犯数罪的并罚方法确定应当执行的刑法，已经经过的缓刑考验期不能在新判决确定的刑期中扣减。

2. 在假释考验期间又犯新罪或发现漏罪的，对漏罪的并罚是“先并后减”，对新罪的并罚是“先减后并”。对于已经经过的假释考验期，应该作为一种已经执行的刑期予以计算，因为假释毕竟不是刑罚的不执行，而是一种特别的执行方法。

十、缓刑的概念

缓刑是对原判刑罚附条件暂不执行，但在一定期限内仍保持执行可能性的刑罚制度。

缓刑不是独立的刑种，而是刑罚适用、裁量制度的重要内容。

缓刑与免予刑事处罚、与监外执行不同。

缓刑与死刑缓期执行不同：（1）适用对象不同；（2）执行的方法不同；（3）考验期限不同；（4）法律后果不同。

十一、缓刑的适用条件

1. 犯罪分子被判处拘役或者三年以下有期徒刑的刑罚。
2. 犯罪分子不是累犯。
3. 根据犯罪分子的犯罪情节和悔改表现，认为适用缓刑不致再危害社会。

十二、缓刑考验期

缓刑考验期是对被宣告缓刑的犯罪分子进行考察的一定期限。拘役的考验期是 1 年

以下2个月以上。有期徒刑的考验期是5年以下1年以上。如何根据原判刑期确定考验期呢？一般掌握缓刑考验期等于或略长于原判刑期，但不能短于原判刑期，也不能低于法定的最低考验期，一般不超过原判刑期的2倍。

判决以前先行羁押的期限不能折抵考验期。司法解释规定，在缓刑考验期内有突出表现或立功表现的，可以对原判刑期予以减刑，再对考验期缩短。

十三、对缓刑犯的考察

1. 遵循《中华人民共和国刑法》第七十五条的规定。
2. 由公安机关考察，所在单位或基层组织予以配合。
3. 是否遵守《中华人民共和国刑法》第七十七条的规定，决定是否撤销缓刑。

十四、缓刑的法律后果

1. 缓刑期间遵守法律规定，未犯新罪或发现漏罪、没有严重违法行为的，考验期满，原判刑罚不再执行。

2. 撤销缓刑，实行数罪并罚或执行原判刑罚。撤销的情形有三：

（1）犯新罪，撤销缓刑，原判刑罚与新罪按第六十九条的规定并罚。

（2）发现漏罪，撤销缓刑，原判刑罚与漏罪按第六十九条的规定并罚。

（3）违反法律、行政法规或者国务院公安部门有关缓刑的监督管理规定，情节严重的，撤销缓刑，执行原判刑罚。

十五、缓刑的撤销

缓刑犯在缓刑考验期间再犯新罪，发现漏罪或严重违反法律、行政法规和监督管理规定的，均是缓刑撤销的条件。

十六、战时缓刑

战时缓刑是指在战时，对被判处3年以下有期徒刑没有现实危险，宣告缓刑的犯罪军人，允许其戴罪立功，确有立功表现的，可以撤销原判刑罚，不以犯罪论。

1. 战时缓刑的适用条件

（1）必须在战时。若在平时，军人犯罪能否缓刑适用普通缓刑。

（2）只能是判处3年以下有期徒刑的犯罪军人。

（3）必须没有现实危险性，这是战时适用缓刑最关键的条件。

2. 一般缓刑与战时缓刑的区别

（1）适用对象不同。

（2）适用的时间不同。

（3）适用的本质条件不同。

（4）适用的方法和考察的内容不同。

（5）法律后果不同。如果战时缓刑的军人没有立功，也没有犯新罪、发现漏罪、严重违法行为，就应当适用普通缓刑的处理办法，即原判刑罚不再执行。

十七、缓刑与免于刑事处分、监外执行及死缓的区别

1. 缓刑与免于刑事处分的区别

（1）免于刑事处分是依法不对犯罪分子判处刑罚，缓刑是判刑而暂不执行。

（2）免于刑事处分的犯罪分子，即使再犯新罪也不会影响原判决，不适用数罪刑罚，而缓刑在缓刑考察期间如果再犯新罪，则应把原判决确定的刑期与新犯罪的刑期进行并罚。

（3）免于刑事处分是犯罪分子具有某种应当或可以免除处罚的法定情节或犯罪情节轻微，而适用缓刑的根据主要是犯罪分子的犯罪情节较轻，有悔改表现，没有再犯罪危险，对社区没有重大不良影响。

2. 缓刑与监外执行的区别

监外执行在性质上仍是执行刑罚，只是执行场合不同而已，而缓刑则是附条件的不执行刑罚。

3. 缓刑与死缓的区别

适用对象不同、执行方法不同、验期限不同和法律后果不同。

第十八章 刑罚的执行

一、减刑的概念

减刑是指对被判处管制、拘役、有期徒刑、无期徒刑的犯罪分子，在刑罚执行期间有悔改或立功表现，而适当减轻其原判刑罚的行刑制度。减刑有两种情况：一是由较重的刑种减为较轻的刑种，如由无期徒刑减为有期徒刑；二是由较长的刑期减为较短的刑期，如由15年有期徒刑减为10年有期徒刑。

二、减刑的适用条件

1. 减刑的适用对象：被判处管制、拘役、有期徒刑、无期徒刑的犯罪分子。

2. 减刑的关键条件：是犯罪分子有悔改表现或立功表现，主要包括：（1）悔改表现；（2）立功表现；（3）重大立功表现。

3. 减刑的限度条件。被判处有期自由刑的犯罪分子，不论经过几次减刑，实际执行的刑期不得少于原刑期的1/2；被判处无期徒刑的犯罪分子，实际执行不得少于10年。实际执行的刑期是指交付执行后犯罪分子实际服刑改造的时间。有期自由刑的实际服刑期包括原来的羁押期，无期徒刑的实际服刑期不包括原来的羁押期。

减刑适用的起始时间和间隔时间按照司法解释执行。

三、减刑的程序与减刑后的刑期计算

1. 减刑的程序。由执行机关向中级以上的人民法院提出减刑建议书，人民法院组成合议庭进行审理，符合减刑条件的予以减刑。非经法定程序不得减刑。

2. 减刑后的刑期计算。对原判处有期自由刑的减刑，减刑后的刑期从原判决执行之日起，原已执行的部分计算在减刑后的刑期之内。对原判处无期徒刑的减刑，其刑期从裁定减刑之日起算，已执行的部分不计算在减刑后的刑期之内。原判无期徒刑减为有期徒刑的，依此再减刑的，从无期徒刑裁定减刑之日起计算。对复查改判的案件，如果犯罪分子被减过刑的，其减刑继续有效。

四、假释的概念

假释是指对被判处有期徒刑、无期徒刑的犯罪分子，在执行一定刑罚后，因认真遵守监规，接受教育改造，确有悔改表现，不致再危害社会，因而附条件地将其提前释放的制度。其意义在于贯彻了惩办与宽大相结合的政策，鼓励犯罪分子改造，又有利于节约刑罚资源。

假释同刑满释放、监外执行不同。

假释与缓刑的相同点是：两者都对一定的刑罚暂不执行，都有一定的考验期限。二者的区别是：适用对象不同，暂不执行的刑期不同，适用的条件不同。

假释与减刑的相同点是：两者都是行刑制度，都是对服刑的犯罪分子的奖励政策。不同点是：适用对象不同，适用场所不同，法律后果不同。

五、假释的适用条件

1. 适用对象是被判处有期徒刑、无期徒刑的犯罪分子，但对累犯和因杀人、爆炸、抢劫、绑架等暴力性犯罪且被判处 10 年以上有期徒刑、无期徒刑的犯罪分子，不得假释。

2. 适用的限制性条件是犯罪分子必须已经执行了一定刑罚。有期徒刑必须实际执行 1/2 以上，无期徒刑必须已执行 10 年以上。前者的 1/2 是指包含羁押期在内的，后者是指从判决执行之日起 10 年以上，加上原来的羁押期会超过 10 年。另外，犯罪分子有特殊情况，经最高人民法院核准，也可以不受上述执行刑期的限制。

3. 适用的实质性条件是在执行期间认真遵守监规，接受教育改造，确有悔改表现，不致再危害社会的。

根据最高人民法院的解释，在把握假释的实质条件时，应注意三种情况的假释：（1）对未成年犯，条件适当放宽。（2）对老年和身体有残疾的罪犯的假释，只要他们有悔改表现，丧失作案能力、生活能力的可以予以假释。（3）对死缓罪犯，经过减刑，不论是几次，符合假释条件的，可以给予假释。

六、假释的程序、考验和撤销

1. 假释的程序同减刑的程序。

2. 假释的考验期限及考验内容。有期徒刑的考验期限为没有执行完的刑期，无期徒刑的考验期限为 10 年。考验内容是《中华人民共和国刑法》第八十四、八十五条的规定。

3. 假释的撤销。有三种情况：（1）考验期内犯新罪，撤销假释，按“先减后并”的方法并罚，即使在考验欺瞒后才发现，且没超过追诉时效的，也应如此。（2）考验期内，发现漏罪，按“先并后减”的方法并罚。（3）考验期内，有严重的违法行为，撤销假释，执行未执行完的刑罚，有期徒刑未执行完的刑罚就是“余刑”，无期徒刑未执行完的刑罚还是无期徒刑。

七、社区矫正

1. 社区矫正的概念

社区矫正是相对于监禁矫正而言的，是一种非监禁刑罚的执行方式，指将符合社区矫正条件的罪犯置于社区内，由专门的国家机关在相关社会团体和民间组织以及社会志愿者的协助下，矫正其犯罪心理和行为恶习，并促进其顺利回归社会的非监禁刑罚执行活动。

2. 社区矫正特点

非监禁性、社会性、矫正性、帮助性。

八、社区矫正的适用

1. 对象

被判处管制的犯罪人、被宣告缓刑的犯罪人、被裁定假释的犯罪人、被暂予监外执行的犯罪人、被剥夺政治权利的并在社会上服刑的犯罪人。

2. 内容

（1）监督性矫正；（2）教育矫正；（3）帮助矫正。

3. 社区矫正管理监督

（1）社区矫正执行机关：司法行政机关。

（2）社区矫正接受和管理：由其居住地司法所接收；户籍所在地与居住地不一致的，户籍所在地司法所应当协助、配合居住地司法所开展矫正工作。

（3）矫正监督机关：人民检察院、公安机关。

4. 社区矫正的期间与解除

（1）期间

被判处管制、剥夺政治权利的社区矫正期限与管制、剥夺政治权利的实际执行刑期相同；被宣告缓刑、裁定假释的，其矫正期为缓刑考验期或假释考验期；暂予监外执行的，其矫正期为在监外实际执行的期限。

（2）解除

被判处管制、宣告缓刑、裁定假释及在社区服刑的被判剥夺政治权利的服刑期满，本人应当在服刑期满前30日作出书面总结，由司法所出具相关考核鉴定材料，依照法定程序终止社区矫正；暂予监外执行的社区矫正服刑人员，暂予监外执行期满前30日，由司法所出具相关材料，经上级司法行政机关审查后，报原关押单位。

第十九章　刑罚的消灭

一、刑罚消灭的概念

刑罚的消灭是指由法定的或事实的原因致使代表国家的司法机关不能对犯罪人行使具体的刑罚权。

二、刑罚消灭的事由

1. 刑罚求刑权消灭事由

（1）追诉时效完成；（2）告诉才处理的犯罪，告诉人不予告诉；（3）犯罪人死亡或法人消亡；（4）法律规定发生表更；（5）免罪性赦免。

2. 刑罚量刑权消灭事由

（1）告诉才处理的犯罪，告诉人撤回告诉；（2）犯罪人死亡或法人消亡；（3）法律规定发生表更；（4）免罪性赦免；（5）前科消灭。

3. 行刑权消灭事由

（1）犯罪人死亡或法人消亡；（2）赦免，包括大赦和特赦；（3）法律规定发生表更；（4）缓刑考验期满；（5）减刑；（6）行刑时效完成；（7）刑罚执行完毕；（8）假释期满；（9）复权。

4. 刑罚后遗效果消灭事由

（1）前科消灭；（2）战时犯罪军人的缓刑；（3）免罪性赦免。

三、时效概述

时效是指刑法规定的对犯罪分子追究刑事责任和执行刑罚的有效期限。在这个期限内，司法机关享有追究犯罪分子刑事责任或依法执行刑罚的权力，超过这一期限，国家则丧失了追究刑事责任或行使刑罚权的权力。它分为追诉时效和行刑时效。

追诉时效是指刑法规定的对犯罪分子追究刑事责任的有效期限。

行刑时效是指刑法规定的对被判处刑罚的人执行刑罚的有效期限。

四、追诉时效期限

1. 法定最高刑不满5年有期徒刑的，经过5年。

2. 法定最高刑为5年以上不满10年的，经过10年。

3. 法定最高刑为10年以上有期徒刑的，经过15年。

4. 法定最高刑为无期徒刑、死刑的，经过20年。经过20年以后，认为必须追究的，须报请最高人民检察院核准。

应当指出的是，法定最高刑的含义笔者认为是相应条款的法定最高刑。

五、追诉时效的起算

1. 一般犯罪的追诉期限的计算是指没有连续或继续犯罪状态的犯罪的追诉期从犯罪之日起算。犯罪之日的含义：（1）犯罪成立之日；（2）犯罪实施之日；（3）犯罪发生之日；（4）犯罪完成之日；（5）犯罪停止之日。一般认为成立之日为犯罪之日，对行为犯而言，是行为实施之日，对结果犯而言，是结果发生之日。追诉期的终点是以侦查、起诉还是审判时为终点呢？我们认为应以侦查之日为终点。

2. 连续或继续犯罪追诉期限的计算。对连续犯、继续犯的追诉期限从行为终了之日起算。

六、追诉时效的中断与延长

1. 追诉时效的中断是指在时效进行期间，发生法律规定的事由，使以前所经过的时效期间归于无效，法律规定的事由终了之时，时效重新开始计算。我国时效中断的事由是犯新罪致使前罪已经过了时效归于无效，从新罪终了之日，重新计算前罪的追诉时效。

在注意前罪的追诉时效时，不应忽视后罪的追诉时效。若在两个罪的追诉期内，对两个罪都可以追究，实行数罪并罚。

时效中断的事由界定为犯新罪，是因为在时效期间，犯罪分子又犯罪说明其人身危险性大，没有通过自律的行为改造自己，所以时效中断。

2. 追诉时效的延长是指在追诉时效进行期间，发生法律规定的事由，使追诉期限延长。有的国家规定延长原时效的1/2，有的1/3，有的无限延长，我国就是后种情况。

我国时效延长的事由是：第一，在公、检、法机关立案侦查或者法院已经受理案件以后，逃避侦查、审判的，不受追诉期限的限制；第二，被害人在追诉期限内提出控告，人民法院、人民检察院、公安机关应当立案而不予立案的，不受追诉时效的限制。可见，我国的追诉时效的延长采取的是无限延长。

七、赦免概述

赦免是指国家宣告对犯罪人免除其罪或免除其刑的法律制度。它分为两种：大赦和特赦。

八、赦免的种类

1. 大赦是国家对某一时期内犯有一定之罪的犯罪人免于追诉或免除刑罚执行的制度。它的使用对象可以是任何犯罪人，其效力涉及罪和刑两个方面，国家以大赦令的方式颁布，一经实施，即失去效力。对大赦的罪犯不存在犯罪记录。

2. 特赦是指国家对特定的犯罪人免除全部或部分刑罚的制度。它适用于特定的犯罪人，其效力只及于其罪，而不及于其刑，犯罪记录仍不消除。

大赦与特赦的区别在于：适用的对象不同，效力不同，程序不同。

我国现行宪法规定的赦免是指特赦，不包括大赦。

刑事诉讼法总论

第一章　概论

一、刑事诉讼

刑事诉讼是指司法机关在当事人和其他诉讼参与人的参加下，依照法定程序解决被追诉者刑事责任的活动。

二、刑事诉讼法

（一）刑事诉讼法的概念

国家制定的规范司法机关和诉讼参与人参与下解决被追诉者刑事责任问题活动的法律规范。

（二）刑事诉讼法的渊源

1. 法典类。
2. 宪法。
3. 刑诉法典。
4. 其他法律：法院、检察院组织法，律师法，警察法，监狱法等。
5. 行政法规、规章：《公安机关办理刑事案件程序规定》、《刑事技术鉴定规则》。
6. 国际条约：《联合国少年司法最低限度标准规则》等。
7. 解释类：

（1）立法解释：制定法律规范的机关对法律规范所作的解释。
（2）司法解释：《最高人民法院司法解释》、《人民检查院刑事诉讼规则》。
（3）行政解释：国务院及其相关部门所作的解释。

三、刑事诉讼法的制定目的

1. 惩罚犯罪。2. 保障人权。

四、刑事诉讼的作用

1. 我国刑事诉讼法的作用
（1）工具价值：对刑法实施的保证作用
第一，明确规定实施刑法的国家专门机关及职权分工。第二，赋予司法机关必要的权力以惩治犯罪。第三，规定证据运用规则，保证准确认定案件事实。第四，设计各种程序，尽量保证案件在实体上得到公正处理。第五，保障刑法高效率地实施（期限、简易程序等）。
（2）独立价值——程序正义
第一，刑事诉讼法本身体现出司法公正和社会公正。第二，在一定程度上弥补刑法的不足。第三，在特定情形下限制实体法的实施（自诉或不起诉案件）。

五、刑事诉讼法的时间效力——有生效时间和失效时间

六、刑事诉讼法的空间效力

1. 刑事诉讼法关于人的效力范围
刑事诉讼法关于人的效力范围是指对一国领域内的一切人均适用本国的刑事诉讼法，不论是中国人还是不具有中国国籍的外国人或无国籍人，只要在中国境内涉嫌犯罪应当追究刑事责任就适用中国的刑事诉讼法，例外是对享有外交特权和豁免权的外国人应当追究刑事责任的，要通过外交途径解决。
2. 刑事诉讼法关于地域的效力范围
刑事诉讼法关于地域的效力范围是指刑事诉讼法的效力所能达到的地域范围。根据属地原则，一国刑事诉讼法的效力范围及于该国的全部地域之内，对在本国领域内发生的一切刑事案件，本国均享有司法管辖权。

第二章　刑事诉讼法的历史沿革

一、外国近现代辩论式诉讼制度和自由心证制度

1. 英美法系的刑事诉讼法基本特点
（1）侦查活动强调嫌疑人权利的保障，赋予其对抗侦查机关的权利。
（2）起诉机关拥有较大的起诉酌处权，辩诉交易等。
（3）实行起诉状一本主义。
（4）庭审程序实行交叉询问的方式，由双方当事人推进，法官居中裁判。
（5）定罪与量刑程序分离——提审：英由书记官进行、美由法官进行。定罪：由陪

审团作出；量刑：由法官作出。

(6) 实行排除合理怀疑的证明标准。

2. 大陆法系国家刑事诉讼法基本特点

(1) 警察、检察官和其他有侦查权的官员依职权主动追究犯罪，侦查、预审不公开进行。

(2) 追诉模式上采公诉为主，自诉为辅。

(3) 实行案卷移送制度。

(4) 法官在庭审程序中起主导和指挥的作用。

(5) 庭审程序一般分为法庭调查和辩论两个阶段。

(6) 实行内心确信的证明标准。

(7) 确立了上诉和法律救济程序（三审终审制）。

二、21 世纪外国刑事诉讼制度的发展

1. 英国刑事司法理念发生嬗变，刑事诉讼制度呈现向职权主义大幅度倾斜的趋势。

2. 俄罗斯刑事诉讼制度由传统的职权主义模式向当事人主义模式转型。

3. 法国刑事诉讼制度进行重大改革，加强保障无罪推定和被害人权利。

4. 日本构建支撑 21 世纪的刑事司法制度。

三、中华人民共和国刑事诉讼法的产生和发展

1996 年对《中华人民共和国刑事诉讼法》的修改主要体现在以下几个方面：

1. 确立了未经人民法院依法判决，对任何人不得确定有罪的原则（弱势的无罪推定）。

2. 确立了人民检察院依法对刑事诉讼实行法律监督的原则，增加了立案监督程序和执行监督程序，强化了对刑事诉讼的法律监督机制。

3. 律师可以在侦查阶段为嫌犯提供法律帮助。

4. 改革庭审方式，增强了合议庭的职权。

5. 废除了从重从快的严打程序，设立了简易程序。

6. 取消收容审查，完善强制措施。

7. 增强了对诉讼参与人尤其是被害人的程序保护。

第三章　刑事诉讼基本理论

一、刑事诉讼目的

1. 惩罚犯罪的理论根据。2. 保障人权的理论根据。

二、刑事诉讼价值

刑事诉讼价值是指刑事诉讼活动能够满足国家、社会和一般社会成员的特定需要而具有的积极效用和意义。一般认为，其主要包括公正价值和效率价值。

三、刑事诉讼结构

1. 刑事诉讼结构是指刑事诉讼所确立的进行刑事诉讼活动的基本方式以及专门机关、

诉讼参与人在刑事诉讼中形成的法律关系的基本格局，集中体现在控、辩、审三者在刑事诉讼过程中的组合方式和相互关系。

2. 诉讼模式历史类型的结构分析

（1）弹劾式模式：三角结构。（2）纠问式模式：线性结构。（3）当事人主义模式：三角结构。（4）职权主义模式：线性结构。（5）中国模式：超（强）线性结构。

四、刑事诉讼职能

1. 概念：刑事诉讼主体依法在刑事诉讼活动中所承担的特定职责或可发挥的特定作用。

2. 职能的内涵：控诉职能、辩护职能和审判职能。

3. 审判职能：对案件进行审理并确定被告人是否有罪、应否处罚及处以何种刑罚的职能。

五、刑事诉讼主体

1. 概念：构成审判所不可缺少的承担基本诉讼职能的国家机关和诉讼参与人。

2. 范围：检察机关、审判机关、当事人。

六、刑事诉讼客体

（一）含义：诉讼主体实施诉讼行为所针对的对象，即案件，是被告人被指控的特定的犯罪事实。

（二）案件的单一性和同一性

1. 单一性是指从静态来考察刑事诉讼是否是一个不可分割的整体（实质上涉及刑法中的一罪问题）。单纯一罪（以一个犯意，实施一个行为，侵害一种合法权益的行为）、实质一罪（包括继续犯或持续犯、想象竞合犯、结果加重犯）、处断一罪（连续犯、吸收犯、牵连犯）。

（1）构成条件（同时具备）：被告人的单一性和公诉事实的单一性。

（2）单一性的法律效果：公诉不可分原则，即起诉效力及于单一案件的整体；一事不再理原则，即判决效力及于单一案件的整体。

2. 同一性：案件在刑事诉讼的实际进程中自始至终保持前后的同一。

（1）案件同一性的判断标准：案件在诉讼前后的对比是否为同一，不同诉讼中是否涉及同一案件问题。

（2）法律效果：从判决与起诉关系看，法院的判决仅限于检察官起诉的犯罪事实范围，但可变更检方所援引的法条。对同一案件提起双重起诉的，对后一起诉法院应不予受理。同一案件经法院生效判决确定后，对该案的重新起诉应予以驳回。

七、刑事诉讼行为

刑事诉讼主体或其他主体实施的、构成诉讼程序内容、可以产生诉讼上的特定效果的行为。

第四章　刑事诉讼基本原则

一、刑事诉讼原则的概念和原则

1. 概念：贯穿刑事诉讼全过程，体现刑事诉讼的基本目的和任务，决定刑事诉讼的架构和基本特征，对刑事诉讼的立法和司法实践具有普遍指导意义的诉讼原则和规范。

2. 原则：具有普遍意义、贯穿诉讼过程、体现诉讼价值、决定具体程序和指导诉讼操作。

二、刑事诉讼基本原则的种类

国际通用的基本原则：程序法制原则、司法独立原则（Judicial Independence）、无罪推定原则、有效辩护原则、不告不理（控审分离）原则、平等对抗原则（平等武装、手段同等）、一事不再理与禁止双重危险原则、诉讼及时原则。

（一）程序法制原则（德国）

1. 含义

（1）国家要建立刑事司法系统和刑事司法程序。（2）司法机关进行刑事司法活动要严格遵守司法程序。

2. 基本要求

（1）国家应当保证刑事司法程序的法制化。（2）刑事司法活动应当严格遵循司法程序。（3）确立违反程序的制裁措施。（4）建立必要的诉讼监督制约机制。

（二）司法独立原则（Judicial Independence）

1. 含义：主要指法院独立行使其审判权（在中国也包括检察权）。

（1）实质：确认司法权的专属性及独立行使性。（2）分类（主体）：官员独立和官厅独立。

2. 内容：

（1）实质独立（Substantive Independence）：法官履行审判职能及制定判决时只服从法律与良心的要求。德国称为“职能独立”，美国称为“裁判独立”（Decisional Independence）。

（2）身份独立（Personal Independence）：法官执行审判职务的任期和条件应得到充分保障，以确保法官个人不受行政机关的控制。

（3）集体独立（Collective Independence）：审判机关作为一个整体而独立。如人事、财务、基建等独立。

（4）内部独立（Internal Independence）：法官在执行审判职务过程中应独立于其他同事及上级法院的法官。

（三）无罪推定原则

1. 含义：任何人在没有经过法定的司法程序最终确认为有罪之前，应推定为无罪。

2. 无罪推定衍生出的诉讼规则：

（1）被告人享有沉默权。（2）控方承担举证责任。（3）认定被告人有罪只能由审判机关作出。（4）疑罪从无。

（四）有效辩护原则

国家在刑事诉讼过程中，应当保障被追诉方充分行使辩护权，并建立相应的制度使得他们在诉讼的各个阶段获得律师的帮助。

（五）不告不理原则（控审分离）

1. 含义：法院只有根据控诉方合法有效的起诉才能对其进行审理。

2. 内容

（1）起诉权与审判权分离（控、审机构分离，互不隶属）。（2）审判以起诉为前提。（3）审判受控诉范围限制。

（六）平等对抗原则（平等武装、手段同等）

1. 含义：原则上应当如同对待刑事追诉机关一样平等地对待被告人。

2. 内容

（1）控辩双方都是当事人。（2）控辩双方诉讼地位平等。（3）控辩双方在平等基础上对抗。（4）国家保障被告人拥有与控方平等对抗的能力。

（七）一事不再理与禁止双重危险原则

1. 含义：法院对一个案件已经作出生效实体裁判或有关实体的程序性裁判，就不得对该案再次起诉和审判。

大陆法：一事不再理原则。

英美法：禁止双重危险原则。

两者都源于罗马法中的“一案不二讼”，与“诉权消耗”相关。包含两层含义：

（1）诉讼系属效力：即原告不得就已起诉的案件，在诉讼系属中再次起诉。

（2）判决的既判力：判决确定后，当事人不得就已经判决的同一案件再行起诉。

注意：只适用于同一司法管辖权之内。

2. 一事不再理原则

（1）特点

第一，既是宪法原则，也是刑事诉讼原则。

第二，以生效裁判为前提。

第三，无罪、有罪判决都适用，但纯粹的程序性裁判除外。

第四，是维持裁判既判力的原则。

第五，宗旨是强调裁判的安定性。

（2）根据：

第一，维护裁判的安定性。

第二，维护被告人利益和稳定社会关系。

第三，国家刑事处罚权耗尽。

第四，保持控辩双方诉讼地位的平等。

3. 禁止双重危险原则

（1）含义：被告人不得因为同一罪行而受到两次起诉、审判和处罚。

（2）功能

第一，避免被无罪开释后再次受到起诉。

第二，避免被判有罪判决后再次受到起诉。

第三，避免对同一犯罪施以多次处罚。

美国联邦最高法院指出该原则适用于所有的犯罪。

（3）基本要求

第一，被告人被判无罪后，检察官无权上诉，即使是法庭在审判过程中犯有某种对检察官不利的法律错误或起诉状存在某种缺陷。

第二，如被判有罪的被告人提起上诉，上诉法院可对其进行第二次审判，即使上诉法院维持了原先的有罪判决，法官也不得对被告人处以更重的刑罚（实质：上诉不加刑）。

第三，如一项起诉因证据不足而被法庭在作出最终裁决前驳回，被告人不能受到第二次审判（驳回起诉意味检察官失去了再行起诉的权力）。

第四，如一项针对某一罪行作出的判决已经得到执行，法院不能对该项罪行处以两次刑事处罚，但在判决执行以前，法官仍可以在刑事程序中纠正该判决的错误。

4. 一事不再理与禁止双重危险的关系

（八）诉讼及时原则

1. 含义：诉讼活动包括审前和审判活动，都应当不拖延地进行。

2. 表现

（1）规定诉讼期间。（2）确立集中审理原则。（3）完善程序体系。（4）设立简易程序。

3. 我国诉讼的问题（两个极端）

（1）诉讼拖延（嫌疑人未被羁押的案件：自诉案件等）。

（2）过于追求快速和简便：从重从快地“严打”（有所改观）。

4. 我国的刑事诉讼基本原则：程序法定原则、独立行使审判权检察权原则、无罪推定原则

三、程序法定原则

1. 概念：一是立法方面的要求，即刑事诉讼程序应当由法律事先明确规定；二是司法方面的要求，即刑事诉讼活动应当依据国家法律规定的刑事诉讼程序来进行。即有法可依和有法必依。

2. 具体要求

（1）主体应当具有明确性和可操作性。

（2）立法应当确立违法制裁和侵权救济。

（3）国家应保证刑事诉讼程序的法治化。

（4）参与刑事诉讼的国家机关必须严格遵守和执行法律的规定。

3. 程序法定原则和我国刑事诉讼

（1）程序法治化程度不足。

（2）重实体、轻程序的观念还在一定程度上存在。

四、独立行使审判权、检察权原则

概念：人民法院、人民检察院应当以事实为根据、以法律为准绳，不受行政机关、社会团体和个人的干涉，公正地处理案件，独立行使审判权、检察权。

五、无罪推定原则

1. 概念：任何人在司法机关经过法定程序以生效裁判确定其有罪之前，在法律上都应当被看做无罪的人。包括两个方面：一是如何确定一个人有罪，二是在法律上无罪的

人被定罪前如何对待他。

2. 我国刑事诉讼与无罪推定原则

我国《中华人民共和国刑事诉讼法》第十二条的含义包括三个方面：一是在法院依法判决前对任何人都不得确定有罪；二是定罪权专属法院，其他任何机关、团体和个人都无权行使定罪权；三是法院认定某人有罪必须依法判决。

六、专门机关与诉讼参与人

(一) 专门机关概述

刑事诉讼中的专门机关是指依法在刑事诉讼中承担一定诉讼职能的国家机关，主要包括人民法院、人民检察院和公安机关。

(二) 人民法院

(1) 性质：国家审判机关。

(2) 任务：行使国家审判权。

(3) 职权：

第一，审判权：审理公诉、自诉、二审、再审案件，主持和指挥庭审等。

第二，强制措施权：拘传、取保、监视居住、逮捕。

第三，庭外调查权：第一百五十八条。

第四，执行权：交付执行：死缓、无期徒刑、有期徒刑和拘役的判决；直接执行：死刑的执行、罚金、没收财产、无罪、免除刑罚。

(4) 组织体系：最高法院、高级法院、中级法院和基层法院。

专门法院：军事和铁路法院。

(5) 关系：上下级是监督关系，受同级人大监督。

这种监督关系是审判监督关系，表现为：上级法院依法有权决定案件的管辖；上级法院有权依照二审程序和审判监督程序重新对案件进行审理。

(6) 最高、高级法院有权按照死刑复核程序复核、核准死刑。

(7) 最高法院有权进行司法解释。

(三) 人民检察院

(1) 性质：国家的法律监督机关。

(2) 任务：行使检察权，惩罚犯罪，保护人民。

(3) 职权：

第一，监督权：立案、侦查、审判、执行监督等。

第二，侦查权：贪污贿赂罪、渎职罪和国家机关工作人员利用职权侵犯公民人身权利和民主权利罪等。

第三，公诉权：公诉和不起诉。

(4) 组织体系：最高、省检、市检（地区：省检或市检分院）和县检。

专门检察院：军事和铁路检察院。

(5) 领导关系：双重领导，受同级人大监督，受上级检察机关领导。

(6) 内设检察委员会。

(四) 领导关系的表现

(1) 最高检察院可以直接参加并领导下级检察院对自侦案件的侦查工作。

(2) 上级检查院可以对下级检察院的审查逮捕和起诉活动进行指导或作出指示。

（3）下级检察院应当执行上级检察机关的指令或决定。

（4）上级检察院可以决定撤销下级检察院不正确的不起诉决定。

（5）上级检察院可以向同级法院撤回下级检察院提起的不正确的抗诉。

（6）最高检察院通过发布司法解释指导各级检察院的工作。

（五）其他国家专门机关

1. 公安机关：公安机关是国家的治安保卫机关，是各级人民政府的职能部门，是武装性质的行政执法机关，担负着国家安全和社会治安的保卫任务。

（1）性质：国家政治保卫机关，武装性质的国家行政力量和刑事司法力量，政府的组成部分。

（2）任务：主要任务是负责刑事案件的侦查。

（3）职权：立案权；侦查权：采取侦查行为；讯问犯嫌，询问证人、被害人，勘验、检查，搜查、扣押，冻结存、汇款，鉴定和通缉；采取强制措施权；拘传、取保候审、监视居住、拘留、申请批捕；作出侦查终结的决定。执行权。执行内容：强制措施和刑罚；形式：执行、交付执行和协助执行。强制措施：取保候审、监视居住、拘留和逮捕。刑罚：管制、拘役、剥夺政治权利。负责监督：有期徒刑的缓刑、监外执行和假释。

（4）组织体系：公安部、公安厅（局）、公安处（局）和公安局。

缉私警察：海关总署与公安部共同组建走私犯罪侦查局，纳入公安部序列，设在海关总署，实行双重领导。

（5）领导关系：双重领导，受同级政府领导，受上级公安机关领导。

2. 国家安全机关：同公安机关，负责侦查危害国家安全的案件。

3. 军队保卫部门、监狱

（1）军队保卫部门同公安机关，负责侦查军队内部发生的刑事案件。

（2）监狱。监狱在刑事诉讼中的其他职权：发现漏罪，有权移送检察院处理；对应予监外执行的罪犯，有权提出书面意见报省级监狱管理机关批准；对被判处死缓的罪犯在执行期内没有故意犯罪的，有权在两年期满后提出减刑建议，报省级监狱管理机关审核后报高级法院裁定；对在执行期间具备法定减刑、假释条件的罪犯，有权提出减刑或假释建议，报法院裁定；对罪犯提出的申诉，有权转请法院或检察院处理。

4. 海关走私犯罪侦查部门：负责走私犯罪案件的侦查工作。

5. 刑罚执行机关：监狱、未成年犯管教所、拘役所、看守所等。

七、诉讼参与人

（一）含义：司法机关以外参与刑诉活动且具有一定诉讼权利义务的人。以与案件结局的利害关系为标准可分为：当事人和其他诉讼参与人。

（二）当事人：在刑诉中执行控诉或辩护职能，且与案件结局有直接利害关系的诉讼参与人。范围：被害人，自诉人，犯罪嫌疑人、被告人，附带民诉原告、被告。

1. 犯罪嫌疑人、被告人

（1）地位：诉讼主体，具有不可替代性，必须亲自参加诉讼（排除了缺席审判的可能）。

（2）权利：可以分为三类：

第一，防御性权利：知悉权（知悉被指控的罪名、理由，获知享有的诉讼权利）、辩护权。

第二，救济性权利：申请复议权、控告权、要求解除强制措施权、对不起诉决定的申诉权、上诉权和对生效裁判的申诉权。

第三，推定性权利：无罪推定权、公开审判权、获公正审判权、不受强迫讯问权、上诉不加刑权。

2. 被害人和自诉人

被害人指合法权益遭受犯罪行为直接侵害的人，具有不可替代性。

被害人的诉讼权利：直接起诉权；申请回避权、提起附带民诉、委托代理人、出庭权、对诉决定不服可以向上一级检察院申诉权和抗诉请求权（《中华人民共和国刑事诉讼法》第一百八十二条）。

被害人的诉讼义务：如实陈述、按时出庭、遵守法庭纪律等。

自诉人：以个人名义直接向法院提出刑事诉讼的人通常是被害人，被害人死亡或丧失行为能力时，其法定代理人、近亲属可以代为告诉。

自诉人地位：诉讼主体。

自诉人的诉讼权利：自诉，委托代理人，提起附带民诉，撤诉、和解，申请回避，接受法院调解，出庭和上诉。

3. 附带民诉原告和被告

原告：因被告人的犯罪行为而遭受物质损失，并在刑事诉讼中提出赔偿请求的人（包括公民、法人和其他组织）。

被害人死亡或对于未成年人、精神病人等无行为能力或限制行为能力的人，其法定代理人、监护人、近亲属等可以成为附带民诉的原告。

被告：一般是被告人，有时为被告人的监护人或其他法人、未被追究刑事责任的共同侵权人。

（三）其他诉讼参与人

范围：法定代理人、诉讼代理人、辩护人、证人、鉴定人、翻译人员、见证人等。

（1）法定代理人：法律规定对被代理人负有专门保护义务并代理其进行诉讼活动的人。范围：被代理人的父母，养父母，监护人及负有监护责任的机关、团体的代表。

（2）诉讼代理人：委托或指定。

（3）辩护人：律师、人民团体或其单位推荐的人、近亲属、监护人。

（4）证人：必须为自然人。

（5）鉴定人：必须与本案无利害关系。

（6）翻译人员：必须与本案无利害关系。

第五章 回避

第一节 概述

回避的概念

回避制度是指侦查人员、检察人员、审判人员等同案件有法定的利害关系或者其他可能影响案件公正处理的关系，不得参与该案件诉讼活动的一种诉讼制度。

根据《中华人民共和国刑事诉讼法》的规定，适用回避的人员包括：

（1）审判人员（审判员，陪审员，正、副庭长，正、副院长，审委会成员）。

（2）检察人员（批捕、审查起诉的检察员，正、副检察长、检委会成员）。

（3）侦查人员（公、检侦查人员，正、副检察长、检委会成员，公安机关负责人）。

（4）书记员（侦、诉、审阶段书记员）。

（5）翻译人员（侦、诉、审阶段翻译人员）。

（6）鉴定人（侦、诉、审阶段的鉴定人）。

第二节　回避的种类与理由

一、回避的种类

1. 自行回避

自行回避是指应当回避的人员在受理案件或者受聘时发现自己有《刑事诉讼法》规定的回避情形的，应当主动提出回避，不承担该案的诉讼任务。

2. 申请回避

申请回避是指当事人及其法定代理人申请有关人员回避。申请回避是当事人及其法定代理人的诉讼权利，在刑事诉讼的各个阶段他们都可以申请回避。公安司法机关有义务告知当事人及其法定代理人有权申请回避。

3. 指令回避

指令回避是指有关人员具有法定应当回避的情形而没有自行回避，当事人及其法定代理人也没有申请他们回避，而由有决定权的办案机关负责人或组织作出决定，指令有关人员回避。

提出方式：口头或者书面；口头提出的，应记录在案。

二、回避理由

1. 涉及本案当事人或当事人近亲属的。
2. 本人或其近亲属与本案有利害关系的。
3. 担当本案的证人、鉴定人、辩护人、诉讼代理人的。
4. 与本案当事人有其他关系，可能影响案件公正处理的。
5. 接受当事人及其委托的人的请客送礼或违反规定会见当事人及其委托的人的。
6. 二审发回重审和按审判监督程序重新审判的案件，原审判人员应当回避。

第三节　回避的程序

一、回避的提起

回避的提出可以是自行回避，也可以是申请回避或指令回避。

二、回避的决定

审判人员、检察人员、侦查人员的回避，分别由法院院长、检察院检察长和公安机关负责人决定；法院院长的回避由本院审判委员会决定；检察院检察长和公安机关负责人的回避由同级人民检察院检察委员会决定；书记员、鉴定人员和翻译人员的回避，在侦查阶段由公安机关负责人决定，在审查起诉阶段由检察长决定，在审判阶段由人民法院院长决定。

三、回避的救济

（一）对回避决定的复议

回避的决定一般一经作出即具有法律效力。但是，为了保障当事人申请回避的合法权利，同时防止当事人无根据地利用这一权利妨碍案件的及时处理，《中华人民共和国刑事诉讼法》赋予了当事人及其法定代理人申请复议的权利，即他们对驳回回避申请的决定不服时，可以申请复议一次。原作出驳回回避申请的组织或个人应当复议，并将复议的最终结果及时告知申请复议的当事人及其法定代理人。

回避的效力：对侦查人员的回避作出决定前，侦查人员不能停止对案件的侦查。在侦查过程中，对鉴定人员、书记员和翻译人员提出回避的，是否停止他们的诉讼活动，适用侦查人员的规定。被决定回避的公安机关负责人、侦查人员、鉴定人员、书记员和翻译人员，在回避决定作出以前所进行的诉讼活动是否有效，由作出决定的机关根据案件情况决定。

（二）违反回避规定的法律救济

1. 人民法院在审理案件过程中，如发现有违反回避规定的，可以建议人民检察院撤回起诉，进行补充侦查。

2. 第二审人民法院在二审过程中，如发现第一审程序中存在应当回避而没有回避的情形，应当裁定撤销原判，发问原审人民法院重新审判。

3. 人民检察院在审判批捕或审查决定逮捕的过程中，或在审查起诉过程中，发现负责本案侦查的人员应当回避而没有回避的，应当以程序违法为由要求负责侦查的机关或部门补充侦查。

4. 人民检察院在审判监督过程中，发现人民法院的有关人员应当回避而没有回避的，应当及时向人们法院提出，要求其纠正违法行为。

第六章　辩护与代理

第一节　辩护

一、辩护制度概述

辩护制度是法律规定的关于辩护权、辩护种类、辩护方式、辩护人的范围、辩护人的责任、辩护人的权利与义务等一系列规则和制度的总称。

二、我国辩护制度的基本内容

（一）辩护人的概念与范围

辩护人是接受犯罪嫌疑人、被告人的委托或者人民法院的指定，帮助犯罪嫌疑人、被告人行使辩护权，以维护其合法权益的人。

范围：（1）律师。（2）人民团体或者犯罪嫌疑人，被告人所在单位推荐的人。（3）犯罪嫌疑人，被告人的监护人、亲友。

正在被执行刑罚或者依法被剥夺、限制人身自由的人，不得担任辩护人。

（二）辩护人的诉讼地位与责任

1. 辩护人的诉讼地位

辩护人是独立的诉讼参与人，是犯罪嫌疑人、被告人合法权益的专门维护者。既不受公诉人意见的左右，也不受犯罪嫌疑人、被告人无理要求的约束；既不能成为第二公诉人，也不是犯罪嫌疑人、被告人的代言人。把辩护人视为被告人的做法是违法的。将辩护律师视为控诉和审判的干扰力量的认识是错误的。辩护律师与出庭公诉的检察人员的诉讼地位是平等的，他们均应服从审判人员的指挥，依法履行各自的诉讼职能。

2. 辩护人的责任

辩护人的责任是根据事实和法律，提出证明犯罪嫌疑人、被告人无罪、罪轻或者减轻、免除其刑事责任的材料和意见，维护犯罪嫌疑人、被告人的合法权益。辩护人只有辩护的职责，而没有控诉的义务。

（三）辩护的种类与方式

1. 自行辩护：犯罪嫌疑人、被告人针对指控进行反驳、申辩和辩解的行为。

2. 委托辩护：刑事案件的自诉人以及公诉案件的犯罪嫌疑人有权委托律师以及其他法定人员帮助其辩护。

3. 指定辩护：在审判阶段，对符合特定条件的人，法院有义务指定律师帮助其辩护。指定辩护是指人民法院为因经济困难或者其他原因而无力聘请辩护人的被告人指定承担法律援助义务的律师进行辩护。

（四）辩护人的权利与义务

1. 辩护人的权利

受委托的律师在侦查阶段的权利包括：（1）为犯罪嫌疑人提供法律咨询、代理申诉、控告。（2）为被逮捕的犯罪嫌疑人申请取保候审。（3）向公安机关了解犯罪嫌疑人涉嫌的罪名。（4）会见在押的犯罪嫌疑人，向犯罪嫌疑人了解有关案件情况。律师会见在押的犯罪嫌疑人时，公安机关根据案件情况和需要可以派员在场。涉及国家秘密的案件，律师会见在押的犯罪嫌疑人，应当经公安机关批准。（5）对采取强制措施超过法定期限的，有权要求解除强制措施。

2. 辩护人的义务

辩护律师和其他辩护人不得帮助犯罪嫌疑人、被告人隐匿、毁灭、伪造证据或者串供，不得威胁、引诱证人改变证言或者作伪证，以及进行其他干扰司法机关诉讼活动的行为。违反上述规定的，应当依法追究法律责任。此外，辩护人特别是辩护律师接受委托或者指定后，除法定的拒绝辩护情形外，不应拒绝辩护；辩护人应根据事实和法律进行辩护，不得歪曲事实；应当准时出庭，遵守法庭纪律；对办案中了解到的国家秘密、当事人的商业秘密和个人隐私应当保守秘密。

第二节 刑事代理

一、刑事代理概述

刑事代理是指代理人接受公诉案件被害人及其法定代理人或者近亲属、自诉案件的自诉人及其法定代理人以及附带民事诉讼的当事人及其法定代理人的委托，以被代理人的名义参加诉讼，进行诉讼活动，由被代理人承担代理行为的法律后果的一项法律制度。

二、自诉案件的代理

自诉案件的自诉人及其法定代理人有权随时委托诉讼代理人。法院自受理自诉案件之日起3日以内，应当告知自诉人及其法定代理人有权委托诉讼代理人。

自诉人的代理律师有权代为起诉；收集、查阅与有关的材料，了解案情；参加法庭审理；经自诉人授权，可以申请法庭组成人员回避；代自诉人审阅、补充或更正法庭笔录；对司法工作人员侵犯自诉人诉讼权利和人身侮辱的行为，代为提出控告。

经自诉人特别授权，代理律师可以代为承认、放弃或变更诉讼请求，进行和解或者撤回起诉。

三、公诉案件的代理

公诉案件的被害人及其法定代理人或者近亲属，自案件移送审查起诉之日起，有权委托诉讼代理人。检察院自收到移送审查起诉的案件材料之日起3日以内，应当告知被害人及其法定代理人或者近亲属有权委托诉讼代理人。

公诉案件被害人的诉讼代理人只能履行控诉职能，并且只能在审查起诉阶段或以后介入诉讼。在侦查阶段，被害人无权委托诉讼代理人（律师帮助）。

公诉案件被害人的诉讼代理人除不能代为陈述案情以外，可以在被害人授权的范围内实施被害人可以进行的所有诉讼行为；其中代理律师还可以收集、查阅与本案有关的材料。

四、附带民事诉讼案件的代理

附带民事诉讼的当事人及其法定代理人有权随时委托诉讼代理人。检察院自收到移送审查起诉的案件材料3日以内、法院自受理自诉案件之日起3日以内，应当告知附带民事诉讼当事人及其法定代理人有权委托诉讼代理人。

刑事被告人或对被告人负有赔偿责任的机关、团体或者法定代理人作为附带民事诉讼被告人的，可以委托原被告人的辩护律师作为诉讼代理人，但应当经过该律师的同意，并且应当另行办理委托手续。

第七章 刑事诉讼证据

一、刑事诉讼证据的概念

刑事诉讼证据是指以法律规定的形式表现出来的能够证明案件真实情况的一切事实。

二、刑事证据的基本特征

证据具有客观性、关联性和合法性的特征。

1. 证据的客观性是指证据是对已经发生的案件事实的客观反映。它是证据的本质特征。

2. 证据的关联性也称为相关性，是指证据必须与案件事实有实质性联系，从而对案件事实有证明作用。

3. 证据的合法性也称为法律性，是指证据的形式、收集、出示和查证，都由法律予以规范和调整，作为定案根据的证据必须符合法律规定的采证标准，为法律所容许。证据的合法性的核心问题是解决证据材料的证据能力问题。

三、刑事诉讼证明对象

在刑事诉讼中需要运用证据加以证明的问题称为证明对象。证明对象包括实体法事实和程序法事实。其中，实体法事实包括有关犯罪构成要件的事实，作为从重、从轻、减轻、免除处罚理由的事实，以及犯罪嫌疑人、被告人的个人情况和犯罪后的表现。程序法事实是对解决诉讼程序问题具有法律意义的事实，主要包括关于回避的事实，影响采取某种强制措施的事实，违反法定程序的事实，关于耽误诉讼期限是否有不能抗拒的原因和其他正当理由的事实等。

四、证明责任

搜集证据、运用证据证明案件事实的责任称为证明责任。在公诉案件中，证明责任由公安司法机关承担；在自诉案件中，证明责任由自诉人、反诉人承担。被告人不负证明自己有罪或者无罪的责任。公安司法机关对程序法事实负有举证责任，对某些程序法事实提出主张的当事人也负有举证责任。

五、证明标准

1. 我国刑事诉讼中的证明标准

法律规定运用证据证明待证事实所要达到的程度的要求称为证明标准（证明要求）。我国的证明标准是犯罪事实清楚，证据确实、充分。犯罪事实清楚是指与定罪量刑有关的事实和情节都必须查清。证据确实是指每个证据都必须真实，具有证明力。证据充分是指证据的数量必须达到一定的程度，足以认定犯罪事实。

2. 疑难案件的处理：疑罪从无原则。

六、刑事证据的理论分类

1. 言词证据与实物证据

根据证据的表现形式，可以把证据分为言词证据和实物证据。凡是表现为人的陈述，即以言词作为表现形式的证据，是言词证据。证人证言，犯罪嫌疑人、被告人供述和辩解，鉴定结论属于言词证据。表现为物品和痕迹和以其内容具有证据价值的书面文件，即以实物作为表现形式的证据，是实物证据。物证，书证，勘验、检查笔录，视听资料，是实物证据。

2. 原始证据与传来证据

根据证据的来源，证据可以分为原始证据和传来证据。原始证据是指直接来源于案件事实，未经复制、转述的证据，传来证据是指间接来源于案件事实，经过复制、转述的证据。原始证据比传来证据可靠。传来证据中，距原始证据越近的通常越可靠。

3. 直接证据与间接证据

根据证据与案件主要事实的证明关系，可以将证据分为直接证据和间接证据。刑事案件的主要事实，是指犯罪行为是否系犯罪嫌疑人、被告人所实施。证明关系是指某一证据是否可以单独地直接地证明案件的主要事实。能单独地直接地证明案件主要事实的证据是直接证据。不能单独地直接地证明案件的主要事实，需要与案件其他证据结合才能证明的证据，是间接证据。

4. 控诉证据与辩护证据

根据证据对案件事实的证明作用可分为控诉证据和辩护证据。控诉证据是指用于指控犯罪，能够证明犯罪事实存在，犯罪嫌疑人、被告人有罪、罪重的证据。辩护证据指用于反驳控诉，能够证明犯罪事实不存在，证明犯罪嫌疑人、被告人无罪、最轻的证据。

七、刑事证据的法定种类

1. 物证和书证

物证是指以其外部特征、存在场所和物质属性证明案件事实的实物和痕迹。

书证是以文字、符号、图画等记载的内容和表达的思想来证明案件事实的书面文件和其他物品。

2. 证人证言

证人证言是证人就自己所知道的案件情况对公安司法机关所作的陈述。一般是口头陈述，以证人证言笔录加以固定；经办案人员同意由证人亲笔书写的书面证词，也是证人证言。

3. 被害人陈述

被害人陈述是犯罪行为的直接受害者就其了解的案件情况，向公安司法机关所作的陈述。

4. 犯罪嫌疑人、被告人的供述和辩解

犯罪嫌疑人、被告人供述和辩解是指犯罪嫌疑人、被告人在刑事诉讼中就其被指控的犯罪事实以及其他案件事实向公安司法机关所作的陈述，通常称为口供。其内容主要包括犯罪嫌疑人、被告人承认自己有罪的供述和说明自己无罪、罪轻的辩解。

5. 鉴定结论

鉴定结论是公安司法机关为了解决案件中某些专门性问题，指派或者聘请具有专门知识和技能的人，进行鉴定以后所作的书面结论。

6. 勘验、检查笔录

勘验笔录是办案人员对与犯罪有关的场所、物品、尸体等进行勘查、检验所作的记录，其形式包括文字记载、绘制的图样、照片、复制的模型材料和录像等。检查笔录是办案人员为确定被害人、犯罪嫌疑人、被告人的某些特征、伤害情况和生理状态，对他们的人身进行检验和观察后所作的客观记载。

7. 视听资料

视听资料是指以录音、录像、电子计算机以及其他高科技设备储存的信息，以证明案件真实情况的资料。

第八章 强制措施

一、强制措施的概念

我国刑事诉讼中的强制措施是指公安机关、人民检察院和人民法院为了保证诉讼活动的顺利进行，依法对犯罪嫌疑人、被告人所采取的在一定期限内暂时限制或者剥夺其人身自由的法定强制方法。它包括拘传、取保候审、监视居住、拘留和逮捕五种。

性质：暂时性强制方法。

目的：保障诉讼活动的顺利进行。

二、强制措施的适用原则

1. 合法性原则：强制措施的适用不得违反刑事法律规范。

2. 必要性原则：强制措施的适用必须是合情、合理、适度的。

3. 比例性原则或相当性原则：要求采取的审前强制措施必须与案件的重大程度、可能判处的刑罚相当或相适应。

三、强制措施与相关处罚、措施的区别

（一）刑事诉讼强制措施与民事诉讼强制措施、行政诉讼强制措施

1. 功能不同。2. 适用对象不同。3. 适用阶段不同。4. 适用机关不同。5. 种类不同。

（二）强制措施与扭送

1. 含义：公民将符合法定情形的人强行送交司法机关处理的行为。

2. 情形：正在实施犯罪或犯罪后即时被发觉的，通缉在案的，越狱逃跑的，正在被追捕的。

3. 区别：

（1）性质不同。（2）主体不同。（3）立法目的不同。

四、拘传

（一）概念

1. 拘传是公安机关、人民检察院或人民法院强制没有被羁押的犯罪嫌疑人、被告人到指定地点接受讯问的强制方法。

2. 特征：

（1）对象的特定性。（2）目的特定性（不具羁押性）。（3）适用机关：公、检、法。（4）时间的短暂性（不得超过 12 小时）。（5）适用以合法传唤不到为前提。

（二）适用

1. 拘传的决定：公安机关、人民检察院、人民法院。

2. 填写《拘传证》并经领导审批。

3. 由侦查人员或司法警察执行，且执行人员不得少于两人。

4. 拘传持续期间最长不得超过 12 小时，从被拘传者到案时起算。

5. 拘传地点应在被拘传者所在市、县内［按《公安机关办理刑事案件程序规定》（以下简称《公安规定》）和《人民检察院刑事诉讼规则》（以下简称《检察规则》）规

定]。

6. 被拘传者到案后应立即讯问；讯问结束后应立即释放或采取其他强制措施。

7. 期限：不得超过 12 小时。

五、取保候审和监视居住

（一）概念

取保候审是指公安机关、人民检察院或人民法院责令犯罪嫌疑人、被告人提出保证人或交纳保证金，保证其不逃避和妨碍侦查、起诉和审判，并随传随到的一种强制方法。

监视居住是公安机关、人民检察院或人民法院责令犯罪嫌疑人、被告人在一定期限内不得离开其住处或者指定居所，并对其行动加以监视的强制方法。

（二）取保候审和监视居住的适用

1. 适用的对象

法律规定，对有下列情形之一的犯罪嫌疑人、被告人，可以采取取保候审或者监视居住：(1) 可能判处管制、拘役或者独立适用附加刑的；(2) 可能判处有期徒刑以上刑罚，采取取保候审、监视居住不致发生社会危险性的；(3) 应当逮捕的犯罪嫌疑人、被告人，如果患有严重疾病或者是正在怀孕、哺乳自己婴儿的妇女的；(4) 犯罪嫌疑人、被告人被羁押，但不能在规定的侦查、起诉、审判期间内结束，需要继续查证、审理的；(5) 公安机关需要逮捕的犯罪嫌疑人证据尚不充足的；(6) 不需要人民检察院批准逮捕或者认为不需要逮捕的犯罪嫌疑人，但公安机关或人民检察院认为需要继续侦查，并且符合取保候审、监视居住条件的。

2. 适用对象应遵守的规定和违反的法律后果

(1) 取保候审——《中华人民共和国刑事诉讼法》第五十六条规定：被取保候审的犯罪嫌疑人、被告人应当遵守以下规定：（一）未经执行机关批准不得离开所居住的市、县；（二）在传讯的时候及时到案；（三）不得以任何形式干扰证人作证；（四）不得毁灭、伪造证据或者串供。

(2) 监视居住——《中华人民共和国刑事诉讼法》第五十七条规定：第一，未经执行机关批准不得离开住处，无固定住处的，未经批准不得离开指定的居所；第二，未经执行机关批准不得会见他人；第三，在传讯的时候及时到案；第四，不得以任何形式干扰证人作证；第五，不得毁灭、伪造证据或者串供。

3. 适用的方式

(1) 取保候审

第一，人保：（属于纯粹的人格担保）司法机关责令犯嫌、被告人提出保证人并出具保证书，保证被保证人在取保期间不逃避和妨碍侦查、起诉和审判，并保证随传随到的保证方式。

保证人条件：《中华人民共和国刑事诉讼法》第五十四条规定：与本案无牵连；有能力履行保证义务；享有政治权利，人身自由未受到限制；有固定的住处和收入。

第二，财产保：司法机关责令犯嫌、被告人交纳保证金并出具保证书，保证被保证人在取保期间不逃避和妨碍侦查、起诉和审判，并保证随传随到的保证方式。

保证金的交纳方式：以人民币交纳，其他货币和财产都不能作为保证金。

确定保证金的标准：高法、高检、公安部、国安部《关于取保候审若干问题的规定》第五条第二款。

保证金的数额：起点为1 000元。

保证金的收取：由县级以上公安机关统一收取。

保证金的没收：没收行为属于刑事司法行为，不能提起行政诉讼，但可申诉，参加《关于取保候审若干问题的规定》第十八条。

注意：人保和财产保不能同时并用。

（2）监视居住

可以采取直接或间接的方式进行。

4. 适用的程序

（1）取保候审的程序

取保提起方式：司法机关主动采取和犯嫌所聘律师、犯嫌、被告人及其法定代理人申请。

取保的执行：普通案件由犯嫌、被告人居住地派出所执行；涉及国安的案件由国家安全机关执行。

取保的特别程序：取保县级以上人大代表的应经该代表所在人大主席团或常委会许可；取保乡、镇人大代表的，执行机关应立即向该级人大报告。

取保的期限：≤12个月。

取保的解除：

①被取保人不应被追究刑事责任。

②取保期限届满。

取保的撤销、变更：

①不应采取取保→应予以撤销。

②应采取强制措施，但不应采取取保→变更为更严厉的强制措施→监视居住或逮捕。

③变更为逮捕的条件是：

a. 被取保候审人企图自杀、逃跑，逃避侦查、起诉的。

b. 被取保候审人实施毁灭、伪造证据或者串供、干扰证人作证行为，足以影响案件侦查、审查起诉工作正常进行的。

c. 被取保候审人未经批准擅自离开所居住的市、县，造成严重后果，或者两次未经批准擅自离开所居住的市、县的。

d. 被取保候审人经传讯不到案，造成严重后果或经两次传讯不到案的。

e. 在取保候审期间故意实施新的犯罪行为的。

f. 应当逮捕但因患有严重疾病或正在怀孕、哺乳自己婴儿而未逮捕的，疾病痊愈或者哺乳期已满的。

注意：《公安规定》第一百三十六条规定：取保候审、监视居住变更为拘留、逮捕的，在变更的同时，原强制措施自动解除，不再办理解除法律手续。

（2）监视居住的程序

第一，决定：公、检、法都可决定。

第二，执行：由被监视居住人的住处或指定居所所在地派出所执行。

附：《公安规定》相关规定

第101条 公安机关决定监视居住的，由犯罪嫌疑人住处或者指定的居所所在地的派出所执行。

第102条 人民法院、人民检察院决定监视居住的，负责执行的县级公安机关应当在收到法律文书和有关材料，核实被监视居住人后，及时指定被监视居住人住处或者居所所在地派出所执行。

犯罪嫌疑人、被告人违反应当遵守的规定的，执行监视居住的县级公安机关应当及时告知原决定监视居住的机关。

第三，期限：≤6个月。

第四，解除、撤销、变更：同取保，但变更通常更为逮捕。

监视居住更为逮捕，根据《公安规定》A99条规定：被监视居住的犯罪嫌疑人违反应当遵守的规定，有下列情形之一的，公安机关应当提请批准逮捕：

（1）在监视居住期间逃跑的。

（2）以暴力、威胁方法干扰证人作证的。

（3）毁灭、伪造证据或者串供的。

（4）在监视居住期间又进行犯罪活动的。

（5）实施其他违反本规定第九十七条规定的行为，情节严重的。

六、拘留

（一）概念

拘留是指公安机关、人民检察院对直接受理的案件，在侦查过程中遇到法定的紧急情况，对现行犯或者重大嫌疑分子所采取的临时剥夺人身自由的强制方法。

（二）拘留的条件

1. 使用的对象和条件

使用对象只能是现行犯或重大嫌疑分子。

使用条件是：

（1）正在预备犯罪、实行犯罪或者犯罪后被及时发觉的。（2）被害人或者在场亲眼看见的人指认他犯罪的。（3）在身边或者住处发现有犯罪证据的。（4）犯罪后企图自杀、逃跑或者在逃的。（5）有毁灭、伪造证据或者串供可能的。（6）不讲真实姓名、住址，身份不明的。（7）有流窜作案、多次作案、结伙作案重大嫌疑的。

2. 适用的程序

（1）公安机关拘留犯嫌时，应填写《呈请拘留报告书》，由公安机关负责人批准签发《拘留证》。检拘留犯嫌时，应由办案人员提出意见，由检察长决定，再送交公安机关执行。

（2）拘留时，应持有县级以上公安机关签发的拘留证，向被拘留人出示，并宣布对其实行拘留。

（3）除有碍侦查或无法通知外，应当在24小时内把拘留原因和羁押场所通知被拘留人家属或单位。

（4）决定机关应在24小时内对被拘留人进行讯问，发现不应当拘留的，应当立即释放，发给释放证明。

（5）拘留本级人大代表犯嫌，应立即向本级人大主席团或常委会报告；拘留上级人大代表犯嫌，应当立即报其所属人大同级的公安（检察）机关并向该级人大主席团或常委会报告；拘留担任下级人大代表的犯嫌，可直接向该代表所属的人大主席团或常委会报告，也可委托与该级同级的公安（检察）机关报告；拘留担任乡、镇人大代表的犯嫌，由县级公安（检察）机关报告乡、镇人大。

3. 拘留的期限

（1）对被拘留的人认为需要逮捕的，应当在拘留后的3日内，提请人民检察院审查批准逮捕，加上检察机关审查批捕的7日，羁押的最长期限为10日。

（2）在特殊情况下，提请审查批准的时间可以延长1～4日，加上检察机关审查批捕的7日，羁押的最长期限为14日。特殊情况是指案件比较复杂或者交通不便的边远地区，调查取证困难等情形。

（3）对流窜作案、多次作案、结伙作案的重大嫌疑分子，提请批捕的时间可以延长至30日，加上检察机关审查批捕的7日，羁押的最长期限为37日。流窜作案是指跨市、县管辖范围连续作案，或者在居住地作案后逃跑到外省、市、县继续作案；多次作案是指3次以上作案；结伙作案是指两人以上共同作案。

另外，《中华人民共和国刑事诉讼法》第一百三十四条规定，人民检察院对直接受理的案件的犯罪嫌疑人拘留羁押的期限分别为：

（1）认为需要逮捕的，应当在10日以内作出决定，即拘留期限为10日。

（2）在特殊情况下，决定逮捕的时间可以延长1～4日，即羁押的最长期限为14日。

七、逮捕

（一）概念

逮捕是公安机关、人民检察院和人民法院在一定期限内依法剥夺犯罪嫌疑人、被告人人身自由并进行审查的强制措施。

（二）逮捕的适用

1. 逮捕的适用条件

适用逮捕必须同时具备三个条件：

（1）有证据证明有犯罪事实，即有证据证明发生了犯罪事实，有证据证明犯罪嫌疑人、被告人是犯罪行为的实施者，证明犯罪嫌疑人、被告人实施犯罪行为的证据已经查证属实。

（2）可能判处有期徒刑以上刑罚。

（3）采取取保候审、监视居住等方法，尚不足以防止发生社会危险性而有逮捕必要。有逮捕必要是指采取取保、监视居住不足以防止发生社会危险性。社会危险性是指逃跑、自杀、串供、毁灭罪证等妨碍诉讼活动及可能行凶报复、继续犯罪等。如果需要逮捕的犯罪嫌疑人、被告人是县级以上人大代表，还须得到本级人民代表大会主席团或者常务委员会的许可，方能决定或批准逮捕。

2. 逮捕的权限

（1）决定权：人民法院、人民检察院。（2）批准权：人民检察院。（3）执行权：公安机关。

3. 逮捕的程序

（1）公安机关提请逮捕：（根据《中华人民共和国刑事诉讼法》A66的规定）。

（2）人民检察院审查、批准逮捕：公安机关提请逮捕的，由审查批准部门办理；经办人提出意见经审查批准逮捕部门负责人审核后报请检察长批准或决定；重大案件应经检委会讨论决定（根据《中华人民共和国刑事诉讼法》A67、《检查规则》A91、92的规定）。

（3）处理：

第一，符合逮捕条件的，制作批准逮捕决定书，送达公安机关执行，公安机关应立即执行（根据《中华人民共和国刑事诉讼法》A68、《检查规则》A97、92的规定）。

第二，不符合逮捕条件的，制作不批准逮捕决定书，说明不批准逮捕的理由，连同案卷送达公安机关。

（4）不批准逮捕的异议（《根据中华人民共和国刑事诉讼法》A70、《规定》A120—2的规定）。

4. 逮捕的程序

（1）公安机关执行逮捕时应出示逮捕证，且执行人员不得少于两人。

（注意：因被逮捕人死亡、逃跑或其他原因不能执行逮捕或未捕获的，应立即通知原批捕机关或决定机关。）

（2）逮捕后，应在24小时内通知其家属或所在单位，有碍侦查或无法通知的除外。

（注意：公安机关提请批捕的由公安机关通知；人民检察院、人民法院决定逮捕的分别由人民检察院、人民法院各自通知。）

（3）逮捕后，应在24小时内进行讯问。

（4）异地执行逮捕的应通知被逮捕人所在地公安机关，该公安机关应予以配合（根据《中华人民共和国刑事诉诉法》A62的规定）。

（5）逮捕人大代表的特别程序：

第一，逮捕县级以上人大代表的，应经其所属的人大主席团或常委会许可。

第二，逮捕乡镇人大代表时，应将逮捕报告其所在的人大。

5. 逮捕的变更、撤销

《中华人民共和国刑事诉讼法》A73：人民法院、人民检察院和公安机关如果发现对犯罪嫌疑人、被告人采取强制措施不当的，应当及时撤销或者变更。

《中华人民共和国刑事诉讼法》A75：犯嫌、被告人及其法定代理人、近亲属或者其律师及其他辩护人对于逮捕超过法定羁押期限的，有权要求解除逮捕。

在下列情况下，应当撤销或变更逮捕：

（1）被逮捕人患有严重疾病的。

（2）被逮捕人是正在怀孕、哺乳自己不满1周岁婴儿的妇女。

（3）案件不能在法定期限内办结，采取取保候审、监视居住方法对社会没有危害性的。

（4）一审法院判处管制或宣告缓刑及单独适用附加刑，判决尚未生效的。

（5）二审法院审理上诉案件期间，被告人被羁押的时间已到一审法院对他判处的刑期的。

具有这些情况之一的，可以变更或解除逮捕；需要继续查证或审判的，可以变更为取保候审或监视居住。

（注意：公安机关解除或变更逮捕措施的，应当通知原批准逮捕的人民检察院；人民检察院、人民法院对自己决定的逮捕，决定撤销或变更的，也应当通知公安机关执行。）

八、附带民事诉讼

1. 含义

公安司法机关在刑事诉讼过程中，在解决被告人刑事责任的同时，附带解决由遭受物质损失的被害人或者人民检察院提起的，因被告人犯罪行为引起的物质损失赔偿等民事责任而进行的诉讼活动。

2. 性质

（1）属于民事诉讼：适用民事实体、程序法解决民事赔偿问题。

（2）依附性：依附于刑事诉讼，以刑事诉讼存在为前提。

3. 构成附带民诉的条件

（1）以刑事诉讼存在为前提。

（2）被害人的损失系被告人犯罪行为造成的。

犯罪行为：在刑事诉讼中被指控的犯罪行为，而不是法院生效判决确定的犯罪行为。

（3）被害人的损失必须是物质损失。

物质损失：已经造成的损失和必然造成的损失。

已经造成的损失：被劫或者损毁的财物等。

必然造成的损失：如治疗费用、误工损失等。

（4）有赔偿请求权人在刑事诉讼中提出了赔偿请求。

九、附带民事诉讼的成立条件

（一）附带民事诉讼当事人

1. 附带民事诉讼原告

（1）公民：因犯罪行为遭受物质损失的自然人。包括：

第一，刑事案件被害人。

第二，被害人以外的因犯罪行为遭受物质损失的人（诸如为被害人垫付医疗费、丧葬费等以及因犯罪行为遭受物质损失的人）。

（2）法人和其他组织

受犯罪行为侵害的法人和其他组织有权提起附带民事诉讼。比如保险公司在向遭受犯罪行为侵害的被害人赔偿后，有权提起附带民事诉讼。

2. 附带民事诉讼被告

通常是刑事被告人，但也可能是其他负有赔偿责任的人。

（二）附带民事诉讼的提起

1. 提起附带民事诉讼的条件

（1）提起附带民事诉讼的原告人、法定代理人符合法定条件。

（2）有明确的被告人。

（3）有请求赔偿的具体要求和事实根据。

（4）被害人的物质损失是由被告人的犯罪行为造成的。

（5）属于人民法院受理附带民事诉讼的范围。

2. 提起的时间

在刑事诉讼过程中提出，即刑事立案以后至一审法院宣告判决前提出。

3. 提起的方式

一般应书面提出，书写诉状确有困难的也可口头起诉。

（注意：《最高人民法院司法解释》第九十一条 提起附带民事诉讼一般应当提交附带民事诉状。书写诉状确有困难的，可以口头起诉。审判人员应当对原告人的口头诉讼请求详细询问，并制作笔录，向原告人宣读；原告人确认无误后，应当签名或者盖章。）

（三）附带民事诉讼的审判

1. 一并审理

将刑事诉讼和附带民事诉讼放在同一程序中进行。

2. 分开审理，先刑后民

为防止刑事案件过分迟延，才可以在刑事案件审判后，由同一审判组织继续审理附带民事诉讼。

如果同一审判组织的成员确实无法继续审判的，可以更换审判组织成员。

十、期间和送达

（一）期间概述

1. 含义

这是指司法机关进行刑事诉讼以及当事人和其他诉讼参与人参加刑事诉讼活动必须遵守的时间期限。

2. 分类

（1）法定期间：法律明确规定的期间。

（2）指定期间：个别情况下可由公安司法机关指定的期间。

3. 与期日的关系

（1）期日是指司法机关与诉讼参与人共同进行诉讼活动的特定时间。

（注意：我国刑诉法没有作出规定，司法实践中通常由司法机关指定。）

（2）关系：

第一，期日是一个特定的单位时间，即时间点；期间是一定期限内的时间。

第二，期日是司法机关与诉讼参与人共同进行诉讼活动的时间；期间则是司法机关或诉讼参与人单独进行诉讼活动的时间。

（3）期日由司法机关指定，可以变更；而期间是法定的，不得任意变更。

（4）期日只规定开始时间，不规定终止时间；期间有始期与终期。

4. 期间的计算

（1）计算单位：时、日、月。

（2）方法：

第一，期间开始的时和日不计算在内。

第二，法定期间不包括路途上的时间。

第三，期间最后一天为法定节假日，应顺延至节假日后的第一个工作日（但被告人、罪犯的在押期间例外）。

（注意：半月一律按 15 日计算。）

5. 期间的恢复

（1）含义：当事人因某种特殊原因未能在法定期间内进行特定的诉讼活动，经人民法院许可，可以继续进行该诉讼活动。

（2）条件。

主体：只有当事人才可以提出恢复申请。

理由：不能抗拒的原因或其他正当理由。

时间：在障碍消除后 5 日内提出。

许可：经人民法院裁定允许。

6. 法定期间（此处仅作了解）

（二）送达

1. 含义

司法机关依照法定程序和方式将诉讼文书送交收件人的活动。

2. 特点

（1）送达的主体只能是公安司法机关。

（2）送达的内容只能是诉讼文书。

（3）依照法定程序和方式送达。

3. 送达回证

司法机关制作的用以证明送达行为及其结果的诉讼文书。

（1）传票、通知书和其他诉讼文书的送达应当交收件人本人；本人不在，可以交给其成年家属或者所在单位负责人代收。

（2）收件人本人或者代收人拒绝接收或者拒绝签名、盖章时，送达人可以邀请其邻居或者其他见证人在场，说明情况，将文书留在其住处，实行留置送达。

（3）直接送达有困难的，可以委托收件人所在人民法院代为送达，或者邮寄送达。

第九章　刑事诉讼的中止、终止

一、刑事诉讼的中止

1. 含义

在刑事诉讼过程中，由于发生某种情况影响刑事诉讼的正常进行而暂时停止诉讼，待中止的情形消失后，再恢复诉讼活动的制度。

2. 特点

（1）暂时停止诉讼活动。（2）中止情形消失后再恢复诉讼活动。（3）中止的期间不计入诉讼期间。

（注意：刑事诉讼法没有明文规定。）

3. 中止的情形

（1）在侦查阶段，有条件进行的侦查工作已经完成，犯罪嫌疑人下落不明又不够通缉条件的。

（2）在侦查、起诉和审判阶段，因犯罪嫌疑人、被告人患有精神病或其他严重疾病，不能接受讯问和审判的。

（3）案件起诉到法院后被告人脱逃，致使案件在较长时间内无法继续审理的。

（4）在审判过程中，因自诉人患有精神病或其他严重疾病，致使案件在较长时间内无法继续审理的。

（5）当事人有正当理由要求暂停诉讼的。

（6）附带民事诉讼原告在诉讼中死亡，需要等待继承人参加诉讼的。

二、刑事诉讼的终止

1. 含义

立案后至判决生效前，因发生某种情况使得诉讼不应当或者不需要继续进行而中途结束诉讼的制度。

3. 终止诉讼的条件

（1）实体要件：依法不应当追究刑事责任。（2）时间要件：立案后至判决生效前。

4. 终止的情形

（1）《中华人民共和国刑事诉讼法》第十五条情形之一的。

（2）自诉人死亡而没有继承人继续诉讼，或者自诉人撤回自诉的，或判决前自行和解的。

第二章　西政考研法学专业课 B 卷基础知识点梳理

本章引言

西政考研法学专业课 B 卷主要包含了宪法学知识点、行政法与行政诉讼法学基础知识点和环境与资源保护法学基础知识点。

宪法学基础知识点

第一节　宪法的性质和特点

一、宪法的概念

宪法是调整国家机关与公民之间的权利义务关系和国家机关相互之间关系的国家根本法。

二、宪法的性质

1. 宪法是政治力量对比关系的集中体现

2. 宪法是民主制度法律化的基本形式

民主是立宪的前提和内容，没有民主就没有宪法；宪法是民主的确认和保障，是民主制度法律化的基本形式。

3. 宪法是公民权利的保障书

（1）宪法以具有做高权威的国家根本法的形式确定公民的权利及其行使的原则；

（2）宪法还规定国家机关的权力范围。

4. 宪法是国家权力的合法性依据

三、宪法的特点

1. 宪法内容方面的特点——宪法的内容具有广泛性和根本性。

2. 宪法地位方面的特点——宪法具有最高的法律效力和权威。

3. 宪法形式方面的特点——宪法具有严格的制定和修改程序。

第二节　宪法的结构、类型和宪法渊源

一、宪法的分类

1. 宪法的形式分类
（1）成文宪法与不成文宪法；
（2）刚性宪法和柔性宪法；
（3）钦定宪法、协定宪法与民定宪法；
（4）平时宪法与战时宪法。
2. 宪法的实质分类
（1）资本主义宪法：自有资本主义时期的宪法、垄断资本主义时期的宪法，发达资本主义国家宪法与发展中资本主义国家宪法。
（2）社会主义宪法：过渡时期宪法、社会主义初级阶段宪法等。
3. 名义宪法、语义宪法和规范宪法

二、宪法渊源

（1）宪法典；（2）宪法解释；（3）宪法性法律；（4）宪法惯例；（5）宪法判例；（6）我国宪法规范的表现形式有宪法典、宪法性法律、宪法解释、宪法惯例。

第三节　宪法的基本原则

一、宪法原则的基本涵义

人们在制定和实施宪法过程中必须遵守的最基本的准则，是贯穿立宪和行宪整个过程之始终的基本精神。

二、人民主权原则

1. 概念
国家一切权力属于人民。
2. 宪法体现（三种方式）
（1）明确规定人民主权原则。（2）规定人民行使国家权力的形式。（3）规定公民享有广泛的权利和自由。

三、基本人权原则

1. 概念
所谓人权是指人根据其自然属性和社会本质所应当享有的权利。
2. 宪法体现（三种方式）
（1）原则上确认基本人权，对公民基本权利作出少量规定。

（2）只规定公民的基本权利，不明文规定基本人权原则。
（3）明确规定基本人权原则，同时以专章规定公民基本权利。

四、法治原则

1. 概念
按照民主原则把国家事务制度化、法律化，严格依法治国的思想理念、制度体系和运作实施状态的总称。
2. 宪法体现（两种方式）
（1）在宪法序言或正文中明确宣布为法治国家。
（2）在宪法条文中虽不使用“法治”字样，但其他文字或有关内容可以表明该宪法确立了法治原则。

五、权力制衡原则

1. 概念
国家权力适当划分，各组成部分之间相互牵制、彼此约束，以防止权力滥用，并使其保持协调以保障国家权力合法正常运行。
2. 宪法体现
（1）在资本主义国家宪法中体现为三权分立
第一，典型的美国式：严格的三权分立。
第二，以立法权为重点的英国式：以议会为核心的责任内阁制。
第三，以行政权为重点的法国式：具有议会特点的总统制。
（2）在社会主义国家中体现为监督原则，实行人民代表大会制度，主张议行合一。

第四节　宪法的规范与效力

一、宪法规范的概念

宪法规范是指调整国家权力与公民基本权利之间，以及国家权力相互之间的关系，具有最高法律效力的行为规则的总和。

二、宪法规范的特点

（1）政治性；（2）最高性；（3）原则性；（4）法律后果的特殊性；（5）逻辑性。

三、宪法规范的种类

1. 调整国家权力的规范
组织性规范、授权性规范、限制性规范、程序性规范。
2. 调整公民（含其他非政府主体）权利与义务的规范
权利性规范、义务性规范、权利义务结合性规范。

四、宪法效力的概念、意义与特征

1. 概念：宪法对国家政治生活和社会生活进行调整所具有的约束力。具体而言，它是指宪法在属时、属地、属人、属事四维度中的国家强制作用力。

2. 意义：首先，国家权力的正当性要求宪法具有效力；其次，人权保障需要宪法具有效力。

3. 特征：最高性。

五、宪法的直接效力与间接效力

1. 直接效力：宪法对国家权力的授予、限制等具体可行的规定直接具有效力。

2. 间接效力：宪法的原则性规定通过其他法律的具体化来体现。

六、宪法效力的实现

宪法效力的实现是指宪法得到实际执行并实现宪法条文的预设目的。

第五节　宪法关系及功能

一、宪法关系的涵义

1. 概念：依据宪法规范所调整的国家、公民等宪法主体之间以及国家机关相互之间的权利、义务及权力关系。

2. 宪法关系的特点

（1）宪法关系是最基本、最重要的法律关系。

（2）宪法关系是宪法所调整的特殊的社会关系。

（3）宪法关系具有政治性。

（4）宪法关系具有相对稳定性。

二、宪法关系的意义

（1）有助于人们深化宪法是法的认识。

（2）有助于形成完善的宪法理论。

三、宪法关系的要素

（一）宪法关系的主体

1. 概念：参加宪法关系的任何组织，即宪法权利的享有者、宪法义务的承担者以及国家权力的行使者。

2. 条件：宪法关系的主体必须具有主体性，不能依附于其他主体；宪法关系的主体必须具有一定的法律依据。

3. 分类：公民个体、公民群体和国家。

（二）宪法关系的客体

1. 概念：宪法关系主体的权利、义务及权力所指向的实际对象，即那些重大的物质性、非物质性财富、利益和行为。

2. 种类：物质性的财富和利益、非物质性的财富和利益（包括政治利益和文化利益）、行为、宪法秩序。

（三）宪法关系的内容

1. 概念：宪法关系主体之间针对其客体，依据宪法规范而确定的宪法权利、义务及国家权力。

2. 内容：宪法权利及义务和国家权力。

3. 核心：公民基本权利和国家权力。

四、宪法功能和宪法作用

（一）宪法功能的含义、功效和意义

1. 概念：由宪法的本质要素和有机结构所决定的内在的、固有的效能。

2. 宪法功能和宪法作用：宪法的功能是宪法的内在的、固有的属性；宪法的作用则随其他社会现象的性质和状况的不同而发生变化。

3. 意义：有利于宪法价值和宪法作用的实现。

（二）宪法功能的内容

（1）赋权功能；（2）限权功能；（3）保权功能。

（三）宪法的作用

1. 宪法作用的内容

（1）宪法对政治的作用：宣告和确认政权的合法性，确立国家政治制度和体制。

（2）宪法对经济的作用：维护经济基础，促进经济发展。

（3）宪法对文化的作用：确认文化制度，促进文化发展。

（4）宪法对法制的作用：为法制的统一奠定基础，为法制的完整奠定基础。

2. 宪法发生作用的条件

宪法自身的完备，宪法切实的实施。

第六节　宪法的历史沿革和发展

一、近代宪法的产生

1. 英国宪法

（1）内容上：确立了君主立宪的政治体制。

（2）形式上：没有一部统一完整的法典。

2. 美国宪法

（1）1787 年制定，1789 年生效。

（2）成文宪法，体现三权分立原则和联邦制原则。

3. 法国宪法

1789 年，法国通过《人权宣言》以后开始了法国的制宪运动，于 1791 年产生了法国第一部宪法。

二、宪法的当代发展趋势

1. 公民权利范围扩大。

2. 行政权力的扩大：行政机关的加强，紧急权的规定，委任立法的强化。

3. 普遍设立了宪法保障制度，建立专门的宪法监督机关成为一种潮流。

4. 宪法的国际化趋势。

三、新中国宪法的产生和发展

1. 《中华人民共和国政治协商会议共同纲领》

2. 《中华人民共和国宪法》(1954 年)。

3. 《中华人民共和国宪法》(1975 年)。

4. 《中华人民共和国宪法》(1978 年)。

5. 《中华人民共和国宪法》(1982 年)。

第七节　宪法的基本矛盾
公民权利与国家权力的关系的原理

一、宪法基本矛盾是公民权利与国家权力的关系

(1) 权力制约权力是宪法产生的政治动因。

(2) 宪法的全部内容和整个体系结构就是公民权利与国家权力两大方面的系统整合及统一。

(3) 宪法的基本矛盾规定了宪法所调整的对象及其特点。

(4) 公民权利与国家权力的协调和实现就是民主宪政及其实现，宪政的发展也是公民权利与国家权力相互作用的结果。

二、宪法基本矛盾的内容和涵义

1. 内容和涵义

(1) 国家权力是公民权利的集中化、强烈化、权威化以及公共化，而它的产生和运行的最终目的也就是为了保障和实现公民权利和人民利益，增进公众福利。

(2) 宪法从本质上说就是用以规范国家权力，使之合法合理地运行，以保障和实现公民权利和人民利益。

2. 问题和解决

(1) 问题：国家权力的合理配置与合法运行，公民权利的优化配置与有效保障。

(2) 理想的宪政就必须使国家权力能有效地保障公民权利及其实现，国家权力真正与人民权力高度统一；而当公民权利受到侵犯和损害时能得到及时有力的补偿和救济，当国家权力越轨和被滥用时能通过违宪审查机制严肃处置和矫正。

三、宪法基本矛盾的深化和拓展

1. 公民的基本权利是国家权力产生和存在的基础和先决条件，公民享有的权利就是国家对公民承担的义务和应尽的责任。

2. 公民权利要得到保障和实现的必要的社会组织方式和社会运作途径，就是必须要组织有权威的公共权力体系，从而使公民权利升华为国家权力。

3. 公民权利与国家权力的关系中有一个中心点和联结部的问题，这就是宪法和法律

所确认的民意机关所体现的公民权利与人民权利以及人民权力与国家权力的双重关系。

第八节　宪法的制定、修改与解释

一、制宪权

制定宪法的权利。制宪活动是基于人民主权理论产生的，制宪权是一种独立的政治权力，是人民主权的直接体现。

二、制宪机关

有权制定或批准通过宪法的国家机关。

三、制宪程序

（1）宪法草案的提出和讨论。
（2）宪法草案的通过和批准。
（3）公布。

四、宪法的修改

1. 宪法修改的概念及其原因
（1）概念：国家有关机关依照法定的程序对宪法进行变更、调整、增加或删减的活动。
（2）原因：从主观上讲，人们的认识能力有限；从客观上讲，法律本身具有滞后性。
2. 宪法修改的限制
（1）修改内容的限制：宪法规定的某些内容不能修改。
（2）修改时间的限制：消极的限制即规定在一定期间内不得修改宪法；积极的限制即规定若干年内必须修改宪法。
3. 宪法修改方式
（1）全面修改：对原来的宪法典在不改变宪法根本精神的条件下，从头到尾进行全面研讨、修订并重新公布。
（2）局部修改：对宪法部分条款进行变更、补充或者删除。通常采用宪法修正案的形式。
（3）我国采用的是宪法修正案的形式。
4. 宪法修改的程序
（1）提案：由全国人大常委会或1/5以上全国人大代表执行。
（2）议决：由全国人大全体代表的2/3以上通过。
（3）公布：由全国人大公布。

五、宪法解释及其原因

1. 概念：特定主体按照一定的原则和程序阐明宪法含义的行为。
2. 原因。
（1）阐明宪法用语的准确定义。

(2) 补充制宪时留存的缺漏。
(3) 适应新形势的发展。
(4) 违宪审查的需要。

六、宪法解释的体制

(1) 立法机关解释体制。
(2) 司法机关解释体制。
(3) 专门机关解释体制。
(4) 我国采用立法机关解释体制。

七、宪法解释的原则

(1) 符合宪法精神和制宪目的原则。
(2) 适应社会发展需要原则。
(3) 系统解释原则。
(4) 依法定程序解释原则。

八、宪法解释分类

1. 按解释的主体和效力不同分为非正式解释和正式解释

(1) 非正式解释：非正式解释也称无权解释，是指非特定的机关、团体和个人对宪法所做的不具有法律效力的说明。

(2) 正式解释：正式解释也称法定解释、有权解释，是指由宪法授权的机关或习惯认可的机关依据一定的标准或原则对宪法条文所做的具有法律效力的说明。

2. 按解释方法不同可分为文理解释、系统解释、历史解释

(1) 文理解释：按照语法规则和逻辑规律分析宪法条文的句子、文字及标点符号等，从而说明宪法的内容。

(2) 系统解释：通过分析某一宪法规范与其他宪法规范的内在联系来说明宪法的内容。

(3) 历史解释：通过考察宪法制定的历史背景以及同旧宪法进行比较来说明宪法的内容。

3. 按解释尺度不同可分为字面解释、限制解释、扩充解释

(1) 字面解释：对宪法依据其字面最普通、最常用的含义所进行的解释。
(2) 限制解释：对宪法条文中过于宽泛的含义作符合宪法规范要求的限制的解释。
(3) 扩充解释：对宪法条文规定的含义作广于字面规定含义的解释。

第九节　宪法的实施与适用

一、宪法实施概述

1. 概念

宪法的规范以及原则和精神在立法和行宪、司宪、守宪及护宪等整个过程中的贯彻。

2. 特点

广泛性、动态性、过程性。

3. 宪法实施的形式和途径

（1）宪法遵守：国家机关、社会组织、全体公民严格依照宪法的规定从事各种行为的状态。

（2）宪法适用：宪法适用是指国家专门机关依照法定的职权和程序将宪法规范运用于具体的人和事的活动。

二、宪法实施的意义和条件

1. 意义

宪法实施使静态的宪法转化为动态的宪法实践，成为行动中的宪法、活的宪法，从而实现保障公民权利、规范国家权力的宪法调整之根本目的。

2. 条件

（1）政治条件：民主政治和政治稳定。

（2）经济条件：市场经济的发展给宪法的实施提供了基础和条件。

（3）思想文化条件：不断提高公民的文化素质、公民意识和宪法意识。

（4）法治条件：法制统一。

三、宪法适用的含义和特征

1. 含义

国家专门机关依照法定的职权和程序将宪法规范运用于具体的人和事的活动。

2. 特征

①宪法适用的主体是特定的。②宪法适用的内容和范围丰富、广泛。③宪法适用的程序更加严格。④宪法适用的法律后果具有最高权威性。

四、宪法的司法适用及其程序

享有司法职权的机关依照法律规定和法定程序，将宪法规范以司法判决或裁决的形式来解决宪法争议的专门活动。

五、关于宪法司法化

（1）宪法司法化是指在肯定宪法具有司法适用性的前提下，在深化我国法制建设和宪政建设的过程中，宪法所表现出来的司法适用的必然趋势及状态。

（2）把宪法由特定机关按照司法程序针对个案反复适用，既制约公共权力也调控私人之间的法律关系。

第十节　宪法的监督及保障

一、宪法监督的涵义

国家专门机关依照法律规定和法定的程序，针对一定的对象和范围所做出的具有特定后果的监督宪法实施的制度。其主要内容是对国家机关、特定个人或其他组织的违宪行为或有关机关在适用宪法的过程中产生的争议进行监督和审查，并对违宪行为给予制裁。

二、宪法监督的主体和模式

1. 主体

特定的国家机关。

2. 模式

（1）以英国为代表的议会中心模式，其宪法监督审查权力由议会来行使。

（2）以美国为代表的普通法院监督审查模式。

（3）专门机关监督审查模式。

三、宪法监督的对象

1. 监督公权力的行使

2. 监督违宪行为，违宪的分类

（1）广义违宪和狭义违宪。

（2）直接违宪和间接违宪

四、宪法监督的内容和范围

1. 规范性文件违宪

2. 行为违宪

（1）国家机关行为的违宪：国家立法机关、行政机关、司法机关的行为违宪。

（2）政党行为违宪。

（3）社会团体违宪。

五、宪法监督的方式

（1）根据审查时间的先后可以分为事前审查和事后审查。

（2）根据与具体案件事实是否直接接触，可以分为书面审查和具体审查。

（3）根据宪法监督主体的不同，可以分为普通审查和专门审查。

（4）根据合宪性审查所启动的程序的不同，可以分为主动审查和请求审查。

六、宪法监督的效力

1. 概念

宪法监督主体行使宪法监督权，在监督宪法实施过程中对宪法监督对象所具有的约束力和强制力。

2. 是一种最终确定力

（1）当公民需要采取法律救济手段以维护其权利时，可以寻求宪法为其提供最后的保护。

（2）对其他法院的判决如果不服，可向宪法监督主体提出上诉。

（3）宪法监督主体所做的裁决为终局性裁决。

七、我国宪法监督制度的内容

1. 现行的宪法监督制度

现行的宪法监督制度是1982年《中华人民共和国宪法》所确定的，规定了宪法监督的主体、范围、方式和后果。

2. 主体

狭义上为全国人大及其常委会。广义上为全国各族人民、一切国家机关和武装力量、各政党和各社会团体、各企业事业组织。

3. 范围

（1）规范性文件。

（2）行为。

4. 宪法监督的方式

（1）根据审查时间的先后可以分为事前审查和事后审查。

（2）根据与具体案件是否直接接触，可以分为书面审查和具体审查。

（3）根据宪法监督主体的不同，可分为普通审查和专门审查。

（4）根据合宪性审查所启动的程序的不同，可分为主动审查和请求审查。

5. 宪法监督的后果

改变、撤销和不批准违宪的法律、法规、决议、决定和命令；罢免国家机关负责人的职务。

八、健全和完善我国的宪法监督制度

1. 存在的问题

（1）宪法监督主体的职能有效性不强。

（2）宪法监督的范围不够全面。

（3）宪法监督的方式不够齐备、不够多样。

（4）宪法监督的程序性及操作性不强。

（5）宪法监督的效力不强。

（6）对违宪责任的追究和实施宪法制裁不力。

2. 建议

（1）宪法监督主体职能的强化与其机构的专业化、专门化。

（2）扩展宪法监督的范围。

（3）宪法监督方式的多样化。

（4）通过加强观念培育和制度建设，严密宪法监督的程序并增强可操作性，切实增强宪法监督的效力以及对违宪责任的追究和实施宪法制裁的力度等。

第十一节　宪政及其实现

一、宪政的概念和要素

1. 概念

以宪法为前提、以民主政治为基础、以法治为纲、以保障人权为目的的政治形态或政治过程。

2. 要素

民主、法治、人权。

二、宪政的性质和特征

1. 性质

宪政是宪法制度实施和实现的动态过程。

2. 特征

（1）宪政是人类历史发展到一定阶段出现的一种政治现象。

（2）宪政既具有阶级性，同时也体现着人类社会文明的共同性。

（3）不同国家和民族的宪政体制不同。

三、宪政与宪法的关系

1. 动态与静态的关系

宪法是宪政的前提，宪政是活的宪法、行动中的宪法。

2. 内容与形式的关系

宪法是宪政的法律形式和依据，宪政是宪法的实际内容及其实施实现。

四、宪政的价值——宪政是人类政治文明和法治文明的结晶

1. 宪法的价值与宪政的价值

（1）宪法的价值是宪法能满足人们主体需要的那些属性。

（2）宪政的价值主要是在民主、法治、人权的关系中呈现。

2. 宪政与民主

（1）宪政是民主政治的理想状态，民主政治必须要得到法治的有力支撑才能实现为宪政。

（2）宪政是一般民主的升华和超越。

3. 宪政与法治

（1）宪政理论是法治理论的高级形态，宪政是法治的高级阶段和层次。

（2）实行法治关键要实行宪政，依法治国首先和关键是依宪治国。

4. 宪政与人权

宪政就是保障公民权利和人民利益的政体，是人权保障的有力武器，是国家权力的合法来源与国家权力的合法行使的有机统一体。

五、宪政的要义

宪政的要义是限制政府权力以保障公民权利，并由此衍生出其他一系列宪政的基本观念和理念。

六、宪政的功能和实现途径

（一）宪政的功能——宪政控权功能的体现

1. 以法制权。

2. 以权利制约权力。

3. 权力相互制衡。

（二）宪政的实现及其条件和途径

1. 条件

（1）政治基础和条件：民主政治的发展和完善。

（2）经济基础和条件：市场经济的充分发展和体制完善。

（3）法治基础和条件：形式法治和实质法治的实现。

（4）社会基础和条件：实现国家和社会、政治国家与市民社会的二元分离。

2. 途径

（1）宪政精神的培养和增强。

（2）宪政体制和机制的完善和健全。

（3）宪政秩序的确立。

第十二节　人权和公民基本权利

一、权利的概念、分类和重要关系

1. 概念：权利就是正当的利益或被允许的行为（自由），其要素包含利益、行为自由以及意志。

2. 权利的基本形态和分类

（1）基本形态：应有权利——自在的权利，法定权利——自为的权利，实有权利——自在自为的权利。

（2）分类：基本的权利和义务与普遍的权利和义务。

3. 权利与义务以及权力的关系

（1）权利与义务

第一，两者具有法律关系中的对应关系、社会生活中的对等关系、功能发挥中的互动关系。

第二，权利是根本，义务是其派生。

（2）权利与权力

权力是权利的一种衍生形态，是集中化、强烈化、公共权威化的权利。

二、人权的概念、性质和特点

1. 概念：人的个体或群体在一定社会历史条件下基于一定经济结构和文化发展，为了其自由的生存、活动和发展所必需平等具有的权利。

2. 性质：自由和平等、生存和发展。

3. 特点

（1）主体是人和人类。

（2）客体各种物质和精神的需要和利益。

（3）内容具有广泛性和不可穷尽性。

（4）人权既具有普遍性，又具有特殊性。

（5）人权具有历史性。

三、人权的基本形态和分类

1. 人权的基本形态：应有人权、法定人权和实有人权。
2. 人权的分类：
（1）基本人权和其他各类特定人权。
（2）个人人权和集体人权。
（3）人身权利、政治权利以及经济、社会和文化权利。

四、人权和公民权

1. 公民权利的含义和分类
（1）含义：公民所享有的各种权利。
（2）分类：公民的基本权利，公民的公法权利和私法权利，公民的实体权利和程序权利，公民个体的权利和公民群体的权利。
2. 人权和公民权的关系
人权是公民权构成的基础和源泉，公民权是由人权所派生，是它的重要的政治法律表现。

五、人权保障立宪的意义

（1）人权入宪具有极大的思想解放意义。
（2）人权可以简要地理解为人作为人所应当平等地享有的各项自由和权利，是公民权利的基础和源泉。
（3）人权入宪对各级各类国家机关行使权力提出了严格的要求，尊重和保障人权将成为我国国家机关的基本工作准则。
（4）人权是宪法的基本原则，是宪政的基本要素和最终目的。
（5）人权入宪是对中国共产党“以人为本”、“执政为民”的执政理念和原则的法律认知和体现。

六、人权的宪法保障的意义和特点

（1）宪法对人权的保障具有母体性、基础性等特点。
（2）宪法对公民基本权利的规定是对人权的重要法律形式。
（3）宪法所规定的人权和公民基本权利具有普遍性、系统性、纲领性。
（4）宪法通过限制国家权力来保障。
（5）宪政制度中救济功能保障人权。

七、人权的宪法保障应注意的若干问题

（1）宪法对人权的保护不要抽象化。
（2）人权的宪法保障应特别关注那些最需要得到保障的。
（3）人权的宪法保障应把注意点放在那些人权和公民权利的法律保障最为薄弱和最容易受到干扰的环节和问题上。
（4）强化权利救济，充分发挥抵抗权与监督权的作用，并实行权利推定。

八、公民

1. 公民的概念：具有一国国籍，根据该国的宪法和法律享有权利并承担义务的人。
2. 国籍认定：血统原则、出生地原则、混合原则。
3. 公民与人民的区别
(1) 性质不同：公民是法律概念，人民是政治概念。
(2) 范围不同：公民包含人民。
(3) 地位不同：人民高于公民。
4. 公民的法律地位
(1) 公民的地位由社会的物质生活条件决定。
(2) 公民的地位由宪法和法律予以保障。

九、公民基本权利的一般理论

1. 公民基本权利的概念、性质和特点

(1) 概念：由宪法所规定和保护的公民在政治、人身以及经济、社会和文化等方面的权利和自由，是公民享有的基本的、必不可少的权利和自由，是公民其他权利和自由的基础和原则，体现了公民在国家中的政治和法律地位。

(2) 性质：是国家权力产生及存在的基础和先决条件。
(3) 特点：基本性、根本性、稳定性和排他性。
2. 我国公民基本权利和义务的特点
(1) 权利和自由的广泛性。
(2) 权利和自由的真实性。
(3) 权利义务的公平性。
3. 公民基本权利保障
(1) 不断适时地充实和扩大公民基本权利的内容和范围。
(2) 加强和完善各部门法对公民权利的具体规定使之成套。
(3) 在宪法和法律适用和遵守以及监督和救济的整个过程中来保障公民的各项权利。
(4) 努力为公民基本权利的保障创造各种条件。
4. 公民基本权利的界限
(1) 在宪法规范中直接加以具体的限制。
(2) 在宪法规范中不作具体限制，只规定依法限制的原则。

(3) 在宪法规范中对公民某些基本权利和自由不做限制，但对各种权利和自由加以总的原则性限制。

十、公民基本权利的分类

五分法：平等权，政治权利和自由，人身人格权利或身心自由权体，经济、社会及文化的权利，特殊主体的权利。

第十三节　平等权

一、我国关于平等权的规定

中华人民共和国公民在法律面前一律平等。

二、平等权的性质

平等权既是宪法的一般规则，又是公民的一项基本权利。

三、平等权的含义

1. 含义：国家不得因人的自然的、社会的或其他方面的任何情况，在法律上对他们进行区分而给以差别对待，确定其不同的权利和义务。

2. 内容

（1）适用法律平等。（2）立法平等。

四、平等权的种类

平等权包括：男女平等、民族平等、社会经济平等。

五、合理差别

1. 含义

为了保障和实现实质上的平等，在合理程度上采取的具有合理依据的差别。

2. 类型

（1）依据人生理上的差距所采取的合理差别。

（2）依据民族的差异所采取的合理差别。

（3）依据特定国家职位的要求，对公民行使某些权利、承担责任在法律上所采取的合理差别。

（4）依据特定职业的需要对从业者所采取的合理限制。

六、权利的平等保护

1. 含义

任何受宪法和法律承认的权利都应得到平等保护。

2. 方式

（1）国家在制定法律时，除合理差别外，不得区别对待。

（2）在法律适用的过程中不得出现差别对待。

第十四节　政治权利和自由

一、选举权和被选举权概述

1. 产生

（1）选举权是指公民依法享有的选举国家代议机关代表或国家公职人员的权利。

（2）被选举权是指公民依法享有被选举为国家代议机关和国家公职人员的权利。

2. 性质

选举权和被选举权是人民参加国家管理的一种最基本的政治权利。

二、选举权和被选举权的分类

1. 选举权和被选举权

（1）主体资格：第一，中华人民共和国年满18周岁的公民都有选举权和被选举权，但是依照法律被剥夺政治权利的人除外。第二，其他限制。精神病患者暂不行使选举权；因犯有危害国家安全罪或者其他严重刑事犯罪案件而被羁押或涉嫌犯有这类罪行而正受侦查或起诉审判的，经法院或检察院决定，在羁押期间停止行使选举权。第三，选举权和被选举权应该分离：一是能更有效地行使国家权力；二是可以避免实践中可能出现的消极后果；三是我国民主政治发展的需要。

（2）内容：确认权、推荐权、被提名权和竞选权、投票自由权、选举监督权和救济权。

2. 罢免权：选民选举单位对已通过选举产生的特定代表有罢免的权利。

三、选举权和被选举权的意义及问题

1. 意义：参与政治、提高选民政治素质和促进社会稳定发展。

2. 问题：公正性、平等性、自由性和司法救济。

四、表达自由的概述

1. 概念：公民通过各种形式发表自己的思想、意见、观点而不受他人非法干涉的自由。包括言论、出版、集会、结社、游行、示威的自由。

2. 保障：宪法保障、法律保障、司法实践中的保障。

3. 界限：不损害公共利益，遵守法律规定，对时间、地点、方式的限制。

五、表达自由的类型

1. 言论自由

（1）概念：公民通过口头表达方式发表自己见解的自由。

（2）含义：公民有发言权，不受非法干涉，采用事后惩罚。

（3）限度：不得侵犯他人隐私，不得侵犯他人名誉权，不得煽动他人实施违法行为，不得违反善良风俗。

2. 出版自由

（1）概念：公民通过公开发行的出版物表达自己意见的自由。

（2）我国采用预防制和追惩制相结合进行管理，以及事先审查制度。

3. 结社自由

（1）概念：公民为了一定宗旨组织或者参加具有持续性的社会组织的自由。

（2）我国规定结社只是非营利性结社，而且不包括已经存在的民主党派。

4. 集会、游行、示威自由概念及区别

（1）集会自由：公民为了某种目的聚集在一定场所发表意见表达意愿的自由。

（2）游行自由：公民在公共场所采取队列行进的方式表达意愿的自由。

（3）示威自由：公民在公共场所以集会、游行、静坐等方式表达意愿的自由。

（4）三者区别：状态不同，表达意愿的强度不同（示威 > 游行 > 集会），表达方式不同，表达内容不同。

（5）我国目前实行许可制。

六、监督权的概述

我国现行《中华人民共和国宪法》第四十一条规定："中华人民共和国公民对于任何国家机关和国家工作人员，有提出批评和建议的权利；对于任何国家机关和国家工作人员的违法失职行为，有向有关国家机关提出申诉、控告或检举的权利。"

七、监督权的内容

1. 批评和建议权

批评权是指公民有权对国家机关或国家机关工作人员的缺点和错误提出批评意见的权利；建议权是指公民有权对国家机关及其工作人员的工作提出主张和看法的权利。

2. 检举权

检举权是指公民有权对国家机关及其工作人员的违法犯罪失职行为进行举报揭发，并向有权机关控诉的权利。

3. 申诉权

申诉权是指公民认为国家机关或者工作人员的行为侵害了自己的合法权益有权向有关机关申明要求重新处理的权利。

4. 获得国家赔偿的权利

公民的合法权益受到国家机关及其工作人员的侵害时，有权要求国家公平赔偿的权利。

八、监督权的保障

1. 法律保障：法律通过多种制度保障公民监督权的实现。

2. 制度完善：信访制度和举报制度

3. 机构建设：通过中介机构完善和保障公民监督权的实现。

九、知情权

知情权是指公民或其他组织有了解政府信息的权利。

第十五节 身心自由权利

一、人身权利不受侵犯

1. 概念：公民的人身和行动受自己自由支配，不受非法限制、搜查、拘捕的权利。

2. 法律保障：第一，公民享有不受他人支配和控制的人身自主权、行动自由权和保护自己身体免受非法侵犯权；第二，禁止非法逮捕、搜查任何公民；第三，如果有此需要，必须由法定机关依照法定程序进行。

3. 界限：侵害公民的人身权利必须严格遵守实体法和程序法规范。

二、住宅不受侵犯

1. 概念：公民居住、生活、休息的场所不受非法侵入或搜查的权利。

2. 法律保障：中华人民共和国公民的住宅不受侵犯。

3. 界限：公安机关、检察机关依照法定程序进行搜证；行政机关为了法定的检查义务，基于国防或其他公共利益，可以进行搜查或是征收、征用。

三、通信自由权

1. 概念：通信自由是指公民在与他人交往中，通过信件、电话、电报、传真、电子邮件等形式表达自己意愿的自由，任何组织和个人不得非法干涉；通信秘密是指公民与他人的通信内容，任何组织和个人不得窃听、偷看、传播，或以非法方法获取。

2. 法律保障：保障公民享有通信自由，同时公民的通信秘密受到法律保护。

3. 界限：限制通信自由和通信秘密的原因只能是基于国家安全或追查刑事犯罪的考虑，而且只能由公安机关或监察机关依法进行。

四、生命权和迁徙自由

1. 生命权

(1) 概念：生命权是一种维持生命存在的权利，是人的首要权利。

(2) 问题：死刑存废、堕胎、安乐死。

2. 迁徙自由

(1) 概念：公民有权选择自己居所的自由。

(2) 我国现行宪法没有明确规定这一自由。

五、人格尊严的含义及法律保障

1. 含义：一个人所应有的最起码的社会地位以及应当受到社会和他人最起码的尊重。

2. 内容：一是每一个公民都享有人格尊严不受侵犯的权利；二是人格尊严具有不可剥夺性。

3. 法律保障：公民的人格尊严受到侵害，受害人有权请求司法机关依法追究侵权人的民事责任、刑事责任和行政责任。

六、隐私权

公民个人私生活秘密不受侵犯，个人私生活自由不受侵犯的权利。

我国没有把隐私权作为一项独立的人格权明确规定，对侵犯公民的隐私行为，主要是通过对公民名誉权、住宅权、通信自由等方面的法律保障进行保护。

七、宗教信仰自由的含义及法律保障

1. 含义：中华人民共和国公民有宗教信仰自由。
2. 自由的含义：信或不信、信不同宗教、信不同教派、过去信或现在信和是否参加宗教仪式。
3. 保护的原因：历史产物、群众基础和广泛性，属于思想领域。
4. 法律保障。

八、宗教信仰自由的界限

（1）一旦宗教信仰行为造成社会危害时，就要对它进行限制。

（2）宗教自治：自传、自治、自养。

第十六节　经济、社会和文化权利

一、经济、社会和文化权利的概念

人们在从事包括经济生活、文化生活等在内的社会生活所涉及的一系列权利。

二、经济、社会和文化权利的特点

（1）经济、社会和文化权利属于集合权利。

（2）经济、社会和文化权利大都属于积极权利。

（3）经济、社会和文化权利本质上都是社会权利。

三、经济、社会和文化权利的划分

（1）经济权利：人们在经济生活中所享有的权利，在根本上涉及的是经济利益。

（2）文化权利：一国历史文化传统、民族精神等在其中的凝结和浓缩，往往具有文化目的。

（3）社会权利：以社会利益为核心的一种权利。

四、财产权

（1）财产权是基本人权。

（2）公民的合法私有财产不受侵犯。国家依照法律规定保护公民的私有财产权和继承权。国家为了公共利益的需要，可以依照法律规定对公民的私有财产实行征收或征用并给予补偿。

五、劳动权

（1）含义：公民为了个人生存、社会发展等目的，在国家和社会提供一定条件的前提下，通过合法劳动获取一定报酬的权利。

（2）劳动权是平等基础上的一项权利，是一项积极权利；劳动不仅是一项权利而且是一项义务。

（3）劳动权主要包括劳动就业权和取得报酬权。

（4）劳动权的限制：不包括违法劳动。

六、休息权

（1）休息权的主体：我国规定的休息权的主体是劳动者。

（2）内容：享有一定时间和质量的休息，包括时间的保障和设施的提供；国家和社会应当规定休息时间和提供休息设施。

七、受教育权

（1）内容：受教育权是平等基础之上的一项权利，公民可以通过多种形式来享有受教育权。

（2）性质：受教育权是一项积极的受益权；公民受教育权实质上是社会权，属于文化权利；既是一种权利又是一种义务。

（3）实现：该项权利的法律化；国家级政府财政投入的不断增加；该项权利的可诉性；正确的宪法概念、权利观念的树立。

八、文化活动权

（1）概念：公民有参加有关文化活动的自由，以及要求保障其正当的文化活动的权利。

（2）内容：科学研究、文艺创作以及其他文化活动的自由。

九、环境权

（1）性质：新型性、国际性、技术性、社会性、符合性和相对性。

（2）保障：观念保障和法律保障。

第十七节　特定主体的权利

一、对特定主体权利保护的宪法意义

（1）推进社会整体平等。

（2）实现生存权及相关经济权利的保障。

（3）体现人道主义关怀，促进社会和谐。

二、特定主体的范围

我国宪法对特定主体范围的规定：妇女、未成年人、老年人、残疾人、少数民族、

军烈属、华侨、归侨、侨眷以及在我国境内的外国人。

三、关于弱势群体权利保障问题

弱势群体包括：下岗职工、“体制外”人员、进城民工和较早退休的“体制内”人员。

（1）最低生活保障制度的落实。

（2）社会保险制度的覆盖。

（3）养老制度的完善。

四、特定主体权利的具体内容

1. 妇女权利的保护

①政治上的平等权利；②经济上的平等权利；③文化上的平等权利；④家庭生活中的平等权利；⑤人身权利的保护。

2. 未成年人权利的保护

①未成年人的人身权利保护；②未成年人的受教育权利保护；③未成年人经济权利的特殊保护。

3. 老年人权利的保护

①人身权利；②婚姻自由权利；③经济权利的保护。

4. 残疾人权利的保护

①国家对残疾人康复措施方面的规定；②残疾人政治权利的保护；③对残疾人受教育权的保护；④对残疾人身权利的保护；⑤对残疾人经济权利的保护。

5. 退休人员和军烈属权利的保护

①退休制度；②保障军烈属的权利。

6. 少数民族权力的保护

①平等保护原则；②民族自治原则。

7. 华侨、归侨、侨眷权利的保护

①华侨是指居住在国外的公民，归侨是指回国定居的华侨，侨眷是指华侨、归侨在国内的眷属；②平等权利；③政治权利；④人身自由；⑤社会经济文化权利。

8. 在中国境内的外国人的合法权益受到保护

（1）国家保护在中国境内的外国人的合法权利和利益。

（2）受庇护的权利。

第十八节　公民的基本义务

一、义务与公民义务

（1）义务：一种不利益，或为实现权利而产生的必须的行为。

（2）公民义务：公民根据一国宪法和法律而必须从事某种行为或不得从事某种行为的限制。

（3）公民义务的特征：法定性、强制性和约束性。

二、公民基本义务的一般理论

（1）概念：由宪法所确认的公民所应当承担的根本责任。

（2）特征：表明公民的宪法地位；根本性、原则性和稳定性；必须通过部门法加以具体化，以普通法规定的制度保障其履行。

三、公民基本义务与公民基本权利的关系

1. 相互对立

（1）从内涵上，两者内容相异、价值相悖。

（2）从结构上，两者分属于两个具体的宪法关系，一方并不以另一方的存在为前提，且总量不必然等值。

（3）从具体类型上，两者完全不同，并非一一对应。

2. 相互统一

（1）两者目标一致、主体一致，有时甚至相互渗透、相互结合。

（2）公民基本义务的设立其实质是为了保障公民基本权利的实现，它是通过国家权力的作用而在宪法中得以规定。

四、我国公民基本义务的具体类型

（1）维护国家统一和全国各民族团结。

（2）遵守宪法和法律，保守国家秘密，爱护公共财产，遵守劳动纪律，遵守公共秩序，尊重社会公德的义务。

（3）维护祖国的安全、荣誉和利益的义务。

（4）保卫祖国、依法服兵役和参加民兵组织的义务。

（5）依照法律纳税的义务。

（6）其他义务：劳动的义务；受教育的义务；夫妻双方有实行计划生育的义务；父母有抚养教育未成年子女的义务，成年子女有赡养扶助父母的义务。

第十九节　国家基本制度和国家机构概述

一、国家主权

（1）主权：国家固有的不受他国干预或限制地处理对内对外事务的最高权力。

（2）国家主权的实质是人民主权。

二、国体

国体就是国家政权的阶级归属。

三、政体

（1）政体就是掌握政权的阶级为了实现统治或管理职能配置国家权力的形式和模式。

（2）种类：君主立宪制和共和制。

四、国家结构形式

（1）概念：国家为了解决整体与部分、中央与地方的关系所采取的外部表现形式。
（2）种类：单一制和联邦制。

五、人民民主专政是我国的国体

我国是工人阶级领导的、以工农联盟为基础的人民民主专政的社会主义国家。

含义：①工人阶级是我国的领导阶级。②工农联盟是人民民主专政的阶级基础。③知识分子是人民民主专政的依靠力量。

其实质是无产阶级专政。

六、政治文明和政治体制改革

（1）政治文明的核心：民主和法治。
（2）积极而稳步地推进政治体制改革。

七、经济制度

（1）生产资料所有制形式：社会主义公有制经济、非公有制经济、三资企业。
（2）分配制度：按劳分配为主体、各种分配方式并存。
（3）经济体制：市场经济。
（4）社会保障制度：建立和完善同经济发展相适应的社会保障制度。

八、文化制度

内容：教育制度、科技制度、医疗卫生制度和体育制度和其他文化制度。

九、我国的国家结构形式及特点

1. 我国国家结构形式是单一制
我国是由若干不享有主权的行政区域所构成的单一制国家。
2. 我国国家结构形式的特点
（1）中共统一领导，充分发挥地方积极性和主动性。
（2）实行民族区域自治制度和特别行政区制度。
（3）具有经济特区。
3. 我国中央与地方的权力关系
（1）统一性与灵活性相结合。
（2）集权与分权相结合。
（3）中央与地方政府权限法定化。
（4）实行地方自治原则。

十、我国的行政区划

国家按照一定的原则与程序将全国领土划分成若干不同层次的区域，并在这些行政区域内设置国家机关，以实现中央对地方的管理。

十一、国家机构的概念和分类

(1) 概念：国家机构是统治阶级为了实现其国家权力，按照一定原则建立起来的一整套分层次、成系统的国家机关的总称。

(2) 中央国家机关：全国人民代表大会及其常务委员会、中华人民共和国主席、国务院、中央军事委员会、最高人民法院和最高人民检察院。

(3) 地方国家机关：省（自治区、直辖市）、市（自治州）、县（自治县和旗）、乡（民族乡、镇）四级设立。

十二、我国国家机构的组织和活动原则

①民主集中制原则；②法治原则；③责任制原则；④联系群众、为民服务原则；⑤精简和效率原则。

第二十节　政党及政治协商制度

一、政党的概念和功能

1. 概念

政党是阶级和阶级斗争发展到一定历史阶段的产物，是一定阶级或阶层中的活动分子基于共同的意志，为了共同的利益，采取共同行为，以期取得或维护政权，或影响政治权力的行使而建立的政治组织，是该阶级或阶层的政治领导力量。

2. 功能

①利益的聚合；②整合政治体系；③政治社会化；④连接政府与公众的桥梁；⑤进行选民动员；⑥组织政府；⑦阶级先锋队。

二、政党制度的分类

①一党制；②两党制；③多党制；④一党领导下的多党合作制。

三、政党的法制化

(1) 宪法对政党活动进行原则规定。

(2) 以宪法性法律规范政党活动。

(3) 宪法惯例对政党活动的规范。

四、中国共产党领导的多党合作制度

1. 性质

共产党居于国家政权的领导地位，是执政党；其他民主党派与共产党合作，参与执政，但这种合作以接受共产党的领导为前提。

2. 多党合作制的内容

(1) 坚持中国共产党的领导，坚持四项基本原则是多党合作的政治基础。

(2) 长期共存、互相监督、肝胆相照、荣辱与共是多党合作的基本方针。

(3) 各政党的共同奋斗目标是坚持社会主义初级阶段的基本路线，把我国建设成为富强、民主、文明的社会主义现代化国家和统一祖国、振兴中华。

3. 中国共产党领导的多党合作的形式

(1) 以会议形式进行政治协商。

(2) 通过国家权力机关参政议政。

(3) 担任各级国家机关的领导职务。

五、政治协商制度

1. 含义

在中国共产党的领导下，以多党合作为基础，由各民主党派、各人民团体、各爱国人士、无党派人士和少数民族代表参加的，以中国人民政治协商会议为组织形式，就国家的大政方针，各族人民生活中的重大问题进行民主、平等的讨论和协商的一种政治制度。

2. 体现

(1) 中国共产党的领导是政治协商制度的重要内容。

(2) 政治协商制度是以中国人民政治协商会议为组织形式的政治制度。

(3) 政治协商制度比多党合作制度的范围更为广泛。

3. 政治协商制度的组织

(1) 人民政协的组成。人民政协全国委员由中共、各民主党派、无党派人士、人民团体等组成。

(2) 人民政协的组织系统。人民政协的组织系统包括全国政协委员会和地方政协委员会。

(3) 人民政协的性质。人民政协是统一战线和政治协调的组织形式。

第二十一节　选举制度及组织

一、概念

由一系列有关选举的原则、程序、方法按法定规范形成的各种具体制度的总称。

二、选举制度与政党制度的关系

(1) 我国选举制度的作用和功效是在中国共产党的领导下实现的。

(2) 人民代表选举是执政党发挥政治领导作用和各民主党派发挥参政作用的基本形式。

三、选举权的普遍性原则

(1) 我国公民享有选举权，没有资格的特殊限制。

(2) 我国选举法规定了有关人民解放军的人大代表单独进行选举和旅居国外的中国公民在县级以下人民代表大会代表大会代表选举期间在国内的，可以参加原籍地或出国前居住地的选举。

(3) 我国被剥夺政治权利的人只占总人口的极少数，并呈下降趋势，不会影响我国选举权的普遍性。

四、选举权的平等性原则

1. 体现

(1) 我国选举法规定，凡年满18周岁的公民，除依法被剥夺政治权利者外，都平等地享有选举权和被选举权。

(2) 选举法明确规定，每一选民在一次选举中平等地拥有一个投票权。

(3) 我国选举法还对在选举中处于弱势地位的选民做了一系列特殊的保护性规定。

2. 问题

(1) 选民投票权力不平等，代表名额不是按相同人口的原则分配。

(2) 给予少数民族以特殊照顾。

(3) 军队代表的特殊情况。

五、直接选举与间接选举并用原则（不设区的市、市辖区、县、自治县、乡、民族乡、镇的人民代表大会的代表由选民直接选举）

直接选举指国家代表机关的代表团选民直接产生；间接选举是指国家代表机关的代表不由选民产生，而由下一级机关选举产生。

六、无记名投票原则

无记名投票也叫秘密投票，是指选民在填写选票时，不对他人公开、不署自己的姓名，并且要亲自将选票放入投票箱。

七、选举权的物质保障和法律保障

物质保障是国家提供必要的物质条件保障选举的顺利进行。法律保障是指国家对于任何侵扰正常选举的行为都予以制裁。

八、选举的组织

1. 概念和分类

(1) 概念：选举组织是指导、主持和办理国家选举事务的各类组织或机构的总称。

(2) 分类。从层次上划分：中央选举组织、地方选举组织和基层选举制度。从组织设置的时限上划分：常设组织和非常设组织。

2. 我国的选举组织及其职权

(1) 概念：由选举法规定的负责和主持各级人大代表选举工作的机构。

(2) 间接选举的组织机构：各级人大常委会主持。

(3) 直接选举的组织机构：选举委员会（组织办理本级人大代表选举事宜的专门临时性机构）。

九、选举程序

1. 选区划分

选区可按居住情况划分，也可以按生产单位、事业单位、工作单位划分。

2. 选民登记

选民登记按区进行，一经登记确认的选民资格长期有效。

3. 代表候选人的提名

（1）产生方式：采用直接选举的，按选区提名；采用间接选举的，按选举单位提名；选民或者代表 10 人以上联名，也可以推荐代表候选人。

（2）实行差额选举：直接选举的是应多于 1/3 ~ 1 倍，间接选举的是应多于 1/5 ~ 1/2。

（3）预选制度：县级以上地方各级人大选举上一级人大代表时，如果所提候选人的人数超过选举法规定的最高差额比例，由全体代表酝酿、讨论、协商，进行预选。

（4）正式代表候选人的确定。

（5）介绍候选人。

4. 投票和确定选举结果

（1）各选区设立投票站、流动票箱或者召开选举人大会投票。

（2）每一选民所接受的委托不能超过 3 人，否则无效。

（3）在直接选举中，选区全体选民的过半数参加投票，选举有效。

（4）在直接选举中，选区全体选民的过半数参加投票，选举有效，代表候选人获得参加投票的选民半数的选票即可当选；在间接选举中，代表候选人需获得全体代表过半数的选票才能当选。

（5）重新选举和另行选举。

5. 对代表的罢免、补选和辞职程序

（1）罢免：对于直接选举的代表，原选区选民 50 人以上联名。对于间接选举的代表，在人大举行会议的时候，主席团或者 1/10 以上代表联名；在人大闭会期间，人大常委会主任会议或者人大常委会 1/5 以上组成人员联名。

（2）补选：代表在任期内因故出缺，由原选区或原选举单位补选。

（3）辞职：全国人大代表，省、自治区、直辖市、设区的市、自治州的人大代表可以向选举他的人大常委会书面提出辞职。

十、选举制度的改革和完善

（1）完善选举法律制度建设，更好地实现选举的规范化和制度化。①修改和完善现行选举法。②加强与选举法相关的法律制度建设。

（2）缩小农村与城市每一代表所代表的人口比例，更好地体现选举的平等性。

（3）扩大直接选举的范围，更好地体现选举的民主性。

（4）引入竞争机制，使代表候选人及其当选的竞争性制度化。

第二十二节　人民代表大会制度及其机构

一、人民代表大会与人民代表大会制度

（1）人民代表大会的概念：依照宪法和法律行使国家和地方权力的各级国家权力

机关。

（2）人民代表大会制度的概念：以人民代表大会为核心和主要内容的国家政权组织形式。

二、我国人民代表大会制度的内容

（1）我国一切权力属于人民。

（2）人民通过直接或间接选举的方式选举代表组成各级国家权力机关，行使管理国家和社会的一切权力。

（3）其他国家机关如国家行政机关、审判机关、检察机关、军事机关都由人民代表大会产生，对它负责，受它监督。

三、我国人民代表大会制度的特点

1. 人民代表大会制度是我国的根本政治制度

（1）这一制度能全面、直接反映国家的本质。

（2）这一制度决定国家的其他制度和政治生活各方面。

（3）这一制度使国家机关得以组织、运转，国家权力得以正确、有效行使，从而保持政治稳定和社会秩序。

2. 人民代表大会与党的关系

党领导人大工作，人大立法党必须遵守。

四、我国人民代表大会机构的特点

1. 人民代表大会作为国家权力机关采用一院制组织形式。

2. 县级以上各级人民代表大会设立常设机关。

3. 人民代表大会制度下的人民代表实行兼职工作制。

五、全国人民代表大会

（一）性质与地位

1. 性质

全国人民代表大会是最高国家权力机关。

2. 地位

（1）全国人民代表大会是全国人民的代表机关；（2）全国人民代表大会是行使国家立法权的机关；（3）全国人民代表大会是最高国家权力机关。

（二）组成与任期

（1）组成：全国人民代表大会不超过 3000 人。

（2）任期：每届 5 年。

（三）职权

1. 修改宪法和监督宪法实施

（1）修改宪法：由全国人大常委会或者 1/5 以上的全国人大代表提议，并由全国人大以全体代表的 2/3 以上的多数通过。

（2）监督宪法实施：监督国家机关和组织制定的规范性文件、具体行为是否违宪，若违宪有权予以撤销、改变或者宣布无效。

2. 立法方面

（1）国家主权事项；（2）各级人民代表大会、人民政府、人民法院和人民检察院的产生、组织和职权；（3）民族区域自治制度、特别行政区制度、基层群众自治制度；（4）犯罪和刑罚；（5）对公民政治权利剥夺、限制人身自由的强制措施处罚；（6）对非国有财产的征收；（7）民事基本制度；（8）基本经济制度以及财政、税收、海关、金融和外贸的基本制度；（9）诉讼和仲裁制度；（10）必须由全国人大及其常委会制定法律的其他事项。

3. 人事方面

（1）选举；

（2）决定。

4. 监督方面

（1）听取和审议工作报告；

（2）提出询问和质询；

（3）罢免。

5. 决定重大国家事务方面

（略）

6. 其他方面

（略）

（四）工作程序

1. 会议制度

①会议举行；②代表团；③预备会议；④主席团；⑤秘书处；⑥列席和旁听会议公开。

2. 议案通过程序

①议案的提出；②议案的审议；③议案的通过和公布；④代表意见和建议。

3. 询问和质询

（略）

4. 辞职和罢免

（略）

（五）全国人大各委员会

1. 专门委员会

（1）民族委员会、法律委员会、财政经济委员会、教育科学文化卫生委员会、外事委员会、华侨委员会、内务司法委员会、环境保护委员会、农业与农村委员会。

（2）职能：审议议案，审议违宪、违法的行政法规、决定和命令，审议质询案。

2. 调查委员会

由主席团、3 个以上的代表团或者 1/10 以上的代表联名构成。

六、全国人民代表大会常务委员会

（一）性质和组成

（1）全国人大常委会是全国人大常设机构，是经常行使国家权力的国家权力机关，是行使国家立法权的机关，是中华人民共和国最高国家权力机关的组成部分。

（2）组成：委员长、副委员长若干人、秘书长、委员若干人。

（二）任期

每届5年，委员长、副委员长连续任职不得超过两届。

（三）职权

（1）解释宪法及监督宪法的实施。

（2）制定及解释法律。

行使法律解释权的情况：法律的规定需要进一步明确含义的；法律制定后出现新的情况，需要明确适用法律依据的。

（3）人事任免。

（4）决定国家的重大事务。

（5）监督其他国家机关。

（6）国家权力机关自身的组织工作。

（7）全国人大授予的其他职权。

（四）工作程序

（1）常委会会议：每两个月举行一次，全体成员过半数出席可以开会，全体成员过半数赞成方能通过决议。

（2）提出和审议议案。

（3）质询。

（五）委员长会议

（1）委员长会议：由委员长、副委员长、秘书长组成。

（2）内容：决定常委会每次会议的会期，拟定会议议程草案；对向常委会提出的议案和质询案，决定交由有关的专门委员会审议或者提请委员会全体会议审议；指导和协调各专门委员会的日常工作；处理常委会其他重要日常工作。

（六）工作机构

（1）代表资格审查委员会。

（2）办公厅。

（3）工作委员会。

七、地方各级人民代表大会

（一）地方各级人民代表大会的性质、地位、组成和任期

（1）性质：地方各级国家权力机关。

（2）地位：同级人民政府、人民法院和人民检察院均由它产生，对它负责，受它监督，处于支配和核心地位。

（3）组成：由本行政区域人民选举产生的代表。

（4）任期：每届五年。

（二）地方各级人民代表大会的职权

（1）地方性法规的制定权。

（2）地方重大事项的决定权。

（3）监督权。

（4）人事任免权。

（5）其他职权。

（三）地方各级人民代表大会的工作程序

（1）每年至少召开一次，经1/5以上代表提议，本级人大常委会还可临时召集会议。
（2）议案通过的程序（全体代表过半数）。
（3）选举国家机关负责人的具体程序。
（4）罢免程序。
（四）县级以上地方各级人民代表大会常务委员会
1. 县级以上地方各级人民代表大会常务委员会的性质、地位、组成和任期
（1）省、自治区、直辖市人民代表大会常务委员会组成人员的名额为35~65人。
（2）人口超过8000万的省不超过85人。
（3）自治州、设区的市为13~35人。
（4）人口超过800万的设区的市不超过45人。
（5）县、不设区的市、自治县、市辖区为11~23人。
（6）人口超过100万的县、市辖区不超过29人。
（7）常务委员会的组成人员不得担任同级国家行政机关、审判机关和检察机关的职务。
2. 县级以上地方各级人民代表大会常务委员会的职权
（1）重大事项决定权。
（2）人事任免权。
（3）监督权。
（4）制定地方性法规的权限。
（5）组织工作方面的权限。
3. 县级以上地方各级人民代表大会常务委员会的会议制度
（1）每两个月至少举行一次。
（2）常务委员会的决议以全体组成人员过半数通过。
（五）县级以上地方各级人民代表大会专门委员会和调查委员会
1. 专门委员会
依据工作需要可设立立法制委员会、财经经济委员会。
2. 调查委员会（主席团或者1/10以上的代表书面联名）
县级人民代表大会可以组织关于特定问题的调查委员会。
（六）乡镇人民代表大会主席团
1. 乡镇人大主席的性质、产生、任期
（1）性质：乡镇人大闭会期间开展经常性工作的常设机构，负责处理乡镇人大闭会期间的日常性工作。
（2）产生：由本级人民代表大会从代表中选出。
（3）任期：同本届人大任期相同。
（4）在任期间，只能担任人大主席一职。
2. 职责
（1）联系本级人大代表，组织代表开展活动。
（2）反映代表和群众对本级人民政府工作的建议、批评和意见。

八、人民代表的性质和地位

人民代表按照法律程序选举产生，来自于人民，代表人民的意志和利益。人民代表

行使国家权力，并对人民负责，受人民监督。

九、代表的职权

1. 代表在开会期间的职权

①提出议案；②提出建议、批评和意见；③提出询问和质询；④行使审议权；⑤参加选举和决定人选；⑥行使罢免权；⑦行使调查权；⑧行使表决权。

2. 代表在闭会期间的工作

①视察；②参加代表小组活动；③列席有关会议。

十、代表的义务

①遵守法律；②联系群众；③协助贯彻执行法律；④积极履行代表职责；⑤接受监督。

十一、人民代表履行职责的法律保障

①言论免责权；②人身特别保护权；③履行职权的专门保护；④时间、经济、交通、通信保障。

十二、人民代表职务的停止和资格的丧失

1. 停止执行代表职务：代表因刑事案件被羁押正在受侦查、起诉、审判的，或者被依法判处管制、拘役或有期徒刑而没有附加剥夺政治权利、正在服刑的，其职务暂时停止。

2. 终止代表资格：代表因迁出或调离本行政区域的、辞职被接受的、未经批准两次不出席本级人大会议的、被罢免的、丧失中国国籍的、依法被剥夺政治权利的。

十三、完善我国人民代表大会制度的建议

（1）进一步促进与人大的关系，改善党对人大的领导。

（2）进一步加强人大自身建设。①提高人大代表和各级人大常委会委员的素质。②进一步健全各级人大的组织机构。③切实行使宪法和有关法律赋予人大的各项职权，加强对“一府两院”的监督。

（3）逐步建立专职代表制。①减少代表名额。②有计划、有步骤地推行代表专职化。③大大增加例会会期。④大力加强物质保障和法律保障。

第二十三节　行政制度及机构

一、行政制度概述

国家为了有效地执行宪法和法律，实现国家的行政职能而依法规定的有关国家行政权限、行政机构、行政领导体制、行政活动和行政监督等方面的规范的总和。

二、国家主席

（1）性质和地位：国家元首。

（2）产生和任期：由全国人大选举产生；其资格是中华人民共和国公民，具有选举权和被选举权，必须年满45周岁；任期为每届5年。

（3）职权：公布法律权、公布命令权、提名权和任免权、外交权、荣典权。

三、中央军事委员会

（1）性质和地位：国家的最高军事领导机关，全国武装力量的最高决策机关，享有武装力量统率权。

（2）组成和任期：主席1人、副主席若干人、委员若干人；每届5年。

（3）领导体制：主席负责制。

四、国务院的性质和地位

1. 中央人民政府。2. 最高国家权力机关的执行机关。3. 最高国家行政机关。

五、国务院的组织和领导体制

1. 国务院的组成和任期：由总理1人、副总理若干人、国务院委员若干人、各部部长、各委员会主任、审计长和秘书长组成；每届任期5年。

2. 组织机构和会议制度

（1）组织机构。第一，国务院组成部门；第二，国务院直属机构；第三，国务院办事机构；第四，国务院办公厅。

（2）会议制度。第一，国务院全体会议；第二，国务院常务会议。

3. 领导体制

总理负责制。

六、国务院的职权

①行政立法权；②提出议案权；③行政领导和管理权；④行政监督权。

七、紧急状态制度

1. 紧急状态制度概述

（1）某种重大突发性事件在一定范围和实践所形成的危机状态，这种危机状态对社会秩序与生命安全构成极大威胁和损害，阻止了国家政权机关正常行使权力，必须采取特殊措施才能遏制威胁恢复秩序。

（2）类型：一般紧急状态和严重紧急状态。

（3）应急机构：行政首长担任最高领导；专设紧急状态应急管理机关；强调地方政府的管理职权，注重各方协作。

（4）确认：必须经法定程序确认。

（5）政府拥有的紧急状态权力：应急措施的权力。

（6）公民基本权利的最低保障：不得剥夺公民的生命权，不得对公民施加酷刑或施以残忍的、不人道的或侮辱性的待遇或刑罚。

2. 紧急状态下国家机关的职权

（1）紧急权力是紧急状态下最核心的权力。

（2）紧急状态下还可以行使戒严权、军事管制权、特别管制权、宵禁权、动员权。

八、地方各级人民政府的性质和地位

（1）分为四级：省（自治区、直辖市）人民政府、市（自治州）人民政府、县（自治县、县级市、市辖区）人民政府、乡（民族乡、镇）人民政府。

（2）是地方各级国家权力机关的执行机关。

（3）是地方各级国家行政机关。

九、地方各级人民政府的组织和领导体制

1. 任期

每届5年。

2. 组织机构和会议制度

（1）组织机构：工作部门和派出机关。

（2）会议制度：全体会议和常务会议。

3. 领导体制

首长负责制。

十、地方各级人民政府的职权

①制定规章；②执行决议；③管理各项行政工作；④监督权；⑤依法保障各方面权利。

十一、行政体制改革的宪法依据

（1）坚持改革开放，不断完善社会主义的各项制度。

（2）一切国家机关实行精简原则，实行工作责任制，实行工作人员的培训和考核制度，不断提高工作质量和工作效率。

十二、行政体制改革的原因

（1）经济体制是决定性原因。

（2）政治体制要求行政体制改革。

（3）权力结构的变化要求行政体制改革。

（4）建设社会主义法治国家要求行政体制改革。

5. 国家环境的变化要求行政体制改革。

十三、行政体制改革的内容和方向

1. 行政机构改革

通过法律确定各行政机关的职权、人员编制、机构设置，并严格按照法律规定的程序进行。

2. 管理体制改革

（1）规范政府权力：职权和程序法定；规范中央与地方之间的权力关系；加强对行政行为的制约和监督；强化政府机关的责任追究和失职处分制度。

（2）转变政府职能：实行政企分开；加快行政审批制度改革；全面履行政府职能。

（3）改变政府管理方式：推行政务公开。

（4）建设高素质的公务员队伍。

十四、行政体制改革的法律保障

（1）制定行政程序法；（2）完善行政组织法；（3）完善国家公务员法。

第二十四节　司法制度及其机构

一、司法制度的概念

司法机关的设置、性质、任务、职权、组织、活动原则以及诉讼程序等方面规范的总称。

二、我国宪法对司法制度的规定

1. 司法权

享有司法权的司法机关适用国家法律，依据法律职权和程序来实施的活动。

2. 现行宪法对司法制度的规定

（1）司法权包括审判权和检察权，人民法院、人民检察院是我国的司法机关。

（2）人民法院是国家的审判机关，人民检察院是国家的法律监督机关。

三、我国审判机关的任务

审判刑事案件、民事案件和行政案件，惩罚犯罪分子以保护社会秩序和制度。

四、人民法院的组织系统和职权

（1）我国实行四级两审终审制。

（2）最高人民法院：监督权、司法解释权、重大案件审判权、核准权、司法行政权。

（3）高级人民法院：重要案件审判权、监督权。

（4）中级人民法院：监督权、审判权。

（5）基层人民法院：审判权、指导权。

（6）专门人民法院：军事法院、铁路运输法院、海事法院、森林法院和其他专门法院。

五、人民法院的组成、任期、领导体制和机构设置

（1）组成：院长1人、副院长和审判员等法官若干人。

（2）任期：每届5年。

（3）领导体制：最高人民法院对全国人大及其常委会负责并报告工作，地方各级人民法院对本级人大及其常委会负责并报告工作；上级人民法院对地方各级人民法院和专门人民法院之间的关系是监督与被监督、指导与被指导。

（4）机构：业务部门和综合部门。

六、人民法院的审判工作原则和制度

（1）公民在适用法律上一律平等。

（2）依法独立审判。
（3）公开审判。
（4）被告人有权获得辩护。
（5）各民族公民有使用本民族语言、文字进行诉讼的权利。
（6）回避制度。
（7）合议制。
（8）两审终审制。
（9）审判监督程序。

七、法官制度

1. 法官的职责、义务和权利

（1）职责：依法参加合议庭或者独任审判案件，履行法律规定的其他职责。

（2）义务：严格遵守法律；审判案件必须以事实为根据，以法律为准绳，秉公办案，不得徇私枉法；依法保障诉讼参与人的诉讼权利；维护国家利益、公共利益，维护公民、法人和其他组织的合法权益；清正廉明，忠于职守，遵守纪律；保护国家秘密和审判工作秘密；接受法律监督和人民群众监督。

（3）权利：履行法官职责应当具有的职权和工作条件；依法审判案件不受行政机关、社会团体和个人的干涉；非因法定事由、非经法定程序不被免职、降职、辞退或者处分；获得劳动报酬，享受保险、福利待遇；人身、财产和住所安全受法律保护；参加培训；提出申诉或者控告；辞职。

2. 法官的任职条件和等级

（1）任职条件：具有中华人民共和国国籍；年满 23 周岁；拥护中华人民共和国宪法；有良好的政治、业务素质和良好的品行；身体健康；具有专业的法律知识，从事法律工作至少年满两年。

（2）等级：12 级；首席大法官、大法官、高级法官、法官。

3. 法官的任职回避（法官之间有夫妻关系、直系血亲关系、三代以内旁系血亲以及近姻亲关系的，不得同时担任下列职务）

（1）同一人民法院的院长、副院长、审判委员会委员、庭长、副庭长。
（2）同一人民法院的院长、副院长和审判员、助理审判员。
（3）同一审判庭的庭长、副庭长、审判员、助理审判员。
（4）上下相邻两级人民法院的院长、副院长。

4. 法官的免职、兼职和离职

（1）免职：丧失中华人民共和国国籍的；调出本法院的；职务变动不需要保留原职务的；经考核确定为不称职的；因健康原因长期不能履行职务的；退休的；辞职、辞退的；因违纪、违法犯罪不能继续任职的；因其他原因需要免职的。

（2）兼职和离职：法官不得兼任人民代表大会常务委员会的组成人员，不得兼任行政机关、检察机关以及企业、事业单位的职务，不得兼任律师。另外，法官离职后两年内，不得以律师身份担任诉讼代理人或者辩护人。

八、人民检察院的性质和任务

（1）性质：法律监督机关，法律监督是国家维护宪法和法律统一实施的一种权力。

（2）任务：维护国家安全、统一，维护国家制度，维护法制，保护公私财产等。

九、人民检察院的组织系统和领导体制

1. 组织系统

（1）省、自治区、直辖市人民检察院。

（2）省、自治区、直辖市人民检察院分院，自治州和省辖市人民检察院。

（3）县、市、自治县和市辖区人民检察院。

2. 领导体制（双重领导制）

（1）各级人民检察院接受本级人大及其常委会领导。

（2）最高人民检察院领导地方各级人民检察院和专门人民检察院的工作；上级人民检察院领导下级人民检察院的工作。

3. 内部领导关系

检察长统一领导检察院的工作。

十、人民检察院的组成、任期和机构设置

（1）组成：由检察长 1 人、副检察长和检察员等检察官若干人组成。

（2）任期：每届 5 年。

（3）设置：15 个职能部门和政治部及机关党委、机关服务中心；单列离退休干部局的机构；5 个直属事业单位。

十一、人民检察院的职权和工作原则

1. 职权：法纪监督、侦查监督、支持公诉和审判监督、监所监督。

2. 工作原则：依法独立行使检察权；公民在适用法律上一律平等；实事求是，群众路线，重证据不轻信口供；使用本民族语言文字进行诉讼。

十二、检察官制度

1. 检察官的职责、义务和权利

（1）职责：依法进行法律监督工作，代表国家进行公诉，对法律规定由人民检察院直接受理的犯罪案件进行侦查，法律规定的其他职责。

（2）义务：严格遵守宪法和法律；履行职责必须以事实为根据、以法律为准绳，秉公执法，不得徇私枉法；维护国家利益、公共利益，维护公民、法人和其他组织的合法权益；清正廉明，忠于职守，遵守纪律；保守国家秘密和检查工作秘密；接受法律监督和人民群众监督。

（3）权利：依法履行检察职责不受行政机关、社会团体和个人干涉等八项与法官相同的权利。

2. 检察官的任职条件和等级

（1）任职条件：具有中华人民共和国国籍；年满 23 周岁；拥护中华人民共和国宪法；有良好的政治、业务素质和良好的品行；身体健康；具有专业的法律知识，从事法律工作至少年满两年。

（2）等级：12 级；首席大检察官、大检察官、高级检察官、检察官。

3. 检察官的免职、兼职

（1）免职：与法官依法被免除职务的条件相同。

（2）兼职：不得兼任人民代表大会常务委员会的组成人员，不得兼任行政机关、审判机关以及企业、事业单位的职务，不得兼任律师。另外，法官离职后两年内，不得以律师身份担任诉讼代理人或者辩护人。

4. 检察官的任职回避（有夫妻关系、直系血亲关系、三代以内旁系血亲以及近姻亲关系的，不得同时担任下列职务）

（1）同一人民检察院的检察长、副检察长、检察委员会委员。

（2）同一人民检察院的检察长、副检察长和检察员、助理检察员。

（3）同一业务部门的检查员、助理检察员。

（4）上下相邻两级人民检察院的检察长、副检察长。

5. 检察官的奖惩

对检察官实行物质奖励和精神奖励相结合的奖励方式。

十三、司法体制改革

（一）司法改革的理论逻辑

（1）司法权的产生：源于亚里士多德的《政治学》和孟德斯鸠的“三权分立”。

（2）司法权的人权保障功能：司法权是人权保障的终极手段，也是人权保障的最佳法治途径。

（二）我国的司法改革

1. 司法改革的主要原则

（1）司法独立与权力制衡原则。

（2）司法为民原则。

（3）经济原则。

（4）接受社会监督原则。

2. 我国司法改革应解决的主要问题

（1）司法权力地方化。

（2）审判活动行政化。

（3）法官职业大众化。

3. 司法公正关键在于司法独立

（1）司法机关的内部关系：法官与法院机关的关系、法官与审判委员会的关系、法官与人民陪审员的关系、法院上下级之间的关系。

（2）司法机关的外部关系：司法机关与人大的关系、司法机关与党委的关系、司法机关与政府的关系、法院与检察院的关系、司法机关与公共媒体之间的关系。

第二十五节　自治制度及其机构

一、基层群众自治制度概念

市民和村民选举产生居民委员会和村民委员会，依法行使民主权利，实现自我管理、自我教育、自我服务的基层民主制度。

二、居民委员会

1. 设置：根据居民居住情况，按照便于居民自治的原则，一般在100户~700户的范围内设立。其设立、撤销、规模调整，由不设区的市、市辖区的人民政府决定。

2. 组成：主任、副主任和委员共5~9人组成。每届任期3年，可以连选连任。

3. 工作原则：少数服从多数原则。

4. 任务

（1）宣传宪法、法律、法规和国家政策，维护居民的合法权益，教育居民履行依法应尽的义务，爱护公共财产，开展多种形式的社会主义精神文明活动。

（2）办理本居住地区居民的公共事务和公益事业。

（3）调解民间纠纷。

（4）协助维护社会治安。

（5）协助人民政府或者派出机关做好与居民利益有关的公共卫生、计划生育、优抚救济、青少年教育等工作。

（6）向人民政府或者派出机关反映居民的意见、要求和提出建议。

（7）对编入居民小组的依照法律被剥夺政治权利的人进行监督和教育。

三、村民委员会

1. 设置：根据村民居住状况、人口多少，按照便于群众自治的原则设立。其设立、撤销、范围调整，由乡、民族乡、镇的人民政府提出，经村民会议讨论同意后，报县级人民政府批准。

2. 组成：主任、副主任和委员共3~7人组成。

3. 工作原则：村务公开制度；对决定事务，采取少数服从多数原则。

4. 选举

（1）村民委员会主任、副主任和委员由村民直接选举产生。

（2）法律规定的选举条件。

（3）村民委员会的选举由村民选举委员会主持。村民选举委员会成员由村民会议或者各村民小组推选产生。

（4）选举村民委员会，由本村有选举权的村民直接提名候选人。

（5）以威胁、贿赂、伪造选票等不正当手段当选的，其当选无效。

（6）本村1/5以上有选举权的村民联名，可以要求罢免村民委员会成员。

5. 任务

（1）协助乡、民族乡、镇的人民政府开展工作，服务本村的公共事务和公益事业等。

（2）村民委员会应当支持和组织村民依法发展各种形式的合作经济和其他经济，承担本村生产的服务和协调工作等。

（3）村民委员会应当尊重集体经济组织依法独立进行经济活动的自治权等。

（4）村民委员会依照法律规定，管理本村属于村民集体所有的土地和其他财产，教育村民合理利用自然资源，保护和改善生态环境。

（5）宣传法律，普及知识。

（6）多民族村民居住的村，村民委员会应当教育和引导村民加强团结、互相尊重和互相帮助。

（7）协助有关部门，对被剥夺政治权利的村民进行教育、帮助和监督。

四、基层群众自治制度的完善

（1）处理好基层群众自治组织与其他基层政权之间的关系。

（2）健全基层群众自治制度。

（3）不断提高居民委员会和村民委员会成员的自身素质。

五、民族区域自治的概念及历史发展

1. 概念：在国家的统一指导下，按照宪法和民族区域自治法的规定，在少数民族聚居的地方实行区域自治，设立自治机关，行使自治权，实现少数民族自主管理本民族内部事务的制度。

2. 历史发展：1947年，内蒙古自治区；1955年，新疆维吾尔自治区；1958年，广西壮族自治区、宁夏回族自治区；1965年，西藏自治区。

六、民族自治地方的自治机关

1. 设立

（1）自治区、自治州和自治县（旗）。

（2）设立原则：以少数民族聚居区为基础的原则、充分协调原则、相对稳定原则。

（3）类型：以一个少数民族聚居区为基础建立的自治地方；以一个较大的少数民族聚居区为基础，包括一个或几个较小的其他少数民族自治地方；以两个以上少数民族聚居区为基础联合建立的自治地方。

2. 民族自治机关

（1）自治区、自治州、自治县的人大和人民政府。

（2）性质：它们依照宪法和民族区域自治法的规定行使自治权，在法律地位上是国家的一级地方政权机关。

（3）组成：在人大中，除实行区域自治的民族的代表外，其他居民也有适当名额代表；在人大常委会中，该民族的公民担任主任或副主任；自治区主席、自治州州长、自治县县长由该民族公民担任；自治机关所属工作部门的干部中，应当合理配备该民族和其他少数民族人员。

（4）任期：每届5年。

七、民族自治地方自治机关的自治权

（1）制定自治条例和单行条例。

（2）根据本地实际情况，贯彻执行国家的法律、政策，对上级国家机关的决议、决定、命令和指示，如有不适合民族自治地方实际情况的，自治机关可以报经该上级国家机关批准，变通执行或停止执行。

（3）经济管理方面的自治权。

（4）财政税收方面的自治权。

（5）人事管理方面的自治权。

（6）教育、科学、文化、卫生及体育方面的自治权。

（7）组织本地方的公安部队。

（8）使用和发展民族语言文字。

八、坚持和完善我国的民族区域自治制度

（1）切实维护国家的统一和独立。
（2）保障各少数民族的自治权。
（3）帮助少数民族地区发展经济和文化。
（4）坚持民族平等、团结、互助关系。

九、特别行政区的概念与特点

1. 概念：根据宪法和法律规定而专门设立的具有特殊法律地位，实行特殊的社会制度和政治体制的行政区域。

2. 特点
（1）特别行政区内实行资本主义制度。
（2）特别行政区的政治体制是行政和立法配合、制衡，司法独立。
（3）原有的法律制度不变。
（4）享有高度自治权。

十、特别行政区与中央人民政府的关系

1. 中央对特别行政区行使的权力
（1）负责管理与特别行政区有关的外交事务。
（2）负责管理特别行政区的防务。
（3）任命行政长官和主要官员。
（4）决定全国性法律在特别行政区的实施。
（5）决定特别行政区进入紧急状态。
（6）解释特别行政区基本法。
（7）修改特别行政区基本法。

2. 特别行政区享有高度的自治权
（1）立法权。
（2）行政管理权。
（3）独立的司法权和终审权。
（4）自行处理有关外交事务的权力：参加外交谈判、国际会议、国际组织的权力；签订国际协议的权力；与外国互设官方、半官方机构的权力；签发特区护照和旅行证件的权力；出入境管制权。

十一、特别行政区机关

1. 特别行政区行政长官

（1）代表特别行政区，对中央人民政府和特别行政区负责；领导特别行政区政府，其地位高于行政、立法和司法机关的首脑。

（2）由年满40周岁，在香港或澳门通常居住连续满20年，并在外国无居留权的特别行政区永久性居民中的中国公民担任。

（3）在当地通过选举或协商产生，由中央人民政府任命；任期5年，可以连任一次。

（4）职权：执行权、行政权、与立法有关的职权、人事任免权、依法赦免或减轻刑事罪犯的刑罚权、制定行政法规的权力。

2. 行政会议和行政会

（1）行政长官在做出重要决策、向立法会提交议案、制定行政法规或附属法规、解散立法会前，须征询行政会议或行政会的意见。

（2）成员：行政长官从政府重要官员、立法会议员和社会人士中委任。

（3）任期：不超过委任他的行政长官任期。

3. 特别行政区行政机关

（1）首长是特别行政区行政长官，主要官员由行政长官提名，中央人民政府任命。

（2）香港：政务司、财政司、律政司和各局、处和署；澳门：司、局、厅、处，主要官员为五位司长，廉政专员、审计长和警察部门主要负责人、海关主要负责人。

（3）职权：执行立法会议通过的法律；定期向立法会作施政报告；答复立法会议员的质询；提出财政预算、决算经立法会批准。

4. 特别行政区立法机关

（1）对立法会中的外籍人士的规定：香港的所占比例不得超过全体议员的 20%；澳门无规定。

（2）选举方式：香港最终达到普选产生立法议员，共 60 人，且议员的人数前三届保持不变；澳门采用直接选举、间接选举和委任三种方式产生立法议员，共 30 人左右，前三届议员的人数并不固定，逐届有所增加；任期都为 4 年。

（3）职权：立法权、财政权、监督权、弹劾权等。

5. 特别行政区司法机关

（1）香港：终审法院、高等法院、区域法院、裁判署法庭和其他专门法庭。

（2）澳门：法院包含初级法院、中级法院和终审法院；检察机关。

十二、依法行使特别行政区的高度自治权

香港和澳门依法实行高度自治，享有行政管理权、立法权、独立的司法权和终审权。

行政法与行政诉讼法学基础知识点

第一节　行政法学概述

一、行政法的含义与特征

1. 含义：行政法是调整行政主体行使公共行政权力所产生的以行政关系为核心的各种法律关系。

2. 特征

（1）行政法立法主体多元化。

（2）行政法表现形式多样化。

（3）行政法调整范围广泛、内容丰富。

（4）行政法规范易于变动，稳定性差。

（5）实体性规范和程序性规范总是交织在一起。

二、行政的概念

一定的社会主体（个人或组织）基于为实现某种特定的目标而聚集起来形成社会群体，在变革客体的过程中所进行的组合、控制和协调活动的总称。

三、行政权的含义

行政权是由国家宪法、法律赋予的国家行政机关及其授权的组织执行法律规范、实现行政目的所享有的各种权利的总称。

四、行政决定的含义与表现形式

1. 含义：行政主体针对特定对象所做的具体的并能直接产生、改变或消灭法律关系的处置行为。

2. 表现形式：命令、批准、拒绝、许可、免除、赋予、剥夺、委托、处罚、强制。

五、违法行政与行政违法

违法行政是行政主体和行政公务人员实施的违反行政法律法规的行为（与合法行政相对应，主体只能是行政主体和行政公务人员）。

行政违法是行政主体和行政相对人违反行政法律法规，危害社会秩序但尚未构成犯罪的行为。

与行政合法相对应，行政违法是我国法律所规定的三大违法行为之一。

六、行政纠纷争议

行政纠纷是在行政管理活动中国家行政机关与行政相对人之间发生的有关行政法律关系的权利义务争执。

表现形式有两种：

（1）行政相对人违法或者行政机关认为行政相对人违法。

（2）行政相对人认为行政机关的行政行为违法或者不当，形成行政争议。

七、行政法的法源

行政法的法源是行政行为的合法根源和表现形式。

1. 行政法的成文法源

宪法，法律（国家最高权力机关制定的规范性文件），行政法规、部门规章、地方规章（行政机关制定的规范性文件），地方性法规和自治条例、单行条例，国际条约和协定，法律解释。

2. 行政法非成文法源

（1）习惯法。

（2）行政先例：行政机关在长期处理具体行政中形成的惯行行为或不成文规则。

（3）行政判例：法院就行政案件作出的能为以后审理同类行政案件的援引。

八、行政法的解释

1. 定义

行政法解释是指法律实施阶段对特定行政法规定的含义的说明。

2. 特征

（1）行政法解释的主体多元。

（2）行政法解释的对象纷繁复杂。

（3）行政法解释频繁、普遍。

（4）行政法解释变动性强。

（5）行政法解释承担较多的解决法律冲突的任务。

（6）行政法解释的双重性（实体与程序）。

3. 方法

（1）文义解释（法律条文的文字意义）。

（2）伦理解释及体系解释（关联性）。

（3）历史及起源解释。

（4）目的论解释（立法目的）。

（5）合宪性解释。

4. 主体、对象及程序

（1）主体：具体法律解释（所有的法律主体）。

抽象法律解释（全国人大常委会、最高人民法院、最高人民检察院、享有立法权的地方权力机关和行政机关、享有行政规范性文件发布权的各级行政机关）。

（2）对象：行政法的条文。

（3）程序：按照法律规定的方式、顺序和步骤进行解释。

九、行政法的适用

1. 不同位阶法律规范的选用次序

（1）宪法。全国人民代表大会，具有最高效力。

（2）法律。全国人大及其常委，比宪法低，比其他高。

（3）行政法规。国务院，比宪法、法律低，比其他高。

（4）地方性法规。省、自治区、直辖市人大及常委，国务院批准的较大市人大及常委会，省会所在地的人大及常委会，比宪法、法律、行政法规低，比其他高。

（5）自治条例、单行条例。民族自治地区人大，依特别规定实施。

（6）行政规章。国务院各部委、省级人民政府、省会所在地政府、国务院批准的较大的市的政府部门规章之间、部门规章与地方规章之间具有同等效力，在各自的权限范围施行。

（7）其他规范性文件。各级地方人民政府及其职能部门，效力处于最低。

2. 不同位阶法律规范发生矛盾的冲突及其解决

（1）下一层次的规定不能与上一层次的规定相冲突，否则下一层次规定无效。

（2）在不抵触或不冲突的情况下，适用下级规范。

（3）行政法规应当报全国人大备案。

（4）国务院、中央军委、最高人民法院、最高人民检察院和省、市、自治区、直辖市人大常务委员认为行政法规、自治条例、单行条例与宪法、法律相抵触时，可以向全国人大常委会提出进行审查的书面要求。除上述的机关以外认为同等情况的，可以向全国人大常委会提出审查的书面建议。

（5）地方性法规与规章之间不一致：①同一机关制定的新的一般规定与旧的特别规定不一致时，由制定机关裁定。②地方性法规与部门规章对同一事项的规定不一致，不能确定如何适用时，由国务院提出意见。认为应当适用地方性法规的，应当决定在该地方适用地方性法规的规定；认为应当适用部门规章时，应当提请全国人大常委会裁决。③部门规章之间、部门规章与地方政府规章之间的冲突，由国务院裁决。

（6）行政法规与规章有下列情形之一的，应该由有权机关予以改变或撤销：一是超越职权，二是下位法与上位法冲突，三是经裁决应当改变或撤销一方的规定，四是规章的规定被认为不适当，五是违反法定程序。

（7）行政法规、规章改变和撤销的权限：

全国人大常委会拥有撤销宪法、法律的权限；国务院拥有撤销不适当的部门、地方政府规章的权限；地方人大常委会拥有撤销不适当的本级政府规章的权限；省、自治区政府拥有撤销下一级政府的权限；授权机关拥有撤销被授权机关超越职权、违背授权目的法规的权限。

3. 相同位阶法律规范的选用次序

第一，特别法优于普通法；第二，后法优于前法；第三，条约优于法律。

4. 行政判断

行政判断是根据法律条文，结合案件事实对不确定的法律概念和法律事实的客观性作出相应评价。

5. 行政处理决定瑕疵的种类

第一，超越职权决定；第二，滥用职权决定；第三，消极处理决定。

十、加入 WTO 对中国行政法律制度的影响

1. 对行政立法的影响

（1）除声明保留的，WTO 规则均直接适用。

（2）需求：加强国内立法监督，制定新的适应 WTO 的行政法律规范。

2. 对行政主体的影响

（1）行政模式转变：行政主体从全能型向有限型转变；从“官本位”行政向“民本位”行政转变；从依政策行政向依法行政转变；从任意行政向程序行政转变；从免责行政向责任行政转变。

（2）公务员：加强培训，强化激励和约束机制，大力推选竞争上岗。

3. 对司法审查的影响

（1）对行政终局性决定行为可提起司法审查。

（2）对部分抽象行政行为可予以司法审查。

（3）司法审查标准既要合法也要客观和公正。

（4）对当事人的权利作了明确说明、详细的规定。

（5）涉外诉讼。

十一、法治政府建设

1. 法治政府

法治政府就是按照法治的原则来运作政府，政府一切权力的来源、政府的运行和政府的行为都受到法律约束。

2. 目标和基本要求

（1）目标：政企分开、政事分开；制定行政法规、规章；实施法律、法规、规章，保障公民权利；决策机制科学化、民主化、规范化；高效便捷的矛盾解决机制；责任与权利挂钩；加强依法行政观念。

（2）基本要求：有限政府、法制统一政府、诚信政府、透明廉洁政府、高效政府、责任政府。

3. 具体措施

（1）转变政府职能与深化行政管理体制改革。

（2）提高制度建设质量。

（3）法律实施应确保法制统一与政令畅通。

（4）建立健全科学民主决策机制和政府信息公开制度。

（5）积极探索建立化解社会矛盾、解决各类纠纷的机制。

（6）强化对行政行为的制约与监督。

第二节　行政法律关系

一、行政法律关系的概述

1. 概念

行政法律关系是指行政法规范对基于行政权的运用与行政职能的实现而产生的各种社会关系进行调整，在当事人之间产生的权利义务关系。

2. 分类

（1）内部与外部。

（2）特别权力关系（国家依特别的法律原因建立起来的一种权利义务关系）。①公法上的勤务关系：公务员。②公法上的营造物利用关系：学生与学校。③公法上的特别监督关系：国家对公共团体等进行特别监督产生的关系。

3. 特征

（1）主体恒定性与资格受限性。

（2）主体权利义务不对等。

（3）内容法定性与处分的有限性。

二、行政法律关系的构成要素

1. 主体

①行政主体；②行政相对人。

2. 客体

物、行为、人身。

3. 内容

行政法规定的行政主体和行政相对人所享有的权利和承担的义务的总和。

三、行政法律关系的产生、变更与消灭

1. 条件

（1）行政法律规范的存在。

（2）行政法律事实的出现。①行政法规所规范的，能够引起行政法律关系产生、变更和消灭的具体条件和事实根据。②种类：行政法上的法律事件（社会和自然）；行政法律行为（作为或不作为）。

2. 形式

（1）产生。因特定的法律事实，行政法设定的一般权利义务模式变成行政主体和行政相对人的具体权利义务关系。

（2）变更。在存续期间，由一定原因的变化所导致。

（3）消灭。终结，不复存在。

第三节　行政法的基本原则

一、行政法的基本原则含义

行政法的基本原则是行政权运行过程始终的指导思想，它是贯穿于行政法律规范之中，用以规范和指导行政活动的基本准则。

二、我国行政法基本原则的具体内容

1. 合法行政原则

合法行政原则是指行政主体实施行政活动必须具有法定的依据，符合法定的要求。

其具体要求为：

（1）行政主体合法：行政主体资格、权力来源及公务人员合法。

（2）行政权限合法：法律保留（法未授权者不可为）；法律优先（法有规定者不可违、不抵触）。

（3）行政行为符合法定程序：行政主体作出影响行政相对人权益的行政行为时，必须遵循法定程序，包括事前告知程序、听取行政相对人陈述、申辩的程序和事后提供法律救济的程序等。

2. 合理行政原则

合理行政原则是指行政主体在合法的情况下，在行政活动中公正、客观、适度地处理行政事务的一项基本准则。

其具体要求为：

（1）公平、公正原则：同等情况同等对待，不同情况区别对待。

（2）正当裁量原则：行政主体在行使自由裁量权时，要符合法律授予该权力的目的。

第一，行使行政权力的动机应当符合法律授予该权力的宗旨。

第二，行使权力的行为应当建立在正当考虑的基础上，考虑相关因素，不能考虑不相关因素。

（3）比例原则：

第一，妥当性原则：行政主体所采取的措施或手段必须为了实现该目的，否则就是违背法治原则，其行为不妥当。

第二，必要性原则：在众多能够达成行政目的的手段中，行政主体应当选择对公民

权利限制或侵害最少的手段。

第三，均衡性原则：行政主体对公民利益的干预不得超过实现行政目的所追求的公共利益，两者之间必须合比例。

3. 程序正当原则

程序正当就是程序设计、模式选择能够避免公民的宪法权利被忽视或者剥夺，确保他们同等享有权利、行使权力的自由。

其具体要求为：

（1）行政公开（除应当保密的，一律公开）。

（2）听取意见。

（3）保障行政相对人、利害关系人的知情权、参与权和救济权。

（4）回避。

4. 诚实守信原则

（1）行政信息真实。

（2）保护公民信赖利益：即要求行政机关做出的行政决定一经生效，不得随意改变。

5. 高效便民原则

行政机关在实施行政管理时，提高行政效率，降低行政成本，为行政相对人提供便捷、优质的服务。

6. 权责一致原则

（1）法律、法规对行政机关的授权一定要充分。

（2）法律、法规在授权的同时，要明确规定行政机关应当承担的责任以及行使权力的条件和形式。

（3）加强对行政机关行使权力的监督，确保违法受追究。

第四节　行政主体及公务员

一、行政法主体和行政主体的概念

（1）行政法主体是指行政法律关系主体，既有行政主体，又有行政相对人。

（2）行政主体是指依法享有公共行政权力，能够以自己的名义进行行政活动并独立承担由此产生的法律责任的组织。

二、种类

（1）根据行政主体资格的法律依据不同，可以将行政主体分为职权性行政主体和授权性行政主体。

（2）根据行政主体的组织构成和存在的形态不同，可以将行政主体分为行政机关、行政机构、公务组织和社会组织。

三、行政主体资格的确认

1. 组织要件

（1）行政机关组织要件：行政机关的设立有法律依据，属于国务院行政机构序列；

行政机关的成立要经有权机关的批准；行政机关已被正式对外公告成立；行政机关已有法定编制和公务人员；行政机关已有独立的行政经费预算；行政机关已具备必要的办公条件。

（2）法律、法规授权组织的组织要件：授权组织具有法人资格；是不以盈利为目的的事业单位、社会团体、群众自治性组织。

2. 法律要件

享有行政职权；能以自己的名义实施行政职权；能独立承担行政法律责任。

四、行政机关的概念

行政机关是指各级人民政府及其职能部门。

五、分类

（1）中央行政机关和地方行政机关。

（2）外部行政机关和内部行政机关。

六、行政机关的职权、优益权与职责

1. 行政职权

（1）含义：行政机关依法享有的对国家和社会的公共行政事务进行组织管理和服务的权力。

（2）特点：命令性、强制性、不可自由处分性。

（3）内容：行政立法权、行政命令权、行政许可权、行政确认权、行政检查权、行政奖励权、行政裁决权、行政强制权、行政处罚权、行政合同权、行政指导权。

2. 行政优益权

（1）行政优先权指行政机关在行使行政职权时依法享有的种种优惠条件，包括先行处置权、获得社会协助权、推定有效权。

（2）行政受益权指行政机关行使职权时依法享有的各种物质优异条件。

3. 行政职责

行政职责指行政机关依法在行使行政职权的过程中必须承担的法定义务。

七、现行行政机关

1. 中央行政机关

（1）国务院。

（2）组成部门：部、委、行、署；直属机构；各部委管理的国家局。

2. 地方各级人民政府

（1）地方各级人民政府，分为省（自治区、直辖市）、市（自治州）、县（市辖的区）、乡（镇）。

（2）地方各级人民政府职能部门。

（3）地方人民政府派出机关（县级以上人民政府批准）。

（4）行政公署、区公所、街道办事处。

八、法律、法规、规章授权的组织

授权组织是指因国家宪法和行政组织法以外的单行法律、法规和规章将某一方面的行政职权一部分或全部通过法定方式授予其行使的组织。

1. 行政机构

（1）行政机关的某些内部机构。

（2）各级政府职能部门的派出机构。

（3）行政机关中依法授权而设立的行政机关。

2. 其他社会组织

（1）行政性公司：既具有公司的基本构成要件，从事经济活动，又要承担某方面的行政职能。

（2）具有行政职能的事业单位，如大学。

（3）基层群众性自治组织。

（4）具有行政职能的社会团体，如足协。

九、行政机关委托的组织

1. 含义

行政机关委托的组织是指受行政机关的依法委托，以委托行政机关的名义行使行政职权，并由委托机关承担法律责任的组织。

2. 行政委托与行政授权的区别

（1）职权来源方式不同。

（2）针对对象不同（行政授权对象只能是行政机关以外的组织）。

（3）法律后果不同。

3. 行政委托的规则

（1）行政委托不得违反我国有关行政职权行使方面的法律规定和法律原则。

（2）委托机关必须对受委托组织行使行政职权的行为依法进行监督。

（3）受委托组织在依法接受行政委托后不能进行转委托。

（4）受委托组织必须在委托行政机关的名义下实施行政职权。

（5）行政委托是要式行政行为。

十、公务员的含义

公务员是指依法履行公职、纳入国家行政编制、由国家财政负担工资福利的工作人员。

十一、公务员的条件

（1）具有中华人民共和国国籍。

（2）年满 18 周岁。

（3）拥护中华人民共和国宪法。

（4）具有良好的品行。

（5）具有正常履行职责的身体和条件。

（6）具有符合职位要求的文化程度和工作能力。

（7）法律规定的其他条件。

十二、公务行为的确定

（1）含义：国家公务员代表国家行政机关行使行政职权和履行行政职责的行为。

（2）确定：时间要素、名义或标志要素；公益要素（是否涉及公共利益）、职权与职责要素、命令要素（根据行政主管的命令、指示或委派实施的）。

十三、公务员的职务与级别

（1）领导职务：国家级正职、国家级副职、省部级正职、省部级副职、厅局级正职、厅局级副职、县处级正职、县处级副职、乡科级正职、乡科级副职。

（2）非领导职务：巡视员（相当于厅局级正职）、副巡视员、调研员、副调研员、主任科员、副主任科员、科员、办事员。

十四、公务员录用

（1）不予录用条件：曾因犯罪受过刑事处罚的，曾被开除公职的，有法律规定不得录用为公务员的其他情形的。

（2）录用程序：职位空缺→发布公告→条件审查→公开考试→确定人选→公布名单。

十五、公务员工作考核

（1）标准：德、能、勤、绩、廉。

（2）种类：定期考核和平时考核。

（3）结果：优秀、称职、基本称职和不称职。

十六、公务员的职务变动

（1）任职方式：选任制和委任制。

（2）职务晋升：逐级晋升，特别优秀的或者工作特殊需要的，可以破格或越级晋升。

（3）程序：民主推荐，确定考察对象；组织考察，研究提出任职建议方案，并根据需要在一定范围内进行酝酿；按照管理权限讨论决定；按照规定履行任职手续。

十七、奖励和惩戒

（1）奖励种类：嘉奖、记三等功、记二等功、记一等功、授予荣誉称号。

（2）惩戒种类：警告、记过、记大过、降级、撤职、开除。

（3）行政处分法律后果：公务员在受处分期间不得晋升职务和级别，其中受记过、记大过、降级、撤职处分的，不得晋升工资档次。

（4）行政处分的解除：解除处分后，晋升工资档次、级别和职务不再受原处分影响。但是，解除降级、撤职处分的，不视为恢复原级别、原职务。

十八、公务员的交流与回避

（1）交流方式：在公务员内部交流以及在国有企事业单位、人民团体和群众团体中交流，包括调任、转任和挂职锻炼三种方式。

（2）任职回避：夫妻关系、直系血亲关系、三代以内旁系血亲关系以及近姻亲关系不得在同一机关担任双方直接隶属于同一领导人员的职务或者有直接上下级领导关系的职务，也不得在其中一方担任领导职务的机构从事组织、人事、纪检、监察、审计和财务工作。公务员担任乡级机关、县级机关及其有关部门主要领导职务的，应当实行地域回避。

十九、公务员的申诉控告

1. 申诉的内涵和条件

（1）内涵：公务员对有关国家机关做出的影响其权利义务的行为不服，按照法律规定的条件和程序，向相应国家机关提出要求对其权利进行救济的活动。

（2）对以下不服，可申诉，处分，辞职或者取消录用，降职，定期考核定为不称职，免职，申请辞职、提前退休未予批准，未按规定确定或扣减工资、福利、保险待遇，法律、法规规定可以申诉的其他情形。

2. 程序：提起→申诉→决定的作出。

二十、公务员的职位聘任

（1）聘任合同。（2）人事争议仲裁。

第五节　行政行为

一、行政行为的概念

行政行为是指依法享有行政职权的行政主体行使权力对国家和社会公共事务进行管理和提供服务的一种法律行为。

二、行政行为的分类

抽象与具体、外部与内部、羁束与自由裁量、依职权与依申请、要式与非要式。

三、构成要件

1. 行政主体享有行政职权，具有行政主体资格。
2. 行为主体有行使行政职权的行为。
3. 行为产生了行政法律结果。
4. 行为已经作出并为行政相对人知晓。

四、内容

（1）设定权利与义务；（2）实现权利与义务；（3）剥夺、限制权利与减免义务；（4）确认和恢复权利和义务；（5）确认法律事实。

五、行政行为的合法要件

（1）行为主体合法；（2）行为权限合法；（3）行为内容合法；（4）行政程序合法；（5）行为形式合法。

六、行政行为效力

（1）公定力（推定有效力）；（2）确定力（不任意改变）；（3）拘束力；（4）执行力（履行）。

七、行政行为的生效和失效

1. 行政行为生效时间：一般为告知、受领之时，或所附条件成就之时。

2. 行政行为的无效、撤销与废止

(1) 无效：没有法定依据或者不遵守法定程序的行政行为是无效的行政行为（从该行为作出之时起就无效）。

(2) 撤销：在相应行为具备可撤销的情形下，由有权国家机关作出撤销决定而使之失去法律效力（可撤销的行政行为只有在撤销后才失去效力，其撤销可能是因为合法要件缺损或者行政行为不适当）。

(3) 废止：法定条件出现后，由法定机关依法终止其效力的情况。

八、行政立法行为

1. 概念：行政主体根据法定权限并按法定程序制定和发布行政法规和行政规章的活动。

2. 主体：行政法规、行政规章、部门规章和政府规章。

九、行政立法分类

(1) 权立法和授权立法；(2) 执行性立法和创新性立法；(3) 中央行政立法和地方行政立法；(4) 法规性立法和规章性立法。

十、对行政立法的监督

1. 权力机关监督：全国人大常委会有权撤销同宪法和法律相抵触的行政法规和行政规章。

2. 行政机关监督：行政机关对自己以及下级制定和发布的行政规范性文件有改变、撤销权。

3. 司法机关监督：主要表现为人民法院的审判监督，又直接体现在人民法院适用法律法规审理具体案件上。

十一、行政法规、规章以外的其他行政规范性文件

国家行政机关为执行法律、法规和行政规章，对社会实施管理，依法定权限和法定程序发布的，规范行政相对人行为的，具有普遍约束力的命令。

为有利于查明案情，说明裁判理由，人民法院对合法有效的规范性文件可以在判决文书中引用，但是不得作为判决的依据。

十二、具体行政行为的概念与特征

1. 概念：行政主体为实现行政管理目标和任务，应行政相对人申请或依职权依法处理涉及特定行政相对人的权利义务的一种行政行为。

2. 特征：主体是行政主体；对象是特定的；内容直接影响特定相对人的权利义务，一般是要式行为；具有可救济性；效力具有一次性。

十三、行政物资帮助与行政征收

1. 行政物资帮助

（1）概念：行政机关通过行政物资帮助行为赋予给付对象一定的物质上的权益或与物质相关的权益。

（2）种类：抚恤金、特定人员离退休金、社会救济、自然灾害救济金及救济物资。

2. 行政征收

（1）概念：行政主体凭借国家行政权，根据国家和社会公共利益的需要，依法向行政相对人强制地、无偿地征缴一定数额金钱或实物的单方具体行政行为。

（2）种类：税、费。

十四、行政确认、行政许可与行政裁决

1. 行政确认

（1）概念：行政主体对行政相对人的法律地位、法律关系或者有关法律事实进行甄别、认定、证明并予以宣告的具体行政行为。

（2）行政确认行为应当是可以救济的，是可诉的。

（3）种类：确定、认定、认证、证明、登记、鉴证。

2. 行政许可

（1）概念：行政主体根据行政相对人的申请，依法准予申请人从事特定活动或实施某种行为的权利或资格的行政行为。

（2）行政许可是一种解禁行为，也是一种赋权行为。

（3）分类：一般许可、特别许可、认可、核准、登记。

（4）不设许可的情况：公民、法人或者其他组织能够自主决定的；市场竞争机制能够有效调节的；行业组织或者中介机构能够自律管理的；行政机关采用事后监督等其他行政管理方式能够解决的。

（5）原则：许可法定原则、公平公开原则、信赖保护原则、服务原则、合理裁量原则、简便高效原则、监督检查原则。

3. 行政裁决

（1）概念：依法由行政机关依照法律授权，对当事人之间发生的、与行政管理活动密切相关的民事纠纷进行审查，以居间裁决者的身份依法作出处理的具体行政行为。

（2）种类：权属纠纷的裁决、侵权纠纷的裁决、损害赔偿纠纷的裁决。

十五、行政处罚与行政强制

1. 行政处罚

（1）概念：行政主体对违反行政法律规范，破坏行政法律秩序尚未构成犯罪的违法行为人，根据法定权限，按照法定程序实施的一种惩戒行为。

（2）原则：处罚法定原则、处罚公正原则、处罚公开原则、处罚与教育相结合的原则、保障相对人权利原则、一事不再罚原则。

（3）种类和设定：人身罚（行政拘留、劳动教养、驱逐出境）；财产罚（罚款、没收违法所得、没收非法财产等）；行为罚（暂扣或者吊销许可证、执照、责令停产停业等）；申诫罚（警告、通报批评等）。

（4）管辖与适用：第一，管辖：级别管辖、地域管辖、指定管辖；第二，适用：行政处罚法规定，违法行为在两年内未被发现的，不再给予行政处罚。

（5）程序。

第一，简易程序（当场处罚程序）。

条件：违法事实确凿，有法定依据；对公民处以 50 元以下、对法人或者其他组织处以 1000 元以下罚款或者警告的行政处罚。

要求：表明身份，确认违法事实，制作行政处罚决定书，备案。

第二，一般程序。

听证程序：听证的申请与决定，听证通知，听证形式，听证的主持人与参加人，听证笔录，听证费用，决定程序，送达程序。

第三，执行程序。

为保证行政处罚的顺利执行，通过行政强制保障。

（6）起诉不停止执行。

第一，作出罚款决定的机关和收缴罚款的机构分离。

第二，当场收缴罚款的情形：执法人员当场作出 20 元以下罚款的；不当场收缴事后难以执行的；在偏远、水上、交通不便地区，当事人向指定的银行缴纳有困难，经当事人提出，亦可。

第三，当场收缴罚款的执行措施：到期不缴纳的，每日按罚款数额的 3% 加处罚款；根据法律规定，将查封、扣押的财物拍卖或者将冻结的存款划拨抵缴罚款；申请人民法院强制执行。

2. 行政强制

（1）行政强制执行。

含义：在行政相对人不履行法定义务时，由行政机关或者行政机关申请人民法院依法采取强制手段，迫使其履行义务或者达到与履行义务相同状态的行政行为。

特征：前提条件是行政相对人不履行应履行的义务；主体是行政机关和人民法院；目的是实现义务的履行；对象具有广泛性和法定性；不得进行执行和解。

种类：间接强制和直接强制。

间接强制包括：第一，代执行。行政强制执行机关或第三人代替负有作为义务的相对人的履行作为义务，并向义务人征收必要费用的强制执行措施。代执行的程序为：告诫→代执行→征收费用。第二，执行罚。行政强制执行机关对拒不履行不作为义务或不可为他人代履行的作为义务的义务主体，科以新的金钱给付义务，以迫使其履行的强制执行措施。

直接强制包括人身强制和财产强制。

（2）行政强制措施。

含义：行政机关实施行政管理，为实现行政目的，对相对人的财产、身体及自由等实施强制而采取的措施。

特征：主体只能是行政主体，在情况紧急时直接基于法律、法规的规定而采取的强制措施，对象是不特定的，具有即时性。

种类：对人身及人身自由的强制，对土地、建筑物、住宅、经营场所的强行进入、处理、检查等强制，对财产的强制。

十六、行政奖励、行政合同与行政指导

1. 行政奖励：由行政机关对为国家、社会和人民作出突出贡献或者模范遵守法纪的相对人依法给予物质的或者精神的奖励的具体行政行为。

2. 行政合同

（1）概念：行政主体以实施行政管理为目的，与行政相对一方就有关事项经协商一致而达成的协议。

（2）特征：行政合同具有行政性具有双方行为的特性，行政合同具有法定性。

（3）订立方式：招标、拍卖、协议。

（4）种类：第一，国有土地使用权出让合同；第二，全民所有制工业企业承包合同；第三，公用征收补偿合同；第四，国有科研合同；第五，农村土地承包合同；第六，国家订购合同；第七，公共工程承包合同；第八，计划生育合同。

（5）权利义务：第一，行政主体权利义务。权利：监督权，单方变更、解除合同权，制裁权。义务：承诺兑现义务、赔偿义务、补偿义务。第二，行政相对方权利义务。权利：获得报酬权，获得补偿权。义务：全面履行义务，接受管理、监督义务。

3. 行政指导

（1）概念：行政指导是行政主体基于国家的法律、政策的规定而作出，旨在引导行政相对人自愿采取一定的作为或者不作为，以实现行政管理目的的一种行政活动。

（2）特征：非职权活动，表现形式具有多样性，非强制性。

十七、行政事实行为

1. 概念：行政主体及其工作人员在实施行政管理和服务的过程中作出的不以设定、变更或消灭行政法律关系为目的的行为。

2. 种类：行政检查行为、提供资讯行为、无需借助行政强制力实现行政决定的行为、履行行政公共服务的行为、公共设施对相邻居民造成的侵扰行为。

3. 法律特征

（1）行政事实行为是行政机关作出的与行政职权有关的行为。

（2）行政事实行为具有职权性或者与行政职权有关的特点。

（3）行政事实行为的表现形式具有多样性。

4. 行政事实行为的构成

（1）行政事实行为是行政主体实施的行为。

（2）行政事实行为是行政主体基于行政职权实施的行为。

（3）行政事实行为不完全具备行政行为的效力。

第六节　行政程序及其法典化

一、行政程序的概念与特征

1. 概念：行政法律关系主体在行使行政权力、实施行政管理和服务活动过程中所遵循的方式、步骤、顺序、时限以及当事人参与行政活动程序的一种制度。

2. 特征：行政程序是就行政行为而言的；行政程序是行政行为的表现形式；行政程序的基本要素包括步骤、方式、顺序、时限。

二、行政程序与行政诉讼程序的区别

1. 主体不同：行政程序的主体是行政法律关系主体；行政诉讼程序的主体人民法院、

诉讼当事人及其他诉讼参与人。

2. 内容不同：行政程序是包含行政管理活动程序、行政救济程序；行政诉讼程序是人民法院审理行政案件的程序。

三、行政程序与行政实体的关系

没有无程序的实体，也没有无实体的程序，程序逻辑是为实体服务的，离开了实体，程序就失去了存在的意义。而程序又对实体起作用，决定实体问题能否正确解决以及解决到什么程度。

四、行政程序的作用

（1）行政程序能限制行政权力的肆意行使。

（2）行政程序能缓解行政法律关系主体双方的利益冲突，使行政决定具有确定性、合法性，也提高了行政行为的可接受度。

（3）行政程序具有明显的条件导向性。

（4）行政程序具体化，具有实际内容、操作形式的义务，可以促使行政行为合法化，也可使行政主体的法律责任真正能够被认定、归结、追究。

五、行政程序的内容

（1）实施行政活动的程序：行政立法程序、行政许可程序、行政合同订立程序、行政征集程序、行政检查程序、行政奖励程序、行政处罚程序、行政强制程序等。

（2）监督行政活动的程序：行政复议程序、行政仲裁程序、行政裁决程序等。

（3）行政相对人参与行政活动的程序。

六、行政程序法的基本原则

1. 行政程序公正原则

（1）内容：行政程序的设计及行政机关在实施行政行为时，尽可能地兼顾公共利益和个人利益；平等地对待所有的行政相对人，在行政执法中，应当给所有的利害关系人同等的辩论机会；与公民、法人或其他组织的权利义务直接相关的行政行为，应通过一定的行政程序让行政相对方了解；在作出影响行政相对人权益的行政决定时，要实行回避、排除偏见、禁止单方解除等；行政程序的设计和运行必须注意保护行政相对人的隐私。

（2）程序公正原则是现代行政程序的最根本原则，是行政民主化的必然要求。

2. 行政相对人参与原则

（1）概念：行政相对人为维护合法权益而参加到行政程序过程中，就涉及的事实问题和法律问题表明自己的观点，促使行政主体作出正确的行政决定。

（2）具体内容：行政立法中的征求意见、协商和审查审议程序，回避程序，行政相对方陈述程序，行政调查程序，告知程序，对侵害相对方的合法权益行为的制裁措施和程序，行政救济程序。

3. 顺序原则

行政活动的主要程序都是法律、法规、规章明确规定了的，行政主体及相对人都应当遵守，不得违反法定程序，尤其是行政主体不得违反法定程序。

4. 行政效率原则

行政程序各阶段的顺序不得随意颠倒、增加或减少。

程序效率原则要求行政活动迅速及时、简便易行、程序规范。

(1) 行政程序的时效制度。

(2) 行政程序的简便易行。

(3) 行政程序的法定化、规范化。

七、行政程序法的根本制度

1. 表明身份制度

表明身份制度是指行政机关或其工作人员或得到授权的其他组织与个人在进行行政行为之前，要向相对一方当事人出示证明、身份证或授权令，以证明自己有进行某种行政行为的职权或资格的程序制度。

2. 告知与说明制度

(1) 告知制度：行政机关在进行行政行为的过程中，将有关情况告诉相对一方当事人的一项基本的行政程序制度。

(2) 说明制度：行政机关对所进行的行政行为有义务说明理由的制度。

3. 调查制度

调查制度是指行政机关查明实施并搜集证据的程序制度。

4. 听证制度

(1) 概念：行政机关进行行政行为时听取有关当事人意见的程序制度。

(2) 种类：公听、陈述和听讯。

5. 回避制度

行政程序回避制度是指公务回避，即是公务员在执行公务时，如与行政行为有利害关系的，不得参与该行政行为的处理的制度。

6. 时效制度

时效制度是指行政行为的全过程或其各个阶段受到法定时间限制的程序制度。

7. 审裁分离制度

审裁分离制度是指行政机关将行政行为中审理事实和作出裁决两个阶段分开，由不同的行政人员来完成的制度。

8. 不单方接触制度

不单方接触制度是指要求行政主体在处理某一涉及两个及两个以上有利益冲突的当事人的行政事务或裁决他们之间的纠纷时，不能在一方当事人不在场的情况下单独与另一方当事人接触，听取其陈述，接受和采纳其证据。主要适用于行政裁决行为。

9. 记录和决定制度

记录和决定制度是指行政主体作出影响行政相对人权益的行为，其过程应当记录，其最终形成的意见表示应有书面决定，并送达相对人为相对人受领。

第七节　违法行政与行政法律责任

一、违法行政的概念及特征

1. 概念：行政机关、其他行政动物组织和行政公务人员实施的违反行政法律法规的规定和要求的行政行为。

2. 特征

（1）主体是行政主体。

（2）行政主体需要履行法律规范规定的义务，才可能引起违法行政。

（3）违法行政是一种行政行为。

（4）违法行政是尚未构成犯罪的违法行为。

二、种类

（1）主体违法：①主体构成违法；②主体职权违法，包括超超职权、滥用职权、行政不作为。

（2）主体主观违法：行政主体及工作人员欠缺意思表示或意思表示有瑕疵的违法行政状态。包括内容违法和程序违法。

（3）法律依据违法：①事实依据违法。②法律依据违法。

三、违法行政的效力

（1）一般分为无效的、可撤销的两种。

（2）我国对违法行政的效力没有直接规定。

四、违法行政与行政瑕疵

（1）概念区分：不合法的行政行为称为违法行政；不合理、不适当的行政行为则可能构成行政瑕疵。

（2）行政瑕疵的概念：行政行为过程中比较轻微的不合理、不恰当，足以影响行政相对人合法权益的行为。

五、行政法律责任的概念

行政法律责任是指行政法律关系主体由于违反行政法的规定而应承担的法律后果。

六、行政法律责任的分类

（1）行政主体的法律责任。

（2）行政公务人员的法律责任：一是违反内部管理制度；二是在代表行政机关对外管理时，由于个人故意违法或有重大过失所造成的损害。

（3）行政相对人的法律责任。

（4）监督主体的法律责任。

七、行政法律责任的构成

(1) 行为人已有违反行政法的行为存在。
(2) 行为人具有法定的责任能力。
(3) 行为人违反行政法的行为必须在情节、后果上达到一定的严重程度。

第八节 监督行政法律制度

一、监督行政法律制度的概念

国家权力机关、国家司法机关、专门行政监督机关及社会组织和公民依法对行政主体及国家公务人员行使职权、履行职责的行为是否遵纪守法进行监督的制度。

二、监督行政法律制度的种类

(1) 直接产生法律效力的监督和间接产生法律效力的监督。
(2) 事前监督、事中监督、事后监督。
(3) 内部监督和外部监督。

三、国家权力机关的监督

1. 宪法、法律和法规的实施
作为法律规范的制定机关，人大机关负有监督其实施的职责。
2. 对行政立法的监督
(1) 法规备案。
(2) 审查、撤销。
(3) 裁决。
3. 对公务员的监督
可以通过罢免公务员来实现对公务员的监督工作。
4. 对行政行为的监督
(1) 审查政府工作报告、工作计划、预算决算执行情况等。
(2) 视察和检查政府工作。
(3) 转达意见，并监督政府及时处理。
(4) 质询和询问政府行为。
(5) 组织特定问题调查委员会。

四、国家司法机关的监督

1. 人民法院的监督
人民法院主要通过行政诉讼对行政机关的行政行为进行合法性审查。
2. 人民检察院的监督
(1) 对行政职务犯罪案件的查处。
(2) 对行政诉讼的监督。

五、行政机关的内部监督

1. 一般行政机关监督

（1）概念：上级人民政府对其各部门和下级人民政府贯彻和执行法律、法规、政策、决定、命令、指示的情况进行的监督。

（2）方式：工作报告、审查和审批、调查和检查、批评和处分、备案。

2. 主管行政机关监督

主要是一种上级领导下级，上级监督下级的监督形式。

3. 专门行政机关监督

（1）审计机关的监督。

（2）行政监察机关的监督。

六、社会组织和公民的监督

（1）人民政协和各民主党派的监督。

（2）工会、共青团、妇联等社会团体、企事业单位、群众自治组织对行政的监督。

（3）公民对行政的监督。①信访制度：写信、走访等形式；②行政复议；③行政诉讼；④行政赔偿。

第九节　行政复议制度

一、行政复议的概念

行政复议是指公民、法人或者其他组织认为具有行政职权的机关、组织及其工作人员的具体行政行为侵犯其合法权益，依法向法定的行政复议机关提出复议申请，由受理机关依法定程序对具体行政行为的合法性和适当性进行审查并作出行政复议决定的行政法律制度。

二、行政复议的性质

（1）行政复议是具有一定的司法性的活动。

（2）行政复议是具有行政内部监督属性的行为。

（3）行政复议还具有对行政相对人合法权益进行救济的属性。

三、行政复议的特征

（1）行政复议所处理的争议是行政争议。

（2）行政复议以具体行政行为为审查对象，并附带审查部分抽象行政行为。

（3）行政复议以书面审理为主要方式，必要时可以采取听证或者开庭审理的方式。

四、行政复议的基本原则

1. 一级复议原则

行政争议经行政复议机关一次复议并作出裁决即告终结，即使相对人对复议决定不服，也不得向行政机关再次申请复议，而只能寻求别的救济途径来解决。

2. 合法、公正、公开、及时、便民原则

（1）合法原则：主体合法、依据合法、程序合法。

（2）公正原则：回避制度、陈述理由和听取意见制度、质证制度、针对基本相同案件不能给予不相同的处理或畸轻畸重制度。

（3）公开原则：材料公开（除涉及国家秘密、商业秘密或者个人隐私外）、过程公开、结果公开。

（4）及时原则：受理复议申请要及时，对复议案件的审理和作出决定要及时，要及时敦促当事人履行行政复议决定。

（5）便民原则。

3. 复议期间不停止执行原则

（1）原因：第一，法律上的确定力、约束力和执行力不容侵犯；第二，避免行政相对人以此逃脱具体行政行为的执行。

（2）例外：被申请人认为需要停止执行的；复议机关认为需要停止执行的；申请人申请停止执行，行政复议机关认为其要求合理，决定停止执行的；法律规定停止执行的。

4. 全面审查原则

行政复议机关在对具体行政行为进行审查时，既要审查其合法性，也要审查其适当性；既要审查具体行政行为本身是否合法，还要对具体行政行为所依据的非法律、法规、规章和国务院规定的其他规范性文件的合法性进行审查的全面审查原则。

5. 不适用调解原则

（1）概念：行政复议机关在审理行政复议案件过程中，只能依法对申请复议的具体行政行为的合法性和适当性进行审查并作出裁判，而不能采用调解的方法，也不能用调解的方式结案。

（2）原因：第一，行政机关只能依法行政，不享有处分权；第二，调解一般存在于对民事纠纷的处理和解决中，因为民事争议的双方都有权自由处分其民事权利，可以部分或全部地放弃或转让自己的利益，因此，可以进行调解。

五、行政复议范围概述

（1）概念：法律规定的行政复议机关受理行政争议案件的范围。

（2）意义：它决定了行政相对人的合法权益能够得到行政司法救济的程度；也决定了行政复议机关实行内部监督的范围；还确定了与其他监督行政方式的划分界限。

3. 确立复议范围的标准和方式

（1）标准：最大限度地保护行政相对人的合法权益；符合行政机关与其他国家机关在处理行政案件上的合理分工；注意稳定性和灵活相结合。

（2）方式：总概括式、肯定列举式、列举中的概括式、否定列举式。

六、可申请复议的具体行政行为

（1）对行政机关作出的行政处罚决定不服的。

（2）对行政机关作出的行政强制措施决定不服的。

（3）对行政机关作出的有关许可证、执照、资质证、资格证等证书变更、中止、撤销的决定不服的。

（4）对行政机关作出的关于确认不动产的所有权或者使用权的决定不服的。

（5）认为行政机关侵犯其合法的经营自主权的。

（6）认为行政机关变更或者废止农业承包合同，侵犯其合法权益的。

（7）认为行政机关违法要求履行义务的。

（8）认为行政机关不依法办理行政许可等事项的。

（9）认为行政机关不履行保护人身权、财产权、受教育权等法定职责的。

（10）认为行政机关不依法发放抚恤金、社会保险金或者最低保障费的。

（11）认为行政机关的其他具体行政行为侵犯其合法权益的。

七、不可申请复议的事项

（1）行政处分或者其他人事处理决定。

（2）对民事纠纷的调解或者其他处理行为。

八、行政复议的管辖

1. 概念：行政复议机关受理复议申请的权限和分工，即某一行政争议发生后，应由哪一个行政机关来行使行政复议权。

2. 对人民政府部门的行政复议管辖

（1）对县级以上（含县级）地方各级人民政府部门的具体行政行为不服的，可以向该部门的本级人民政府，也可以向上一级主管部门申请复议。

（2）对实行垂直领导的海关、金融、国税、外汇管理等行政机关和国家安全机关的具体行政行为不服的，只能向其上一级主管部门申请行政复议。

3. 对地方各级人民政府的行政复议管辖

（1）对地方各级人民政府的具体行政行为不服的，向上一级地方人民政府申请行政复议。

（2）对省、自治区人民政府依法设立的派出机关所属的县级地方人民政府的具体行政行为不服的，向该派出机关申请行政复议。

（3）对省、自治区、直辖市人民政府的具体行政行为不服的，或对国务院部门的具体行政行为不服的，向该作出具体行政行为的省、自治区、直辖市人民政府或者国务院部门申请复议。

4. 对派出机关、机构和被授权组织的行政复议管辖

（1）对县级以上地方人民政府依法设立的派出机关的具体行政行为不服的，向设立该派出机关的人民政府申请复议。

（2）对人民政府工作部门依法设立的派出机构依照法律、法规或规章规定，以自己的名义作出的具体行政行为不服的，向设立该派出机构的部门或者部门的本级人民政府申请行政复议。

（3）对法律、法规授权的组织的具体行政行为不服的，分别向直接管理该组织的地方人民政府、地方人民政府工作部门或国务院部门申请行政复议。

5. 共同行为的行政复议管辖

对两个或两个以上行政机关以共同名义作出的具体行政行为不服的，向其同上一级行政机关申请行政复议。

6. 对被撤销的行政机关的行政复议管辖

对被撤销的行政机关在撤销前作出的具体行政行为不服的，向继续行使其职权的行政机关的上一级行政机关申请复议；如果没有这一机关，则由作出撤销决定的行政机关的上一级行政机关申请复议。

九、行政复议的程序

（一）申请复议的条件

（1）申请人符合资格：合法权益受到具体行政行为侵犯的公民、法人或者其他组织。

（2）有明确的被申请人。

（3）有具体的复议请求和事实根据。

（4）属于复议范围和受理复议机关管辖。

（5）符合行政复议申请的程序性要求：在法定期限内提出，符合法定的申请方式，申请书的内容符合要求，法律、法规规定的其他条件。

（二）行政复议的审理

1. 行政复议审理应遵循的原则

（1）书面审理原则。

（2）复议不停止执行原则。

（3）行政复议主要由被申请人承担举证责任的原则：根据“先取证，后裁决”的原则。

2. 行政复议的依据

（1）审理依据：法律、行政法规、地方性法规、自治条例、单行条例、行政规章、上级行政机关以及行政复议机关自己制定的规范性文件。

（2）可以进行附带审查：公民、法人或者其他组织在申请行政复议时一并提出对有关规定的审查申请。

3. 行政复议的中止及撤回

（1）在申请中，一并提起的有关审查，应中止对具体行政行为的审查。

（2）在审理中，认为依据不合法，应中止对具体行政行为的审查。

（3）在决定做出之前，申请人要求撤回行政复议申请的，经说明理由，可以撤回。

4. 行政复议决定

（1）维持决定：具体行政行为事实清楚、证据充分，适用依据正确，程序合法。

（2）履行职责决定。

（3）变更决定：适用了不应当适用的依据，或没有适用应当适用的依据；超越或者滥用职权的；具体行政行为明显不当的。

（4）撤销决定：主要事实不清、证据不足；适用依据错误；违反法定程序；超越职权或者滥用职权；具体行政行为明显不当。

（5）确认决定：复议机关经过审查有关行政机关的不作为行为或事实行为，宣布该行为违法的复议决定。

（6）责令被申请人赔偿的决定：前提是申请人提出赔偿请求。

5. 复议决定的执行

行政主体必须履行行政复议决定，拒不履行的，行政复议机关或上级行政机关责令履行。

第十节　行政赔偿与行政补偿制度

一、行政赔偿的概念

国家行政机关及其工作人员违法行使职权，侵犯公民、法人或者其他组织的合法权益并造成实际损害，由国家承担赔偿责任制度。

二、行政补偿的概念

行政主体在管理国家和社会公共事务过程中的合法行为，对公民法人或者其他组织的合法利益造成了损害，基于公平、合理原则，应承担经济、生活、工作安置等方面补偿的一种国家义务。

三、行政赔偿与行政补偿之异同

1. 相同

（1）都是公法上的责任。

（2）都由行政主体来承担给付义务。

（3）主要通过金钱支付的方式来完成。

2. 不同

（1）产生的前提：行政赔偿是以行政违法为前提，行政补偿则是合法行为引起的。

（2）法律属性：行政赔偿具有惩罚性，行政补偿具有补救性。

（3）给付标准：行政赔偿一般应遵循抚慰性赔偿标准，行政补偿一般适用公平原则和事先协商。

（4）给付范围：行政赔偿只要是合法权益受到违法行政行为侵犯皆可请求赔偿，而行政补偿只有对特别损失才可以。

（5）处理方式：行政赔偿必然是在造成损失后进行请求，而行政补偿可以在损害发生之前就主动进行。

（6）资金来源：行政赔偿由各级财政预算单列并支付，而行政补偿由受益机关、企事业单位及其他社会组织、个人或者国库共同承担。

四、行政赔偿的范围

（1）行政赔偿的肯定范围：人身权和财产权。

（2）排除范围：非公务行为、自身造成损害，以及法律规定的其他情形。

（3）其他规定：行政最终裁决违法导致损害的赔偿问题，内部行政行为违法导致损害发生的赔偿问题。

五、行政赔偿请求人和赔偿义务机关

1. 行政赔偿请求人

有权提起赔偿请求的：受到行政侵权的公民、法人或者其他组织；受害人死亡的，其继承人和其他有扶养关系的亲属；受害人的法人或其他组织终止，承受其权利的法人

或者其他组织。

2. 行政赔偿义务机关

（1）行政机关和法律、法规授权的组织为赔偿义务机关。

（2）共同行政赔偿义务机关。

（3）委托机关为赔偿义务机关。

（4）行政赔偿义务机关被撤销后的责任承担。

（5）行政复议后的赔偿义务机关。

六、行政补偿类型

（1）征用与征收补偿；（2）公共危机补偿：抢险、公共工程、疫情发生；（3）执行职务损失补偿。

七、补偿标准

（1）适当补偿标准；（2）相应补偿标准；（3）合理补偿标准；（4）量化限制标准。

第十一节　行政诉讼制度

一、行政诉讼的概念

自然人、法人或者其他组织认为行政机关和被授权组织的行政行为侵犯其合法权益而诉诸法院，法院以司法程序处理行政争议的活动。

二、行政诉讼法

行政诉讼法是指规范行政诉讼活动的一整套法律规范的总称。

三、行政诉讼的基本原则

1. 一般原则：与其他诉讼共有的一般原则。

2. 特有原则（合法性原则）

（1）如何理解：确立了司法权对行政权进行干预的尺度；只能审查被诉行政行为的合法性；只针对具体行政行为。

（2）具体内容

第一，被告是否有权限，是否超越职权，是否享有管辖权。

第二，被诉行政行为的证据是否确凿充分、事实是否清楚。

第三，被诉行政行为适用法律依据是否正确。

第四，被诉行政行为程序是否合法。

第五，被诉行政行为的目的是否合法。

四、行政诉讼的级别管辖

1. 最高人民法院全国范围内重大、复杂的第一审行政案件。

2. 高级人民法院：省、自治区和直辖市内重大复杂的第一审行政案件。

3. 中级人民法院

（1）确认发明专利的案件。

（2）海关处理的案件。

（3）以国务院各部门为被告的行政案件。

（4）以省、自治区、直辖市政府为被告的行政案件。

（5）以县级以上政府为被告的行政案件，但以县级政府名义办理不动产物权登记的案件可由基层法院管辖。

（6）社会影响重大的共同诉讼、集团诉讼案件。

（7）重大的涉外行政案件。

（8）重大的涉港、澳、台行政案件。

（9）国际贸易行政案件。

4. 基层人民法院：其他行政案件。

五、行政诉讼的地域管辖

1. 一般地域管辖规则

（1）《中华人民共和国行政诉讼法》第十七条规定："行政案件由最初作出具体行政行为的行政机关所在地人民法院管辖。经复议的案件，复议机关改变原具体行政行为的，也可以由复议机关所在地人民法院管辖。"

（2）复议决定属于改变原具体行政行为的：改变原具体行政行为所认定的主要事实和证据；改变原具体行政行为所使用的规范依据且对定性产生影响的；撤销、部分撤销或者变更原具体行政行为处理结果的。

2. 特殊地域管辖规则

（1）专属管辖：因不动产提起的行政诉讼，由不动产所在地人民法院管辖。

（2）共同管辖：《中华人民共和国行政诉讼法》第十八条规定："对限制人身自由的行政强制措施不服提起的诉讼，由被告所在地或者原告所在地人民法院管辖。"

六、行政诉讼的裁定管辖

1. 移送管辖。

2. 指定管辖：异地管辖。

3. 管辖权的转移。

七、行政诉讼的受案范围

1. 涉及人生权、财产权的案件

（1）对行政机关行政处罚不服的案件。

（2）对行政机关行政强制措施不服的案件。

（3）认为行政机关侵犯法律规定的经营自主权的案件。

（4）认为行政机关对要求颁发新许可证和执照的申请予以拒绝或者不予答复的案件。

（5）认为行政机关不履行保护人身权、财产权法定职责的案件。

（6）认为行政机关没有依法发放抚恤金的案件。

（7）认为行政机关违法要求履行法定义务外的案件。

（8）认为行政机关侵犯其他人身权、财产权的案件。

2. 其他案件

法律、法规规定可以起诉的其他行政案件。

八、不予受理案件的范围

（1）国防、外交等国家行为。

（2）行政法规、规章或者行政机关制定、发布的具有普遍约束力的决定、命令。

（3）行政机关对行政机关工作人员的奖惩、任免等决定。

（4）法律规定由行政机关最终裁决的具体行政行为。

（5）刑事司法行为。

（6）行政调解行为。

（7）法律规定的仲裁行为。

（8）不具有强制性的行政指导行为。

（9）驳回当事人对行政行为提起申诉的重复处理行为。

（10）对公民、法人或者其他组织的权利义务不产生实际影响的行为。

九、行政诉讼原告

1. 享有原告资格的条件

（1）行政诉讼原告是行政管理相对一方的公民、法人和其他组织。

（2）具有法律上的利害关系：行政行为的相对人，行政行为的相关人。

（3）认为自己的合法权益受到被诉具体行政行为侵害的人。

2. 原告认定

（1）相邻权人；（2）公平竞争权人；（3）受害人；（4）善意信赖人；（5）集体土地使用权人；（6）投资人；（7）非国有企业；（8）合伙或其他非法人组织；（9）股份制企业。

3. 原告资格的转移

（1）公民死亡，法人或者其他组织终止。

（2）不发生转移：法人或者其他组织被行政机关吊销许可证或执照，该法人或组织对此不服，仍有权以自己的名义提起行政诉讼；法人或者其他组织破产，在破产程序尚未终止时，破产企业仍有权就此前行政行为提起行政诉讼；法人或者其他组织被主管机关决定撤销，不符撤销决定的组织，可以以自己的名义提起行政诉讼。

十、行政诉讼被告

（1）直接提起行政诉讼的，具体行政行为的作出机关是被告。

（2）经复议改变原具体行政行为的，复议机关是被告；维持原具体行政行为的，作出原具体行政行为的机关是被告；法定期间内不作复议决定的，对原具体行政行为不服的，作出原具体行政行为的机关是被告；对复议机关不作为不服的，复议机关是被告。

（3）两个以上行政机关作出统一具体行政行为的，共同作出机关是被告。

（4）被授权组织所作出的具体行政行为的，被授权组织是被告。

（5）行政机关委托的组织所作出的具体行政行为的，委托的行政机关是被告。

（6）被撤销的行政机关在撤销前所作出的具体行政行为的，继续行使其职权的行政机关是被告；经上级行政机关批准的具体行政行为的，对外发生法律效力的文书上署名的机关是被告。

（7）行政机关新组建的不具有独立承担法律责任能力的机构的，组建该机构的行政机关为被告。

（8）内设机构或者派出机构，没有法律、法规、规章授权的，所属行政机关是被告。

十一、行政诉讼第三人

（1）概念：同被诉行政行为有利害关系并因此参加到原、被告之间正在进行的行政诉讼程序中的公民、法人或者其他组织。

（2）特征：原告以外的诉讼参加人；参加诉讼须是在诉讼程序已经发生但尚未终结前进行；必须与被诉具体行政行为存在利害关系。

（3）类型：类似原告第三人，类似被告第三人。

十二、共同诉讼人

（1）必要共同诉讼人：两个以上的当事人因共同违法而被同一行政机关在一个处罚决定书分别予以处罚；两个以上法人或者组织因违法而被处罚，该法人或者组织的负责人或直接行为人同时被一个处罚决定处罚；两个以上共同受害人，对行政机关同一行政行为均表示不服而诉诸法院；两个以上行政机关以一个共同行政决定形式，处理或处罚了一个或若干个当事人。

（2）普通共同诉讼人：普通共同诉讼是指当事人一方或者双方为两人以上，因同样的具体行政行为而发生争议的案件，人民法院可以合并审理的情形。

（3）集团诉讼：集体诉讼是指原告人数众多，推举诉讼代表人参加，裁判效力及于全体利害关系人的行政诉讼。

十三、行政诉讼证据的概念和特征

（1）概念：在行政诉讼中用来证明案件事实情况的一切材料。具备关联性、真实性、合法性。

（2）特征：被告的证据是在行政程序中形成的证据，证明对象是具体行政行为的合法性。

（3）证据种类：书证、物证、视听材料、证人证言、当事人陈述、鉴定结论、勘验笔录、现场笔录。

十四、举证规则

1. 举证责任分配

（1）被告负举证责任原则。

（2）原告承担举证责任的情形：证明起诉符合法定条件，但被告认为原告起诉超过起诉期限的除外；在起诉被告不作为的案件中，证明其提出申请的事实；在一并提起的行政赔偿诉讼中，证明因受被诉行政行为侵害而造成损失的事实；其他应当由原告承担举证责任的事项。

2. 举证期限：被告应当在收到诉状之日起10日内向人民法院提供作出具体行政行为的全部证据。

3. 补充提供证据：被告因不可抗力或客观上不可控制的其他正当理由在法定期限内

不能提供证据的，应在举证期限内提出延期举证的书面申请，经人民法院准许，可以在正当事由消除后10日内举证，逾期不提供的，仍视为没有证据。

十五、调取和保全证据规则

1. 调取证据

（1）依职权调取证据：涉及国家利益、公共利益或他人合法权益的事实认定的情形下，或者涉及依职权追加当事人、中止诉讼、终结诉讼、回避等程序性事项。

（2）申请调取证据：第一，原告或者第三人不能自行收集；第二，能够提供确切线索；第三，在举证期限内提交调取证据的申请书；第四，证据材料属于以下类型：由国家有关部门保存而需由法院调取的证据材料；涉及国家秘密、商业秘密、个人隐私的证据材料；确因客观原因不能自行收集的其他证据材料。

2. 保全证据

具备的条件：证据存在可能灭失或者以后难以取得的情况；证据与案件事实有相当的关联性。

十六、质证规则

有无证据能力，有无证明力及证明力的大小。

十七、认证规则

（1）证据关联性、真实性与合法性的认证。

（2）非法证据排除。

（3）补强证据。

（4）可以直接认定的事实：众所周知的事实，自然规律及定理，按照法律规定推定的事实，已经依法证明的事实，依据日常生活经验法则推定的事实。

（5）对证据效力的认定。

十八、行政诉讼程序规则几项具体规定

1. 撤诉

（1）自愿申请撤诉：法院对行政案件宣告判决或者裁定前，原告申请撤诉的；法院对行政案件宣告判决或者裁定前，被告改变其所作的具体行政行为，原告同意并申请撤诉的。

（2）视为申请撤诉或者按撤诉处理：原告未按规定的期限预交案件受理费，又不提出缓交、减交、免交申请，或者提出申请未获批准，按自动撤诉处理；原告经法院两次合法传唤，无正当理由拒不到庭或者未经法庭许可中途退场，可以按撤诉处理。

2. 缺席判决：法院在一方当事人未到庭情况下审理并裁判案件。

3. 诉讼保全：在行政诉讼过程中，在证据可能灭失或难以取得的情况下，人民法院依职权或依申请对证据加以固定的制度。

4. 先行给付：具有给付内容，义务人拒绝自动履行法律规定义务。

5. 延期审理、诉讼中止和诉讼终结

（1）延期审理：因当事人请求而延期审理（撤诉或回避）；必须出庭的当事人没有按时到庭参加诉讼；必要证据不齐备；其他情况。

（2）诉讼中止：作为原告的自然人死亡，需要等待其近亲属表明是否需要参加诉讼；作为原告的自然人丧失诉讼行为能力，尚未确定法定代理人；作为原告的法人或者其他组织终止，尚未确定权利义务承受人；不可抗力的情况；被告被撤销；所依据的规章相抵触；发现被处罚人的行为构成犯罪。

（3）诉讼终结：原告申请撤诉，被法院裁定准许；作为原告的自然人死亡，其近亲属表明不参加诉讼；作为原告的自然人丧失诉讼行为能力，尚未确定法定代理人，中止诉讼三个月后仍无人继续诉讼的；作为原告的法人或者其他组织终止，其权利义务承受人放弃诉讼。

十九、行政诉讼的法律适用

1. 适用规则

（1）依据法律、法规。

（2）参照行政规章：法院审理行政案件时，对该行政规章是否合法有效进行判断。对于合法有效的应当适用；对于不符合或者不完全符合法律、法规原则精神的，法院有灵活处理的余地，可以不予适用。

（3）参考其他行政规范性文件：法院审理行政案件时，对其他行政规范性文件是否合法、合理进行审查，对于合法有效并合理适当的，承认其效力并在认定被诉行为是否合法时考虑该规范。

2. 法律适用冲突的解决规则

（1）下位法与上位法冲突：适用上位法。

（2）特别规定与一般规定冲突：相同事项的适用特别规定；旧的特别规定被废止的适用新的一般规定。

（3）地方性法规与部门规章冲突：①地方性法规和部门规章之间对同一事项的规定不一致，不能确定如何适用的，由国务院提出意见，如认为应适用地方性法规，则适用地方性法规；如适用部门规章，应提请全国人大裁决。②部门规章与地方政府规章不一致，由国务院裁决。

（4）新旧法律规范冲突：①实体问题适用旧法规定，程序问题适用新法规定。②例外：法规或规章另有规定的；新法对保护行政相对人的合法权益更为有利的；具体行政行为的性质应当适用新法的实体规定的。

二十、行政诉讼判决

1. 行政诉讼判决的效力：既判力、拘束力、执行力。

2. 种类：一审判决、二审判决和再审判决。

3. 一审判决

（1）维持判决及其适用条件。第一，维持判决是至法院通过审理，认定具体行政行为合法，从而作出维持被诉具体行政行为的判决形式。第二，适用条件：被诉行政行为合法；被诉行政行为合理；被诉行政行为属于作为；被诉行政行为不需要变更或者废止；被诉行政行为在判决时仍然存在。

（2）撤销判决及其适用条件。第一，撤销判决是指法院经过审查，认定被诉具体行政行为部分或者全部违法，从而部分或者全部撤销被诉行政行为的判决形式。其形式有：全部撤销、部分撤销、判决撤销并责令被告重新作出具体行政行为。第二，适用条件：

被诉行政行为违法；被诉行政行为成立且有约束力；被诉行政行为属于作为；具有可撤销内容；被诉行政行为仍然存在；撤销不会给国家或公共利益造成重大损失。

（3）履行判决及其适用条件。第一，履行判决是指法院经过行政案件的审理，认定被告具有不履行或拖延履行法定职责的情形，从而作出责令被告在一定期限内履行法定职责的判决形式。第二，适用条件：被告负有履行某项义务的法定职责；被告没有履行该法定职责；被告没有履行法定职责无正当理由。

（4）变更判决及其适用条件。第一，变更判决是指法院经审理，认定行政处罚行为显失公正，运用国家审判权直接改变行政处罚行为的判决形式。第二，适用条件：被诉行政行为是行政处罚；行政处罚行为显失公正。

（5）驳回原告诉讼请求判决及其适用条件。第一，法院经审理认为原告的诉讼请求依法不能成立，但又不适宜对被诉具体行政行为作出其他类型判决的情况下，直接作出否定原告诉讼请求的一种判决方式。第二，适用条件：原告诉被告不作为的理由不能成立的；被诉具体行政行为合法但不合理的；被诉具体行政行为合法，但因法律、政策变化需要变更或废止的；其他情形。

（6）确认判决及其适用条件。第一，确认判决是指法院经过对被诉具体行政行为的审查，确认被诉具体行政行为合法或违法的一种判决形式。第二，适用条件：被告不履行法定职责，但判决责令履行法定职责已无实际意义的；被诉具体行政行为违法，但不具有可撤销内容的；被诉具体行政行为依法不成立或无效的。

（7）情况判决及其适用条件。第一，情况判决是指经法院审查，确认被诉行政行为违法，本应撤销该行政行为，但考虑到国家利益或者公共利益的需要而不撤销，而责令行政机关做其他补救的判决形式。第二，适用条件：被诉具体行政行为违法，本应作出撤销判决的；如果撤销该行为，将会给国家利益或者公共利益带来重大损失的。

4. 二审判决

（1）维持原审原判的适用条件。原判决认定事实清楚，适用法律、法规正确。

（2）改变原审判决。第一，原审判决认定事实清楚，但适用法律、法规错误。第二，原审判决认定事实不清、证据不足或者由于违反法定程序可能影响案件正确判决的，第二审法院可以在查清事实后改判。

（3）发回重审。第一，原审判决认定事实不清、证据不足，或者由于违反法定程序可能影响案件正确判决的，裁定撤销原判，发回原审法院重审。第二，原审判决遗漏行政赔偿请求，第二审法院经过审理认为依法应当予以赔偿的，在确认被诉具体行政行为违法的同时，可以就行政赔偿问题进行调解；调解不成的，应当就行政赔偿部分发回重审。第三，第二审法院对上诉的行政案件审理后，认为原判决遗漏了必须参加诉讼的当事人或者诉讼请求的，应当裁定撤销原审判决，发回重审。

二十一、行政诉讼的执行与非诉行政案件的执行

1. 行政诉讼的执行

（1）行政案件当事人逾期不履行法院生效的判决或裁定，由执行机关采取强制措施促使当事人履行义务，从而使生效法律文书的内容得以实现的活动。

（2）执行组织：法院、行政机关（授权）。

（3）执行依据：法律文书已生效；法律文书必须具有可供执行的内容；可执行事项具体明确。

（4）申请执行的期限：申请人是公民的期限为1年；申请人是行政机关、法人或其他组织的期限为180天。

（5）执行措施。对行政机关：强行划拨、实施执行罚、提出司法建议、追究刑事责任。对公民、法人或其他组织：冻结、划拨被执行人的银行存款；扣留、提取被执行人的劳动收入；查封、扣押、冻结、拍卖、变卖被执行人的财产；强制支付利息或迟延履行金；强制拆除、强制扣留、强制遣送等。

2. 非诉行政案件的执行

（1）概念：法院基于行政机关或者权利人的申请，依法强制公民、法人或者其他组织履行由已经生效的具体行政行为所确定的义务的法律制度。

（2）条件：具体行政行为依法可以由法院执行且已经生效并具有可执行的内容；申请人是作出此行为的主体或者该行为确定的权利人；被申请人是该具体行政行为确定的义务人；在规定期限内未履行义务；申请人在法定期限内提出申请；属于受理申请的法院管辖。

（3）适用范围：凡行政机关对具体行政行为没有强制执行权，以及行政机关和法院对具体行政行为皆享有强制执行权时，行政机关都可以申请法院强制执行该具体行政行为。

（4）程序：申请，立案审理与受理；合法性审查与执行裁定；执行前的准备；执行的实施。

环境与资源保护法学基础知识点

第一节　环境与资源保护法概述

一、环境资源

1. 环境的概念及分类

环境是指作用于一个对象的所有外界影响与力量的总和。环境总是以某一对象为中心而言的，人们把这个中心对象称为主体，把围绕着中心对象的周围世界称为环境。

2. 资源的概念及分类

资源是指对人有使用价值的某种东西。

广义的资源包括自然资源、经济资源、人力资源等，狭义的资源则仅指自然资源。学术界对资源的定义也各不相同。

人们根据自然资源的分布空间，将其分为地下资源和地表资源；根据自然资源是否可再生，将其分为可再生资源和不可再生资源。

3. 环境与自然资源的关系

环境与自然资源既密不可分又相互依存，两者关系非常紧密。自然资源是环境的组成部分，是构成环境的要素之一，破坏了自然资源就是破坏了环境。但破坏了环境不一定破坏了自然资源，如噪声污染、光污染等，虽说污染了环境但并没有对资源造成破坏。

因此，我们认为环境和自然资源的关系是一种包含和被包含的逻辑关系。

二、环境资源问题

环境资源问题是指由于自然原因或人类活动使环境条件或因素发生不利于人类的变化，以致影响人类的生产和生活，给人类带来灾害的现象。

三、环境资源保护

1. 环境资源保护的概念

所谓环境资源保护是指为了协调人与自然的关系，促进人与自然的和谐共处，保证自然资源的合理开发利用，防止环境污染和生态破坏，保障社会经济的可持续发展而采取的行政、经济、法律、科学技术以及教育等诸多措施和行动的总称。

2. 环境资源保护的内容

（1）预防和治理由生产和生活活动引起的环境污染。

（2）防止由建设和开发活动引起的环境破坏。

（3）保护有特殊价值的自然环境。

四、环境与资源保护法的概念及特征

1. 环境与资源保护法的概念

环境与资源保护法是调整有关环境资源的开发、利用、保护和改善的社会关系的法律规范的总称，它包括环境保护法或污染防治法、自然保护法、资源（能源）法、土地法、国土法、区域发展法或城乡规划建设法等法律。

2. 环境与资源保护法的特征

（1）调整对象的特殊性。

（2）综合性。

（3）科学技术性。

（4）公益性。

五、中国环境与资源保护法的发展概述

改革开放以后的环境与资源保护法具有以下几个主要特点：

第一，可持续发展战略已成为环境与资源保护法的指导思想。

第二，环境立法的综合化进一步加强。

第三，环境法治已经成为环境法制建设的目标，环境民主和公众参与成为我国环境与资源保护法的基本原则和制度。

第四，环境与资源保护法越来越多地采用经济手段和市场机制。

第五，环境与资源保护法越来越多地采用科技手段和技术规范。

第六，我国环境与资源保护法与国外、国际环境与资源保护法以及地方环境与资源保护法规的协调性日益增强。

六、我国环境与资源保护法的立法趋势

（1）统筹城乡环境保护立法。

（2）推进循环经济的立法，为树立科学发展观搭建政策平台。

（3）严格控制污染物排放总量的立法。

（4）协调推进区域环境保护立法。

（5）进一步加强国际环境保护方面的合作。

七、环境与资源保护法的目的

环境与资源保护法的目的，即环境与资源保护法的立法目的，是指国家希望通过环

境与资源保护法的实施来实现的目标或结果，是国家在制定环境与资源保护法之前必须明确的立法意图，属于环境与资源保护法基本问题的范畴。

在我国，《中华人民共和国宪法》（1982 年）和《中华人民共和国环境保护法》（1989 年）将环境与资源保护法的立法目的规定为以下五个方面：

第一，保护和改善生活环境和生态环境。

第二，防止污染和其他公害。

第三，合理开发、利用环境资源。

第四，保障人体健康。

第五，促进经济和社会的可持续发展。

八、环境与资源保护法的作用

环境与资源保护法作用的具体表现可以从环境管理、环境资源、环境保护、环境意识和环境国际关系五个方面来认识。

第一，国家进行环境资源管理的法律依据。

第二，合理开发和利用环境资源，防止环境污染，保护环境质量的法律武器。

第三，协调经济、社会发展和环境保护的有效手段。

第四，促进公众参与环境管理，普及环境科学知识的教材。

第五，处理环境国际关系，维护我国环境权益的重要工具。

九、环境与资源保护法律关系

（一）概念

广义上来说，法律关系是指通过法律所形成和建立的各种关系。

基于这种广义的认识，环境与资源保护法律关系是指由环境与资源保护法所调整的各种关系，包括环境与资源保护法律规定或涉及的人与人的关系和人与自然的关系，合称为环境资源社会关系。

第一，环境与资源保护法律关系是一种环境资源社会关系。

第二，环境与资源保护法律关系只能是环境与资源保护法所调整的环境资源社会关系。

（二）环境与资源保护法律关系的主体

1. 环境与资源保护法律关系主体的种类

环境与资源保护法律关系的主体是指在环境与资源保护法律关系中享有权利和承担义务的当事人或参加者，又称权利义务主体。

在我国，环境与资源保护法律关系主体包括国家、法人、非法人组织和自然人。

国家是环境与资源保护法律关系的一种特殊主体，也称公法人。

法人是指具有权利能力和行为能力，依法独立享有民事权利和承担民事义务的组织。

非法人组织又称其他组织，是指不具备法人资格、不能独立承担民事责任的社会组织。

自然人是因出生而取得民事主体资格的人，是相对法人的民事主体。

2. 环境与资源保护法律关系主体的特征

第一，环境与资源保护法律关系的主体具有广泛性。

第二，国家环境资源管理机关是环境与资源保护法律关系中最重要的主体之一。

第三，权利主体与义务主体具有应对性。

（三）环境与资源保护法律关系的客体

1. 环境与资源保护法律关系客体的概念和种类

环境与资源保护法律关系的客体是指主体的权利和义务所指向的对象，又称权利客体或义务客体。法律关系的客体一般包括物、行为、精神财富和其他权益。环境与资源保护法律关系的客体也不例外，能反映环境与资源保护法律关系特点的主要客体是环境资源（物）和对环境资源有影响的行为。

（1）环境资源，表现为自然因素的各环境要素或资源，即环境与资源保护法的保护对象，表现为物质实体的各种污染物质和现象。

（2）环境资源行为。环境资源行为是指环境与资源保护法主体在开发利用和保护改善环境资源的过程中，为达到协调人类与环境关系的目的而进行的有目的、有意识的活动。

它包括管理主体的监督管理行为和管理相对人的防治污染和生态破坏、保护和改善环境的行为（包括各种开发、利用、保护、改善环境资源的行为，污染防治行为和管理环境资源的行为）。

2. 环境与资源保护法律关系客体的特征

（1）作为环境与资源保护法律关系客体的环境资源具有强烈的生态性。民事法律关系和经济法律关系上的物都具有经济性和物质利益性特征，而在环境与资源保护法律关系中，各环境要素的生态效益是第一位的。

（2）环境资源行为是环境与资源保护法律关系的最重要、最经常的客体。

（四）环境与资源保护法律关系的内容

1. 环境资源管理主体的权利和义务

（1）环境资源管理主体的权利

环境资源管理主体的权利又可称为权力，是指法律赋予的，为实现国家环境资源管理职能所必需的，运用各种国家机器及物质设施使全社会服从自己意志的各种强制力量的总称。

①环境管理规范制定权。

②环境资源行政处理权。

③处罚强制权。

④对特定物的管理权。

⑤环境司法权。

（2）环境资源管理主体的义务

①管理性义务，即为建立和保持正常生产和生活所必需的环境与资源保护法律秩序的总和。如制定法律法规，管理各种开发利用环境的活动，管理各种污染和破坏环境的活动等。

②服务性义务，即为保护和改善环境创造各种条件的义务的总和。如进行环境保护的宣传教育，推广先进的环境保护工艺流程，提供污染治理设施等。

2. 管理相对人的权利和义务

（1）管理相对人的权利

①参加环境资源管理权。

②环境资源使用权。

③保障权。

④受益权。

⑤申诉和空诉权。

（2）管理相对人的义务

①遵守和维护环境与资源保护法律秩序的义务。

②服从国家环境资源管理的义务。

③服从制裁的义务。

3. 环境与资源保护法律关系内容的特征

（1）权利和义务的具体内容都与开发、利用、保护、治理环境资源有关。

（2）权利义务既是把环境与资源保护法律关系中的主体双方联结起来的纽带，又是把环境资源保护法律关系中的主体和客体联结起来的纽带。

（3）各种主体的权利义务既不均衡，也不对等。

十、环境与资源保护法体系

（一）概念

环境与资源保护法体系简称环境法体系，是指由相互联系、相互补充、相互制约的各种环境与资源保护法律规范组成的统一法律整体，即由旨在调整因开发、利用、保护、改善环境资源所发生的社会关系的法律规范和其他法律渊源所组成的系统。

环境与资源保护法律体系是由环境与资源保护法的调整对象决定的。

（二）类型

1. 环境与资源保护法律规范体系

环境与资源保护法律规范体系包括：宪法法律规范、行政法律规范、民事法律规范、刑事法律规范、诉令法律规范和其他法律规范。

2. 环境与资源保护法效力体系

从现行法律法规的效力级别来看，我国环境与资源保护法体系主要由以下四个层次构成：宪法、环境与资源保护法律、环境资源行政法规及部门规章、环境资源地方性法规及政府规章。

此外，民族区域自治地方还可以直接根据宪法和地方组织法的规定，制定环境与资源保护自治条例或单行条例。

3. 环境与资源保护法功能体系

（1）综合性环境与资源保护法律或者具有较强综合性的法律。

（2）单行性专门环境与资源保护法规。

（3）环境资源标准及其有关法律规定。

（4）各种有关环境资源方面的计（规）划和有关法律规定。

（5）我国缔结或者参加的国际环境资源条约。

（6）其他法律部门的法律法规中有关环境资源的法律规定。

（三）几个主要的行业部门体系

1. 环境保护法体系

环境保护法体系主要包括：环境污染防治法系统、自然保护法系统、区域保护法系统、环境保护管理法系统。

目前，我国已初步建立了以《中华人民共和国环境保护法》为基本法，以防治环境污染为主要内容的环境保护法体系。

2. 资源法体系

资源法体系包括：土地资源法体系、水资源法体系、生物资源法体系、矿产资源法体系、能源法体系、海洋资源法体系、气候资源法体系、旅游资源法体系。

第二节　环境与资源保护法的基本原则

一、环境与资源保护法基本原则的特征

（1）环境与资源保护法的基本原则须由法律所确认或体现。

（2）环境与资源保护法的基本原则必须反映环境法的特点。

（3）环境与资源保护法的基本原则必须是贯穿于整个环境与资源保护法体系的、具有普遍意义的指导性原则。

二、现行环境立法所确认的环境与资源保护法基本原则

1. 协调发展原则

协调发展原则又叫经济、社会与环境协调发展原则，是指环境保护与经济建设和社会发展统筹规划、协调发展，实现经济效益、社会效益和环境效益的统一。这项原则在我国环境立法中以直接规定的方式得以确认。

可持续发展的概念包括以下几方面的内容：

（1）人类需求和欲望的满足是发展的主要目标。

（2）人们的消费标准和生活水平必须限制在生态承载能力的范围内。

（3）可持续发展要求每个人都有平等的机会，不应危害后代人满足其基本需要的能力。

（4）人口增长会给自然资源增加压力，因此，应保持人口的稳定。

（5）在发展过程中，人类对自然系统的干扰不应当威胁生命支持系统。

（6）可持续发展要求公平地分配有限的自然资源，特别是对不可更新资源的利用，人类应考虑将自然资源耗竭减少至最小限度，其耗竭的速率应尽可能较少地妨碍未来世代的选择权和机会。

（7）可持续发展要求保护生物多样性。

可持续发展的核心思想是：社会经济的发展应建立在生态可持续性、社会公平和人民广泛参与自身发展决策的基础上。

其追求的目标是：既要使人类的合理需求得到满足，个人得到充分发展，又要保护生态环境和自然资源，不损害后代人的利益。可持续发展特别关注各种经济活动的生态合理性，强调对自然资源、生态环境有利的经济活动应给予鼓励，反之则应予摒弃。

2. 预防为主原则

预防为主原则是预防为主、防治结合、综合治理原则的简称。

该原则的基本含义是：在生态环境保护工作中要把防止产生生态问题放在首位，事先采取防范措施，防止在生产、生活等人类活动中对生态环境、自然资源造成污染、破坏，防止生态失衡，做到防患于未然；对不可避免的或已经发生的环境污染和生态破坏，

应积极采取措施进行治理。

3. 合理开发利用原则

合理开发利用原则是指人们在开发利用环境和自然资源的过程中，应当把开发利用与保护结合起来，以达到环境和自然资源的可持续利用的目的。要切实保障合理开发利用原则的实施，需要采取以下几种措施：

(1) 人类必须按照生态环境和自然资源的特点及客观生态规律进行开发利用。

(2) 坚持自然资源开发和节约并举，把资源节约放在首位，提高自然资源的利用效率。

(3) 注重运用市场机制和政府干预相结合的办法来引导自然资源的开发利用和保护。

(4) 依靠科技进步合理开发、利用资源，科学技术是第一生产力。

4. 污染者付费、受益者补偿原则

污染者付费、受益者补偿原则是指对环境造成污染的单位和个人，有责任对其污染源和被其污染的环境进行治理；自然资源的利用人或受益人应当对自然资源的权利人或生态服务提供人给予补偿。

5. 公众参与原则

公众参与原则是指生态环境的保护和自然资源的开发利用必须依靠社会公众的广泛参与，公众有权参与解决生态问题的决策过程，参与环境管理并对环境管理部门以及单位、个人与生态环境保护有关的行为进行监督。

三、我国环境与资源保护法基本原则的发展

1. 种际正义原则

种际正义原则是指地球生物圈内的所有物种都是生命共同体的成员，具有存在价值和内在价值，人类只是地球生物圈共同体中的普通成员，而非生物圈的主人，人类应当尊重其他生物生存和存在的权利。

2. 代际公平原则

代际公平原则是指人类的不同世代之间应公平地享有地球权利并承担地球义务的原则，或者称为代间权原则。

3. 生态优先原则

生态优先原则是指在处理经济增长与生态环境保护之间的关系问题上，确立生态环境保护优先的法律地位，作为指导调整生态社会关系的法律准则。

第三节　环境与资源保护法的基本制度

一、环境与资源保护法基本制度的概念

环境与资源保护法的基本制度是指为了实现环境与资源保护法的立法目的，贯彻和落实环境法的基本原则，由调整特定环境资源社会关系的一系列环境资源法律规范所组成的相对完整的规范体系。

二、环境与资源保护法基本制度的分类

一类是环境保护基本法律制度，另一类是自然资源保护基本法律制度。环境保护基

本法律制度包括环境规划制度、环境监测制度、环境标准制度、环境影响评价制度等，自然资源保护基本法律制度包括自然资源权属制度、自然资源规划制度、自然资源许可证制度等。

三、环境与资源保护法基本制度的特点

（1）环境与资源保护法基本制度适用对象的特定性。

（2）环境与资源保护法基本制度具有较强的操作性。

（3）环境与资源保护法基本制度在规范组成上具有系统性的特点。

（4）环境与资源保护法的基本制度具有开放性的特点。

四、我国环境与资源保护法的基本制度

（一）环境规划制度

1. 环境规划制度概述

略

环境规划制度是指国家根据各地区的环境条件、自然资源状况和社会经济发展的需要，对自然资源的开发利用、城市及村镇建设、工农业生产布局、基础设施建设等，在一定时期内所作的总体安排，以便达到其预定的环境目标。

2. 环境规划的主要内容

（1）土地利用规划制度。

（2）生态环境保护规划制度。

3. 自然资源规划制度

自然资源规划制度是指根据自然资源的特点，在一定时期内对特定区域和地区的自然资源进行开发利用、保护、恢复和管理所做的总体部署。

4. 城乡规划

城乡规划是指为了协调城乡布局，改善人居环境，实现城乡经济社会的可持续发展的目标，根据国民经济和社会发展规划以及当地的自然环境、资源条件、历史情况等对城乡发展和建设所做出的综合部署。

（二）环境监测制度

1. 环境监测制度概述

2. 环境监测制度的主要内容

（1）环境监测的目的。第一，评价环境质量，预测环境质量的发展趋势。第二，积累环境本底值资料，掌握准确的环境容量的数据，为制定环境污染防治法律法规、环境标准、环境规划、环境污染的综合性防治对策提供科学依据。第三，促进环境测试技术的研究和发展。第四，预防污染和突发公共危机事件。

（2）环境监测的对象。环境监测主要以污染源和环境质量状况为监测对象。污染源主要包括工业污染源、交通污染源、城市废弃物、医疗废物、废水等，环境质量状况主要包括大气、水体、土壤、噪声、农畜产品、水产品、森林植被、土地沙漠化及盐碱化、地面沉降、自然保护区等。

（3）环境监测的分类。研究性监测指环境科研工作中的研究、研定某种或某几种污染物对周围环境的污染范围、污染强度及其迁移转化的趋势和规律而进行的监测，是为了科学研究而进行的监测。监视性监测指选择有代表性的地点，定点、定时和定期地长

期监测，包括污染控制排放监测和污染趋势监测，是对环境污染进行的经常性、监视性的监测。特别目的监测是指为了特定目的的实现而进行的环境监测。

3. 环境监测的管理

（1）环境监测机构。

（2）环境监测网。

（3）环境监测报告制度和环境监察员制度。

（三）环境标准制度

1. 环境标准制度概述

环境标准是指国家为维护环境质量、控制污染，保护人体健康、社会财富和生态平衡，就环境质量以及污染物的排放，环境监测的方法等其他需要的事项，按照国家规定的程序制定和批准的各种技术指标与规范的总称。

2. 环境标准制度具体内容

依据我国《中华人民共和国环境保护法》及《中华人民共和国环境保护标准管理办法》第三条的规定，中国环境标准主要由国家环境标准、地方环境标准两级以及环境质量标准、污染物排放标准、环保基础标准和方法标准三类构成。

3. 国家环境标准和地方环境标准

国家环境标准是由国家专门机关批准颁发，在全国范围内或者在特定领域或特定区域内适用的环境标准。

地方环境标准是由省、自治区、直辖市人民政府批准颁发的在该人民政府行政区域内适用的环境标准。国家环境标准是对共性或重大的事物所作的统一规定，在全国范围或特定领域、特定区域内执行，是制定地方环境标准的依据和指南。

4. 环境质量标准、污染物排放标准、环保基础标准和方法标准

环境质量标准是指以保护自然环境、人体健康和社会物质财富和促进生态良性循环为目标，在一定时间、空间范围内规定所含有害物质或者因素的最高限额的容许含量。

污染物排放标准是指为了实现环境目标和环境质量标准，结合技术经济条件或环境特点而制定的，规定环境容许排放的污染物的最高限额。

环保基础标准和方法标准是指为确定环境质量标准、污染物排放标准及其他环境保护工作而专门制定的具有指导意义的符号、指南、原则以及关于抽样、分析、试验、监测的方法。

5. 环境标准的制定和实施

环境标准是技术性的法律规范，其制定、颁布机关有特定性，要经授权由有关国家机关制定和颁布。

依据《中华人民共和国环境保护法》第九条、第十条及《中华人民共和国环境保护标准管理办法》第九条、第十条的规定，确定了环境标准制定的不同主体及权限。

6. 制定环境标准的原则

（1）环境基准原则。

（2）浓度标准与总量控制标准相结合的原则。

（3）与国际环境标准相接轨的原则。

（4）最佳环境效益原则。

（5）原则性和灵活性相结合的原则。

（四）环境影响评价制度

1. 环境影响评价制度概述

《中华人民共和国环境影响评价法》第二条规定：本法所称环境影响评价，是指对规划和建设项目实施后可能造成的环境影响进行分析、预测和评估，提出预防或者减轻不良影响的对策和措施，进行跟踪监测的方法与制度。

2. 环境影响评价制度的主要内容

(1) 环境影响评价的对象。根据《中华人民共和国环境影响评价法》第三条规定：凡在中国领域和中国管辖的其他海域内从事对环境有影响的规划或建设项目，都必须执行环境影响评价制度。

环境影响评价的对象主要有两类：规划与建设项目。

(2) 环境影响评价的具体内容。环境影响评价的内容也就是编制环境影响评价报告书的内容，是环境影响评价工作通过书面形式表达的最终成果。《中华人民共和国环境影响评价法》第十条和第十七条对规划和建设项目的环境影响评价内容作了具体的规定

专项规划的环境影响报告书应当包括下列内容：①实施该规划对环境可能造成影响的分析、预测和评估。②预防或者减轻不良环境影响的对策和措施。③环境影响评价的结论。

建设项目的环境影响报告书主要包括以下几个方面内容：①建设项目概况。②建设项目周围环境现状。③建设项目对环境可能造成影响的分析、预测和评估。④环境保护措施及其经济、技术论证。⑤环境影响经济损益分析。⑥对建设项目实施环境监测的建议。⑦环境影响评价结论。

(3) 环境影响评价的程序。①委托环评机构环评。②制作《环境影响报告书》或《环境影响报告表》。③公众参与环评，进行环评听证。④专项规划草案的审查和建设项目主管部门对环境影响评价报告书（表）的预审。⑤专项规划草案的环境影响评价报告书及建设项目环境影响评价报告书（表）的审批。⑥环境影响的跟踪评价。

(五)“三同时”制度

1. “三同时”制度概述

“三同时”制度是指一切新建、改建和扩建的基本建设项目（包括小型建设项目）、技术改造项目以及一切可能对环境造成污染和破坏的工程建设和自然开发项目，都必须严格执行防治污染和生态破坏的措施与主体工程同时设计、同时施工、同时投产使用的法律制度。“三同时”制度是我国在环境保护工作中的一项创举，是在环境资源行政管理中形成的一项重要管理制度 。

2. “三同时”制度的主要内容

(1) “三同时”制度的适用范围。随着“三同时”制度的建立、发展和完善，“三同时”制度的适用范围也在逐步扩大和改变。“三同时”制度适用于以下开发建设项目：新建、改建、扩建项目，技术改造项目，凡从事对环境有污染或破坏影响的工程建设或开发项目，确有经济效益的综合利用项目。

(2) “三同时”制度的内容。《中华人民共和国建设项目环境保护管理条例》规定了“三同时”制度的具体内容。建设项目一般包括设计、施工和投入使用三个阶段，“三同时”制度贯穿于建设项目的全过程，对不同阶段提出了特定的管理要求。第一，同时设计。第二，同时施工。第三，同时投产使用。

(六) 许可证制度

1. 许可证制度概述

许可证制度是指有关环境、资源主管部门依据环境法及相关法律的规定，对提出申请的单位和个人颁发许可证、资格证书或者执照等文件，允许其从事某项对生态环境有不良影响活动的法律制度。

2. 许可证制度的主要内容

（1）环境许可证的分类。

第一类是防止环境污染许可证。第二类是防止环境破坏许可证。第三类是整体环境保护许可证。

（2）排污许可证。排污许可证制度是指凡需要向环境排放各种污染的单位或个人，皆必须经过环境保护主管部门批准获得排放许可证后方能从事排污行为的一系列环境行政过程的总称。第一，排污申报登记。第二，排污指标的核定。第三，排污许可证的审批与发放。

审批发放许可证时要对排污者规定必须遵守的条件：污染物允许排放量；规定排污口的位置、排放方式、排放最高浓度等。

（3）排污许可证的监督检查和管理。在颁发了排污许可证后，还应依法对持证人执行许可证的情况进行监督检查，这是许可证制度能否有效执行的关键。第一，要建立必要的监督检查制度。第二，重点排污单位和环保部门都要配备监测设备及专业管理人员，逐步完善监测体系。

3. 违反许可证制度的法律责任

责令停止违法行为，没收违法所得，可以并处违法所得一倍以下的罚款。

（七）经济调控制度

经济调控制度是指国家运用经济杠杆刺激或者抑制生产活动或消费活动，以支持生态保护行为、抑制生态破坏行为的法律制度。

经济调控制度所运用的经济杠杆包括财政援助、税收、收费、信贷、担保、押金、基金等手段和措施。其中各国广泛使用的是税费制度，因此有学者称之为“环境资源税费制度”。

1. 环境资源税

环境资源税是国家对一切开发、利用环境资源的单位和个人，根据其开发利用环境资源的程度进行征收的税收。

目前，世界上大多数国家都已经采取税收政策来促进生态环境的保护。世界各国为了防治污染和保护环境开征的税种大约有一百种。这些税收可以分为三类：

（1）对企业排放污染物征收的税。

（2）对高耗费高耗材行为征收的税。

（3）对城市环境和居住环境造成污染征收的税。

2. 环境资源费

环境资源费是指对各种自然资源开发、利用和保护管理进行收费的制度。包括资源费、环境费。

根据《中华人民共和国征收排污费暂行办法》的规定，征收排污费污染物范围包括污水、废气、固体废物、噪音、放射性物质五类。排污费的征收对象主要是超过国家或地方污染物排放标准排放污染物的企事业单位和超标排放采暖锅炉烟尘的其他单位。

（1）排污费的加收、减收和免收。向水体排污超过国家或者地方排放标准的，加倍征收排污费；排污者因不可抗力遭受重大经济损失且及时采取了防止造成污染的有效措施才能申请减收或者免收排污费。

（2）排污费的征收程序。首先，由污染物排放单位向环境保护行政主管部门申请登记排放污染物的种类、数量和浓度，经环境保护部门或其指定的检测单位核定后，作为收费的依据。其次，环境保护行政主管部门按月或季度向排污单位发出缴费通知单。最后，排污单位应在收到缴费通知单20日内向指定的银行缴付。逾期不缴纳的，每天增收千分之一的滞纳金。拒不缴纳的，环境保护行政主管部门可以对其处以罚款，也可以申请人民法院强制执行。

（八）自然资源权属制度

自然资源权属制度是法律关于自然资源归谁所有、使用以及由此产生的法律后果由谁承担的一系列规定构成的规范系统。自然资源权属制度的主要内容包括：

1. 自然资源所有权

自然资源所有权是指所有权人依法占有、使用、收益、处分自然资源的权利。按照自然资源权属的主体来划分，我国自然资源法中所规定的自然资源所有权基本有两类，即：自然资源国家所有权与自然资源集体所有权。

（1）自然资源所有权的取得。自然资源所有权的取得有三种方式：法定取得、强制取得、天然孳息或自然添附。

自然资源集体所有权的取得也主要有两种方式：法定取得、开发利用取得。

（2）自然资源所有权的变更。自然资源所有权变更是指自然资源所有权的变化，亦即自然资源从一主体转给另一主体的过程。自然资源所有权可因下列原因而变更：第一，因征收而变更。第二，因原所有权主体的合并或分立而变更。第三，因依法转让而变更。第四，因对换或调换而变更。

（3）自然资源所有权的消灭。自然资源所有权的消灭是指自然资源所有权基于一定的法律事实而归于消灭。自然资源所有权的消灭，主要有两种原因：第一，因客体的消灭而消灭。第二，因法律的规定而消灭。

2. 自然资源使用权

自然资源使用权是指单位和个人依法对国家所有或者集体所有的自然资源进行占有、使用和收益的权利。

我国自然资源使用权根据不同的标准可以进行不同的分类。

（1）自然资源使用权的取得。第一，确认取得。第二，许可或承包经营取得。第三，转让取得。第四，开发利用取得。

（2）自然资源使用权的变更。自然资源使用权的变更是指自然资源使用权的主体或内容所发生的变化。其变更的原因通常有：第一，因主体的合并或分离而变更。第二，因转让而变更。第三，因破产、抵债而变更。第四，因合同内容变更而变更。

（3）自然资源使用权的消灭。自然资源使用权的消灭是指自然资源使用权因某种法律事实的出现而丧失。自然资源使用权消灭的原因主要有以下三种：第一，因权利客体的消失而消灭。第二，因法定或者约定的事由出现或期限届满而消灭。第三，因权利主体的消灭而消灭。

（九）自然资源有偿使用制度

1. 自然资源有偿使用制度概述

自然资源有偿使用制度是指自然资源使用人或生态受益人在合法利用自然资源或享受生态系统所提供服务的过程中，对自然资源的所有权人或生态功能提供者支付相应费用的法律制度。

2. 自然资源有偿使用制度的主要内容

(1) 狭义层面的自然资源有偿使用制度主要借助于市场机制，使自然资源的经济价值得以实现。

我国已经开征的自然资源使用费包括：土地使用费、水费、水资源费等。

(2) 生态环境补偿制度。第一，生态环境补偿制度概述。现自然资源利用的社会公正，通过经济调控手段对自然资源的利用者和生态系统服务功能的受益者征收一定量的生态补偿金，把补偿金用于自然资源的恢复，并对生态系统服务功能的提供者进行补偿的法律制度。

第二，生态环境补偿的主要内容。①生态环境补偿的原则，国家在征收生态环境补偿金过程中所应该遵守的原理和准则。②生态环境补偿金，国家对自然资源的利用者和受益者所征收的费用。③生态环境补偿的对象，根据生态补偿金补偿的对象是针对生态要素，还是针对对生态环境保护的贡献者，可以把生态补偿分为直接补偿和间接补偿两种类型。④生态环境补偿的标准：一是对生态系统所提供的服务功能进行价值评估。二是对生态服务功能提供者的机会成本损失进行核算。

⑤生态环境补偿的方式。目前主要是通过货币补偿的方式对生态环境的贡献者作出补偿，建议对生态环境贡献者进行补偿时，应当建立起一套货币补偿、实物补偿、技能培训费补偿、保险费用补偿等多元化的补偿体系。⑥重点区域生态环境补偿。

(十) 自然资源恢复制度

1. 自然资源恢复制度概述

(1) 自然资源恢复制度的概念。自然资源恢复制度是指为了实现自然资源的可持续利用，要求行为人对因其开发利用活动或其他活动所造成的自然资源的破坏，必须采取恢复措施加以补救的法律制度。

(2) 自然资源恢复制度的性质。自然资源恢复制度从性质上讲是一种义务和责任，是自然资源使用人在利用自然资源时所应承担的恢复自然资源功能的义务和责任。

(3) 自然资源恢复制度的分类。自然资源恢复制度是以恢复自然资源功能形态为主要目的，以采用补救和治理的方式来恢复自然资源的功能和形态。

自然资源恢复义务和种类因划分的依据不同，可以有不同的分类：第一，按照自然资源恢复对象来划分，可以分为自然资源功能的恢复和自然资源形态的恢复。第二，按照恢复自然资源的手段来划分，可以分为补救恢复和治理恢复。

2. 自然资源恢复制度的主要内容

自然资源恢复制度是一种以恢复自然资源为内容的制度。自然资源的恢复主体和自然资源恢复主体履行相应的恢复义务是自然资源恢复制度的主要内容。

在进行自然资源恢复以前，必须明确自然资源恢复责任的主体。自然资源恢复的责任主体可以分为原主体和代位主体两大类，原主体通常有两种：

(1) 对自然资源享有合法开发利用资格的单位和个人。

(2) 基于违法行为而产生恢复责任的单位和个人。

代位主体代位责任的产生有两种情况：

(1) 自然资源恢复责任主体拒绝履行、履行不能或履行不符合规定。例如，《中华人民共和国森林法》第三十九条第三款规定："拒不补种树木或者补种不符合国家有关规定的，由林业主管部门代为补种，所需费用由违法者支付。"

(2) 不能查明具体的自然资源恢复责任主体。国家作为自然资源的权属主体，为了保障自然资源的永继利用，应当对被破坏的自然资源进行形态和功能上的恢复。

(十一) 自然资源开发利用禁限制度

1. 自然资源开发利用禁限制度概述

自然资源开发利用禁限制度是指资源法根据自然资源的特点和保护自然资源的需要，对其进行利用的方式、对象、时间、范围、工具等所作的禁止和限制的制度。

2. 自然资源禁限制度的主要内容

(1) 渔事禁限。渔事禁限是指为了保护渔业资源及其有关的渔业发展条件而在渔业活动中禁止和限制的事项，主要包括如下内容：

第一，捕鱼方式与渔具的禁止规定。

第二，禁渔区、禁渔期。

第三，为保护水生动物苗种而作的禁限规定。

第四，对可能影响渔业资源的渔业活动及其他行业的活动进行限制。

(2) 林事禁限。林事禁限是指为了保护、发展森林资源，在利用森林资源的活动中禁止和限制的事项。依据我国《中华人民共和国森林法》的规定，林事禁限主要包括如下内容：

第一，森林采伐量的限制和采伐许可证。

第二，对森林采伐方式的限制。

第三，封山育林的限制。

(3) 草原利用禁限。草原利用禁限制度是指为了保护和发展草原资源而对利用草原资源及其有关的活动予以禁止和限制的制度。我国《中华人民共和国草原法》所规定的禁限事项主要有五个方面：

第一，禁止开垦和毁坏草原植被。

第二，禁牧、休牧制度。

第三，对采集、砍挖的限制。

第四，对草原载畜量的限制。

第五，对机动车行驶的限制。

(4) 矿事禁限。矿事禁限是指在矿产资源利用及其有关活动中的禁止和限制事项。我国矿产资源法规定的禁限事项主要有四个方面：

第一，禁止开矿的区域。《中华人民共和国矿产资源法》第二十条规定了禁止开矿的区域。

第二，对普查、勘探方法的限制。

第三，禁止压覆重要矿床。

第四，对矿产品购销的限制。

(5) 地事禁限。地事禁限是指在土地资源的利用及其与土地利用有关的活动中予以禁止或限制的事项。根据我国《中华人民共和国土地管理法》的规定，地事禁限事项主要有三方面：

第一，对耕地、基本农田利用的禁限。

第二，对耕地开垦的禁止。

第三，对开发、复垦用途的限制。

(6) 水事禁限。水事禁限是指在水资源的利用及其有关的活动中应予禁止或限制的事项。根据我国《中华人民共和国水法》的规定，水事禁限主要有五个方面：

第一，对妨碍行洪的禁限。

第二，对河道采砂的禁限。

第三，禁止围湖造地，禁止围垦河道。

第四，妨害水工程的禁限。

第五，开采地下水的限制。

第四节　环境法律责任

一、环境法律责任概述

环境法中的法律责任是指违反环境法，破坏或者污染环境的单位或者个人所应当承担的责任。一般而言，环境法律责任可以分为环境行政责任、环境民事责任和环境刑事责任三种。

一定的环境法律事实是环境法律责任发生的基础。所以，环境法律责任的判断和分析都是以事实为依据，以法律为准绳的；结合案情，适用法律分析法理。一般而言，环境法律责任的分析可以依据以下几个原则进行：

（1）公法责任和私法责任分别追究的原则。

（2）不重复追究的原则。

（3）私法责任主体唯一的原则。

（4）公法责任中个人和单位分别追究的原则。

二、环境行政责任的概念

所谓环境行政责任，是指违反环境法，实施了破坏或者污染环境行为的单位或者个人所应承担的行政方面的法律责任。

三、环境行政责任的构成要件

1. 环境行政责任构成要件的含义

环境行政责任构成要件是指承担环境行政责任者所必须具备的法定条件，依法追究环境行政责任时，违法者所必须具备的主、客观条件，这些条件是由环境保护法所规定的。

2. 环境行政责任构成要件的内容

根据环境法的规定，环境行政责任的构成要件包括：行为违法、行为有危害后果、违法行为与危害后果之间有因果关系和行为者有过错等四个要件。行为者有过错指行为者实施破坏或者污染环境违法行为时的心理状态，分为故意与过失两种。行政法律责任中过错的概念一般参照刑法的规定。

我国现行环境保护法对故意实施破坏或者污染环境行为一般都规定，应当追究其环境行政责任。对过失行为，在一定条件则规定不予追究。需要注意的是，一些违法行为既可以是故意也可以是过失造成的。

区分故意与过失心理状态的意义在于：过错的形式不同，对其惩罚的程度也应有区别。故意表明行为者明知故犯，比过失行为的社会危害性大。在同等损害后果的场合，对故意的处罚应比对过失的处罚更重。过错形式影响处罚程度这一情况是环境行政责任与环境污染赔偿责任的重要区别之一。

间接故意对危害后果的发生表现为有意放任，且不采取任何防止危害后果发生的行为；过于自信过失只是过高地估计了自己的经验、技术能力等认为可以避免危害后果的发生，并在危害后果发生之前一般都采取了避免其发生的措施。

四、环境行政责任的种类

环境行政责任主要分为环境行政处罚和环境行政处分两大类。

1. 环境行政处罚的种类

环境行政处罚的种类是指环境保护监督管理部门对破坏或者污染环境者实施环境行政处罚的类别或者形式，是环境行政处罚的外在表现，并且是由环境法明文规定的。

对应着破坏或者污染环境的两类违法行为，环境法规定了两类环境行政处罚形式，即对破坏环境者与对污染环境者的行政处罚形式

2. 环境行政处分的种类

环境行政处分是指国家机关、企业事业单位按照行政隶属关系，依法对在保护和改善生活环境和生态环境，防治污染和其他公害中违法失职，但又不够刑事惩罚的所属人员的一种行政惩罚措施。环境保护领域中，环境行政处分的对象包括：

（1）单位实施了破坏或者污染环境的行为，情节较重但又不够刑事惩罚的有关责任人员。

（2）环境保护监督管理部门的工作人员在执法活动中滥用职权、玩忽职守、徇私舞弊但又不够刑事惩罚的违法行为。

公务员因违法违纪应当承担纪律责任的，可以给予警告、记过、记大过、降级、撤职、开除处分。公务员在处分期间不得晋升职务和级别，其中受记过、记大过、降级、撤职处分的，不得晋升工资档次。受处分的期间为：警告，六个月；记过，十二个月；记大过，十八个月；降级、撤职，二十四个月。公务员受开除以外的处分，在受处分期间有悔改表现，并且没有再发生违纪行为的，处分期满后，由处分决定机关解除处分并以书面形式通知本人。解除处分后，晋升工资档次、级别和职务不再受原处分的影响。但是，解除降级、撤职处分的，不视为恢复原级别、原职务。

五、环境民事法律责任

民事责任是指当事人在民事活动中违反民事法律规定的义务而承担的民事法律后果。我国的民事责任基本上可以分为违反合同的民事责任和侵权的民事责任。侵权的民事责任又可以分为有过错的民事责任和无过错的民事责任。环境法中的民事责任分为破坏环境的民事责任和环境污染的民事责任两大类。其中，破坏环境的民事责任属于有过错的民事责任；环境污染的民事责任又称公害民事责任，属于无过错的民事责任。

1. 公害民事责任的构成要件

根据传统民法原理，承担民事责任通常必须具备四个要件，即侵害行为、损害结果、行为人的过错、侵害行为和损害结果之间存在因果关系。但随着公害事件的日益增多，为了给受害人以相应的利益补偿，司法实践率先对传统民事责任理论进行了改造。在追究公害民事责任时，不把行为人的过错作为必备要件之一。

免责事由：

（1）完全由于不可抗拒的自然灾害，并经及时采取合理措施，仍然不能避免造成环境污染损害的，免于承担责任。

（2）污染损失由第三人故意或者过失所引起的，由第三人承担责任。

（3）污染损失由受害者自身的责任所引起的，排污单位不承担责任。

（4）由负责灯塔或者其他助航设备的主管部门在执行职责时的疏忽或者其他过失行为造成海洋环境污染损失的，有关责任者依法免于承担责任。

2. 举证责任的分配

最高人民法院《关于适用〈中华人民共和国民事诉讼法〉若干问题的意见》第七十四条规定：在诉讼中，当事人对自己提出的主张，有责任提供证据。但在因环境污染引起的损害赔偿诉讼中，对原告提出的侵权事实，被告否认的，由被告负责举证。

最高人民法院《关于民事诉讼证据的若干规定》第四条进一步规定："因环境污染引起的损害赔偿诉讼，由加害人就法律规定的免责事由及其行为与损害之间不存在因果关系承担举证责任。"

举证责任倒置虽然减轻了污染受害人的举证责任，但并未完全免除受害人的举证责任。根据现行规定，污染受害人仍然必须就以下事项举证：

（1）自身遭受了污染损害，并因此承受了直接损失。直接损失包括已经遭受的实际损失和合理预期收益的丧失。

（2）存在污染损害行为，而且该污染损害行为由其指控的加害人实施。

3. 因果关系的认定

关于污染行为与损害后果之间的因果关系，排污企业最具有举证能力加以证明。如果被告明确承认存在因果关系，当然不需要举证；如果被告意图否认因果关系，则应提供足以反驳的相反证据。若被告没有证据或者证据不足以证明不存在因果关系，则应承担"举证不能"的后果。在这种情况下，推定存在因果关系。

因果关系的认定在环境侵权中有自己的特点：在污染行为和损害后果之间只要有间接的因果关系即可推定因果关系的成立。推定因果关系成为各国司法实践广泛适用的做法，尤其在人身损害案件中。

六、公害民事责任的赔偿范围

我国的公害民事责任分为赔偿损失和排除危害两种形式。

赔偿损失是指国家强令污染危害环境的公民和法人，以自己的财产弥补对国家或者他人所造成的财产损失的民事责任形式。与财产损失相关的概念，环境法将其分为直接损失和间接损失，物质损害和精神损害等。

直接损失是指受环境污染危害而导致法律所保护的现有财产的减少或者丧失的实际价值，也即受害人的权利客体的缩减或者灭失，也称实际损失。

间接损失是指由直接损失引起和牵连的其他损失，也即在正常条件下可以得到，但因环境污染危害而未能得到的那部分合法收入，也称可得利益损失。

直接受到损害者是指环境污染危害行为直接指向的公民、法人或者其他组织。间接受到侵害者是指环境污染危害行为非直接造成的受害者。我国环境保护法只对直接受害人负赔偿责任。

损失包括物质损失与精神损害。前者是指受害人因受环境污染危害所导致的财产上的损失。

精神损害是指侵害行为所造成的人格伤害。最高人民法院《关于确定民事侵权精神损害赔偿责任若干问题的解释》第八条第二款指出：排除危害是指国家强令造成或者可能造成环境污染损害者，排除可能发生的环境污染危害，或者停止已经发生并予以消除继续发生环境污染危害这样一种民事责任形式。它是赔偿损失之外的另一种主要的环境民事责任形式。

七、环境刑事责任的概念

我国环境法中的刑事责任是指个人或者单位（包括法人和其他组织，下同）因违反环境保护法，严重污染或者破坏环境（含自然资源，下同），造成或可能造成公私财产重大损失或者人身伤亡的严重后果，触犯刑法构成犯罪所应负的刑事方面的法律后果。

从上述定义可知，确定某种行为是否应负环境刑事责任，必须根据《中华人民共和国刑法》和环境法的规定在环境保护领域中，社会危害性的行为就是指严重污染或者破坏环境，造成或者可能造成公私财产重大损失或者人身伤亡严重后果的行为。《中华人民共和国刑法》还设专章对犯罪行为所应受的刑罚种类作了规定。

从《中华人民共和国刑法》第三百三十八条至第三百四十六条的规定可知，该法规定的破坏环境资源保护罪的刑罚种类，包括管制、拘役、有期徒刑等三种主刑和罚金、没收财产两种附加刑。

八、《中华人民共和国刑法》关于破坏环境资源保护罪的规定

修订后的《中华人民共和国刑法》在分则第六章第六节中专设“破坏环境资源保护罪”。这是我国环境保护刑事立法的重大突破，体现了国家运用最严厉的法律武器保护环境，走可持续发展道路的决心，对我国环境保护事业和环境保护法制建设起着极大的推动作用。

破坏环境资源保护罪是指个人或者单位违反环境法、污染或者破坏环境造成或者可能造成公私财产重大损失或者人身伤亡的严重后果，依照《中华人民共和国刑法》应受到刑事惩罚的行为

从《中华人民共和国刑法》分则第六章第六节的规定可知，破坏环境资源保护罪属于妨害社会管理秩序罪中的一种罪，此类犯罪既包括污染环境构成犯罪的行为，也包括破坏环境资源构成犯罪的行为，它们都是对环境法所保护的环境资源保护社会关系的破坏，并达到一定社会危害程度，因而触犯《中华人民共和国刑法》构成犯罪并应受到刑事惩罚的行为。

从《中华人民共和国刑法》第三百三十八条至第三百四十六条的规定还可知，破坏环境资源保护罪包括十四种具体犯罪。

根据我国刑法分则第六章第六节规定的 14 种犯罪，划清罪与非罪应掌握以下两点：

一是以是否有严重危害结果作为划分罪与非罪界限。

二是以情节是否严重作为划分罪与非罪的界限。

日趋严重的环境问题已引起世界各国政府的高度重视。一些发达国家在刑法典或其他行政法规中规定了惩治危害环境的刑事条款。

加强环境的刑法保护是世界性的潮流。《中华人民共和国刑法》增设专门章节，对破坏环境资源的犯罪进行惩处，一方面是我国环境保护与可持续发展的现实需要，另一方

面也顺应了国际环境保护的发展趋势——即环境保护刑法化的加强，这无疑将对促进我国的环保事业发展起到重要的影响。

九、破坏环境资源保护罪概述

1. 重大环境污染事故罪

重大环境污染事故罪指违反环境法，向土地、水体、大气排放、倾倒或者处置有放射性废物，含传染病病原体的废物，有毒物质或者其他危险废物，造成重大环境污染事故，致使公私财产遭受重大损失或者人身伤亡严重后果，触犯《中华人民共和国刑法》构成犯罪的行为。

2. 非法处置进口的固体废物罪

非法处置进口的固体废物罪指违反《中华人民共和国固体废物污染环境防治法》，将境外固体废物进境倾倒、堆放，造成或者可能造成重大环境污染事故，致使公私财产遭受或者可能遭受损失或者严重危害人体健康，触犯《中华人民共和国刑法》构成犯罪的行为。

3. 擅自进口固体废物罪

擅自进口固体废物罪指未经环境保护行政主管部门许可，擅自进口国家禁止进口或者限制进口用作原料的固体废物，造成重大环境污染事故，致使公私财产遭受重大损失或者严重危害人体健康，触犯《中华人民共和国刑法》构成犯罪的行为。

4. 非法捕捞水产品罪

非法捕捞水产品罪指违反《中华人民共和国渔业法》，在禁渔区、禁渔期，或者使用禁用的工具、方法捕捞水产品，情节严重，触犯《中华人民共和国刑法》构成犯罪的行为。

5. 非法猎捕、杀害珍贵、濒危野生动物罪

非法猎捕、杀害珍贵、濒危野生动物罪指违反《中华人民共和国野生动物保护法》的规定，猎捕、杀害或者收购、运输、出售国家重点保护的珍贵、濒危野生动物，触犯《中华人民共和国刑法》构成犯罪的行为。

6. 非法收购、运输、出售珍贵、濒危野生动物、珍贵、濒危野生动物制品罪

非法收购、运输、出售珍贵、濒危野生动物、珍贵、濒危野生动物制品罪指违反《中华人民共和国野生动物保护法》的规定，收购、运输、出售国家重点保护的珍贵、濒危野生动物制品，触犯《中华人民共和国刑法》构成犯罪的行为。

7. 非法狩猎罪

非法狩猎罪指违反《中华人民共和国野生动物保护法》，在禁猎区、禁猎期或者使用禁用的工具、方法狩猎，破坏野生动物资源情节严重，触犯《中华人民共和国刑法》构成犯罪的行为。

8. 非法占用农用地罪

非法占用农用地罪指违反《中华人民共和国土地管理法》、《中华人民共和国基本农田保护条例》等法律、法规，非法占用耕地改作他用，数量较大，造成耕地大量毁坏，触犯《中华人民共和国刑法》构成犯罪的行为。

9. 非法采矿罪

非法采矿罪指违反《中华人民共和国矿产资源法》的规定，未取得采矿许可证擅自采矿或者擅自进入国家规划矿区、对国民经济具有重要价值的矿区和他人矿区范围采矿

的，擅自开采国家规定实行保护性开采的特定矿种，经责令停止开采后拒不停止开采造成矿区资源破坏，触犯《中华人民共和国刑法》构成犯罪的行为。

10. 破坏性采矿罪

破坏性采矿罪指违反《中华人民共和国矿产资源法》的规定，采取破坏性方法开采矿产资源造成严重破坏，触犯《中华人民共和国刑法》构成犯罪的行为。

11. 非法采伐、毁坏珍贵树木罪

非法采伐、毁坏珍贵树木罪指违反《中华人民共和国森林法》和《中华人民共和国野生植物保护条例》的规定，非法采伐、毁坏珍贵树木，触犯《中华人民共和国刑法》构成犯罪的行为。

12. 盗伐林木罪

盗伐林木罪指违反《中华人民共和国森林法》的规定，以非法占有为目的和秘密的方法砍伐国家、集体或者他人森林或者其他林木，触犯《中华人民共和国刑法》构成犯罪的行为。

13. 滥伐林木罪

滥伐林木罪指违反《中华人民共和国森林法》的规定，无采伐许可证或者未按照采伐许可证规定的地点、数量、树种、方式而任意采伐本单位所有或者管理，或者本人自留山上的森林或者其他林木，数量较大，触犯《中华人民共和国刑法》构成犯罪的行为。

14. 非法收购盗伐、滥伐的林木罪

非法收购盗伐、滥伐的林木罪指违反《中华人民共和国森林法》的规定，为牟取暴利而在林区非法收购明知是盗伐或者滥伐的林木，触犯《中华人民共和国刑法》构成犯罪的行为。

十、环境监管失职罪

所谓环境监管失职罪，是指负有环境保护监督管理职责的国家机关工作人员严重不负责任，导致发生重大环境污染事故，致使公私财产遭受重大损失或者造成人身伤亡的严重后果的行为。

第五节　环境保护法的实施

一、环境保护法实施的概念

环境保护法实施就是指各环境保护法律关系主体依照环境保护法律法规的规定，行使国家授予他们的权利和履行其义务的活动，包括环境守法、环境执法、环境司法与环境法律监督等方面。

二、环境保护法实施的意义

第一，环境保护法规范如果得不到有效的实施，则不过是一纸空文。

第二，环境保护法实施有利于落实政府、法人、公民与其他组织各自的权利与义务。

第三，环境保护法实施有利于规范政府的行为，迫使政府履行环境保护责任。

第四，环境保护法实施有利于保护受到环境污染与自然资源破坏行为损害的受害人的合法权益。

第五，环境保护法实施有利于加强对环境执法与司法的监督。

三、环境守法概述

环境守法是指各国家机关、社会组织、企事业单位和公民个人依照环境保护法律规定从事各种事务和行为的活动。环境守法就是全面履行、实施环境保护的法律规定，按照环境保护法的要求去作为或不作为，实现环境保护法的要求和目标。

四、环境守法的影响因素

环境守法的影响因素包括：威慑、经济因素、机构的可信度、社会因素、知识和技术可行性。

五、环境守法的意义

第一，完善现有环境保护立法技术与手段。

第二，提高公众的环境意识，获取公众支持。

第三，引入市场机制，采取经济激励手段。

第四，增强企业的环境管理能力。

六、环境执法概述

1. 环境执法的概念

环境执法是指环境保护行政主管部门或其他依法行使环境监督管理权的主管部门，在各自的职权范围内依法定权限和程序行使其权力和履行其义务的活动。

2. 环境执法的特征

（1）环境行政执法主体的多元性。

（2）环境行政执法互动的单方性与强制性。

（3）环境行政执法方式的多样性。

（4）环境行政执法的科学技术性。

（5）环境行政执法的超前性与补救性。

七、环境执法原则

环境执法原则包括：合法性原则、公平性原则、合理性原则、效率性原则。

八、环境执法主体

1. 环境行政主体

环境行政主体是指那些享有环境执法权的国家行政机关或由立法授予其行使环境执法权的机构。我国环境行政管理机关的多元性决定了环境行政执法行政管理主体的多元性。

环境保护行政主管部门是环境行政执法的最重要的主体，但并非环境行政执法的唯一主体，还包括：

（1）地方各级人民政府。

（2）各级环境保护行政主管部门。

（3）其他行政主管部门。

（4）其他经授权或委托的组织或机构。

2. 环境行政相对人

环境行政相对人是指环境行政执法活动中处于被管理地位的公民、法人和其他组织，是与环境行政主体相对应的一方当事人。

九、环境执法方式

环境执法方式是指环境行政执法主体依照环境法律法规的规定和要求，针对环境行政相对人所采取的各种方法、措施和手段。

环境执法方式包括环境行政许可、环境行政检查、环境行政调解处理、环境行政处罚与环境行政复议等。这些执法方式并不是各自独立、互不关联的。相反，一项环境行政执法活动可能会涉及所有环境行政执法方式。

1. 环境行政许可

环境行政许可是指享有环境行政许可权的环境行政主体根据环境行政相对人的请求，依法赋予符合法定条件的环境行政相对人从事某项一般为环境法律法规禁止事项的资格的环境行政执法行为。

2. 环境行政检查

环境行政检查是指环境保护行政主管部门或者其他依照法律规定行使环境监督管理权的部门，对管辖范围内的环境行政相对人执行环境保护法律法规的情况进行检验查证。

3. 环境行政调解处理

行政调解是在国家行政机关的主持下，以当事人双方自愿为基础，由行政机关主持，以国家法律法规及政策为依据，通过对争议双方的说服与劝导，促使双方当事人互让互谅、平等协商、达成协议，以解决有关争议而达成和解协议的活动。

4. 环境行政处罚

环境行政处罚是指有环境行政处罚权的环境行政主体或者根据环境法律法规的授权或者环境行政主体的委托，在法定职权范围内对违反环境法律法规的环境行政相对人实施的一种行政制裁。它是环境行政执法中最常见的执法方式，也是一种环境行政责任形式。

（1）环境行政处罚的特点。环境行政处罚的特点包括：广泛性、法定性、单方性、强制性。

（2）环境行政处罚的程序。根据《中华人民共和国行政处罚法》和《中华人民共和国环境保护行政处罚办法》的规定，环境行政处罚一般包括：简易程序、一般程序与听证程序。

第一，简易程序。环境行政主体对违法事实确凿、情节轻微并有法定依据，可以当场作出行政处罚决定的程序。

简易程序的内容包括：①执法人员应向当事人出示行政执法证件。②现场查清当事人的违法事实，并制作现场检查笔录。③向当事人说明违法的事实、行政处罚的理由和依据。④听取当事人的陈述和申辩。⑤填写有预定格式、编有号码的行政处罚决定书，由执法人员签名或者盖章，并将行政处罚决定书当场交付当事人。⑥告知当事人如对当场作出的行政处罚决定不服，可以依法申请行政复议或者提起行政诉讼。

第二，一般程序。这是指除适用简易程序外，环境行政主体实施的其他环境行政处罚应遵守的法定基本程序。

环境行政处罚的一般程序应包括以下几个步骤：立案、调查取证、调查终结、审查、处理决定、制作处罚决定书、书面告知、说明理由、陈述与申辩、送达。

第三，听证程序。环境行政主体在依照环境法律法规作出责令停止生产或使用、吊销许可证或者较大数额罚款等重大行政处罚决定之前，应当适用听证程序。

5. 环境行政复议

环境行政复议是环境行政相对人（公民、法人或者其他组织）认为环境行政主体的具体行政行为侵犯其合法环境权益，依照法定程序向作出该具体行政行为的机关的上一级机关提出申请，由具有行政复议管辖权的环境行政主体对有争议的具体行政行为进行审查，并作出决定的环境行政执法活动。

环境行政复议是以解决环境行政争议为前提与内容的环境行政执法的一种。

（2）环境行政复议的受案范围。①对环境保护行政主管部门作出的警告、罚款、没收违法所得、责令停止生产或者使用，暂扣、吊销许可证等行政处罚决定不服的。②认为符合法定条件，申请环境保护行政主管部门颁发许可证、资质证、资格证等证书，或者申请审批、登记等有关事项，环境保护行政主管部门没有依法办理的。③对环境保护行政主管部门有关许可证、资质证、资格证等证书的变更、中止、撤销、注销决定不服的。④认为环境保护行政主管部门违法征收排污费或者违法要求履行其他义务的。⑤申请环境保护行政主管部门履行法定职责，环境保护行政主管部门没有依法履行的。⑥认为环境保护行政主管部门的其他具体行政行为侵犯其合法权益的。

行政复议机关不予受理并说明理由的情形：①申请行政复议的时间超过了法定申请期限又无法定正当理由的。②不服环境保护行政主管部门对环境污染损害赔偿责任和赔偿金额纠纷作出的调解或者其他处理决定的。③申请人在申请行政复议前已经向其他行政复议机关申请行政复议或者已向人民法院提起行政诉讼，其他行政复议机关或者人民法院已经依法受理的。④法律法规规定的其他不予受理的情形。

（3）环境行政复议程序。①复议申请。环境行政相对人认为环境行政主体的具体行政行为侵犯了其合法环境权益，在法定期限内按照法定条件和方式向上一级环境行政机关提出环境行政复议的请求。②复议受理。环境行政复议机关接到环境行政相对人的复议申请书后，经审查认为符合法定申请复议的条件而接受申请并作出立案决定予以受理。③复议审理。环境行政复议机关在受理环境行政复议案件后，应对该案件进行审查。行政复议一般采取书面审查方式。④复议决定。环境行政复议机关对环境行政复议案件进行全面审查后，应作出行政复议决定并制作行政复议决定书。⑤复议决定的执行。环境行政复议机关作出环境行政复议决定后，依照法律规定予以实施的行为。

6. 环境行政强制执行

环境行政强制执行是指在环境行政相对人不履行环境法律法规直接规定的或者有关环境行政机关依法规定的义务时，环境行政机关依法对相对人采取必要的强制措施，强迫其履行义务或达到与履行义务相同状态的环境行政执法行为。

环境行政强制执行作为环境行政执法的一种方式，只能由环境行政主管部门或者授权的组织行使。

（1）环境行政强制执行的条件。①法定环境义务的存在。②法定环境义务的不履行。③环境强制执行主体与执行措施的法定性。

（2）环境行政强制执行的类型。①直接强制执行，即环境行政主体在环境行政相对人逾期不履行其应履行的环境义务时，对其人身或财产施以强制力，以达到与义务主体履行义务相同状态的强制执行。②间接强制执行，即环境行政主体通过间接手段迫使环境行政相对人履行其应履行的环境义务或者达到与履行义务相同状态的强制执行措施。间接强制执行又分为代执行和执行罚。

代执行也称代履行，是环境行政强制机关或第三人代替环境行政相对人履行法律法规直接规定的或者环境行政行为确立的作为义务。代执行的对象是环境行政行为所确立的可为他人代为履行的作为义务。

执行罚也称强制金，是环境行政强制执行机构对拒不履行作为义务或者不可为他人代履行的作为义务的义务主体，科以新的金钱给付义务，以迫使其履行的强制执行手段。执行罚的典型形式是滞纳金。

十、环境行政执法行为的效力

(1) 环境行政执法行为的公定力。
(2) 环境行政执法行为的确定力。
(3) 环境行政执法行为的约束力。
(4) 环境行政执法行为的执行力。
(5) 环境行政执法行为的时效力。

十一、环境司法概述

1. 环境司法的概念

法的适用通常简称为“司法”，是指国家司法机关依据法定职权和法定程序，具体应用法律处理案件的专门活动。司法活动是独立存在的，并不包含在执法之中，是法的实施的重要组成部分。

环境司法是指国家司法机关依据法定职权和法定程序，具有应用环境法律处理环境案件的一种专门活动。

2. 环境司法的特征

(1) 环境司法审判主体多元性。
(2) 环境司法的科学技术性。
(3) 环境司法的复杂多样性。
(4) 环境司法保护的滞后性。
(5) 环境司法裁决执行的多样性。

十二、环境司法的原则

1. 环境司法法治原则

在环境司法过程中，司法机关应严格依法司法。该原则的具体体现就是“以事实为依据，以法律为准绳”。

2. 环境司法公正原则

司法机关在审理环境案件时，在依照法定职权和法定程序进行审理的同时，也应本着保护弱者的公平正义观念，维护处于弱势的环境污染或破坏的受害者的合法利益。我国民事诉讼法中的有关环境侵权的举证责任倒置即是该原则的体现。

3. 环境司法平等原则

司法机关必须对任何单位和个人所享有的环境权益给予同等保护，同时对任何单位和个人污染和破坏环境的行为无一例外地加以追究和制裁。该原则是“法律面前人人平等”原则的具体体现。这一原则的实行有利于切实保障公民的环境权益，打破地方保护主义和特权思想，维护社会主义法治的权威、尊严和统一。

4. 环境司法责任原则

司法机关和司法人员在进行环境司法审判过程中侵犯了公民、法人和其他社会组织的合法权益，造成严重后果而应承担相应法律责任的原则。

十三、环境司法的种类

（一）环境行政诉讼

1. 环境行政诉讼的概念

环境行政诉讼是指公民、法人和其他组织认为环境行政主体的具体行政行为侵犯其合法环境权益，而依法向人民法院提起诉讼，人民法院依照法定程序审理并裁决的活动。

2. 环境行政诉讼的特征

（1）环境行政诉讼是因公民、法人和其他组织不服环境行政主管部门或具有环境监督管理权的机关以及这些机关的工作人员的具体环境行政行为而引起的。

（2）环境行政诉讼的原告是受环境行政主管部门或具有环境监督管理权的机关以及这些机关的工作人员的具体环境行政行为侵犯的公民、法人和其他组织。而环境行政诉讼的被告只能是作出侵犯公民、法人和其他组织合法环境权益的环境行政主管部门或具有环境监督管理权的机关。

（3）环境行政诉讼的标的是环境行政争议，即环境行政主体在实施环境行政执法行为过程中与环境行政相对人发生的争执。

3. 环境行政诉讼的功能

从环境行政诉讼所涉及的诉讼构造分析，环境行政诉讼具有以下功能：

（1）环境行政诉讼对于环境行政相对人而言，具有环境救济功能。

（2）环境行政诉讼对于环境行政主体而言，意味着要求其承担相应的法律责任。

（3）环境行政诉讼对于法院而言，具有对环境行政权进行监督和制约的功能。

4. 环境行政诉讼的种类

（1）根据诉讼标的的性质，可将行政诉讼分为主观诉讼与客观诉讼。

我国《中华人民共和国行政诉讼法》规定了直接相对人之诉和利害关系人之诉，即主观诉讼。而对着眼于直接保护国家和公共利益以及环境行政法律秩序的客观诉讼，即公众诉讼和公益诉讼却没有专门规定。

（2）从法院判决形式的角度，我国行政诉讼种类可分为：维持判决、撤销判决、变更判决、履行判决、驳回诉讼请求的判决和确认判决六种。这六种行政诉讼类型当然也适用于环境行政诉讼的争议。

5. 环境行政诉讼的受案范围

环境行政诉讼的受案范围是指人民法院受理环境行政诉讼案件的范围。即环境行政相对人对哪些争议、纠纷可以向人民法院提起行政诉讼，人民法院应当将其作为行政案件进行审理。

根据《中华人民共和国行政诉讼法》、《中华人民共和国行政诉讼法司法解释》以及环境法律法规的规定，我国环境行政诉讼的受案范围主要包括：

（1）环境行政诉讼的肯定范围。①环境行政处罚行为，如企业对环境保护行政主管部门或者其他依照法律规定行使环境监督管理权的部门给予的警告或者处以罚款等环境行政处罚行为不服的。②环境行政强制措施，如对限制人身自由或者对财产的查封、扣押、冻结等行政强制措施不服的。③认为行政机关侵犯法律规定的经营自主权的。④认为符合法定条件申请行政机关颁发许可证和执照，行政机关拒绝颁发或者不予答复的，如根据环境法律法规向环境保护行政主管部门申请排污许可证而其拒绝颁发或不予答复，申请人可以提起环境行政诉讼。⑤申请行政机关履行保护人身权、财产权的法定职责，行政机关拒绝履行或者不予答复的，如污染受害者向环境保护行政主管部门要求其履行环境监管职责，而遭拒绝的，受害者可以提起环境行政诉讼。⑥认为行政机关违法要求履行义务的，如环境保护行政主管部门违反法定程序和条件，要求环境行政相对人履行义务的，环境行政相对人可以提起环境行政诉讼。

（2）环境行政诉讼的否定范围。根据《中华人民共和国行政诉讼法》以及《中华人民共和国行政诉讼法司法解释》的规定，由行政机关的下列行为引发的争议不属于行政诉讼的受案范围：①国家行为。②抽象环境行政行为。③对公务员的处理行为。④法定的行政终局行为。⑤环境刑事司法行为。⑥环境行政调解行为。⑦不具有强制力的行政指导行为。⑧驳回当事人提起申诉的重复处理行为。⑨对相对人的权利义务不产生实际影响的行为。

6. 环境行政诉讼的管辖

环境行政诉讼的管辖是指各级人民法院受理第一审环境行政诉讼案件的分工和权限。根据《中华人民共和国行政诉讼法》的规定，环境行政诉讼管辖的目的是解决环境行政案件应当由哪一级、哪一个人民法院行使审判权的问题。

（1）级别管辖。各级人民法院之间审理第一审环境行政案件的分工与权限。

（2）地域管辖。根据人民法院的辖区和当事人的住所地，确立同级人民法院之间审理第一审环境行政案件的分工与权限。

（3）移送管辖。受诉人民法院把不属于自己管辖的环境行政案件移送给有管辖权的人民法院审理。《中华人民共和国行政诉讼法》第二十一条规定，人民法院发现受理的案件不属于自己管辖时，应当移送有管辖权的人民法院。受移送的人民法院不得自行移送。

（4）指定管辖。由于特殊原因，或两个以上人民法院对管辖权发生争议时，由上一级人民法院以裁定的方式指定其中一个人民法院审理第一审环境行政案件。

7. 环境行政诉讼的时效

《中华人民共和国行政诉讼法》规定了两种诉讼时效：一是公民、法人或者其他组织直接向人民法院提起诉讼的，应当在知道作出具体行政行为之日起3个月内提出。

二是申请人不服复议决定的，可以在收到复议决定书之日起15日内向人民法院提起诉讼。复议机关逾期不作决定的，申请人可以在复议期满之日起15日内向人民法院提起诉讼。

8. 环境行政诉讼的举证责任

作为被告的环境行政主体依法提供证据，证明自己所作出的具体环境行政行为合法与适当。

《中华人民共和国行政诉讼法》规定，被告对作出的具体行政行为负有举证责任，应当提供作出该具体行政行为的证据和所依据的规范性文件。在诉讼过程中，被告不得自行向原告和证人搜集证据。

9. 环境行政诉讼的诉讼程序

人民法院和诉讼参与人在环境行政诉讼活动中必须遵循的法定方式和步骤的总称。根据《中华人民共和国行政诉讼法》的规定，环境行政诉讼主要包括第一审程序和第二审程序。前者是指人民法院审理第一审环境行政案件所适用的程序，主要包括起诉、受理、开庭审理和判决四个阶段。后者是指上级人民法院对下级人民法院作出的第一审环境行政案件的裁决，在其发生法律效力之前，由当事人的上诉而进行审理所适用的程序，主要包括上诉案件的提起、上诉案件的受理、上诉案件的审理和上诉案件的裁判四个阶段。

10. 环境行政诉讼的执行

人民法院依法定程序，运用国家强制力强制义务人履行已经发生法律效力的判决、裁定以及其他法律文书所确定的义务的司法执法行为。根据《中华人民共和国行政诉讼法》的规定，环境行政诉讼的执行规则是：

（1）公民、法人或者其他组织拒绝履行判决、裁定的，行政机关可以向第一审人民法院申请强制执行，或者依法强制执行。

（2）行政机关拒绝履行判决、裁定的，第一审人民法院可以采取以下措施：对应当归还的罚款或者应当给付的赔偿金，通知银行从该行政机关的账户内划拨；在规定期限内不执行的，从期满之日起，对该行政机关按日处50～100元的罚款；向该行政机关的上一级行政机关或者监察、人事机关提出司法建议。接受司法建议的机关，根据有关规定进行处理，并将处理情况告知人民法院；拒不执行判决、裁定，情节严重构成犯罪的，依法追究主管人员和直接责任人员的刑事责任。

（3）公民、法人或者其他组织对具体行政行为在法定期间不提起诉讼又不履行的，行政机关可以申请人民法院强制执行，或者依法强制执行。

（二）环境民事诉讼

1. 环境民事诉讼的概念

环境民事诉讼是指环境法主体在其环境权利受到或可能受到损害时，依民事诉讼程序提出诉讼请求，人民法院依法对其审理和裁判的活动。

环境民事诉讼的管辖、程序等与一般民事诉讼并无什么区别。环境民事诉讼的种类主要包括停止侵害之诉、排除危害之诉、消除环境污染破坏危险之诉、恢复环境质量原状之诉和环境损害赔偿之诉等。

2. 环境民事诉讼证据的特点

环境民事诉讼证据的性质属于一般民事诉讼证据的一种，具有一般民事诉讼证据的特点，如客观性、关联性和合法性。但又有别于一般民事诉讼的证据，具有间接证据多、取得证据的鉴定程序多、证据易变化等特征。

3. 环境民事诉讼的诉讼时效

我国《中华人民共和国民法通则》规定，向人民法院请求保护民事权利的诉讼时效期间为两年，法律另有规定的除外。

但《中华人民共和国环境保护法》根据环境侵权的特殊性规定：因环境污染损害赔偿提起诉讼的时效期间为3年，从当事人知道或者应当知道受到污染损害时起计算。参见《中华人民共和国环境保护法》第四十二条。根据特别法优于一般法的规定，环境侵权民事诉讼的诉讼时效应适用3年和最长20年的规定。

（三）环境刑事诉讼

1. 环境刑事诉讼的概念

环境刑事诉讼是指由国家检察机关为追究环境犯罪者的刑事责任向人民法院提起的诉讼，人民法院依据有关刑事法律的规定，依法进行审理和裁判的活动。环境刑事诉讼具有下述特点：

第一，环境刑事诉讼是一种国家活动。

第二，环境刑事诉讼具有特定的任务。

第三，环境刑事诉讼是在污染受害者或生态环境的受托管理人等当事人和其他诉讼参与人的参加下进行的，尤其是当事人是刑事诉讼不可缺少的诉讼主体。

第四，环境刑事诉讼是依照法定的刑事诉讼程序进行的。

2. 环境刑事诉讼的价值

（1）秩序。秩序是环境刑事诉讼的首要价值。

（2）环境正义。环境正义是指全体人民，不论其种族、民族、原始国籍和收入，在环境法律、法规与政策的制定、遵守和执行等方面，都应得到公平对待和有效参与，

（3）效率。通过环境刑事诉讼解决破坏环境与资源问题意味着司法资源的投入，如何以较少的投入取得最大的收益，是个日益受到普遍关注的问题。简易、速决程序的确立，可以减少司法资源不必要的丧失。

3. 环境刑事诉讼的管辖

（1）环境刑事诉讼管辖的概念。环境刑事诉讼管辖是指人民法院、人民检察院、公安机关直接受理刑事案件权限范围的分工，以及人民法院组织系统内部审判第一审刑事案件的分工。

环境刑事诉讼的管辖一般是根据环境刑事案件的性质、案情的轻重、复杂程度、发生地点、影响大小等不同特点和司法机关在刑事诉讼中的职责确定的。

（2）环境刑事诉讼管辖确立的原则。有利于司法机关准确、及时地查明环境刑事案件事实，保证案件得到正确、合法、及时的处理；要适应司法机关的性质和职权，均衡各司法机关的工作负担，以利于它们有效地履行各自的职责，充分发挥它们的职能作用，保证办案质量，提高办案效率；便利遭受污染损害的群众参加环境刑事诉讼活动，有利于扩大环境刑事案件的社会效果和教育意义。

（3）环境刑事诉讼管辖的分类。第一，立案管辖。又称职能管辖或部门管辖，是指公安机关（包括国家安全机关等）、人民检察院和人民法院之间，在直接受理的刑事案件范围上的分工。第二，审判管辖。它是人民法院组织系统内部在审判第一审环境刑事案件上的分工。包括普通管辖和专门管辖，普通管辖又分为级别管辖和地区管辖。刑事诉讼法中只对普通管辖作了具体规定，专门管辖则根据有关的法律进行规定。

4. 环境刑事诉讼的程序

（1）立案。环境刑事诉讼中，立案包括立案阶段和立案决定两个步骤。

（2）侦查。侦查是指公安机关、人民检察院在办理环境刑事案件过程中，依照法律进行的专门调查工作和有关的强制性措施。

（3）刑事起诉。环境刑事起诉是指有起诉权的机关或个人向国家审判机关提起诉讼，请求对被告人进行审判的诉讼活动。环境刑事起诉分为公诉和自诉两种。

（4）审判。环境刑事诉讼中的审判是指人民法院对人民检察院提起环境公诉或者环境污染受害人或其法定代理人提起环境自诉的案件进行审理和裁判的诉讼活动。审判包括审理和裁判两个阶段。

十四、环境法律监督概述

1. 环境法律监督的概念

法律监督是指一切国家机关、社会组织和公民对各种法律活动的合法性依法所进行的监察和督促。

狭义的法律监督专指有关国家机关依照法定职权和法定程序，对立法、执法和司法活动的合法性所进行的监察和督促。

广义的法律监督不仅包括国家权力机关和检察机关对法律实施过程的监督，而且包括国家行政监察机关、行政机关组织系统内部自上而下对行政法规实施过程的监督，以及政党、社会团体、企事业单位、广大群众、社会各界对法律实施过程的监督。

2. 环境法律监督的意义

（1）环境法律监督是树立环境法律法规的权威，维护环境法制尊严的基本措施。

（2）环境法律监督是保证环境法律法规得以真正实施的重要条件。

（3）环境法律监督是维护公民合法环境权益的重要保证，是预防、制止和纠正环境污染与破坏行为的有效措施。

（4）环境法律监督既是保证环境行政主管部门以及享有环境管理权的机关及其工作人员依法办事的重要手段，也是考核执法机关和执法人员的有效措施。

3. 环境法律监督的分类

（1）根据环境法律监督主体不同，可以分为政党监督、国家机关的监督和社会监督三大类。

（2）根据监督主体和被监督的国家机关的地位和相互关系的不同，可以分为纵向监督和横向监督。

（3）根据监督主体和被监督的国家机关是否属于同一系统，可以分为内部监督和外部监督。

（4）根据监督实行时间的先后，可以分为事前监督和事后监督。

（5）根据监督的性质和效力的不同，可以分为具有法律效力的监督和不具法律效力的监督。

十五、环境法律监督的构成

1. 环境法律监督的主体

环境法律监督的主体主要有三类：国家机关、社会组织和公众。

作为环境法律监督主体的国家机关一般指国家权力机关、行政机关和司法机关。

作为环境法律监督主体的社会组织一般指政党和社会团体。这类监督主体具有广泛的代表性。作为执政党的中国共产党和参政党的民主党派和人民政协的监督当然必不可少，意义重大。各种环境非政府组织在环境法律监督中也起着越来越重要的作用。

这类主体的监督特点是：第一，不以国家名义进行；第二，不具法律效力。

2. 环境法律监督的客体

环境法律监督的客体是指环境法律监督权所指向的对象。即对国家机关、社会组织和公民所从事的与环境保护有关的各种法律活动。其中国家环境行政主管部门、享有环境监督管理权的行政部门及其公职人员执行环境法律法规的活动应成为环境法律监督的重点。

3. 环境法律监督的内容

环境法律监督的内容是指对国家机关、社会组织和公民从事各种环境法律法规活动的合法性的监督。

其中主要是国家环境行政主管部门、享有环境监督管理权的行政部门及其公职人员执行环境法律法规活动的合法性问题，它包括两个方面：一是对国家机关制定各种环境法律法规在程序上和实体上的合法性进行监督；二是对行政机关的具体环境行政执法活动、司法机关的环境司法活动在程序和实体方面的合法性进行监督。

有关法律监督的构成学界有不同的观点，本书采用“三要素说”，即环境法律监督的主体、环境法律监督的客体、环境法律监督的内容，该说也获得了大多数学者的认可。

十六、环境法律监督的体系

环境法律监督体系是指由国家机关、社会组织和公众依法对各种环境法律活动进行监督所构成的多层次的系统或网络。

我国环境法律实施的监督体系由权力机关的环境法律监督、行政机关的环境法律监督、国家司法机关的环境法律监督和社会环境法律监督等有机结合而成。

1. 国家环境法律监督

国家环境法律监督又包括国家权力机关的环境法律监督、国家行政机关的环境法律监督和国家司法机关的环境法律监督。

2. 社会环境法律监督

社会环境法律监督包括：各政党的监督、社会组织的监督、公众的监督、环境保护非政府组织的监督、新闻媒体的监督。

第三章　西政考研法学专业课C卷基础知识点梳理

本章引言

西政考研法学专业课C卷包含了民法学卷基础知识点、经济法学基础知识点和民事诉讼法学基础知识点。

一、正确揭示现代经济法产生和发展的理论基础

（一）揭示现代经济法的产生时间，即社会由自由资本主义进入垄断资本主义阶段后而存在的经济法形态。

（二）对“经济法是为了克服市场失灵和维护社会公共利益的需要而存在的”这一逻辑界定：理论和实践都表明市场机制是迄今为止资源配置的最佳方式，但市场机制并非总是高效的。相反，市场失灵内生于市场机制，市场失灵使市场运行的结果呈现出明显的资源配置上的非效率性和分配上的非公平性，而市场自身又无法克服市场失灵，这就必然产生外力介入的需求，国家也就因此以其特有的优势成为介入主体，“趁虚而入”进行干预，而干预的基本法律形式就是现代经济法。

（三）经济法中特有的国家干预

1. 国家干预是尊重市场经济体制的干预。

2. 国家干预是授权和限权有机结合的干预。

3. 国家干预与经济自由是辩证统一的。

4. 国家干预有利于推动政府职能转变。

二、运用多学科知识从多维度揭示经济法的本质属性

1. 运用多学科知识构筑经济法的理论和实践基础

运用经济学、社会学、政治学和哲学等学科所提供的知识和方法为经济法的研究提供理论基础和价值源泉。

2. 从多维度视角揭示国家、市场与经济法之间的内在联系

（1）经济法是市场失灵与政府失灵双重干预之法。

（2）经济法是市民社会与政治国家辩证统一之法。

（3）经济法是市场调和与宏观调控关联耦合之法。

（4）经济法是自由竞争与秩序调控均衡协调之法。

（5）经济法是公法与私法互动交融之法。

三、以科学发展观指导经济法的研究

1. 科学发展观的内涵

科学发展观是坚持以人为本，全面协调、可持续的发展观，具有宏大而深刻的内涵。

2. 科学发展观与政府干预理念的转变

从树立和落实科学发展观出发，政府干预的理念必须转变，其中，最重要的转变就是政府干预必须受“人本主义”的约束。大致表现为：

（1）政府的干预必须实现从“官本位”向“人本位”的转变。

（2）以人为本的政府干预理念内涵要求：一是政府干预应创设一个公平、自由竞争的市场环境，使抽象的市场主体的人格能得以维持和发展。二是政府干预必须秉持社会分配正义的理念，从抽象地谋求最大多数人的最大利益向具体地关爱社会境况最差者转变，并把对社会弱者福利的提高程度作为判断社会整体福利水平提高的重要标志。

（3）人本主义理念下的政府干预的终极目的应统一于公众和市场。

3. 科学发展观与经济法的任务

在经济法视野下，社会整体利益维护和促进机制的构建大致包括以下三个方面：

（1）社会弱势群体利益代表机制。

（2）社会整体利益参与机制。

（3）公益诉讼机制的建立。

第一节　经济法的历史发展

一、经济法兴起的原因

1. 经济法兴起的客观基础

(1) 市场失灵：市场的不完全、市场的不普遍、信息失灵、外部性、公共产品、经济周期。

(2) 政府失灵：政府运行效率低下、政府过度干预、公共产品供应不足、政府不受产权约束、预算分配偏离社会需要、权力寻租。

(3) 经济法在克服市场失灵中的作用。经济法是国家运用公权力对市场失灵进行干预的法律，其在克服市场失灵方面具有民法与行政法不可比拟的优势。包括：①直接限制市场主体的私权；②直接改变市场主体的利益结构；③公共利益优势和远视优势。

(4) 经济法在克服政府失灵中的作用：①对干预程序的规范；②对干预方法的规范；③对干预领域和干预方面的规范；④对干预责任的规范。

2. 经济法兴起的社会经济原因

商品经济的发展提高了社会生产力，但是市场又有无法克服的问题，因此，国家必须通过有形之手来调控经济，商品经济的发展客观上促进了以国家干预为己任的经济法的兴起。

3. 经济法兴起的政治原因

国家对经济的干预是以经济法制、经济民主、经济公平等为目标的，这也是经济法制国家的共同目标。

4. 经济法兴起的法律原因

(1) 从法律文化的角度去考察，人们渴望以法治化国家为其生存空间的心理促进了经济法的兴起。市场经济实际上就是法制经济，它一方面需要有调整平等主体间财产流转关系的民事法律规范；另一方面，市场失灵的存在又需要法律对任何违背市场经济秩序的、不为市场本身能够解决的行为进行适当干预。

(2) 从部门法角度看，社会经济生活的复杂性以及传统民法和行政法调整对象和调整手段的局限性决定了经济法产生和兴起的必然性。

5. 经济法兴起的逻辑演进

从理论逻辑去考察，经济学和法学中国家干预主义的产生并占主导地位，加速了经济法的兴起。

二、经济法发展前景展望

(一) 经济全球化对经济法理论和实践的影响

1. 经济全球化及其表现

美国经济学家提奥多尔·拉维特于 1985 年在《市场全球化》一文中最早提出了“经济全球化”这一概念。其主要表现在以下方面：①金融和资本国际化；②跨国公司和生产的国际化；③贸易自由化；④科技和知识国际化。

2. 经济全球化对经济法理论和实践的影响

①经济法必须加快完成理念创新，包括安全理念和发展理念创新。②经济法的理论研究必须走一条与相关学科研究相结合的道路。③经济全球化对经济法体系及实践的影响。

(二) 知识经济对经济法理论和实践的影响

1. 知识经济的含义和特征

知识经济是指直接依据只是和信息的生产、分配和使用的经济。依据其特征说明对经济法发展影响。

2. 知识经济对经济法发展的影响

①经济法应树立科技优先理念。②经济法要扩展调整领域。③防治知识异化。

第二节　经济法的定义和调整对象

一、本书对经济法的定义

经济法是国家为了克服市场失灵而制定的调整需要由国家干预的具有全局性和社会公共性的经济关系的法律规范的总称。

二、经济法调整的概述

1. 经济法调整的含义

经济法调整，是指国家将其移植深入到需要由国家干预的物质关系领域，使其上升为法律规定的机制。

2. 经济法调整的法哲学依据

（1）取决于经济基础与上层建筑关系的原理。

（2）取决于法律对经济基础的相对独立性。

（3）取决于现代社会中经济运动过程与法运动过程必须协调并完成于同一时空。

（4）取决于经济人和政府的有限理性。

三、经济法的调整对象

经济法的调整对象，是指经济法促进、限制、取缔和保护的社会关系的范围——经济关系。

四、经济法调整对象的具体范围

（一）市场主体调控关系

1. 市场主体调控关系的含义

市场主体调控关系是指国家从维护社会公共利益出发，在对市场主体的组织和行为进行必要干预过程中而发生的社会关系。

2. 经济法对市场主体进行调控的客观必然性

第一，现代市场经济应当是一个市场体系完备、各种市场的功能都得到充分、有效发挥的经济社会。经济法能够从宏观和微观上克服市场发育不完全或发展滞后所引起的市场整体效率低下弊端。

第二，维护和促进竞争的必要。

第三，保护消费者的需要。

（二）宏观经济调控关系

1. 宏观经济调控关系的含义

宏观经济调控关系是指国家从全局出发和社会公共利益出发，对关系国计民生的重大经济因素，实行全局性的调控过程中与其他社会组织所发生的关系。

2. 经济法对宏观经济关系进行调整的客观必然性

（1）由宏观经济调控目标要求所决定。为使有限的资源得到优化的配置，需要国家对经济进行宏观的调控以保持经济总量的基本平衡，促进经济结构的优化，引导国民经济持续、快速、健康发展，推动社会全面发展。

（2）由宏观经济的国际化趋势以及各国的经验教训所决定。

（3）由市场自身的弱点和消极方面决定。

（4）由国家机构的职能所决定。市场经济体制下国家的管理职能是一种适度、间接、均衡的干预。

（三）社会分配关系

1. 社会分配关系的基本含义

社会分配关系是指国家在参与国民收入分配的过程中形成的经济关系。

2. 经济法调整社会分配关系的客观必然性

民法与市场机制不能解决收入与分配不公的现象。

第三节　经济法的基本原则

一、经济法基本原则的含义

经济法的基本原则是指规定于或者寓于经济法律、法规之中，对经济立法、经济执法、经济司法和经济守法具有指导意义和适用价值的根本指导思想或准则。

二、资源优化配置原则

1. 资源优化配置的概念解析

资源优化配置是指资源在生产和在生产各个环节上的合理和有效地流动和配备。

2. 资源配置的方式及具体内容

资源配置的方式主要有两种，一种是以计划为主的配置方式，一种是以市场为主的配置方式。

3. 经济法如何确保资源优化配置原则的实现

国家在资源配置中的作用可以体现为四个方面：一是通过能够反映客观经济规律的宏观调控机制，引导资源的合理配置；二是通过建立和执行市场规则，规范市场主体的市场行为；三是通过政府的职能行为，协调竞争性市场可能带来的市场矛盾；四是通过国家的强制，实现资源的优化配置，解决资源浪费、公共产品的提供和外部性问题。

三、国家适度干预原则

国家适度干预原则是体现经济法本质特征的原则。适度干预是指国家在经济自主和国家统制的边界条件或者临界点上所作的一种介入状态。将适度干预作为经济法的基本原则，一方面有利于彰显经济法的本质特征，另一方面有利于消除人们对国家干预的误解。

四、社会本位原则

经济法的“社会本位”主要体现为以维护社会公共利益为出发点的经济法的本位思

想。社会公共利益就是处于对最大多数人的最大利益考虑。社会公共利益的满足程度又是与国家的宏观调控、经济个体的行为以及市场的运行和社会分配行为紧密相关的，这就决定了经济法对社会公共利益的调整又主要是通过对宏观经济关系、微观经济关系、市场运行关系、社会分配和社会保障关系的调控而实现的。

五、经济民主原则

经济民主是作为经济高度集中或经济专制的对立物而存在的，它的基本含义是指在充分尊重经济自由基础上的多数决定。经济民主的内容有：①参与市场经济主体多元化；②国家在选择干预手段、确定干预方式、界定干预强度时必须考虑市场需求；③市场主体有权以各种形式参与政府决策；④立法和公共决策能够汇集整合民意，对社会整体利益和政府干预行为作出合法性判断，制约政府权力并使政府彰显德性以使政府能更多地维护和促进社会整体利益。

六、经济公平原则

经济公平原则最基本的含义是指：①任何一个法律关系的主体，在以一定的物质利益为目标的活动中，都能够在同等的法律条件下，实现建立在价值规律基础之上的利益平衡；②经济法中的经济公平有其特有的内涵，经济法上的公平是在承认经济主体的资源和个人禀赋等方面差异的前提下追求的一种结果上的公平，即实质公平。然则民法以平等求得形式公平，通过意思自治实现交易公平；③经济法以不平等求得实质公平，通过对意思自治的限制实现结果公平。

七、经济效益原则

经济效益涉及的是经济活动中占用、消耗的活劳动和物化劳动所取得的有成果的比较。

八、经济安全原则

经济法中的经济安全不同于公法和私法安全，民法追求微观经济安全，经济法追求宏观总体安全。市场机制的缺陷通过建立市场秩序规制法律制度维护市场秩序。

九、可持续发展原则

可持续发展是指既满足当代人的需求，又不对后代人满足其自身需求的能力构成危害的发展。如何保证可持续发展实现？首先，发展性内涵强调发展。其次，持续性。最后，公平性，当代人之间不同时代代际公平。

第四节　经济法律关系

一、经济法律关系的定义

经济法律关系是指经济法律规范在调整国家干预经济过程中所形成的经济职权和经济职能、经济权利和经济义务关系。

二、经济法律关系的特征

（1）经济法律关系以相应的经济法律规范的存在为前提。

（2）经济法律关系的结构具有双重性。

（3）经济法律关系是具有一定主观性和明显的国家意志性的社会关系。

三、经济法律关系的主体

经济法律关系主体即经济法主体，是指依法参加经济法律关系，并因此享有经济上的职权或权利，承担经济法上的职责或义务的当事人。由于经济法律关系主要是在国家和政府干预经济的过程中形成的，因此，其主体一方通常是国家及国家机构。这成为经济法律关系构成要素中主体要素的一个重要特征。

四、经济法律关系的内容

经济职权即经济权利是由法律赋予的由国家经济干预职能部门或其授权单位代表国家依法行使的对经济运行进行预测、决策、组织、指挥、监督等权力的总称。经济职责是法律课以的国家经济干预职能部门或其授权单位在依法干预经济的过程中，所负担的必须为或不为一定行为的责任。经济或者要求他人为或不为一定行为的自由。经济义务是经济法主体为满足权利主体或权力主体的要求，依法为一定行为或不为一定行为的责任。

五、经济法律关系的客体

经济法律关系的客体是指经济法律关系主体在经济法上的职权和职责或者权利和义务所共同指向的对象，是经济法律关系中不可缺少的要素。由于经济法律关系自身的特殊性，经济法律关系的客体在多数情况下是职权和职责行为，这成为经济法律关系构成要素的一个重要特征。

六、经济法律关系的产生、变更和终止

1. 经济法律关系的产生

经济法律关系的产生是指经济法律关系主体依据经济法律规范的条件和程序，因一定的法律事实而形成受经济法律规范保护的经济职权与经济职责、经济权利与经济义务关系。

2. 经济法律关系的变更

经济法律关系的变更是指经济法律关系主体、客体、内容因一定的法律事实而产生变化。

3. 经济法律关系的终止

经济法律关系的终止是指经济法律关系主体之间的经济职权与经济职责、经济权利与经济义务关系因一定的法律事实而消灭。

七、经济法律事实

经济法律事实是指一切能够引起经济法律关系产生、变更和终止的客观情况。经济法律事实按照其客观的程度分为：行为和事件。事件是指客观发生和存在的，与经济法

律关系主体的主观意志和自觉行为无关的，能够导致经济法律关系产生、变更或消灭的客观现象。经济行为是指由一定的组织或个人在其主观意志支配下自觉实施的，能够引起经济法律关系产生、变更或消灭的有意识的活动。

第五节　经济法的地位和体系

一、经济法与相关法律部门的区别

1. 经济法与民法的区别

经济法与民法的区别，主要表现在以下三个方面：

①主体不同；②调整对象不同；③调整方法不同。

2. 经济法与行政法的区别

①主体不同；②调整对象不同；③调整的方法不同；④作用不同；⑤调整程序不同。

3. 经济法与社会法的区别

①调整对象不同；②调整方法不同；③法益目标不同。

二、经济法与相关法律部门的互动

（一）经济法与民法、行政法的互动机制

1. 三法互动的理论基础

（1）从一般理论的角度分析。行政法是关于国家与国家权力的法律，民法是关于市场与人的法律，经济法是关于市场与国家结合的法律，因此，从人、国家与经济三个因素理解三法互动就十分必要。

（2）从法理的角度分析。三法互动的法理基础有两个：一是法治系统的统一。二是法律部门划分的缺陷性。

（3）从三者的特殊联系的角度分析。第一，文化和精神的互补性。第二，法功能的相互矫正性。第三，调整对象的交叉性。

2. 建立三法互动机制中的几个问题

（1）立法上的互动。

（2）法律实施上的互动

（3）法律权威上的互动。

（二）经济法与社会法的互动机制

（1）经济法与社会法的法功能的侧重性。

（2）经济法与社会法的法功能的互补性。

第六节　市场秩序规制法律制度概述

一、市场秩序规制法的含义

1. 市场和市场秩序。

2. 市场秩序规制。

3. 市场秩序规制法。

市场秩序规制法是指国家从社会整体利益出发，为维护市场机制的正常运行，对影响市场秩序、偏离市场经济要求的行为进行规制的法律规范的总称。市场秩序规制法以社会利益为本位，以社会经济整体的协调发展为目的，集中体现了现代经济法的本质和立法宗旨。但经济法中的市场秩序规制法，则是在特定的市场环境中贯彻特定的经济政策，对各种交易关系和竞争关系进行有别于民法的特殊安排，以实现国民经济的持续、和谐与健康地发展。

二、市场秩序规制法的调整对象

市场秩序规制法的调整对象是政府在矫正市场主体为追求个体利益而损害社会公共利益的行为时所产生的各类社会关系。主要包括三个方面：

1. 对特殊市场行为的规制

（1）对特殊交易主体的规制。为了确保市场主体的资格和条件符合维护正常市场秩序的需要，防止不公平交易和不正当竞争行为的发生，达到稳定市场秩序的目的，所以要对特殊交易主体进行限制。

（2）对特殊交易方式的规制，主要是对关系国计民生的重要市场的交易方式的限制。

（3）对市场体系的规制，对市场体系的规制是为了维持市场体系的均衡发展。

2. 对市场竞争行为的规制

（1）对垄断的规制，垄断主体实施排他性控制或对市场竞争进行实质性的限制，妨害公平竞争秩序的行为或状态。因此，需要规制。

（2）对限制竞争行为的规制，限制竞争行为是指企业滥用优势地位，通过订立协议等方式排斥或限制市场竞争的行为。

（3）对不正当竞争行为的规制，对不正当竞争行为进行规制，以保护诚实信用的经营者、消费者。

3. 对消费者合法权益的保护

市场规制法对市场行为进行约束和管理，其中一项重要的目标就是维护消费者的合法权益。

三、市场秩序规制法的特征

市场秩序规制法的特征：法律关系的综合性、主体的多样性、客体的单一性、权利义务的非对等性。

四、市场秩序规制法的产生

1. 反垄断法的产生

1890 年，美国国会通过了《保护贸易和商业不受非法限制与垄断危害的法案》（又称《谢尔曼法》），开创了反垄断立法的先河。

2. 反不正当竞争法的产生

1896 年，德国颁布了《反不正当竞争法》。不正当竞争是指在营业中为了竞争的目的采取违反善良风俗的行为。

五、市场秩序规制法的发展及趋势

（1）立法宗旨更关注消费者利益；
（2）法律规制更趋于灵活；
（3）国际化的趋势更加明显。

六、市场秩序规制法的基本原则

（1）维护市场活动中的经济民主原则；
（2）保障市场活动中的实质公平原则；
（3）维护市场运行的整体效益原则。

第七节　垄断及其法律规制

一、垄断的定义和危害

1. 垄断的定义

垄断是指垄断主体对市场运行过程中进行排他性控制或对市场竞争进行实质性的限制、妨碍公平竞争秩序的行为或状态。

2. 垄断的危害

（1）垄断阻碍社会技术进步。
（2）垄断破坏市场公平竞争。
（3）垄断损害消费者利益。
（4）垄断影响经济民主制度。

3. 垄断的分类

（1）依据垄断者占有市场的情况可分为独占垄断、寡头垄断和联合垄断。
（2）依据垄断产生的原因可分为资源垄断、政府形成的垄断和自然垄断。
（3）依据垄断影响的范围可以分为国内垄断与国际垄断。

二、反垄断法概述

反垄断法是国家对市场主体以排斥和限制竞争、控制市场为目的而实施的反竞争行为进行规制的法律规范的总称。

三、市场支配地位及其确定

1. 市场支配地位

《中华人民共和国反垄断法》第十七条中对市场支配地位的定义：本法所称市场地位是指经营者在相关市场内具有能够控制商品价格、数量、或者其他交易条件，或者能够阻碍、影响其他经营者进入相关市场能力的市场地位。

2. 界定相关市场

界定相关市场包括：相关产品市场、相关地域市场、相关时间市场。

四、滥用市场支配地位行为的类型

滥用市场支配地位行为的类型包括：垄断价格行为、掠夺性定价行为、差别待遇行为、拒绝交易行为、强制交易行为、搭售和附加不合理条件的行为、独家交易行为。

五、对滥用市场支配地位行为的法律规制

《中华人民共和国反垄断法》第四十七条：经营者违反本法规定，滥用市场支配地位的，由反垄断执法机构责令停止违法行为，没收违法所得，并处上一年度销售额度百分之一以上百分之十以下的罚款。该条规定并没有关于民事惩罚性赔偿，结合第四十九条的规定，反垄断执法机构确定具体惩罚数额时，应当考虑违法行为的性质、程度和持续的时间等因素。

六、限制竞争协议的定义

限制竞争协议也称为卡特尔协议或者垄断协议，它是指两个或者两个以上具有竞争关系的企业之间达成的旨在排除、限制竞争的协议。这种协议不仅指企业间达成的正式书面协议，也包括非书面的联合行动合意，如通过行业协会所作出的决定、经营者之间通过往来信件、数据电文或资料信息的交换等形成彼此之间互不竞争的约定。

七、限制竞争协议的形式

1. 横向限制竞争协议

（1）固定价格的协议。

（2）划分市场和消费者的协议。

（3）控制生产或销售数量的协议。

（4）联合抵制协议。

（5）其他限制市场竞争行为。

2. 纵向限制竞争协议

纵向限制竞争的协议是指占有市场支配地位的企业强制性地要求与其有供应关系的经营者签署强制性的限制竞争协议的行为，其主要形式为限制转手价格。

《中华人民共和国反垄断法》第十三条规定禁止具有竞争关系的经营者达成下列垄断协议：

（1）固定或变更商品价格。

（2）限制商品的生产数量或者销售数量。

（3）分割销售市场或者原材料采购市场。

（4）限制购买技术、新设备或者限制开发新技术、新产品。

（5）联合抵制交易。

（6）国务院反垄断执法机构认定的其他垄断协议。

本法所称垄断协议是指排除、限制竞争的协议、决定或者其他协同行为。

《中华人民共和国反垄断法》第十四条：禁止经营者与交易相对人达成下列垄断协议：①固定向第三人转售商品的价格；②限定向第三人转售商品的最低价格；③国务院反垄断执法机构认定的其他反垄断协议。

八、限制市场竞争协议的法律规制原则

(1) 本身违法原则;
(2) 合理原则。

九、认定限制竞争行为违法的要件

1. 关于主体的认定

限制竞争行为的主体是指在同一经营层次中的具有竞争关系的企业（横向限制竞争），或者具有供销关系的企业（纵向限制竞争）。

2. 具有限制竞争的共同目的

主体之间具有限制竞争的“合意”是认定横向限制竞争行为的主观要件。协议各方当事人是否为了一个共同的目的利益或意图而签订协议，参与企业有无主观上共谋的意图，是区分限制竞争行为与其他类似但并不违法的相互联系行为的关键。这种合意可通过企业组成的联合组织或企业协会共同作出，企业联合组织的形式还包括商会、贸易协会、专业联合会等。

3. 实施了限制竞争的行为

协议各方当事人主观上的合意在实际经营活动中变为现实。

4. 导致限制竞争的后果

以上四要件主要针对的是横向限制竞争协议的认定，相比之下，限制转售价格有着严格的构成条件：首先，限制转售价格必须有两个以上的交易关系存在，即“初次销售”与“转售”是两个独立的销售关系。其次，从事交易者不是母子公司关系或丧失独立地位的企业，经销商不具有独立人格就不能认定是转售价格控制只能视为是公司“内部”关系。最后，限制转售价格必须是“强制性”的，而非建议价格。

5. 协议的除外适用

(1) 为改进技术、研究开发新产品的情形。

(2) 为提高产品质量、降低成本、增进效率，统一产品规格、标准或实行专业化分工的情形。

(3) 为提高中心经营者效率，增强中小经营者竞争力的情形。

(4) 为实现节约能源、保护环境、救灾救助等社会公共利益的情形。

(5) 因经济不景气，为缓解销售产量严重下降或者生产明显过剩的情形。

(6) 为保障对外贸易和对外经济合作中的正当利益的情形。

(7) 法律和国务院规定的其他情形。

十、限制竞争协议的法律责任

由于限制竞争协议对市场竞争影响严重，各国对其都规定了严厉的法律责任，主要包括：

(1) 依法宣告协议无效。
(2) 行政制裁。
(3) 刑事制裁。
(4) 民事制裁。
(5) 鼓励检举揭发。

十一、企业合并的定义和类型

（一）企业合并的定义

反垄断法意义上关于企业合并的定义不同于一般商法上的定义。它不仅指两个或两个以上的独立的企业，通过取得财产或股份，合并成为一个企业的这种狭义上的资产转移型合并，而是指包括一个企业能够对另一个企业发生支配性影响的所有法律方式在内的这种广义上的经营控制型合并。

（二）企业合并的类型

1. 资产转移型合并

资产转移型合并即公司法意义上的企业合并，它可以分为横向合并、纵向合并与混合合并。

（1）横向合并是指生产相同产品的生产者之间的合并或经营相同产品的销售者之间的合并，其显著的经济效果是由于市场经营规模扩大而带来的规模经济。

（2）纵向合并是指处于不同生产或销售环节的企业之间的合并，其实质是将原来的市场交易关系内化成企业内部的管理关系。

（3）混合合并是指分属于不同产业领域企业的合并。

2. 经营控制型合并

反垄断法更对规制的是那些经营控制型的合并，因为其产生的结果与资产转移型合并是相同的。经营控制型合并包括股份控制、经营控制以及人事控制等。

十二、对企业合并的法律规制

（一）关于企业合并控制的标准

（1）实质减少竞争标准。

（2）市场支配力标准。

（3）综合标准。

（4）合并控制标准的效率化趋势。

（二）关于企业合并的控制程序

企业合并的控制程序可以分为事先申报制度、行政调查制度以及司法审查制度。

1. 事先申报制度

事先申报制度是指对市场竞争具有重大影响的合并事项，必须事先向主管机关进行申报的制度。

2. 行政调查制度

行政调查制度包括合并控制机关对必要信息的调查取证、对当事人表达意见的听证等。

（1）经营者同意延长审查期限的。

（2）经营者提交的文件资料不准确，需要进一步核实的。

（3）经营者申报后有关情况发生变化的。

国务院反垄断执法机构逾期未作出决定的，经营者可以实施集中。

第二十七条审查经营者集中，应当考虑下列因素：

（1）参与集中的经营者在相关市场的市场份额及其对市场的控制力。

（2）相关市场的市场集中度。

（3）经营者集中对市场进入、技术进步的影响。

（4）经营者集中对消费者和其他有关经营者的影响。

（5）经营者集中对国民经济发展的影响；

（6）国务院反垄断执法机构认为应当考虑的影响市场竞争的其他因素。

3. 司法审查制度

司法审查制度是对行政主管机关控制企业合并所作决定的司法救济制度。在《中华人民共和国反垄断法》中没有规定司法审查制度。

（三）企业合并的法律责任

企业合并的法律责任包括：禁止合并、资产剥离、解散已合并企业、赔偿损失、其他方式。

十三、行政性垄断的定义和危害

1. 行政性垄断的定义

行政性垄断是相对于市场垄断而言的，它是指行政机关和公共组织滥用行政权力，排除或者限制竞争而形成的垄断。

2. 行政性垄断行为的危害

（1）行政性垄断扭曲市场机制。

（2）行政性垄断违背公平竞争原则。

（3）行政性垄断削弱企业的竞争能力。

（4）行政性垄断背离世界贸易组织规则。

十四、行政垄断的表现形式

《中华人民共和国反垄断法》规定的行政垄断的行为类型有：一是禁止妨碍商品在地区之间自由流通，二是禁止招投标活动中的地方保护，三是禁止排斥或者限制在本地投资或者设立分支机构，四是禁止强制经营者从事垄断行为，五是禁止制定含有排除、限制竞争内容的规定。

十五、行政性垄断的法律规制

行政性垄断源于行政权力的滥用，对行政性垄断的规制一方面必须通过行政法明确规定行政权力的范围和执行程序，防止行政权力的滥用，另一方面通过反垄断法对行政性垄断进行具体的规制。

十六、反垄断法的适用除外

1. 反垄断执法的适用除外的定义与意义

反垄断法的适用除外，又称使用豁免，是指国家为了保护整个国民经济的发展，在反垄断法中规定的对特定行业或企业的特定行为不适用反垄断法的法律制度。

2. 反垄断法适用除外的范围

反垄断法适用除外的范围包括：国家垄断、自然垄断、知识产权、特定的联合行为。

十七、反垄断法的域外适用

1. 反垄断法域外适用的定义

反垄断法的域外适用是指一国的反垄断法对国外的某些影响国内利益的行为行使域外管辖权的制度。

2. 反垄断法域外适用的冲突

（1）域外适用违背国家主权原则。

（2）域外适用到来各国法律上的冲突。

（3）域外适用实施困难。

第八节　反不正当竞争法律制度

一、不正当竞争行为

不正当竞争行为是相对于市场竞争中的正当手段而言的，它泛指经营者为了争夺市场竞争优势，违反法律和公认的商业道德，采用欺诈、混淆等手段扰乱了正常的市场竞争秩序，并损害其他经营者和消费者合法利益的行为。

二、反不正当竞争法概述

1. 反不正当竞争法的定义和特征

从狭义上讲，反不正当竞争法是国家对经营者在市场竞争中违反商业道德、扰乱经济秩序的行为进行规制的法律规范的总称。它是市场秩序规制法的重要组成部分，与反垄断法共同组成公平竞争的法律制度体系。

2. 反不正当竞争法的立法宗旨

《中华人民共和国反不正当竞争法》从宏观和微观层面上对立法宗旨作了明确规定，“为保障社会主义市场经济健康发展，鼓励和保护公平竞争，制止不正当竞争行为，保护经营者和消费者的合法权益，制定本法。”

三、混淆行为的定义

混淆行为是指生产者或者经营者为了争夺竞争优势，在自已的商品或者营业标志上不正当地使用他人的标志，使自己的商品或者营业标志与他人的商品、营业标志相混淆，以牟取不正当利益的行为。

四、混淆行为的表现形式

（1）仿冒他人经法定程序获得的外部标识，指不经任何授权，擅自使用其他经营者法定程序获得的外部标识的行为，包括经注册登记合法享有的注册商标、企业商号名称、服务标记等商业标识。

（2）不正当使用他人合法外部标识的行为，指仿冒者为了牟取竞争的有利地位，虽然不在自己企业的名称、商号、商品或商标中直接使用其他经营者经合法登记注册使用的企业名称、商标以及商号、字号等商业标识，但对这些经营者的合法外部标识进行不正当的使用的行为。

（3）擅自使用知名商品的商业标识导致市场混淆的行为，《中华人民共和国反不正当竞争法》规定，禁止：“擅自使用知名商品特有的名称、包装、装潢或者使用与知名商品近似的名称、包装、装潢，造成与他人的知名商品相混淆，使购买者误认为是该知名商品”的行为。

（4）仿冒他人产品的质量标志和产地而引人误解的行为。

五、混淆行为的法律规则

1. 对混淆行为的认定

（1）主观故意性。

（2）混淆的特定性。

（3）后果的误导性。

2. 混淆行为的法律责任

由于混淆行为对市场秩序的危害性特别严重，受到各国竞争法的禁止，行为人要承担严厉的民事、行政和刑事责任。

六、虚假宣传行为的定义

一切具有或可能具有欺骗、误导消费者的购买倾向或决策能力的商业宣传，若导致相当数量的消费者实质性地陷入错误的判断，就构成了虚假宣传行为。

七、虚假宣传行为的内容

虚假宣传行为的内容包括：质量的虚假表示，价格的虚假表示，变相广告宣传行为。诋毁性比较广告行为。

八、对虚假宣传行为的法律规制

从多数国家的法律规定来看，对虚假宣传行为的认定是从以下几个方面进行的：宣传主体是经营者，宣传行为虚伪不实，宣传后果的引人误解。

（1）引诱性广告的认定，实际是一种转移销售的广告，具欺骗性隐蔽，我国目前法律不法规尚未对此行为进行规范。

（2）对比性广告宣传行为的认定，对比性广告是指以明示或默示的方式将自己商品与竞争对手商品进行对比的广告。

（3）虚假宣传行为的法律责任，对于虚假宣传行为的法律责任，各国主要通过竞争法和广告法进行规定，责任形式包括停止宣传行为、行政罚款、民事赔偿等，危害严重的虚假广告宣传的经营者将被处以承担刑事责任。

九、商业秘密的定义和特征

1. 商业秘密的定义

我国《中华人民共和国反不正当竞争法》把商业秘密定义为“不为公众所知悉，能为权利人带来经济利益，具有实用性并经权利人采取保密措施的技术信息和经营信息”。

2. 商业秘密的特征

商业秘密的特征包括：非公知性、管理性、经济性、实用性。

十、侵犯商业秘密行为及其危害性

1. 侵犯商业秘密行为的表现形式

(1) 以不正当手段获取他人商业秘密。

(2) 恶意披露、使用或允许他人使用以违法行为获得的商业秘密。

(3) 违反约定或者违反权利人的要求，披露、使用或允许他人使用商业秘密的行为。

(4) 第三人侵犯商业秘密的行为。

2. 侵犯商业秘密行为的危害

(1) 损害商业秘密权利人的合法权益。

(2) 扰乱社会公平竞争秩序。

(3) 阻碍技术进步和遏制创新的积极性。

十一、侵犯商业秘密行为的法律规制

1. 侵犯商业秘密行为的法律制度

(1) 民事法律规制模式。

(2) 竞争法律规制模式。

(3) 专项法律规制模式。

2. 侵犯商业秘密行为的法律责任

侵犯商业秘密行为的法律责任包括民事责任、行政责任和刑事责任。

(1) 侵犯商业秘密行为的民事责任包括：①停止侵害。②返还财产。③赔偿损失。

(2) 侵犯商业秘密行为的行政责任。我国《中华人民共和国反不正当竞争法》首次规定了侵犯商业秘密的行政责任，即"监督检查部门应当责令停止违法行为；返还商业秘密的载体如图纸、文件等；监督侵权人销毁侵权物品；依据情节处以一万元以上二十万元以下的罚款"。

(3) 侵犯商业秘密行为的刑事责任。侵犯商业秘密的犯罪行为给商业秘密权利人造成重大损失的，处3年以下有期徒刑或者拘役，或者单处罚金；造成特别严重后果的，处3年以上7年以下有期徒刑，并处罚金。

十二、不正当有奖销售的定义和危害

有奖销售是指经营者为了竞争的目的，在销售商品或提供服务时，向购买者提供物品、金钱或者其他经济上的利益的经营行为。不正当的有奖销售行为对市场秩序的危害主要表现在以下几个方面：

(1) 有奖销售容易形成强势与弱势企业之间的不公平竞争。

(2) 有奖销售可能损害消费者的利益。

(3) 市场供求信息的失实。

十三、不正当有奖销售的形式

1. 抽奖式有奖销售

这是指销售方式以抽奖等带有偶然性的方法决定购买方是否中奖并提供奖品或奖金的销售方式。依据我国《中华人民共和国反不正当竞争法》的规定，以下几种欺骗性的抽奖式有奖销售行为应受到禁止：

(1) 欺骗性有奖销售。

(2) 利用有奖销售推销质次价高的商品。

(3) 巨额奖品的有奖销售。

2. 附赠式有奖销售

附赠式有奖销售，也称普遍有奖销售，指销售方向所有购买方提供赠送奖品或奖金，或者赠送有价凭证的销售行为。

十四、不正当有奖销售行为的法律责任。

进行不正当有奖销售行为的，监督检查部门应责令其停止违法行为，可以根据情节处以 1 万元以上 10 万元以下的罚款。

十五、商业贿赂行为的定义和法律特征

1. 商业贿赂的定义

商业贿赂是指经营者为了销售或购买商品而采用财物或者其他手段贿赂对方单位或者个人的行为。

2. 商业贿赂行为的法律特征

（1）行为主体包括行贿者和受贿者。受贿者应该是作为行贿者的交易相对人的有关中间人员，如代理人、雇员。

（2）为主体以排斥商业竞争为目的。

（3）商业贿赂行为是以不正当的方式进行的。

十六、商业贿赂的社会危害

商业贿赂的社会危害包括：①商业贿赂行为扭曲市场竞争。②商业贿赂促使低质产品得以畅行。③商业贿赂行为影响国家经济运行。④商业贿赂行为败坏社会风气。

十七、商业回扣行为

（一）商业回扣的含义和构成要件

1. 商业回扣的含义

商业回扣是指经营者销售商品时，在账外暗中以现金、实物或其他方式给对方单位或者个人的一定比例的商品价款。

2. 商业回扣的构成要件

构成要件：第一，一方当事人向另一方当事人的有关人员提供金钱、有价证券或者其他财物等。第二，上述金钱等经济利益的给予和收取都是采取不公开的方式在账外进行的。第三，经营者利用回扣是为了凭借给予对方不正当利益来达到排挤竞争对手、获取交易机会的目的。

（二）不正当的佣金行为

佣金是居间合同的主要内容是中介机构提供居间劳务所获得的报酬。合法佣金是法律允许的一种商业行为，其与回扣的区别：其一，佣金是明示公开的，佣金的支付者与中介、经纪人之间一般都订有居间或经纪合同；其二，收取佣金的中介机构都具有合法的经营主体资格，没有经营资格的不能接收佣金。

第九节 消费者保护法律制度

一、消费者保护法的定义

狭义的消费者保护法是指1993年10月31日通过并于1994年1月1日起施行的《中华人民共和国消费者权益保护法》，广义的消费者保护法是指由国家制定、颁布的具有保护消费者功能的各种法律规范的总称。

二、消费者保护法的性质

消费者保护法具有经济法的性质。

三、消费者

消费者是指为满足生活需要而购买或使用经营者提供的商品或服务的人。

四、消费者权利

1. 消费者权利的定义

消费者权利就是消费者在购买使用商品或接受服务时依法享受法律保护的利益。

2. 我国消费者的基本权利

①消费者的安全权；②消费者的知悉权；③消费者的选择权；④消费者的公平交易权；⑤消费者的索赔权；⑥消费者的结社权；⑦消费者的受教育权；⑧消费者的受尊重权；⑨消费者的监督权。

五、消费者保护法中的经营者

在消费者权益保护法中，经营者是与消费者对应的主体，是指通过市场为消费者提供消费资料和消费服务的人。消费者权益保护法中的经营者并非必须以营利为目的，虽不以营利为目的，但通过市场中介而将其产品提供给消费者的人，亦可以成为消费者保护法中的经营者。

六、消费者权益保护法直接规定经营者义务的作用

（1）为经营者提供基本的行为标准。

（2）防止经营者利用自己的优势进行不公平交易。

（3）使消费者普遍获得基本的保护。

（4）为消费者寻求救济提供方便。

七、经营者义务的内容

①履行法律义务的义务；②接受消费者监督的义务；③商品、服务安全保证义务；④信息提供义务；⑤身份表明义务；⑥出具凭证、单据义务；⑦商品、服务品质担保义务；⑧售后服务义务；⑨不得不当免责的义务；⑩尊重消费者人格义务。

八、消费者组织概述

消费者组织是指消费者自己组织起来的，以保护其自身利益为宗旨的社会组织。

九、消费者协会

1. 消费者协会的设置与职责

①向消费者提供信息和咨询服务；②参与有关行政部门对商品和服务进行的监督、监察；③就消费者合法权益问题向行政部门反映、查询、提出建议；④受理消费者投诉，并对投诉事项进行调查、调解；⑤对投诉事项中涉及的商品和服务质量问题提请鉴定部门鉴定；⑥就损害消费者合法权益的行为，支持受害消费者提起诉讼；⑦对损害消费者合法权益的行为，通过大众传播媒介予以揭露、批评。

2. 对消费者协会的限制

①不得从事经营活动；②不得以牟利为目的向社会推荐商品和服务。

十、消费者保护法中的法律责任概述

消费者保护法中的法律责任是指经营者违法保护消费者的法律规定或经营者与消费者约定的义务而依法承担的法律后果。

十一、经营者民事责任

1. 经营者的侵权责任

经营者的侵权责任有两种：其一为商品、服务侵权责任；其二为直接侵犯消费者人格权的责任。①产品侵权责任。②服务侵权的民事责任。③经营者直接侵权的民事责任。

2. 经营者的合同责任

当事人违反合同法规定的义务而对相对当事人或利害关系第三人承担的民事责任。

3. 拖延及拒绝承担责任的责任

对于消费者提出的修理、更换等要求，无故拖延的，应承担民事责任。

4. 欺诈行为的惩罚性赔偿。

条件：①欺诈行为存在；②消费者受到损害；③消费者提出请求赔偿。

十二、消费者保护法中的行政责任

消费者保护法中的行政责任既包括行政主体及其工作人员的违法行政责任，也包括经营者违反法律规定而应对消费者承担的行政责任。

十三、常见的损害消费者利益的犯罪行为及其刑事责任

（1）生产者或者经营者提供商品或者服务，造成消费者或者其他人人身伤害的，构成犯罪依法追究刑事责任。

（2）以暴力威胁等方法阻碍有关行政部门工作人员依法执行职务的，依法追究刑事责任。

（3）国家机关工作人员有玩忽职守或者包庇经营者侵害消费者合法权益的行为的，由其所在单位或者上级机关给予行政处分；情节严重，构成犯罪的，依法追究刑事责任。

十四、消费者争议及消费者争议中的当事人确定

消费者争议，是指消费者与经营者之间发生的与消费者有关的争议。

在消费者争议中，消费者一方当事人是与争议有直接利害关系的消费者，它包括两种情况：一是侵权纠纷中因经营者侵权行为而受人身或财产损害的人。二是合同纠纷中发生争议的合同关系的当事人，即与经营者缔结合同，并受合同约束的人。

经营者一方当事人的确定，应考虑消费争议的具体情况：

（1）消费者因商品存在缺陷造成人身、财产损害的，可以向生产者要求赔偿，亦可以向销售者要求赔偿。

（2）消费者在接受服务时，其合法权益受到损害的，也可以向服务者要求赔偿。

（3）致消费者合法权益损害的企业发生合并、分立的，消费者可以向合并后的企业请求赔偿，或向分立后承受原企业请求赔偿，分立时对原企业的权利义务承担未作明确划分的，分立后的各企业应承担连带责任，消费者可择一而请求承担责任。

（4）使用他人营业执照的违法经营者提供商品、服务损害消费者合法权益的，消费者除可向其提出承担责任的要求外，还可以要求营业执照的持有人承担责任。消费者在展销会、租赁柜台购买商品或接受服务时，其合法权益受到侵害，一般应向销售者或服务提供者要求赔偿。但在展销会或柜台租赁期满后，除仍可向销售者、服务提供者请求外，还可以向展销会的举办者或柜台出租者要求赔偿。

（5）消费者因经营者利用虚假广告提供商品、服务而使其合法权益受到损害时，可以向作为广告主的经营者请求赔偿。广告经营者、广告发布者明知或应知广告虚假仍设计、制作、发布的，应当依法承担连带责任。

十五、消费者争议的解决途径

1. 消费者争议的协商和解

消费者争议的协商和解应遵守：①协商必须遵守自愿原则。②当事人应具有和解权利。③协商和解不得损害第三方利益。

2. 消费者协会调解

消费者协会调解应遵守：①严格遵守自愿原则。②不得拒绝调解。③认真履行监督职责。④依法公正地进行调解。⑤不得妨碍当事人行使诉权。

3. 消费者争议的行政处理

消费者在发生权益纠纷后，除协商和解或向消费者协会申请调解外，还可以向有关行政机关提出申诉，要求行政机关维护自己的合法权益。

4. 消费者争议的仲裁

争议双方当事人在争议发生前或者争议发生后达成协议，自愿将他们之间的争议提交双方所同意的仲裁机构居中调解，作出判断或裁决的活动。

5. 消费者纠纷的诉讼解决途径

消费者通过将涉及自己的争议提交给人民法院予以处理和解决的一种方式。

第十节　产品质量法律制度

一、产品质量的定义

产品质量是指产品在正常使用的条件下，能够满足合理使用的要求所必须具备的特征和特性的综合。《中华人民共和国产品质量法》对产品质量的界定是通过三项要求进行的：①产品的安全性。②产品的适用性。③产品的担保性。

二、产品质量法

1. 产品质量法的含义

产品质量法是调整在生产、流通和消费过程中因产品质量所发生的社会关系的法律规范的总称。产品质量法律制度包括产品监督管理制度和产品责任制度。

2. 产品质量法的立法宗旨

产品质量法的立法宗旨包括：①保障并提高产品质量。②保障消费者的合法权益。③规范社会竞争秩序。

三、产品质量监督

产品质量监督包括：①企业自我监督。②社会监督。③国家监督。

四、产品质量监督管理制度

产品质量监督管理制度包括：①产品质量认证制度。②企业质量体系认证制度。③产品质量检验制度。④产品质量监督检查制度。

五、产品责任制度概述

产品责任是指产品的生产者、销售者或中间商因其产品给消费者、使用者或其他人造成人身、财产损害而应该承担的一种补偿责任。产品质量责任是指生产者、销售者以及对产品质量负有直接责任的人员违反产品质量法规的产品质量义务，应当承担的法律责任，包括民事责任、行政责任和刑事责任。

六、产品责任规则原则

1. 产品责任归责原则的发展

产品责任归责原则的发展包括：①疏忽责任阶段。②违反担保责任阶段。③严格责任阶段。

2. 我国的产品责任规则原则

我国的产品责任规则原则采取的是严格责任和疏忽责任相结合的双重责任原则。我国《中华人民共和国产品质量法》第四十一条规定，因产品存在缺陷造成人身、缺陷产品以外的其他财产损害的，生产者应当承担赔偿责任，此为严格责任。第四十二条，由于销售者的过错使产品存在缺陷，造成人身、他人财产损害的，销售者应当承担赔偿责任。此为疏忽责任。第四十三条，因产品存在缺陷造成人身、他人财产损害的，受害人可以向产品的生产者要求赔偿，也可以向产品的销售者要求赔偿。

3. 产品责任的构成要件

产品责任的构成要件包括：①产品有缺陷。②有损害事实存在。③产品缺陷与损害后果之间有因果关系。

4. 我国生产者的产品质量义务

我国生产者的产品质量义务包括：①明示担保义务。②默示担保义务。③生产者禁止行为。

5. 销售者的产品质量义务

销售者的产品质量义务包括：①进货检查验收义务。②销售产品质量保持义务。③销售者应当对产品的标识负责。④销售者的禁止行为。

6. 生产者与销售者的产品质量责任

（1）民事责任。产品责任，即产品缺陷损害赔偿责任。因产品缺陷而致人身或财产受损害的赔偿主要有三种：对人身损害的赔偿、对财产损害的赔偿以及对精神损害的赔偿。

（2）行政责任。行政责任既可以包括行政处分也可以包括行政处罚。

（3）刑事责任。①生产或销售不符合保障人体健康的国家标准、行业标准的刑事责任。②生产或销售不符合保障人身、财产安全的国家标准、行业标准的刑事责任。

七、产品责任诉讼与产品责任保险

1. 产品责任诉讼

因产品存在缺陷造成损害要求赔偿的诉讼时效期间为 2 年，自当事人知道或者应当知道其权益受到侵害时起计算。为了体现公平原则，平衡产品的生产者和消费者之间的利益，《中华人民共和国产品质量法》规定，因产品存在缺陷造成损害要求赔偿的请求权，在造成损害的产品交付最初消费者满 10 年丧失；但是，尚未超过明示的安全使用期的除外。

2. 产品责任保险

产品责任保险是指保险人与投保人之间达成协议，由保险人承保生产者或销售者因产品缺陷致使第三人人身伤亡或财产损失所应当承担的产品责任的一种保险制度。

八、产品召回法律制度概述

产品召回是指由缺陷产品的制造商、进口商或者经销商选择更换、赔偿等积极有效的补救措施消除其产品可能引起人身伤害、财产损失的缺陷的过程。

九、产品召回法律关系

1. 产品召回法律关系的主体

（1）产品召回的监管者。产品召回的监管者即监督和管理产品质量和厂商缺陷产品召回的职责，当厂商不召回缺陷产品时指令厂商召回缺陷产品的政府机关。

（2）产品召回的实施者。产品召回的实施者是承担缺陷产品召回责任的厂商，通常是制造商和进口商。

（3）产品召回中的协助者。销售商、租赁商是制造商和消费者的中介渠道，应当配合、协助制造商、进口商进行产品缺陷警示和实施缺陷产品召回。

2. 产品召回法律关系的客体——能引起危害的缺陷产品

（1）缺陷产品。产品召回制度上的缺陷应该是系统性的缺陷，即某一批次的产品存在着相同的缺陷。

（2）产品危害。产品危害指存在缺陷的产品侵害消费者、产品使用者或者社会公众的利益，从而造成大量消费者、产品使用者和社会公众人身安全、健康受到直接和间接威胁或者损害的危险和灾难。

3. 产品召回法律关系中的权利与义务

（1）消费者的权利——产品召回请求权。

（2）厂商的产品召回义务。

（3）政府在产品召回监管中的权责。

十、产品召回程序

产品召回程序分为主动召回程序和指令召回程序。主动召回是指产品的生产商进口商或者经销商在获悉其生产、进口或经销的产品存在可能危害消费者健康安全的缺陷时，依法向政府部门报告，主动及时通知消费者，并从市场和消费者手中收回问题产品，采取予以更换、赔偿的积极有效的补救措施，以消除缺陷产品危害风险的制度。指令召回是指政府指令产品的生产商、进口商或者经销商及时通知消费者，并从市场和消费者手中收回问题产品，采取予以更换、赔偿的积极有效补救措施，以消除问题产品危害风险的制度。

民事诉讼法学基础知识点

第一节　民事纠纷及其救济机制

一、民事纠纷的形成

①纠纷主体的平等性；②纠纷内容的特定性；③民事纠纷的可处分性；④民事纠纷的可平息性。

二、民事纠纷的非诉讼救济

我国民事纠纷的非诉讼救济方式有：①民事当事人自行协商和平解决纠纷。②各种社会群体组织规劝平息纠纷。③有关部门依职权处理纠纷。④人民调解委员会调解纠纷。⑤仲裁委员会仲裁纠纷。

三、民事诉讼的概念与特征

民事诉讼是指国家为维持社会正常的秩序，维护公民、法人和非法人团体的民事权益，在当事人和全体诉讼参与人的参加下，承审法官依法审理和解决民事冲突以及强制执行生效法律文书的活动。

四、民事诉讼的内部关系

民事诉讼的内部关系是指人民法院法官、当事人以及诉讼参与人在诉讼中的地位以及他们之间的相互关系。

五、民事诉讼的外部关系

民事诉讼的外部关系是指民事诉讼与其他救济形式之间的关系。

1. 民事诉讼与其他救济形式的共性

(1) 本质相同。都是对当事人的权益救济。

(2) 功能相同。定分止争和维护秩序。

(3) 参与主体相同。当事人、证人等其他参与人基本相同。

(4) 就救济方式所坚持的原则而言，合情、合理、公平是它们的共同点。

2. 民事诉讼与其他救济方式之间的差异

(1) 民事诉讼与当事人自行协商和解的差异，其一，是否存在第三方的介入，当事人自行协商和解基于当事人的意思自治没有第三方的介入，民事诉讼是法院对纠纷介入的机制。其二，有无存在固定的程序和模式，协商和解不存在，民事诉讼依照民事诉讼法进行。其三，有无强制执行效力不同，当事人协商和解不存在，经民事诉讼程序作出的判决、裁定等法律文书有强制执行效力。

(2) 民事诉讼与社会群体劝说平息纠纷的差异。(参考与当事人协商和解差异)

(3) 民事诉讼与单位（部门或社区）处理民事纠纷的差异。

(4) 民事诉讼与人民调解的差异：其一，法律性质不同；其二，依据不同；其三，主持人不同；其四，效力不同。

(5) 民事诉讼与仲裁的区别：其一，法律性质不同；其二，提起条件不同；其三，两者的程序设计、原则制度也有许多不同之处。

六、民事诉讼法的概念

民事诉讼法是指由国家制定的规定人民法院法官、当事人及当事人之外的所有诉讼参与人进行民事诉讼活动和执行活动的法律规范。

第二节 我国民事诉讼法的性质、任务和效力

一、民事诉讼法的特殊性质

民事诉讼法是公法。

二、民事诉讼法的一般性质

①民事诉讼法是基本法。②民事诉讼法是部门法。③民事诉讼法是程序法。

三、民事诉讼法的任务

(1) 保护当事人行使诉讼权利、保护当事人的合法权益。

(2) 保障人民法院查明事实，分清是非，正确适用法律，及时审理民事案件。

(3) 向社会宣传我国社会主义法制，教育公民自觉遵守法律。

四、民事诉讼法的效力

（1）民事诉讼法对人的效力，《中华人民共和国民事诉讼法》第四条：“凡在中华人民共和国领域内进行民事诉讼，必须遵守本法。”

（2）民事诉讼法对事的效力，《中华人民共和国民事诉讼法》第三条：“人民法院受理公民之间、法人之间、其他组织之间以及他们相互之间因因财产关系和人身关系提起的民事诉讼，适用本法的规定。”

（3）民事诉讼法对空间的效力，民事诉讼法在我国领域内有效，包括：我国的领土、领海和领空以及我国领土延伸的地方。

（4）民事诉讼法对时间的效力，有关新民诉法生效之前发生的民事案件为起诉或者虽已起诉但尚未审理终结的案件，新法是否具有效力的问题：①民事诉讼法生效前已经审结的案件仍然有效；②民事诉讼法生效前已经发生但尚未起诉或者已经起诉法院尚未审结的民事案件，则应当按照新生效的民事诉讼法规定的诉讼程序审理。

五、法院对民事案件的主管

1. 法院对民事案件主管的概念

法院对民事案件主管是指法院受理和解决民事案件的范围，或者说是法院与其他国家机关、社会组织之间，就解决民事纠纷的分工和权限范围。

2. 法院对民事案件主管的条件

（1）争议主体的法律地位平等。

（2）当事人争议的内容具有财产权利义务关系或者身份权利义务关系。

（3）当事人选择向法院提起诉讼。

3. 法院对民事案件主管的范围

（1）由民商事案件主管的范围。

（2）由婚姻法、继承法调整的与婚姻家庭关系有关的纠纷。

（3）由劳动法调整的劳动关系所产生的纠纷。

（4）由法律规定的其他案件，主要指选民资格和非讼案件，包括宣告公民失踪案件、宣告公民死亡案件、认定公民无民事行为能力案件、认定公民限制民事行为能力案件、认定财产无主案件等。

4. 法院民事案件主管与其他机关、社会组织处理民事案件的处理原则

（1）由当事人选择原则。

（2）遵守司法最终解决原则。

第三节　管辖

一、管辖的概念

民事案件的管辖是指确定上下级法院之间以及同级法院之间受理第一审民事案件的分工与权限，它是在法院内部具体落实民事审判权的一项制度。

二、管辖的种类

1. 依据民事诉讼立法的规定对民诉管辖的分类

按照立法的体例，国内第一审民事诉讼案件管辖分为级别管辖、地域管辖、移送管辖、指定管辖；其中地域管辖又可以分为一般地域管辖、特殊地域管辖、专属管辖、协议管辖、共同管辖和选择管辖。

2. 依据民事诉讼理论对诉讼管辖的分类

（1）以管辖是由法律直接规定还是由法院裁定确定为标准，可以将管辖法院分为法定管辖和裁定管辖。

（2）以管辖是否由法律强制规定不允许当事人协商变更为标准，可以将管辖分为专属管辖和协议管辖。

（3）以诉讼主体、诉讼客体与法院辖区存在的联系为标准，可以将管辖分为共同管辖和合并管辖。

三、级别管辖概述

级别管辖是指按照一定的标准，划分上下级法院之间受理第一审民事案件的分工与权限。《中华人民共和国民事诉讼法》依据我国的情况通常将案件的性质、繁简程度、影响大小三者结合起来作为划分级别管辖的标准。

四、各级人民法院的管辖

1. 基层人民法院管辖的第一审民事案件

基层人民法院管辖第一审民事案件，但另有规定的除外。

2. 中级人民法院管辖的第一审人民法院

（1）重大涉外案件。《关于涉外民商事案件诉讼管辖若干问题的规定》，以下案件属于重大涉外案件：①涉外合同和侵权纠纷案件；②信用证纠纷案件；③申请撤销、承认与强制执行国际仲裁裁决的案件；④审查有关涉外民商事仲裁条款效力的案件；⑤申请承认和强制执行外国法院民商事判决、裁定的案件实行集中管辖制度。这五类案件由下列法院管辖：①国务院批准设立的经济技术开发区人民法院；②省会、自治区首府、直辖市所在地的中级人民法院；③经济特区、计划单列市中级人民法院；④最高级人民法院指定的其他中级人民法院；⑤高级人民法院。

（2）在本辖区有重大影响的案件。

（3）最高级人民法院确定由中级人民法院管辖的案件，主要有：①专利纠纷案件；②重大涉港澳台民事案件；③海事、海商案件。

3. 高级人民法院管辖的第一审民事案件

省、自治区、直辖市高级人民法院管辖在本辖区内有重大影响的第一审民事案件。

4. 最高人民法院管辖的第一审民事案件

在全国范围有重大影响的案件；认为应当由本院审理的案件。

五、地域管辖概述

地域管辖，又称为区域管辖、土地管辖，它是指按照人民法院的不同辖区确定统计人民法院之间受理第一审民事案件的分工与权限。《中华人民共和国民事诉讼法》以案件与法院辖区的不同隶属关系作为确定地域管辖的联接点，集体包括当事人住所地与法院辖区的关系、案件事实与法院辖区的关系、诉讼标的或争议标的物与法院辖区的关系等。

六、一般地域管辖

一般地域管辖指以当事人住所地与法院的隶属关系为联接点来确定的诉讼管辖。

1. 被告住所地法院管辖

依据《中华人民共和国民事诉讼法》第二十二条，一般地域管辖的原则规定那包括：①对公民提起的民事诉讼，由被告住所地人民法院管辖；被告住所地与经常居住地不一致的，由经常居住地人民法院管辖。所谓公民的住所地是指该公民的户籍所在地；公民的经常居住地是指公民离开住所起至起诉时已经连续居住满一年以上的地方，但公民住院就医的地方除外。《最高人民法院关于适用〈中华人民共和国民事诉讼法〉若干问题的意见》对被告住所地法院管辖的补充规定，都是有关双方当事人处于相似境况，例如都被监禁或都被劳动教养、双方当事人均被注销城市户口、离婚双方都是军人、夫妻双方都离开住所地的，都是被告住所地，只是这个住所地的规定由于被告地理位置的改变而改变。②对法人或者其他组织提起的民事诉讼，由其他组织提起的民事诉讼，由被告住所地人民法院管辖（主要是法人或者其他组织的办事机构所在地或主要营业地）。③同一诉讼的几个被告住所地、经常居住地在两个以上人民法院辖区的，各该人民法院都有管辖权。

2. 原告住所地法院管辖

《中华人民共和国民事诉讼法》第二十三条规定由原告住所地法院管辖的四种例外：①对不在中华人民共和国领域内居住的人提起的有关身份关系的诉讼；②对下落不明或宣告失踪的人提起的有关身份关系的诉讼；③对被劳动教养的人提起的诉讼；④对被监禁的人提起的诉讼。

七、特殊地域管辖

(1) 因合同纠纷提起诉讼的，由被告住所地或者合同履行地人民法院管辖。

(2) 因保险合同纠纷提起的诉讼，由被告住所地或者保险标的物所在地人民法院管辖。

(3) 因票据纠纷提起的诉讼，由票据支付地或者被告住所地人民法院管辖。

(4) 因铁路、公路、水上、航空运输和联合运输合同纠纷提起的诉讼，由运输始发地、目的地或者被告住所地人民法院管辖。

(5) 因侵权行为提起的诉讼，由侵权行为地或者被告住所地人民法院管辖。

(6) 因铁路、公路、水上和航空事故请求损害赔偿的诉讼，由事故发生地或者车辆、船舶最先到达地，航空器最先降落地或者被告住所地人民法院管辖。

(7) 因船舶碰撞或者其他海事损害事故请求赔偿提起的诉讼，由事故发生地或者车辆、船舶最先到达地、加害船舶被扣留地或者被告住所地人民法院管辖。

另外的海难救助或共同海损提起的诉讼已经做出修改。

八、专属管辖

《中华人民共和国民事诉讼法》第三十四条规定三类专属管辖：①因不动产纠纷提起的诉讼，由不动产所在地人民法院管辖；②因港口作业中发生纠纷提起的诉讼，由港口所在地人民法院管辖；③因继承遗产纠纷提起的诉讼，由被继承人死亡时住所地或者主要遗产所在地人民法院管辖。

九、共同管辖、选择管辖和合并管辖

共同管辖是指依照法律规定，两个以上的人民法院对同一案件享有管辖权。选择管辖是指两个以上的对法院诉讼都有管辖权时，当事人可以选择其中一个法院提起诉讼。合并管辖，《中华人民共和国民事诉讼法》第一百二十六条，对于原告增加诉讼请求、被告提出反诉、第三人提出与本案有关的诉讼请求，受诉法院可以合并管辖。

十、协议管辖的种类

明示协议管辖是指双方当事人在民事纠纷发生之前或之后，以书面方式约定诉讼的管辖法院。默示协议管辖是指被告应诉对受诉法院行使管辖权不提出异议，就推定双方当事人均同意由受诉法院管辖，受诉法院便取得了该案的管辖权。

十一、适用国内民事诉讼协议管辖应当具备的条件

《中华人民共和国民事诉讼法》第二十五条规定：“合同双方当事人可以在书面合同中协议选择被告住所地、合同履行地、合同签订地、原告住所地、标的物所在地人民法院管辖，但不得违反本法对级别管辖和专属管辖的规定。”

十二、裁定管辖

裁定管辖是指人民法院通过裁定的形式确定第一审民事诉讼案件法院管辖的制度。包括移动管辖、指定管辖、管辖权转移。

十三、移送管辖

1. 移送管辖的概念

移送管辖是指人民法院受理案件后，发现本法院对该案件无管辖权，依照法律规定将案件移送给有管辖权的人民法院受理。移送管辖通常发生在同级人民法院之间，但也不排除在上、下级法院之间适用。

2. 适用移送管辖应当具备的条件

(1) 人民法院已经受理案件。

(2) 已经受理案件的人民法院对该案件无管辖权或者不能实际进行管辖。

(3) 接受移送案件的人民法院依法享有管辖权。

十四、指定管辖

1. 指定管辖的概念

指定管辖是指上级人民法院以裁定方式，指定下级人民法院对某一案件行使管辖权。

2. 适用指定管辖的情形

(1) 在移送管辖适用过程中，受移送的法院认为自己对受移送的案件无管辖权的，应当报请上级法院指定管辖。

(2) 有管辖权的人民法院由于特殊原因，不能行使管辖权的，由上级人民法院指定管辖。

(3) 人民法院之间因管辖权发生争议，由双方协商解决不了的。

十五、管辖权转移

管辖权转移是指依据上级人民法院的决定或经其同意，将某个案件的管辖权由上级人民法院转交给下级人民法院，或者由下级人民法院转交给上级人民法院。

管辖权转移与移送管辖区别：第一，适用前提不同；第二，性质不同；第三，作用不同；第四，程序不同。

十六、管辖权恒定

1. 管辖权恒定的种类

管辖权恒定是指某个法院对某个案件是否享有管辖权，应当以原告起诉时为准，法院在原告起诉时依法对该案取得管辖权的，该案件自始至终由其管辖，不因据以确定管辖的因素发生变化而变更管辖法院。管辖权恒定包括级别管辖权恒定和地域管辖权恒定。级别管辖权恒定主要是指级别管辖按起诉时的诉讼标的额确定后，不因为诉讼过程中标的额增加或减少而变动；地域管辖权恒定是指地域管辖按起诉时的标准确定后，不因为诉讼过程中确定管辖的因素的变动而改变。

2. 管辖权恒定的效力

管辖权恒定以有管辖权为前提，而该法院是否实际行使管辖权，以原告起诉时为准。

十七、管辖权异议

1. 管辖权异议的概念

管辖权异议是指人民法院受理案件后，当事人依法提出该人民法院对本案无管辖权的主张和意见。

2. 管辖权异议的成立条件

(1) 法院已经受理案件，但尚未进行实体审理。

(2) 管辖权异议只能对第一审法院提出，对于第二审法院不得提出管辖权异议。

(3) 管辖权异议的主体必须是本案的当事人，通常是被告。

(4) 对管辖权的异议，应当在提交答辩状期间以书面形式提出。

(5) 管辖权异议理由的合法存在是管辖权异议的实质条件，即当事人应当在管辖权异议的书面文件中证明受诉法院对该案件无法定管辖依据。

3. 当事人提出管辖权异议的法律效力

(1) 人民法院对当事人提出的管辖权异议，未经审查或审查后尚未作出裁定的，不得进入对该案件的实体审理。

(2) 在一、二审法院驳回管辖权异议的裁定发生法律效力后，当事人就法院的管辖权问题申诉的，不影响法院对案件进行审理。法院对案件作出的判决发生法律效力后，如果当事人对驳回管辖权异议的裁定和判决一并申诉的，法院经过复查，认为管辖和判决确有错误，应按审判监督程序处理。

4. 人民法院处理管辖权异议适用的程序规则

(1) 受理人民法院处理管辖权异议的程序规则：①人民法院对管辖权异议的审查具体应由审理案件的审判组织进行，而不应由告诉申诉审判庭处理；②人民法院应当在15日内作出异议是否成立的书面裁定；③异议成立的，裁定将案件移送有管辖权的法院，异议不成立的，裁定驳回；④当事人对地方各级人民法院处理管辖权异议的裁定不服的，可以提起上诉。

（2）当事人提起上诉的，第二审人民法院应当依法作出书面裁定。

第四节　人民法院

一、人民法院的性质的职权

1. 人民法院的性质

《中华人民共和国宪法》第一百二十三条以及《中华人民共和国人民法院组织法》第一条规定："中华人民共和国人民法院是国家的审判机关"；《中华人民共和国宪法》第一百二十六条规定："人民法院依照法律规定独立行使审判权，不受行政机关、社会团体和个人的干涉"。

2. 人民法院的职权

（1）审判权。

（2）司法解释权。

二、法院的类别划分

（1）普通法院、中央法院、最高人民法院。

（2）地方法院，基层人民法院、中级人民法院、高级人民法院。

（3）专门法院，军事法院、海事法院、铁路运输法院、森林法院。

三、民事审判权的概念

民事审判权是法院审判权当中的一种，是法院对民事案件进行审理并作出裁判的权力。

四、民事审判权的权能

民事审判权的权能是指人民法院对民事案件审理和裁判权力所及之范围和具有的功能。

五、民事审判权的运行特征

①启动上的被动性；②运作的独立性；③运行过程的公开和透明性；④运行结果的权威性。

六、我国民事审判权的具体形态

①立案审查权；②诉讼指挥权；③调查取证权；④特定事项处理权；⑤调解主持权；⑥案件裁判权。

七、审判组织

（一）独任制

独任制是指由一名审判员对案件进行审理并作出裁判的审判组织制度。

（二）合议制

合议制是指由三名以上的审判员组成审判庭，代表法院行使审判权，对案件进行审理和裁判的审判组织制度。

1. 合议庭的组成

（1）第一审合议庭。《中华人民共和国民事诉讼法》第四十条规定："人民法院审理第一审民事案件，由审判员、陪审员共同组成合议庭或者由审判员组成合议庭。合议庭成员的人数，必须是单数。"

（2）第二审合议庭全部由审判员组成。

（3）再审、重申合议庭，取决于作出原生效裁判的额法院所处的审级，原来是第一审的，再审案照第一审程序审理，合议庭按照第一审程序的要求组成；原来是第二审的，再审按照第二审程序进行审理，合议庭按照第二审的要求组成。

2. 合议庭的职能及其与审判委员会的关系

合议庭代表法院对具体的案件行使审判权，对案件进行审理并作出裁判。审判委员会指导和监督合议庭对案件的审理，合议庭执行审判委员会的决定。

指导和监督具体表现为：①本法院院长或副院长人文审判组织对案件的处理不当时，可将案件提交审判委员会讨论决定；②合议庭评议案件未形成多数意见时，本院院长提交审判委员会讨论决定；③对于审判委员会对案件的处理决定，合议庭必须执行；④审判委员会对于本法院作出的生效裁判发现确有错误的，可以通过审判监督程序提起再审。

（三）合议庭的活动原则

（1）合议庭审理案件须由其中的一名审判员担任审判长，主持案件的审判活动。合议庭的审判长由院长或者庭长指定审判员一人担任；院长或庭长参加审判的，由院长或庭长担任审判长。

（2）合议庭的全体成员具有平等地位，享有同等权利。合议庭评议案件，实行少数服从多数的原则。

（3）合议庭成员必须自始至终参与审判活动，中途不得更换。合议庭对案件事实的认定和法律适用必须集体研究和作出决定，不能采取由案件承办人一人独自包办而全体成员签名的做法。

第五节　民事诉讼当事人

一、民事诉讼当事人的概念及其称谓

民事诉讼当事人是指发生民事争议之后，以自己的名义要求法院对该争议作出裁判的人及其相对人。

（1）以自己的名义起诉或应诉、实施诉讼行为。

（2）向法院提起对其争议进行裁判，以确认某种民事去哪里的归属或者某种民事法律关系是否存在的请求。

（3）接受法院裁判的拘束。

二、当事人诉讼权利能力

1. 当事人民事诉讼权利能力的概念

当事人民事诉讼权利能力是指成为一般意义上的民事诉讼当事人所必须具备的诉讼法上的能力和资格。

2. 民事诉讼权利能力与民事权利能力之间的关系

两者的一致性：有民事权利能力的人一定享有诉讼权利能力，享有诉讼权利能力的主体，一般具有民事权利能力。

两者不一致：①有民事权利能力不具有诉讼权利能力，死者享有人格权，却不具有诉讼权利能力。②不具有民事权利能力的人，能够成为民事诉讼当事人。非法人团体不具有民事权利能力，能获得民事诉讼权利能力。

3. 我国民事诉讼权利能力的确定

（1）依据我国法律规定，自然人的诉讼权利能力与其民事权利能力一样始于出生、终于死亡，法人的民事诉讼权利能力始于成立，终于撤销或解散。

（2）《最高人民法院关于适用〈中华人民共和国民事诉讼法〉若干问题的意见》第四十条规定的虽不具有民事权利能力，但是具有民事诉讼行为能力的人，包括：一是领取营业执照而不具备法人资格的私营独资企业合伙组织、乡镇集体企业和外资企业等；二是商业银行、保险公司等法人的分支机构；三是经民政部门核准登记领取社会团体登记证的社会团体等。

三、当事人适格

1. 当事人适格的概念及其意义

当事人适格是指对于具体的诉讼作为当事人起诉或应诉的资格。满足当事人适格要求的是正当当事人。

2. 判断当事人适格的标准

（1）管理处分权，要判断形式上的当事人是否为正当当事人，原则上应该判断其是不是作为诉讼标的的法律关系的主体，或者基于法律规定的管理权而获得正当当事人地位的人，比如：诉讼代表人、遗产管理人、遗嘱执行人以及破产程序当中的清算组织。

（2）诉的利益，即原告具有请求司法救济的利益，亦即具有诉的利益，也是为本案正当当事人。

3. 我国民事诉讼实务当中对正当当事人的确认

略

4. 当事人的变更

（1）法定当事人变更包括两种：一是当事人死亡时发生的诉讼承担，此时由其继承人承担原当事人的诉讼权利义务而继续进行诉讼；二是诉讼过程中法人或者非法人团体合并，由合并后新成立的法人或非法人团体取代原来的当事人地位继续进行诉讼。

（2）任意的当事人变更，现行民诉法中没有相关规定。

四、当事人的确定

我国现行民事诉讼法对原告和被告的确定采用了不同的标准，对原告而言，必须是“与本案有直接利害关系的人”，对被告只要求在原告的起诉状当中得到明确即可。

五、当事人诉讼行为能力

(1) 当事人诉讼行为能力是指能够以自己的行为实际实施诉讼的能力。一般而言具有完全民事行为能力的即有诉讼行为能力，无民事行为能力和限制民事行为能力则无诉讼行为能力。

(2) 当事人诉讼行为能力的判断标准。一是年龄要求，必须是满 18 周岁或者满 16 周岁不满 18 周岁，以自己的劳动收入作为主要生活来源。二是智力精神状况要求，能够辨认自己的行为。

(3) 欠缺令诉讼行为能力的当事人所为诉讼行为的后果。一是其实施的诉讼行为无效，二是基于维护对方当事人的信赖利益，对方当事人对其实施的诉讼行为也无效，三是无诉讼行为能力实施的诉讼行为若经过其法定代理人或者本人取得诉讼行为能力后的追认，则可以产生法律效力。

六、当事人的诉讼行为

当事人的诉讼行为包括：起诉应诉权，委托代理人的权利，申请回避的权利，搜集和提供证据的权利，陈述、质证和辩论权，自主选择调节的权利，自行和解的权利，撤诉的权利，查阅、复制本案有关材料和法律文书的权利，申请财产保全和先予执行、提起上诉的权利，申请执行的权利，申请再审的权利。

七、当事人的诉讼义务

当事人的诉讼义务是指当事人在整个诉讼过程中必须承担和履行的程序性法律义务，这种义务的设定是为了保证整个民事诉讼活动的顺利进行、保证各个诉讼参与人诉讼权利的顺利实现以及保证整个民事诉讼目的的顺利是实现。与诉讼当事人的诉讼负担相区别，诉讼负担是指当时为避免败诉的风险而在诉讼当中必须承受的某些行为负担，这种负担与民事诉讼对抗机制以及一定的证据规则相联系，主要反映在当事人在出庭、举证和证明这几个方面。

八、共同诉讼概述

1. 共同诉讼的概念

共同诉讼是指一方或双方当事人的人数为两人或两人以上的诉讼。

2. 共同诉讼制度的意义

共同诉讼可以提高法院的审判效率，节约司法资源；共同诉讼还可以简化诉讼程序，避免法院在同一事件处理上作出相互矛盾的判决。

九、共同诉讼人的概念及其分类

共同诉讼人是共同诉讼当中人数为复数一方当事人的概称。依据共同诉讼的种类的不同，可以分为必要的共同诉讼人和普通的共同诉讼人。

(1) 必要的共同诉讼人是指当事人一方或双方为两人或者两人以上、诉讼标的共同的多数人诉讼。所谓诉讼标的是指各共同诉讼人与对方当事人争议的是共同的实体权利义务关系，亦即各共同诉讼人在争议当中存在共同的利害关系。存在以下情形的必要共同诉讼人：一是民法上规定存在财产共有关系的情形，比如合伙人对合伙财产的共有、共同继承人对被继承财产的共有、夫妻对其共同财产的共有以及数个知识产权的共有等；二是民法上规定存在连带债权或连带债务的情形；三是基于同一事实或法律上的原因而产生实法上的共同权利义务关系的情形。

在必要共同诉讼人的内部关系上，由于他们具有共同的权利义务关系，因而其行为必须保持一致，必须一同起诉或应诉，若只有部分必要共同诉讼人参加诉讼，则法院应当对其他必要共同诉讼人进行追加，追加的方式是法院经申请人的追加申请而通知或主动通知。

（2）普通共同诉讼人是指当事人一方或双方为两人或两人以上，其诉讼标的为同一类，人民法院认为可以合并审理，并且当事人同意合并审理的多数人诉讼。适用条件：一是实体上的条件，诉讼标的为同一类，例如存在两个或两个以上互补关联但是属于同一种类的法律关系争议，基于同一法律事实而存在各自不同当事人之间产生相同种类的法律关系争议。二是程序上的条件人民法院认为可以合并审理，即合并审理，即合并审理不会造成审判繁琐或诉讼迟延，双方当事人同意合并审理，审理法院对各个案件都享有管辖权并且各个案件能适用同一种诉讼程序审理。

十、代表人诉讼制度概述

1. 代表人诉讼制度的概念

所谓代表人诉讼是指当纠纷一方当事人人数众多、同时起诉或应诉比较困难或不可能时，由人数众一方推选出诉讼代表人进行诉讼的多数人诉讼形态。

2. 代表人诉讼的分类

（1）起诉时人数确定的代表诉讼。

（2）起诉时人数不确定的代表人诉讼。

3. 代表人诉讼的管辖法院

（1）级别管辖，涉及当事人人数众多、标的额较大、有较大影响的案件，一般由中级人民法院管辖，案情简单、波及面小和诉讼标的额不大的案件，由基层人民法院管辖。

（2）地域管辖，侵权或者合同纠纷中，代表人代表多数人一方作为原告方提起诉讼时，侵权案件或者合同案件确定其地域管辖。由于虚假陈述引起的证券民事赔偿案件，由发行人或者上市公司等虚假陈述行为人所在地中级人民法院管辖，而且只限于省、自治区人民政府所在的市、计划单列市和经济特区中级人民法院有管辖权。

十一、诉讼代表人的产生机制

1. 诉讼代表人产生的前提条件

（1）一方人数众多，一般为10人以上。

（2）人数众多的一方具有一定的、共通性的利益关系，这种利益关系或是表现为诉讼标的相同，或是表现为诉讼标的的同种类。

（3）多数当事人的诉讼请求或者抗辩方法相同。

2. 诉讼代表人的人数，多数当事人一方可以推选诉讼代表人2~5人进行诉讼，并且每位代表人可以委托1~2人作为诉讼代理人。

3. 诉讼代表人的基本条件

（1）必须是他所代表的一方当事人中的一员，与该方其他成员具有共同的利害关系。

（2）具有诉讼行为能力。

（3）能够正确履行其代表人职责，并能善意维护被代表人利益。

4. 诉讼代表人产生的程序

（1）在起诉时多数当事人一方人数确定的场合，由该方当事人推选产生能够代表该方全体当事人的诉讼代表人，或者由部分当事人推选出自己的诉讼代表人，推选不出的，必要共同诉讼的情况下，由当事人自己参见诉讼，普通共同诉讼情况下当事人可以另行起诉。

（2）在起诉书时多数当事人一方人数不确定的场合，由参加登记的当事人推选诉讼代表人，推选不出的，可由法院提出人选与当事人协商，协商不成的，也可以由人民法院在起诉的当事人中指定诉讼代表人。

十二、诉讼代表人的诉讼地位

诉讼代表人在诉讼当中代表己方进行诉讼，享有当事人的诉讼地位。诉讼代表人在诉讼中实施的诉讼行为对其代表的当事人发生法律效力；但是如果牵涉到对被代表的当事人的实体权利和程序权利的处分，须取得被代表当事人的特别授权或征得其同意。

十三、第三人诉讼制度概述

1. 第三人的概念、分类

民事诉讼第三人是指对他人争议的诉讼标的具有独立的请求权，或者虽然没有独立请求权，但与他人案件的处理结果具有法律上的利害关系，因而参加到他人已经开始的诉讼当中来，以维护其合法权益的案外人。

2. 第三人诉讼的法律特征

（1）第三人参与的、他人之间的诉讼已经开始。

（2）第三人参与诉讼的理由在于与本案有着某种法律上利害关系。

（3）第三人参与诉讼的动机是出于对自身利益的关心并产生了通过参与他人诉讼程序维护自身权利的需要。

（4）第三人参加进来之后，在本诉之外形成了另外一个参加之诉。

十四、有独立请求权的第三人

1. 有独立请求权第三人的概念

有独立请求权第三人是指对他人争议的诉讼标的有独立请求权，为了维护自己的利益而主动参与到他人已经开始的诉讼当中的人。

2. 有独立请求权第三人的参诉方式

（1）参诉依据，认为自身对本诉争议的诉讼标的有独立的请求权。这种独立的请求权就是能够对争议的诉讼标的主张全部或者部分的权利。

（2）参诉的方式，只能通过起诉这样的主动方式，不能有法院追加方式。

3. 有独立请求权第三人的诉讼地位

一般而言有独立请求权的第三人参加进来之后，在诉讼中的地位相当于原告，而将原来诉讼的双方当事人作为共同被告。

4. 第三人主动参加诉讼时其诉讼地位的处理

（1）如果第三人主动参加进来之后提出的诉讼请求与本诉的原被告的诉讼请求均形成对抗，则将其列为有独立请求权的第三人。

（2）如果该第三人参加进来后，只否认本诉一方当事人的请求而同意另一方当事人的请求，则将其列为共同诉讼人，在同意本诉原告主张时，他是必要共同原告，在同意本诉被告主张时，他是必要共同被告。

十五、无独立请求权第三人

1. 无独立请求权第三人的概念

无独立请求权第三人是指与他人争议的诉讼标的没有独立的请求权，但是却与该案的处理结果有着法律上利害关系，因而参与到他人已经开始的诉讼当中来的情形。

2. 无独立请求权第三人的参诉依据和参诉方式

（1）参诉依据，无独立请求权第三人参加诉讼的依据是与案件的审理结果有法律上的利害关系。法律上的利害关系是该第三人与案件的一方当事人之间存在另一种法律关系，而该法律关系与本案所涉及的法律关系之间按具有某种牵连性，本案的审理结果如何将直接影响到第三人是否需要承担一定的民事责任。

（2）参诉方式，一种是申请参加诉讼，另一种是经法院追加而参加诉讼，追加的方式是法院一方当事人的申请或者依职权主动进行通知。

3. 无独立请求权第三人的诉讼地位

无独立诉讼当事人只有在人民法院判决其承担民事责任的情况下，才有当事人的诉讼权利义务。无独立请求权第三人在判决其承担民事责任时有权提出上诉，在调解时需要其承担义务的，对该调解协议有同意和签收权，无独立请求权的第三人在一审中无权提出管辖权异议，无权放弃、变更诉讼请求或者申请撤诉。

4. 无独立请求权第三人制度的具体适用

不得进行追加的情形：其一，受诉人民法院对与原被告双方争议的诉讼标的物质金额牵连和不负有返还或者赔偿义务的人，以及与原被告约定仲裁或者有约定管辖的案外人，或者专属管辖案件的一方当事人，均不得作为无独立请求权第三人通知其参加诉讼。其二，在产品质量纠纷中，对原被告之间法律关系以外的人，有证据证明其已经提供了合同约定或者符合法律规定的产品的，或者案件中的当事人未在规定的质量异议期内提出异议的，或者作为收货方已经认可该产品质量的，不得作为无独立请求权第三人通知其参加诉讼。其三，人民法院对已经履行了义务，或者依法获得了一方当事人的财产，并支付了相应对价的原被告之间法律关系以外的人，不得作为不独立请求权第三人通知其参加诉讼。

第六节　诉讼代理人

一、诉讼代理人的概念

民事诉讼代理人是指依据法律的规定或者当事人的委托在一定权限内代替或协助当事人，并且以当事人名义进行民事诉讼的人。

二、法定诉讼代理人

1. 概念

法定诉讼代理人是指依照法律规定代理无诉讼行为能力的当事人进行民事诉讼的人。最大的特征是：法定诉讼代理人的范围由法律直接规定，代理权限也有法律直接规定。

2. 法定诉讼代理权的取得和消灭

取得方式：①因某种身份关系的存在；②基于自愿而发生的某种抚养义务；③基于人道主义而产生的社会保障措施。

消灭情形：①被监护人取得或恢复行为能力；②监护人丧失行为能力；③基于婚姻关系而发生的监护权因解除婚姻关系而使一方丧失监护权；④监护人或被监护人死亡；⑤收养关系解除。

3. 法定诉讼代理人的代理权限和诉讼地位

（1）代理权限包括全部诉讼权利，与对方和解，承认、放弃、变更诉讼请求，提起反诉或者上诉的权利。

（2）诉讼地位，相当于被代理人的当事人，但是不等于当事人。

三、委托诉讼代理人

1. 概念

委托诉讼代理人是指当事人、法定代理人委托并以委托人的名义在授权范围内进行民事诉讼活动的人。

委托诉讼代理人有以下特征：

（1）代理诉讼的权限、范围和事项由被代理人委托和授予。

（2）委托诉讼代理人与被代理人之间不存在监护与被监护的关系。

（3）最后委托诉讼代理人进行诉讼须向人民法院提交被代理人的授权委托书。

能够作为委托诉讼代理人的包括：律师、当事人的近亲属、社会团体推荐的人、当事人所在单位推荐的人、经人民法院许可的其他公民。

2. 委托诉讼代理权的取得、变更和消灭

（1）委托代理权的取得和变更由当事人或者法定代理人决定。

（2）消灭的情形：①诉讼代理任务完成诉讼结束；②委托诉讼代理人辞去代理职务；③委托人解除委托；④委托诉讼代理人在诉讼中丧失诉讼行为能力或死亡。

第七节　其他诉讼参与人

一、证人资格

证人是指知道案件实情而向人民法院作出陈述的人。

证人必须具备下列主客观要件：

（1）客观要件是必须知道案件实情，能正确表达意志。

（2）主观要件是必须向人民法院陈述。

二、证人的诉讼权利、义务

1. 证人的诉讼权利

（1）使用本民族语言文字参与诉讼权。（2）陈述权。（3）控告权。（4）人身自由权。(5) 要求保密权。

2. 证人的诉讼义务

(1) 有作证的义务。(2) 如实作证。(3) 出庭接受询问、质证。(4) 遵守法庭秩序。(5) 保守秘密。

三、证人作证程序

民事证人出庭作证程序是证人出庭以言词方式陈述所了解的案情，并接受原、被告及第三人质证及法庭询问所应当遵循的方式、方法和步骤。一套完整的证人出庭作证程序至少应当包括以下内容：

申请证人出庭作证，通知证人出庭作证，查明到庭证人身份，法庭向证人交代权利义务，证人保证如实作证，证人陈述作证，交叉询问质证，法庭补充询问，证人退庭。

四、鉴定人资格

鉴定人是具有相关专门技术或知识的人对民事案件疑难问题进行科学地比较、实验、论证，并作出权威性结论的人便是民事诉讼中的鉴定人。

与证人区别：①是否知道案件发生时知道案情；②是否需要专门知识；③条件不同；④是否取得劳动报酬；⑤是否需要回避。

五、鉴定人的诉讼权利义务

1. 刑事诉讼中的鉴定人依法享有以下诉讼权利

(1) 有权了解与鉴定有关的案件情况。

(2) 有权要求指派或者聘请的机关提供足够的鉴定材料，在提供的鉴定材料不充分、不具备作出鉴定结论的条件时，有权要求有关机关补充材料，否则有权拒绝鉴定。

(3) 有权要求为鉴定提供必要的条件。

(4) 有权收取鉴定费用。

2. 鉴定人依法承担以下诉讼义务

(1) 如实作出鉴定，不得故意作出虚假鉴定。如果故意作出虚假鉴定要承担相应的法律责任。

(2) 对于在鉴定过程中了解的案件情况和有关人员的隐私，应当保密。

(3) 在接到人民法院通知时，应当亲自出庭作证，说明作出鉴定结论的根据和理由，并接受公诉人、当事人和辩护人、诉讼代理人以及审判人员的发问、询问。

第八节　诉讼行为

一、当事人的诉讼行为的分类

(1) 依据效力为标准，可以分为裁判上的诉讼行为和裁判外的行为。

(2) 依据诉讼行为的性质和内容为标准，可以分为三类：①要求法院为一定行为，具有意思通知性的行为；②报告具体事实或者法律上的事项；③对当事人以一定效果意思为内容，诉讼法对该效果意思，所赋予相应的法律效果的诉讼行为。

（3）依据诉讼行为机能为标准，分为取效行为和与效行为。两者的区别主要是当事人的诉讼权利是否需请求法院才能生效。

二、诉讼契约与当事人诉讼行为

诉讼契约是指双方当事人基于协议处分实体权利或程序权利之行为。当事人诉讼行为是指民事诉讼法律关系主体形成参加民事诉讼法律关系的意思表示，并产生相应法律后果的行为。

三、法院审判行为的分类

民事诉讼审判、刑事诉讼审判和行政诉讼审判。

四、法院审判行为与当事人诉讼行为的关系

在程序进行层面，应强调法院的诉讼行为对程序进行的支配力，而在诉讼事项的确定方面，应当以当事人的诉讼行为为主导。

五、当事人诉讼行为的瑕疵及其救济

（1）对主体或管辖法院的错误认识造成的瑕疵。一般是采取撤回有瑕疵的诉讼行为的做法或补正瑕疵的方法。

（2）当事人与其代理人意思沟通不畅所造成的瑕疵。一般采取追认其效力的方式进行处理。

（3）某些程序性事项的瑕疵，通常作无效处理。

六、法院诉讼行为的瑕疵及其救济

1. 裁判外法院诉讼行为的瑕疵

一般不承认其效力，认定为无效。

2. 裁判的瑕疵

裁判的瑕疵是指违背程序法的规定而成立的裁判的瑕疵，其救济包括两方面：

（1）通过新的诉讼行为来取消有瑕疵的诉讼行为。

（2）对瑕疵裁判作无效处理。

第九节　民事诉讼法律关系

一、民事诉讼法律关系概念

民事诉讼法律关系是指在民事诉讼中，人民法院与当事人以及除当事人之外的所有诉讼参与人之间发生的受到民事诉讼法调整的社会关系。

二、民事诉讼法律关系发生的条件

民事诉讼法律关系发生的条件有三个方面：①民事诉讼法律规范；②民事诉讼行为；③事件。

三、民事诉讼法律关系主体

民事诉讼法律关系主体是指在民事诉讼中享有诉讼权利并承担诉讼义务的人。民事诉讼法律关系主体有：人民法院、当事人、全体诉讼参与人和人民检察院。

四、民事诉讼法律关系的内容

民事认讼法律关系的内容是指民事诉讼法律关系主体在诉讼中所享有的诉讼权利和承担的诉讼义务。

五、民事诉讼法律关系的客体

民事诉讼法律关系的客体是指民事诉讼法律关系主体的诉讼权利指向的对象。

第十节　民事诉讼基本原则

民事诉讼的基本原则是指贯穿于民事诉讼全过程，对民事诉讼法律关系主体和整个诉讼活动起指导作用的根本性准则。

民事诉讼的基本原则包括：当事人诉讼权利平等原则、法院调解原则、辩论原则、处分原则、直接原则、不间断审理原则、诚实信用原则。

一、当事人诉讼权利平等原则

当事人诉讼权利平等原则是指在民事诉讼中，当事人平等的享有和行使诉讼权利。

（一）当事人诉讼权利平等原则包括以下的基本内容

（1）当事人在诉讼中的诉讼地位平等指当事人在诉讼中所吸纳国有的诉讼权利和承担的诉讼义务的总和。

（2）当事人平等地享有诉讼权利指当事人在民事诉讼中进行的“诉讼攻击”与“诉讼防御”的平等。但并不意味着双方享有完全相同的诉讼权利。民事诉讼法采取“同一性”和“对等性”，使诉讼权利平等化。

（3）保障和便利当事人平等地行使诉讼权利。

（二）诉讼平等原则的适用

1. 适用范围：一是指适用的主体，适用于在我国人民法院进行民事诉讼的所有当事人。二是指适用的案件，除非讼案件不适用这一原则外，所有的民事争议纠纷案件都适用。三是指适用的程序，除非讼程序外所有的程序都适用。

2. 当事人、诉讼代理人、人民法院应当明确树立权利平等的观念

（三）平等原则的实现途径

1. 强化当事人之间相关义务以实现当事人之间实质的平等

（1）当事人真实义务与当事人实质平等。

（2）证明责任分配与当事人实质平等。

（3）推定或经验法则的适用 与当事人实质的平等。

（4）推定或经验法则的适用与当事人实质的平等。

（5）证据的提出命令与当事人的实质平等的实现。

（6）案件解明义务与当事人实质的平等。

2. 法院职权介入与当事人平等原则的实现

（1）在程序运作方面，法院职权进行原则与当事人实质平等地位的实现。

（2）法官释明权与是实现当事人实质平等。

二、辩论原则

辩论原则是指当事人在民事诉讼活动中，有权就案件所争议的事实和法律问题，在人民法院的主持下进行辩论，各自陈述自己的主张和依据，互相进行反驳与答辩，从而查明案件事实，以维护自己的合法权益。其主要内容包括：

（1）当事人辩论的范围既可以是程序方面的内容，也可以是实体方面的内容。

（2）辩论权是当事人进行辩论的基本权能。

（3）当事人行使辩论权的形式。

（4）辩论权的行使贯穿于诉讼的全过程。

（5）经当事人辩论所形成的材料应当是法院作出判决的依据。

三、辩论原则

1. 辩论原则的实施保障

（1）审判人员应当为当事人提供行使辩论权的机会。

（2）审判人员应当恰当地组织和引导当事人的辩论活动。

（3）在辩论过程中，审判人员应当保持中立地位。

2. 当事人辩论权与法院裁判的关系

（1）依据民诉法规定，作为裁判依据的事实、证据，必须经当事人的辩论、质证，凡是未经当事人辩论、质证的事实、证据，不能作为法院裁判的依据。

（2）西方国家民诉法中的辩论原则是指只有当事人在诉讼中所提出的事实，并经辩论才能作为法院判决依据的一项诉讼制度或者基本原则。

四、处分原则

处分原则是指在民事诉讼中，当事人有权按照自己的意志支配、决定自己的实体权利和诉讼权利。处分原则的核心就是当事人对自己所享有的实体权利和程序权利的支配决定权。我国民诉法中处分原则主要包括：

（1）诉讼程序的开始、终结原则上由当事人决定。

（2）对救济方式和范围当事人有一定的决定权。

（3）当事人可以在诉讼中变更诉讼请求，追加诉讼请求或放弃诉讼请求，被告也可以承认原告所提出的诉讼请求，也可以反诉。

在我国民事诉讼中当事人处分权的行使有对法院形成绝对约束的一面也有相对的一面。

五、直接原则

直接原则是指法院审理、裁判民事案件，必须由受诉法院审判人员亲自听取当事人和其他诉讼参与人的言辞陈述及辩论，亲自审查证据及其他有关的诉讼资料，最后依法作出判决的原则。

六、不间断审理原则

不间断审理原则又称集中审理原则，是指法官在处理案件时，应当集中、持续地进行言辞辩论，待该案终了后再审理其他案件的一种方式。

七、法院调解原则

法院调解原则是指在人民法院审判人员的主持下，诉讼当事人就争议的问题，通过自愿协商，达成协议，解决其民事纠纷的活动。

（一）法院调解原则有三个特点：

（1）法院调解是一种诉讼调解。

（2）法院调解是法院行使审判权与当事人行使处分权相结合。

（3）法院调解是人民法院审结民事案件的一种方式。

（二）法院调解原则的适用

1. 法院调解的适用范围

适用的案件，除不适用的外一般都可适用，不适用调解原则的情形有：①适用特别程序、公示催告程序、督促程序审理的案件。②涉及追缴罚款的确认经济合同无效的案件。③有严重违法活动，需要给予经济制裁的经济纠纷案件。

适用的程序，除非诉讼程序以及强制执行程序不能实用调解原则外，其他的诉讼程序都适用。

2. 法院调解应当遵循的原则

①自愿原则。②查明事实、分清是非原则。③合法原则。

3. 正确处理调解与判决关系

人民法院审理民事案件既可以调解也可以作出判决，应依据案件具体情况合理选择，调解不是人民法院审理民事案的必经程序，人民法院可不经调解，而在查明事实的前提下直接作出判决。即使当事人愿意进行调解的民事案件，人民法院也不能久调不决，调解不成或调解书送达当事人反悔的，人民法院应当及时作出判决。

八、诚信原则

诚实信用原则是指法院、当事人以及其他诉讼参与人在审理民事案件时必须公正和诚实、善意。

1. 诚实信用原则对当事人的适用

（1）禁止反悔及矛盾行为。

（2）禁止以不正当的方法或手段骗取有利于自己的诉讼状态。

（3）禁止滥用诉讼权利，故意拖延诉讼。

（4）禁止在诉讼中做虚假陈述，影响法院对案件事实的判断。

（5）诉讼上的权利丧失。

2. 诚实信用原则对法院的适用

（1）禁止滥用自由裁量权。

（2）尊重当事人的程序权利，为当事人创造平等的诉讼条件。

（3）尊重当事人程序主体地位，禁止实施突袭性裁判。

3. 诚实信用原则对其他诉讼参与人的适用

（1）诉讼代理人不得在诉讼中滥用和超越代理权限。

（2）证人不得作虚假证词。

（3）鉴定人所作的鉴定结论必须以事实为依据。

（4）翻译人员不得故意做与诉讼主体陈述与书写意愿不符的翻译。

第十一节　民事审判基本制度

民事审判的基本制度包括：回避制度、合议制度、公开审判制度和两审终审制度。

一、回避制度

回避制度是指在民事诉讼中，审判人员以及其他可能影响案件公正审理的有关人员，在遇有法律规定的特别情形时，推出某一案件的诉讼程序的制度。

1. 回避的对象

回避的对象包括：法官、陪审员、书记员、翻译、鉴定人和勘验人。证人不作为回避的对象。

2. 回避的原因

回避的原因为有可能导致破坏审判公正性的法定事由。

3. 回避的方式、时间、决定

（1）我国民诉讼法律规定了自行回避和申请回避两种方式。

（2）回避时间的规定，主要针对的是申请回避这种方式。当事人及其诉讼道理申请回避的，应当在案件开庭审理时，或在法庭辩论终结前向人民法院提出申请，并说明理由。人民法院对回避的申请，应当在 3 日内以口头或书面形式作出。申请人对法院作出的决定不服的，可以在接到决定时申请复议一次，但复议期间，被申请回避的人员不停止参与本案的审理活动。

（3）决定的作出：院长担任审判长的回避，由审判委员会决定；审判人员的回避，由院长决定；其他人员的回避，由审判长决定。

二、合议制度

合议制度是指由三名以上的审判人员组成合议庭，代表人民法院行使审判权，对具体案件进行审理并作出判决的制度。

合议制度包括合议制和独任制。合议庭的组成形式有两种：一种是由三名以上审判员组成的合议庭，另一种是由三名以上审判员和陪审员组成合议庭。

合议制度的适用范围：

（1）适用的法院，各级人民法院审理民事案件，均可适用合议制，而且中级以上人民法院审理民事案件时，必须适用合议制，只有基层人民法院可以依据不同的案件及诉讼程序，或适用合议制，或适用独任制。

（2）适用的程序及案件。适用特别程序审理的重大疑难案件和选民资格案件、适用企业法人破产还债程序审理的破产案件也应当适用合议审理。

三、公开审判制度

公开审判制度是指人民法院审理民事案件的过程及判决结果应当向社会公开的制度。

1. 公开审判制度的内容

（1）审判过程向社会公开。

（2）依法公开审理的案件，案件事实未经法庭公开调查不能认定。

（3）判决结果公开宣告。

2. 未遵守公开审判制度的法律后果

（1）未遵守公开审判制度是提起上诉并引起二审裁定发回重审的理由，也是引起再审的理由。

（2）当事人提起再审，人民法院可以决定再审，人民检察院按照审判监督程序提起抗诉的，人民法院应当决定再审。

3. 公开审判制度的例外规定

（1）涉及国家机密的案件。

（2）涉及个人隐私的案件。

（3）依据当事人的申请，人民法院可以决定不公开审理的离婚案件和涉及商业秘密的案件。

4. 公开审判制度之附随内容

（1）法院应当履行告知义务。

（2）法院应当保障当事人诉讼权利的实现。

四、两审终审制度

两审终审制度是指一个案件只要经过两级法院的审理，第二审便是发生法律效力的终审，即案件初审后可以上诉的法院层级仅有一级。

（1）我国两审终审制度体现出以下特征：①初审法院与上诉审法院没有审判职能的专业划分。②上诉审既是事实审，又是法律审。③普遍上诉审。

（2）我国两审终审制度的内容：①适用的法院，除最高人民法院审判的民事案件外，地方各级人民法院适用第一审程序审理的民事案件所作出的裁判，当事人不服的有权提起上诉。②适用的案件，不适用于非诉讼案件。③适用的程序，非诉讼案件不适用两审终审制。

第十二节　期间、期日与送达

一、期间的概念和种类

期间就是人民法院、当事人及其他诉讼参与人单独为诉讼行为的期限。期间有两种类型：

1. 法定期间

法定期间即由法律规定的期间。法定期间又可分为不可变期间和可变期间。

2. 指定期间

指定期间就是人民法院依据某一个具体情况，依职权自由指定的期间。

二、期间的计算

期间开始的时和日不算在内。

三、期间的耽误

1. 概念

期间的耽误就是不在期间内为诉讼行为。

2. 期间耽误的补救

对于期间的耽误，可以申请顺延期限。申请的条件是：①迟误期间的原因必须是不可抗拒的事由；②迟误期间的原因必须是不应责于己的正当事由。

四、期日的概念

期日是人民法院与当事人及其他诉讼参与人会合为诉讼行为的时间。

五、期日的种类

期日一般分为言辞辩论期日、调查证据期日、宣告判决期日等。

六、期日的指定

期日一般由人民法院根据案件的具体情况指定，如审理期日、证据调查期日。

七、期日与期间的区别

（1）期间由法律直接规定和人民法院指定两种，而期日完全由法院来指定。

（2）期间有不变期限，不能由法院和当事人延长或缩短，而期日是可以变更的。

（3）期间有起点和终点，期日只有开始的日期。

（4）期间之内的任何时候，人民法院、当事人或其他诉讼参与人，都可以单独进行诉讼行为，期日则必须是法院宣布期日开始以后，才会进行诉讼。

八、送达的概念和意义

送达就是人民法院按照一定的方式，把诉讼文书交诉讼当事人或者其他诉讼参与人的行为。

第十三节　财产保全与先予执行

一、我国民事诉讼中的财产保全制度

1. 财产保全的种类

诉前财产保全指尚未起诉而由利害关系人向法院申请采取的财产保全。诉讼中财产保全指在诉讼过程中，可能因当事人一方的行为或者其他原因，导致判决不能执行或者难以执行，当事人申请或者法院依职权作出的财产保全。

（1）诉前财产保全的条件：①必须是情况紧急，不立即采取该措施会使申请人的合法权益受到难以弥补的损害。②必须由利害关系人向财产所在地的人民法院提出申请，法院不得主动采取保全措施。③申请人必须提供担保。

（2）诉讼中的财产保全的条件：①案件必须具有给付内容。②必须是由于一方当事人的行为或其他行为使判决不能执行或者难以执行。③必须在诉讼过程中由当事人向受诉法院提出申请，法院也可以依职权裁定采取财产保全措施。④法院可以责令申请人提供担保。

2. 财产保全的范围、措施

（1）财产保全的范围限于请求的范围，或与本案有关的财产。

（2）财产保全的措施为查封、扣押、冻结或者法律规定的其他方法。

3. 财产保全的程序

从以下几个方面也可以区别诉前财产保全与诉讼中财产保全：①财产保全程序的启动。②财产保全的管辖。③财产保全的担保。④财产保全的裁定。⑤财产保全的解除。⑥财产保全措施错误的救济、复议 、赔偿。

注意：受诉人民法院院长或上级人民法院发现采取的财产保全措施确有错误的应当按照审判监督程序纠正。人民检察院对财产保全的抗诉没有法律依据的，人民法院不予受理。

二、我国民事诉讼法中的先予执行制度

1. 先予执行的条件

（1）申请人已经向法院提交了一个给付之诉。

（2）申请人与被申请人之间的权利义务关系明确。

（3）申请人的生产和生活处于十分困难的境地，不先予执行将会严重影响申请人的生活或者生产经营。

（4）被申请人有履行能力。

（5）先予执行应当限于申请人诉讼请求的范围，并以申请人的生活、生产经营的急需为限。

2. 先予执行的案件范围

（1）追索赡养费、抚养费、抚育费、抚恤金、医疗费用以及劳动报酬的案件。

（2）因情况紧急，急需要先予执行的案件。

第十四节　民事诉讼强制措施

一、民事诉讼强制措施概述

民事诉讼强制措施是指为了维护民事诉讼程序的正常进行而由法律规定的、对有妨害诉讼行为的人实施的带有强制性的排除措施。

二、民事诉讼强制措施与行政诉讼、刑事诉讼的区别

①适用的目的不同；②实施的主体略有不同；③适用的对象不同；④与判决结果的关系不同；⑤强制措施的种类不同。

三、妨害民事诉讼行为的构成要件

（1）必须实施了妨害民事诉讼的不法行为。

（2）不法行为必须是出于故意。

（3）不法行为必须达到妨害诉讼的法定程度。

（4）不法行为必须是在民诉讼过程中实施的。

四、妨害民事诉讼行为的种类

（1）依法必须到庭的被告拒不到庭。

（2）违反法庭规则，扰乱法庭秩序。

（3）《中华人民共和国民事诉讼法》第一百零二条规定的妨害民事诉讼的六种行为。

（4）有义务协助调查、执行的单位或组织拒不履行协助义务。

（5）采取非法拘禁他人或者非法私自扣押他人财产方式追索债务。

五、民事诉讼强制措施的种类及其适用程序

1. 拘传及其适用程序

拘传是指人民法院在指定情况下强制被告到庭参加诉讼的一种强制措施。适用条件：

（1）只能对必须到庭的被告适用。

（2）必须经过两次传票传唤。

（3）被告无正当理由拒不到庭。

适用拘传措施由合议庭或独任审判员提出意见，报经本院院长，并填写传票，直接送达被拘传人，由被拘传人签字或盖章。

2. 训诫及其适用程序

训诫是指人民法院对妨害民事诉讼行为情节较轻的人，予以批评、教育，并责令其改正，不得再犯的强制措施。审判员可以对妨害民事诉讼程序的人直接采用训诫的强制措施并记录在案，由被训者签字或盖章。

3. 责令退出法庭及适用

该强制措施可由合议庭作出决定，也可由独任审判员决定，并由书记员记录在案。

4. 罚款及适用程序

罚款，是指人民法院对有严重妨害民事诉讼行为的人所采取的强令其在指定期间内缴纳一定数额金钱的强制措施。适用罚款的救济被罚款人对罚款决定不服的可以向上一级人民法院申请复议一次。

5. 拘留及适用程序

拘留是指人民法院对有严重妨害民事诉讼情节人予以强行关押，在一定的期限内限制其人身自由的一种强制措施。

（1）拘留可以单独适用也可以与罚款合并使用。

（2）民事诉讼法规定的拘留期限为15日以下。

（3）采取拘留可由合议庭或独任审判员提出，并报请法院院长批准。

（4）被拘留者对拘留决定不服的，可在接到决定书之次日起3日内向上一级人民法院申请复议一次。

第十五节　民事诉讼证据概述

民事诉讼证据是指在民事诉讼程序中，证明主体依法提供并通过质证、辩论后能证

明争执中的民事案件真实情况的客观事实。

一、民事诉讼证据的特征

①客观性；②关联性；③法律性。

二、民事诉讼证据的种类

民事诉讼证据包括：书证、物证、证人证言、鉴定结论、勘验笔录、诉讼参加人陈述、视听资料。

（一）书证

1. 书证的概念及特征

书证是指用文字、符号、图像或表格表达人的思想意图并具有证据特征的证据材料。

书证具有三个特征：其一，书证是能够证明案件事实的物品；其二，所反映的思想内容是以一定的文字、符号、图画表现出来，并与案件事实有联系的；其三，是以其内容来证明案件事实的，不论其存在时间的长短，只要无毁损，就能证明案件事实。

2. 书证的分类

（1）依书证内容为标准，可以分为处分性书证和报道性书证。

（2）依书证的制作形式为标准，可以分为普通形式的书证和特定形式的书证。

（3）依制作方式和来源划分，书证还可以分为原本、正本、副本和节录本。

一般而言特定形式的书证要比普通形式的书证的证明力强，报道性书证要比处分性书证的证明力稍强些。

（二）物证

物证是以其自身属性、特征或存在情况证明案件事实的客观实在。其特征有：

（1）物证具有相对稳定性。

（2）物证具有间接性。

（三）证人证言

证人证言只能是证人向人民法院陈述的有关案件真实情况的言辞材料。证人证言具有不可替代性、客观性、关联性、合法性。

证人证言形成的主客观要件要件：主观方面是指证人自身的诚实公正的品德和感知、记忆和陈述能力的条件；客观要件是指证人感知案件时所处外部环境和条件。

（四）鉴定结论

鉴定结论是指鉴定人员运用其专门知识或技术对案件某些方面进行鉴定所得出的符合科学的结论成为鉴定结论。

（五）勘验笔录

勘验笔录是指勘验主体对被勘验对象实施勘测时所作的记录。勘验笔录时对民事案件现场或案件某项问题的重新固定或反映。

（六）诉讼参加人陈述

诉讼参加人陈述是指参加诉讼的人在民事诉讼中所作的有关案件事实的口头表述。诉讼参加人对案件事实的陈述既可能是真实的也可能是虚假的。诉讼参加人对案件事实的陈述必须符合下列条件：

1. 主体必须是民事诉讼中原告人、被告人、共同诉讼人、第三人、诉讼代表人或者诉讼代理人。

2. 诉讼参加人对案件事实的陈述内容只能是与案件事实相关的部分。

3. 诉讼参加人对案件事实的陈述一般是诉讼参加人向法官所作的口头表述。

注意：自认的规定，“一方当事人对另一方当事人陈述的案件事实和提出的诉讼请求，明确表示承认的”具有“免除举证证明的法律效力”。

（七）视听资料

视听资料是指以录音带、录像带、电影拷贝、电子计算机等为载体，记录、储存的能证明案件事实的音像、表格、数字和图像。

第十六节　民事诉讼中的证明

一、证明对象及其范围

本书观点认为，民事诉讼中证明的对象除法律规定的要件事实以外，还包括某些特殊的经验法则和外国法律、地方法规。

二、无须证明的事实

（1）一方当事人主张的对方予以承认的事实。

（2）众所周知的事实。

（3）推定的事实。

（4）为法院的生效裁判或者仲裁机构作出的生效仲裁裁决确认的事实。

（5）生效的公证书证明的事实。

三、证明标准的概念

证明标准是指负有证明责任的当事人提供证据并且对证据加以证明所要达到的程度。

四、证明标准的确定

我国民事诉讼的证明标准：双方当事人对同一事实分别举出相反的证据，但都没有足够的证据否定对方证据的，人民法院应当结合案件的情况，判断一方提供的证据的证明力是否明显大于另一方提供的证据的证明力，并对证明力较大的证据予以确定。

五、证明责任概述

1. 证明责任含义

我国民事诉讼法学界关于证明责任含义的观点：危险负担说，该说认为证明责任是指在当事人主张的案件事实处于真伪不明状态时由一方当事人承担的不利的诉讼结果。

2. 证明责任的特点

（1）证明责任是当事人负有的对某一要件事实的证明责任。

（2）证明责任只能由一方当事人承担。

（3）证明责任与诉讼模式没有关系。

（4）证明责任的引入是为了解决人的认识能力有限与法院不得拒绝裁判之间的矛盾。

（5）证明责任法则作为裁判依据其适用发生在诉讼终结时，但证明责任在整个诉讼过程中都发挥着应有的作用。

(6) 证明责任一般情况下由法律预先规定，不能由法官在诉讼过程中裁量。

3. 证明责任的作用

(1) 引导法院在事实真伪不明的状态下作出裁判。

(2) 为当事人在诉讼中的攻击与防御提供依据。

(3) 为法院指导当事人的证明活动提供依据。

(4) 为确定哪一方当事人首先提出证据依据。

(5) 为确定本证与反证提供依据。

(6) 为法院正确评价当事人的证明情况提供了基本的依据。

六、证明责任与主张责任及提供证据的责任

1. 证明责任与主张责任

主张责任是指当事人为了获得对自己有利的裁判必须向法院主张对自己有利的事实。主张责任与证明责任的联系与区别：

(1) 联系：①在采用辩论主义的诉讼模式中，当事人只有对有利于自己的案件事实主张以后，才存在当事人对该事实提出证据进行证明的问题，只有在诉讼证明无法达到规定的证明标准时，才有证明责任的适用问题。②主张责任和证明责任采取相同的分配方法和原则，在民事诉讼一般情况下，负有证明责任的一方当事人负有对有利的事实的主张责任。

(2) 区别：①主张责任主要解决法院的审判范围问题，目的是限制法院的审判权，调整法院审判权与当事人诉权之间的关系。而证明责任主要解决在案件事实真伪不明时，法院如何裁判的问题，解决人的认识能力的有限与法院不得拒绝裁判之间的矛盾。②在适用范围方面，主张责任适用于采用辩论主义的模式，而证明责任与诉讼模式没有任何关系。③在适用的时间方面，主张责任在诉讼开始时就已发挥作用，而证明责任在诉讼终结时才表现出来。

2. 证明责任与提供证据的责任

提供证据的责任是指当事人在诉讼过程中，为避免败诉危险而向法院提出证据的义务。提供证据的责任与主张责任有一定的联系，在适用辩论主义的诉讼模式中，只有在当事人主张了事实的情况下，当事人才能提出证据。

七、证明责任的分配

本书观点认为应当以法律要件分类说为理论依据，分配证明责任。注意民事证据规则中对特殊侵权案件的证明责任的分配。

八、证据的收集

1. 当事人收集、提供证据

(1) 当事人收集、提供证据适用的范围。

(2) 当事人收集、提供证据的时间。

2. 法院收集证据

(1) 法院收集证据的范围：①涉及可能有损国家利益、社会公共利益或者他人合法权益的事实。②涉及依职权追加当事人、中止诉讼、终结诉讼、回避等与实体争议无关

的程序事项。

法院依当事人申请收集证据的范围：①申请调查收集证据属于国家有关部门保存并须人民法院依职权调取的档案材料。②涉及国家秘密、商业秘密、个人隐私的材料。③当事人及其诉讼代理人确因不能自行收集的其他证据材料。

（2）人民法院依职权调查收集证据的方法。（略）

九、证据的保全

1. 证据保全的概念

证据保全是指法院在当事人起诉前或者法院对证据进行调查前，依据申请人、当事人的申请或者依据职权对可能灭失或今后难以取得的证据，予以调查收集和固定保存的行为。

2. 证据保全的条件

（1）证据有灭失的可能或者以后难以取得。

（2）证据保全的时间条件是，不得迟于举证时限届满前的7日。

3. 证据保全的程序和方法

申请证据保全有两种情形。一是在提起诉讼的同时或人民法院受理诉讼后提出申请，这种情形又称为诉讼证据保全，由法院审查并采取，二是申请人在起诉请即申请证据保全，这种证据保全又称为诉前证据保全，一般由公证机关审查并采取。

十、质证的概述

质证是指诉讼当事人，诉讼代理人在法庭的主持下，对所提供的证据进行宣读、展示、辨认、质疑、说明、辩驳等活动的总称。其特点：①质证是当事人法定的诉讼权利。②质证是法院认定事实的前提。③质证的主体是当事人。

十一、质证的内容

质证时，当事人当围绕证据的客观性、关联性、合法性，针对证据证明力有无以及证明力大小，进行质疑、说明与辩驳。

第十七节　民事诉讼证据的审查与判断

一、自由心证原则

自由心证有广义和狭义之分。广义的自由心证是指对于证据的证明力法律不作具体规定，而完全交由裁判者裁量的制度。按照广义的自由心证，西方国家的证据评价制度均是自由心证制度。狭义的自由心证是指法律对证据的能力和证明力均不作限制，而完全交给裁判者裁量的制度。

二、合理性原则

我国民事诉讼中体现合理性原则的诉讼制度主要有：①公开审判和判决逻辑论证制度；②质证制度。

三、法官的内心确信应当坚持证据法固有的证据规则

1. 关于证据证明能力的规定

证据证明能力是指某一证据形式可以作为诉讼证据的基本资格，决定证据的证据能力的主要是证据的客观性和合法性。

《最高人民法院关于民事诉讼证据的若干规定》的限制表现：①排除非法获得的证据。②当事人在诉讼和解和法院调解过程中对事实的认可不能作为对当事人不利的证据。③某些证据不能单独作为认定案件事实的依据。

2. 关于证据的证明力方面的规定

证据的证明力是指具有证据资格的证据能否证明案件事实以及在多大程度上证明案件事实。决定证据的证明力的主要是证据的关联性。

第十八节　诉与诉权

一、诉的概述

诉是民事争议发生时一方当事人向法院提出的关于解决争议的请求。诉的特征：①诉的主体是当事人。②诉的内容是当事人请求法院解决的民事权益争议。③诉是当事人对法院的请求。

二、诉的构成

诉的要素（广义）包括：诉讼标的（客观要素），诉讼标的包括诉之声明和原因事实。当事人主观要素。狭义的诉的要素只包括诉讼标的。

三、诉之利益概念之界定

诉之利益指原告要求法院就其私权主张予以裁判时所必须具备的必要性。

诉之利益有广义诉之利益与狭义诉之利益，广义的诉之利益包含：①该诉讼当事人系为获得本案判决所必要者。②该请求具备适合受本案判决之一般资格者。③原告就该请求有求为判决之必要性者。狭义的诉之利益则仅仅指第③项，即权利保护资格。

四、诉的种类

1. 确认之诉

确认之诉是指原告请求人民法院确认与被告之间存在或不存在某种民事法律关系的诉，分为肯定的确认之诉和否定的确认之诉。

2. 给付之诉

给付之诉是指当事人请求人民法院判令对方当事人为一定性为之诉。

3. 形成之诉

形成之诉，又称变更之诉，是指当事人请求人民法院改变或消灭其与对方当事人之间现存的民事法律关系的诉。

五、诉讼标的的概念

诉讼标的，又称为诉的标的或诉讼客体，是当事人双方争议和法院审判的对象。

六、诉讼标的的识别的不同学说

诉讼标的的识别主要存在以下三种：传统诉讼标的理论、新诉讼标的理论和新实体法理论。传统的诉讼标的理论是以实体法上的请求权为依据确定诉讼标的。

七、诉的合并

1. 诉的合并的定义

诉的合并是指人民法院把几个独立的诉，合并在一个案件中进行审理和裁判。

2. 诉的合并的情形

依据《中华人民共和国民事诉讼法》第五十三条和一百二十六条的规定，对下列情形应予合并审理：①诉的主体合并；②诉的客体合并；③诉的主、客体合并；④反诉与本诉的合并。

八、诉的分离

1. 诉的分离的概念

诉的分离是诉的合并的对称，指人民法院受理案件后，将几个诉从一个案件中分离出来，作为若干独立的案件分别进行审理和裁判。

2. 诉的分离的条件

（1）人民法院已经将多个诉合并受理。

（2）已经合并受理的诉的审理将会使诉讼复杂化或导致诉讼延迟。

（3）诉的分离不得违反法律的强制性规范。

3. 诉的分离的几种情形

（1）将普通共同诉讼分为若干案件审理。

（2）同一原告向同一被告提出的几个诉的分离。

（3）被告向本诉原告提出的反诉与本诉的分离。

九、反诉的定义

反诉是指在已经开始的诉讼过程中，本诉的被告通过法院向本诉的原告提出的一种独立的反请求。

十、提起反诉的条件

提起反诉的条件：①反诉只能是本诉被告向本诉的原告提起。②反诉只能在本诉进行中提起。③反诉只能向审理本诉的人民法院提起。④反诉必须与本诉适用同一诉讼程序。⑤反诉与本诉应有一定的牵连。⑥反诉不能够被法律所禁止。

十一、关于诉权的学说

1. 私法诉权说

私法诉权说的代表人物有萨维尼和温德雪德，其主要观点是诉权使每一项民事权利受到侵犯后产生的一种特殊权利，即是指可以进行诉讼的权利。其实质在于诉权和私权是同一利益所表现的不同形态。但是这一学说漠视了诉讼法的独立性。

2. 公法诉权说

（1）抽象诉权说。

（2）具体诉权说。

3. 本案判决请求权说

本案判决请求权说认为，诉权是当事人要求法院就自己的请求是否适当作出判决，即本案判决的权利。

4. 二元诉权说

二元诉权说是我国民事诉讼法学理论中的通说，是指诉权具有程序意义上和实体意义上的两种诉权。

十二、诉权的概念、性质

诉权是指当事人请求人民法院对其民事财产权和人身权进行司法保护的权利。

诉权是当事人进行民事诉讼的基本权利，属于程序性权利。

第十九节　民事裁判

一、民事判决的概念

民事判决是指人民法院审理民事案件和非讼案件完结之时，依据已经查明的案件事实和法律规定对案件作出的权威性判定。

二、民事判决种类

（1）依据民事判决性质，可分为给付判决、确认判决和变更判决。

（2）依据案件性质，可分为诉讼案件判决和非讼案件判决。

（3）依据判决内容，可分为全部判决和部分判决。

（4）依据判决作出的时间，可分为原判决和补充判决。

（5）依双方当事人是否出庭，可分为对席判决和缺席判决。

三、民事裁定的概念

民事裁定是指人民法院对民事审判和执行程序中的执行程序问题以及特殊的实体问题所作的权威性判定。

四、民事裁定的效力和适用对象

1. 民事裁定的效力

除“不予受理”、“对管辖权有异议的”和“驳回起诉”裁定允许上诉外，其他裁定一经送达立即生效。

2. 民事裁定的适用对象

民事裁定的适用对象：①不予受理。②对管辖权有异议。③驳回起诉。④财产保全和先予执行。⑤准许或者不准许撤诉。⑥中止或者终结诉讼。⑦补正判决中的笔误。⑧中止或者终结执行。⑨不予执行仲裁裁决。⑩不予执行公证机关的债权文书。⑪其他需要裁定解决的事项。

五、民事决定的概念

民事决定是指人民法院为保障诉讼活动的顺利进行，就诉讼中的特殊事项依法所作的权威判定。

六、民事调解书的概念

民事调解书是人民法院在民事案件的审理过程中，依据双方当事人自愿、平等的基础上达成的调解协议内容而制作的法律文书。

七、民事调解书的效力

民事调解书与民事判决书具有同等的法律效力：①确认当事人争议的权利义务关系；②结束诉讼程序；③具有强制执行力。

八、判决的生效与效力

判决的生效是指民事判决在何时具有法律上的各种效力。

判决的效力包括：①拘束力；②确定力；③形成力；④执行力；⑤对世效力。

第四编　西政考研法学专业课核心考点总结

第一章　西政考研法学专业课 A 卷核心考点总结

本章引言

在西政考研法学专业课 A 卷中的民法学核心考点、刑法学核心考点和刑事诉讼法学核心考点。

民法学核心考点

一、民法基本原则的内容

民法的基本原则的内容主要包括：

1. 平等原则

民法的平等原则是对民法调整的市民社会关系本质和规律的最为集中的反映，该原则在民法上的确立，不仅使民法获得了区分于其他部门法特别是经济法的根本标志，而且也是对宪法上“法律面前人人平等”原则的具体化。

在理解平等原则的含义时应把握住以下几点：

第一，任何民事主体在民法上都具有独立的法律人格。

第二，任何民事主体在民事活动中都居于平等的法律地位。

第三，任何民事主体在民事领域内享有的权利和负担的义务都应是对等的。

第四，任何民事主体依法取得的民事权益都受平等的法律保护。

2. 意思自治原则

意思自治是指民事主体依照自己的理性判断，自主参与市民社会生活，管理自己的私人事务，不受国家权力或其他民事主体的非法干预。

（1）意思自治原则的含义：

第一，意志自由。

第二，自己责任。

（2）贯彻意思自治原则应当注意的问题：

第一，贯彻意思自治原则，最核心的问题是阻止国家行政对经济活动和民事社会生活的不适当干预。

第二，贯彻意思自治原则，必须避免一部分民事主体对另一部分民事主体的强制。

3. 诚实信用原则

民事主体在民事活动中应当“善意”、“诚实”、“信用”。“善意”要求民事主体内心纯洁，在民事活动时主观上不能有损人利己的心理，并且要以应由的注意程度防止损害他人利益。“诚实”要求民事主体在进行民事活动时实事求是，对他人以诚相待，不得欺诈行为。

4. 公平原则

《中华人民共和国民法通则》第四条也规定“民事活动应当遵循自愿、公平、等价有偿、诚实信用的原则”。

公平原则的基本含义包括三个方面：第一，要求人们对利益或损害的分配在主观心理上应持公平的态度，即“于利益不自取过多，而与人过少；于损害也不自取过少而于人过多”。第二，要求民事交往特别是财产交往遵循价值规律，等价有偿，反对暴力。第三，要求民事案件的处理结果，应当符合公平、正义的要求，法院在法律缺乏具体的规定时，也应遵循公平的精神作出判决，以期产生良好的社会效果。

5. 公序良俗原则

公序良俗是公共秩序、善良风俗的合称。所谓公共秩序，是指国家和社会存在与发展所必需的一般秩序，包括法律秩序以及隐藏在法律秩序背后的根本原则和根本理念。所谓善良风俗，是指特定国家和社会存在与发展所必需的一般伦常道德。

二、民事权利的分类

①财产权和人身权；②绝对权和相对权；③支配权、请求权、形成权、抗辩权；④主权利和从权利；⑤专属权和非专属权；⑥既得权与期待权。

三、滥用权利的禁止

一般认为，构成权利滥用须有以下构成要件：第一，须有正当权利存在；第二，须行使权利损害他人利益或社会利益；第三，须有损害他人或社会利益的故意。

四、胎儿的保护

自然人的权利能力始于出生，出生以前的胎儿自然不具有民事权利能力，不能成为民事法律关系的主体，但如果严格贯彻这一原则，势必对即将出生的胎儿保护不利。为了保护胎儿出生后的生存利益，我国《中华人民共和国继承法》规定胎儿有继承权，在分割遗产时，应保留遗腹子即胎儿的继承份额，只要出生时不是死胎，其继承权即可实现。应当为胎儿保留的继承份额，如胎儿出生后死亡的，由胎儿的继承人继承；如胎儿出生时就是死体的，由被继承人的继承人继承。值得注意的是，我国法律对胎儿利益的保护范围非常狭窄，仅仅局限于继承领域。

五、亲权与监护权的区别

①法律属性不同；②主体不同；③保护对象不同。

六、社团法人和财团法人

这是以法人的成立基础和内部结构为标准对法人进行的分类。社团法人是以人的集合为基础而成立的法人。社团法人的财产通常来源于社员的出资，因此社团法人的社员享有包括参与和决定法人事务在内的较为广泛的权利，同时，也负担较大的义务。财团法人仅表现为一个单纯的财产集合体，它本身没有社员，而只有财产管理人。社团法人和财团法人的分类是大陆法系关于法人最重要的一种分类，如此分类的意义在于，社团法人与财团法人在成立条件、成立宗旨、活动内容、成立方式、变更或解散以及对法人活动的管理等诸多方面具有所不同。

刑法学核心考点

一、刑法的解释

以不同的标准，可以分成不同种的解释。

（1）以解释的主体或者解释的效力为标准，可分为立法解释、司法解释和学理解释。

（2）以解释的方法不同，可分为文理解释和论理解释。

二、罪刑法定原则

1. 罪刑法定原则的含义

什么行为是犯罪和犯罪后给予何种刑罚处罚，都必须明文规定在刑法条文中。即，“法无明文规定不为罪，法无明文规定不处罚。”

该原则的意义在于：是对罪刑擅断的否定，注重保护人权，实现刑事法治。

其派生原则有：排斥习惯法；排斥绝对不定期刑；禁止类推；禁止重法溯及既往。有人主张当代的罪刑法定应增设刑罚法规的正当性（惩罚范围的合理性和惩罚力度的适当性）、明确性、实体的正当程序原则等。

2. 罪刑法定的司法适用

（1）严格依照刑法的规定，认定案件的性质，该给予刑罚处罚的也应按照规定予以处罚。

（2）正确进行司法解释。司法解释对于司法实践具有指导意义，但司法解释不能违背立法精神，不能“法官造法”，不能以司法解释代替刑法条文。

三、紧急避险与正当防卫的区别

①危害来源不同；②行为的限制条件不同；③损害程度的要求不同；④损害对象不同；⑤对行为主体的要求不同。

四、特殊累犯

特殊累犯是指犯过危害国家安全罪受过刑罚处罚，在刑罚执行完毕或赦免后的任何时候再犯危害国家安全罪的犯罪人。

（1）前罪、后罪都是危害国家安全罪。

（2）前罪、后罪不受判处或应当判处刑罚种类的限制。

（3）后罪发生的时间不受限制。

五、数罪并罚的原则

主要有四种原则：

（1）并科原则（相加原则），对每一个罪的刑罚加起来，全部执行。

（2）吸收原则（重刑吸收轻刑原则），在数罪的数刑中选择其中最重的或等同的刑罚为执行的刑罚，其余的不再执行。

（3）限制加重原则（限制并科原则），指一人所犯数罪中，在数刑中最高刑以上，总和刑以下，决定应执行的刑罚。

（4）折衷原则（混合原则），根据不同情况，以一种原则为主，兼采其他原则。

由于前三种原则各有千秋，多数国家不单采一种原则，而是采用折衷原则。

我国数罪并罚的原则：①吸收原则。对数罪中有无期徒刑、死刑的，只能采取吸收原则。②限制加重原则。对自由刑的，应在最高刑以上，总和刑以下，决定执行的刑罚。但要受到数罪并罚时法定刑的限制。③并科原则。对有附加刑的，其与主刑并科适用。

刑事诉讼法学核心考点

一、刑事诉讼职能

（1）概念：刑事诉讼主体依法在刑事诉讼活动中所承担的特定职责或可发挥的特定作用。

（2）职能的内涵：控诉职能、辩护职能和审判职能。

控诉职能：向法院揭露、证实犯罪并请求法院对被告人课以刑罚的职能。

控诉职能的承担者：公诉案件由检察院承担；自诉案件由自诉人承担。

辩护职能：反驳指控，说明指控不存在或不成立，要求宣布被告人罪轻、无罪或从轻、减轻或免除处罚的职能。

辩护职能的承担者：被告人（注意：律师不是诉讼主体，仅仅是诉讼参与人而已）。

（3）审判职能：对案件进行审理并确定被告人是否有罪、应否处罚及处以何种刑罚的职能。

审判职能的承担者：法院。

二、刑事证据的基本特征

证据具有客观性、关联性和合法性。

三、刑事证据的理论分类

①言词证据与实物证据。②原告证据与传来证据。③直接证据与间接证据。④控诉证据与辩护证据。

四、刑事证据的法定种类

①物证和书证；②证人证言；③被害人陈述；④犯罪嫌疑人、被告人的供述和辩解；⑤鉴定结论；⑥勘验、检查笔录；⑦视听资料。

第二章　西政考研法学专业课B卷核心考点总结

本章引言

在西政考研法学专业课B卷中的宪法学核心考点、行政法与行政诉讼法学核心考点和环境与资源保护法学核心考点。

宪法学核心考点

一、宪法的概念

宪法是调整国家机关与公民之间的权利义务关系和国家机关相互之间关系的国家根本法。

二、宪法的性质

（1）宪法是政治力量对比关系的集中体现。

（2）宪法是民主制度法律化的基本形式。

民主是立宪的前提和内容，没有民主就没有宪法；宪法是民主的确认和保障，是民主制度法律化的基本形式。

（3）宪法是公民权利的保障书。

宪法以具有最高权威的国家根本法的形式确定公民的权利及其行使的原则；宪法还规定国家机关的权力范围。

（4）宪法是国家权力的合法性依据。

三、宪法的特点

（1）宪法内容方面的特点：宪法的内容具有广泛性和根本性。

（2）宪法地位方面的特点：宪法具有最高的法律效力和权威。

（3）宪法形式方面的特点：宪法具有严格的制定和修改程序。

四、宪法渊源的含义与类型

宪法规范存在的法律形式，也可称宪法规范的表现形式。宪法渊源包括：①宪法典；②宪法解释；③宪法性法律；④宪法惯例；⑤宪法判例。

我国宪法规范的表现形式有宪法典、宪法性法律、宪法解释、宪法惯例。

五、宪法基本原则——基本人权原则

所谓人权是指人根据其自然属性和社会本质所应当享有的权利。基本人权原则的宪法体现（三种方式）：第一，原则上确认基本人权，对公民基本权利做出少量规定；第二，只规定公民的基本权利，不明文规定基本人权原则；第三，明确规定基本人权原则，

同时以专章规定公民基本权利。

六、宪法基本原则——权力制衡原则

国家权力适当划分，各组成部分之间相互牵制、彼此约束，以防止权力滥用，并使其保持协调以保障国家权力合法正常运行。宪法体现：

（1）在资本主义国家宪法中体现为三权分立。①典型的美国式：严格的三权分立。②以立法权为重点的英国式：以议会为核心的责任内阁制。③以行政权为重点的法国式：具有议会特点的总统制。

2. 在社会主义国家中体现为监督原则，实行人民代表会议制度，主张议行合一。

七、宪法规范的概念

宪法规范是指调整国家权力与公民基本权利之间以及国家权力相互之间的关系、具有最高法律效力的行为规则的总和。包括 两个方面：一是构建一整套国家制度和政府体制；二是保障公民的基本权利。

八、宪法规范的特点

①政治性：一个政治选择过程，反映政治选择，受一定政治利益约束；②最高性：价值，法律效力，依据，违宪；③原则性；④法律后果的特殊性；⑤在逻辑结构上的特点。

九、宪法关系的涵义

依据宪法规范所调整的国家、公民等宪法主体之间以及国家机关相互之间的权利、义务及权力关系。

十、宪法关系的特点

①宪法关系是最基本、最重要的法律关系；②宪法关系是宪法所调整的特殊的社会关系；③宪法关系具有政治性；④宪法关系的相对稳定性。

十一、宪法关系的构成要素

1. 宪法关系的主体

（1）概念：参加宪法关系的任何组织，即宪法权利的享有者、宪法义务的承担者以及国家权力的行使者。

（2）条件：宪法关系的主体必须具有主体性，不能依附于其他主体；宪法关系的主体必须具有一定的法律依据。

（3）分类：公民、公民个体和公民群体、国家。

2. 宪法关系的客体

（1）概念：宪法关系主体的权利、义务及权力所指向的实际对象，即那些重大的物质性、非物质性财富、利益和行为。

（2）种类：物质性的财富和利益；非物质性的财富和利益，包括政治利益和文化利益；行为；宪法秩序。

3. 宪法关系的内容

（1）概念：宪法关系主体之间针对其客体，依据宪法规范而确定的宪法权利、义务及国家权力。

（2）内容：宪法权利及义务；国家权力。

（3）核心：公民基本权利和国家权力。

十二、宪法解释分类

1. 按解释的主体和效力不同分为正式解释和非正式解释

（1）正式解释。正式解释也叫有权解释，即对宪法的解释具有法律效力的解释。

（2）非正式解释。非正式解释也叫无权解释，是指对宪法所做的不具有法律效力的解释。

2. 按解释方法不同可分为文理解释、系统解释、历史解释

（1）文理解释：按照语法规则和逻辑规律分析宪法条文的句子、文字及标点符号等，从而说明宪法的内容。

（2）系统解释：通过分析某一宪法规范与其他宪法规范的内在联系来说明宪法的内容。

（3）历史解释：通过考察宪法制定的历史背景以及同旧宪法进行比较来说明宪法的内容。

3. 按解释尺度不同可分为字面解释、限制解释、扩充解释

（1）字面解释：对宪法依据其字面最普通、最常用的含义所进行的解释。

（2）限制解释：对宪法条文中过于宽泛的含义作符合宪法规范要求的限制的解释。

（3）扩充解释：对宪法条文规定的含义作广于字面规定含义的解释。

十三、宪法的司法适用

享有司法职权的机关依照法律规定和法定程序，将宪法规范以司法判决或裁决的形式来解决宪法争议的专门活动。

宪法司法适用的特征：①宪法司法适用的主体是司法机关或具有司法职能的机关；②宪法司法适用的程序具有多样性；③宪法司法适用所解决的争议具有特殊性。

十四、宪法司法化的概念

宪法司法化是指在肯定宪法具有司法适用性的前提下，在深化我国法制建设和宪政建设的过程中，宪法所表现出来的司法适用的必然趋势及状态。

十五、健全和完善我国的宪法监督制度

1. 存在的问题

（1）宪法监督主体的职能有效性不强。

（2）宪法监督的范围不够全面。

（3）宪法监督的方式不够齐备、不够多样。

（4）宪法监督的程序性及操作性不强。

（5）宪法监督的效力不强。

（6）对违宪责任的追究和实施宪法制裁不力。

2. 建议

（1）宪法监督主体职能的强化与其机构的专业化、专门化。

（2）扩展宪法监督的范围。

（3）宪法监督方式的多样化。

（4）通过加强观念培育和制度建设，严密宪法监督的程序并增强可操作性，切实增强宪法监督的效力以及对违宪责任的追究和实施宪法制裁的力度等。

十六、宪政的概念和要素

宪政是指以宪法为前提、以民主政治为基础、以法治为纲、以保障人权为目的的政治形态或政治过程。

宪政的要素包括：民主、法治、人权。

十七、宪政的性质和特征

宪政的性质：宪政是宪法制度实施和实现的动态过程。

宪政的特征：①宪政是人类历史发展到一定阶段出现的一种政治现象；②宪政既具有阶级性，同时也体现着人类社会文明的共同性；③不同国家和民族的宪政体制不同。

十八、宪政的价值

宪政是人类政治文明和法治文明的结晶

1. 宪法的价值与宪政的价值

（1）宪法的价值主要是宪法能满足我们主体需要的属性。

（2）宪政的价值主要是在民主、法治、人权的关系中呈现。

2. 宪政与民主

（1）宪政是民主政治的理想状态，民主政治必须要得到法治的有力支撑才能实现为宪政。

（2）宪政是一般民主的升华和超越。

3. 宪政与法治

（1）宪政理论是法治理论的高级形态，宪政是法治的高级阶段和层次。

（2）实行法治关键要实行宪政，依法治国首先和关键是依宪治国。

4. 宪政与人权

宪政就是保障公民权利和人民利益的政体，是人权保障的有力武器，是国家权力的合法来源于国家权力的合法行使的有机统一体。

十九、宪政的要义

宪政的要义是限制政府权力，以保障公民权利，并由此衍生出其他一系列宪政的基本观念和理念。

二十、人权的概念、性质和特点

人权的概念：人的个体或群体，在一定社会历史条件下基于一定经济结构和文化发展，为了其自由的生存、活动和发展所必需平等具有的权利。

人权的性质：自由和平等；生存和发展。

人权的特点：第一，主体是人和人类；第二，客体是各种物质和精神的需要和利益；

第三，内容具有广泛性和不可穷尽性；第四，人权既具有普遍性，又具有特殊性；第五，人权具有历史性。

二十一、平等权的含义

平等权是指国家不得因人的自然的、社会的或其他方面等的任何情况，在法律上对他们进行区分而给以差别对待，确定其不同的权利和义务。

二十二、我国公民基本义务的具体类型

(1) 维护国家统一和全国各民族团结的义务。

(2) 遵守宪法和法律，保守国家秘密，爱护公共财产，遵守劳动纪律，遵守公共秩序，尊重社会公德的义务。

(3) 维护祖国的安全、荣誉和利益的义务。

(4) 保卫祖国、依法服兵役和参加民兵组织的义务。

(5) 依照法律纳税的义务。

(6) 其他义务：劳动的义务；受教育的义务；夫妻双方有实行计划生育的义务；父母有抚养教育为成年子女的义务，成年子女有赡养扶助父母的义务。

二十三、人民代表履行职责的法律保障

(1) 言论免责权。

(2) 人身特别保护权。

(3) 履行职权的专门保护。

(4) 时间、经济、交通、通信保障。

二十四、完善我国人民代表大会制度的建议

(1) 理顺党与人大的关系，改善党对人大的领导。

(2) 进一步加强人大自身建设：①提高人大代表和各级人大常委会委员的素质。②进一步健全各级人大的组织机构。③切实行使宪法和有关法律赋予人大的各项职权，加强对“一府两院”的监督。④逐步建立专职代表制：减少代表名额；有计划、有步骤地推行代表专职化；大大增加例会会期；大力加强物质保障和法律保障。

二十五、国务院的职权

①行政立法权；②提出议案权；③行政领导和管理权；④行政监督权。

二十六、行政体制改革的原因

①经济体制是决定性原因；②政治体制；③权力结构的变化要求行政体制改革；④建设社会主义法治国家要求行政体制改革；⑤国家环境的变化要求行政体制改革。

二十七、行政体制改革的内容和方向

1. 行政机构改革

通过法律确定各行政机关的职权、人员编制、机构设置，并严格按照法律规定的程序进行。

2. 管理体制改革

(1) 规范政府权力：职权和程序法定；规范中央与地方之间的权力关系；加强对行政行为的制约和监督；强化政府机关的责任追究和失职处分制度。

(2) 转变政府职能：实行政企分开；加快行政审批制度改革；全面履行政府职能。

(3) 改变政府管理方式：推行政务公开。

(4) 建设高素质的公务员队伍。

二十八、行政体制改革的法律保障

①制定行政程序法；②完善行政组织法；③完善国家公务员法。

二十九、人民法院审判工作的原则和制度

人民法院审判工作的原则和制度包括：①公民在适用法律上一律平等；②依法独立审判；③公开审判；④被告人有权获得辩护；⑤各民族公民有使用本民族语言、文字进行诉讼的权利；⑥回避制度；⑦合议制；⑧两审终审制；⑨审判监督程序。

三十、法官的职责

法官有依法参加合议庭或者独任审判案件和履行法律规定的其他职责。

三十一、检察官的职责

检察官的职责包括：依法进行法律监督工作；代表国家进行公诉；对法律规定由人民检察院直接受理的犯罪案件进行侦查；法律规定的其他职责。

三十二、我国司法改革的理论逻辑

司法权的产生：亚里斯多德的《政治学》和孟德斯鸠的“三权分立”。

司法权的人权保障功能：司法权是人权保障的的终极手段，也是人权保障的最佳法治途径。

三十三、我国的司法改革

1. 司法改革的目标及主要原则

①司法独立与权力制衡的原则。②司法为民原则。③经济原则。④接受社会监督原则。

2. 我国司法改革应解决的主要问题

①司法权力地方化。②审判活动行政化。③法官职业大众化。

3. 司法公正关键在于司法独立

(1) 司法机关的内部关系：法官与法院机关的关系；法官与审判委员会的关系；法官与人民陪审员的关系；法院上下级之间的关系。

(2) 司法机关的外部关系：司法机关与人大的关系；司法机关与党委的关系；司法机关与政府的关系；法院与检察院的关系；司法机关与公共媒体之间的关系。

三十四、特别行政区与中央人民政府的关系

1. 中央对特别行政区行使的权力

①负责管理与特别行政区有关的外交事务。②负责管理特别行政区的防务。③任命行政长官和主要官员。④决定全国性法律在特别行政区的实施。⑤决定特别行政区进入紧急状态。⑥解释特别行政区基本法。⑦修改特别行政区基本法。

2. 特别行政区享有高度的自治权

①立法权。②行政管理权。③独立的司法权和终审权。④自行处理有关外交事务的权力：参加外交谈判、国际会议、国际组织的权力；签订国际协议的权力；与外国互设官方、半官方机构的权力；签发特区护照和旅行证件的权力；出入境管制权。

行政法与行政诉讼法学核心考点

一、违法行政与行政违法的区别

违法行政是行政主体和行政公务人员实施的违反行政法律法规的行为。（与合法行政相对应，主体只能是行政主体和行政公务人员）

行政违法是行政主体和行政相对人违反行政法律法规，危害社会秩序但尚未构成犯罪的行为。（与行政合法相对应，是我国法律所规定的三大违法行为之一）

二、法治政府的含义

法治政府就是按照法治的原则来运作政府，政府一切权力的来源、政府的运行和政府的行为都受到法律约束。

三、法治政府的目标

政企分开、政事分开；制定行政法规、规章；实施法律、法规、规章，保障公民权利；决策机制科学化、民主化、规范化；高效便捷的矛盾解决机制；责任与权利挂钩；加强依法行政观念。

四、法治政府的基本要求

有限政府、法制统一政府、诚信政府、透明廉洁政府、高效政府、责任政府。

五、法治政府建设的具体措施

①转变政府职能与深化行政管理体制改革；②提高制度建设质量；③法律实施应确保法制统一与政令畅通；④建立健全科学民主决策机制和政府信息公开制度；⑤积极探索建立化解社会矛盾、解决各类纠纷机制；⑥强化对行政行为的制约与监督。

六、行政法的基本原则之合法行政——法律保留原则

法律保留原则的精义在于——法未授权者不可为，也就是无法律无行政，行政主体如果在没有法律、行政法规、规章获得授权的情况下，就不得针对行政相对人作出剥夺其权利与增加其义务负担的行政行为。行政主体如果在没有法律、行政法规、规章授权的情况下，作出了针对相对人的行政行为，那么行政主体的行政行为在法律上将不被承认和认可，要被司法机关宣布为违法。

七、行政法的基本原则之合理行政——比例原则

比例原则是行政法的核心原则。比例原则的含义在于行政主体必须善待相对人，不得以侵害相对人的较大利益来取得一个较小的利益，不得使用明显超过必要限度的侵害手段来规制相对人。

比例原则包含三个方面的内容：第一，妥当性原则。行政主体所采取的措施或手段必须是为了实现该目的之需要，否则就是违背法治原则，其行为不妥当。第二，必要性原则。在众多能够达成行政目的的手段中，行政主体应当选择对公民权利限制或侵害最少的手段。第三，均衡性原则。行政主体对公民利益的干预不得超过实现行政目的所追求的公共利益，两者之间必须合比例。

八、行政法主体、行政主体与行政机关的区别和联系

行政法主体即行政法律关系的主体，行政法主体的含义是参加行政法律关系的参加者，包括行政主体、行政相对人和其他参加行政法律关系的第三方等。

行政主体是指享有行政权力、能够以自己的名义行使行政职权，对自己的行为能够以自己的名义承担法律后果的组织。

行政主体包括行政机关、法律、法规和规章授权的组织。行政机关是行政主体的一种，也是最重要的行政主体，行政主体是行政法主体的一种，但不是全部，行政法主体除了行政主体以外，还有行政相对人、第三人等。

九、行政委托与行政授权的区别

①职权来源方式不同；②针对对象不同；③法律后果不同。

十、行政委托的规则

①行政委托不得违反我国有关行政职权行使方面的法律规定和法律原则；②委托机关必须对受委托组织行使行政职权的行为依法进行监督；③受委托组织在依法接受行政委托后不能进行转委托；④受委托组织必须在委托行政机关的名义下实施行政职权；⑤行政委托是要是行政行为。

十一、公务员公务行为的确定

（1）含义：国家公务员代表国家行政机关行使行政职权和履行行政职责的行为。

（2）确定：时间要素；名义或标志要素；公益要素（是否涉及公共利益）；职权与职责要素；命令要素（根据行政主管的命令、指示或委派实施的）。

十二、行政行为的概念与特征

行政行为是指依法享有行政职权的行政主体行使权力对国家和社会公共事务进行管理和提供服务的一种法律行为。

行政行为的特征：从属法律性；单方性和双方性；具有国家强制性和非强制性；服务性；无偿性。

十三、行政行为的合法要件

（1）行为主体合法：行为主体应具备行政主体资格；合议制行政主体应以议会形式

来作出行政行为；实施行为的公职人员应具有合法的身份。

(2) 行为权限合法：行政行为必须是在行政主体法定权限内所做的行为；行政行为的实施没有滥用职权的情形。

(3) 行为内容合法：行政行为具有事实根据，意思表示真实、完整和确定；抽象行政行为具有法律依据，具体行政行为适用法律、法规正确；行政行为的目的符合立法本意，而不能曲解立法意图或背离法律的宗旨和原则。

(4) 行政程序合法：既要符合行政程序的基本原则，又要符合行政程序的制度。

(5) 行为形式合法：行政行为必须符合法律规定的形式和要求。

十四、行政行为的生效、失效与废止

1. 行政行为生效时间

一般为告知、受领之时，或所附条件成就之时。

2. 行政行为的无效、撤销与废止

(1) 无效：没有法定依据或者不遵守法定程序的行政行为是无效的行政行为。(从该行为作出之时起就无效。)

(2) 撤销：在相应行为具备可撤销的情形下，由有权国家机关作出撤销决定，而使之失去法律效力。(可撤销的行政行为只有在撤销后才失去效力，其撤销可能是因为合法要件缺损或者行政行为不适当。)

(3) 废止：法定条件出现后，有法定机关依法终止其效力的情况。

十五、具体行政行为的概念与特征

1. 概念

行政主体为实现行政管理目标和任务，应行政相对人申请或依职权依法处理涉及特定行政相对人的权利义务的一种行政行为。

2. 特征

主体是行政主体；对象是特定的；内容直接影响特定相对人的权利义务；一般是要式行为；具有可救济性；效力具有一次性。

十六、行政处罚的概念

行政处罚是指行政主体对违反行政法律规范，破坏行政法律秩序尚未构成犯罪的违法行为人根据法定权限、按照法定程序实施的一种惩戒行为。

十七、行政处罚的原则

行政处罚的原则包括：处罚法定原则；处罚公正原则；处罚公开原则；处罚与教育相结合的原则；保障相对人权利原则；一事不再罚原则。

十八、行政强制执行含义

行政强制执行是指在行政相对人不履行法定义务时，由行政机关或者行政机关申请人民法院依法采取强制手段，迫使其履行义务或者达到与履行义务相同状态的行政行为。

十九、行政强制执行的特征

行政强制执行的特征包括：前提条件是行政相对人不履行应履行的义务；主体是行

政机关和人民法院；目的是实现义务的履行；对象具有广泛性和法定性；不得进行执行和解。

二十、行政事实行为的概念

行政事实行为是指行政主体及其工作人员在实施行政管理和服务的过程中作出的不以设定、变更或消灭行政法律关系为目的的行为。

二十一、行政事实行为的特征

①行政事实行为是行政机关作出的与行政职权有关的行为；②行政事实行为是具有职权性或者与行政职权有关的特点；③行政事实行为的表现形式具有多样性。

二十二、行政事实行为的构成要素

①行政事实行为是行政主体实施的行为；②行政事实行为是行政主体基于行政职权实施的行为；③行政事实行为不完全具备行政行为的效力。

二十三、行政程序的概念与特征

概念：行政法律关系主体在行使行政权力、实施行政管理和服务活动过程中所遵循的方式、步骤、顺序、时限以及当事人参与行政活动程序的一种制度。

特征：行政程序是就行政行为而言的；行政程序是行政行为的表现形式；行政程序的基本要素包括步骤、方式、顺序、时限。

二十四、行政程序与行政诉讼程序的区别

①主体不同：行政程序的主体是行政法律关系主体；行政诉讼程序的主体是人民法院、诉讼当事人及其他诉讼参与人。②内容不同：行政程序是包含行政管理活动程序、行政救济程序；行政诉讼程序是人民法院审理行政案件的程序。

二十五、行政程序与行政实体的关系

没有无程序的实体也没有无实体的程序，程序逻辑是为实体服务的，离开了实体，程序就失去了存在的意义。而程序又对实体起作用，决定实体问题能否正确解决以及解决到什么程度。

二十六、行政程序的作用

①限制行政权力的肆意行使；②行政程序能缓解行政法律关系主体双方的利益冲突，使行政决定具有确定性、合法性，也提高了行政行为的可接受度；③行政程序具有明显的条件导向性；④行政程序是具体化了并具有实际内容、操作形式的义务，它可以促使行政行为合法化，也可使行政主体的法律责任真正能够被认定、归结、追究。

二十七、行政程序法的基本原则——行政程序公正原则

行政程序的设计及行政机关在实施行政行为时，尽可能地兼顾公共利益和个人利益；平等地对待所有的行政相对人，在行政执法中，应当给所有的利害关系人同等的辩论机会；与公民、法人或其他组织的权利义务直接相关的行政行为，应通过一定的行政程序

让行政相对方了解；在作出影响行政相对人权益的行政决定时，要实行回避、排除偏见、禁止单方解除等；行政程序的设计和运行必须注意保护行政相对人的隐私。

二十八、行政程序法的基本原则——行政相对人参与原则

第一，行政相对人参与原则是指行政相对人为维护合法权益而参加到行政程序过程中，就涉及的事实问题和法律问题表明自己的观点，促使行政主体作出正确的行政决定。第二，具体内容为：行政立法中的征求意见、协商和审查审议程序；回避程序；行政相对方陈述程序；行政调查程序；告知程序；对侵害相对方的合法权益行为的制裁措施和程序；行政救济程序。

二十九、行政程序法的基本原则——顺序原则

行政活动的主要程序都是法律、法规、规章明确规定了的，行政主体及相对人都应当遵守，不得违反法定程序，尤其是行政主体不得违反法定程序。

三十、行政程序法的基本原则——行政效率原则

第一，行政程序各阶段的顺序不得随意颠倒、增加或减少。

第二，程序效率原则要求行政活动迅速及时、简便易行、程序规范：①行政程序的时效制度；②行政程序的简便易行；③行政程序的法定化、规范化。

三十一、行政程序制度——表明身份制度

表明身份制度是指行政机关或其工作人员或得到授权的其他组织与个人在进行行政行为之前，要向相对一方当事人出示证明、身份证或授权令，以证明自己一向有进行某种行政行为的职权或资格的程序制度。

三十二、行政程序制度——听证制度

听证制度是指行政机关进行行政为时听取有关当事人意见的程序制度。

三十三、行政程序制度——不单方接触制度

不单方接触制度要求行政主体在处理某一涉及两个及两个以上有利益冲突的当事人的行政事务或裁决他们之间的纠纷时，不能在一方当事人不在场的情况下单独与另一方当事人接触，听取其陈述，接受和采纳其证据。主要适用于行政裁决行为。

三十四、违法行政的概念

违法行政是行政机关、其他行政授权组织和行政公务人员实施的违反行政法律法规的规定和要求的行政行为。

三十五、行政法律责任的概念和特征

行政法律责任是指行政法律关系主体由于违反行政法的规定而应承担的法律后果。

特征：第一，行政法律责任是违反行政法规而应承担的法律责任；第二，行政法律责任具有惩罚性和补救性；第三，行政法律责任的主体是各类行政法律关系的主体；第四，行政法律责任的追究机关不仅限于司法机关。

三十六、行政复议的概念

行政复议是指公民、法人或者其他组织认为具有行政职权的机关、组织及其工作人员的具体行政行为侵犯其合法权益，依法向法定的行政复议机关提出复议申请，由受理机关依法定程序对具体行政行为的合法性和适当性进行审查并作出行政复议决定的行政法律制度。

三十七、行政复议的性质

第一，行政复议是具有一定的司法性的活动；第二，行政复议时具有行政内部监督属性的行为；第三，行政复议还具有对行政相对人合法权益进行救济的属性。

三十八、行政复议的特征

第一，行政复议所处理的正义是行政争议；第二，行政复议以具体行政行为为审查对象，并附带审查部分抽象行政行为；第三，行政复议以书面审理为主要方式，必要时可以采取听证或者开庭审理的方式。

三十九、行政复议原则——复议期间不停止执行原则

原因：第一，法律上的确定力、约束力和执行力不容侵犯；第二，避免行政相对人以此逃脱具体行政行为的执行。

例外：被申请人认为需要停止执行的；复议机关认为需要停止执行的；申请人申请停止执行，行政复议机关认为其要求合理，决定停止执行的；法律规定停止执行的。

环境与资源保护法学核心考点

一、预防为主原则

预防为主原则是预防为主、防治结合、综合治理原则的简称。

该原则的基本含义是：在生态环境保护工作中要把防止产生生态问题放在首位，事先采取防范措施，防止在生产、生活等人类活动中对生态环境、自然资源造成污染、破坏，防止生态失衡，做到防患于未然；对不可避免的或已经发生的环境污染和生态破坏，应积极采取措施进行治理。

二、“三同时”制度

1. “三同时”制度的适用范围

随着“三同时”制度的建立、发展和完善，“三同时”制度的适用范围也在逐步扩大和改变。

“三同时”制度适用于以下开发建设项目：新建、改建、扩建项目；技术改造项目；凡从事对环境有污染或破坏影响的工程建设或开发项目；确有经济效益的综合利用项目。

2. “三同时”制度的内容

《建设项目环境保护管理条例》中，规定了“三同时”制度的具体内容。建设项目一

般包括设计、施工和投入使用三个阶段，“三同时”制度贯穿于建设项目的全过程，而对不同阶段提出了特定的管理要求。第一，同时设计。第二，同时施工。第三，同时投产使用。

第三章　西政考研法学专业课 C 卷核心考点总结

本章引言

在西政考研法学专业课 C 卷中的经济法学考点和民事诉讼法学核心考点。

经济法学核心考点

一、经济法兴起的原因

（一）经济法兴起的客观基础

1. 市场失灵

市场失灵是指市场发挥作用的条件不具备或不完全而造成的市场机制不能发挥作用的情形。其具体表现有：①市场的不完全；②市场的不普遍；③信息失灵；④外部性；⑤公共产品；⑥经济周期。

2. 政府失灵

政府失灵是指政府在对市场的干预中不到位、错位和干预不起作用。政府失灵的表现形式：①政府运行效率低下；②政府过度干预；③公共产品供应不足；④政府不受产权约束；⑤预算分配偏离社会需要；⑥权力寻租。

3. 经济法在克服市场失灵中的作用（重点）

经济法是国家运用公权力对市场失灵进行干预的法律，其在克服市场失灵方面具有民法与行政法不可比拟的优势。其作用主要包括：①直接限制市场主体的私权。②直接改变市场主体的利益结构。③公共利益优势和远视优势。

4. 经济法在克服政府失灵中的作用

（1）对干预程序的规范。政府的干预行为，无论是抽象的行政行为还是具体的行政行为都必须按规定的程序行使，即使是法律允许的“自由裁量”，也必须按法律规定的程序行使。干预程序的法定化，其根本目的在于实现干预民主化和科学化，以便减少乃至杜绝干预权的滥用。

（2）对干预方法的规范。在经济法中规定政府用于干预社会经济生活的方式包括公权介入和私权介入。

公权介入的调整方法是指国家以公权者的身份，依法对各种经济关系进行调整的措施或手段的总合。公权介入的调整方法又可划分为强制性调整方法和指导性调整方法。

强制性调整方法是指国家权力机关和国家行政机关以某种形式指令相对人应当作为

或者不作为，相对人应予服从的一种调整方法。

指导性调整方法是指国家机关引导公民和法人的经济活动符合某种既定的经济干预目标而实施的非强制性的调整方法，这种调整方法有三种表现形式：行政指导、计划指导和行政协商。

私权介入的调整方法是指国家使用非权力的、私法的手段直接地介入经济盛会的一种干预方式。

（3）对干预领域和干预方面的规范，这是国家干预法治化的最实质的部分。依据各个领域在国民经济中的地位和具体情况，确定干预的程度和范围。

（4）对干预责任的规范，现在我国经济法律和法律规，缺少对政府及其工作人员在干预中违法行为的追究作出规范，这是导致滥用干预权的一个重要原因。

（二）经济法兴起的社会经济原因

经济法在资本主义国家和社会主义国家兴起的重要条件就是商品经济的极大发展和市场在社会运行中的作用的日趋明显。

（三）经济法兴起的政治原因

从政治角度去考察，国家出面干预经济的客观必然性导致了经济法兴起的客观必然性。

（四）经济法兴起的法律原因

（1）从法律文化的角度去考察，人们渴望以法治化国家为其生存空间的心理促进了经济法的兴起。

（2）从部门法角度看，社会经济生活的复杂性以及传统民法和行政法调整对象和调整手段的局限性决定了经济法产生和兴起的必然性。

（五）经济法兴起的逻辑演进

从理论逻辑去考察，经济学和法学中国家干预主义的产生并占主导地位，加速了经济法的兴起。

二、经济法的定义

经济法是国家为了克服市场失灵而制定的调整需要由国家干预的具有全局性和社会公共性的经济关系的法律规范的总称。

三、经济法调整对象的具体范围

（一）市场主体调控关系

1. 市场主体调控关系的含义

市场主体调控关系是指国家从维护社会公共利益出发，在对市场主体的组织和行为进行必要干预过程中而发生的社会关系。

2. 经济法对市场主体进行调控的客观必然性

第一，现代市场经济应当是一个市场体系完备、各种市场的功能都得到充分、有效发挥的经济社会。第二，维护和促进竞争的必要。第三，保护消费者的需要。

（二）宏观经济调控关系

1. 宏观经济调控关系的含义

宏观经济调控关系是指国家从全局出发和社会公共利益出发，对关系国计民生的重大经济因素，实行全局性的调控过程中与其他社会组织所发生的关系。

2. 经济法对宏观经济关系进行调整的客观必然性

第一，由宏观经济调控目标要求所决定。第二，由宏观经济的国际化趋势以及各国的经验教训所决定。第三，由市场自身的弱点和消极方面决定。第四，由国家机构的职能所决定。

（三）社会分配关系

1. 社会分配关系的基本含义

社会分配关系是指国家在参与国民收入分配的过程中形成的经济关系。

2. 经济法调整社会分配关系的客观必然性

民法与市场机制不能解决收入与分配不公的现象。

四、资源优化配置原则

1. 资源优化配置的概念解析

资源优化配置是指资源在生产和在生产各个环节上的合理和有效的流动和配备。

2. 资源配置的方式及具体内容

资源配置的方式主要有两种：一种是以计划为主的配置方式，一种是以市场为主的配置方式。

3. 经济法如何确保资源优化配置原则的实现

国家在资源配置中的作用可以体现为四个方面：一是通过能够反映客观经济规律的宏观调控机制，引导资源的合理配置；二是通过建立和执行市场规则，规范市场主体的市场行为；三是通过政府的职能行为，协调竞争性市场可能带来的市场矛盾；四是通过国家的强制，实现资源的优化配置，解决资源浪费、公共产品的提供和外部性问题。

五、经济公平原则

经济公平最基本的含义是指：①任何一个法律关系的主体，在以一定的物质利益为目标的活动中，都能够在同等的法律条件下，实现建立在价值规律基础之上的利益平衡；②经济法中的经济公平有其特有的内涵，经济法上的公平是在承认经济主体的资源和个人禀赋等方面差异的前提下追求的一种结果上的公平，即实质公平。

六、滥用市场支配地位行为的类型

滥用市场支配地位行为的类型包括：垄断价格行为、掠夺性定价行为、差别待遇行为、拒绝交易行为、强制交易行为、搭售和附加不合理条件的行为、独家交易行为。

七、对滥用市场支配地位行为的法律规制

《中华人民共和国反垄断法》第四十七条：经营者违反本法规定，滥用市场支配地位的，由反垄断执法机构责令停止违法行为，没收违法所得，并处上一年度销售额度百分之一以上百分之十以下的罚款。该条规定并没有关于民事惩罚性赔偿，结合第四十九条的规定，反垄断执法机构确定具体惩罚数额时，应当考虑违法行为的性质、程度和持续的时间等因素。

民事诉讼法学核心考点

一、民事诉讼与人民调解的差异

①法律性质不同，民事诉讼具有司法性质，人民调解具有民间性质。②依据不同，民事诉讼依据民事诉讼法处理民事纠纷，人民调解是依据人民调解条例处理民事纠纷。③主持人不同，民事诉讼由法院法官主持，人民调解的主持人是人民调解组织的成员。④效力不同，人民调解协议可以成为诉讼证据但不具有强制执行效力，但是民事诉讼裁判结果具有强制执行效力。

二、民事诉讼与仲裁的区别

①法律性质不同，民事诉讼是法院行使审判权，具有司法性质，仲裁最多只具有准司法性质。②提起条件不同，仲裁协议作为仲裁提起的前提，应具有双方事先的合意，民事诉讼只需当事人一方的起诉行为。③两者的程序设计、原则制度也有许多不同之处。

三、民事诉讼法的概念

民事诉讼法是指由国家制定的规定人民法院法官、当事人及当事人之外的所有诉讼参与人进行民事诉讼活动和执行活动的法律规范。

四、法院对民事案件的主管

法院民事案件主管与其他机关、社会组织处理民事案件的关系：①处理原则：由当事人选择原则；②遵守司法最终解决原则。

五、专属管辖

《中华人民共和国民事诉讼法》第三十四条规定三类专属管辖：①因不动产纠纷提起的诉讼，由不动产所在地人民法院管辖；②因港口作业中发生纠纷提起的诉讼，由港口所在地人民法院管辖；③因继承遗产纠纷提起的诉讼，由被继承人死亡时住所地或者主要遗产所在地人民法院管辖。

六、管辖权转移与移送管辖区别

①适用前提不同；②性质不同；③作用不同；④程序不同。

七、法院调解原则的适用

1. 法院调解的适用范围

（1）适用的案件，除不适用的外一般都可适用。不适用调解原则的情形有：①适用特别程序、公示催告程序、督促程序审理的案件；②涉及追缴罚款的确认经济合同无效的案件；③有严重违法活动，需要给予经济制裁的经济纠纷案件。

（2）适用的程序，除非诉讼程序以及强制执行程序不能实用调解原则外，其他的诉讼程序都适用。

2. 法院调解应当遵循的原则

①自愿原则；②查明事实、分清是非原则；③合法原则。

八、确认之诉

确认之诉是指原告请求人民法院确认与被告之间存在或不存在某种民事法律关系的诉，分为肯定的确认之诉和否定的确认之诉。确认之诉具有以下特征：

（1）法院只对双方当事人之间是否存在某种民事法律关系进行确认，而并不判决另一方履行一定的民事义务。

（2）当事人提起确认之诉的目的是谋求法院对某一民事法律关系是否存在，以及存在的范围作出肯定或否定的裁判。

（3）由于在确认之诉中，当事人之间没有行使权利和履行义务之争，故法院的裁判不存在执行问题。

九、给付之诉

给付之诉是指当事人请求人民法院判令对方当事人为一定性为之诉。其特征如下：

（1）双方当事人之间存在权利义务关系，即一方享有权利，而另一方应承担某种义务。

（2）双方当事人之间有权利和义务关系，即对于如何行使权利和履行义务存有争议，因为请求法院予以裁判。

（3）法院对案件经过审理后，要在确认当事人之间民事法律关系的基础上判令义务人履行义务。

十、形成之诉

形成之诉，又称变更之诉，是指当事人请求人民法院改变或消灭其与对方当事人之间现存的民事法律关系的诉。存在以下特征：

（1）双方法律关系对现存的法律关系无争议，只是对这一法律关系是否变更或如何变更有争议。

（2）双方当事人只是要求法院对某一法律关系加以变更，而不要求解决权利义务的承担问题。

（3）在法院的变更判决生效以前，当事人之间的法律关系仍然保持不变。

第五编　西政考研法学专业课新增知识点归纳

第一章　西政考研法学专业课 A 卷新增知识点归纳

本章引言

在西政考研法学专业课 A 卷中，主要包含了民法学新增知识点、刑法学新增知识点和刑事诉讼法学新增考点。

民法学新增知识点

一、意思表示的构成

意思表示是民事法律行为最核心的要素，是民事法律行为区别于事实行为的根本标志。所谓意思表示，是民事主体将其发生一定民事法律后果的内在意图加以表达的行为。通说认为，意思表示由效果意思、表示意思与表示行为三项要素构成。

效果意思是指表意人基于某种动机形成的、存在于内心的、意欲发生一定民事法律效果的意思，即所谓真意。

表示意思是指表意人欲将其效果意思表现于外部的意思。它是联系效果意思与表示行为的中介和桥梁。

表示行为是指表意人将效果意思予以表达的行为。

二、代理的适用范围

1. 可以使用代理的行为

严格来说代理只能适用于法律行为，此外还可以扩展适用于以下行为：①申请行为，即请求国家有关部门授予某种资格或特许权的行为；②申报行为，即向国家有关部门履行法定的告知义务和给付义务的行为；③诉讼行为，即当事人向人民法院请求救济权利的行为。

2. 不可适用代理的行为

①具有人身性质的行为。②违法行为。③事实行为。

三、时效抗辩及其限制

1. 抗辩权行使的主体

(1) 债务人（责任人）及其继承人。连带债务人中的一人诉讼时效完成者，其他债务人就该债务人应分担部分之债务，得向债权人主张抗辩；连带债权中的一人债权时效完成者，债务人对于该债权人之应有部分，得向其他连带债权人主张抗辩。

(2) 保证人。保证人得行使主债务人之抗辩权，即使主债务人抛弃抗辩权，保证人仍得主张抗辩权。

(3) 诈害行为的受益人、转得人。由于债权人撤销权的效力得直接对抗第三人，债权人之请求权是否因时效消灭对受益人、转得人有直接利害关系，因此应可主张时效抗辩。

2. 诚实信用原则对抗辩权的限制

①欺诈抗辩。②同时履行抗辩权和抵销权对诉讼时效的限制。

刑法学新增考点

刑罚的执行——社区矫正

(一) 概念

社区矫正是相对于监禁矫正而言的，是一种非监禁刑罚的执行方式，指将符合社区矫正条件的罪犯置于社区内，由专门的国家机关在相关社会团体和民间组织以及社会志愿者的协助下，矫正其犯罪心理和行为恶习，并促进其顺利回归社会的非监禁刑罚执行活动。

(二) 特点

①非监禁性。②社会性。③矫正性。④帮助性。

(三) 社区矫正的适用

1. 对象

①被判处管制的犯罪人；②被宣告缓刑犯罪人；③被裁定假释的；④被暂予监外执行的；⑤被剥夺政治权利的并在社会上服刑的。

2. 内容

①监督性矫正；②教育矫正；③帮助矫正。

3. 社区矫正管理监督

(1) 社区矫正执行机关——司法行政机关。

(2) 社区矫正接受和管理——由其居住地司法所接收，户籍所在地与居住地不一致的，户籍所在地司法所应当协助、配合居住地司法所开展矫正工作。

(3) 矫正监督机关——人民检察院、公安机关。

4. 社区矫正的期间与解除

(1) 期间。被判处管制、剥夺政治权利的社区矫正期限与管制、剥夺政治权利的实际执行刑期相同；被宣告缓刑、裁定假释的，其矫正期为缓刑考验期或假释考验期；暂予监外执行的，其矫正期为在监外实际执行的期限。

（2）解除。被判处管制、宣告缓刑、裁定假释及在社区服刑的被判剥夺政治权利的服刑期满，本人应当在服刑期满前30日作出书面总结，由司法所出具相关考核鉴定材料，依照法定程序终止社区矫正；对于暂予监外执行的社区矫正服刑人员，暂予监外执行期满前30日，由司法所出具相关材料，经上级司法行政机关审查后，报原关押单位。

刑事诉讼法学新增考点

一、刑事证据的基本特征

（1）证据的客观性是指证据是对已经发生的案件事实的客观反映。

（2）证据的关联性，也称为相关性，是指证据必须与案件事实有实质性联系，从而对案件事实有证明作用。

（3）证据的合法性，也称为法律性，是指证据的形式、收集、出示和查证，都由法律予以规范和调整，作为定案根据的证据必须符合法律规定的采证标准，为法律所容许。

二、刑事诉讼证明

刑事诉讼证明是指公安司法机关在刑事诉讼中运用证据认定案件事实的活动。其包括发现、收集、固定和保全证据，审查判断证据，运用证据对案件事实作出认定等活动过程。

1. 证明对象

在刑事诉讼中需要运用证据加以证明的问题，被称为证明对象。证明对象包括实体法事实和程序法事实。

2. 证明责任

收集证据、运用证据证明案件事实的责任，被称为证明责任。在公诉案件中，证明责任由公安司法机关承担；在自诉案件中，证明责任由自诉人、反诉人承担。

三、证明标准

1. 我国刑事诉讼中的证明标准

法律规定运用证据证明待证事实所要达到的程度的要求，被称为证明标准（证明要求）。我国的证明标准是犯罪事实清楚，证据确实、充分。

犯罪事实清楚，是指与定罪量刑有关的事实和情节，都必须查清。证据确实是指每个证据都必须真实，具有证明力。证据充分，是指证据的数量必须达到一定的程度，足以认定犯罪事实。

2. 疑难案件的处理——疑罪从无原则

疑罪从无原则也称为有利于被告原则，是无罪推定原则的一个派生原则。根据现有的证据既不能证明被告人实施了犯罪行为，也不能完全排除被告人没有实施犯罪行为，根据无罪推定原则，从诉讼程序和法律上推定被告人无罪，从而终结诉讼行为的原则。

第二章 西政考研法学专业课B卷新增知识点归纳

本章引言

在西政考研法学专业课B卷中，主要包含了宪法学新增知识点、行政法与行政诉讼法学新增知识点和环境与资源保护法学新增考点。

宪法学新增知识点

一、宪法的性质

(1) 宪法是政治力量对比关系的集中体现。

(2) 宪法是民主制度法律化的基本形式。民主是立宪的前提和内容，没有民主就没有宪法；宪法是民主的确认和保障，是民主制度法律化的基本形式。

(3) 宪法是公民权利的保障书。①宪法以具有最高权威的国家根本法的形式确定公民的权利及其行使的原则。②宪法还规定国家机关的权力范围。

(4) 宪法是国家权力的合法性依据。

二、宪法内容方面的特点

1. 宪法的内容具有广泛性和根本性

(1) 宪法内容的广泛性：全方位地、最大范围地调整国家中各种社会关系。

(2) 宪法内容的根本性：宪法规定的是一个国家中最根本、最重要的问题，它从根本原则和根本制度上规范着整个国家的活动。

2. 宪法地位方面的特点——宪法具有最高的法律效力和权威

(1) 宪法是国家立法活动的基础，普通法律的制定必须以宪法为依据，其内容不得与宪法相抵触。

(2) 宪法是一切国家机关、社会组织、公民个人的根本活动准则。

3. 宪法形式方面的特点——宪法具有严格的制定和修改程序

(1) 成立专门机构制定或修改。(2) 由特定机关或法定人数提议修改。(3) 经由特别严格的程序通过议案。

三、宪法的形式分类

(1) 成文宪法与不成文宪法。(2) 刚性宪法和柔性宪法。(3) 钦定宪法、协定宪法与民定宪法。(4) 平时宪法与战时宪法。

四、宪法的实质分类

(1) 资本主义宪法：自有资本主义时期的宪法、垄断资本主义时期的宪法、发达资本主义国家宪法与发展中资本主义国家宪法。

(2) 社会主义宪法：过渡时期宪法、社会主义初级阶段宪法等。

五、宪法渊源的表现形式

宪法渊源的表现形式一般有：宪法典、宪法解释、宪法性法律、宪法惯例、宪法判例。

我国宪法规范的表现形式有：宪法典、宪法性法律、宪法解释、宪法惯例。

六、宪法关系的主体

(1) 概念：参加宪法关系的任何组织，即宪法权利的享有者、宪法义务的承担者以及国家权力的行使者。

(2) 条件：宪法关系的主体必须具有主体性，不能依附于其他主体；宪法关系的主体必须具有一定的法律依据。

(3) 分类：公民，公民个体和公民群体，国家。

七、宪法关系的客体

(1) 概念：宪法关系主体的权利、义务及权力所指向的实际对象，即那些重大的物质性、非物质性财富、利益和行为。

(2) 种类：物质性的财富和利益；非物质性的财富和利益，包括政治利益和文化利益；行为；宪法秩序。

八、宪法关系的内容

(1) 概念：宪法关系主体之间针对其客体，依据宪法规范而确定的宪法权利、义务及国家权力。

(2) 内容：宪法权利及义务，国家权力。

(3) 核心：公民基本权利和国家权力。

九、宪法作用的内容

(1) 宪法对政治的作用：宣告和确认政权的合法性，确立国家政治制度和体制。

(2) 宪法对经济的作用：维护经济基础，促进经济发展。

(3) 宪法对文化的作用：确认文化制度，促进文化发展。

(4) 宪法对法制的作用：为法制的统一奠定基础；为法制的完整奠定基础。

十、宪政的特征

(1) 宪政是人类历史发展到一定阶段出现的一种政治现象。

(2) 宪政既具有阶级性，同时也体现着人类社会文明的共同性。

(3) 不同国家和民族的宪政体制不同。

十一、宪政的实现及其条件和途径

1. 条件

(1) 政治基础和条件：民主政治的发展和完善。

(2) 经济基础和条件：市场经济的充分发展和体制完善。

(3) 法治基础和条件：形式法治和实质法治的实现。
(4) 社会基础和条件：实现国家和社会、政治国家与市民社会的二元分离。
2. 途径
(1) 宪政精神的培养和增强。
(2) 宪政体制和机制的完善和健全。
(3) 宪政秩序的确立。

十二、人权的宪法保障的意义和特点

(1) 宪法对人权的保障具有母体性、基础性等特点。
(2) 宪法对公民基本权利的规定是对人权的重要法律形式。
(3) 宪法所规定的人权和公民基本权利，具有普遍性、系统性、纲领性。
(4) 宪法通过限制国家权力来保障。
(5) 宪政制度中救济功能保障人权。

十三、人权的宪法保障应注意的若干问题

(1) 宪法对人权的保护不要抽象化。
(2) 人权的宪法保障应特别关注那些最需要得到保障的。
(3) 人权的宪法保障应把注意点放在那些人权和公民权利的法律保障最为薄弱和最容易受到干扰的环节和问题上。
(4) 强化权利救济，充分发挥抵抗权与监督权的作用，并实行权利推定。

十四、公民基本权利保障

(1) 不断适时地充实和扩大公民基本权利的内容和范围。
(2) 加强和完善各部门法对公民权利的具体规定，使之成套。
(3) 在宪法和法律适用和遵守以及监督和救济的整个过程中来保障公民的各项权利。
(4) 努力为公民基本权利的保障创造各种条件。

十五、公民基本权利的界限

(1) 在宪法规范中直接加以具体的限制。
(2) 在宪法规范中不作具体限制，只规定依法限制的原则。
(3) 在宪法规范中对公民某些基本权利和自由不做限制，但对各种权利和自由加以总的原则性限制。

十六、平等与合理差别

(1) 合理差别是指为了保障和实现实质上的平等，在合理程度上采取的具有合理依据的差别。
(2) 类型：①依据人生理上的差距所采取的合理差别。②依据民族的差异所采取的合理差别。③依据特定国家职位的要求，对公民行使某些权利、承担责任在法律上所采取的合理差别。④依据特定职业的需要对从业者所采取的合理限制。

十七、完善我国人民代表大会制度的建议

(1) 理顺当与人大的关系，改善党对人大的领导。

（2）进一步加强人大自身建设：①提高人大代表和各级人大常委会委员的素质。②进一步健全各级人大的组织机构。③切实行使宪法和有关法律赋予人大的各项职权，加强对“一府两院”的监督。④逐步建立专职代表制：第一，减少代表名额。第二，有计划、有步骤地推行代表专职化。第三，大大增加例会会期。第四，大力加强物质保障和法律保障。

十八、行政体制改革的内容和方向

1. 行政机构改革

通过法律确定各行政机关的职权、人员编制、机构设置，并严格按照法律规定的程序进行。

2. 管理体制改革

（1）规范政府权力：职权和程序法定；规范中央与地方之间的权力关系；加强对行政行为的制约和监督；强化政府机关的责任追究和失职处分制度。

（2）转变政府职能：实行政企分开；加快行政审批制度改革；全面履行政府职能。

（3）改变政府管理方式：推行政务公开。

（4）建设高素质的公务员队伍。

十九、我国的司法改革

1. 司法改革的主要原则：（1）司法独立与权力制衡的原则。（2）司法为民原则。（3）经济原则。（4）接受社会监督原则。

2. 我国司法改革应解决的主要问题：

（1）司法权力地方化。（2）审判活动行政化。（3）法官职业大众化。

3. 司法公正关键在于司法独立

（1）司法机关的内部关系：法官与法院机关的关系；法官与审判委员会的关系；法官与人民陪审员的关系；法院上下级之间的关系。

（2）司法机关的外部关系：司法机关与人大的关系；司法机关与党委的关系；司法机关与政府的关系；法院与检察院的关系；司法机关与公共媒体之间的关系。

行政法与行政诉讼法学新增知识点

一、违法行政与行政违法

违法行政是行政主体和行政公务人员实施的违反行政法律法规的行为。（与合法行政相对应，主体只能是行政主体和行政公务人员）

行政违法是行政主体和行政相对人违反行政法律法规，危害社会秩序但尚未构成犯罪的行为。与行政合法相对应，是我国法律所规定的三大违法行为之一。

二、行政法的解释

1. 定义

行政法解释是指法律实施阶段对特定行政法规定的含义的说明。

2. 特征

第一，行政法解释的主体多元。第二，行政法解释的对象纷繁复杂。第三，行政法解释频繁、普遍。第四，行政法解释变动性强。第五，行政法解释承担较多的解决法律冲突的任务。第六，行政法解释的双重性格（实体与程序）。

3. 方法

第一，文义解释（法律条文的文字意义）。第二，伦理解释及体系解释（关联性）。第三，历史及起源解释。第四，目的论解释（立法目的）。第五，合宪性解释。

三、行政法的适用

1. 不同位阶法律规范的选用次序

第一，宪法；全国人民代表大会；具有最高效力。

第二，法律；全国人大及其常委；比宪法低，比其他高。

第三，行政法规；国务院；比宪法、法律低，比其他高。

第四，地方性法规；省、自治区、直辖市人大及常委，国务院批准的较大市人大及常委会，省会所在地的人大及常委会；比宪法、法律、行政法规低，比其他高。

第五，自治条例、单行条例；民族自治地区人大；依特别规定实施。

第六，行政规章；国务院各部委、省级人民政府、省会所在地政府、国务院批准的较大的市的政府；部门规章之间、部门规章与地方规章之间具有同等效力，在各自的权限范围施行。

第七，其他规范性文件；各级地方人民政府及其职能部门；效力处于最低。

2. 不同位阶法律规范发生矛盾的冲突及其解决

（1）下一层次的规定不能与上一层次的规定相冲突；否则，下一层次规定无效。

（2）在不抵触或不冲突的情况下，适用下级规范。

（3）行政法规应当报全国人大备案。

（4）国务院、中央军委、最高人民法院、最高人民检察院和省、市、自治区、直辖市人大常务委员认为行政法规、自治条例、单行条例与宪法、法律相抵触时，可以向全国人大常委会书面提出进行审查的要求。除上述的机关以外认为同等情况的，可以向全国人大常委会书面提出审查的建议。

（5）地方性法规与规章之间不一致：①同一机关制定的新的一般规定与旧的特别规定不一致时，由制定机关裁定；②地方性法规与部门规章之间对同一事项的规定不一致，不能确定如何适用时，由国务院提出意见，认为应当适用地方性法规的，应当决定在该地方适用地方性法规的规定；认为应当适用部门规章时，应当提请全国人大常委会裁决；③部门规章之间、部门规章与地方政府规章之间的冲突，由国务院裁决。

（6）行政法规与规章有下列情形之一的，就应该由有权机关予以改变或撤销：一是超越职权；二是下位法与上位法冲突；三是经裁决应当改变或撤销一方的规定；四是规章的规定被认为不适当的；五是违反法定程序的。

（7）行政法规、规章改变和撤销的权限：

全国人大常委会：宪法、法律；国务院：不适当的部门、地方政府规章；地方人大常委会：不适当的本级政府规章；省、自治区政府：下一级政府；授权机关：被授权机关超越职权、违背授权目的法规。

3. 相同位阶法律规范的选用次序

第一，特别法优于普通法；第二，后法优于前法；第三，条约优于法律。

4. 行政判断

行政判断是根据法律条文，结合案件事实对不确定的法律概念和法律事实的客观性作出相应评价。

5. 行政处理决定瑕疵的种类

第一，超越职权决定；第二，滥用职权决定；第三，消极处理决定。

四、加入世界贸易组织对中国行政法律制度的影响

1. 对行政立法

（1）除声明保留的，世界贸易组织规则均直接适用；

（2）需求：加强国内立法监督；制定新的适应世界贸易组织的行政法律规范。

2. 对行政主体

（1）行政模式转变：行政主体从全能型向有限型转变；从“官本位”行政向“民本位”行政转变；从依政策行政向依法行政转变；从任意行政向程序行政转变；从免责行政向责任行政转变。

（2）公务员：加强培训；强化激励和约束机制；大力推选竞争上岗。

3. 对司法审查

（1）对行政终局性决定行为可提起司法审查。（2）对部分抽象行政行为也可予以司法审查。（3）司法审查标准既要合法也要客观和公正。（4）对当事人的权利作了明确说明、详细的规定。（5）涉外诉讼。

五、法治政府的含义

法治政府就是按照法治的原则来运作政府，政府一切权力的来源、政府的运行和政府的行为都受到法律约束。

六、法治政府的目标

政企分开、政事分开；制定行政法规、规章；实施法律、法规、规章，保障公民权利；决策机制科学化、民主化、规范化；高效便捷的矛盾解决机制；责任与权利挂钩；加强依法行政观念。

七、法治政府的基本要求

有限政府、法制统一政府、诚信政府、透明廉洁政府、高效政府、责任政府。

八、法治政府建设的具体措施

第一，转变政府职能与深化行政管理体制改革；第二，提高制度建设质量；第三，法律实施应确保法制统一与政令畅通；第四，建立健全科学民主决策机制和政府信息公开制度；第五，积极探索建立化解社会矛盾、解决各类纠纷机制；第六，强化对行政行为的制约与监督。

九、行政法主体、行政主体与行政机关的区别和联系

行政法主体即行政法律关系的主体，行政法主体的含义是参加行政法律关系的参加

者，包括行政主体、行政相对人和其他参加行政法律关系的第三方等。

行政主体是指享有行政权力、能够以自己的名义行使行政职权，对自己的行为能够以自己的名义承担法律后果的组织。行政主体包括行政机关、法律、法规和规章授权的组织。

行政机关是行政主体的一种，也是最重要的行政主体，行政主体是行政法主体的一种，但不是全部，行政法主体除了行政主体以外，还有行政相对人、第三人等。

十、行政委托与行政授权的区别

①职权来源方式不同。②针对对象不同。③法律后果不同。

十一、行政行为的合法要件

①行为主体合法。②行为权限合法。③行为内容合法。④行政程序合法。⑤行为形式合法。

十二、行政程序的作用

(1) 限制行政权力的肆意行使。

(2) 行政程序能缓解行政法律关系主体双方的利益冲突，使行政决定具有确定性、合法性，也提高了行政行为的可接受度。

(3) 行政程序具有明显的条件导向性。

(4) 行政程序是具体化了并具有实际内容、操作形式的义务，它可以促使行政行为合法化，也可使行政主体的法律责任真正能够被认定、归结、追究。

十三、行政复议的基本原则

1. 一级复议原则

(1) 概念：行政争议经行政复议机关一次复议并作出裁决即告终结，即使向对人对复议决定不服，也不得向行政机关再次申请复议，而只能寻求别的救济途径来解决。

(2) 原因：第一，尽快解决行政争议；第二，司法最终裁决。

(3) 例外：对某些专业性和技术性较强的行政管理领域，法律上规定了两级复议制。

2. 合法、公正、公开、及时、便民原则

(1) 合法原则：主体合法，依据合法，程序合法。

(2) 公正原则：回避制度，陈述理由和听取意见制度，质证制度，针对基本相同案件不能给予不相同的处理或畸轻畸重。

(3) 公开原则：材料公开（除涉及国家秘密、商业秘密或者个人隐私外），过程公开，结果公开。

(4) 及时原则：受理复议申请要及时，对复议案件的审理和作出决定要及时，要及时敦促当事人履行行政复议决定。

(5) 便民原则：复议机关通过多种途径和形式方便申请人进行复议。

环境与资源保护法学新增知识点

一、环境保护法实施的概念

广义而言，环境保护法实施包括了环境保护法的遵守、执行、适用与监督四个方面。狭义的环境保护法实施仅指环境保护法的遵守与执行。我们采用广义的环境保护法实施概念。

环境保护法实施就是指各环境保护法律关系主体依照环境保护法律法规的规定，行使国家授予他们的权利和履行其义务的活动，包括环境守法、环境执法、环境司法与环境法律监督等方面。

二、环境保护法实施的意义

（1）环境保护法规范如果得不到有效的实施，则不过是一纸空文。环境保护法实施有利于建立良好的环境法律关系，起到保护和改善环境质量与人类健康的目的。

（2）环境保护法实施有利于落实政府、法人、公民与其他组织各自的权利与义务。

（3）环境保护法实施有利于规范政府的行为，迫使政府履行环境保护责任。

（4）环境保护法实施有利于保护受到环境污染与自然资源破坏行为损害的受害人的合法权益。

（5）环境保护法实施有利于加强对环境执法与司法的监督。

三、环境守法概述

环境守法是指各国家机关、社会组织、企事业单位和公民个人依照环境保护法律规定从事各种事务和行为的活动。环境守法就是全面履行、实施环境保护的法律规定，按照环境保护法的要求去作为或不作为，实现环境保护法的要求和目标。

四、环境守法的影响因素

①威慑。②经济因素。③机构的可信度。④社会因素。⑤知识和技术可行性。

五、环境守法促进

①完善现有环境保护立法技术与手段。②提高公众的环境意识，获取公众支持。③引入市场机制，采取经济激励手段。④增强企业的环境管理能力。

六、环境执法的概念

环境执法是指环境保护行政主管部门或其他依法行使环境监督管理权的主管部门，在各自的职权范围内依法定权限和程序行使其权力和履行其义务的活动。

七、环境执法的特征

（1）环境行政执法主体的多元性。

（2）环境行政执法互动的单方性与强制性。

（3）环境行政执法方式的多样性。

（4）环境行政执法的科学技术性。

（5）环境行政执法的超前性与补救性。

八、环境执法原则

1. 合法性原则

合法性原则的基本含义是，环境行政主体所为的任何行为都必须依法而行。环境执法主体必须能够证实自己所做的事是有法律授权的，符合法律规定的程序和要求。

2. 公平性原则

公平性原则要求环境行政主体必须平等保护任何自然人、法人或者其他组织所享有的环境权利，同时对任何自然人、法人或者其他组织污染和破坏环境的行为依法追究其应负的法律责任。

3. 合理性原则

合理性原则是指环境行政主体在履行环境执法行为时，应当根据环境违法行为的情节轻重、影响大小以及后果的严重程度等情况，公允适当地进行处理。

4. 效率性原则

效率性原则是指环境行政主体进行环境执法行为应讲求效率，做到迅速、及时、准确、有效。

不能以效率性原则为由，破坏公平性原则。相反，环境执法主体应在维护公平性原则的基础上提高环境执法效率。

九、环境行政主体

环境行政主体是指那些享有环境执法权的国家行政机关或由立法授予其行使环境执法权的机构。我国环境行政管理机关的多元性，决定了环境行政执法行政管理主体的多元性。

环境保护行政主管部门是环境行政执法的最重要的主体，但并非环境行政执法的唯一主体，还包括以下主体：①地方各级人民政府。②各级环境保护行政主管部门。③其他行政主管部门。④其他经授权或委托的组织或机构。

十、环境行政相对人

环境行政相对人是指环境行政执法活动中处于被管理地位的公民、法人和其他组织，是与环境行政主体相对应的一方当事人。

十一、环境执法方式

环境行政执法方式是指环境行政执法主体依照环境法律法规的规定和要求，针对环境行政相对人所采取的各种方法、措施和手段。

环境执法方式，包括环境行政许可、环境行政检查、环境行政处理、环境行政处罚与环境行政复议等。这些执法方式并不是各自独立、互不关联的。相反，一项环境行政执法活动可能会涉及所有环境行政执法方式。

（一）环境行政许可

环境行政许可是指享有环境行政许可权的环境行政主体根据环境行政相对人的请求，

依法赋予符合法定条件的环境行政相对人从事某项一般为环境法律法规禁止事项的资格的环境行政执法行为。

（二）环境行政检查

环境行政检查是指环境保护行政主管部门或者其他依照法律规定行使环境监督管理权的部门，对管辖范围内的环境行政相对人执行环境保护法律法规的情况进行检验查证。

（三）环境行政调解处理

行政调解是在国家行政机关的主持下，以当事人双方自愿为基础，由行政机关主持，以国家法律、法规及政策为依据，通过对争议双方的说服与劝导，促使双方当事人互让互谅、平等协商、达成协议，以解决有关争议而达成和解协议的活动。

（四）环境行政处罚

1. 环境行政处罚的概念

行政处罚是行政主体有效地进行行政管理、维护公共利益和社会秩序，保障法律贯彻实施的一个重要手段。

环境行政处罚是指有环境行政处罚权的环境行政主体或者根据环境法律法规的授权或者环境行政主体的委托，在法定职权范围内对违反环境法律法规的环境行政相对人实施的一种行政制裁。它是环境行政执法中最常见的执法方式，也是一种环境行政责任形式。

2. 环境行政处罚的特点

环境行政处罚的特点包括：广泛性、法定性、单方性、强制性。

3. 环境行政处罚的程序

根据《中华人民共和国行政处罚法》和《环境保护行政处罚办法》的规定，环境行政处罚一般包括：简易程序、一般程序与听证程序。

（1）简易程序。环境行政主体对违法事实确凿、情节轻微并有法定依据，可以当场作出行政处罚决定的程序。

简易程序的内容包括：

第一，执法人员应向当事人出示行政执法证件。

第二，现场查清当事人的违法事实，并制作现场检查笔录。

第三，向当事人说明违法的事实、行政处罚的理由和依据。

第四，听取当事人的陈述和申辩。

第五，填写预定格式、编有号码的行政处罚决定书，由执法人员签名或者盖章，并将行政处罚决定书当场交付当事人。

第六，告知当事人如对当场作出的行政处罚决定不服，可以依法申请行政复议或者提起行政诉讼。

（2）一般程序。这是指除适用简易程序外，环境行政主体实施的其他环境行政处罚应遵守的法定基本程序。

环境行政处罚的一般程序应包括以下几个步骤：立案、调查取证、调查终结、审查、处理决定、制作处罚决定书、书面告知、说明理由、陈述与申辩、送达。

（3）听证程序。环境行政主体在依照环境法律法规作出责令停止生产或使用、吊销许可证或者较大数额罚款等重大行政处罚决定之前，应当适用听证程序。

（五）环境行政复议

1. 环境行政复议的概念

环境行政复议是环境行政相对人（公民、法人或者其他组织）认为环境行政主体的具体行政行为侵犯其合法环境权益，依照法定程序向作出该具体行政行为的机关的上一级机关提出申请，由具有行政复议管辖权的环境行政主体对有争议的具体行政行为进行审查，并作出决定的环境行政执法活动。

2. 环境行政复议的受案范围

（1）对环境保护行政主管部门作出的警告、罚款、没收违法所得、责令停止生产或者使用，暂扣、吊销许可证等行政处罚决定不服的。

（2）认为符合法定条件，申请环境保护行政主管部门颁发许可证、资质证、资格证等证书，或者申请审批、登记等有关事项，环境保护行政主管部门没有依法办理的。

（3）对环境保护行政主管部门有关许可证、资质证、资格证等证书的变更、中止、撤销、注销决定不服的。

（4）认为环境保护行政主管部门违法征收排污费或者违法要求履行其他义务的。

（5）申请环境保护行政主管部门履行法定职责，环境保护行政主管部门没有依法履行的。

（6）认为环境保护行政主管部门的其他具体行政行为侵犯其合法权益的。

3. 环境行政复议程序

（1）复议申请。环境行政相对人认为环境行政主体的具体行政行为侵犯了其合法环境权益，在法定期限内按照法定条件和方式向上一级环境行政机关提出环境行政复议的请求。

（2）复议受理。环境行政复议机关接到环境行政相对人的复议申请书后，经审查认为符合法定申请复议的条件而接受申请并作出立案决定予以受理。

（3）复议审理。环境行政复议机关在受理环境行政复议案件后，应对该案件进行审查。行政复议一般采取书面审查方式。

（4）复议决定。环境行政复议机关对环境行政复议案件进行全面审查后，应作出行政复议决定并制作行政复议决定书。

（5）复议决定的执行。环境行政复议机关作出环境行政复议决定后，依照法律规定予以实施的行为。

（六）环境行政强制执行

1. 环境行政强制执行的概念

环境行政强制执行是指在环境行政相对人不履行环境法律法规直接规定的或者有关环境行政机关依法规定的义务时，有权的环境行政机关依法对相对人采取必要的强制措施，强迫其履行义务或达到与履行义务相同状态的环境行政执法行为。

环境行政强制执行作为环境行政执法的一种方式，只能由环境行政主管部门或者授权的组织行使。

2. 环境行政强制执行的条件

（1）法定环境义务的存在。（2）法定环境义务的不履行。（3）环境强制执行主体与执行措施的法定性。

3. 环境行政强制执行的类型

（1）直接强制执行即环境行政主体在环境行政相对人逾期不履行其应履行的环境义务时，对其人身或财产施以强制力，以达到与义务主体履行义务相同状态的强制执行。

（2）间接强制执行即环境行政主体通过间接手段迫使环境行政相对人履行其应履行

的环境义务或者达到与履行义务相同状态的强制执行措施。间接强制执行又分为代执行和执行罚。

代执行，也称代履行，是环境行政强制机关或第三人代替环境行政相对人履行法律法规直接规定的或者环境行政行为确立的作为义务。代执行的对象是环境行政行为所确立的可为他人代为履行的作为义务。

执行罚，也称强制金，是环境行政强制执行机构对拒不履行作为义务或者不可为他人代履行的作为义务的义务主体，科以新的金钱给付义务，以迫使其履行的强制执行手段。执行罚的典型形式是滞纳金。

十二、环境行政执法行为的效力

（1）环境行政执法行为的公定力。（2）环境行政执法行为的确定力。（3）环境行政执法行为的约束力。（4）环境行政执法行为的执行力。（5）环境行政执法行为的时效力。

十三、环境司法的概念

环境司法是指国家司法机关依据法定职权和法定程序，具有应用环境法律处理环境案件的一种专门活动。

十四、环境司法的特征

（1）环境司法审判主体多元性。（2）环境司法的科学技术性。（3）环境司法的复杂多样性。（4）环境司法保护的滞后性。（5）环境司法裁决执行的多样性。

十五、环境司法的原则

（1）环境司法法治原则。（2）环境司法公正原则。（3）环境司法平等原则。（4）环境司法责任原则。

十六、环境司法的种类

1. 环境行政诉讼的概念

环境行政诉讼是指公民、法人和其他组织认为环境行政主体的具体行政行为侵犯其合法环境权益，而依法向人民法院提起诉讼，人民法院依照法定程序，审理并裁决的活动。

2. 环境行政诉讼的特征

（1）环境行政诉讼是因公民、法人和其他组织不服环境行政主管部门或具有环境监督管理权的机关以及这些机关的工作人员的具体环境行政行为而引起的。

（2）环境行政诉讼的原告是受环境行政主管部门或具有环境监督管理权的机关以及这些机关的工作人员的具体环境行政行为侵犯的公民、法人和其他组织。而环境行政诉讼的被告只能是作出侵犯公民、法人和其他组织合法环境权益的环境行政主管部门或具有环境监督管理权的机关。

（3）环境行政诉讼的标的是环境行政争议，即环境行政主体在实施环境行政执法行为过程中与环境行政相对人发生的争执。

3. 环境行政诉讼的功能

从环境行政诉讼所涉的诉讼构造分析，我们认为环境行政诉讼具有以下功能：

(1) 环境行政诉讼对于环境行政相对人而言，具有环境救济功能。

(2) 环境行政诉讼对于环境行政主体而言，意味着要求其承担相应的法律责任。

(3) 环境行政诉讼对法院而言，具有对环境行政权进行监督和制约的功能。

4. 环境行政诉讼的种类

(1) 根据诉讼标的的性质，可将行政诉讼分为主观诉讼与客观诉讼。

《中华人民共和国行政诉讼法》规定了直接相对人之诉和利害关系人之诉，即主观诉讼。而对着眼于直接保护国家和公共利益以及环境行政法律秩序的客观诉讼，即公众诉讼和公益诉讼却没有专门规定。

(2) 从法院判决形式的角度，我国行政诉讼种类可分为：维持判决、撤销判决、变更判决、履行判决、驳回诉讼请求的判决和确认判决等六种。这六种行政诉讼类型当然也适用于环境行政诉讼的争议。

十七、环境行政诉讼的受案范围

环境行政诉讼的受案范围是指人民法院受理环境行政诉讼案件的范围，即环境行政相对人对哪些争议、纠纷可以向人民法院提起行政诉讼，人民法院应当将其作为行政案件进行审理。

根据《中华人民共和国行政诉讼法》、《行政诉讼法司法解释》以及环境法律法规的规定，我国环境行政诉讼的受案范围主要包括：

(1) 环境行政诉讼的肯定范围。

第一，环境行政处罚行为。第二，环境行政强制措施。第三，认为行政机关侵犯法律规定的经营自主权的。第四，认为符合法定条件申请行政机关颁发许可证和执照，行政机关拒绝颁发或者不予答复的。第五，申请行政机关履行保护人身权、财产权的法定职责，行政机关拒绝履行或者不予答复的。第六，认为行政机关违法要求履行义务的。

(2) 环境行政诉讼的否定范围。

根据《中华人民共和国行政诉讼法》以及《最高人民法院关于执行〈中华人民共和国行政诉讼法司法〉若干问题的解释》的规定，由行政机关的下列行为引发的争议不属于行政诉讼的受案范围：第一，国家行为。第二，抽象环境行政行为。第三，对公务员的处理行为。第四，法定的行政终局行为。第五，环境刑事司法行为。第六，环境行政调解行为。第七，不具有强制力的行政指导行为。第八，驳回当事人提起申诉的重复处理行为。第九，对相对人的权利义务不产生实际影响的行为。

十八、环境行政诉讼的管辖

环境行政诉讼的管辖是指各级人民法院受理第一审环境行政诉讼案件的分工和权限。根据《中华人民共和国行政诉讼法》的规定，环境行政诉讼管辖的目的是解决环境行政案件应当由哪一级哪一个人民法院行使审判权的问题。

(1) 级别管辖即各级人民法院之间审理第一审环境行政案件的分工与权限。

(2) 地域管辖即根据人民法院的辖区和当事人的住所地，确立同级人民法院之间审理第一审环境行政案件的分工与权限。

(3) 移送管辖即受诉人民法院把不属于自己管辖的环境行政案件，移送给有管辖权的人民法院审理。《中华人民共和国行政诉讼法》第二十一条规定，人民法院发现受理的案件不属于自己管辖时，应当移送有管辖权的人民法院。受移送的人民法院不得自行移送。

(4) 指定管辖即由于特殊原因，或两个以上人民法院对管辖权发生争议时，由上一级人民法院以裁定的方式指定其中一个人民法院审理第一审环境行政案件。

十九、环境行政诉讼的时效

《中华人民共和国行政诉讼法》规定了两种诉讼时效：

一是公民、法人或者其他组织直接向人民法院提起诉讼的，应当在知道作出具体行政行为之日起3个月内提出。

二是申请人不服复议决定的，可以在收到复议决定书之日起15日内向人民法院提起诉讼。复议机关逾期不作决定的，申请人可以在复议期满之日起15日内向人民法院提起诉讼。

二十、环境行政诉讼的举证责任

环境行政诉讼的举证责任即作为被告的环境行政主体依法提供证据，证明自己所作出的具体环境行政行为合法与适当。

《中华人民共和国行政诉讼法》规定，被告对作出的具体行政行为负有举证责任，应当提供作出该具体行政行为的证据和所依据的规范性文件。在诉讼过程中，被告不得自行向原告和证人收集证据。

二十一、环境行政诉讼的诉讼程序

环境行政诉讼的诉讼程序即人民法院和诉讼参与人在环境行政诉讼活动中必须遵循的法定方式和步骤的总称。根据《中华人民共和国行政诉讼法》的规定，环境行政诉讼主要包括第一审程序和第二审程序。

前者是指人民法院审理第一审环境行政案件所适用的程序，主要包括起诉、受理、开庭审理和判决四个阶段。后者是指上级人民法院对下级人民法院作出的第一审环境行政案件的裁决，在其发生法律效力之前，由于当事人的上诉而进行审理所适用的程序，主要包括上诉的提起、上诉案件的受理、上诉案件的审理和上诉案件的裁判等四个阶段。

二十二、环境行政诉讼的执行

(一) 环境行政诉讼的执行

环境行政诉讼的执行即人民法院依法定程序，运用国家强制力强制义务人履行已经发生法律效力的判决、裁定以及其他法律文书所确定的义务的司法执法行为。根据《中华人民共和国行政诉讼法》的规定，环境行政诉讼的执行规则是：

(1) 公民、法人或者其他组织拒绝履行判决、裁定的，行政机关可以向第一审人民法院申请强制执行，或者依法强制执行。

(2) 行政机关拒绝履行判决、裁定的，第一审人民法院可以采取以下措施：对应当归还的罚款或者应当给付的赔偿金，通知银行从该行政机关的账户内划拨；在规定期限内不执行的，从期满之日起，对该行政机关按日处以50元至100元的罚款；向该行政机关的上一级行政机关或者监察、人事机关提出司法建议。接受司法建议的机关，根据有关规定进行处理，并将处理情况告知人民法院；拒不执行判决、裁定，情节严重构成犯罪的，依法追究主管人员和直接责任人员的刑事责任。

（3）公民、法人或者其他组织对具体行政行为在法定期间不提起诉讼又不履行的，行政机关可以申请人民法院强制执行，或者依法强制执行。

（二）环境民事诉讼

1. 环境民事诉讼的概念

环境民事诉讼是指环境法主体在其环境权利受到或可能受到损害时，依民事诉讼程序提出诉讼请求，人民法院依法对其审理和裁判的活动。

环境民事诉讼的管辖、程序等与一般民事诉讼并无什么区别。环境民事诉讼的种类，主要包括停止侵害之诉、排除危害之诉、消除环境污染破坏危险之诉、恢复环境质量原状之诉和环境损害赔偿之诉等。

2. 环境民事诉讼证据的特点

环境民事诉讼证据的性质属于一般民事诉讼证据的一种，具有一般民事诉讼证据的特点，如客观性、关联性和合法性。

但又有别于一般民事诉讼的证据，具有间接证据多、取得证据的鉴定程序多、证据易变化等特征。

3. 环境民事诉讼的诉讼时效

《中华人民共和国民法通则》规定，向人民法院请求保护民事权利的诉讼时效期间为二年，法律另有规定的除外。参见《中华人民共和国民法通则》第一百三十五条。

但属于下列情况的，诉讼时效期间为一年：身体受到伤害要求赔偿的；出售质量不合格的商品未声明的；延付或者拒付租金的；寄存财物被丢失或者损毁的。

诉讼时效的起算点是，从知道或者应当知道权利被侵害时起计算。但是，从权利被侵害之日起超过20年的，人民法院不予保护。有特殊情况的，人民法院可以延长诉讼时效期间。

但《中华人民共和国环境保护法》根据环境侵权的特殊性规定：因环境污染损害赔偿提起诉讼的时效期间为3年，从当事人知道或者应当知道受到污染损害时起计算。参见《中华人民共和国环境保护法》第四十二条。根据特别法优于一般法的规定，环境侵权民事诉讼的诉讼时效应适用3年和最长20年的规定。

（三）环境刑事诉讼

1. 环境刑事诉讼的概念

环境刑事诉讼，是指由国家检察机关为追究环境犯罪者的刑事责任向人民法院提起的诉讼，人民法院依据有关刑事法律的规定，依法进行审理和裁判的活动。环境刑事诉讼具有以下特点：

第一，环境刑事诉讼是一种国家活动。第二，环境刑事诉讼具有特定的任务。第三，环境刑事诉讼是在污染受害者或生态环境的受托管理人等当事人和其他诉讼参与人的参加下进行的，尤其是当事人是刑事诉讼不可缺少的诉讼主体。第四，环境刑事诉讼是依照法定的刑事诉讼程序进行的。

2. 环境刑事诉讼的价值

（1）环境正义是指全体人民，不论其种族、民族、原始国籍和收入，在环境法律、法规与政策的制定、遵守和执行等方面，都应得到公平对待和有效参与。

（2）效率是指通过环境刑事诉讼解决破坏环境与资源问题意味着司法资源的投入，如何以较少的投入取得最大的收益，是个日益受到普遍关注的问题。简易、速决程序的确立，可以减少司法资源不必要的丧失。

3. 环境刑事诉讼的管辖

(1) 环境刑事诉讼管辖的概念。

环境刑事诉讼管辖是指人民法院、人民检察院、公安机关直接受理刑事案件权限范围的分工，以及人民法院组织系统内部审判第一审刑事案件的分工。

环境刑事诉讼的管辖，一般是根据环境刑事案件的性质、案情的轻重、复杂程度、发生地点、影响大小等不同特点和司法机关在刑事诉讼中的职责确定的。

(2) 环境刑事诉讼管辖确立的原则。

有利于司法机关准确、及时地查明环境刑事案件事实，保证案件得到正确、合法、及时地处理；要适应司法机关的性质和职权，均衡各司法机关的工作负担，以利于它们有效地履行各自的职责，充分发挥它们的职能作用，保证办案质量，提高办案效率；便利遭受污染损害的群众参加环境刑事诉讼活动，有利于扩大环境刑事案件的社会效果和教育意义。

(3) 环境刑事诉讼管辖的分类。

第一，立案管辖。又称职能管辖或部门管辖，是指公安机关（包括国家安全机关等）、人民检察院和人民法院之间，在直接受理的刑事案件范围上的分工。

第二，审判管辖。它是人民法院组织系统内部在审判第一审环境刑事案件上的分工。包括普通管辖和专门管辖，普通管辖又分为级别管辖和地区管辖。刑事诉讼法中只对普通管辖作了具体规定，专门管辖则根据有关的法律进行规定。

4. 环境刑事诉讼的程序

(1) 立案。环境刑事诉讼中，立案包括立案阶段和立案决定两个步骤。

(2) 侦查。侦查是指公安机关、人民检察院在办理环境刑事案件过程中，依照法律进行的专门调查工作和有关的强制性措施。

(3) 刑事起诉。环境刑事起诉是指有起诉权的机关或个人向国家审判机关提起诉讼，请求对被告人进行审判的诉讼活动。环境刑事起诉分为公诉和自诉两种。

(4) 审判。环境刑事诉讼中的审判是指人民法院对人民检察院提起环境公诉或者环境污染受害人或其法定代理人提起环境自诉的案件进行审理和裁判的诉讼活动。审判包括审理和裁判两个阶段。

5. 环境法律监督的概念

法律监督是指一切国家机关、社会组织和公民对各种法律活动的合法性依法所进行的监察和督促。

狭义的法律监督专指有关国家机关依照法定职权和法定程序，对立法、执法和司法活动的合法性所进行的监察和督促。

广义的法律监督，它不仅包括国家权力机关和检察机关对法律实施过程的监督，而且包括国家行政监察机关、行政机关组织系统内部自上而下对行政法规实施过程的监督，以及政党、社会团体、企事业单位、广大群众、社会各界对法律实施过程的监督；既包括对刑事法律的监督，也包括对民事法律、经济法律、行政法律的监督，是一种内容广泛的综合性法律监督。

环境法律监督属于法律监督的一个重要组成部分，即一切国家机关、社会组织和公民对各种环境法律法规活动的合法性依法所进行的监察和督促。

二十三、环境法律监督的意义

(1) 环境法律监督是树立环境法律法规的权威、维护环境法制尊严的基本措施。

(2）环境法律监督是保证环境法律法规得以真正实施的重要条件。

(3）环境法律监督是维护公民合法环境权益的重要保证，是预防、制止和纠正环境污染与破坏行为的有效措施。

(4）环境法律监督既是保证环境行政主管部门以及享有环境管理权的机关及其工作人员依法办事的重要手段，也是考核执法机关和执法人员的有效措施。

二十四、环境法律监督的分类

(1）根据环境法律监督主体不同，可以分为政党监督、国家机关的监督和社会监督三大类。

(2）根据监督主体和被监督的国家机关的地位和相互关系的不同，可以分为纵向监督和横向监督。

(3）根据监督主体和被监督的国家机关是否属于同一系统，可以分为内部监督和外部监督。

(4）根据监督实行时间的先后，可以分为事前监督和事后监督。

(5）根据监督的性质和效力，可以分为具有法律效力的监督和不具法律效力的监督。

二十五、环境法律监督的构成

1. 环境法律监督的主体

环境法律监督的主体是指谁从事环境法律法规的监督活动。环境法律监督的主体主要有三类：国家机关、社会组织和公众。

作为环境法律监督主体的国家机关一般指国家权力机关、行政机关和司法机关。

作为环境法律监督主体的社会组织一般指政党和社会团体。这类监督主体具有广泛的代表性。作为执政党的中国共产党和参政党的民主党派和人民政协的监督当然必不可少。各种环境非政府组织在环境法律监督中也已经开始起着越来越重要的作用。

这类主体的监督特点是：第一，不以国家名义进行；第二，不具有法律效力。

2. 环境法律监督的客体

环境法律监督的客体是指环境法律监督权所指向的对象，即对国家机关、社会组织和公民所从事的与环境保护有关的各种法律活动。

其中国家环境行政主管部门、享有环境监督管理权的行政部门及其公职人员执行环境法律法规的活动应成为环境法律监督的重点。

3. 环境法律监督的内容

环境法律监督的内容是指对国家机关、社会组织和公民从事各种环境法律法规活动的合法性的监督。

其中主要是国家环境行政主管部门、享有环境监督管理权的行政部门及其公职人员执行环境法律法规活动的合法性问题，它包括两个方面：一是对国家机关制定各种环境法律法规在程序上和实体上的合法性进行监督；二是对行政机关的具体环境行政执法活动、司法机关的环境司法活动在程序和实体方面的合法性进行监督。

有关法律监督的构成学界有不同的观点，本书采用“三要素说”，即环境法律监督的主体、环境法律监督的客体、环境法律监督的内容。该说也获得了大多数学者的认可。

二十六、环境法律监督的体系

环境法律监督体系是指由国家机关、社会组织和公众依法对各种环境法律活动进行监督所构成的多层次的系统或网络。

我国环境法律实施的监督体系由权力机关的环境法律监督、行政机关的环境法律监督、国家司法机关的环境法律监督和社会环境法律监督等有机结合而成。

1. 国家环境法律监督

国家环境法律监督又包括国家权力机关的环境法律监督、国家行政机关的环境法律监督和国家司法机关的环境法律监督。社会监督又包括社会组织和公民的环境法律监督。

2. 社会环境法律监督

（1）各政党的监督。（2）社会组织的监督。（3）公众的监督。（4）环境保护非政府组织的监督。（5）新闻媒体的监督。

第三章　西政考研法学专业课 C 卷新增知识点归纳

本章引言

在西政考研法学专业课 C 卷中，主要包含经济法学新增知识点和民事诉讼法学新增考点。

经济法学新增考点

西政历年考研真题都是出得中规中矩的。因此，建议考研的同学们能够将指定的教材内容弄熟、弄透，将基础知识牢牢地把握好，只要基础很牢实就不怕面对变化多端的考题。对经济法这门学科所指定的教材内容而言并不存在新增考点，但是这并不是说不存在与经济法相关的社会热点。因此考研的同学们在休闲之余可以多关注热点，并将其与经济法的知识相联系，这就是经济法考研真题的出题思路。因此，下边以当前的热点问题为例，为同学提供可能将要遇到的经济法考题提供一个思路。

今年最热的词汇莫过于“民间借贷”。只要稍微有所关注新闻的同学都知道在国庆期间温家宝总理亲赴温州并带领考察团对民间借贷最典型的温州市进行考察。我们也看到有新闻不断地报道，诸如:《温州追捕出逃老板刑拘 27 非法集资嫌犯》、《温州民间金融 60 年：呼唤金融制度深层变革》、《高利贷是资金紧缺与高风险溢价表现》等新闻。无疑民间借贷的大量存在与我国长期存在的金融体制有很大相关性。

我国的金融市场并没有对外开放，主要是依靠国家在进行宏观调控。经济过热时国家通过紧缩银根、提高利率手段来减少资金在民间的流动预防经济过热，防范通货膨胀。经济萧条时期通过银行放贷支持、扶持我国的中小企业使他们做大做强拉动经济的增长。然而，现在大量存在的民间借贷造成经济动荡表明我们的宏观经济的调控政策失灵了。这种市场经济的混乱就是由我们的政府和市场的双重失灵导致的。

所以就有人提出我们的政府应该对民间借贷进行规制，那么我们的政府在民间借贷市场应该扮演什么样的角色呢？我们经济法中国家干预经济的具体内涵是什么？这就与我们经济法绪论中经济法中特有的“国家干预”内容相关：

（1）国家干预是尊重市场经济体制的干预。

（2）国家干预是授权和限权有机结合的干预。

（3）国家干预与经济自由是辩证统一的。

（4）国家干预有利于推动政府职能转变。

我们还可以从市场失灵与政府失灵两个角度分析导致民间借贷的原因。

1. 市场失灵的原因

由于在经济法中我们做出经济人理论的假设，假定市场主体作为理性人是自己经济利益的最佳判断者。相信资源通过市场进行配置可以达到“帕累托”最优效应。然而，我们经济人的理性实则是有限的，即有限理性。因此，在信息不对称、不完全、失效面前市场主体是会做出非理性的决定的。并且市场主体的个体理性也会导致集体的非理性，温州民间高利借贷就是最好的证明。

2. 政府失灵

政府执行市场监管的主体是个人，在温州民间高利借贷中也有很多是我们的政府部门工作人员。为了他们个人的利益，他们首先是否能够廉洁自律是一个问题。并且，在打击高利借贷中有可能存在“权利寻租”的问题。

民事诉讼法学新增考点

今年我国启动了民事诉讼法的修改工作，主要涉及八个方面的问题，但是这八个问题中有些并不是民诉考研的内容，因此我们的新增考点主要从这八个方面中有关的考点进行解析。从 1982 年 3 月，第五届全国人大常委会第二十二次会议，通过了民事诉讼法（试行），于当年 10 月 1 日起试行。1991 年 4 月 9 日，第七届全国人大四次会议通过了民事诉讼法。这部法律是在 1982 年民事诉讼法（试行）的基础上补充修改而成的。民事诉讼法实施 16 年后的 2007 年，我国对民诉法进行了部分修改。那次修改主要包括审判监督程序、执行程序等方面内容。在这次修订中，对于民事诉讼法是否适用于经济审理有较大争议：一种意见认为，民事诉讼法对审理经济案件不适用，主张专门制定一部经济诉讼法；另一种意见认为，民事诉讼法对经济案件原则上是适用的，可以对审理经济案件的一些问题加以补充，不必单独制定经济诉讼法。经研究，立法机关采纳了第二种意见。

民事诉讼法修订涉及考研方面的问题：

一是关于民事诉讼中的证据制度。

二是关于审前程序问题。

三是公益诉讼问题。

四是诉讼外调解协议的司法确认问题。

第六编　西政考研法学专业课复试

第一章　西政考研法学专业课复试流程

本章引言

西政硕士研究入学考试的第二大内容即是复试。所谓复试就是指达到国家要求的政治、英语课程以及专业课最低控制分数线，并且符合了西政学校所具体规定的专业课分数线（学校内部规定的专业课最低分数线）的考生所进行的第二阶段考查活动。

西政的硕士研究生复试基本流程是：报到和体检→笔试（英语听力和专业课笔试）→面试（英语面试和专业课面试）→成绩公布→公布拟录取名单并签订拟录取协议。

一、报到和体检

西政硕士研究生入学考试的复试报到时间一般安排在每年四月。复试报到地点是在重庆沙坪坝老校区的行政楼。需要带的证件有：准考证、复试通知书、身份证、毕业证及学位证（限往届毕业考生）或学生证（限应届毕业考生），还需携带大学阶段学习成绩单原件或档案中成绩单复印件（须加盖学校教务处印章）以及近期一寸照片（用于体检）。

二、英语听力

英语听力是西政硕士研究生入学考试复试流程的第一个内容。英语听力的题型大部分都是单项选择题，难度在英语四级考试到英语六级考试之间。所以对一般的参加了全国研究生英语入学考试的考生来说，英语听力基本不是问题。如果考生想要在复试英语听力之前有所准备的话，建议用之前考英语四、六级的听力资料进行重新练习。参加英语听力考试一定要准备好收音机或者带收音机功能的耳麦，并准备好电池，以备不时之需。

三、专业课笔试

复试专业课笔试是在英语听力考试完成之后进行的。复试阶段的专业课笔试相对于初试阶段的专业课笔试而言，在考察内容、考查题型以及考查形式上都基本没有差别，但是复试阶段的专业课考查毕竟不同于初试阶段的专业课考试，主要有两点需要注意：第一，复试阶段的专业课笔试没有了作为西政校内专业课之称的法理学，比如宪法学与行政法学这个专业的复试专业课笔试只进行宪法与行政法的考试，而不再进行考查初试阶段所考查的法理学这门课程。第二，在考查难度上，相对于初试专业课的考查而言，难度系数略有增加，但幅度不大。

在经过了初试专业课的复习、考试以及复试前的专业课准备，复试专业课笔试对一般的考生来说基本不是问题。但是有几点需要注意：第一，复试专业课笔试不再是单纯的知识性考查，而是具有了一定的让考生进行思索、思考以及具有探究性的题型考查，大部分的题型还是比较基础的，会有少部分具有发散性、开放性的题型，需要考生思考后得出答案，而不再是单纯的知识的记忆，更多的是对知识的问题性的思考，比如2009年宪法与行政法的一道题目：行政给付与法律保留原则。一般考生都知道行政给付是什么，也知道法律保留原则是什么，然而对行政给付和法律保留原则为什么放在了一起就不知道了。第二，复试专业课笔试所占的比重甚高，分数是150分，必须引起考生足够的重视。这也是为那些在初试不理想的考生中提供了一个打翻身仗的机会。所以，同学们一定要重视复试专业课的笔试。

四、口语面试

英语口语是对入围考生的一项重要测试。西政的硕士研究生复试的英语口语主要采取的是最基本的问答形式，都是最基本的英语对话。比如：你来自哪里？为什么报考西政？为什么报考西政某专业？所以请大家不要担心，只要准备好最基本的英语对话，就可以取得比较满意的分数。

五、专业课面试

西政硕士研究生入学考试的最后一项考察内容是专业课面试，分数是150分，包括专业课的现场作答、仪容仪表、学术成果以及个人优势的展示。总的来说，专业课面试会根据考生报考学院、专业的不同而有所不同，但是基本上都是学院的教授、副教授等坐成一排，考生面对他们而坐，根据抽到的面试号码依次面试。考生在面试的时候举止从容，不用过分打扮，保持一个学生的形象最佳。在回答问题的时候做到不卑不亢，不急于在专业课问题上非要与在座的老师争执，只需要把自己掌握的知识呈现出来即可。如果还有其他问题，可以在复试结束后再与其讨论。

六、成绩公布

在经过了复试以后，行政楼五楼（研招办）将会张贴专业总成绩及排名。通过这个排名大概就可以知道自己的公费情况和录取与否。

七、公布录取名单和签订录取协议

届时大家齐聚在某个会议室，老师宣读录取名单和公费、自费情况，并由半公费同学和学校签订录取协议。协议签订后，整个复试流程才算完全结束。公费的同学不需签录取协议便可以离开。2012年专业硕士研究生全部都是公费，由此可见，西政的财政支持力度进一步加大。

若有未被专业硕士录取的同学，在复试结束后，可以根据自身情况选择是否参加法学硕士的面试。若需要，可以填写法学硕士申请表并上交，根据法学硕士的相关要求，参加随后的法学硕士面试。西政法学硕士面试要求的科目较为广泛，涉及宪法、法理学、刑法等学科。

第二章 西政考研法学专业课复试——笔试

本章引言

西政考研法学专业课复试笔试部分分值比较重，往往决定着考生能否取得最后的优良成绩，需要考生予以特别重视。

第一节 西政考研法学专业课A笔试

一、法理学专业

这部分在整个复试成绩中占有重要地位，有150分，考生一定要认真对待。题型包括不定项选择题、判断分析题、简述题、论述题和材料题。这些题目的解答是建立在对专业知识理解和掌握的基础上的，所以一定要认真复习课本和关注法理学方面的热点问题和理论前沿。难易程度较初试的法理学部分要更为灵活。例如在2011年的法理学专业课笔试中出现了以下命题分析题：法律绝不是那种可以由立法者以专断意志的方式制定的东西；法律的生命始终不是逻辑，而是经验；柏拉图关于哲学王的主张；法官是一台判决机器的观点；无论在何种政府制度中，都有一些政府不能控制的个人权利。在简答题部分出现了以下题目：简评亚里士多德的法治思想；谈谈你对法社会学的了解。论述题主要涵盖了以下几个方面：试论17到18世纪自然法学派的历史作用；试论正当程序原则的内容和意义。

考生们一定要把能答的知识尽量多地答上，时间也一定要把握好，提防重前轻后，尤其不要在简述题上花费过多时间，点到即可。后面分值较高的论述题和材料一定要仔细思考，不要把方向答错了，这才是得分的重点。最后，会做的题目一定要保证少失分。

二、刑法学专业

英语听力考完后休息十分钟，接下来是刑法专业课的笔试。这部分考试考查的是刑法分论，考查形式有单选、多选、简答、论述和案例分析。只要大家对刑法分论各罪有一个清晰的把握，这部分都不会有问题，满分150分，基础知识把握好就可以拿到120分，这个分数在复试的同学中已是中上水平。

专业课笔试主要考查刑法分论的内容。我们知道刑法分论的主要内容便是分析罪名。对罪名的考查主要是通过案例分析、相近罪名的比较以及简答论述的形式来考核，选择题也是以案例的形式来进行考查。西政的一大特色就是喜欢用判断分析的形式来考查考生对知识的掌握准确程度，当然研究生考试作为一个专业的考试绝对不会放弃对法制热点问题的关注，比如一出现刑法修正案，必定会以一定的形式来考查。西政的复试考试基于教材高于教材，倘若西政仅仅只是考查教材基本知识的话，这与其有着深厚法学功底的研究性大学并不相符，因此必定要考查考生的一些见解。若是要获取高分，除了看好教材之外，最后能了解到西政所报考专业老师的关注点，也可谓是一条捷径。

三、刑事诉讼法专业

刑事诉讼法专业复试笔试的题型包括单项选择、不定项选择题、概念比较题、判断分析题、简述题、论述题和材料题。这些题目的解答是建立在对专业知识理解和掌握的基础上的，所以一定要认真复习课本，掌握刑诉法的基础知识，多做司法考试试题，同时关注刑诉法学科的最新动态。考试内容原则上大部分是关于刑事诉讼法分论的内容，但也有部分总论内容，毕竟刑诉法总论和分论是一个完整的体系。试题的难易程度和初试中的刑诉法部分差不多，新增考点和常考点都会涉及，重点恒重。考试过程中，不需要紧张，保持平常心，沉着应答，要相信自己的努力，要明确研究生考试是一场选拔性考试，不可能什么知识点都会。答题过程中一定要将题目的得分点写在显眼的位置上，字迹清晰，详略得当。

需要提醒的是专业课的笔试时间非常紧张，一定要先易后难，切忌在前面，尤其是概念比较和简述题花费时间过多，以致后面分值较高的论述和材料题没有时间作答。

四、法律逻辑学专业

法律逻辑学专业知识点主要集中在《法律逻辑学》和《法律适用中的逻辑》两本书中。试卷包括两部分，题型的第一部分有名词解释、单选题、简答题、论述题，第二部分有概念比较、案例题、材料分析，最后的材料分析是一篇大概八百字的论文，此论文的考点是《法律适用中的逻辑》一书中的内容。专业课考试难度不大，只要认真复习了指定的两本书都能掌握。考试时间是三个小时，考试时尽量把握好时间，考试时间不是太宽裕。

五、刑事侦查专业

本专业的考试大纲上复试笔试指定的书目是《侦查学》、《痕迹学》、《文书检验》。复试笔试的题型、题量和初试差不多，所以答题方式和初试一样。按考试大纲上算分的公式算，复试的分数比例比初试要高（复试的 9 分相当于初试的 10 分）。初试分数不高的考生完全可以通过复试弥补，往上超几个甚至十几个名次是很有可能的。而且，复试中要拉开距离主要看笔试了（2010 年最低分 90 分，最高分 130 分，复试 40 分的差距，相当于初试的 44. 44 分）。还有一点，笔试一般没有不及格的，所以不用担心因笔试成绩不及格而被刷。

第二节　西政考研法学专业课 B 笔试

一、宪法学与行政法学专业

本专业题型包括了不定项选择题、名词解释、简答题和论述题几类。由于宪行专业分为宪法和行政法两个方向，所以试卷也是分开的。相比初试内容，复试题目更加全面、具体，当然也有一定的深度，明显可以看出对于基本功要求也更加严格，而且与当时的实际联系也比较紧密，特别是一道有关“行政复议的比例变更原则”的论述题便是时下最热门的理论研究。所以说，需要复试考生在学好专业课教材的基础上，还要对学界流行研究方向和内容适当关注。

二、环境与资源保护法专业

英语听力完毕后，休息一段时间开始专业课考试。本专业考试题型与初试差不多，比初试有深度。一定要重视复试笔试，尤其是初试成绩较低的同学。所以说复试不能掉以轻心。这绝不是突击一两个月课本就可以混过的，需要有扎实的理论基础和对于学科前沿问题的关注。

第三节　西政考研法学专业课C笔试

一、民法学专业

对于专业课的考试，大家一定要好好准备复试，不要因为初试的成绩高就忽略了复试的复习，因为每年都有初试成绩高的同学因为复试成绩太低而导致总成绩很低。专业课的考试范围就是民法分论，重点就在物权和债权，复习的时候在基本知识点熟练的基础上掌握一下时下的民法热点，因为复试的考试类型较初试灵活，希望同学予以把握。再次提醒大家一定好好准备复试的笔试，因为在面试的时候笔试的成绩也会交到面试组，所以这或多或少也会给老师传递考生的信息，甚至会影响到面试成绩。

二、经济法专业

这部分在整个复试成绩中占有重要地位，有150分，一定要认真对待。题型包括不定项选择题、概念比较题、判断分析题、简述题、论述题和材料题。这些题目的解答是建立在对专业知识理解和掌握的基础上的，所以一定要认真复习课本和关注经济法方面的法律问题和理论前沿。难易程度和初试中的经济法部分差不多。不要紧张，沉着应答，相信一份耕耘一份收获。当然时间安排也一定要把握好，切忌在前面，尤其是概念比较和简述题花费时间过多，以致后面分值较高的论述和材料题没有时间作答。

三、商法学专业

专业课笔试的话，《商法》（第三版）是指定教材，最好早些复习，因为内容还是很多的，除海商法部分，其他的都是考试范围。答题时尽量全面地回答，概念、特征、性质尽量都答上，当然，时间一定要安排好。题目很基础，没有大问题。

四、知识产权法

参考教材为张玉敏于2005年在法律出版社出版的《知识产权法》一书。本专业考试题型为概念比较、名词解释、简答和论述。题型可能每年有变化，但范围一般不会超过参考教材。做题时自己把握好时间，根据分值合理分配时间。

第三章　西政考研法学专业课复试——面试

本章引言

西政硕士研究生入学考试的最后一项复试内容便是面试，面试可谓重头戏，往往能够起到扭转乾坤的作用，需要考生予以重点关注。

一、英语口试

英语口试的内容涉及简单的自我介绍、家乡介绍、专业选择原因、个人兴趣爱好之类，比较简单。回答时候一定要保持良好的心态，不急不躁，况且英语口试占的比重并不大，所以大家大可放心，从容应答。遇到没听懂的问题，可以让老师复述一遍。

二、专业课面试

英语口试结束后是专业面试。面试组共有 6 ~ 8 个面试老师，要从老师准备好的信封中抽题。涉及的题目范围一般在复试指定书目中，也会涉及若干初试的知识。拿到题目之后要把题目念出来，并向在座的各位老师展示，之后就是回答问题。在念完题目之后就需要立即作答。作答时尽量和老师对视，以示对老师们的尊重。回答问题时，态度要谦逊，口齿清晰，思路清晰，条理分明，有逻辑性。注意一定不要犯基础的概念性错误，基础工作一定要做好。面试是最考察一个人的心理素质的流程，在面对众多老师既要心态稳定，又要应答自如，确是不易。所以专业知识一定要夯实，掌握东西够多，才能在回答时底气十足。遇到不会回答的问题也不要紧张，尽量把知道的跟这个题目有关联的知识说出来，但是不要夸夸其谈，知道的知识尽量说完整，不知道的不要装懂。老师们在听的过程中可能会有所提示，使考生想起相关知识，帮助其打开思路。

面试结束后，在门外等成绩，这个成绩是面试的总成绩。所有考试到此为止。

参考文献

[1] 付子堂．法理学初阶 [M]．北京：法律出版社．2009.
[2] 付子堂．法理学进阶 [M]．北京：法律出版社．2010.
[3] 文正邦．宪法学 [M]．北京：法律出版社．2005.
[4] 王学辉．行政法与行政诉讼法学 [M]．北京：科学出版社．2008.
[5] 郑传坤．行政法学 [M]．北京：法律出版社．2007.
[6] 李永升．刑法总论 [M]．北京：法律出版社．2011.
[7] 徐静村．刑事诉讼法学 [M]．北京：法律出版社．2011.
[8] 张玉敏．民法 [M]．北京：高等教育出版社．2007.
[9] 李开国，张玉敏．中国民法学 [M]．北京：法律出版社．2002.
[10] 李昌麒．经济法学 [M]．北京：法律出版社．2007.
[11] 曹明德，张志辽．环境资源保护法 [M]．北京：法律出版社．2008.